U0825249

2014年度全国农业教育优秀教材

兽医病理学

王雯慧　主编

科学出版社
北京

内 容 简 介

本书共二十一章，分为总论和各论两部分。总论部分为基础病理学，包括第一章至第十三章，主要描述了许多疾病共有过程的原因及发生发展的共同规律，同时还包括分子病理学及超微病理学的基础知识，以拓宽学生的阅读视野。各论部分为系统病理学，包括第十四章至二十一章。该部分进一步描述了各系统主要器官常见疾病的原因及发生发展的特殊规律。本书内容全面、系统，涵盖了兽医病理解剖学和病理生理学的基本内容，且资料丰富，论述翔实，图文并茂，每章附有复习思考题。

本书不仅可作为高等院校动物医学专业教材，也可供兽医和医学科技工作者、动物性食品卫生工作者及基层畜牧兽医人员在工作与实践中参考。

图书在版编目(CIP)数据

兽医病理学/王雯慧主编. —北京：科学出版社，2012
2014年度全国农业教育优秀教材
ISBN 978-7-03-032922-6

Ⅰ.①兽… Ⅱ.①王… Ⅲ.①兽医学：病理学-高等学校-教材
Ⅳ.①S852.3

中国版本图书馆CIP数据核字(2011)第247860号

责任编辑：丛 楠 / 责任校对：包志虹
责任印制：张 伟 / 封面设计：科地亚盟

科学出版社 出版
北京东黄城根北街16号
邮政编码：100717
http://www.sciencep.com
北京天宇星印刷厂印刷
科学出版社发行 各地新华书店经销
*
2012年3月第 一 版 开本：787×1092 1/16
2024年8月第十二次印刷 印张：23
字数：588 000

定价：79.00元

(如有印装质量问题，我社负责调换)

《兽医病理学》编委会名单

主　编　王雯慧

副主编　崔恒敏　张书霞

编　者（按姓氏笔画排序）

王雯慧（甘肃农业大学）
尹燕博（青岛农业大学）
龙　塔（河南科技大学）
祁克宗（安徽农业大学）
祁保民（福建农林大学）
孙　斌（黑龙江八一农垦大学）
佘锐萍（中国农业大学）
张书霞（南京农业大学）
陈士恩（西北民族大学）
陈创夫（石河子大学）
郑世民（东北农业大学）
崔恒敏（四川农业大学）
简子健（新疆农业大学）
潘耀谦（河南科技学院）

审稿人　陈怀涛（甘肃农业大学）
高齐瑜（中国农业大学）
马学恩（内蒙古农业大学）
赵德明（中国农业大学）

前　　言

在科学出版社的大力支持下，由甘肃农业大学联合中国农业大学、内蒙古农业大学、东北农业大学、四川农业大学、石河子大学、安徽农业大学、西北民族大学、河南科技大学、河南科技学院、青岛农业大学、南京农业大学、黑龙江八一农垦大学、新疆农业大学和福建农林大学等15所高等院校共同编写了《兽医病理学》，作为2014年度全国农业教育优秀教材，以供动物医学专业的学生使用。

在兽医教育中，兽医病理学一直被称为基础兽医学和临床兽医学之间的“桥梁”，它既是兽医学的专业基础课程，又具有临床性质，并在动物疾病诊断中发挥着十分重要的作用。鉴于此，根据兽医专业的人才培养目标和教育部对高等教育教材的基本要求，本书的编写宗旨是既借鉴国内外同类优秀教材之所长，又力求创新，突出本教材的特色，使其成为一部能全面反映当代兽医病理学现状、充分体现其传统内容与最新进展，又符合兽医临诊实际发展需求的教科书。

本书共二十一章，分为总论和各论两部分，涵盖了兽医病理解剖学和病理生理学的主要内容。总论部分为基础病理学，包括十三章，其中在第一章和第十三章分别简要介绍了超微病理学和疾病发生的重要分子机制，以拓宽学生的视野。各论部分为系统病理学，包括八章，是在总论学习的基础上，进一步描述各系统主要器官常见疾病的原因及发生发展的特殊规律。在编写过程中，对于教材的结构和内容，我们始终坚持“基本”和“新”，力求达到科学合理、系统完整，广度和深度适中，传统与现代兼顾。在文字表述上，力求准确，努力做到“少而精”。为了便于学生学习，本书突出了图的重要作用，精选了200余幅插图，并对这些插图进行了大力加工，以增加其效果。此外，每章之后都附有复习思考题，便于学生巩固和掌握重点。本书不含疾病病理学部分，主要是受篇幅的限制，同时希望能把病理学的基本知识和重要内容写深、写透，突出基本知识的掌握，为学生后期课程的学习奠定扎实的基础。但在基础病理和系统病理的具体描述和举例时，还是尽量体现了一些常见病和重大疫病，使本书不脱离生产实际。

陈怀涛、高齐瑜、马学恩和赵德明教授对书稿内容进行了认真、严谨的审阅，谨此表示衷心的感谢！本书还得到主编单位甘肃农业大学的积极支持，在此一并致谢！

虽然全体编者和审阅人员集思广益，为本书付出了巨大的努力，但书中不足之处，甚至错误在所难免，故恳请读者批评指正，以便今后进一步完善和提高。

王雯慧

2011年1月17日于兰州

目　　录

各论　系统病理学

绪　论

一、兽医病理学的任务

兽医病理学（veterinary pathology）是研究和阐明动物疾病发生的原因（causes）、发病机制（pathogenesis）、病理变化（pathological changes）以及转归（结局）的一门科学。它的任务是认识和掌握疾病的本质，为疾病的诊断、治疗和预防奠定科学的理论基础。

兽医病理学包括兽医病理解剖学（veterinary pathoanatomy）和兽医病理生理学（veterinary pathophysiology）两门学科。兽医病理解剖学侧重于研究患病动物机体的形态结构变化及其发生的原因和机制，是从形态学的角度阐明疾病的本质及其发生、发展和转归的一般规律，故具有很强的直观性和实践性，并且在临床诊断中占有重要位置。兽医病理生理学则侧重于研究患病机体的机能、代谢变化及其原因和机制。上述两门学科相辅相成，彼此统一，共同构成从基础课程到临诊课程的桥梁。

二、病理学的发展简史

病理学是一门十分古老的学科，从人们最早开始注意、观察病理现象，到有目的地去探索疾病的本质，这个过程大约持续了 4000 多年。根据其发展，大致可分为液体病理学、器官病理学、细胞病理学和现代病理学四个阶段。

（一）液体病理学

液体病理学（humoral pathology）是由古希腊著名医生 Hippocrates（公元前 460～公元前 370 年）创立。他认为疾病是由外界因素促使人体内的血液、黏液、黄胆汁和黑胆汁四种基本液体发生质和量的改变，并造成四液之间的比例失衡而引起的。这一带有朴素唯物主义萌芽的学说在西方曾流行 2000 余年。

（二）器官病理学

器官病理学（organ pathology）是由意大利临床医生 Morgagni（1682～1771 年）于 18 世纪中叶创立。Morgagni 在对 700 余例尸体进行剖检之后发现，疾病常在一定的器官形成相应的病变，并对其作了精确的描述，同时还编写了《疾病的部位和原因》（*Seats and Causes of Disease*）一书。该书的出版（1761 年）标志着科学的病理学的开始，也为病理解剖学奠定了基础。到了 19 世纪初，奥地利病理学家 Rokitansky（1800～1878）根据 84 000 多例尸检资料，编写了第一部《病理解剖学》专著，对病理形态作了详细的描述，进一步丰富了器官病理学的内容。

（三）细胞病理学

19 世纪中叶，随着显微镜的发明与应用，德国病理学家 Virchow（1821～1902）借助于显微镜，观察、描述了病变部位的细胞和组织结构的各种变化，指出细胞结构的改变和细胞的功能障碍是一切疾病的基础，同时阐明了形态学改变与疾病过程和临诊表现之间的关系，从而创立了古典的细胞病理学（cellular pathology，cytopathology）理论，奠定了现代病理解剖学基础。其巨著《细胞病理学》（*Cellular Pathology*）于 1858 出版。该理论的问世是病理学发展史上一个新的里程碑，它对近百余年来病理解剖学和临诊医学的发展作出了具有历史意义的贡献。它对许多基本病变的描述，至今仍在沿用并且被验证是正确的。但应该指出的是，由于受当时历史条件的限制，细胞病理学过分地强调了疾病的局部定位，认为"所有疾病都是局部的"，"疾病的本质就是局部的细胞变化"，等等。这些形而上学的观点对病理学的发展也带来了某些不利的影响。此外，在这一时期，法国生理学家 Bernard（1813～1902）等认识到仅仅依赖于临床观察和尸体解剖的方法难以全面了解疾病的发生机制和发展规律，于是开始采用实验动物来研究疾病发生的原因和疾病过程中功能代谢的变化，从而形成了病理生理学的前身实验病理学（experimental pathology）。

（四）现代病理学

现代病理学（modern pathology）的重要标志主要体现在以下两个方面。

1. 新技术的建立与应用　伴随着电子显微镜技术、免疫组织化学技术、流式细胞术、图像分析技术和分子生物学技术等一些新技术的建立及其在病理学中的应用，使得病理学得以迅速发展，并进入了一个崭新的阶段，即现代病理学阶段。它使得人类对疾病的认识，从宏观、微观水平进入到亚微观和分子水平；从个体向群体和社会发展，从定性观察发展到定量测定，并逐步将形态的改变同机能代谢紧密结合起来。

2. 新学科的建立与发展　随着细胞生物学、分子生物学、现代免疫学、现代遗传学和环境医学等新兴学科的不断涌现与发展，以及各个学科之间的相互影响和相互渗透，促使病理学出现了许多新的学科或分支，如超微病理学（ultrastructural pathology）、分子病理学（molecular pathology）、免疫病理学（immunopathology）、遗传病理学（genetic pathology）、定量病理学（quantitative pathology）和环境病理学（environmental pathology）等。在这些新兴学科中，最具有里程碑意义的是超微病理学和分子病理学的建立与发展。

超微病理学是随着电子显微镜的诞生（第一台电子显微镜由德国人 Ruska 于 1938 年发明）和电子显微镜技术的建立而逐渐发展起来的一门学科，是病理学向深度和精度发展的一个重要阶段。它使人类对疾病的认识从细胞水平深入到亚细胞结构水平，完善和丰富了传统病理学的知识和内容。同时在疾病的诊断方面也起着日益重要的作用，尤其在肿瘤、肾小球疾病和病毒性疾病的诊断以及细胞凋亡的研究中，电镜诊断都充分显示了它的优越性和价值。

分子病理学是将病理学和分子生物学结合起来，在分子水平上研究疾病的发生、发展与转归的一门新兴学科。它以新的理论和方法研究并解释疾病，使人们对疾病的认识更加深入，诊断、治疗和预防的手段更趋完善，是形态病理学的重要补充和发展，它的诞生给传统病理学注入了生机和活力。

三、兽医病理学在兽医学中的地位

在人类医学中，病理学享有很高的声誉和地位。因为它是探讨疾病本质的科学，曾被誉为“医学的哲学”。又因病理学在医学教育、临床诊疗和科学研究中所扮演的重要角色，美国著名医生和医学史专家Osler称其为“医学之本”。由于病理学在基础医学与临床医学之间起着承上启下的作用，故长期以来被喻为“桥梁医学”。此外，病理学诊断在医学诊断中是具有权威性的一级诊断，迄今为止，仍然被临床视为带有宣判性的权威性诊断，鉴于此，它又被喻为“审判医学”。

和病理学在人类医学中所扮演的角色一样，兽医病理学在兽医学中也有着相同的重要地位。它是兽医基础科学和临诊科学结合点上的一门重要学科，是基础课程和临床课程之间的桥梁，起着承上启下的作用，其研究范围几乎涵盖了从基础到临诊的整个兽医学领域。

在兽医教育中，兽医病理学是基础兽医学和临床兽医学之间的桥梁，这是因为学习兽医病理学必须以动物的解剖学、组织胚胎学、生理学、生物化学、微生物学和免疫学等兽医基础科学和自然科学为基础，同时兽医病理学本身又是今后学习各门临床课程的基础。此外，兽医病理学还是具有临床性质的专业基础学科。这是因为，它既可以作为基础理论科学为兽医临床科学奠定坚实的理论基础并指导兽医临床实践，同时，它还作为应用科学直接参与动物疾病的诊断，并发挥着举足轻重甚至有时是决定性的作用。其特点是可以直接通过观测器官、组织和细胞病变特征而做出诊断，所以更具有直观性、客观性和准确性。

四、兽医病理学的教学内容

兽医病理学是兽医学专业的一门重要的专业基础课，根据兽医专业（动物医学专业）学制（四年制或五年制）和专业方向的不同，兽医病理学可按两门课程（兽医病理解剖学、兽医病理生理学）来学习，也可以作为一门课程来学习。

本教材的特点是将两门课程的内容合二为一，全书共二十一章，分为总论和各论两部分。总论部分为基础病理学（basic pathology），也称普通病理学（general pathology），包括第一章至第十三章，主要描述各种基本病理过程，即许多疾病共有过程的原因及发生发展的共同规律。第十三章简要介绍了疾病发生的重要分子机制，以便学生了解病理学的最新进展。各论部分为系统病理学（systematic pathology），包括第十四章至二十一章，是在总论学习的基础之上，进一步描述各系统主要器官常见疾病的原因及发生发展的特殊规律。

总之，总论部分阐述的是疾病的共性，即一般规律，而各论则重点阐述主要系统代表性疾病的特殊规律，但二者之间有着密切的内在联系。学好总论是学好各论的必要基础，而在学习各论时要经常回顾和运用总论的知识，以巩固总论的内容，加深对疾病本质的理解。此外，要掌握该课程，还应注意以下几点：①正确理解患病动物机体局部与整体的辩证关系。②正确理解内因与外因的辩证关系。③正确理解损伤与抗损伤的辩证关系。④正确理解形态结构与机能、代谢之间的辩证关系。⑤树立运动的、发展的观点。⑥重视理论与实践的结合。

五、兽医病理学的研究对象和意义

（一）患病动物

患病动物是进行病理学诊断和研究的最重要的对象，主要用于观察其病变器官、组织和细胞等。

1. 患病动物的病变器官　首先运用尸体剖检技术对病死动物或人工处死的患病动物进行尸体剖检（autopsy），肉眼观察各器官组织的病变，然后采集病变组织，进行进一步的病理学检查。其目的在于：①观察病变，分析各种病变的主次和相互关系，查明死亡原因，确定疾病诊断；同时协助临诊总结疾病诊断和治疗过程中的经验和教训，改进和提高医疗水平。②迅速发现和确诊某些传染病、地方流行病，特别是突发的和新发的疾病，为兽医疾病防控部门及时采取防治措施提供依据。③对屠宰动物进行肉尸检查（卫生检验），以确保肉品的安全。④收集各种疾病的病理标本和病理材料，直接为病理学的科研和教学服务。

2. 患病动物的活体组织　是指运用局部切取、细针穿刺或刮取等手术方法从活体患病动物体内获取的病变组织。主要用于活体组织检查（biopsy），简称活检，是病理学诊断与研究的重要手段。外科病理学（surgical pathology）或诊断病理学（diagnostic pathology）就是在此基础上形成的病理学分支。其优势和意义在于：①新鲜的活体组织能更客观地反映病变的真相，做出更准确的诊断和研究。②可快速做出疾病的病理学诊断，为临床治疗和判断预后提供可靠依据。③新鲜组织样本适用于一些新的研究方法，如免疫组织化学、原位杂交、超微结构观察和组织培养等，可对疾病进行深入的研究。

3. 患病动物的脱落细胞　是指从病变部位表面直接采集脱落的细胞，或分泌物（如鼻液、痰液）、渗出液（如胸水、腹水）及排泄物（如尿液、粪便）中的细胞。对于前者，主要是用于涂片、染色，然后进行细胞学检查，此种检查对于肿瘤的早期诊断具有十分重要的价值；对于后者，主要是用于临诊病理学（clinic pathology）检查，即用实验室的方法，对临诊上采集的血液、尿液、粪便、胸腹水等做化验和分析，以帮助做出诊断、判断治疗效果以及了解疾病进程。

（二）实验动物

实验动物是实验病理学的主要研究对象。常用的实验动物包括小鼠、豚鼠、兔、鸡和犬等，有时为了研究和诊断的需要，也选择疾病的本体动物，如家禽、猪、牛、羊和马属动物等。选择适宜的实验动物主要是通过人为控制各种条件复制疾病模型，进行各种样品的采集和相关指标的检测，全面观察某一疾病的整个病程，借以阐明疾病的发病机制。这是病理学研究常用的方法，对于正确认识疾病的本质，以及正确地诊断、治疗和预防疾病具有十分重要的意义。

（三）人工培养的活体标本

人工培养的活体标本是指从动物体内采取的器官、组织或细胞，将其在适宜的培养基上进行体外培养所获得的标本。它是进行体外实验病理学的重要研究材料，主要用于研究在各种病因（如病毒或其他致癌因素）作用下细胞、组织病变的发生和发展过程。在病理学上，肿瘤的研究用得更多一些，特别是通过体外培养建立起来的肿瘤细胞系或细胞株对研究肿瘤细胞的生物学特性及进行分子生物学研究具有重要作用。

六、兽医病理学的主要研究方法和诊断技术

1. 尸体剖检技术　简称尸检，是病理学最传统最基本的研究方法，也是兽医临床诊断的重要手段。它是运用病理学知识，解剖和检查死亡动物的病理变化，做出疾病病理学诊断的一门技术。主要借助于肉眼观察器官组织病变，有时也辅以放大镜、量尺和秤等工具进行测量。

2. 组织病理学技术　此技术广泛应用于动物和人类疾病的研究与诊断。它是在眼观检查的基础之上，采取病变组织，制作石蜡切片（paraffin section）或冰冻切片（freezing section），之后通过不同方法染色，然后在光学显微镜下观察病变组织的微观变化，以此做出组织病理学诊断或从微观水平认识疾病的本质。最常用的染色方法是苏木素-伊红（hematoxylin and eosin，HE）染色。有时也根据需要可以做特殊染色，来了解一些细胞、病理产物和化学成分等的情况。

3. 电子显微镜技术　在光学显微镜下小于 0.2μm 的一些细微结构，即便是再提高放大倍数也无法看清，这些结构被称为超微结构（ultrastructure）。而电子显微镜的分辨率则远远高于光学显微镜，因此可借助它观察到细胞内部和表面的超微结构，甚至还可以观察到生物大分子。

通常用得比较多的是透射电子显微镜（transmission electron microscope，TEM）和扫描电子显微镜（scanning electron microscope，SEM），前者主要观察细胞的内部结构，后者重点观察细胞的表面结构。常用的电子显微镜技术包括超薄切片技术、冷冻复型技术、负染色技术、免疫电镜技术、电镜图像分析技术、电镜放射自显影技术和微区分析技术等。

4. 组织（细胞）化学技术　组织化学（histochemistry）或细胞化学（cytochemistry）技术是指利用能与组织、细胞中某些化学成分（碳水化合物、核酸、酶、蛋白质、脂质、某些生物活性物质、无机成分等）进行特异性结合的显色试剂来显示病变组织细胞中的成分变化。例如，用 PAS 显示细胞中的糖原变化，用苏丹Ⅲ显示细胞内的脂肪等。该技术的特点是可以对所检测的化学成分进行定性、定位和定量，同时还可达到形态与代谢的结合。

5. 免疫组织化学技术　免疫组织化学（immunohistochemistry）是组织化学的一个分支，由组织化学和免疫学结合而形成。它是利用抗原抗体的特异性结合反应来检测组织、细胞中的化学物质（各种蛋白质、肽类、激素、多糖和脂质成分等）。此法的优势在于敏感性高，特异性强；可将形态结构的改变同机能、代谢结合起来；可以直接在组织切片、细胞涂片、培养细胞爬片或超薄切片上对某些蛋白质和多肽类等物质进行定位、定性和定量分析；可用于光学显微镜观察，也可用于电子显微镜观察。目前此技术在病理学中已获得最为广泛的应用，包括蛋白质和多肽类物质表达水平的检测、细胞属性的判定、淋巴细胞的免疫表型分析、激素受体和耐药基因蛋白质表达的检测、细胞增殖和凋亡的研究，以及细胞周期和信号转导的研究等。

6. 原位杂交技术　原位杂交（in situ hybridization，ISH）是将组织化学与分子生物学技术相结合建立起来的一项新兴技术，以检测和定位核酸为目的。它是利用核酸具有变性、复性和严格的碱基配对原理，直接用探针（被标记的已知序列的核酸片段）在石蜡切片、冰冻切片、细胞涂片或培养细胞爬片上检测和定位某一特定的靶 DNA 或 RNA。杂交有三种方式，即 DNA-DNA 杂交、DNA-RNA 杂交和 RNA-RNA 杂交。该技术常用于病原

微生物的检测和分子病理学等方面的研究。

7. 原位多聚酶链式反应技术 原位多聚酶链式反应（polymerase chain reaction，PCR）技术简称原位 PCR（*in situ* PCR）技术，是将石蜡切片、冰冻切片、细胞涂片或培养细胞爬片中的核酸片段（DNA 或 RNA）在原位先进行 PCR 的高效扩增，以达到常规方法可检测的水平，再进行原位杂交。此法可以检测和定位低拷贝的内源性和外源性基因，前者可用于基因突变、基因重排等研究，后者则多用于病原的基因检测。

8. 激光扫描共聚焦显微镜技术 激光扫描共聚焦显微镜（laser scanning confocal microscope，LSCM）技术是将光学显微镜、激光扫描技术和计算机图像处理技术相结合形成的一种高新技术。其优势和主要用途是：能对组织、细胞和亚细胞结构进行断层扫描，故被称为“细胞 CT”或“显微 CT”；可通过计算机三维图像重建软件处理获得样品的三维图像；能长时间观察活细胞；能测量细胞内的 pH 和离子浓度；用荧光漂白恢复技术进行细胞间通讯、细胞骨架的构成、生物膜结构和大分子组装等方面的研究。但此技术仅适用于培养细胞涂片、细胞爬片或冰冻切片，不适用于石蜡切片。

9. 显微切割技术 显微切割（microdissection）是 20 世纪 90 年代初期建立起来的技术。它是利用手工操作或激光捕获显微切割（laser capture microdissection，LCM）技术，从被染色的石蜡切片、冰冻切片或细胞涂片上切割下几百个或几十个同类细胞（目标细胞群），甚至单个细胞，再进行相关研究。由于该技术能从复杂的组织中获取特定的目标细胞，所以十分适合于肿瘤的分子生物学研究。

10. 流式细胞术 流式细胞术（flow cytometry，FCM）是利用流式细胞仪（flow cytometer）对处在快速、直线、流动状态中的单细胞或生物颗粒（被荧光剂染色的）进行多参数和快速定量分析，同时可以对特定的细胞群体加以分选的现代细胞分析技术。主要应用于以下几个方面：对某一特定细胞群进行快速分选和收集；细胞凋亡分析；进行 DNA 倍体分析；对细胞内的某些蛋白质和核酸进行定量研究；对外周血不同功能的淋巴细胞进行精确的亚群分析研究，等等。

除了上述介绍的一些常规方法和新的技术外，近年来还有其他一些先进技术应用于病理学，如图像分析技术、生物芯片技术（包括基因芯片、蛋白质芯片和组织芯片等）、比较基因组杂交技术和生物信息学技术等，这些技术为病理学的发展起到了极大的促进作用。

（王雯慧）

总论　基础病理学

第一章　疾病概论

第一节　概　　述

一、疾病的概念

疾病（disease）是相对于健康（health）而言的。迄今为止，人们对“健康和疾病”难以给出明确、清晰且公认的定义。一般认为不生病或没有病就是健康，但实际上此种观点是很不全面的。1989 年，世界卫生组织（World Health Organization，WHO）对人类的健康做了严格定义，即“健康不仅仅是没有疾病和病痛，而且在躯体上、心理上和社会适应性上处于完好状态（state of complete well-being)”。健康是相对的，并随着社会和科技的不断发展，疾病和健康的标准及其内涵也将不断发生变化。

目前认为，疾病是动物机体在一定病因作用下引起的损伤与抗损伤反应，由于自稳调节紊乱，从而导致体内出现一系列功能、代谢和形态结构的改变，临诊上呈现许多不同症状和体征，使机体与外环境间的协调关系发生障碍而产生的异常生命活动过程。换言之，疾病是动物机体在一定条件下受病因作用后，由于体内自稳调节紊乱而发生的异常生命活动过程。

动物的疾病通常具有如下特征：

（1）任何疾病的发生都有其原因和条件，没有原因的疾病是不存在的。

（2）任何疾病都是完整统一机体的复杂反应，呈现一定的功能、代谢和形态结构变化，这些变化是疾病时机体产生各种症状和体征的内在基础。

（3）任何疾病都包括损伤与抗损伤两方面变化及其相互转化，而且两者的比例关系，决定着疾病的发展方向。

（4）疾病是一个过程，故其自身有发生、发展和转归的一般规律。掌握疾病的变化规律，对认识疾病、预测其发展和转归以及进行有效的防治均具有十分重要的实际意义。

（5）疾病是在正常生命活动基础上产生的一个新过程，其与健康有本质的区别。

(6) 疾病时，不仅动物的生命活动能力减弱，而且其生产性能和经济价值均降低。这是动物疾病的重要特征。

二、疾病的经过

疾病的经过又称疾病过程，是指从疾病发生到疾病结束的全部过程。在此过程中，由于损伤与抗损伤不断发生改变，从而使疾病呈现不同的阶段。致病因素不同，疾病的阶段不尽相同。有的疾病阶段明显，有的则不明显。一般情况下，传染性疾病的阶段表现比较明显，通常可分为：

1. 潜伏期（incubation period） 由病原侵入机体到出现最初临诊症状的一段时间。此期长短随病原特异性、疾病类型和机体本身特征而不同。一般来讲，病原微生物数量多、毒力强；或者机体抵抗力减弱时，潜伏期较短，反之则较长。有些疾病，其潜伏期长短与病原侵入部位有关，如狂犬病，病毒入侵部位距中枢神经越近，则潜伏期越短。

2. 前驱期（prodromal period） 从疾病最初症状出现至全部症状出现为止。此期可由数小时到数天，特点是损伤与抗损伤性变化均加重，呈现一些非特异性的临诊症状，如精神沉郁、食欲减退、体温升高、呼吸和脉搏加快、生产性能降低等。

3. 症状明显期（syndromic manifest period） 疾病的特征症状或全部主要症状明显出现的时期。此期的特点是患病动物的防御代偿适应能力得到进一步发挥，同时机体的损伤性变化也更加明显。这一时期的许多症状和体征是疾病诊断的重要依据。

4. 转归期（period of outcome） 疾病都有一个发生发展的过程。大多数疾病发展到一定阶段后便将结束，这就是疾病的转归，即疾病发展的最后阶段（详见本章第三节）。

三、疾病的分类

疾病的分类方法比较多，常见的有：

按疾病的病程可分为最急性型、急性型、亚急性型和慢性型。最急性型无明显临诊症状，突然死亡，病理变化不明显。急性型的病程由数小时至 2～3 周，临诊上常呈现明显的症状。亚急性型的病程一般为 3～6 周，临诊症状相对较轻。慢性型的病程 6 周至数年，临诊症状常不明显，但随病程的不断延长，患病动物往往逐渐消瘦。

按引起疾病的原因可分为传染病、寄生虫病和普通病。传染病是由病原微生物侵入动物机体所致的疾病。寄生虫病是由寄生虫或其虫卵进入动物体内或体表所致的疾病。普通病是除了传染病、寄生虫病外的其他多种类型的疾病，如内科病、外科病、产科病等。

按疾病发生的主要系统可分为心血管系统疾病、血液系统疾病、肝胆系统疾病、呼吸系统疾病、消化系统疾病、泌尿系统疾病、生殖系统疾病、神经系统疾病和内分泌系统疾病等。

第二节 病 因 学

病因学（etiology）是研究疾病发生原因和条件的科学，主要回答“动物为什么会发病”的问题。

一、疾病发生的原因

疾病发生的原因简称病因（又称为致病因素），是指作用于机体的众多因素中，能够引起疾病并赋予该疾病特征的因素，具有决定疾病特异性的特点。根据来源，病因可分为外因和内因。

（一）外　因

外因是指引起疾病的外部因素，包括以下四个方面。

1. 生物性因素　包括各种病原微生物（如细菌、病毒、真菌、支原体、衣原体、立克次体、螺旋体等）和寄生虫（如原虫、蠕虫等）。此类病因的致病作用主要取决于病原体侵入宿主的数量、毒力、侵袭力与机体的防御和抵抗能力两种力量的对比，是动物疾病最常见的致病因素。其致病特点为：①有一定的选择性。该类致病因素对感染动物的种属、侵入门户、感染途径和作用部位等均有一定选择性。例如，马传染性贫血病毒对马属动物有致病作用；破伤风梭杆菌只能从损伤的皮肤或黏膜侵入机体才能发病；流行性淋巴管炎的病原体只沿淋巴管蔓延；猪支原体肺炎的病原体主要作用于猪肺脏等。②有一定的特异性。病程有比较明显的阶段性，病理变化和临床症状有一定的特征性，以及呈现特异性的免疫反应等。③有一定的持续性。生物性因素侵入机体后，一般在整个病程中不断繁殖（或复制），持续发挥致病作用；有些病原随机体的渗出物、分泌物和排泄物排出体外后，仍然具有感染性。④有明显的潜伏期。生物性致病因素侵入机体后，首先在体内生长繁殖（或复制），当其数量或毒力达到一定程度时，才能引起机体发病。⑤产生有毒代谢产物。生物性因素侵入机体后，在体内生长繁殖（或复制）过程中，可产生一些对机体有致病作用的代谢产物，如外毒素、内毒素、溶血素、杀白细胞素、溶纤维蛋白素、蛋白分解酶等。寄生虫性致病因素除能产生毒素外，还与机械性损伤和夺取机体营养物质有关。

2. 物理性因素　主要包括各种机械力、高温、低温、电流、光、电离辐射、大气压力、环境噪音等。其致病程度主要取决于致病因素的强度、作用部位、持续时间等，而与机体本身的反应性很少有直接关系。物理性因素的致病作用特点为：①对组织没有选择性。②除紫外线和电离辐射外，绝大多数机械性致病因素所引起的疾病潜伏期很短或者根本无潜伏期及前驱期。③大多数物理性致病因素只引起疾病，在疾病发展中其本身一般不再发挥作用。④致病因素作用的强度、性质、作用部位和范围与引起的损伤程度、性质和后果有直接关系，而一般不取决于机体的反应特性。

3. 化学性因素　包括无机毒物（如强酸、强碱、重金属盐等）、有机毒物（如醇、氯仿、乙醚、酚化物、氰化物、有机磷、有机氯、有机汞、有机砷、有机铜化合物等）、生物毒物（如蛇毒、尸毒、斑蝥毒等）、军用毒物（如氢氰酸、双光气、芥子气、氯乙酮、毕兹等）等。其致病作用特点为：①除慢性中毒外，引发疾病的潜伏期一般较短。②在疾病发展过程中连续发挥作用，直至化学性致病因素被解毒或排出体外。③部分化学性因素对机体器官、组织的致病作用，有一定的选择性，如四氯化碳主要引起肝细胞损伤等。④致病作用除与毒物本身的性质、剂量等有关外，在一定程度上还取决于毒物作用的部位和机体整体功能状态。

4. 机体必需营养物质缺乏或过多　机体缺乏维持正常生命活动所必需的各种物质，如维生素、矿物质、O_2、H_2O、蛋白质、脂类、糖等，均可成为疾病发生的原因，如幼龄动物缺铁性贫血、硒-维生素 E 缺乏综合征、缺氧症、脱水、软骨症等。有些物质（如 NaCl、F、Cu、Se、Al 等）摄入过多，也可成为疾病发生的原因。

（二）内　　因

内因是指与疾病发生有关的体内因素。这些因素一般是指机体防御功能降低、遗传免疫特性改变以及机体对致病因素易感等。其中，机体防御功能降低及对致病因素感受性增强是最重要的内部因素。

1. 机体防御功能降低　包括天然屏障、吞噬及杀菌作用、解毒与排除等功能降低。

1）天然屏障功能　皮肤、黏膜、骨骼、肌肉及血脑屏障、胎盘屏障等都具有阻挡或缓和外界致病因素致病的作用。当这些屏障的完整性遭到破坏或其功能降低时，容易致病。

2）吞噬及杀菌作用　体内各种组织中含有固定的吞噬细胞，如组织细胞、枯否细胞、尘细胞、小胶质细胞等；也有游走的吞噬细胞，如巨噬细胞和中性粒细胞等，这些细胞统称为单核巨噬细胞系统。上述细胞均具有吞噬并杀死病原菌的作用。另外，唾液和鼻腔分泌物中的黏多糖能灭活部分病毒，汗液、泪液中的溶菌酶可破坏革兰阳性细菌。血清中含有多种非特异性杀灭微生物的成分，如补体系统和溶菌酶等。某些正常组织或细胞（如脾脏、脑组织、红细胞等）也含杀灭微生物的非特异性物质和碱性多肽，胃酸、胆汁等也有一定的杀菌作用。当机体吞噬作用和杀菌能力减弱时，则容易发生某些感染性疾病。

3）解毒功能　肝脏是机体的最大腺体和代谢器官，其通过合成、分解、转化和储存等功能将来自于体内外的一切毒性物质转变为无毒或低毒物质，然后经肾脏排出体外。此外，肾脏也可通过脱氨基、结合等方式对毒物进行解毒。当上述功能发生障碍时，容易发生中毒。

4）排除功能　呼吸道黏膜上皮的纤毛运动；咳嗽、喷嚏等防御反射；胃肠道和肾脏等有排除各种异物、有害物质的作用，上述排除功能受损，可促进相应疾病的发生。

2. 机体反应性改变　机体反应性（reactivity）是指机体对各种刺激的反应性能，包括种属、个体、年龄和性别等。

1）种属反应性　不同种属动物对同一致病因素的反应性是不同的。例如，马属动物对鼻疽杆菌、传染性贫血病毒有感受性；雏鸭对黄曲霉毒素敏感；马、牛等草食动物感染炭疽常呈败血症，而猪多表现为局部炭疽等。

2）品种或品系反应性　同类动物的不同品种或品系，对同一致病因素的反应性不同。例如，某些品种或品系鸡对白血病病毒敏感；某些动物由于品种或品系不同，对血孢子虫病、锥虫病、布鲁菌病、肿瘤等的发病率有明显差异。

3）个体反应性　动物个体不同对同一致病因素的反应性也不同，表现为有的个体发病，有的不发病；有的病重，有的病轻；有的死亡，有的不死等。

4）年龄反应性　幼龄动物易患消化道和呼吸道疾病；而老龄动物由于防御免疫功能减弱，容易患病，且不易恢复。

5）性别因素　性别不同，生理解剖特点不同，感染疾病的情况不尽相同，如牛、犬、鸡的白血病发病率，雌性明显高于雄性。

3. 机体免疫特性改变　是指免疫功能障碍和免疫反应异常。前者主要表现为抗体生成不足、细胞免疫缺陷、吞噬细胞数量减少或功能低下及补体不足，而引起机体抵抗力降低，容易发生微生物感染；后者是指机体对正常无害抗原物质发生有害的免疫反应，包括变态反应和自身免疫。

4. 遗传性因素　主要是通过遗传物质的基因突变或染色体畸变而直接引起遗传性疾

病，如遗传性代谢病、遗传性功能障碍、遗传性畸形等。

总之，外因是疾病发生的重要因素，没有外因就不能发生相应的疾病。但是，外因作用于机体后是否发病，在很大程度上还要取决于机体的内部因素，即外因通过内因而起作用。在一些情况下，外因或内因在疾病发生上都可能起决定性的作用，如高温引起的烧伤，遗传物质改变引起的遗传病等，但这并不能代表疾病发生原因的一般规律。因此，研究疾病发生原因时，应从内因和外因两方面进行具体分析，才可能得出正确的结论。

二、疾病发生的条件

疾病发生的条件是指能够促进或阻碍疾病发生发展的因素，其中能促进疾病发生的因素称为诱因。

疾病发生的条件，可分为自然条件和社会条件。

1. 自然条件 包括季节、气候、地理环境等因素，虽不能直接引起疾病，但能影响疾病的发生、发展。例如，冬季的寒冷刺激，可降低机体抵抗力，呼吸系统疾病多发；而夏季有利于病原微生物繁殖，易发生消化系统疾病；低洼潮湿地区有利于寄生虫生存，易发生寄生虫病。近年来，随着工业生产的发展，“三废”（废水、废气、废渣）对环境的污染日趋严重，对人类和动物健康构成新的威胁，是一个值得重视和有待进一步研究和解决的大问题。

2. 社会条件 包括社会制度、政策管理、科技和生产力水平等，对动物健康或疫病流行也具有重要影响。

必须指出，疾病发生发展的原因和诱因是相对的，是针对某个具体疾病而言的，对于不同的疾病，同一因素可以是某一疾病发生的诱因，也可以是另一疾病发生的原因，如寒冷既是冻伤的原因，也是感冒、肺炎、关节炎等许多疾病发生的诱因。因此，要阐明某一疾病发生的原因和诱因及其在疾病发生中的作用，必须对具体问题作具体分析。

第三节 发 病 学

发病学是指研究疾病发生、发展与转归的基本规律的科学。其回答疾病是“怎样发生和发展”的问题。

一、疾病发生的基本机制

疾病发生的基本机制（mechanism）是指各种疾病发生发展的共同机制，而非具体疾病的特殊机制。近年来由于医学的飞速发展，各种新方法、新技术的应用，边缘学科的出现和形成，不同学科间的交叉渗透，使人们对疾病基本机制的研究从系统水平、器官水平、细胞和亚细胞水平逐步深入到分子、基因水平。疾病发生的基本机制可概括为：

（一）神 经 机 制

某些致病因素作用于神经系统的不同部位（如感受器、传入纤维、中枢神经、传出纤维等）引起神经调节功能改变，而发生相应疾病或病理变化称为神经机制。神经机制包括神经反射作用和直接作用。

1. 神经反射作用 如有害气体的刺激，可引起反射性的呼吸暂停；饲料中毒时可出现反射性呕吐和腹泻；缺氧时，因氧分压降低刺激颈动脉体和主动脉体的化学感受器，反射性地引起呼吸加深加快等。

2. 致病因素的直接作用 致病因素直接作用于中枢神经引起调节功能改变，从而产生相应的疾病或病理变化。例如，中枢神经的外伤、感染、缺氧、中毒等可直接破坏神经组织，引起相应疾病。

（二）体液机制

许多致病因素可引起（直接或间接地）体液质变或量变，从而导致各种疾病或病理变化的发生称为体液机制。主要表现为体液量的增加或减少，酸碱度的改变，渗透压增高或降低，各种电解质含量及比例的变化，O_2 和 CO_2 以及各种营养物质含量改变，代谢产物及各种毒性物质的积聚，酶活性的激活或缺乏，神经介质和激素含量与比例的改变，抗体含量变化以及抗原抗体复合物的出现等。体液上述各种成分或含量的改变，均可引起机体相应器官组织的功能、代谢以至形态结构的变化。

应当指出，体液因素在疾病发生发展中的作用是很复杂的，往往与神经机制同时发生，共同参与，故常称为神经体液机制。

（三）组织细胞机制

某些致病因素可直接或间接作用于机体的组织细胞，造成其功能、代谢障碍，自稳调节紊乱，引起相应疾病或病理变化，称为组织细胞机制。例如，外力、高温等，可无选择地直接损伤组织细胞；强酸或强碱的直接作用，可腐蚀组织等。又如，CO 侵入机体后，选择性地与血红蛋白结合，使血红蛋白变性。

应当指出，致病因素直接作用于组织细胞时，也作用于组织中的神经系统，引起神经反射性调节；当致病因素引起组织细胞损伤时，其病理产物进入体液，通过体液也可产生相应病理变化。因此，组织细胞机制是与神经机制和体液机制有着密切的联系。

（四）分子机制

疾病发生的分子机制是指从分子水平研究疾病时各种形态、功能、代谢变化，即分子病理学或称分子医学（molecular medicine）。

分子病理学是探索疾病及其康复过程中出现的各种细胞生物学与分子生物学现象，包括狭义分子病理学和广义分子病理学。前者主要研究生物大分子（如核酸和蛋白质）在疾病发生中的作用；而后者是研究所有疾病的分子机制。通常在基因水平上阐明疾病发生的机制均被认为是分子机制。

二、疾病发生发展的一般规律

疾病发生发展的一般规律是指各种疾病在其发生、发展过程中共同存在或遵守的基本规律，主要体现在以下三个方面。

（一）损伤与抗损伤的斗争和转化规律

疾病发展过程就是损伤与抗损伤的复杂斗争过程。致病因素作用于机体后，一方面引起机体功能、代谢和形态结构的各种病理性损伤；同时，机体调动各种防御、适应和代偿功能对抗致病因素及其所致的损伤，即产生抗损伤性变化。损伤与抗损伤自始至终贯穿于疾病发展过程中，构成矛盾的两个方面。它们互相依存，又互相斗争，推动着疾病的发展和转归，成为疾病发展的基本动力。损伤与抗损伤的对比关系决定着疾病发展方向和结局。当损伤性变化占优势时，则疾病发展趋向恶化，甚至导致机体死亡；反之，当抗损伤性变化占优势时，则疾病向有利于机体的方向发展，直至康复（痊愈）。例如，创伤造成组织破坏、血管破裂、出血、血液丧失、组织细胞缺氧等多种病理损伤；同时，机体也发生一系列抗损伤反应，如动脉血压下降和疼痛引起机体反射性交感神经兴奋，使血管收缩、心率加快、心肌收缩力加强，有助于动脉血压维持，以保证心脏、脑等生命重要器官的血液供应及减少出血等。如果上述病理性损伤较轻，则通过抗损伤性变化及采取相应合理的治疗措施，机体便可康复。反之，损伤较重，失血过多，抗损伤的各种措施不足以抗衡损伤性变化，又未进行合理正确的治疗，则病情恶化，发生创伤性或失血性休克，甚至危及生命。

应该指出，疾病发展过程中，损伤与抗损伤性反应之间并无严格界限，某些变化具有双重作用，并且在一定条件下可互相转化。如前所述，创伤时血管收缩有抗损伤的作用，但又可引起组织细胞缺氧，持续性缺氧可导致微循环淤血、回心血量减少和动脉血压下降，结果原本抗损伤的血管收缩此时已转变为损伤性反应。另外，创伤所造成的血管完整性破坏，导致出血，使局部血液凝固性增强，可以阻止或减少出血，是一种抗损伤性反应；但当出血停止后，由于血液凝固，阻塞血管，引起局部血液循环障碍，就转化为对机体不利的因素。

（二）因果转化规律

因果转化规律是指在疾病过程中，原始致病因素（因）作用于机体后引起机体发病，产生一定的病理损伤性变化，即为原始病因作用的结果（果），在一定条件影响下这个结果又可作为致病原因引起另一新的病理变化结果。如此原因、结果交替出现，互相转化，形成一个链锁式的发展过程，推动疾病发展。疾病过程中的这种因、果交替关系，称为因果转化规律。如机械性因素作用于机体引起创伤性大出血，使血液容量减少，致使心脏输出量及动脉血压下降，后者可反射性地引起机体交感神经兴奋，因而皮肤、腹腔内脏器官的微动脉和小静脉收缩，结果导致组织缺氧，毛细血管大量开放，大量血液淤积在毛细血管内，造成回心血量进一步减少，心输出量和血压也随之进一步降低，组织缺氧更加严重，于是微循环中血液淤积也增多，回心血量更加减少。如此不断发展，病情不断恶化，甚至导致动物死亡。这就是创伤性大出血的因果转化或恶性循环。

疾病过程中的因果转化是十分复杂的，有时同一原因可能引起几个结果，或同一结果可能由几个原因引起。在因果转化链锁上不同因果环节，在发病学中的作用可能是不同的，其中有主要变化，又有次要变化。那些决定疾病发展或影响疾病转归的主要变化，称为主导环节或主要病理变化，如创伤性大出血时，其主导环节是血容量减少。在病程发展的不同阶段，主导环节可能不同，随着疾病的发展，主导环节可能发生转化。因此，在兽医临诊实践中，要正确掌握疾病过程的因果关系，善于识别病程发展不同阶段的主导环节，采取合理的治疗措施，防止疾病恶化，提高机体的抵抗力，有效地防治疾病。

（三）局部与整体的关系

任何疾病都是完整统一机体的复杂反应，可表现为全身性病理变化，又可表现为局部病理改变。局部病变会影响全身功能状态，而全身功能状态又制约着局部病变的发展，二者存在不可分割的内在关系。例如，肺结核病的病变主要在肺，表现为咳嗽、咯血等，同时会引起发热、盗汗、消瘦及血沉加快等全身反应。另一方面，肺结核病也受全身状态影响，当机体抵抗力增强时，肺部病变可以局限化，并逐渐缩小甚至痊愈；机体抵抗力降低时，肺部病变可以发展，甚至扩散到其他部位，形成新的病灶。又如，全身性营养不良和某些维生素不足，可以减弱组织细胞再生和延缓创伤愈合。

应当指出，局部病理变化，有时是整体疾患的主导环节，如肠阻塞，局部化脓灶、某些局部肿瘤等。

总之，在认识疾病时，既要从整体观念出发，又不能忽视局部变化。要进行全面分析和处理，才能客观正确地认识疾病和有效地防治疾病。

三、疾病转归的一般规律

转归是指疾病过程的最后结局。疾病转归如何，即康复还是死亡，主要取决于损伤与抗损伤反应的对比。合理、正确而及时的治疗可影响疾病转归。

（一）康　　复

康复（rehabilitation；recovery）也称为痊愈。根据程度可分为完全康复和不完全康复。

1. 完全康复（complete recovery）　又称为完全痊愈，即患病机体完全恢复了健康，此时，病因作用已消除，机体的功能、代谢以及形态结均完全恢复正常，疾病症状全部消失，机体内部各器官系统之间及机体与外界环境之间的协调平衡关系得到完全恢复，动物的生产性能也恢复正常。

2. 不完全康复（incomplete recovery）　又称不完全痊愈，是指疾病的主要症状已经消失，但机体的功能、代谢和形态结构的损伤尚未完全恢复，体内仍存有某些病理变化，机体是通过代偿作用来维持生命活动。有些疾病在不完全康复后，由于机体状态改变或功能负担加重，引起机体的代偿失调，可使疾病再发，如心瓣膜病，当心脏负荷过重时，则可引起循环障碍的复发。

（二）死　　亡

死亡（death）是指机体生命活动不可逆转的终结，是生命过程的必然规律。病死是疾病恶化的结局，是动物最常见的死亡类型。可分为急死（骤死或猝死）和渐死。急死一般没有任何先驱征兆而突然发生；渐死为一般疾病的死亡，是一个渐进的发展过程，可分为三个阶段。

1. 濒死期（agonal stage）　此期的主要标志为机体各系统功能严重障碍和失调，中枢神经系统脑干以上处于高度抑制状态，表现为反射迟钝、心脏活动紊乱、血压下降、呼吸微弱或呈现周期性呼吸、括约肌松弛、粪尿失禁、体温下降。

2. 临诊死亡期（stage of clinical death）　此期的主要特征是心跳和呼吸完全停止。反射消失，中枢神经系统处于高度抑制状态，但各种组织仍进行微弱的代谢过程。本期的长短，决定于血液完全停止供应后，大脑对缺氧的耐受性，一般持续 6～8min。

在濒死期和临诊死亡期，若能采取及时正确的急救措施，动物有机体还有复活的可能性。

3. 生物学死亡期（stage of biological death）　是死亡的最后阶段，也是死亡的不可逆阶段。此期从大脑皮层开始至整个神经系统以及生命各重要器官的新陈代谢相继停止，并呈现不可逆变化，整个机体已不能再复活。

随着科学，特别是医学的发展，人们对死亡有了新的认识。目前认为死亡是指机体作为一个整体的功能永久停止，但是并不意味各器官组织均死亡。1968 年美国哈佛医学院提出人类死亡不可逆转的“脑死亡”（brain death）概念，并提出判断“脑死亡”的标准。同年，WHO 也对人类死亡提出类似的判断标准。脑死亡是指全脑功能（包括大脑半球、间脑和脑干各部分）的不可逆的永久性丧失，机体作为整体的功能永久性停止。

复习思考题

1. 名词解释：疾病　疾病发生的主导环节　发病学　转归　脑死亡
2. 疾病有哪些主要特点？
3. 生物性致病因素的主要致病特点是什么？
4. 试举例说明疾病发生中的因果转化规律。

（郑世民）

第二章　细胞和组织的损伤

第一节　细胞损伤常见的超微结构变化

细胞是构成动物有机体的基本生命单位，由细胞膜、细胞核和细胞质组成。在细胞质中分布着具有一定形态结构和生理功能的细胞器。细胞器是细胞代谢和细胞活动的形态支柱。细胞器的形态结构改变是各种细胞和组织损伤的超微形态学基础。细胞的正常超微结构如图 2-1 所示。

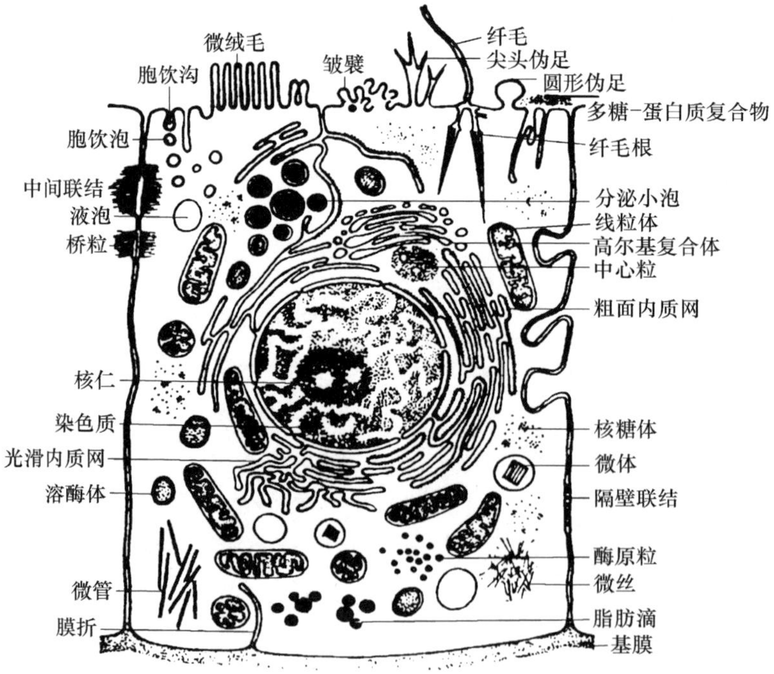

图 2-1　细胞的正常超微结构模式图

一、细胞膜的变化

在各种致病因素作用下，细胞膜可发生多种病理变化。其变化可由直接损伤细胞膜的外界因素引起，也可继发于细胞内的各种病理过程。

（一）细胞膜的变化

细胞膜的变化最常见的是膜破损，即在膜上出现多少不一、大小不等的缺损。此外，也可看到细胞膜厚薄不均，或形成小泡、皱折、髓鞘样结构（呈同心层状卷曲）等变化。

（二）细胞膜特化结构的变化

细胞膜的损伤也可表现为细胞表面特化结构的形态改变和消失。

1. 细胞外衣　细胞外衣的厚度和形态可因多种病原的作用而发生变化，如沙门菌感染时肠黏膜上皮的细胞外衣变薄，甚至消失；骨骼肌的细胞外衣可因旋毛虫的感染而增厚。细胞外衣损伤，使细胞膜失去保护而易受损，因此，常与细胞膜损伤同时出现。

2. 纤毛　纤毛对于物理性、化学性和炎性损害特别敏感，常迅速以相应的结构改变来做出反应，从而导致纤毛的运动障碍。

1）纤毛的数目改变　在胚胎性细胞和去分化细胞，纤毛数目常增多。在慢性反复发作性炎症，如慢性支气管炎和维生素 A 缺乏症时，呼吸道上皮常发生鳞状上皮化生，纤毛也随之消失。

2）纤毛形成异常　在呼吸性上皮覆盖的部位，慢性炎症可使其纤毛变得粗短，鼻咽部的乳头状瘤以及来自呼吸性上皮的肺癌也有这种典型改变。这种粗短的纤毛内结构异常，表现为周边部二联微管数目超常或中枢微管增多，且排列杂乱。相反，二联微管数也可能不足。

3）纤毛肿胀　慢性支气管炎或过度吸烟时，气管及支气管上皮纤毛可发生肿胀和运动不灵，以至黏液纤毛装置的排泌功能受障。

当呼吸道发生感染性疾病时，气管黏膜上皮细胞表面的纤毛常常会出现各种病变。例如，感染兔出血症病毒的病兔的气管黏膜上皮的纤毛可发生倒伏、粘连和断裂，病变严重时，可见气管黏膜上皮的纤毛大片脱落缺损（图 2-2）。

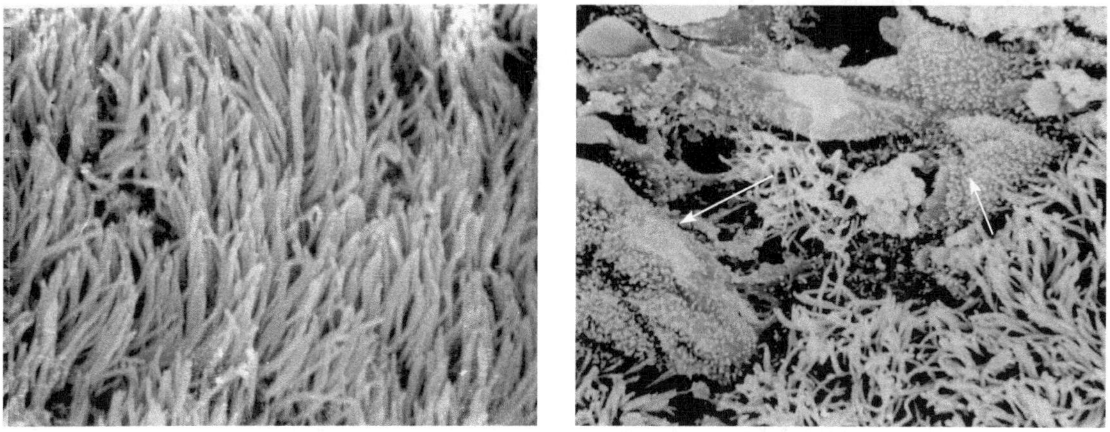

图 2-2　气管黏膜上皮纤毛的变化

左图为健康兔气管纤毛，长而整齐；右图箭头处为感染兔出血症病毒后，气管黏膜上皮纤毛倒伏、大片脱落。

3. 微绒毛　在致病因子的作用下，微绒毛可发生倒伏、粘连、断裂及缺失等变化。例如，兔感染兔出血症病毒后，可引起肠黏膜上皮表面的微绒毛出现明显的断裂缺失，由于微绒毛大量断裂缺失，造成上皮细胞吸收功能下降，以致大量液体潴留于肠腔而引起腹泻。

4. 细胞间连接

1）桥粒　在某些病理状态下，桥粒的数目可发生改变。例如，在皮肤的角化棘皮瘤及增生性滑膜炎时，桥粒增多，这被认为是由于蛋白质溶解和细胞外隙中 Ca^{2+} 浓度下降引起的。而在一些恶性肿瘤，如多种组织学类型的癌症，由于癌细胞的去分化，细胞的桥粒减少甚至消失，以至细胞互相分离，这是癌的侵袭性生长和转移的形态结构基础之一。此外，在一些病理状态下，桥粒还可移位于胞浆内，如表皮棘细胞再生、间变时和鳞状上皮肿瘤细胞内，缺氧和受到细胞抑制剂毒性影响的心肌细胞内，以及由多个细胞融合而成的多核巨细胞内等。

2）紧密连接　当出现坏死灶时，环绕其周围的细胞间由于受蛋白质溶解产物的影响而导致紧密连接增多。高血压时，内皮细胞受血压升高的影响，细胞膜单位面积上的紧密连接数目代偿性增多，是一种适应性反应的表现。

紧密连接也可出现松解，使细胞间的密封性下降。这就是高血压性血管病时血浆成分之所以能透过内皮细胞层而渗入内皮下的原因。此外，这也是恶性肿瘤细胞得以脱离细胞群体而侵袭性生长和转移的另一原由，以及炎症渗出过程中血管壁通透性升高的原因之一。

二、细胞质的变化

（一）线　粒　体

线粒体是细胞进行生物氧化产生能量的重要细胞器，它对各种损伤的反应很敏感，易出现数量、大小、形态和结构的改变，因此是细胞损伤的重要指示器。常见的变化有：

1. 线粒体肿胀　线粒体肿胀（mitochondrial swelling）是一种极为常见的变化，可由多种原因引起，缺氧、中毒、代谢障碍等是其最主要的原因。任何能破坏线粒体氧化磷酸化功能的有害因素，都能破坏线粒体膜的通透性，引起其水和电解质平衡紊乱，最终导致线粒体发生水肿和肿胀。

线粒体肿胀早期，线粒体稍肿大，基质略变淡但均质，嵴变短、减少，排列变乱，多在周边分布。之后，线粒体肿胀逐渐显著，基质电子密度不均，并形成较多电子透明区，故基质呈斑点状，此时嵴脱位，彼此失去联系，有些已消失，故其数目很少。后期，线粒体因大量水分进入而变为高度膨胀的无结构的囊腔，嵴完全崩解消失，界膜破裂（图 2-3）。由于线粒体发生上述肿胀变化，故光镜下细胞质中出现许多细小的颗粒。

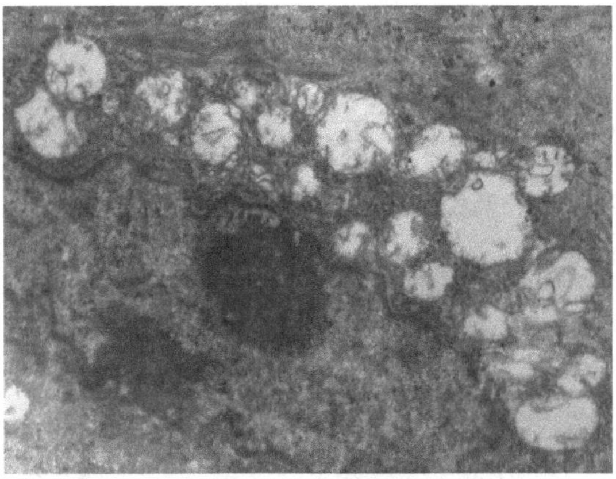

图 2-3　线粒体肿胀
牛舌黏膜上皮棘细胞中的线粒体重度肿胀，嵴变短，减少，排列变乱。

2. 线粒体固缩　表现为线粒体皱缩为圆球形，电子密度明显增高，嵴减少、变粗、变短。偶伴以外室轻度扩大，这是由于水和 K^+ 从线粒体内室析出造成的。线粒体固缩常见于细胞内代谢活动抑制时，如萎缩、变性、发育不全、凝固性坏死、饥饿后的肝组织、病毒性肝炎及肝肾肿瘤等。

3. 线粒体肥大与增生　线粒体肥大（mitochondrial hypertrophy）时，其体积增大，基质电子密度不降低，嵴的排列正常，但数目增多。此现象常见于病理性与生理性功能增强的心肌和骨骼肌，也见于妊娠时的子宫平滑肌。线粒体增生（mitochondrial hyperplasia）是指细胞内的线粒体数目比正常增多的现象。它常和线粒体肥大同时存在，且多发生在细胞代谢活动持续增强时。

4. 巨线粒体　巨线粒体（giant mitochondria；megamitochondria）是指体积明显增大或特别巨大的线粒体。其体积可比正常线粒体大数倍、十几倍甚至几十倍，嵴的数目也增多而且排列异常，致密颗粒增多，还会出现髓鞘样结构、晶体和脂滴包含物等。而这些形成物的出现，被认为是线粒体内陷后发生的蜕变过程。巨线粒体可由数个线粒体融合而成，或由单个线粒体增长而来，或两者兼有。巨线粒体在一个细胞里通常只有1～2个，而其余线粒体的数目、大小均正常或偶有缩减。它见于各种不同的组织及多种病理情况下，如维生素缺乏、蛋白质缺乏、某些化合物中毒等。

5. 线粒体包含物　当细胞发生损伤时，在线粒体的基质或嵴间隙可形成正常时不存在的包含物，主要有钙盐包含物、脂质包含物、糖原包含物、铁包含物、结晶状包含物、髓鞘样包含物与线粒体卵合等。

（二）内　质　网

在致病因素作用下，内质网可发生以下数目和形态结构的改变。

1. 内质网肥大与增生　内质网是一种易变的细胞器，可因其功能的变化而快速出现肥大、增生。肥大的特征是内质网容积增大，增生表现为其数目增多。

粗面内质网（rough endoplasmic reticulum，RER）肥大和增生意味着合成蛋白质的功能增强。滑面内质网（smooth endoplasmic reticulum，SER）肥大和增生最常见于苯巴比妥钠中毒、病毒性肝炎及黄曲霉毒素中毒等时的肝细胞。

2. 内质网扩张与囊泡形成　内质网扩张是指内质网的腔增大，扩张的池腔基本相连，网的结构基本保持。囊泡形成则是扩张的内质网断裂成许多大小不等的囊泡。粗面内质网扩张的程度轻重不一，呈局灶性或弥漫性。轻者表现为局部粗面内质网腔轻微扩张；重者病变弥漫，内质网腔显著扩张、细胞质呈筛状外观。粗面内质网发生这些变化时常伴有脱颗粒现象，脱粒严重时，可变成和滑面内质网相似的结构。内质网扩张和囊泡形成往往伴有线粒体肿胀，这就成为光镜下的颗粒变性和水泡变性。上述变化是一种常见的病理变化，多见于缺氧、中毒和病毒感染。

3. 粗面内质网脱颗粒　当粗面内质网脱颗粒时，其胞质面上的核糖体数目明显减少，呈稀疏分布，而胞质基质内核糖体数目则增多（图2-4）。粗面内质网脱颗粒时常伴有粗面内质网扩张，囊泡形成以及多聚核糖体的解聚，三者统称为“粗面内质网结构紊乱”，见于四氯化碳及霉菌毒素中毒时的肝脏。

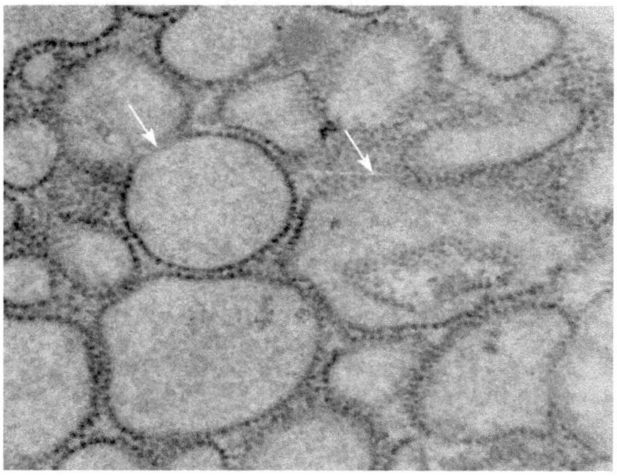

图2-4　粗面内质网脱颗粒

粗面内质网扩张，局部出现脱颗粒（↑）。

4. 多聚核糖体解聚　多聚核糖体解聚（disaggregation of polyribosomes）是指多聚核糖体断裂、核糖体颗粒散落入胞质基质中，以致胞质基质内散布着大量游离的单核糖体颗粒。因为只有多聚核糖体具有合成蛋白质的功能，所以多聚核糖体解聚或 RER 脱粒是蛋白质合成受到抑制的有意义的形态学特征。

5. 内质网包含物　内质网包含物主要有糖原、脂质或脂质体、蛋白性颗粒或结晶、微管聚集体、病毒、同心性板层小体以及内质网池内隔离（是指在扩张的内质网池中含有突入或游离的由粗面内质网膜包裹的胞浆成分）等。

（三）高尔基复合体

高尔基复合体（Golgi complex）是由扁平囊、大泡和小泡组成的膜性细胞器，除红细胞和角化上皮外，几乎所有哺乳动物的细胞中均存在。它的主要功能是将 RER 合成的蛋白质加工成分泌颗粒，再分泌到细胞外。常见的变化有：

1. 高尔基复合体肥大　高尔基复合体肥大（hypertrophy of Golgi complex）是指其体积增大，扁平囊和大、小泡增多的现象。常见于细胞分泌活动增加时（称为工作性肥大），或继发于邻近细胞高尔基复合体萎缩、功能缺陷的情况下（称为代偿性肥大）。

2. 高尔基复合体萎缩　高尔基复合体萎缩（atrophy of Golgi complex）是指其体积变小，扁平囊和大、小泡减少的现象。见于饥饿、蛋白质缺乏及细胞萎缩时。

3. 高尔基复合体扩张与崩解　高尔基复合体扩张（dilatation）是指其扁平囊和大、小泡的扩张。扩张严重时这些结构发生崩解（rupture）。常见于缺血、缺氧、病毒感染、药物中毒及衰老的细胞等。

（四）溶　酶　体

溶酶体是含有酸性水解酶的一组膜性细胞器，被认为是细胞内消化系统最重要的组成部分，具有消化和降解内源性和外源性物质的功能。因此，溶酶体的损伤可引起许多细胞病变，并参与多种疾病的发病机制。它的基本病变及其对机体的损伤如下。

1. 溶酶体过载　见于三种情况：①先天性溶酶体过载，是由于溶酶体里先天缺乏某些酶，使相应的作用底物不能被分解而积聚于溶酶体内，从而造成代谢障碍而导致疾病的发生，这一类疾病通常称为溶酶体贮积病（lysosomal storage disease）。例如，家畜的常染色体隐性遗传病——GM_1 神经节苷脂贮积病，是因溶酶体缺乏 β-半乳糖苷酶而使 GM_1 神经节苷脂在神经细胞溶酶体内积聚。②溶酶体过载是由于进入细胞内的物质量过多，超过了溶酶体酶所能处理的量，因而在细胞内贮积下来，如各种原因引起的蛋白尿，可在肾近曲小管上皮细胞内见到玻璃样滴状蛋白质的贮积（即玻璃滴样变，电镜下可见这些玻璃样小滴为增大的载有蛋白质的溶酶体）。③溶酶体过载还见于细胞内进入了较多在正常情况下不能被溶酶体降解的物质，如炭末、粉尘、重金属（铅、汞等）、色素、葡聚糖等。这种溶酶体过载现象较多见，也可引起疾病，如甘肃省河西地区发生的马属动物气喘病，是一种由有机尘（某些真菌与放线菌）和无机尘所致的混合性尘肺，除过敏性肺泡炎病变外，还发现肺尘细胞质中有许多过载铝硅酸盐化合物结晶的巨型次级溶酶体，有些溶酶体膜已经破坏。细胞摄入过多时，胞质中几乎被这些无机尘结晶所充满。

2. 溶酶体膜的损伤及其酶的释放　在一些致病因素作用下，溶酶体膜会发生损伤，使其通透性增强，甚至造成膜的破坏，致使溶酶体中的酶释出，引起细胞损伤和一系列病理变化。例如，活体内的细胞坏死和机体死后的自溶过程等均与溶酶体的损伤有关。

1）溶酶体与细胞自溶　溶酶体在细胞的自溶过程中起着重要的作用。机体死亡后及活体内细胞坏死的发生主要是由于溶酶体膜损伤及膜的通透性增强，水解酶大量释放造成细胞结构大分子成分的分解所致。在细胞局灶性坏死时，胞浆内形成自噬泡，自噬泡与水解酶结合后形成自噬溶酶体。若水解酶不能将其内的结构彻底消化溶解，则自噬溶酶体可转化为细胞内的残余小体，如某些长寿细胞中的脂褐素。

2）溶酶体与细胞间质损伤　当溶酶体酶释放到细胞间质中时，可对间质成分造成破坏，如类风湿性关节炎时，关节软骨细胞的损伤就被认为是由于细胞内的溶酶体膜脆性增加，溶酶体酶局部释放所致，释放出的酶中含有胶原酶，它能侵蚀软骨细胞。由于消炎痛和肾上腺皮质激素具有稳定溶酶体膜的作用，所以被用来治疗类风湿性关节炎。

此外，溶酶体一旦被释放到周围组织中，也可导致细胞组织的损伤。

（五）细胞质包含物

1. 糖原　包括β颗粒糖原（单颗粒糖原）和α颗粒糖原（玫瑰花形糖原），以前者存在较为普遍。细胞中糖原的数量和种类因组织和代谢不同而异，在某些病理条件下也会发生变化。

2. 脂质　脂质在电镜下表现为无界膜的圆形脂滴，其电子密度的高低与其不饱和脂肪酸含量高低有关，当其含量高时电子密度就高，因为它和锇酸的亲和力较强。而脂质体（liposomes）则是胞质中有界膜的脂滴，不过这种界膜严格说是囊泡化了的内质网膜。细胞里脂滴的大小和数目可因生理和病理状态不同而异。

3. 蛋白质　主要表现为絮状或结晶状。絮状包含物有单层界膜，有一定致密度，见于蛋白尿的肾小管上皮细胞等。结晶状包含物也属蛋白质性质，可来源于内质网、线粒体或细胞核，即为这些结构内结晶状包含物的易位，或直接在细胞质形成。

4. 病毒　除黏液病毒外，所有 RNA 病毒都是在细胞浆内装配的，有些包涵体只能在电镜下观察到，然而许多小的未被包裹的 RNA 病毒（如呼肠孤病毒）却能产生颇大的包涵体，在光镜下已很明显。电镜下，包涵体常由数量不等的病毒颗粒积聚而成，但有时则为病毒核蛋白质构成的微管聚集物。

5. 黑色素　以有界膜的、高电子密度的颗粒状小体（黑色素体）形式存在于黑色素细胞以及黑色素瘤和恶性黑色素瘤的瘤细胞里。黑色素体（melanosome）的多形性和内部结构紊乱，是恶性黑色素瘤的主要超微结构特征。

6. 其他包含物　在细胞质中还可见到细菌、原虫等多种包含物。

三、细胞核的变化

（一）核的大小与形态

细胞损伤时，核的大小与形态会发生改变。核体积增大除见于功能增强外，在病理情况下，最常见于细胞水肿。当细胞功能下降或严重受损浓缩时，核体积变小，染色质变致密。

核外形变化主要表现为不规则、核分节、核膜异常外凸和内陷，这种变化在恶性肿瘤尤为显著。

（二）核被膜与核孔

1. 核被膜（核膜）

1）核被膜增厚、增生及复层化　常见于病毒感染。

2）核被膜膨出或大泡形成　常见于培养细胞。

3）核内小管和液泡形成　病理情况下，由核被膜内陷所致。

4）形成核突和核袋　核突（nuclear projection）是由核被膜向表面突起所致，呈锤状、结节状或棒状，可附有蒂，外围为核被膜，内为核质；核袋（nuclear pocket）是由核被膜内陷而成，其内可为胞质的一部分，宛如假包涵体。

2. 核孔　可表现其数目增多（如肿瘤细胞）或减少（如恶病质的组织细胞）和核孔扩张、破裂等。

（三）核　仁

1. 核仁增大或肥大　常伴有蛋白质合成增多，提示蛋白质合成功能旺盛。此变化常见于增生活跃的细胞，如胚胎细胞、干细胞、肝切除后的再生细胞及肿瘤细胞等。

2. 核仁边移　核仁一般位于细胞中央，当细胞处于蛋白质合成增加的状态时，核仁移向周边，紧靠核被膜或核被膜凹陷附近，此现象称为核仁边移（nucleolar margination）。核仁边移有利于核仁物质与胞质的交换，是蛋白质合成功能旺盛的标志之一，常见于肿瘤细胞、再生肝细胞等。

3. 核仁分离　实为核仁成分分离，是指核仁的纤维成分和颗粒成分分离，并出现明显的界限。最常见的表现形式是在核仁上形成一个新月形、半球形或帽状团块，即“核仁帽”（nucleolar cap），后者与核仁之间有明显的界限。核仁分离是一种退行性变，在一定程度上是可逆的，但也可导致核仁碎裂而发生细胞死亡。

4. 核仁退行性变　表现为核仁空泡变、环形核仁（圈状核仁）、核仁分离等。

（四）染　色　质

染色质的变化常见于细胞严重损伤和细胞衰亡的过程中。

1. 染色质结块（chromatin clumping）　表现为染色质聚集成大小不等的团块，这种改变是可复性的。

2. 染色质边集（chromatin margination）　表现为染色质浓集，位于核被膜内膜的内侧，呈现为环状、新月状团块或不规则堆积，而核其他部位的染色质则趋向于消失。染色质结块和染色质边集在核碎裂的坏死细胞和凋亡细胞中表现比较明显。

3. 染色质均匀化（chromatin homogenization）　核内呈均匀中等电子密度，看不到染色质，此时核皱缩呈锯齿状不规则外观。

（五）核内包含物

核内出现正常成分以外的物质或结构，称为核内包含物（intranuclear inclusions）。

核内包含物可分为假包含物（胞浆性包含物）和真包含物（非胞浆性包含物，即异物性包含物）。

1. 假包含物　是由核膜内陷，进而内陷处的核膜紧靠并逐渐融合而成。见于药物、毒物中毒及各种疾病（包括肿瘤）。其特点是包含物内含有胞质结构成分（如各种细胞器成分)，由核被膜的两层膜围绕，内层充满核糖体，即相当于原核被膜的外膜；而假包含物的外层覆盖着染色质，相当于原核被膜的内膜。

2. 真包含物　核内包含物与核质混杂，无核被膜包绕，故称真包含物，包括核内糖原包含物、核内脂质包含物、核内结晶性包含物、核内重金属包含物、核内病毒包涵体以及其他核内包含物等。

第二节　变　　性

变性（degeneration）是指细胞或间质内出现异常物质或正常物质的数量显著增多，并伴有不同程度的功能障碍。有时细胞内某种物质的增多属生理性适应的表现而非病理性改变，对这两种情况，应注意区别。变性可分为细胞变性和细胞间质的变性，常见的细胞变性有细胞肿胀、脂肪变性及玻璃样变性等；细胞间质的变性有黏液样变性、玻璃样变性、淀粉样变性等。一般而言，细胞内变性是可复性改变，当病因消除后，变性细胞的结构和功能仍可恢复，而细胞间变性往往是不可复性变化，严重时发展为坏死。

一、细胞肿胀

细胞肿胀（cell swelling）是指细胞因水分增多而肿大的细胞病变的总称。它是一种常见的细胞变性，是细胞对损伤的一种最普遍的反应。细胞肿胀多发于心脏、肝脏、肾脏等实质器官的实质细胞，也可见于皮肤和黏膜的被覆上皮细胞。

病因和发病机制　细菌和病毒感染、中毒、缺氧、缺血、脂质过氧化、免疫反应、机械性损伤、电离辐射等致病因素，凡是能改变细胞的离子浓度和水平衡的因素均能导致细胞肿胀。由于病因不同，引起细胞肿胀的机制也不同。

1. 细胞膜的损伤　由于细胞受致病因子的作用，造成细胞膜损伤，膜钠-钾泵（Na^+/K^+-ATP 酶）功能障碍，细胞内 Na^+ 不能被泵出细胞外，Na^+ 就在细胞内蓄积，致使胞内 Na^+ 浓度升高而使胞内渗透压增高，于是水分进入胞内引起细胞肿胀。当细胞膜损伤严重，直接损伤或膜脂质过氧化时，胞膜通透性增强，血浆和间质液的大分子物质，如血浆蛋白质也可进入细胞使病变进一步加剧。

2. 线粒体的损伤　致病因子可破坏线粒体的生物氧化酶系统，使三羧酸循环和氧化磷酸化发生障碍，ATP 生成减少而致使细胞能量供应不足。其结果，一方面可造成胞膜钠-钾泵功能低下，不能有效发挥排 Na^+ 的主动运输功能而致胞内 Na^+ 蓄积；另一方面，可造成细胞内中间代谢产物增多，细胞器和大分子物质崩解，使细胞嗜水性增强，进入大量水分，细胞肿大，线粒体肿胀、空泡化，严重时线粒体内可出现磷酸盐颗粒，内质网等细胞器也肿胀和扩张，甚至形成囊泡。

病理变化　发生细胞肿胀的器官眼观体积增大，边缘变钝，被膜紧张，色泽变淡，浑浊无光泽，质地脆软，切面隆起，切缘外翻。根据镜下的病变特点，细胞肿胀可分为颗粒变性和空泡变性。

1. 颗粒变性（granular degeneration）　是组织细胞最轻微的、最易发生的一种细胞变性。其特点是细胞肿大，在胞浆内出现微细的淡红色颗粒，核淡染（图 2-5、图 2-6）。由于发生颗粒变性的实质器官，如肝脏、肾脏、心脏外观肿胀、混浊、呈土黄色，似沸水烫过一样，故过去有混浊肿胀或浊肿（cloudy swelling）之称。颗粒变性主要发生于实质器官，如肝脏、肾脏、心脏等，而且主要发生于组织器官的实质细胞。所以，也称为实质变性(parenchymatous degeneration)。

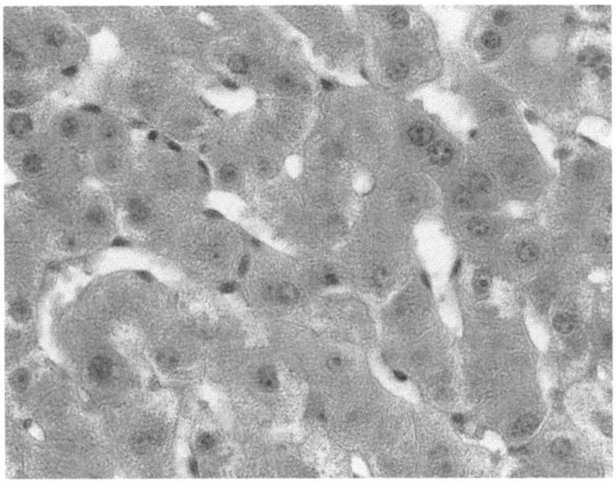

图 2-5　肝脏颗粒变性
肝细胞肿大，胞浆中充满嗜伊红蛋白性颗粒。

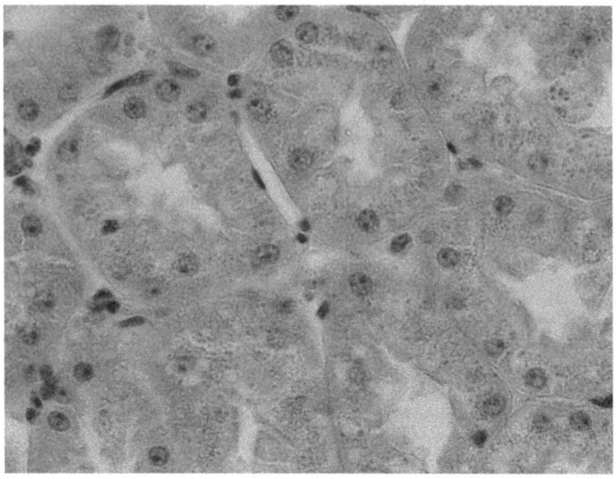

图 2-6　肾脏颗粒变性
肾小管上皮细胞浆中有大量嗜伊红蛋白性颗粒；上皮细胞肿胀突入管腔，使管腔变小，呈裂缝或星状。

2. 水泡变性（vacuolar degeneration）　也称空泡变性或水样变性（hydropic degeneration)。其特点是胞浆、胞核内出现大小不一的空泡（水泡），使细胞呈蜂窝状或网状。变性严重者，小水泡相互融合成大水泡，细胞核悬于中央，或被挤于一侧，细胞显著肿大，胞浆空白，外形如气球状，故称为气球样变。水泡变性多发生于皮肤和黏膜上皮，如痘疹、口蹄疫时的皮肤和黏膜（图 2-7）。实质器官（如心脏、肝脏、肾脏）的水泡变性常由颗粒变性发展而来。颗粒变性和水泡变性只是病变的程度不同，是同一病理过程的不同发展阶段，其发病机制都属于细胞肿胀。

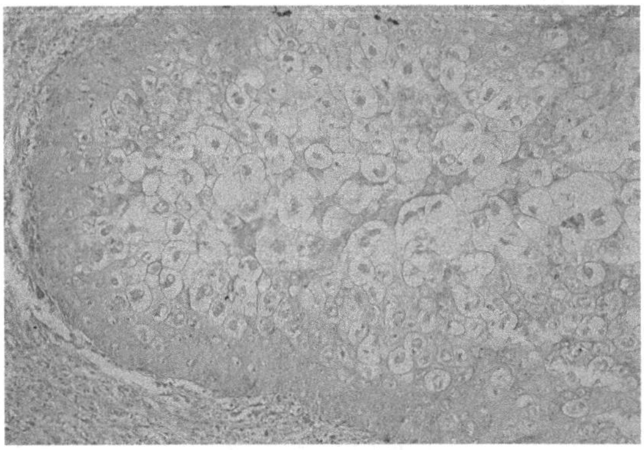

图 2-7　水泡变性
鸡痘痘疹中的表皮细胞发生典型的水泡变性，许多细胞呈现气球样变。

电镜下，肿胀细胞的胞膜和细胞器发生改变。胞膜上产生大的表面突起或小泡，微绒毛发生扭曲。细胞肿胀早期除可见胞浆基质疏松或稀薄变淡外，尚可见线粒体肿胀，嵴变短或减少、消失；内质网扩张、脱颗粒；胞浆中糖原减少，自噬体增多。此时光镜下所见胞浆中出现的微细颗粒在线粒体丰富的细胞主要是肿大的线粒体，在缺乏线粒体的细胞则主要是内质网，但有时也可为小泡状的蛋白质或其他物质的沉积。而细胞肿大是由于胞浆中水分增加及线粒体、内质网等细胞器肿胀或扩张所致。细胞肿胀后期的变化为细胞明显肿大，胞浆基质疏松变淡，线粒体高度肿胀，内质网极度扩张并空泡化和断裂成囊泡，扩张的粗面内质网伴有核糖体颗粒脱落，高尔基复合体的扁平囊也发生扩张。严重时线粒体可发生破裂，内质网广泛解体，甚至崩解。光镜下所见胞浆中的水泡（空泡）主要是极度扩张和囊泡化的内质网及扩张成囊状的线粒体。

结局和对机体的影响　细胞肿胀是一个可复性过程，是细胞轻度或中度损伤的表现，在病因消除后，细胞的结构和功能即可恢复正常，对机体影响不大。若病因持续作用，可使细胞损伤加剧，该器官、组织功能降低。例如，肾小管上皮细胞颗粒变性时，可出现蛋白尿。若进一步发展，则能导致变性的细胞死亡。

二、脂 肪 变 性

脂肪变性（fatty degeneration）是细胞内脂肪代谢障碍时的形态表现，简称脂变。其特点是，细胞胞浆内出现正常情况下在光镜下看不见的脂肪滴，或胞浆内脂肪滴增多。

在正常细胞结构中，脂滴是重要的胞浆内含物之一；同时，还有一些脂类与蛋白质结合成脂蛋白而存在于胞浆中。脂滴以极小的微粒散布于细胞浆中，光镜下不能显现，只有在电镜下方可见到（特别是在肝细胞中）。在病理情况下，细胞受病因作用造成脂肪代谢障碍，以致细胞浆内脂类积聚。由于积聚的脂类量大，所以可用特殊的方法染色后即可在光镜下观察到。脂滴的主要成分是中性脂肪（甘油三酯）及类脂质（胆固醇之类）。在常规石蜡切片中由于脂滴被脂溶剂（酒精、二甲苯等）溶解而呈圆形空泡状，有时不易与水泡变性相区别，可作冰冻切片用脂肪染色显示，即用能溶于脂肪的染料染色，如苏丹Ⅲ或油红将脂肪染成橘红色，苏丹Ⅳ将脂肪染成红色，苏丹黑 B 及锇酸将脂肪染成黑色。

原因和发病机制　引起脂肪变性的原因很多，常见的有缺氧（如贫血和慢性淤血）、中毒（如磷、砷、酒精、四氯化碳、氯仿和真菌毒素等）、感染、饥饿和缺乏必需的营养物质（如胆碱、蛋氨酸、抗脂肝因子等）等因素。上述各类病因引起脂肪变性的机制并不相同，但脂肪变性的发生是病变细胞的结构脂肪和脂肪代谢被破坏的结果。

现以肝细胞脂肪变性为例，说明其发生机制。

1. 载脂蛋白合成障碍　由于缺氧、化学毒物（如酒精、四氯化碳）或其他毒素，如真菌毒素通过破坏内质网或抑制某些酶的活性，使脂蛋白及组成脂蛋白的磷脂、蛋白质等的合成障碍，都能导致肝脏不能及时将甘油三酯合成脂蛋白而运输出去，进而使甘油三酯蓄积于肝细胞胞浆内。此外，由于合成脂蛋白的原料，如磷脂或合成磷脂所必需的物质（如胆碱、蛋氨酸、抗脂肝因子等）缺乏，也能影响磷脂或脂蛋白的合成，此种现象见于鸡的脂肪肝，其主要由于饲料中缺乏胆碱或蛋氨酸所致。

2. 脂肪酸氧化障碍　缺氧可导致脂肪酸氧化障碍，这是由于缺氧使催化脂肪氧化的酶受到抑制，而影响脂肪酸的氧化，同时，缺氧还可影响脂蛋白的合成，从而促进细胞内甘油三酯的合成和蓄积。

3. 进入肝细胞内的游离脂肪酸过多　常由于肠道吸收过多、饥饿或某些疾病（如消化道疾病造成饥饿状态，或糖尿病等对糖的利用障碍）时，脂肪组织分解加强，脂肪组织的分解物大部分以脂肪酸的形式进入肝细胞，使肝细胞合成脂肪增多，超过了肝细胞对脂肪酸的氧化利用和合成脂蛋白输出去的能力，导致脂肪在肝细胞内的蓄积。

4. 脂肪显现　在严重感染、中毒和缺氧的情况下，细胞结构被破坏，细胞内的结构脂蛋白崩解，脂质析出，以至脂滴在细胞内显现，如口蹄疫病毒感染引起的心肌脂肪变性。

5. 细胞分泌作用抑制　肝细胞内的膜界性脂蛋白颗粒是通过排粒作用分泌到细胞外的，如果此过程发生障碍，脂蛋白颗粒便会在细胞内蓄积。因此，任何能干扰细胞内脂蛋白颗粒运输和排粒作用的因素，都可使分泌颗粒积聚，而引起脂质聚集。

病理变化　脂肪变性的一般病理变化：眼观，脂肪变性的组织器官体积肿大，质地较软，颜色淡黄或土黄，切面结构模糊，有油腻感。镜下，在变性的细胞浆内，出现大小不一的空泡，细胞核可被脂滴挤压而偏于细胞的边缘。

脂肪变性多见于代谢旺盛耗氧多的器官，如肝脏、肾脏和心脏等，而以肝脏脂肪变性最为常见。

1. 肝脏脂肪变性 肝脏是脂肪代谢的枢纽，脂肪代谢过程中的任何一个环节发生障碍，如脂蛋白合成障碍、中性脂肪合成过多、脂肪酸的氧化或酯化障碍等均可引起肝细胞的脂肪变性。肝脏轻度脂肪变性时，眼观无明显异常，严重时可见肝脏肿大，质地较软，色泽淡黄至土黄，切面结构模糊，有油腻感，有的甚至质脆如泥。重度弥漫性肝脂肪变性称为脂肪肝（fatty liver）。镜下，可见肝细胞浆内出现大小不一的空泡，起初多见于核的周围，以后变大，较密集，散布于整个胞浆中，严重时可融合为一个大的空泡，将肝细胞核挤向一边，似脂肪细胞或“戒指状”（图 2-8）。如果肝脏的脂肪变性伴有慢性肝淤血时，则肝切面由暗红色的淤血部分和黄褐色的脂肪变性部分相互交织，形成类似中药槟榔切面的花纹色彩，故称为“槟榔肝”（nutmeg liver）。由于病因不同，脂肪变性在肝小叶中发生的部位也不同，妊娠中毒、有机磷中毒时，脂变主要出现在肝小叶的边缘区，称为周边性脂变；而慢性肝淤血、缺氧、氯仿中毒、四氯化碳中毒等引起的脂变则主要发生于肝小叶的中央区，称为中心性脂变；严重中毒或感染时，肝细胞可普遍发生重度脂肪变性，同脂肪组织相似，因而称为脂肪肝。

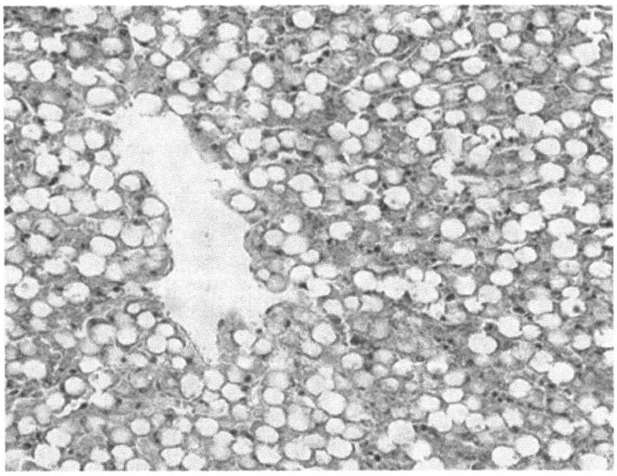

图 2-8 脂肪变性

牛肝脏发生弥漫性脂肪变性时，许多肝细胞胞浆被较大脂滴占据。

2. 心肌脂肪变性 心肌细胞在正常情况下可含有少数脂滴，若大量脂滴出现在心肌细胞内，则为脂肪变性。在严重贫血、中毒、感染（如恶性口蹄疫）及慢性心力衰竭时，心肌可发生脂肪变性。在心外膜下和心室乳头肌及肉柱的静脉血管周围有灰黄色的条纹或斑点分布在色彩正常的心肌之间，呈红黄相间的虎皮状斑纹，故称为“虎斑心”（tiger heart）。镜下，可见脂肪小滴呈串珠状排列在心肌原纤维之间。电镜下，可见脂滴主要位于肌原纤维Z带附近和线粒体分布区，肌纤维闰盘被掩盖，核也呈退行性变化。这种情况常发生于冠状循环慢性淤血时（心力衰竭）、严重的贫血、中毒和传染病等。由于心肌变性引起心收缩力下降，所以死后心肌松软脆弱，心室扩张，心肌不僵硬。

3. 肾脏脂肪变性 当严重贫血、缺氧、中毒或肾小球毛细血管通透性升高时，肾小管特别是近曲小管的上皮细胞可吸收漏出的脂蛋白而导致脂肪变性。外观肾脏稍肿大，切面可见皮质增厚，略显浅黄色，有黄色条纹或斑纹。镜下病变轻微的可见脂滴位于肾小管上皮细胞基底部，严重时散布于整个上皮细胞浆。

结局和对机体的影响 脂肪变性是一种可复性的病理过程，当病因消除，物质代谢恢复正常后，细胞结构能完全恢复。严重的脂肪变性则可进一步导致细胞死亡。

由于发生原因和变性程度不同，脂肪变性所造成的影响不尽相同。有些只引起轻微的机能障碍，有些可导致严重的后果。例如，肝脏的脂肪变性，可导致肝糖原合成和解毒机能降低；心肌的脂肪变性，则可引起全身血液循环障碍和缺氧等一系列机能障碍。

附：脂肪浸润

脂肪浸润（fatty infiltration）是指脂肪细胞出现于正常情况下不含脂肪细胞的组织器官的间质中，主要发生于心脏、胰腺、骨骼肌等组织内。例如，心肌发生脂肪浸润时，脂肪细胞可浸润于肌纤维之间，有时在心内膜下便可见到淡黄色区域。镜下，可见脂肪细胞成片或条状分布于心肌细胞之间，心肌纤维可因受压而萎缩。脂肪浸润常发生于老龄及肥胖动物。可能是老龄动物的间叶细胞处理循环脂肪机能降低的缘故。

脂肪浸润一般不影响机能，但生命重要器官的脂肪浸润，即使程度较轻，也会累及该器官机能的正常发挥，甚至容易引起器官的机能衰竭，如心肌的脂肪浸润，可引起心功能衰竭。

三、玻璃样变性

玻璃样变性（hyaline degeneration）又称透明变性、透明化（hyalinization）或玻璃样变（hyaline change），是泛指细胞质、血管壁和纤维结缔组织内出现一种均质无结构的、红染的毛玻璃样透明蛋白样物质的变化，这里所说的透明蛋白是多种蛋白质变性后的一种物理状态，并不是某一蛋白质的专有名词。根据病因及发生部位不同，玻璃样变性可分为细胞内玻璃样变性、血管壁玻璃样变性和纤维结缔组织玻璃样变性三种类型。

（一）细胞内玻璃样变性

细胞内玻璃样变性又称细胞内透明滴样变（hyaline droplet degeneration），是指在变性的细胞内（胞浆中）出现大小不一、均质红染的玻璃样圆形小滴。这种病变常见于肾小球肾炎，或其他疾病而伴有明显的蛋白尿时，肾小管上皮细胞内可出现多个大小不等的红色圆形小滴。其发生机制一方面可由细胞本身变性所产生；另一方面是由于肾小球血管在炎症时通透性增高，血浆蛋白大量从原尿中滤出而进入肾小管，并被肾小管上皮细胞吞饮，在肾小管上皮细胞内出现大量的透明蛋白。当这种变性的上皮细胞破坏时，透明蛋白即游离在肾小管腔内，并相互融合凝集成透明管型。镜下，可见在肾小管上皮细胞的胞浆中充满大小不一的粉红色（嗜伊红）、圆球状颗粒，此颗粒边缘整齐光滑，有透明感。大的可比红细胞大，小的如发生颗粒变性细胞中的颗粒（图 2-9）。变性的细胞肿胀，细胞界限不清。

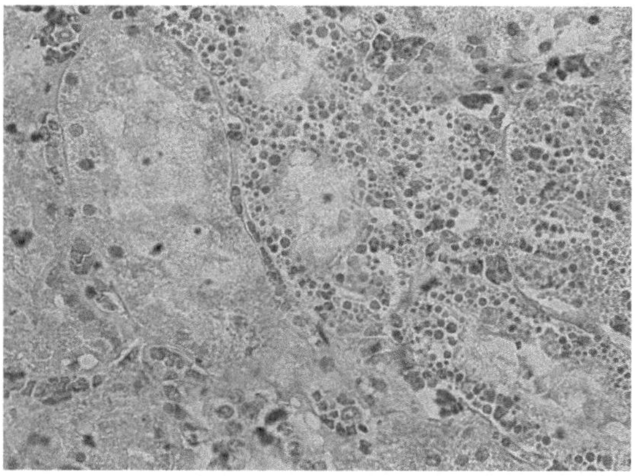

图 2-9　细胞内玻璃样变性
骡的肾小管上皮细胞浆内分布有较多圆形透明小滴。

（二）血管壁玻璃样变性

血管壁玻璃样变性常发生于脾脏、心脏、肾脏等器官的小动脉管壁，如在坏死性动脉炎和血管壁纤维素样坏死等血管病变中。血管壁玻璃样变性包括急性和慢性变化两个过程。急性变化的特征是管壁坏死和血浆蛋白渗出、浸润在血管壁内。慢性变化为急性变化的修复过程，最后导致动脉硬化。家畜临诊上常见的是急性变化，也可见慢性变化，如狗的慢性肾炎。血管壁玻璃样变性的原因很多，最常见的是炎症性病变，如马病毒性动脉炎、牛恶性卡他热、鸡新城疫、鸭瘟等有动脉炎存在的疾病。有些化学药品和毒素，细菌内毒素、生物碱及丙烯胺等，对血管内皮细胞具有毒性作用，可以使肌性动脉的中膜发生急性坏死和引起玻璃样变性。血管壁玻璃样变性的发病机制一般认为是血管内皮屏障受到损伤，导致血管内膜通透性增高，血浆蛋白渗入中膜。同时，由于血管内皮受损，引起中膜营养不良，导致中膜的平滑肌纤维发生变性。血管壁发生硬化时，后期可出现玻璃样变性。

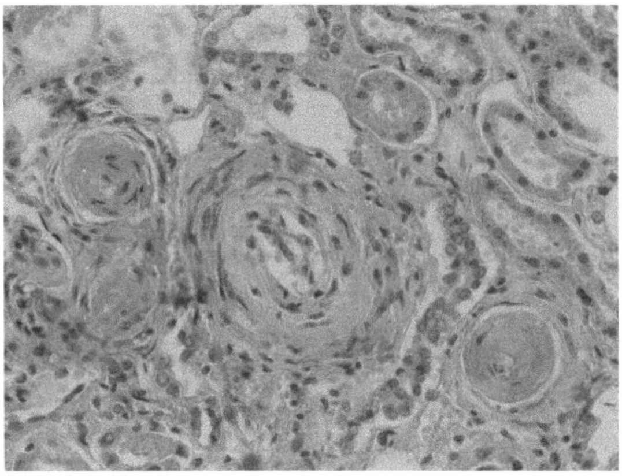

图 2-10　小动脉壁玻璃样变性
肾脏间质小动脉壁已变为均质无结构的玻璃样物，其中细胞成分很少，动脉管腔变小甚至闭塞。

血管壁玻璃样变性在组织学上的共同特点是小动脉中膜的结构破坏，平滑肌纤维变性溶解和原纤维结构消失，加上大量的血浆蛋白的沉积，使中膜变成致密的无定形透明蛋白，呈均匀一致的无定形红染结构，PAS 反应呈阳性。这种病变表示肌纤维溶解和动脉壁中有血浆蛋白渗透浸润。此时管壁增厚，管腔狭窄甚至闭塞，导致该器官缺血（图 2-10）。

（三）纤维结缔组织玻璃样变性

纤维结缔组织玻璃样变性常见于慢性炎症、瘢痕组织、纤维化的肾小球、动脉粥样硬化的纤维性瘢块、增厚的器官被膜和硬性纤维瘤等。眼观发生玻璃样变性的结缔组织为灰白半透明，质地坚实，缺乏弹性。在光镜下见结缔组织中纤维细胞明显减少，胶原纤维增粗并相互融合成为均质无结构红染的梁状、带状或片状，失去纤维的结构。其发生机制尚不清楚，有人认为在纤维瘢痕老化过程中，胶原蛋白分子之间的交联增多，胶原纤维也相互融合，其间并有较多的糖蛋白积聚，形成所谓玻璃样物质；也有人认为可能由于缺氧、炎症等原因，造成局部 pH 或温度升高，致使胶原蛋白分子变成明胶并相互融合所致。

轻度的透明变性可以吸收，组织可恢复正常；但变性严重时，不能完全被吸收，变性组织容易沉积钙盐，引起组织硬化。小动脉发生玻璃样变性，管壁增厚、变硬，管腔变狭窄，甚至完全闭塞，可导致局部组织缺血和坏死，如猪瘟脾脏的贫血性梗死，即为脾小体中央动脉玻璃样变性的结果所致。血管硬化如果发生在一些生命重要器官（如脑和心脏），则可造成严重的后果。

四、淀粉样变性

淀粉样变性（amyloid degeneration），简称淀粉样变（amyloidosis），也称淀粉样物质沉积症，是指淀粉样物质在某些器官的网状纤维、血管壁或组织间沉着的一种病理过程。

淀粉样物质（amyloid）的化学性质属糖蛋白，是具有 β-片层结构的多肽链组成的一种纤维性蛋白，新鲜变性组织往往具有淀粉遇碘的显色反应，即遇碘时被染成棕褐色，再滴加1%硫酸溶液后则呈紫蓝色，故传统称为淀粉样物质，其实和淀粉并无关系，之所以出现淀粉样变色反应，是由于其中含有多糖物质之故。淀粉样物质在 HE 染色切片中为淡红色、无结构均质状，对刚果红有高度亲和力而被染成橘红色，并在偏光显微镜下呈黄绿色，对甲基紫可出现异染性（即淀粉样物质呈红色或紫红色，周围组织呈蓝色），Van Gieson 染色呈黄色，Masson 染色呈蓝色，PAS 染色呈红色。淀粉样变性可为全身性和局部性。

病因和发病机制　淀粉样变性多发生于长期伴有组织破坏的慢性消耗性疾病和慢性抗原刺激的病理过程，如慢性化脓性炎症、骨髓瘤、结核、鼻疽以及供制造高免血清的马等。此外，鸭有一种自发性的全身性淀粉样变性病，发生原因尚不清楚。人的淀粉样变性具有家族遗传性。

关于淀粉样变性的发生机制，一般认为淀粉样物质是蛋白质代谢障碍的一种产物，与全身免疫反应有关，它是由网状内皮细胞所产生。当组织发生淀粉样变性时，在病灶中可以看到不典型的网状细胞，所以称为“淀粉样蛋白细胞”，它能合成异常的蛋白质。兽医临诊实践中常见的是继发性淀粉样变性，即淀粉样变性继发于一些长期伴有组织破坏的慢性炎症性疾病，如骨髓炎、子宫炎、关节炎、结核和其他肉芽肿性疾病。原发性淀粉样变性见于可产生淀粉样蛋白的浆细胞瘤，其发生与免疫细胞机能失调有关。研究显示，肿瘤性浆细胞可合成大量免疫球蛋白轻链及其片段，它们都是淀粉样物质的前体。这些淀粉样蛋白前体经血液循环，通过毛细血管壁进入组织间隙，继而被巨噬细胞吞噬、水解，最后形成淀粉样物质沉着于组织。

病理变化　淀粉样变性多发生于肝脏、肾脏、脾脏和淋巴结等器官。早期病变，眼观不易辨认，在镜下方可发现。

1. 肝脏淀粉样变性　眼观，肝脏明显肿大，无光泽，呈灰黄色、灰白色或蜡样外观，有时夹杂有黑红色出血斑点，质软易碎。切面结构模糊似橡皮样或似脂变的肝脏。镜下，可见淀粉样物质主要沉着在肝细胞索和窦状隙之间的网状纤维上，形成粗细不等的粉红色均质的条索。严重时，肝细胞受压萎缩、消失，甚至整个肝小叶几乎被淀粉样物质取代（图 2-11）。

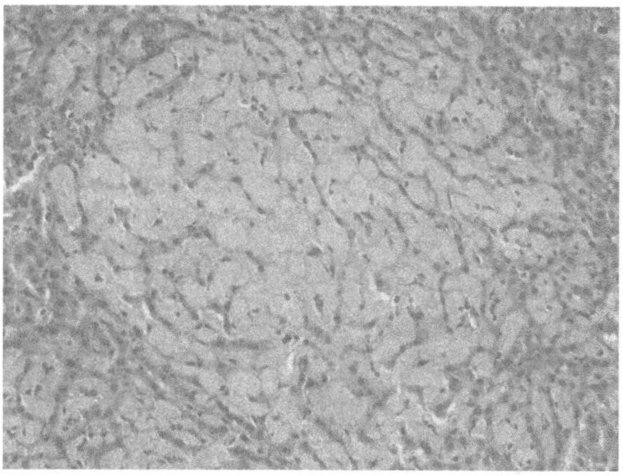

图 2-11　肝脏淀粉样变

肝细胞索与肝窦间积聚大量均质淀粉样物质，肝细胞索受压萎缩。

2. 脾脏淀粉样变性　脾脏是淀粉样变性的好发部位。当淀粉样物质呈局灶型分布时，它主要沉着于中央动脉壁的平滑肌和外膜之间及淋巴滤泡的网状纤维上。眼观，脾脏体积增大，质地稍硬，切面干燥，有淀粉样物质沉积的部位呈半透明灰白色颗粒状，外观如煮熟的西米，俗称“西米脾”（sago spleen）。弥漫型分布时，淀粉样物质弥漫地沉着于脾髓细胞之间和网状纤维上。眼观则呈不规则的灰白色区，没有沉着的部位仍保留脾髓固有的暗红色，二者互相交织成火腿样花纹，俗称“火腿脾”。光镜下，HE 染色可见淀粉样物质呈不规则形粉红色团块或条索，淋巴滤泡和红髓逐渐萎缩消失，严重时仅见少量的红髓和脾小梁残存在淀粉样物质之中（图 2-12）。

3. 淋巴结淀粉样变性　眼观，淋巴结肿大，呈灰黄色，质地较坚实，易碎裂，切面呈油脂样。镜下，可见淀粉样物质沉着于淋巴结滤泡和淋巴窦的网状纤维上。

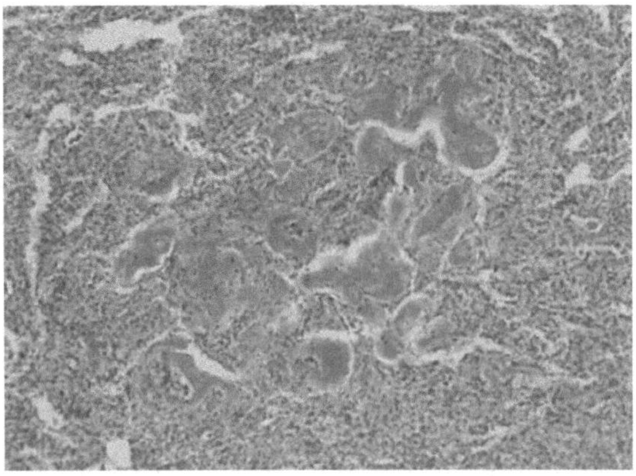
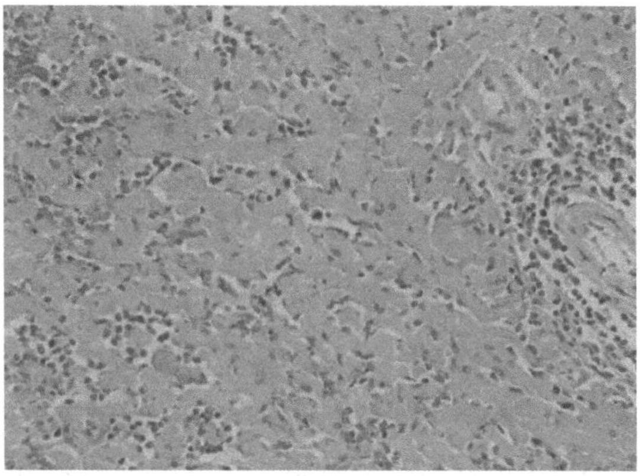

图 2-12　脾脏淀粉样变性
左图为脾脏的局灶型淀粉样变性，右图为脾脏的弥漫型淀粉样变性。

4. 肾脏淀粉样变性　眼观肾脏体积增大，色泽变黄，表面光滑，被膜易剥离，质脆。不易察觉淀粉样变。镜下可见淀粉样物质主要沉着在肾小球毛细血管基膜上，在血管球的管壁间出现淀粉样物质。有时肾小球囊腔基膜和肾小管基膜上也有沉着。

结局和对机体的影响　淀粉样变在初期是可以恢复的，但淀粉样变是一个进行性过程，单核巨噬细胞系统不能有效地将淀粉样物质清除掉，因为淀粉样蛋白分子很大，对吞噬作用和蛋白质分解作用有很强的抵抗力。肝脏发生淀粉样变时，可引起肝功能下降，严重时可引起肝破裂。当肾小球淀粉样变时，可使血浆蛋白大量外漏，最终造成肾小球闭塞而滤过减少，引起尿毒症。

五、黏液样变性

黏液样变性（mucoid degeneration）是指组织间质出现类黏液样物质的一种病理变化。镜下可见病变处的间质疏松，充以淡蓝色的黏液样物质，其中散在一些多角形、星芒状并以突起互相连接的细胞（图 2-13）。结缔组织黏液样变性常见于间叶性肿瘤（如纤维瘤、平滑肌瘤等）、急性风湿病时心血管壁及动脉粥样硬化的血管壁。甲状腺功能低下时，全身真皮及皮下组织中有较多的类黏液及水分潴留，称为黏液样水肿（myxedema），这可能是由于甲状腺功能低下时甲状腺素分泌减少从而使透明质酸（类黏液的主要成分之一）降解减弱所致。

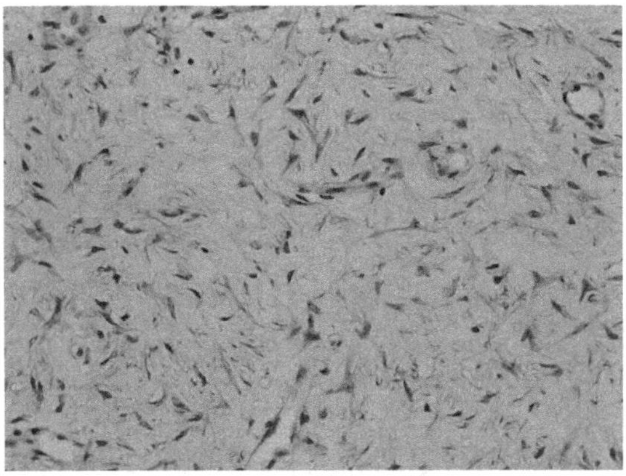

图 2-13　黏液样变性
多角形的成纤维细胞间有大量黏液样物质沉积。

当病因消除后，黏液样变性可逐渐消退。否则，可引起纤维组织增生，甚至组织硬化。

附：纤维素样变性

纤维素样变性（fibrinoid degeneration）是发生于间质胶原纤维及小血管壁的一种病理变化。其病变特点是变性部位的组织结构逐渐消失，变为一堆境界不甚清晰的颗粒状、小条或团块状无结构的物质，呈强嗜酸性红染，类似纤维素，并且有时呈纤维素染色阳性，故称为纤维素样变性。其实为组织坏死的一种表现，因而也称为纤维素样坏死。

病因和发病机制　纤维素样变性常见于人的变态反应性疾病，如类风湿性关节炎、系统性红斑狼疮、新月体性肾小球肾炎及某些病毒感染等。在动物可见于各种传染病，如牛恶性卡他热、牛传染性胸膜肺炎、炭疽、猪瘟等。也可见于非变态反应性疾病，如急进型高血压的小动脉和胃溃疡底部的动脉壁。至于所谓纤维素样物质的性质和形成机制，至今尚不明确，其发生机制可能与胶原纤维肿胀崩解(由于抗原抗体复合物引发)、结缔组织中免疫球蛋白沉积或血液中纤维蛋白渗出变性有关。病变早期，结缔组织基质中有PAS阳性的黏多糖增多，以后纤维肿胀崩解为碎片，从而失去原来的组织结构而变为纤维素样物质。此外，病变部常有免疫球蛋白沉着及纤维蛋白增多。这种变化可能是抗原、抗体反应时形成的生物活性物质使间质受损、胶原纤维崩解所致。同时，附近小血管也可受损，引起通透性升高、血浆渗出，并在酶的作用下，使血浆纤维蛋白原转变为纤维蛋白。由于疾病的不同，纤维素样物质的成分也有差异。

病理变化　纤维素样变性主要发生于血管壁，胶原纤维的变性、膨化是纤维素样变性的主体，加上血浆蛋白的渗出就形成了纤维素样变性。镜下可见局部组织结构消失，形成边界不清的呈深红染的颗粒状、丝状、小块状或小片状的有折光性无结构的物质，形似聚集成片块的纤维素（图2-14）。

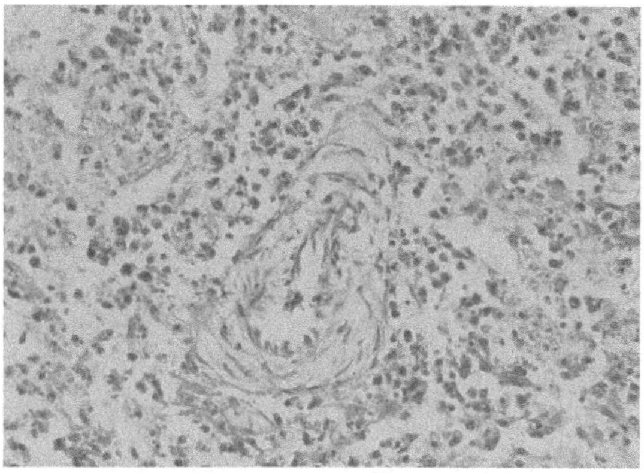

图2-14　血管壁纤维素样变性

血管壁发生坏死，结构疏松，呈纤维素样物质。

第三节　坏　　死

坏死（necrosis）是指活体内局部组织、细胞的病理性死亡。坏死组织、细胞的物质代谢停止，功能丧失，出现一系列形态学改变，是一种不可逆的病理变化。坏死除少数是由强烈致病因子（如强酸、强碱）作用而造成组织的立即死亡之外，大多数坏死由轻度变性逐渐发展而来，是一个由量变到质变的渐进过程，故称为渐进性坏死（necrobiosis）。这就决定了变性与坏死的不可分割性，在病理组织检查时，往往发现两者同时存在。在渐进性坏死期间，只要坏死尚未发生而病因被消除，则组织、细胞的损伤仍可能恢复（可复性损伤）。一旦组织、细胞的损伤严重，代谢停止，出现坏死的形态学特征时，则损伤不可能恢复（不可复性损伤）。

坏死细胞的病理变化

1. 细胞核的变化　细胞坏死的主要标志是细胞核的变化，可表现为核浓缩、核碎裂、核溶解（图2-15）。

1）核浓缩（pyknosis）　核液减少，体积缩小，染色质浓缩，染色变深，核膜皱缩。

2）核碎裂（karyorrhexis）　核膜破裂，染色质崩解成为碎片，散于胞浆之中。

3）核溶解（karyolysis）　染色质溶解消失，结构模糊。这是由于DNA酶的作用，DNA逐渐分解、消失，胞核失去嗜碱性染色的特性，整个胞核完全溶解，最后仅遗留核影。

2. 细胞浆的变化　一般来说，细胞坏死时，胞浆首先发生变化，胞浆内的蛋白质发生凝固或崩解，呈颗粒状。最后，细胞膜破裂，整个细胞轮廓消失。细胞完全坏死后，胞浆、

图 2-15　细胞核坏死模式图

A. 正常细胞；B. 核浓缩；C. 核碎裂；D. 核溶解

胞核全部崩解，组织结构完全消失，镜下形成一片模糊的、颗粒状的、无结构的红染物质。

病因和发病机制　在疾病过程中，任何致病因素只要达到一定强度或持续一定的时间，可使组织、细胞的物质代谢完全停止者，都能引起坏死。

1. 缺氧　局部缺氧多见于缺血，使细胞的有氧呼吸、氧化磷酸化及 ATP 合成发生障碍，引起细胞坏死。

2. 化学性因素　强酸、强碱及其他有毒化合物均可直接损伤组织细胞，使细胞蛋白质变性，破坏细胞内酶的活性而引起组织坏死。

3. 物理性因素　机械性、高温、低温、射线等致病因素均可直接损伤细胞引起坏死，机械力的直接作用可引起组织断裂和细胞破裂；高温可使细胞内蛋白质（包括酶）变性、凝固；低温可使细胞内水分结冰，破坏细胞胞浆的胶体结构和酶的活性；放射线能破坏细胞的 DNA 或与 DNA 有关的酶系统，从而导致细胞坏死。

4. 生物性因素　各种病原微生物、寄生虫及其毒素，能够直接破坏细胞内酶系统、代谢过程和膜结构，或通过变态反应引起组织、细胞坏死。

5. 免疫反应　免疫系统在防御生物性致病因素中起着极重要的作用，但异常免疫反应也能引起细胞的损伤和坏死，外源性和内源性抗原的异常免疫反应均能造成损伤。前者如对某种异体蛋白质或药物产生的变态反应；后者如见于许多自身免疫性疾病。细胞免疫和体液免疫这两种免疫的异常都可造成细胞损伤。

6. 神经营养因素　当中枢神经和外周神经系统损伤时，相应部位的组织细胞因缺乏神经的兴奋性冲动而引起细胞的萎缩、变性及坏死。

类型及其病变特点　根据坏死组织的病变特点和机制，坏死可分为以下三种类型。

1. 凝固性坏死（coagulation necrosis）　坏死组织由于水分减少和蛋白质凝固而变成灰白或黄白、干燥无光泽的凝固状，称为凝固性坏死。眼观，凝固性坏死组织肿胀，质地坚实干燥而无光泽，坏死区界限清晰，呈灰白或黄白色，周围常有暗红色的充血和出血。镜下，坏死组织仍保持原来的结构轮廓，但实质细胞的精细结构已消失，胞核完全崩解消失，或有部分核碎片残留，胞浆崩解融合为一片淡红色均质无结构的颗粒状物质（图 2-16）。凝固性坏死常见有以下三种形式。

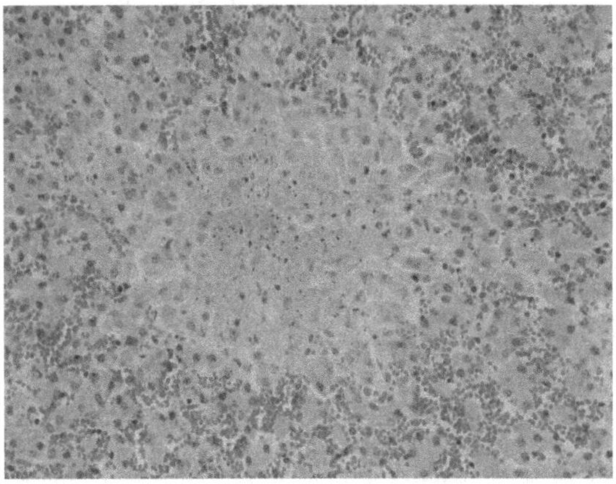

图 2-16　马肝脏凝固性坏死灶

1）贫血性梗死（anemic infarction）　常见于肾脏、心脏、脾脏等器官，坏死区灰白色、干燥、早期肿胀、稍突出于脏器的表面，切面坏死区呈楔形，周界清楚。

2）干酪样坏死（caseous necrosis）　见于结核杆菌和鼻疽杆菌等引起的感染性炎症。干酪样坏死灶局部除了凝固的蛋白质外，还含有大量的由结核杆菌产生的脂类物质，使坏死灶外观呈灰白色或黄白色，松软无结构，似干酪（奶酪）样或豆腐渣样，故称为干酪样坏死。镜下，坏死组织的固有结构完全被破坏而消失，融合成均质、红染的无定形结构，病程较长时，坏死灶内可见有蓝染的颗粒状的钙盐沉着。

3）蜡样坏死（waxy necrosis）　指发生于肌肉组织的凝固性坏死。见于动物的白肌病等，眼观肌肉肿胀，浑浊、无光泽，干燥坚实，呈灰红或灰白色，如蜡样，故名蜡样坏死。

2. 液化性坏死（liquefaction necrosis）　是指坏死组织因蛋白水解酶的作用而分解变为液态，常见于富含水分和脂质的组织（如脑组织）或蛋白分解酶丰富（如胰腺）的组织。脑组织中蛋白含量较少，水分与磷脂类物质含量多，而磷脂对凝固酶有一定的抑制作用，所以脑组织坏死后会很快液化，呈半流体状，故称脑软化。在脑组织，严重的、大的液化性坏死灶肉眼可见呈空洞状，而轻度的小的液化性坏死灶只有在显微镜下才能看到。镜下，可见发生于脑灰质的液化性坏死灶局部神经细胞、胶质细胞和神经纤维消失，只见少量核碎屑，呈微细网孔或筛网状结构。发生于脑白质的液化性坏死灶可见神经纤维脱髓鞘。例如，马霉玉米中毒引起的大脑软化、鸡硒-维生素 E 缺乏时引起的小脑软化均属于液化性坏死（图 2-17）。在化脓性炎灶或脓肿局部，由于大量中性粒细胞的渗出、崩解，释放出大量蛋白质水解酶，使坏死组织溶解液化。胰腺坏死则由于大量胰蛋白酶的释出，溶解坏死胰组织而形成液化性坏死。

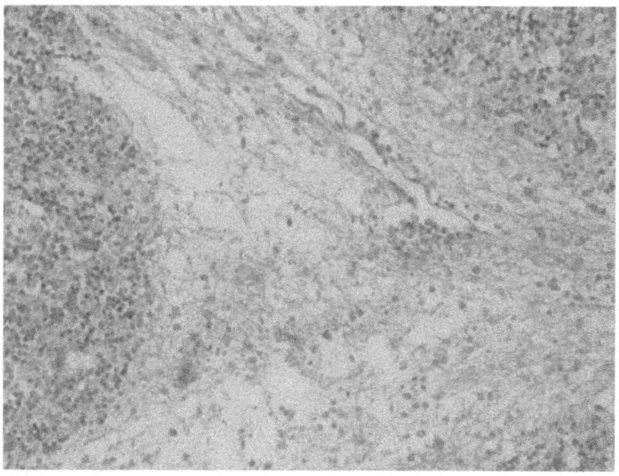

图 2-17　鸡小脑白质软化

3. 坏疽（gangrene）　是指组织坏死后继发有腐败菌感染和外界因素的影响而发生的一类变化。由于血红蛋白分解产生的铁与组织蛋白分解产生的硫化氢结合成硫化铁，使坏死组织呈黑色。坏疽可分为以下三种类型。

1）干性坏疽（dry gangrene）　常见于缺血性坏死、冻伤等，多继发于肢体、耳壳、尾尖等水分容易蒸发的体表部位。坏疽组织干燥、皱缩、质硬、呈灰黑色，腐败菌感染一般较轻，坏疽区与周围健康组织间有一条较为明显的炎性反应带，所以边界清楚。最后坏疽部分可完全从正常组织分离脱落。例如，慢性猪丹毒，颈部、背部直至尾根部常发生的皮肤坏死；牛慢性锥虫病的耳、尾、四肢下部和球节的皮肤坏死；皮肤冻伤形成的坏死，都是典型的干性坏疽。

2）湿性坏疽（wet gangrene）　多发生于与外界相通的内脏（肠、子宫、肺脏等），也可见于动脉受阻同时伴有淤血水肿的体表组织。由于坏死组织含水分较多，故腐败菌感染严重，使局部肿胀，呈黑色或暗绿色。由于病变发展较快，炎症比较弥漫，故坏死组织与健康组织间无明显的分界线，如牛、马的肠变位，马的异物性肺炎及母牛产后坏疽性子宫内膜炎等。坏死组织经腐败分解可产生吲哚、粪臭素等，故有恶臭。同时组织坏死腐败所产生的毒性产物及细菌毒素被吸收后，可引起全身中毒症状（毒血症），威胁生命。

3）气性坏疽（gas gangrene）　常发生于深在的开放性创伤（如阉割、战伤等）合并产气荚膜杆菌等厌氧菌感染时，细菌分解坏死组织时产生大量气体（H_2S、CO_2、N_2），使坏死组织内含气泡呈蜂窝样和污秽的棕黑色，用手按之有“捻发”音，如牛气肿疽时常见身体后部的骨骼肌发生气性坏疽。由于气性坏疽病变可迅速向周围和深部组织发展，产生大量有毒分解产物，可致机体迅速自体中毒而死亡。

结局和对机体的影响　组织坏死后，失去原有的功能，成为机体的异物，对机体有害无益。所以，机体必然要对坏死组织产生积极的防御反应以便将其逐步清除。机体清除坏死组织的方式如下。

1. 反应性炎症　因坏死组织分解产物的刺激作用，在坏死区与周围活组织之间发生反应性炎症，表现为血管充血、浆液渗出和白细胞游出。眼观表现为坏死局部的周围呈现红色反应带，称为分界性炎。

2. 溶解吸收　较小的坏死灶可通过本身崩解或中性粒细胞释出的溶蛋白酶分解为小的碎片或完全液化，经淋巴管或血管吸收，不能吸收的碎片则由巨噬细胞加以吞噬消化。小坏死灶可被完全吸收、清除；大坏死灶溶解后不易完全吸收，可形成含有淡黄色液体的囊腔，如脑软化灶。

3. 腐离脱落　位于体表和与外界相通的脏器的较大坏死灶不易完全吸收，其周围由于分界性炎，其中的白细胞释放溶蛋白酶，可加速坏死灶边缘组织的溶解吸收，使坏死灶与健康组织分离、脱落，形成缺损。皮肤、黏膜处的浅表性坏死性缺损称为糜烂，较深的坏死性缺损称为溃疡，溃疡和糜烂仍可修复。

4. 机化和包囊形成　坏死灶范围较大，不能完全溶解吸收或腐离脱落时，则由新生肉芽组织吸收、取代坏死物的过程称为机化，最终形成瘢痕组织。如果坏死组织不能被完全机化，则可由周围新生的肉芽组织将坏死组织包裹起来，称为包囊形成。包囊形成后，其中的坏死组织逐渐干燥，可以进一步发生钙化，如结核、鼻疽的干酪样坏死灶和陈旧的化脓灶等。

5. 钙化　坏死灶出现钙盐沉着，称为钙化（calcification），如结核、鼻疽病的坏死灶、陈旧的化脓灶、寄生虫的局部病灶均易发生营养不良性钙化。

组织坏死后机能完全丧失，它对机体的影响，取决于坏死的原因、发生的部位、范围大小及机体的全身机能状态。例如，心脏、脑等重要器官的坏死，常导致动物死亡，而坏死范围越大则对机体的影响也越大。一般器官的小范围坏死通常可通过相应健康组织的机能代偿而不致产生严重影响。坏死组织中有毒分解产物大量吸收后可导致机体自身中毒。

第四节　病理性物质沉着

一、糖原沉着

糖原沉着（glycogen infiltration）是指细胞的胞浆内有大量糖原蓄积。在人医主要见于糖尿病，在兽医临诊上比较少见。与糖代谢有关的某种酶发生遗传性缺乏或缺损时也使糖原蓄积于肝脏、心肌、横纹肌和肾脏等部位，称为糖原贮积症，又称遗传性糖原病。

二、免疫复合物沉着

免疫复合物沉着是指免疫复合物在小血管壁及其周围以及上皮的基膜中沉着的过程。它是Ⅲ型变态反应所引起的一种病理现象。详细内容参见第十二章。

三、病理性钙化

病理性钙化（pathologic calcification）是指除骨骼和牙齿外在机体的软组织内有固体性钙盐沉积的现象。沉积的钙盐主要是磷酸钙，其次为碳酸钙。在 HE 染色时钙盐呈蓝色颗粒状或片块状。

根据发病原因不同，病理性钙化可分为营养不良性钙化和转移性钙化两种。营养不良性钙化是由于局部组织的理化环境改变而促使钙在局部组织析出和沉积。转移性钙化是发生在高血钙的基础上。当血液中钙离子浓度升高时，钙盐可沉着在多处健康的器官与组织中。两种钙化的形态表现基本相同，但其发生机制及对机体的影响则不同。

病因和发病机制

1. 营养不良性钙化（dystrophic calcification）　是指体液中溶解状态的钙盐，以固体状态沉着于变性、坏死组织及病理性产物中的过程，如结核坏死灶、玻璃样变性的结缔组织、血栓、脓液、死亡寄生虫（虫体、虫卵）、死亡的细菌菌团等，这是机体改造病理产物的方式之一。此种钙化仅仅是钙盐在局部组织内的析出和沉着，血钙含量是正常的，即全身钙、磷代谢正常。钙化的机制尚不清楚，可能与局部组织碱性磷酸酶升高及 pH 变化（偏碱）有关。

2. 转移性钙化（metastatic calcification）　此种钙化比较少，这是由于全身性钙盐代谢障碍，血钙和（或）血磷升高，使钙盐在机体多处健康组织沉积所致。钙盐沉着的部位多见于肺脏、肾脏、胃黏膜、动脉管壁等，血钙升高可见于下列情况。

（1）甲状旁腺机能亢进（如甲状旁腺瘤或代偿性增生时），甲状旁腺素（PTH）分泌增多，PTH 可快速直接作用于骨细胞激活腺苷环化酶，使环磷酸腺苷增多，促进线粒体等胞内钙库释放钙离子进入血液。PTH 的持续作用，可抑制新骨形成以及通过酶系统促进破骨细胞活动加强，破骨细胞增多，结果骨质脱钙疏松，引起血钙升高。同时 PTH 作用于肾小管，可抑制肾小管对磷酸根的重吸收，因此，磷酸根从肾脏排出增多，使血液中磷酸根降低，这就造成体液中钙离子和磷酸根的乘积下降，导致骨内钙盐分解使血钙升高，血钙升高也和 PTH 促进肾小管对钙重吸收有关，但由于血钙含量高，肾小球滤出的钙量仍比平常时高，故尿钙仍高于正常。PTH 还可通过促进维生素 D 在肾脏转变为 1,25-二羟基维生素 D，间接地促进肠对钙的吸收。

（2）骨质大量破坏（常见于骨肉瘤和骨髓病），骨内大量钙质进入血液，使血钙浓度升高。

（3）维生素 D 摄入量过多，可促进钙从肠道吸收，使血钙增加。

转移性钙化常发生于肺脏、肾脏、胃黏膜和动脉管壁等处，可能与这些器官组织排酸（肺脏排碳酸、肾脏排氢离子、胃黏膜排盐酸）后使其本身呈碱性状态有关。例如，胃黏膜壁细胞代谢过程中产生的 CO_2 和 H_2O 在碳酸酐酶的作用下形成碳酸，后者又解离为氢离子和碳酸根离子、碳酸氢根离子，氢与氯离子合成盐酸被排出，而碳酸氢根与钠结合为碳酸氢钠，故胃黏膜为碱性。肾小管的钙化，还与局部钙、磷离子浓度有关。广泛性、转移性的钙化称为钙化病（calcinosis）。

病理变化 无论营养不良性钙化还是转移性钙化，其病理变化基本相同。病理性钙化表现程度与钙盐沉着量多少有关。少量钙盐沉着于坏死组织或病理性产物中时，外观上并无特殊表现，只有当钙盐沉着量较大时，肉眼才可见白色或灰白色石灰样的颗粒或团块出现于坏死组织中，有时整个坏死灶都可以发生钙化，此时病变部质地坚硬，刀切时发出磨砂音，甚至不易切开，缺裂。如宰后常见马肝脏表面形成大量钙化的寄生虫小结节，此种病变常称为沙粒肝。

镜下，初期可见有微细尘粒状的钙盐散在坏死组织中，在HE染色时呈深蓝色。随着钙盐沉着增多，则形成深蓝色的钙盐团粒或团块，有时整个坏死灶可为深蓝色的钙盐团块所取代，如结核坏死灶后期的钙化。如果沉着的钙盐很少，有时易与细菌混淆，但细心观察，钙盐颗粒粗细不一。转移性钙化，钙盐常沉积在某些健康器官尤其是肺泡壁、肾小管、胃黏膜的基膜和弹力纤维上，沉着的钙盐可均匀或不均匀地分布。若细胞内钙化时，钙盐沉着在细胞浆内，特别是线粒体上。

结局和对机体的影响 视具体情况而定。少量的钙化物，有时可被溶解吸收，如小的鼻疽结节和寄生虫结节钙化。若钙化灶较大或钙化物较稳定时，则难完全溶解吸收，久存的钙盐常能刺激周围的结缔组织增生，并将其包裹限制起来。营养不良性钙化是机体的一种防御适应性反应，通过钙化及其引起的纤维结缔组织增生和包囊形成，可以减少或消除钙化灶中的病原和坏死组织对机体的继续损害。例如，结核病灶的钙化有可能使其中的结核菌逐渐失去活力，促进病灶愈合，减少复发的危险。但是结核菌在钙化灶中经常可以继续存活很长时间，一旦机体抵抗能力下降，则有可能引起复发。钙化严重时，易造成组织器官机能降低。

转移性钙化常给机体带来不良的影响，其影响大小取决于钙化发生的部位和范围，如血管壁的硬化，能使血管壁弹性减弱变脆，影响血流，甚至导致血管破裂出血。

四、尿酸盐沉着

尿酸盐沉着即痛风（gout），是以尿酸盐结晶沉着在组织中为特征的一种疾病。痛风可发生于人类及多种动物，但以家禽尤其是鸡最为常见。尿酸盐结晶易于沉着在关节间隙、腱鞘、软骨、肾脏、输尿管及内脏器官的浆膜上。临诊特点是：高尿酸血症，反复发作的关节炎，关节、肾脏或其他组织内尿酸盐结晶沉着而引起相应器官组织的损伤，痛风石形成等。该病可分为原发性和继发性两种，原发性痛风，又称特发性痛风，是先天性嘌呤代谢障碍（尿酸生成过多）或肾小管分泌尿酸的遗传性缺陷所致。继发性痛风则是以核酸分解增多或肾脏的获得性缺陷为特征的疾病。上述两种类型均可单独或联合存在。

病因和发病机制 痛风的发生原因和机制很复杂，还不完全清楚，一般认为，可能由下列原因引起。

1. 蛋白质特别是核蛋白的摄入过多 饲喂大量高蛋白质饲料（如鱼粉、肉粉、动物的内脏等），因为动物性饲料核蛋白含量很高，核蛋白是由核酸和蛋白质构成，核酸可进一步分解为核苷酸和磷酸。核苷酸在核苷酶的作用下，分解为戊糖、嘌呤和嘧啶类碱性化合物。嘌呤类化合物在体内进一步氧化为次黄嘌呤和黄嘌呤，后者再形成尿酸。禽类不仅可将嘌呤分解为尿酸而且还可用蛋白质代谢中产生的氨合成尿酸。和其他动物不同，禽肝内缺乏精氨酸酶，不能经鸟氨酸循环生成尿素随尿排出，只能生成尿酸，故更易使血尿中酸浓度升高，从而形成尿酸盐沉积在内脏器官或关节里而发生痛风。在一般情况下，机体的血液只能维持一定限度的尿酸和尿酸盐，当其含量过多又不能排出体外时，就沉积在内脏器官或关节里而发生痛风。

2. 肾脏的损害 维生素A缺乏、长期大量服用磺胺、抗菌素药物以及中毒（如食盐、硫酸钠、碳酸氢钠等的中毒）、某些疾病（如肾型传染性支气管炎、传染性喉气管炎、传染性法氏囊病、包涵体肝炎、盲肠肝炎、鸡白痢、大肠杆菌病、减蛋综合征、单核细胞增多症、淋巴细胞性白血病、球虫病等），均可引起家禽肾脏的损害，尿酸排出障碍以及肾组织细胞破坏而产生较多核蛋白，使尿酸生成增多，结果血中尿酸盐的浓度增加并进而导致痛风的发生。

3. 饲养管理不良和遗传因素 如日粮配合不当、缺水、长途运输、运动不足、严寒等饲养管理不良，还有遗传因素等在痛风的发生上也起一定作用。

病理变化 根据尿酸盐在体内沉着的部位，痛风可分为内脏型和关节型，有时这两型可以同时发生。

1. 内脏型 肾脏肿大，色泽变淡，表面呈白褐色花纹状，切面可见尿酸盐沉积而形成散在性白色小点。输尿管扩张，管腔内充满白色石灰样沉淀物。有时尿酸盐变得很坚固，呈结石状；有时则呈撒粉样被覆于器官的表面。严重时体腔浆膜面及心脏、肝脏、脾脏、肠系膜表面出现灰白色粉末状尿酸盐沉着，量多时形成一层白色薄膜覆盖在器官表面。此型痛风多见于鸡。

2. 关节型 特征是脚趾和腿部关节肿胀，关节软骨、关节周围结缔组织、骨膜、腱鞘、韧带及骨骼等部位，均可见白色尿酸盐沉着。随着病情的发展，病变部周围结缔组织增生，形成致密坚硬的痛风结节。痛风结节多发生于趾关节。尿酸盐大量沉着可使关节变形，并可形成痛风石。

痛风镜下变化特点是：在HE染色的组织切片，可见均质、粉红色、大小不等的痛风结节。在经乙醇固定的组织切片上，可见针形或棱形尿酸盐结晶，局部组织细胞变性、坏死，其周围有巨噬细胞和炎性细胞浸润，历时久者有结缔组织增生。

结局和对机体的影响 轻度尿酸盐沉着可因原发病好转或饲料变更而逐渐消失，但尿酸盐大量沉着常可引起永久性病变并可导致严重的后果，如关节痛风带来的运动障碍；肾脏的尿酸盐沉着引起慢性肾炎，或因急性肾机能衰竭而导致死亡。

五、病理性色素沉着

病理性色素沉着（pathological pigmentation）是指组织中正常时就有的色素增多或原无色素的组织出现色素沉着。

根据组织中色素的来源，可将其分为内源性色素和外源性色素。内源性色素由体内产生，主要有酪氨酸-色氨酸衍生的色素，如黑色素、肾上腺色素与嗜银物质；血蛋白色素，如血红蛋白、含铁血黄素、卟啉和胆红素等；富含脂肪的色素，如脂褐素和类蜡素。外源性色素由体外经呼吸道、消化道与皮肤进入体内，包括炭末、硅末、铁末、铅末以及其他无机与有机的有色物质。以下重点介绍含铁血黄素沉着和由胆红素沉着引起的黄疸。

（一）含铁血黄素沉着

含铁血黄素沉着是指含铁血黄素在正常不见含铁血黄素的组织中出现或组织中含铁血黄

素过多聚积的现象。含铁血黄素是由铁蛋白微粒集结而成的色素颗粒，是一种血红蛋白源性色素，为金黄色或棕黄色具有折光性的大小不等、形状不一的颗粒。因其含铁，故称含铁血黄素（hemosiderin），它是单核巨噬细胞系统的巨噬细胞吞噬红细胞后由血红蛋白衍生的，所以在肝脏、脾脏和骨髓内有少量含血铁黄素存在是正常现象。

病因和发病机制　含铁血黄素沉着可以是全身性的，也可以是局部性的。全身性的含血铁黄素沉着称为含铁血黄素沉着病（hemosiderosis），见于各种原因引起的大量红细胞破坏性疾病。红细胞可以在血管内被破坏，也可以在肺脏、脾脏、淋巴结，骨髓、肾脏等器官内被巨噬细胞吞噬而破坏，在细胞内酶的作用下，血红蛋白被分解为不含铁的橙色血质和含铁的含铁血黄素而沉着于组织内。

局部性含铁血黄素沉着见于出血部位和出血性炎灶。在心力衰竭时，因肺发生淤血，红细胞可漏出于肺泡中，被肺巨噬细胞吞噬后形成含铁血黄素，从而使肺及支气管的分泌物呈淡棕色或铁锈色，这种出现在心力衰竭者肺内和痰内的含有含铁血黄素的巨噬细胞称为“心力衰竭细胞”或“心衰细胞”（heart failure cell）。含铁血黄素由于含有高铁离子（Fe^{3+}），用铁氰化钾和盐酸处理后出现蓝绿色反应，即普鲁士蓝反应。

病理变化　含铁血黄素是一种黄棕色的色素，凡有此色素沉着的器官和组织，都呈不同程度的黄棕色或金黄色。该色素常见于富含巨噬细胞的器官和组织，如脾脏、肝脏、淋巴结和骨髓等。含铁血黄素沉着的器官和组织，除颜色变黄外，还常出现结节和硬化等病变。镜下，在 HE 染色的切片中，可见病变组织和细胞内，尤其是在巨噬细胞胞浆内有大量含铁血黄素颗粒沉着，这些颗粒呈棕黄色、大小不一的非结晶性颗粒状结构（图 2-18）。用普鲁士蓝染色，含铁血黄素颗粒呈蓝色，细胞核呈红色。当巨噬细胞破裂后，此色素颗粒也可在组织间质中出现。

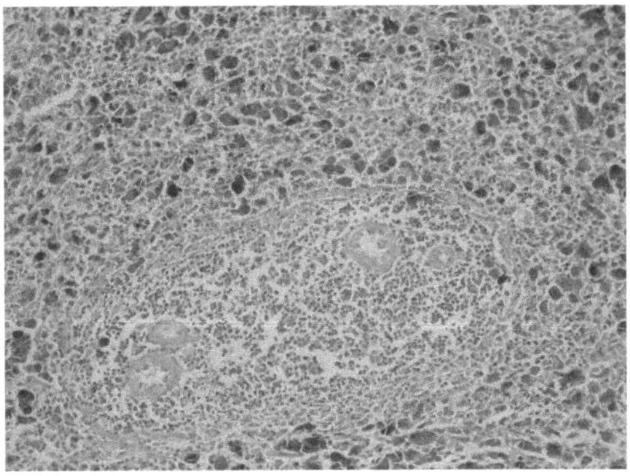

图 2-18　脾脏含铁血黄素沉着

（二）黄　疸

黄疸（icterus，jaundice）是由高胆红素血症引起的全身皮肤、巩膜和黏膜等组织黄染的现象。黄疸是临诊上常见的一个重要体征，是机体胆色素代谢障碍的反应。

病因和发病机制　根据引起黄疸的原因可将黄疸分为如下三种类型。

1. 溶血性黄疸　血液中红细胞大量破坏（如溶血），生成过多的间接胆红素，如果超过了肝脏处理间接胆红素为直接胆红素的能力，则造成血液中间接胆红素含量增高，引起黄疸。多见于中毒、血液寄生虫病、溶血性传染病、新生仔畜溶血病和腹腔大量出血后腹膜吸收胆红素等。溶血性黄疸时，血液中蓄积的是间接胆红素，范登白实验呈间接反应阳性。间接胆红素不能通过肾脏排出，因而尿液中不含间接胆红素。

2. 肝性黄疸　又称实质性黄疸，主要是毒性物质和病毒作用于肝脏，造成肝细胞物质代谢障碍和退行性变化，一方面肝处理血液中间接胆红素能力下降，间接胆红素蓄积；另一方面，由于肝细胞坏死，毛细胆管破裂，胆汁排出障碍，导致肝脏中直接胆红素蓄积并进入血液。所以，此型黄疸时，在血液中直接胆红素和间接胆红素含量均增多。范登白实验时直接反应和间接反应均呈阳性。因直接胆红素可以通过肾脏排出，故尿液中含有直接胆红素。

3. 阻塞性黄疸　阻塞性黄疸是由于胆管系统的闭塞，胆汁排出障碍，毛细胆管破裂，直接胆红素进入血液所致。多见于肝细胞肿胀引起的毛细胆管狭窄或闭塞、寄生虫性胆管阻塞、肝硬化和肿瘤压迫性阻塞等情况。阻塞性黄疸时范登白实验直接反应阳性。由于胆红素很少或不能进入肠道内，粪便颜色变浅，并呈现脂肪痢。直接胆红素可通过肾脏排出，因而尿中含直接胆红素。

病理变化　胆红素一般呈溶解状态，光镜下并不明显，但也可以成为黄棕色的颗粒或团块。在阻塞性黄疸时，可见肝内小胆管和毛细胆管扩张，充满浓缩的胆红素，肝细胞内也含有胆红素颗粒。黄疸明显时，在网状内皮细胞、肾小管上皮细内也可见胆红素颗粒，并可在肾小管腔内形成胆汁管型。在电镜下，胆红素呈高电子密度颗粒状，纤维状或无定形物质。

结局和对机体的影响　黄疸时在血液中聚集的异常成分，除胆红素外，还可有胆汁的其他成分，所以黄疸对机体的影响包括多种因素的作用。

（1）胆红素对机体最严重的影响是对神经系统的毒性作用，尤其是游离胆红素，具有脂溶性的特性，对组织中的脂类亲和力比较大，而神经系统中脂类含量丰富。例如，新生畜溶血性黄疸时，胆红素进入脑组织内，与脑部基底核的脂类结合，将神经核染成黄色，称为核黄疸。由于胆红素较多侵犯脑神经核，导致严重抽搐、痉挛，出现锥体外系运动障碍等神经症状，继而迅速死亡，或留有紧张性肢体瘫痪、智力减退等后遗症。在很多内脏器官，均可见有渐进性坏死，未结合胆红素引起神经症状的机制在于抑制细胞的氧化磷酸化作用，从而阻断脑的能量供应。

（2）胆汁中主要成分为结合胆汁酸盐，它在血中增多可刺激皮肤感觉神经末梢，引起瘙痒，且对神经系统也有刺激作用，还可引起血压下降、心动过缓。

（3）另外，胆盐不能进入肠道时，可影响脂肪的消化和吸收。

复习思考题

1. 名词解释：变性　细胞肿胀　颗粒变性　水泡变性　脂肪变性　脂肪浸润　槟榔肝　脂肪肝　虎斑心　玻璃样变性　西米脾　火腿脾　黏液样变性　坏死　脑软化　纤维素样变性　病理性钙化　痛风　黄疸
2. 了解细胞常见的超微结构损伤及其病理学意义。
3. 试述细胞肿胀与脂肪变性的原因及其发病机制，以及二者在病理变化方面的区别。
4. 简述玻璃样变性的好发部位及其特点。
5. 细胞坏死时细胞核主要发生哪些变化?
6. 试述坏死的类型及其特征。
7. 简述坏死的结局。
8. 何为营养不良性钙化? 它和转移性钙化的主要区别是什么?

（佘锐萍）

第三章　组织的适应与修复

第一节　适　　应

在许多疾病过程中，可出现一系列复杂的病理形态学变化。这些变化包括两个方面：一是组织和器官在受到各种致病因素作用后所出现的各种损伤性变化；二是机体在神经体液的调节下所发生的抗损伤反应，表现为适应和修复。机体正是由于存在各种抗损伤反应，才有可能消除各种疾病所造成的组织损伤，恢复健康。抗损伤反应是机体在进化过程中逐渐形成和完善的，它对机体保持正常的生命活动起着极为重要的作用。

适应（adaptation）是指细胞、组织改变其功能和形态结构以适应改变了的环境条件及新功能要求的过程。在形态结构上常表现为萎缩、肥大、增生和化生等。

一、萎　　缩

萎缩（atrophy）是指已经发育成熟的组织、器官，其体积缩小及功能减退的过程。萎缩发生的基础是组成该器官的实质细胞体积变小或数量减少。

萎缩与发育不全（hypoplasia）有本质的区别。发育不全是指某一器官或组织的体积不能发育至正常大小。其发生原因可能是由于血液供应不良、组织缺乏某种特殊营养物质或先天性缺陷所致。

萎缩有生理性萎缩和病理性萎缩之分。生理性萎缩（physiological atrophy）是指动物随着年龄的增长，某些组织或器官的生理功能自然减退和代谢过程逐渐降低而发生的一种萎缩，也称为退化。例如，动物的胸腺、乳腺、卵巢、睾丸以及禽类的法氏囊等器官，当动物生长到一定年龄后，即开始发生萎缩，因与年龄增长有关，故又称为年龄性萎缩。而病理性萎缩（pathological atrophy）是指组织或器官在致病因素的作用下所发生的萎缩。它与机体的年龄、生理代谢无直接关系。临诊上，根据原因和萎缩波及的范围，病理性萎缩可分为全身性萎缩和局部性萎缩两种。

（一）全身性萎缩

全身性萎缩（general atrophy）是在某些致病因子作用下，机体发生全身性物质代谢障碍所致。见于长期营养不良、维生素缺乏和某些慢性消化道疾病所致营养物质吸收障碍（营养不良性萎缩)、长期饲料不足（不全饥饿）和消化道梗阻（饥饿性萎缩)、严重的消耗性疾病（如恶性肿瘤、鼻疽、结核、伪结核、寄生虫病及造血器官疾病等)。

全身性萎缩时，不同的器官组织其萎缩发生的先后顺序及其程度是不同的。脂肪组织的萎缩发生最早、最明显，其次是肌肉、脾脏、肝脏和肾脏等器官，心肌和脑的萎缩发生最晚。由此可见，萎缩发生的顺序具有一定的代偿适应意义。

眼观，皮下、腹膜下、网膜和肠系膜等处的脂肪完全消失，心脏冠状沟和肾脏周围的脂肪组织变成灰白色或淡灰色透明胶冻样，因此又称为脂肪胶样萎缩。实质器官（如肝脏、脾脏、肾脏等）体积缩小，重量减轻，颜色变深，质地坚实，被膜增厚、皱缩。除压迫性萎缩形态发生改变外，萎缩的器官组织仍保持其固有形态，仅见体积成比例缩小。胃肠等管腔器官发生萎缩时向外扩张，内腔扩大，壁变薄甚至呈半透明状，易撕裂。

镜下，萎缩器官的实质细胞体积缩小、数量减少，胞浆致密浓染，胞核皱缩深染，间质常见结缔组织增生（图 3-1)。在心肌纤维，肝细胞胞浆内常出现脂褐素，量多时器官呈褐色，称褐色萎缩。

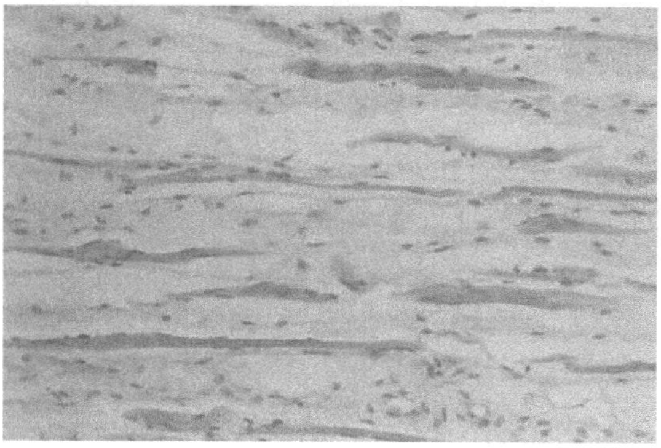

图 3-1　骨骼肌萎缩

肌纤维萎缩变细，间质结缔组织增生。

（二）局部性萎缩

局部性萎缩（local atrophy）是指在某些局部性因素影响下发生的局部组织和器官的萎缩，常见的有以下三种类型。

1. 废用性萎缩（disuse atrophy）　是由于器官发生功能障碍，而长期停止活动所致，如某肢体因骨折或关节性疾病长期不能活动或限制活动，其结果引起相关肌肉和关节软骨发生萎缩。在器官功能减退的情况下，相应器官的神经感受器得不到应有的刺激，向心冲动减弱或中止，离心性营养性冲动也随之减弱。这样导致局部血液供应不足和物质代谢降低，尤其是合成代谢降低，引起营养障碍而发生萎缩。

2. 压迫性萎缩（compression atrophy）　是由于器官或组织受到缓慢的机械性压迫而引起的萎缩，比较常见。其发生机制一方面是由于外力压迫对组织的直接作用，另一方面受压迫的组织器官由于血液循环障碍，局部组织营养供应不足，导致组织的功能代谢障碍，也是引起局部组织萎缩的重要原因。压迫性萎缩常见于输尿管阻塞造成排尿困难时，肾盂和肾盏积水扩张进而压迫肾实质引起萎缩（图 3-2)；肝淤血时，由于肝窦扩张压迫周围肝细胞索，可造成肝细胞萎缩；受肿瘤、寄生虫包囊（如囊尾蚴、棘球蚴等）等压迫的器官和组织也可发生萎缩。

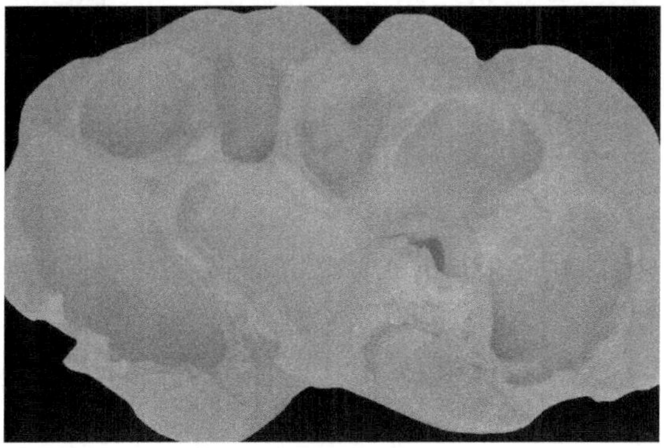

图 3-2　肾脏压迫性萎缩

肾盂积水压迫肾实质萎缩。

3. 神经性萎缩（neurogenic atrophy）　中枢或外周神经发炎或受损伤时，功能发生障碍，受其支配的器官或组织因神经营养调节丧失而发生的萎缩。例如，鸡的马立克病，当肿瘤侵害坐骨神经和臂神经时，可以引起相应部位的肢体瘫痪和肌肉萎缩。

局部性萎缩的病理变化与全身性萎缩时的相应器官或组织的病理变化相同（除压迫性萎缩外）。

萎缩是可复性的过程，程度不严重时，病因消除后，萎缩的器官、组织或细胞仍可逐渐恢复原状。但若病因不能及时消除，病变继续进展，则萎缩的细胞最终可能消失。

萎缩对机体的影响随萎缩发生的部位、范围及严重程度不同而异。从萎缩的本质来看，它是机体对环境条件改变的一种适应性反应。当由于工作负担减轻、营养来源不足或缺乏正常刺激时，细胞的体积缩小或数量减少，物质代谢降低，这有利于在不良环境条件下维持其生命活动。这是萎缩积极的一面。另一方面，由于组织细胞萎缩变小，机能活动降低，可对机体产生不利的影响，全身性萎缩时各组织器官的机能均下降。严重时，免疫系统也同时萎缩，机体长期处于免疫抑制状态而对病原抵抗力下降甚至丧失，如果得不到及时纠正，将随着病程的发展而不断恶化，导致机体衰竭，最后常因并发其他疾病而死亡。

局部性萎缩，如果程度较轻微，一般可由周围健康组织的机能代偿，因而不会产生明显的影响。但若萎缩发生在生命重要器官或萎缩程度严重时，可引起严重的机能障碍。

二、肥　　大

肥大（hypertrophy）是指机体某一组织或器官的体积增大并伴有功能增强的变化。肥大发生的基础是组成该组织或器官的实质细胞体积增大，同时伴有细胞数量的增多。肥大是对器官机能负担增加或代偿部分组织机能不足的一种适应性反应。

肥大有生理性肥大和病理性肥大之分。生理性肥大（physiological hypertrophy）是指机体为适应生理性功能需要所引起的组织、器官的肥大。其特点是肥大的组织和器官不仅体积增大、机能增强，而且具有更大的贮备力。例如，经常锻炼和使役的马匹，其肌腱特别发达；哺乳动物的乳腺和妊娠母畜子宫的肥大，均属于生理性肥大的范畴。病理性肥大（pathological hypertrophy）是指在疾病过程中为了实现某种功能代偿，而引起相应组织或器官的肥大。一般根据器官肥大的性质不同，将病理性肥大分为真性肥大和假性肥大两种。

（一）真性肥大

真性肥大（true hypertrophy）是指组织器官的实质细胞体积增大和数量增多，同时伴有机能增强的一种肥大。

真性肥大主要是由于代偿某部分组织和器官的机能障碍而引起的，因此又称为代偿性肥大（compensatory hypertrophy）。多见于管腔性器官的肌组织，如食管、肠道等消化道的某部狭窄时，为使内容物通过狭窄部其上部不断地加强收缩，从而引起狭窄上部之管壁肌层肥厚，外形粗大。在成对的器官，如肾脏的一侧因受疾病损害而引起泌尿机能降低或丧失时，另一侧健康肾脏则为代偿病侧肾脏功能而发生体积增大和机能增强。心脏的代偿性肥大，对生命活动具有重要意义。例如，左心瓣膜病时，由于瓣膜不能随血流运动而关闭，而使心肌工作负担增加，引起左心肥大。

眼观，肥大的器官、组织在外形上除体积增大外，仍保持其正常形态。镜下，肥大细胞体积增大，胞浆增多，结构清晰，核增大。

一般来说，代偿性肥大对机体通常是有益的。但是，肥大器官的贮备却相对降低，其代偿能力也是有限的，一旦超过了限度，肥大组织或器官的血液供应则不足，营养物质和氧的供应也不能满足肥大细胞的代谢需要，便会出现代偿机能减退或衰竭现象。

（二）假性肥大

假性肥大（pseudohypertrophy）是指组织或器官因间质增生而形成的肥大，其实质细胞因受增生的间质压迫而萎缩，故发生假性肥大的组织或器官虽然外形呈现肥大状态，但其机能降低。例如，一些长期休闲、缺乏锻炼而又喂给大量精料的家畜，由于脂肪蓄积过多，不仅体躯肥胖，而且心脏也因蓄积多量脂肪而发生假性肥大。此时，不仅心脏的纵沟及冠状沟部沉积大量脂肪，而且脂肪组织逐渐沿心内膜和心外膜向心肌纤维间沉积，使心肌细胞受压萎缩。眼观心脏体积肥大，切面有不规整的淡黄色条纹。此种家畜如不加强锻炼而令其突服重役时，往往发生急性心脏衰弱而突然死亡。因此对家畜不仅要加强饲养管理，而且还要加强使役锻炼，防止其过度肥胖而降低使役能力。

三、增　　生

增生（hyperplasia）是指组织器官由于其实质细胞数量增多而使体积增大的现象。增生是细胞对机体需求增强的一种应答，是细胞在应激因素或刺激的作用下分裂增殖的结果。

增生和再生可同时出现，如皮肤创伤愈合时，丧失的表皮发生再生，而创伤边缘却出现明显的上皮增生，表明增生和再生的刺激是相同的。一般来说，增生主要是为了适应增强的机能要求，而再生则为了替代丧失的细胞。

增生有生理性增生和病理性增生之分。生理性增生（physiological hyperplasia）是指在生理条件下，组织或器官由于生理机能增强而发生的增生，如妊娠后期与泌乳期，由于雌激素和孕酮的刺激引起的乳腺增生就属此类。病理性增生（pathological hyperplasia）是指在致病因素作用下引起的组织或器官的增生，主要见于以下几种情况。

1. 慢性刺激　当皮肤、消化道和呼吸道等部位有寄生虫寄生时，被覆上皮由于长期受到刺激而增生。例如，兔肝球虫病时，虫体寄生于肝脏胆管上皮细胞内生长成熟，长期刺激导致胆管上皮高度增生（图 3-3）。

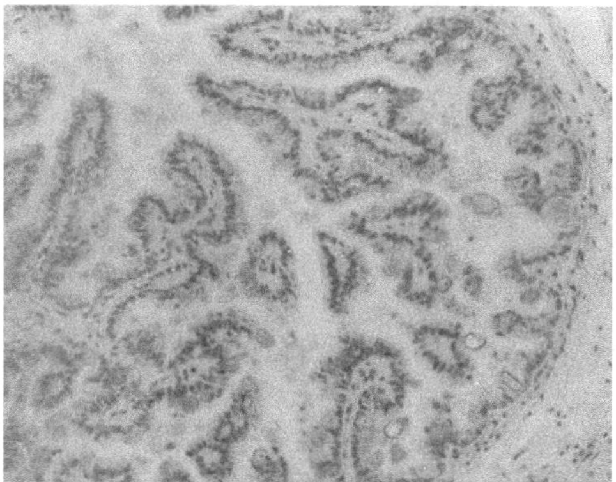

图 3-3　胆管上皮增生

胆管上皮高度增生，并呈乳头状突向管腔；上皮细胞里和管腔中可见球虫卵囊。

2. 慢性感染与抗原刺激　在发生慢性传染病或抗原刺激后，单核巨噬细胞系统和淋巴组织会增生，如慢性马传贫时脾脏淋巴细胞的增生，猪支原体肺炎时肺门淋巴结淋巴细胞的增生。增生的脾脏和淋巴结肿大，淋巴滤泡明显，生发中心扩大，细胞分裂现象增多，网状细胞增生。

3. 激素刺激　当雌激素增多时，子宫腺上皮因受过量雌激素的刺激而增生，一部分增生的腺上皮还形成皱褶，妨碍分泌物由黏膜流出而蓄积在腺腔内，导致子宫内膜囊肿状和腺瘤样增生。

4. 营养物质缺乏　碘缺乏时，甲状腺素分泌减少，引起垂体促甲状腺素分泌增多，导致甲状腺上皮细胞增生，细胞变成高柱状。又如，核黄素缺乏，雏鸡外周神经受到损伤，从而刺激施万细胞（又名雪旺细胞、许旺细胞或神经膜细胞）显著增生。

增生是适应机体需求并在机体控制下进行的一种局部细胞有限的分裂增殖现象，一旦除去刺激因素，增生便会中止。这与肿瘤不受控制的异常增生是完全不同的。肿瘤细胞的增生与机体的需求无关，这一过程一旦开始，即使病因消除也不会停止。

四、化　　生

化生（metaplasia）是指已经分化成熟的组织，为了适应生活环境的改变或理化刺激，在形态和机能上完全转变为另一种成熟组织的过程。常见于上皮组织和结缔组织。

化生一般是在类型相近似的组织之间发生。例如，结缔组织可化生为黏液组织、软骨组织或骨组织，但不能化生为上皮组织；而在上皮组织中，柱状上皮可化生为复层鳞状上皮，但不能化生为其他组织。

引起化生的原因很多，主要见于以下四个方面：①维生素 A 缺乏。维生素 A 缺乏可引起咽、食管的腺体、气管和支气管黏膜上皮、唾液腺导管上皮以及泌尿生殖道黏膜上皮的鳞状化生。②机械刺激的作用。膀胱和肾盂结石引起的变移上皮的鳞状化生均为机械刺激所致。③慢性炎症的刺激。慢性支气管炎和慢性胆囊炎均可引起支气管假复层纤毛柱状上皮、胆囊黏膜柱状上皮鳞状化生。④组织内代谢障碍。软组织出血、变性并坏死后，在结缔组织修补和瘢痕形成过程中，常出现结缔组织的骨化生，可见骨组织和骨样组织的形成，有时也可见软骨组织。

化生可分为直接化生和间接化生两种类型。

（一）直 接 化 生

直接化生（direct metaplasia）是指某种组织不经过细胞分裂增殖而直接转变为另一种类型组织的化生。例如，结缔组织的骨化生，就是通过胶原纤维融合成为类骨基质、结缔组织细胞转变为骨细胞的方式完成的。这种方式的化生比较少见。

（二）间 接 化 生

间接化生（indirect metaplasia）是通过细胞分裂增殖完成的，比较多见。增殖时先形成不成熟的细胞（幼稚型细胞），在新的环境条件和新的机能要求下，通过神经体液调节，按新的方向分化成为不同于原组织的另一种类型的组织。肾盂、膀胱结石时引起的变移上皮的鳞状上皮化生等均采取这一方式。

化生虽然可使局部组织对刺激的抵抗性能增强，具有适应新环境的意义，但也有不利的一面，如支气管黏膜上皮和宫颈黏膜上皮鳞状化生后，虽然增强了对感染的抵抗力，却失去了原来自净和分泌黏液的功能，而且还有可能在此基础之上转化发生鳞状上皮癌。此外，某些化生没有适应意义，仅是一种病理表现，如维生素 A 缺乏引起的支气管黏膜鳞状化生即如此。

第二节　修　　复

修复（repair）是指当机体的组织、器官完整性被破坏时，周围健康组织通过再生来加以修补的过程。它是组织损伤后的重建过程，是机体对损伤的一种适应性反应。修复的形式有多种，包括再生、纤维性修复、创伤愈合等。

一、再　生

再生（regeneration）是指当局部组织或器官的一部分受损后，由邻近的健康组织的细胞进行分裂增殖来修复损伤的过程。再生是机体在进化过程中获得的一种修复性反应。

（一）类　型

再生有生理性再生和病理性再生之分。生理性再生（physiological regeneration）是指机体在生理情况下所发生的再生过程，主要表现为衰老和消耗的细胞不断被同种新生的细胞补偿和替换。例如，正常机体的表皮细胞、呼吸道和消化道黏膜上皮和血液中的红细胞与白细胞均在不断地衰老、死亡，但同时也有大量新生的细胞加以补充，以保证组织成分的不断更新。生理性再生的细胞、组织在形态和功能上均与原来衰亡的细胞、组织完全相同。病理性再生（pathological regeneration）是指组织和器官因受致病因素作用发生损伤后，经周围组织再生而修复的过程。病理性再生有以下三种表现形式。

1. 完全再生　是指再生的细胞和组织在结构和功能上均与原损伤组织完全相同，它常见于组织损伤轻微或再生能力较强的组织。

2. 不完全再生　是指新生的组织与原来损伤的组织不完全相同，主要由结缔组织再生来修补缺损，最后形成瘢痕。这种再生不能恢复原来组织的结构和功能，仅起修补损伤的作用，多见于损伤面积较大或受损组织的再生能力较弱等情况，如中枢神经系统或心肌受损后，其修复多采取这种方式。

3. 过度再生　是指再生的组织多于原损伤组织。例如，黏膜溃疡部过度再生可形成赘生息肉，皮肤过度的瘢痕形成可生成疤痕疙瘩等。

（二）细胞的再生潜能

组织细胞再生能力的强弱常与生物进化、细胞分化和细胞发育成熟的程度有密切的关系。一般来说，各种组织均有不同程度的再生能力，但低等动物的再生能力较高等动物的强；分化程度低的组织较分化程度高的组织易于再生；年龄小、营养好和体质强的动物比年龄大、营养差和体质弱的动物再生能力强；平时易受损伤的组织及生理状态下经常更新的组织有较强的再生能力。

动物有机体是由再生能力不同的不稳定细胞、稳定细胞和永久性细胞组成。不稳定细胞（labile cell）又称持续分裂细胞（continuously dividing cell），如表皮细胞、黏膜被覆细胞、淋巴及造血细胞及结缔组织细胞等的再生能力很强。稳定细胞（stable cell）又称静止细胞（quiescent cell），它的增殖现象通常不明显，但受到组织损伤的刺激时，可表现出较强的再生能力，如各种腺体或腺样器官的实质细胞、原始的间叶细胞等。永久性细胞（permanent cell）又称非分裂细胞（nondividing cell），包括神经细胞、骨骼肌细胞及心肌细胞，出生后均不能分裂增生，一旦受损则造成永久性缺失。而神经纤维在神经细胞存活的前提下，受损后有着活跃的再生能力。

（三）各种组织的再生过程

1. 上皮组织的再生

1）被覆上皮再生　鳞状上皮缺损时，由创缘或底部的基底层细胞分裂增生，向缺损中心迁移，先形成单层上皮，以后增生分化为鳞状上皮。黏膜（如胃肠黏膜）的上皮缺损后，同样也由邻近的细胞分裂增生来修补。新生的上皮细胞起初为立方体形，以后增高变为柱状细胞。

2）腺上皮再生　腺上皮也具有很强的再生潜能，如肝脏、胰腺、唾液腺以及内分泌腺等。腺上皮的再生是否完全与损伤程度密切相关。如果损伤轻微，只有腺上皮坏死，而间质及网状支架完好时，则呈完全再生，否则为不完全再生。

2. 纤维组织的再生　不仅见于结缔组织本身受损，同时亦见于其他组织受损后呈不完全再生的修复部位。例如，在炎症、坏死灶的修复、创伤愈合、机化和包囊形成过程中均可见到结缔组织的再生。

在损伤的刺激下，受损处的成纤维细胞进行分裂、增生。成纤维细胞可由静止状态的成纤维细胞转变而来，或由未分化的间叶细胞分化而来。成纤维细胞的特点为：胞体膨大呈圆形或星芒状，胞浆半透明淡染，核大淡染，颇似上皮细胞。当成纤维细胞停止分裂后，开始合成并分泌前胶原蛋白质，在细胞周围形成胶原纤维，细胞逐渐成熟，变成长梭形，胞浆越来越少，核越来越深染，成为纤维细胞（图 3-4）。最后形成由胶原纤维和狭长的纤维细胞共同构成的纤维性结缔组织。

3. 血管的再生　各种组织特别结缔组织再生时，多伴有血管的再生。

1）毛细血管的再生　毛细血管的再生通常有以下两种方式。

（1）血管形成（angiogenesis）：是一种发芽性生长，简称芽生（budding）。它是在损伤血管的基础上以发芽方式进行再生的过程。其过程是：首先在蛋白分解酶作用下基底膜分解，毛细血管的内皮细胞肿大、分裂增殖，形成向外突起的幼芽。其后这些幼芽继续向外伸展，胞核相对平行排列而呈实性条索状。随后在血流的冲击下，出现管腔而流入血液成为新生毛细血管，且互相连接构成毛细血管网（图 3-5）。为了适应功能的需要，这些新生的毛

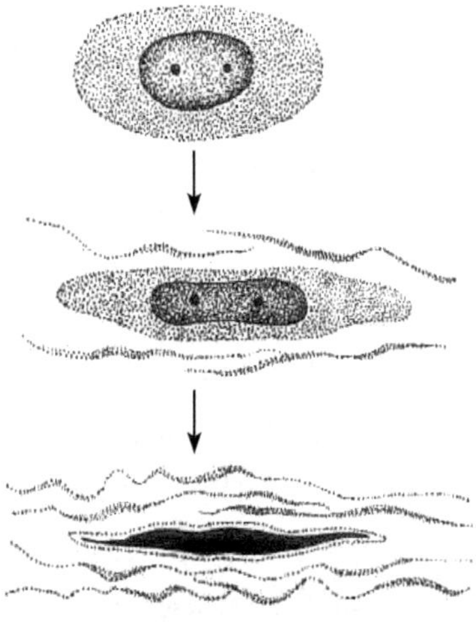

图 3-4　原始间叶细胞向纤维细胞转化模式图

原始间叶细胞先转化为能形成胶原纤维的成纤维细胞，再转化为纤维细胞。

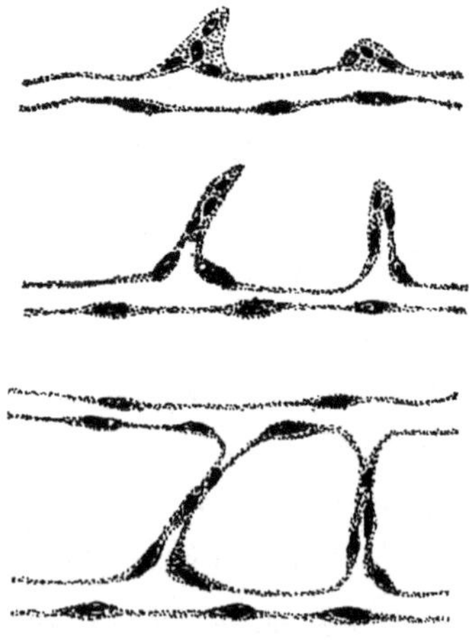

图 3-5　毛细血管的再生模式图

自上而下为：毛细血管内皮细胞分裂增殖形成幼芽；幼芽继续生长成实心的条索；条索中出现腔隙并互相连接。

细血管又将不断地得到改建，其中有的重新关闭，内皮细胞被吸收而消失；有的管壁则逐渐增厚而发展为小动脉和小静脉。

（2）血管发生（vasculogenesis）：这种血管再生是一种自生性生长，与原来血管无关，是直接由结缔组织内的间叶细胞新生分化而形成毛细血管和小血管。它的发生与胚胎时期的血管发生相似。其形成过程是：最初由类似于幼稚的成纤维细胞呈平行性排列，以后在细胞之间逐渐出现小裂隙，并与附近的毛细血管相连，遂有血液通过。被覆在裂隙内的细胞，随之变为内皮细胞，构成了新生的毛细血管内膜。最后这种新生的毛细血管亦可发展为小动脉或小静脉。

2）大血管的再生　大血管断离后需手术吻合，吻合处两侧内皮细胞分裂增生，互相连接，恢复原来内膜结构。但断离的肌层不易完全再生，而由结缔组织增生连接，形成瘢痕修复。

4. 骨组织的再生

软骨组织的再生能力很弱，较大的软骨组织缺损常由结缔组织修补，而较小的损伤则由成软骨细胞增殖，形成软骨细胞与软骨基质以补充缺损。

软骨组织的再生起始于软骨膜的增生，这些增生的幼稚细胞形似纤维细胞，以后逐渐变为成软骨细胞，并形成软骨基质，细胞被埋在软骨陷窝内而变为静止的软骨细胞。

骨组织的再生能力很强，受损后主要依靠骨外膜和骨内膜中的成骨细胞增殖修复。当骨组织严重受损如骨折，也可修复。详见骨折愈合。

5. 肌肉组织的再生　肌肉组织的再生能力一般很弱。

1）骨骼肌的再生　依肌膜是否存在及肌纤维是否完全断裂而有所不同。损伤较轻而肌膜未被破坏时，肌原纤维仅部分发生坏死，此时中性粒细胞及巨噬细胞进入该部吞噬清除坏死物质，残存部分肌细胞分裂产生肌浆，分化出肌原纤维，从而恢复正常横纹肌的结构而呈完全再生。如果肌膜损伤，肌纤维完全断裂，其断端膨大，肌浆逐渐增多，细胞核分裂，形成多核巨细胞样的肌芽（图 3-6）。再生的肌芽不能使断裂的肌纤维相接，缺损常由增生的结缔组织填补，最后形成瘢痕。

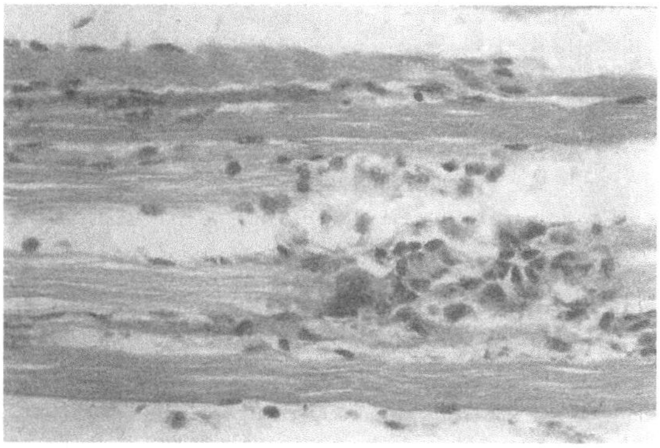

图 3-6　骨骼肌纤维的再生

肌纤维断端膨大，形成多核巨细胞样的肌芽。

2）平滑肌的再生　再生能力较骨骼肌弱，损伤后常由结缔组织修复。

3）心肌的再生　心肌缺乏再生能力，死亡后一般由结缔组织修复而形成瘢痕。

6. 神经组织的再生

1）中枢神经的再生　中枢神经的神经细胞和神经纤维不能再生，受损后只能由神经胶质细胞进行修复，形成胶质瘢痕。

2）外周神经的再生　外周神经纤维损伤后，与其相连的神经细胞仍然存活，则可完全再生。首先，远侧断端的神经纤维髓鞘及轴突发生崩解，并被吞噬、吸收，近侧断端的数个郎飞节神经纤维也发生同样变化。之后由两端的神经膜细胞增生，形成带状的合体细胞，将断端连接。此时，近端轴突以每天 1mm 的速度向远端生长，穿过神经膜细胞带，最后到达末梢，神经膜细胞产生髓磷脂将轴突包绕形成髓鞘，完成神经纤维的再生过程（图 3-7）。如果两侧断端相隔超过 2.5cm 或中间有瘢痕等组织隔开，再生的轴突就不能达到远端，而是与增生的结缔组织混在一起，卷曲成团，形成创伤性神经瘤，从而引起顽固性疼痛。

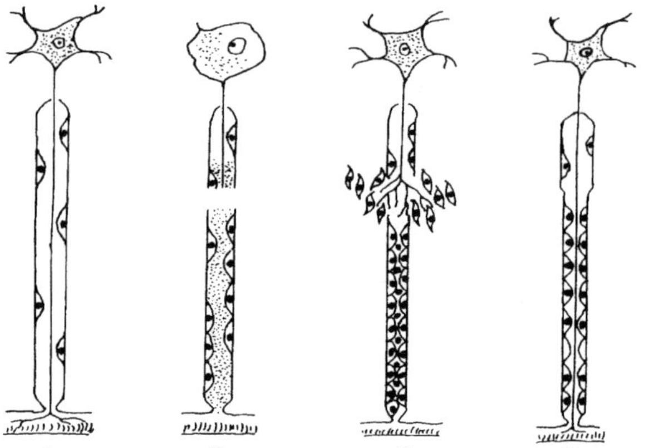

图 3-7 外周神经损伤修复过程模式图

A. 正常的有髓外周神经；B. 神经被切断后部分中枢端和全部末梢端的髓鞘破坏瓦解，末梢端轴突消失；C. 神经膜细胞增生，中枢端轴突生长出许多分支；D. 轴突的一支沿神经膜管向末梢端生长，直达效应器官，其余分支逐渐消失，两端神经膜连接。

二、纤维性修复

组织结构的破坏包括实质细胞与间质细胞的损伤，常发生在伴有坏死的炎症中，并具慢性炎症的特征。此时，即使是损伤器官的实质细胞具有再生能力，其修复也不能单独由实质细胞的再生来完成，因此，这种修复首先通过肉芽组织增生、溶解、吸收损伤局部的坏死组织及其他异物，并填补组织缺损，以后肉芽组织转化成以胶原纤维为主的瘢痕组织，修复便告完成。

（一）肉 芽 组 织

肉芽组织（granulation tissue）是由毛细血管和成纤维细胞增殖形成的一种幼稚结缔组织。因其眼观呈颗粒状、鲜红色、柔软湿润，形似鲜嫩的肉芽，故而得名。

1. 肉芽组织的成分及其结构

1）肉芽组织的成分　包括四种成分：新生的毛细血管、幼稚的成纤维细胞、少量的胶原纤维和数量不等的炎性细胞（图 3-8）。

2）肉芽组织的结构　镜下见毛细血管内皮细胞肿胀、分裂、发芽，并按血管再生的规律形成实心条索，出现血管腔，血液流入（见毛细血管再生）。新生的毛细血管对着创面垂直生长，表面弯曲成毛细血管袢，并相互吻合成网。在毛细血管增生的同时，纤维细胞与未分化的间叶细胞也发生肿大而转变成纤维细胞（见结缔组织再生）。由于创伤常有轻重不等的感染和坏死组织的存在，刺激机体对其发生反应，所以肉芽组织中常浸润有大量的中性粒细胞和巨噬细胞等。这些细胞对局部的细菌、死亡的细胞和渗出的纤维素（纤维蛋白质）等进行吞噬、分解和消化，为肉芽组织的生长扫除障碍，也为创伤的修复创造条件。

2. 肉芽组织在组织损伤修复中的作用　包括：①抗感染，保护创面。②填补创口及

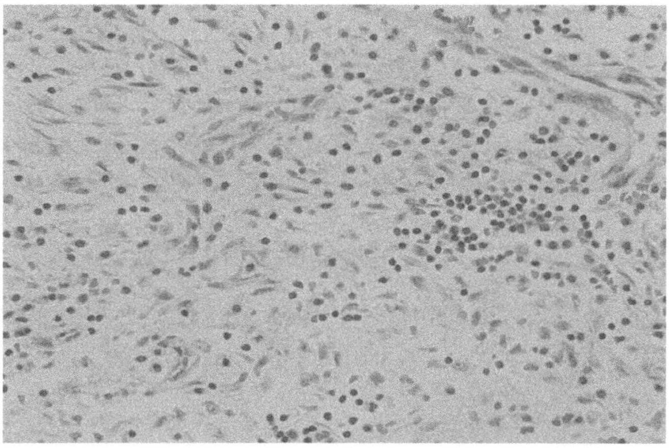

图 3-8　肉芽组织

其他组织缺损。③机化或包裹坏死组织、血栓、血凝块、炎性渗出物及其他异物。

3. 肉芽组织的结局　肉芽组织在组织损伤后 2～3d 内即可出现，自下向上（如体表创口）或从周围向中心（如组织内坏死）生长推进，填补创口或机化异物。随着时间的推移（如 1～2 周），肉芽组织按其生长的先后，逐渐成熟。其主要形态标志为：间质的水分逐渐吸收减少；炎性细胞减少并逐渐消失；部分毛细血管管腔闭塞、数目减少，按正常功能的需要少数毛细血管管壁增厚，改建为小动脉和小静脉；成纤维细胞产生越来越多的胶原纤维，同时成纤维细胞数目逐渐减少、胞核变细长而深染，变为纤维细胞。时间再长，胶原纤维量更多，而且发生玻璃样变性，细胞和毛细血管成分更少。至此，肉芽组织成熟为纤维结缔组织，并且逐渐转化为老化阶段的瘢痕组织。

（二）瘢痕组织

1. 瘢痕组织的形成　瘢痕组织是肉芽组织的继续和终结。瘢痕组织的形成过程，实际上就是结缔组织的成熟过程。即肉芽组织产生后，随着成纤维细胞的逐渐成熟，便有大量胶原纤维生成。这种新生的胶原纤维最初排列颇不规则，以后逐渐排列成束，其方向的改变也是适于机能负荷之需要。随着胶原纤维的不断增多，成纤维细胞的数量则逐渐减少，残留者也逐渐变为扁平细长的纤维细胞，并互相平行排列于胶原纤维之间。在结缔组织成熟的同时，其内的毛细血管数目明显减少，绝大部分闭塞、退化和消失。最后，肉芽组织经改建成熟形成血管稀少而主要由胶原纤维组成的纤维结缔组织。外观灰白或苍白，质地坚实，缺乏弹性。瘢痕组织终因胶原纤维的收缩而体积变小，质地变硬，表面下陷或挛缩。

2. 瘢痕组织对机体的影响　瘢痕组织的作用及对机体的影响可概况为以下两个方面。

1）对机体有利的一面　主要包括：①它能把损伤的创口或其他缺损长期地填补并连接起来，可使组织器官保持完整性。②由于瘢痕组织含大量胶原纤维，虽没正常组织的抗拉力强，但比肉芽组织的抗拉力强得多，因而这种填补及连接也是相当牢固的，可使组织器官保持其坚固性。

2）对机体不利的一面　主要包括：①瘢痕收缩，当其发生在关节附近时，常常引起关节挛缩或活动受限；当其发生于胃肠道、泌尿道等腔性器官时，则可引起管腔狭窄，如胃溃疡瘢痕可引起幽门梗阻。②瘢痕性粘连，特别是在各器官之间或器官与体腔壁之间发生的纤维性粘连，常常不同程度地影响其功能。③器官内广泛损伤导致纤维化，使器官组织发生硬化。④瘢痕组织增生过度，形成瘢痕疙瘩（keloid），使局部组织结构和功能均受影响。

瘢痕组织内的胶原纤维在胶原酶的作用下，可逐渐分解、吸收，使瘢痕缩小、软化。胶原酶主要来自成纤维细胞、中性粒细胞和巨噬细胞等。因此，要解决瘢痕收缩和器官硬化等的关键是在细胞生长调控和细胞外基质等分子病理水平上，阐明如何调控肉芽组织中胶原的合成和分泌以及如何加速瘢痕中胶原的分解与吸收。

三、创伤愈合

创伤愈合（wound healing）是创伤造成组织损伤的修复过程，是以组织的再生和炎症为基础的。

（一）皮肤创伤愈合

1. 皮肤创伤愈合的基本过程

1）*伤口止血*　小血管出血一般可自行停止，较大的血管出血则需人工止血。

2）*创腔净化与炎症反应*　创伤的修复，首先要清除出血、坏死组织以及血液、细菌，这一过程称为创腔净化，简称清创。清创过程是以炎症为基础的。创伤局部因炎症反应出现红肿，周围血管扩张充血、浆液和白细胞渗出。白细胞主要是吞噬和消化伤口内的细菌和坏死组织等。伤口内的血液和渗出物凝固、干燥后形成痂皮（结痂），将两边的创缘粘合起来，保护创面。

3）*伤口收缩*　2～3d后，伤口边缘的整层皮肤及皮下组织向中心移动，伤口发生收缩，大约1～2周后收缩停止。伤口收缩的意义在于缩小创面，其机制目前认为是伤口边缘肉芽组织中新生的成纤维细胞的牵拉作用，而与胶原的形成无关。

4）*肉芽组织和瘢痕形成*　大约从第3天起，从伤口底部和边缘长出肉芽组织，向伤口中的血凝块伸入，机化凝块，并填平伤口（见肉芽组织）。

5）*表皮组织的再生*　创伤发生24h内，创缘的基底细胞即开始增生，并在凝块下面向伤口中心迁移，形成单层上皮，覆盖于肉芽组织的表面。当这些细胞彼此相遇时，则停止迁移，并增生、分化成为鳞状上皮。健康的肉芽组织对表皮再生十分重要，因为它可提供上皮再生所需的营养及生长因子。如果肉芽组织长时间不能将伤口填平，并形成瘢痕，则上皮再生将延缓。在另一种情况下，由于异物及感染等刺激而过度生长的肉芽组织，高出于皮肤表面，也会阻止表皮再生，因此临诊上常需将其切除。若伤口过大（一般认为超过20cm时），则再生表皮很难将伤口完全覆盖，往往需要植皮。

皮肤附属器（毛囊、汗腺及皮脂腺）如遭完全破坏，则不能完全再生，以瘢痕修复。

2. 皮肤创伤愈合的类型　根据损伤程度、有无感染，皮肤创伤愈合分为第一期愈合和第二期愈合两种类型。

1）*第一期愈合*（healing by first intention）　又称直接愈合，主要见于创口小、组织缺损少、创缘整齐、无感染、经缝合后自然黏合或创面对合严密的伤口。无菌手术刀口多属第一期愈合。其特点为：①血凝块少。②炎症反应较轻微。③愈合时间短。④形成的瘢痕也小（图3-9）。

2）*第二期愈合*（healing by second intention）　又称间接愈合，是开放性创伤的愈合。主要见于组织缺损大、创缘不整齐、无法对合而呈开口状或伴有感染的伤口。这种创口有较多的坏死组织、异物或脓液，其愈合过程与第一期愈合基本相同。其特点为：①由于创口坏死组织多或由于感染继续引起局部组织变性、坏死，从而引起明显的炎症反应。②伤口大，必须从伤口底部和边缘长出大量肉芽组织才能将伤口填平。③表皮再生一般在肉芽组织将伤口填平之后开始。④愈合时间长，形成的瘢痕也较大（图 3-10）。

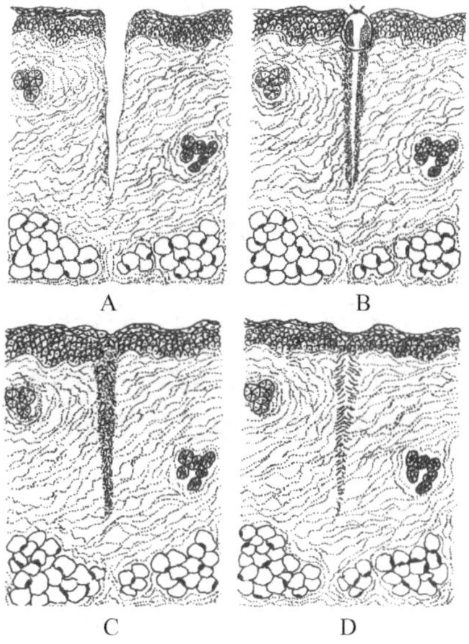

图 3-9　第一期愈合模式图

A. 创口小，创缘整齐，组织破坏少；B. 经缝合后创缘对合，炎症反应轻微；C. 表皮再生，少量肉芽组织从伤口边缘长入；D. 愈合后瘢痕形成很小。

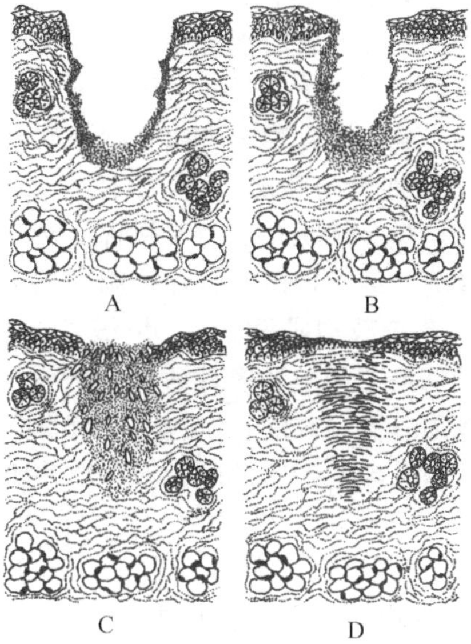

图 3-10　第二期愈合模式图

A. 创口大，创缘不整齐，组织破坏多；B. 伤口收缩，炎症反应剧烈；C. 大量肉芽组织从伤口底部和边缘长入，填平伤口，表皮再生；D. 愈合后局部形成较大瘢痕。

（二）骨折愈合

骨折愈合（fracture healing）是指骨折后局部发生的一系列修复过程。骨的再生能力很强。一般而言，经过良好复位后的单纯性外伤性骨折，几个月内便可完全愈合，恢复正常结构和功能。骨折愈合过程可分为以下几个阶段（图 3-11）。

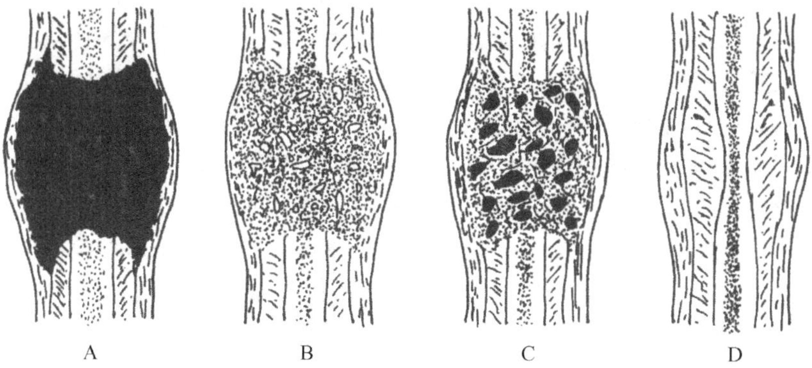

图 3-11　骨折愈合模式图

A. 骨折断端血肿形成；B. 纤维性骨痂形成；C. 骨性骨痂形成；D. 新生骨组织改建，骨愈合完成。

1. 血肿形成与坏死骨的吸收　骨组织和骨髓都有丰富的血管，在骨折的两端及其周围伴有大量出血，形成血肿，数小时后血肿发生凝固，与此同时常出现轻度的炎症反应。由于骨折伴有血管断裂，早期常可见有骨髓组织的坏死，骨皮质亦可发生坏死。如果坏死灶较小，可被破骨细胞吸收；如果坏死灶较大，可形成游离的坏死骨片。

2. 纤维性骨痂形成　骨折后的2～3d，血肿开始由肉芽组织取代而机化，继而形成纤维性骨痂，或称暂时性骨痂。肉眼及X射线检查见骨折局部呈梭形肿胀。约1周左右，上述增生的肉芽组织及纤维组织可进一步分化，形成透明软骨。透明软骨的形成一般多见于骨外膜的骨痂区，骨髓内骨痂区则少见。

3. 骨性骨痂形成　纤维性骨痂逐渐分化出成骨细胞，并形成类骨组织，以后出现钙盐沉积，类骨组织转变为编织骨（woven bone）。纤维性骨痂中的软骨组织也经软骨骨化过程演变为骨组织，至此骨性骨痂形成。

4. 骨痂改建或再塑　编织骨由于结构不够致密，骨小梁排列紊乱，故仍达不到正常功能的需要。为了适应骨活动时所受应力的变化，编织骨经过进一步改建成为成熟的板层骨，皮质骨和髓腔的正常关系以及骨小梁正常的排列结构也重新恢复。改建是在破骨细胞的骨质吸收及成骨细胞的新骨质形成的协调作用下完成的。

（三）影响创伤愈合的因素

1. 影响创伤愈合的因素　组织损伤的程度、组织的再生能力、伤口有无坏死组织和异物以及有无感染等因素决定修复的方式、愈合的时间及瘢痕的大小。影响创伤愈合的因素包括全身和局部两个方面。

1）全身因素　包括：①年龄。幼龄动物的组织再生能力强、愈合快。老龄动物则相反，组织再生力差，愈合慢，这与老龄动物血管硬化，血液供应减少密切相关。②营养状况。严重的蛋白质缺乏，尤其是含硫氨基酸（如甲硫氨酸、胱氨酸）缺乏时，肉芽组织及胶原形成不良，伤口愈合延缓。维生素中以维生素C对愈合最重要。维生素C缺乏时前胶原分子难以形成，从而影响了胶原纤维的形成。微量元素中以锌较为重要。

2）局部因素　包括：①局部血液循环。局部血液循环一方面保证组织再生所需的氧和营养，另一方面对坏死物质的吸收及控制局部感染也起重要作用。因此，局部血液供应良好时，再生修复较为理想。② 感染与异物。感染对再生修复的影响甚大。许多化脓菌产生一些毒素和酶，能引起组织坏死，溶解基质或胶原纤维，加重局部组织损伤，妨碍创伤愈合；伤口感染时，渗出物多，可增加局部伤口的张力，常使正在愈合的伤口或已缝合的伤口裂开，或者导致感染扩散加重损伤；坏死组织及其他异物，也可妨碍愈合并易于感染。因此，伤口如有感染，或有较多的坏死组织及异物，必然是二期愈合。临床上对于创面较大，已被细菌污染但尚未发生明显感染的伤口，施行清创术以清除坏死组织、异物和细菌，并可在确保没有严重感染的情况下，缝合创口。这样有可能使本来是二期愈合的伤口，达到一期愈合。③神经功能状况。正常的神经支配对组织再生有一定的作用。植物神经的损伤，使局部血液供应发生变化，对再生的影响明显。④电离辐射。能破坏细胞、损伤小血管、抑制组织再生，故可影响创伤的愈合。

2. 影响骨折愈合的主要因素

1）断端及时正确地复位　完全性骨折由于肌肉的收缩，常常发生错位或有其他组织、异物的嵌塞，可使愈合延迟或不能愈合。及时、正确的复位是为以后骨折完全愈合创造必要的条件。

2）局部牢固的固定　骨折断端即便已经复位，由于肌肉活动仍可错位，因而复位后的及时、牢靠的固定（如打石膏、小夹板或髓腔钢针固定）更显重要，一般要固定到骨性骨痂形成后。

3）功能的恢复　应根据骨折发生的不同阶段，恰当地解决“动”、“静”关系，正确认识局部与整体的关系，既要注意保持局部的相对固定，又要重视全身和患部的适当活动。只有这样才有利于功能的恢复。

复习思考题

1. 名词解释：适应　修复　萎缩与发育不全　真性肥大与假性肥大　增生与再生　直接化生与间接化生　皮肤第一期愈合与第二期愈合　肉芽组织与瘢痕组织
2. 器官组织萎缩的先后顺序有何意义？
3. 简述肉芽组织各成分与功能的关系。
4. 简述骨折愈合的过程。
5. 组织器官损伤后是否完全再生与哪些因素有关？

（崔恒敏）

第四章　血液循环障碍

血液循环障碍是指心脏、血管系统受到损伤或血液性状发生改变，从而导致血液在血管内的运行发生异常，并于机体的一定部位形成一系列的病理变化。血液循环障碍常可引起各组织器官的代谢紊乱、机能障碍和形态结构改变。

血液循环障碍可分为全身性和局部性两种。全身性血液循环障碍是由于心血管系统的疾病（如心脏功能不全和休克等）或血液本身性状的改变（如弥散性血管内凝血等）所造成；而局部性血液循环障碍则是指某一器官或组织的循环障碍，主要表现为局部血量异常（充血和缺血）、血管内容物的性状改变（血栓形成和栓塞），以及血管壁通透性改变（水肿和出血）等。全身性与局部性血液循环障碍，虽然在表现形式和对机体的影响上有所不同，但二者之间关系密切。一般全身性血液循环障碍可以通过局部表现出来。例如，当心脏功能不全而导致全身性循环障碍时，可于多种组织、器官发生淤血，其中尤以肝脏和肺脏的淤血最为常见；而局部血液循环障碍，在一定条件下也可引起全身性血液循环紊乱。例如，当心脏冠状动脉发生循环障碍时，可导致心脏功能不全，从而使全身血液循环发生障碍。由此可见，血液循环障碍区分为全身性和局部性是相对的，实际两者是辩证的统一。

第一节　充　　血

充血（hyperemia）是指局部组织、器官的血管内血液含量比正常增多的状态，可分为动脉性充血和静脉性充血两种。

一、动脉性充血

在某些生理或病理因素的影响下，局部组织或器官的小动脉发生扩张，流入血量增多，而静脉回流仍保持正常，这种组织或器官内含血量增多称为动脉性充血（arterial hyperemia），又称主动性充血（active hyperemia），简称充血。小动脉扩张是神经体液因素作用于血管，使舒血管神经兴奋性增加或缩血管神经兴奋性降低的结果。充血可分为生理性充血和病理性充血两种。前者如采食时胃肠道黏膜表现的充血和劳役时肌肉发生的充血等现象。病理性充血则是在致病因素的作用下发生的，如炎症早期发生的动脉性充血。

病因和发病机制 引起充血的原因很多，主要有物理性、化学性和生物性等因素。当这些因素作用于局部组织或器官并达到一定强度时，就可引起充血。此外，在炎症等情况下，当有某些血管活性物质如组织胺、激肽类等物质释放时，亦可引起局部小动脉和毛细血管扩张而导致充血。有时机体反应性增高，血管对一般的生理性刺激的感受性也增高，这时也可发生充血。例如，作为诊断手段之一的局部变态反应中的充血现象即是实例。

根据发生的原因和机制，可将充血分为三种类型。

1. 神经性充血 在疾病情况下，由于各种致病因素作用于各种组织、器官的感受器，反射性地使缩血管神经兴奋性降低，从而导致血管扩张充血。这种充血又称为反射性充血。

2. 侧支性充血 是指某一动脉分支的管腔被栓子堵塞或受肿瘤压迫等而使血流受阻时，与其相邻的动脉吻合支就发生反射性扩张，其内血流量增多，以代偿局部血管受阻所造成的缺血性病理过程。侧支性充血的发生，是由于堵塞处上部血管内的血压升高和阻塞处局部氧化不全产物蓄积刺激血管共同作用的结果。它在一定程度上改善了堵塞处下方的缺血状况，对机体常是一种有益的反应。

3. 贫血后充血 是指机体某部组织的血管受压后，发生贫血和血管张力减退；而当迅速消除外部压力时，则受压部血管立即发生扩张和流入血量骤然增加而发生充血。这种充血又称为减压后充血。例如，当动物发生肠臌胀和牛发生瘤胃臌胀时，腹腔内其他脏器中的血液大多被挤压到腹腔以外的血管中去，结果造成肝脏、脾脏和胃等脏器发生贫血。此时若进行胃肠穿刺放气，则可导致大量血液流入腹腔脏器，使其小动脉和毛细血管强烈扩张充血。若放气过快，则大量血液急剧流入腹脏器官，故常引起反射性脑贫血而造成动物昏迷，甚至突然死亡。

病理变化 组织发生充血时色泽鲜红，温度增高，机能增强，体积稍肿大。黏膜充血时常称为“潮红”。充血组织、器官的色泽鲜红是由于小动脉和毛细血管显著扩张，流入大量含有氧合血红蛋白的血液之故；温度升高是由于血流加速和细胞的代谢旺盛；由于充血部组织代谢旺盛，所以该组织或器官的机能增强。镜下可见小动脉和毛细血管扩张充满红细胞，有时可见炎性渗出等变化。

结局和对机体的影响 充血对机体的影响，常因其持续时间和发生部位的不同而有很大的差异。一般来说，短时间的轻度充血，对机体往往是有利的。因为充血时血流量增加和血流速度加快，一方面可以输送更多的氧、营养物质、激素、白细胞和抗体等到组织，从而增强局部的抗御能力；另一方面又可将局部产生的病理性产物及时地排除，对于消除病因和恢复组织机能均有着积极的作用。根据这一原理，临诊上常用理疗、热敷和涂擦刺激剂等疗法造成局部组织充血，促进组织代谢，从而达到治疗某些疾病的目的。但充血对机体也有损伤的一面，若病因作用较强或持续时间较长而引起持续性充血时，则可造成血管壁的紧张度下降或丧失，血流逐渐减缓，进而发生淤血、水肿和出血等变化。此外，由于充血发生的部位不同，对机体的影响也有很大的差异。如脑部发生严重充血时（如中暑），常可因颅内压升高而使动物发生神经机能障碍，甚至发生昏迷。

二、静脉性充血

在局部组织器官内，若动脉流入的血量保持正常，而静脉的血液回流受阻，因此在静脉内充盈大量血液，则称为静脉性充血（venous hyperemia），又称被动性充血（passive hyperemia），简称淤血。在病理情况下，静脉性充血远比动脉性充血多见，具有重要的临诊价值和病理学意义。

病因 淤血按其发生原因可分为局部性淤血和全身性淤血两种。

1. 局部性淤血的常见原因 ①静脉受压而管腔闭塞或变狭，使血液回流受阻，结果导致相应部位的器官和组织发生静脉性充血。常见的例子如肿瘤压迫静脉引起相应器官或组织的静脉性充血，肠套叠、肠扭转和肠疝时肠系膜静脉受压引起局部肠段严重的静脉性充血等。②静脉内发生血栓、栓塞或因静脉内膜发炎而导致管壁增厚时，均可造成管腔狭窄，阻碍血液回流。但由于静脉的分支多，只有当静脉腔阻塞而血流又不能充分地通过侧支回流时，才能导致淤血。

2. 全身性淤血的常见原因 ①心脏机能障碍。例如，在某些急性传染病和急性中毒等情况下，由于体内的有毒产物损害心脏，可引起严重的心肌变性，导致心肌收缩力减弱，心输出量减少，静脉血液不能充分回到心脏，故使各器官发生淤血。②胸膜及肺脏疾病。例如，胸膜炎时，由于胸腔内蓄积炎性渗出物，使胸腔内压增高，可直接影响心脏的舒张；同时又因胸膜炎时胸廓部疼痛而扩张受限，使前后腔静脉内的血液回流受阻，也可发生全身性淤血。

病理变化 淤血是一种最常见的病理变化，不论引起淤血的原因如何，其病变特点基本相似，主要表现为淤血组织呈暗红色或蓝紫色，体积增大，机能减退，体表淤血时皮温降低。

淤血时由于静脉回流受阻，血流缓慢，使血氧过多地被消耗，因而血液中氧分压降低、氧合血红蛋白减少，还原血红蛋白含量显著增多，血管内充满紫黑色的血液，故使局部组织呈暗红色或蓝紫色。这种现象在可视黏膜称为发绀。又因淤血时血流缓慢，热量散失增多，加上局部组织缺氧，代谢率降低，产热减少，所以体表部淤血区表现皮温降低。淤血时因局部血量增加，静脉压升高而导致体液外渗，结果使淤血组织的体积增大。

此外，发生长时间持续性淤血时，常能引起以下严重病变：①由于缺氧造成毛细血管通透性增加，故有大量液体漏入组织间隙，造成淤血性水肿。若毛细血管损伤严重时，则红细胞也可漏到组织内形成出血，称为淤血性出血。②随着缺氧程度的加重，局部组织常发生严重的代谢障碍，组织内中间代谢产物堆积，轻者引起淤血器官实质细胞变性、萎缩，重者可发生坏死。三是淤血组织的实质细胞发生坏死后，常伴有大量结缔组织增生，结果使淤血器官变硬，称为淤血性硬化。

结局和对机体的影响 常因其发生原因、淤血时间的长短、发生部位、范围、淤血发生的速度（急性或慢性）以及侧支循环建立的状况等不同而有较大的差异。一般来说，全身性淤血影响许多重要器官（如肾脏、肝脏、肺脏和脾脏等）的功能，可出现相应的功能障碍，局部静脉充血则主要影响局部器官的功能。通常短时间的急性淤血，在消除病因后可完全恢复。如果病因不能及时消除时，淤血的结局常因局部静脉的侧支循环能否建立而有很大差异。若引起淤血的原因持续存在，侧支循环又不能建立，则淤血的组织由于缺氧和氧化不全的代谢产物蓄积，加之淤血时小静脉和毛细血管内流体静压升高，可导致局部组织发生水肿，严重时甚至发生漏出性出血。如肺淤血时，肺泡壁毛细血管扩张、充血，严重时肺泡腔内可出现水肿液，甚至出血（图 4-1）。若肺泡腔内的红细胞被巨噬细胞吞噬，其血红蛋白变为含铁血黄素，使痰呈褐色。这种巨噬细胞常在左心衰竭的情况下出现，因而被称为心力衰竭细胞。严重的淤血常可引起组织细胞发生严重的代谢障碍，进而导致实质细胞发生萎缩、变性甚至坏死。如慢性肝淤血时，肝细胞萎缩（主要在肝小叶中央区，图 4-2）和脂肪变性（主要在小叶周边带），以致肝切面呈现槟榔状花纹，称为“槟榔肝”。若发生急性且程度严重的肝淤血则可引起肝细胞坏死。

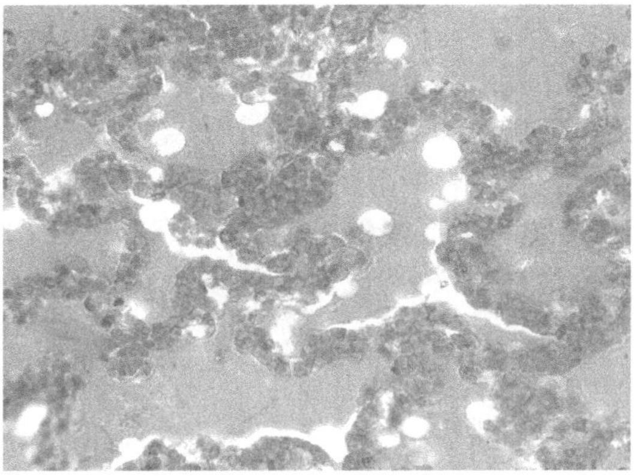

图 4-1 肺脏淤血
肺泡隔毛细血管扩张，充满红细胞；
肺泡腔内含有大量浆液。

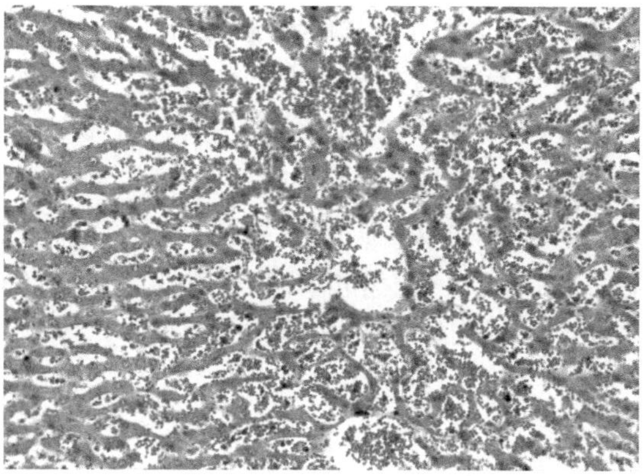

图 4-2 肝脏淤血（猪附红细胞体病）
窦状隙扩张充满红细胞，中央
静脉周围的肝细胞萎缩。

此外，某些器官，在慢性淤血引起实质细胞萎缩的同时，其间质细胞则发生增生。例如，慢性肝淤血时，小叶中央肝细胞萎缩，结缔组织则增生，最后形成淤血性肝硬变。

第二节 局部缺血

局部缺血（ischemia）是指器官或组织中由动脉输入的血量减少或缺失。局部缺血可以是全身性贫血的局部表现，也可以是局部血液循环障碍的结果。

病因和发病机制 一般而言，凡能阻碍动脉血输入到器官或组织的原因都可引起局部缺血。通常根据局部缺血发生的病因不同，可分为以下四种类型。

1. 血管痉挛性缺血 寒冷、严重创伤、某些化学物质（如麦角碱）、肾上腺素分泌过多等均可引起动脉痉挛。这是由于缩血管神经兴奋，反射性地引起动脉痉挛性收缩。

2. 管腔狭窄或阻塞性缺血 动脉管腔内血栓形成、栓塞等，造成血管阻塞，以至血液供应受阻而发生局部缺血。动脉内膜增生、动脉炎和动脉硬化等也可使动脉管腔变狭窄，阻碍血液通过继而引起局部缺血。

3. 压迫性缺血 多是由于肿瘤、扎得过紧的绷带，积液等对动脉血管的压迫，使血管腔变狭窄或闭塞所致。临诊上，大动物长期躺卧形成的褥疮，即是卧侧血管受到压迫，局部缺血造成组织坏死的实例。

4. 侧支性缺血 临诊上多见于瘤胃臌胀穿刺放气过速或动物肠臌胀放气过快等，因大量血液急剧流入腹腔脏器，而造成其他器官、组织，特别是脑组织的缺血，常可使动物发生晕厥甚至休克。

病理变化 局部缺血的器官或组织，体积缩小，充实感减弱，被膜皱缩，若位于体表则局部温度降低。切面少血或无血，质地较软。由于含血量减少，失去血液的红色而呈现器官组织的固有色泽（如肺脏、肾脏呈灰白色，肝脏呈褐色，皮肤和可视黏膜呈苍白色）。有时动物还表现出疼痛反应，这是由于组织中氧化不全的代谢产物刺激局部感受器而引起的。持续缺血时可导致对缺氧敏感的组织细胞（如脑神经细胞和心肌纤维）发生萎缩、变性或坏死。

结局和对机体的影响 主要取决于缺血的程度、持续时间、器官组织对缺氧敏感程度及有无侧支循环代偿等因素。如果动脉血流完全断绝，又不能建立侧支循环，组织可发生急性坏死；如果阻塞不完全，且发生缓慢，则可使该组织缺氧而发生萎缩或变性。心肌与骨骼肌相比较，心肌对缺氧敏感，骨骼肌的耐受能力较强；结缔组织与实质细胞相比，缺血、缺氧可导致实质细胞萎缩、变性或坏死，而结缔组织反而会增生。脑组织对缺氧最敏感，血液断流5～6min，即可造成严重损伤；肾脏可耐受0.5～2h，肌肉可耐受3～4h，而皮肤和结缔组织则耐受的时间更长。

第三节 出　　血

血液流出心脏或血管，称为出血（hemorrhage）。血液流至体外称为外出血（external hemorrhage），流入组织间隙或体腔，则称为内出血（internal hemorrhage）。

病因和发病机制 根据出血的发生机制不同可将其分为破裂性出血和渗出性出血两种。

1. 破裂性出血 是指由于血管壁或心脏明显受损而引起的出血。引起破裂性出血最常见的原因是外伤，如刺伤、切伤、枪伤、火器伤和挫伤等。若损伤的血管较大，可因大出血而使患畜发生休克，甚至死亡。其次是溃疡、肿瘤及炎症等病变的慢性侵蚀，也可使血管壁发生损伤而出血，如肺坏疽和结核性肺空洞时引起的肺出血及胃溃疡引起的胃出血。毛细血管的破裂性出血多发生于局部软组织的损伤。

2. 渗出性出血 也称漏出性出血，是指由于小血管或微血管壁中的嗜银纤维、黏合质和内皮细胞受损，使血管的通透性增大或凝血因子的数量和质量改变而引起的出血。渗出性出血常见于浆膜、黏膜和各实质脏器的被膜。引起渗出性出血的病因很多，概括起来主要有以下四种。

1）*血管壁受损* 常见的病因有：①缺氧可使毛细血管内皮细胞变性、坏死，使血管壁受损。②败血症（猪瘟、炭疽等）、立克次体感染、流行性出血热、蛇毒、血液寄生虫病（如梨形虫病、弓形虫病等）和有机磷中毒等使毛细血管壁损伤，其通透性增加。③维生素C缺乏可引起毛细血管基底膜破裂、毛细血管内胶原减少及内皮细胞连接处分开而致管壁通透性升高。④过敏性紫癜时由于免疫复合物沉着于血管壁引起变态反应性血管炎。另外，还有一些药物（如青霉素等）可引起变态反应性血管炎，导致渗出性出血。

2）*血小板数量减少* 血小板的正常数量是维持毛细血管通透性的重要因素，血小板减少到一定数量时即可发生渗出性出血。例如，再生障碍性贫血、白血病、骨髓内广泛性肿瘤转移等均可使血小板生成减少；原发性血小板减少性紫癜、血栓性血小板减少性紫癜、弥散性血管内凝血（DIC）可使血小板破坏或消耗过多；某些药物在体内诱发抗原抗体反应所形成的免疫复合物可吸附于血小板表面，使二者被巨噬细胞所吞噬；一些细菌的内毒素和外毒素也有破坏血小板的作用等。

3）血小板功能障碍　血小板的结构和功能缺陷也能引起渗出性出血，这类疾患很多是先天性的，如患血小板功能不全（thrombasthenia，血小板细胞膜缺乏纤维蛋白质原受体）和血小板颗粒缺乏症（granula storage pool disease，一种或多种颗粒缺乏，ADP 储量因而不足；也可因后天性骨髓巨核细胞受损而发生）时，血小板粘集能力有缺陷，则可因凝血障碍而导致渗出性出血。

4）凝血因子缺乏　凝血因子Ⅷ（血友病 A）、Ⅸ（血友病 B）、纤维蛋白原、凝血酶原、凝血因子Ⅳ、Ⅴ、Ⅶ、Ⅹ、Ⅺ等的先天性缺乏或肝实质疾病时使凝血因子Ⅶ、Ⅸ、Ⅹ合成减少等，均可引起渗出性出血。

病理变化

1. 破裂性出血　其病变常因损伤的血管不同而异。小动脉发生破裂而出血时，由于血压高而出血量多，常使流出的血液压迫和排挤周围组织而形成血肿（hematoma）。同时，根据出血发生的部位不同，故又有一些不同的名称，如体腔内出血称为腔出血或腔积血（如胸腔积血和心包腔积血等），此时体腔内可见到血液或凝血块；脑出血又称为脑溢血（cerebral hemorrhage）；混有血液的尿液称为血尿（hematuria）；混有血液的粪便称为血便（bloody stools）；鼻出血称衄血（non-traumatic hemorrhage）；肺出血称咯血（hemoptysis）；胃出血称吐血或呕血（hematemesis）。

2. 渗出性出血　渗出性出血时，眼观甚至镜下也看不出血管壁有明显的形态学变化，红细胞可通过通透性增强的血管壁而漏出血管之外。渗出性出血发生于毛细血管和微静脉。出血常伴发组织或细胞的变性或坏死。兽医临诊上，常见的渗出性出血是由于血管壁在细菌毒素、病毒或组织崩解产物的作用下，发生不全麻痹和营养障碍，内皮细胞间的黏合质和血管壁嗜银性膜发生改变，使内皮细胞间孔隙增大而造成的。

渗出性出血常因发生的原因和部位不同而有所差别，其表现常见的有以下三种。

1）点状出血　又称淤点（petechia），出血量少，多呈粟粒大至高粱米粒大散在或弥漫分布，通常见于浆膜、黏膜和肝脏、肾脏等器官的表面。

2）斑状出血　又称淤斑（ecchymosis），其出血量较多，常形成绿豆大、黄豆大或更大的密集状血斑。

3）出血性浸润　血液弥漫地浸润于组织间隙，使出血的局部呈大片暗红色，如猪瘟的出血性淋巴结炎等。

此外，当机体有全身性出血倾向时，则称为出血性素质（hemorrhagic diathesis）。

结局和对机体的影响　出血对机体的影响，取决于出血发生的原因、部位、出血量、出血的速度和出血持续的时间。当心脏或一些动脉发生较大破裂而出血时，常在短时间内引起大失血，若抢救不及时，失血量超过机体总血量的 1/3～1/2 时，血压则急骤下降，易发生休克而死亡。一般体表的小血管破裂出血，因其可自行止血，故对机体的影响不大。但如果出血发生在脑部或心脏，即使是出血量很少，也常常会造成严重的后果，甚至导致病畜死亡。进行缓慢的破裂性出血，多可自行停止。其机制是局部受损的小动脉发生痉挛，小静脉形成血栓，从而阻止血液继续流出。流入体腔或组织内的血液，随着时间的延长而被吸收、机化或包裹。渗出性出血的过程比较缓慢，出血量较少，一般不会引起严重的后果。但发生长期持续性或广泛性少量出血时，则可引起全身性贫血。

第四节 血栓形成

在活体的心脏或血管内，血液成分析出、粘集或凝固而形成固体物质的过程，称为血栓形成（thrombosis），所形成的固体物称为血栓（thrombus）。

正常的血液中存在着相互颉颃的凝血系统和抗凝系统。在生理状态下，血液中的凝血因子不断地被激活，从而产生凝血酶，形成微量纤维蛋白质，沉着于血管内膜上，但这些微量的纤维蛋白又不断地被激活了的纤维蛋白溶解系统所溶解，同时被激活的凝血因子也不断地被单核吞噬系统所吞噬。上述凝血系统和抗凝系统的动态平衡，既保证了血液有潜在的可凝固性又始终保证了血液的流体状态。然而，有时在某些能促进凝血的因素作用下，打破了上述动态平衡，触发了凝血过程，血液便可在心血管腔内凝固，形成血栓。

病因和发病机制 促使血栓形成的条件虽然很多，但大致可归纳为如下三个方面。

1. 心、血管内膜受损伤 内皮细胞损伤暴露出内皮下的胶原，这对活化血小板和凝血因子起到至关重要的作用。内皮下结缔组织内的纤维连接蛋白也有助于血液细胞和纤维蛋白原粘着在暴露的血管壁上。此外，内皮下由血小板和内皮细胞所生成的血小板反应蛋白，也可和纤维蛋白原和纤维连接蛋白等大分子结合，使血细胞和血管壁粘连。然而在触发凝血过程中起核心作用的是血小板的活化。能激活血小板的物质有胶原、凝血酶、ADP 和血栓素 A2（thromboxane A2，TXA2）等，在内皮损伤后，首先激活血小板的是与血小板接触的胶原，随后凝血连锁反应被启动而产生凝血酶，并且血小板继续被活化又不断释出 ADP 和 TXA2，随血流而来的血小板在局部不断地被激活。

因此，在心血管壁受到机械性刺激、内膜发炎或动脉硬化等情况下，心血管内皮细胞发生变性、坏死和脱落，损伤部心、血管内膜的抗凝血作用消失，位于内皮下的胶原纤维暴露出来，于是血小板就开始在此处凝集并激活凝血过程，成为血栓形成的始动因素。因此，在临诊上由于心内膜发炎、动脉发生硬化及于同一部位反复进行静脉注射，均可促使血栓形成。

2. 血流状态的改变 主要包括血流缓慢、旋涡形成或血流停止等，这是血栓形成的重要条件。由于比重的关系，在正常流速和正常流向的血液内，红细胞和白细胞在血流的中轴，称为轴流；血小板紧靠其旁，流动比红、白细胞慢；外围是一层血浆带，称为边流。后者将血液的有形成分和血管壁隔绝，阻止血小板和内膜接触。当血流缓慢或血流产生旋涡时，血小板得以进入边流，增加了和血管内膜接触的机会，血小板粘连于内膜的可能性必然增大。另外，当血流缓慢和血流产生旋涡时，既可使被激活的凝血因子和凝血酶能在局部达到凝血过程所必需的浓度，还可使已形成的血栓容易固定在血管壁上而不断地增长和形成。静脉血容易形成血栓就是证明。

心脏和动脉内的血流快，不易形成血栓，但在致病因素的作用下，当造成血流较缓和出现旋涡的条件时，也会有血栓形成，如二尖瓣狭窄时左心房血流缓慢并出现旋涡；动脉瘤内的内皮受损，血流不规则并呈旋涡状流动时，均易导致血栓形成。

3. 血液性质的改变 是指血液内凝血成分的数量和质量的变动或血液的性状发生改变而使血液的凝固性增强的病况。例如，严重的创伤、分娩及大手术后，常由于大量失血，血液中补充了大量易于粘集的幼稚型血小板，同时纤维蛋白原、凝血酶原及凝血因子等含量亦增多，故易促使血栓形成。再如，严重脱水时，由于血液浓缩，相同容积内凝血物质相对增多，加之血流缓慢，从而使血栓易于形成。

上述血栓形成的三个基本条件，在每一血栓形成过程中，常同时存在并互相影响，但在血栓形成的不同阶段，则各有所侧重。例如，动脉瘤部的血栓形成，常是血管内膜损伤及血流缓慢和旋涡运动形成等因素共同作用的结果。

血栓形成的过程　无论心脏或动脉、静脉内的血栓，其形成过程都是从血小板粘附于受损内膜裸露的胶原开始。血小板成功粘附是血栓得以形成的关键。血栓形成的过程是：首先血小板被胶原激活，发生黏性变态和释放反应。黏性变态的血小板释出 ADP 并生成 TXA2。ADP 又可把血流中的血小板不断地粘着在黏性变态的血小板表面，形成了由血小板堆集成的所谓的临时性止血塞。在凝血过程被启动后，凝血酶、TXA2 和 ADP 协同作用，使临时性止血塞变成持久性止血塞，血小板粘集堆便不再能散开了。不断生成的凝血酶还使血流中的血小板继续粘附于此，发生黏性变态，后者又继续粘附流经这里的血小板。如此反复进行，互为因果，血小板粘集堆乃不断增大，终于形成了均匀一致的、无结构的、非常微小的血小板血栓。这是血栓形成的第一步。或大或小的血栓，基本上都是以形成血小板血栓开始的。随后，也有少量白细胞和纤维蛋白与之相混而凝集，于是形成肉眼可见的灰白色的血栓，称为血栓头（白血栓）。由于血栓头突出于血管腔内，使血流经此出现旋涡运动，故使大量血小板进一步析出和凝集。如此反复进行，结果形成若干与血管壁垂直而相互吻合的分枝状小梁，形如珊瑚，表面粘附许多白细胞。此时，小梁间的血流越来越慢，血液中的凝血系统被激活，故使血液中可溶性纤维蛋白原变为不溶性纤维蛋白，后者呈细网状存在于血小板梁之间，其中网罗有白细胞和大量红细胞，于是形成红白相间的血栓体（混合血栓）。此后，当血栓进一步增大并顺血流方向延伸乃至把血管完全阻塞时，则局部血流停止，血液迅速地凝固而形成条索状血凝块，即为血栓尾（红血栓）（图 4-3）。血栓尾部又可作为新的血栓形成起点，血栓就顺着血流方向延伸，越来越长。

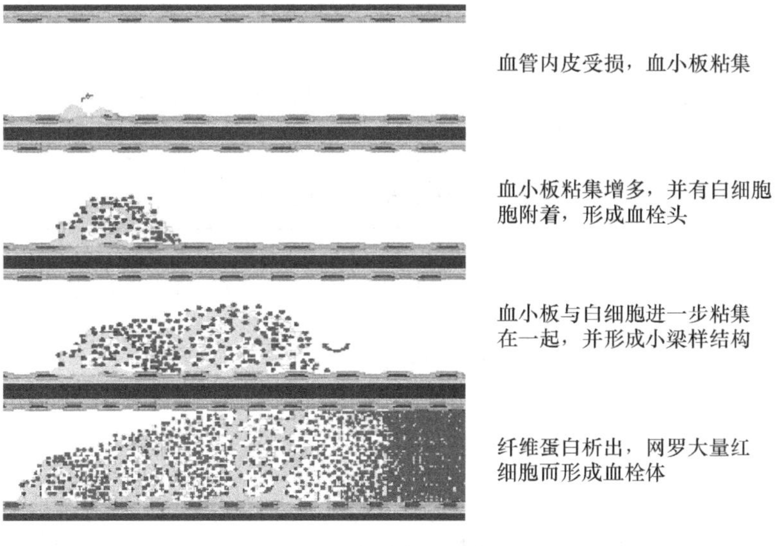

图 4-3　血栓形成过程模式图

血栓的类型　根据以上血栓形成过程和形态特点，可将血栓分为以下四种类型。

1. 白色血栓（pale thrombus）　即血栓的头部，主要由血小板、白细胞和不同数量的纤维素组成，通常见于心脏和动脉系统。这是由于动脉和心脏的血流速度较快，血小板在动脉内膜和心瓣上粘集后，崩解释放的血小板因子易被血液迅速地稀释、冲走，血液凝固不易发生。眼观，白色血栓呈灰白色，表面粗糙有波纹、质硬，与血管壁紧密相连。镜下，白色血栓主要由许多聚集呈珊瑚状的血小板小梁构成，其表面有许多中性粒细胞粘附，形成白细胞边层。这可能是由于纤维素崩解产物的趋化作用吸引而来的结果。在血小板小梁之间，由于被激活的凝血因子的作用可形成网状的纤维素，其网眼中常含有少量红细胞。白色血栓多粘连于心瓣膜及血管壁上，其形态常随发生的部位不同而异。例如，发生于心瓣膜上的常呈疣状，而于动脉内膜的多呈块状或球状，甚至呈小结节状。

2. 混合血栓（mixed thrombus）　即血栓的体部，主要由血小板梁、纤维素网和大量红细胞所构成，多见于静脉。眼观，混合血栓的表面干燥不平，切面色泽为红白相间。陈旧血栓，其表面呈波纹状。这是由于血栓内纤维素发生收缩之故。镜下，血小板小梁呈分枝状，其间有纤维蛋白网，网眼中充满红细胞和少量白细胞（图 4-4）。另外，在二尖瓣狭窄和心房纤维性颤动时，常在心房形成球形血栓。这种血栓和动脉瘤内的血栓均可见到灰白色和红褐色交替的层状结构，称为层状血栓，这也是一种特殊的混合性血栓。

图 4-4　混合血栓

深染部分为白血栓，淡染部分为红血栓。

3. 红色血栓（red thrombus）　即为血栓的尾部，也见于静脉，主要由红细胞和纤维素组成。其本质就是凝固血块。其形成过程与外凝血过程相同。因此，红色血栓见于混合血栓逐渐增大阻塞管腔、局部血流停止后，常常构成延续性血栓的尾部。眼观，新鲜的红色血栓湿润，有一定的弹性，陈旧的红色血栓由于水分被吸收，变得干燥、易碎，失去弹性，并易于脱落而引起栓塞。

需要强调的是，红色血栓初形成时很易与死后凝血块相互混淆，应注意鉴别。现将血栓与死后凝血块的主要区别列表如下（表 4-1）。

表 4-1　血栓与死后凝血块的区别

项　目	血　栓	死后凝血块
表面	干而粗糙，无光泽，波纹状	湿润平滑有光泽
质地	较硬，脆弱	柔软、有弹性
色泽	灰红色或红白相间，乃至红色	暗红色，上层可呈鸡脂状（慢性凝血）
与血管关系	紧附血管壁，机化后与管壁粘连	易与血管分离，血管内膜光滑
镜检	具有特殊构造	无特殊构造

4. 透明血栓（hyaline thrombus）　又称微血栓，是指由纤维蛋白和血小板在微循环血管内沉积和凝集，形成一种均质无结构的玻璃样血栓；它只有在显微镜下才能看见，通常发生于某些败血症（如炭疽、猪瘟等）、机体自体中毒、大面积烧伤、药物过敏和异型输血等过程中。透明血栓虽可发生于全身性毛细血管，但以肺脏、肾脏（图 4-5）和皮肤的毛细血管最为常见。另外，当红细胞变性、溶崩后在微血管内相互粘聚而形成的一种血栓，也是

一种透明血栓。

结局和对机体的影响

1. 血栓的结局

1）血栓的软化、溶解和吸收　　血栓内沉积的纤维蛋白溶解酶被激活及中性粒细胞崩解后释出的蛋白水解酶，均可使纤维蛋白分解为多肽，故血栓软化变成小颗粒状或脓样液体，最后由吞噬细胞吞噬清除。小血栓溶解液化后可全部被吸收或被血流冲走而不留痕迹；较大的血栓由于部分发生软化而易脱落，形成栓子，后者随血流运行，易引起栓塞。大的血栓则不能完全溶解而被机化。

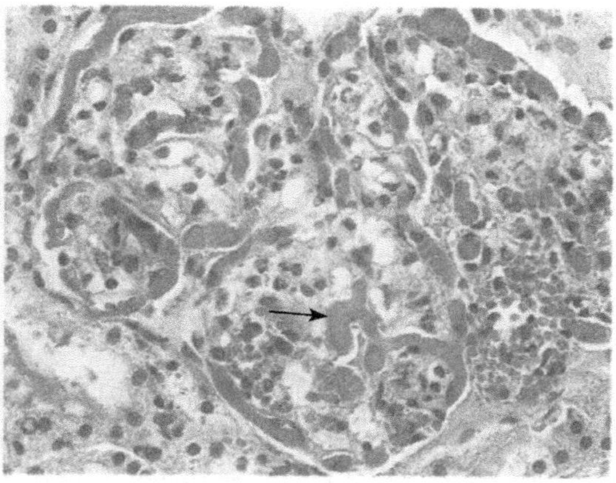

图 4-5　透明血栓（猪瘟）
肾小球和间质毛细血管内可见大量透明血栓（↑）。

2）血栓的机化和再通　　未被溶解、吸收的血栓，常被血管壁新生的肉芽组织逐渐替代，称为血栓机化。血栓机化过程首先是水分被吸收，血栓变得干燥而出现裂隙。随后，血管内皮细胞增生，一面被覆了血栓的表面，一面又侵入裂隙而被覆在裂隙的表面。由内皮细胞被覆的裂隙逐渐增多，形成毛细血管样的结构，渐渐吻合成网状或迷路状。在逐渐有了血液流通之后它又逐渐扩张，并随血流动力学而在其走向和口径方面加以适应和改建。这种现象称为再通（recanalization）。但再通的血管并不能达到血栓发生前的血流量。

3）血栓的钙化　　血栓内如有钙盐沉着即称为钙化。钙化使血栓变为坚硬的质块，尤其是少数没有完全软化或机化的血栓，更易钙化。钙化后的血栓有时在血管内形成结石状，分别称之为动脉石（arteriolith）或静脉石（phlebolith）。

2. 血栓对机体的影响　　血栓形成在一定条件下具有抗损伤的意义，如血管破裂时，血栓形成具有止血作用。然而，更常见的是血栓可造成血管管腔阻塞和其他影响，对机体带来严重的甚至致命的危害。血栓对机体的主要影响如下。

1）堵塞管腔、阻断血流　　动脉血栓未完全阻塞管腔时，可引起局部器官缺血性萎缩；如完全阻塞或引起的必需供血量不足而又缺乏有效的侧支循环时，可引起局部器官的缺血性坏死。静脉血栓形成后，若未能建立有效的侧支循环，则引起局部淤血、水肿和出血，甚至坏死。

2）形成栓子、造成栓塞　　在血栓未和血管壁牢固粘着之前，或血栓在溶解的过程中，常可整体或部分脱落，形成栓子，随血流运行而引起栓塞。

3）引起心脏瓣膜病　　心瓣膜血栓机化，可引起瓣膜增厚、皱缩、粘连，造成瓣孔狭窄和瓣膜闭锁不全。导致全身性血液循环障碍。

此外血栓对机体的影响亦常取决于血栓形成的部位、大小以及侧支循环建立的情况。一般而言，较大的血栓对机体的影响大，但这也不是绝对的，如心脏和大脑等一些重要器官，即使发生很小的血栓，对机体也会造成严重的后果。

第五节　栓　　塞

在正常血液中见不到的非溶性物质，经血液运行而引起血管管腔阻塞的过程，称为栓塞

(embolism)。引起栓塞的物质，称为栓子（embolus)。栓子种类很多，常见的有血栓、空气、脂滴、肿瘤细胞、细菌团块和寄生虫等。

一、栓子运行的途径

各种栓子在体内的运行和阻塞血管的部位都具有一定的规律性。根据栓子栓塞的部位，一般可追溯到栓子的来源。栓子在体内运行一般与血流的方向是一致的（图 4-6)。

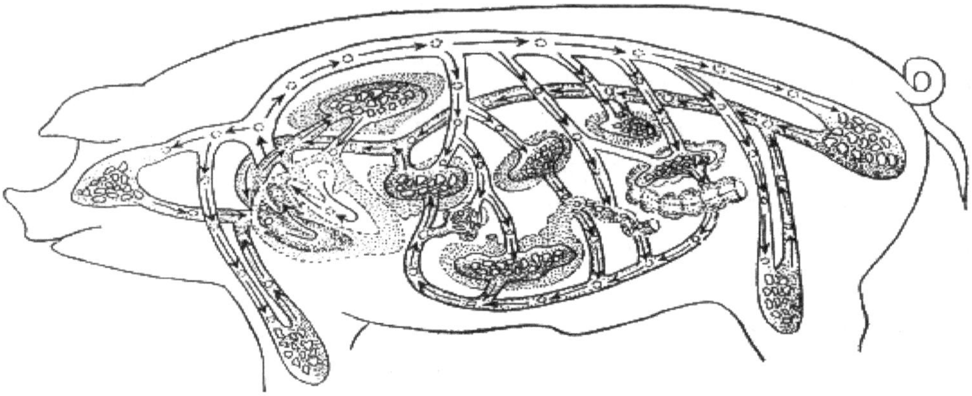

图 4-6 栓子运行模式图

（一）由肺静脉、左心或动脉系统来的栓子

由肺静脉、左心或动脉系统来的栓子一般随动脉血流到较小动脉处引起栓塞，称为动脉性栓塞（大循环性栓塞)。这种栓塞常发生于脑、肾脏、脾脏等器官。

（二）来自右心及静脉系统的栓子

来自右心及静脉系统的栓子一般经右心室进入肺动脉，可随血流阻塞肺动脉的各级大小分支，称为静脉性栓塞（小循环性栓塞)。

（三）来自门脉系统的栓子

来自门脉系统的栓子多随血流进入肝脏，一般在肝脏的门静脉分支处形成栓塞，称为门脉循环性栓塞，此种栓塞较为少见。

二、栓塞的类型

动物体内外许多不溶性物质可通过不同的途径进入血液，从而作为栓子而存在于血液中，并随血流到达小于其直径的小血管时，发生阻塞，即引起栓塞。动物常见的栓塞主要有以下五种。

（一）血栓性栓塞

血栓性栓塞（thromboembolism）是指由血栓引起的栓塞，最为常见，约占栓塞的99%。这种栓塞发生的器官常与血栓的来源有关。

1. 肺动脉栓塞 动物的血栓栓子约 90%以上来自后肢深部静脉，偶尔来自盆腔静脉。

肺脏发生栓塞时，较小的栓子可栓塞肺动脉小分支。因肺动脉和支气管动脉之间有丰富的吻合支，支气管动脉的血流可以通过吻合支供应该区肺组织，后者可赖以避免梗死；但若栓塞前，肺已有严重淤血，栓塞的局部肺组织尽管有支气管动脉的供血，其血液循环仍不能维持该部肺组织的正常机能活动，则可导致局部出血性梗死。

肺动脉栓塞可引起动物猝死。其发生机制目前尚不十分清楚，但一般认为与肺动脉主干或大分支栓塞时，肺动脉反射性收缩和血栓栓子内血小板释出的5-羟色胺和TXA2引起的肺动脉、心冠状动脉、支气管动脉、支气管和肺泡导管痉挛有关。

2. 大循环动脉栓塞　绝大多数栓子来自左心的血栓（如猪丹毒心内膜炎的附壁血栓等）。但当存在先天性心中隔缺损时，动物的静脉血栓可以从右心通过该缺损进入左心，造成大循环动脉的栓塞，称为反常性栓塞。动脉栓塞以后肢、脑、肾脏、脾脏和肝脏为常见，当栓塞的动脉缺乏有效的侧支循环时，则不可避免地引起局部组织的梗死；但肝脏有肝动脉和门静脉双重血液供应，所以肝动脉分支栓塞时很少引起梗死。

（二）脂肪性栓塞

脂肪性栓塞是指脂滴进入血流而引起的栓塞，多见于长骨骨折或脂肪组织严重挫伤。创伤性脂肪栓塞时，栓子随静脉血流到达肺，直径小于20μm的脂滴可通过肺泡壁毛细血管经肺动脉和左心，引起全身器官的栓塞，尤其是脑；大于20μm的脂肪栓子则栓塞于肺。脂肪栓塞的组织，栓子量少者可无肉眼变化，只有在冰冻切片上用脂肪染色法染色时，才能在小血管腔内发现脂滴。栓塞较严重时，肺脏可出现水肿、出血和肺不张；大脑则发生水肿和血管周围有点状出血。

（三）气体性栓塞

气体性栓塞是指大量空气迅速进入血液循环而引起的栓塞。例如，当动物分娩或流产时，由于子宫强烈收缩，空气被挤入破裂的子宫壁静脉窦；胸壁和肺创伤损伤静脉时，空气也可在吸气时因静脉腔内的负压而被吸入静脉。空气进入心脏后，由于心脏搏动，将空气和心腔内的血液搅拌形成大量泡沫，泡沫状的液体有可压缩性，当心脏收缩时不被排出而阻塞肺动脉出口，导致动物发生猝死。进入血液循环中的空气还可引起一些器官的栓塞。栓塞的气泡不仅激活血小板使之释出5-羟色胺促进血管收缩，又可激活血小板第Ⅲ因子，促成该血管的血栓形成，从而加重栓塞症状。但进入血液内的气体量少时，可被溶解，一般不引起栓塞。

（四）细胞性和组织性栓塞

细胞性和组织性栓塞是指非血细胞的细胞和组织进入血流而引起的栓塞。在动物主要是由肿瘤细胞和肿瘤组织所引起。它是肿瘤转移最常见的一种方式。进入血液的肿瘤细胞或组织块既可造成大循环器官的栓塞，又可引起小循环器官的栓塞，结果是形成新的转移性子瘤。

（五）寄生虫及虫卵性栓塞

1. 血吸虫性栓塞　多见于血吸虫病高发区的牛和羊等动物。例如，曼氏血吸虫、埃及血吸虫和日本血吸虫的成虫均可经后腔静脉进入肺动脉，造成肺动脉小分支栓塞。虫卵可栓塞肺细动脉和小动脉，引起虫卵结节形成和过敏性动脉炎，严重者可导致肺性心脏病。死亡的成虫释出毒性物质可引起局部血栓形成、动脉壁坏死和周围肺组织坏死。

2. 寄生虫幼虫性栓塞 蛔虫的幼虫可栓塞肺小动脉，也可通过肺后栓塞脑、脊髓、眼球、心肌和肾血管；丝虫、旋毛虫和肝吸虫的幼虫均可在肺循环或大循环造成微小栓塞。

三、栓塞对机体的影响

栓塞对机体的影响，主要取决于栓塞发生的部位、栓子的大小、数量及其性质。一般来说，若栓塞发生于一般组织和器官时，则对机体损害较小；但当脑和心脏发生栓塞时，就会造成严重的后果，甚至导致动物急速死亡。另外，栓子大和数量多时，对机体的危害亦大。栓子的性质不同，对机体的影响也有很大差异，一般少量小气泡和小脂滴易被吸收而对机体的影响较小，但由细菌团块或瘤细胞所造成的栓塞，常给机体带来严重的后果。

第六节 梗 死

由于动脉血流断绝，局部组织或器官因缺血所引起的坏死称为梗死（infarct）。组织的梗死与缺血可以看做是一个病理过程中的不同发展阶段。一般而言，缺血是梗死发生的条件，梗死则是缺血导致的结果。

病因 引起组织梗死的原因很多，但最常见的原因有三个：①血栓形成和各种动脉性栓塞：血栓形成和栓塞可使组织和器官的血液直接断流，故梗死发生的速度较快，如老龄动物的心冠状动脉和脑动脉的粥样硬化若伴有血栓形成时，常引起动物的急性心肌梗死和脑梗死。②血管受压：血管受压闭塞多是逐渐发生的，所以梗死发生的速度相对较缓，如动脉受肿瘤或其他机械性压迫而致管腔闭塞时；肠套叠、肠扭转和嵌顿性疝引起肠系膜静脉受压，血液回流受阻时，均可引起梗死。③动脉痉挛性梗死：这种梗死动物发生的较少，主要发生于心脏和脑等对血液需求量大的组织。

病理变化 梗死可按肉眼上的颜色以及有无合并细菌感染分为三种：即贫血性梗死、出血性梗死和败血性梗死。实际上所有梗死灶内都会有出血，只是出血量的多少不同而已。若梗死灶内出血较轻微，眼观呈灰黄或灰白色，称为贫血性梗死；如果梗死灶内出血较明显，眼观呈暗红色，称为出血性梗死；如果梗死区内有细菌感染，则称为败血性梗死。

1. 贫血性梗死（anemic infarct） 多发生于侧支循环不丰富、组织结构致密的心脏、脑和肾脏等器官。当这些器官的动脉被阻塞后，动脉血流断绝，此时被阻塞的动脉及其邻近的动脉分支发生反射性痉挛，这样，一方面使梗死区原有的血液被排挤出去；另一方面又妨碍血液经毛细血管吻合支流入缺血组织，故使梗死区缺乏血液而呈灰白色，所以称为贫血性梗死。

贫血性梗死灶的形态与梗死区的血管分布相一致。如肺脏、肾脏和脾脏等动脉呈树枝状分布，因此这些器官发生的梗死灶表面呈圆形或不整形，切面呈锥形，锥体的尖端指向器官中心，锥体的底部位于器官表面（图 4-7）。心脏发生梗死时由于冠状动脉分支不呈树枝状，故心肌梗死灶不呈楔状，而呈不规则状。梗死灶形成后，多因其吸收水分，故比周围正常组织稍为肿胀，常隆起于器官表面。若经数日后，梗死组织则变干、变硬，表面略微低陷；梗死灶与正常组织分界处常有一明显的充血和出血带，此为炎性反应带。镜下，梗死区的实质细胞坏死，坏死细胞均质红染，核浓缩、碎裂或溶解消失（图 4-8）。有时坏死灶中还见有钙盐沉着和结缔组织增生。

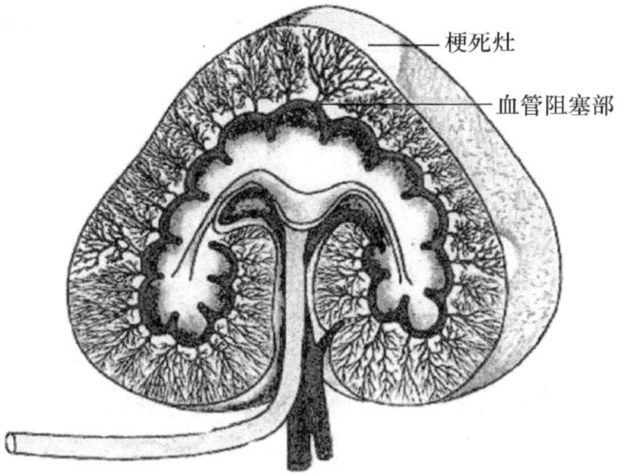

图 4-7　肾脏贫血性梗死模式图

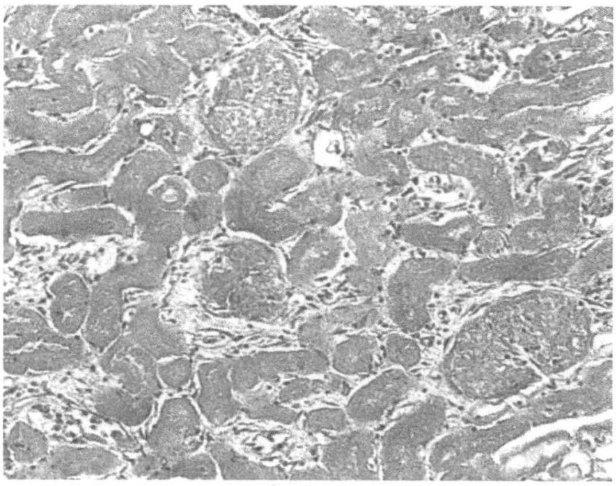

图 4-8　肾脏贫血性梗死（猪）
肾小球及肾小管上皮细胞的核几乎全部坏死消失，肾小管呈凝固性坏死状。

2. 出血性梗死（hemorrhagic infarct）　它常发生于肺脏、肠等部位，其形成的原因除动脉阻塞外，还须有下列条件：①严重的静脉淤血；②富有血管吻合支；③组织结构疏松。例如，肺脏由于其有肺动脉和支气管动脉双重的血液供应，故吻合支十分丰富（图 4-9），在一般情况下不易发生梗死。但如在动脉栓塞的同时，又伴有左心功能不全所致的淤血时，由于静脉压增高，支气管动脉的侧支循环又不易建立，从而使被阻塞动脉供血区组织发生梗死。此时梗死区的血管及其周围吻合支也反射地发生痉挛，但因器官的淤血，梗死区血管内残留的血液不但不能被挤走，反而因梗死区血管内的血压低于周围血管，而使周围血液流入梗死区，造成梗死区血管内积血和组织内出血。眼观梗死区呈紫黑色、硬实、肿大。镜下，除可见组织坏死外，在梗死灶中还充满大量的红细胞。

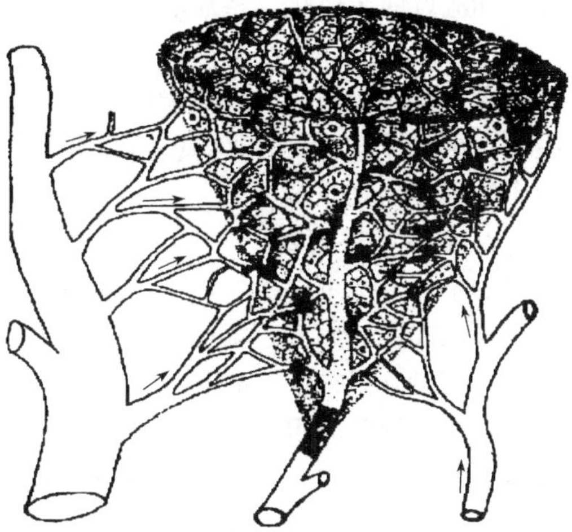

图 4-9　肺脏出血性梗死模式图

3. 败血性梗死（septic infarct）　多是由细菌栓子的栓塞引起的，是细菌性病灶转移的一种特殊形式。其特点是在梗死形成过程中，组织同时发生化脓性感染。另外，败血性梗死也可是一种继发性感染，即在组织已发生梗死的基础上由周围组织内的细菌侵入而发生。

结局和对机体的影响　梗死对机体的影响，常因梗死发生的器官、部位、大小以及梗死区有无病原微生物等不同而异。一般器官发生的小梗死灶通常对机体影响不大，但心脏和大脑发生梗死时，即使是很小的梗死灶也往往会引起严重的后果。若梗死灶内有病原微生物感染，则易继发化脓和腐败，常可导致动物继发败血症而死亡。

梗死灶形成时，病灶周围的血管扩张充血，并有白细胞和巨噬细胞浸润，继而形成肉芽组织。在梗死发生24～48h后，肉芽组织已开始从梗死灶周围长入病灶内，小的病灶可被肉芽组织取代，继之变为瘢痕；大的梗死灶不能被完全机化时，则由肉芽组织予以包裹，随着时间的延长，肉芽组织变为瘢痕组织，病灶的坏死组织可有钙盐沉积而发生钙化。

第七节　弥散性血管内凝血

弥散性血管内凝血（disseminated intravascular coagulation，DIC）是指在某些致病因子作用下血液中的凝血因子和血小板被激活，大量可溶性促凝物质入血，从而引起凝血功能失常的病理过程。其主要病理学特点是先在微循环中形成大量微血栓，并因大量消耗凝血因子和血小板，继发性纤维蛋白质溶解（纤溶）过程加强而导致出血。动物的主要临诊表现为：休克、多器官功能障碍和贫血。总之，DIC不是一种独立性疾病，而是发生在许多疾病过程中的一种严重的病理综合征。

病因　引起DIC的病因很多，但概括起来主要包括以下两类。

1. 传染性病因　动物的DIC多与传染性病因有关，一些死于急性传染病的动物多因DIC所致。常见的传染性病因有细菌，如金黄色葡萄球菌、沙门菌、大肠杆菌和梭菌等；病毒，如流行性出血热、重症乙型脑炎、病毒性肝炎、病毒性心肌炎等病的病毒；寄生虫，如弓形虫、梨形虫和牛泰勒虫等。此外，细螺旋体、立克次体感染也可引起DIC。传染性因子及其毒素均能损伤组织及血管内皮细胞，激活凝血因子Ⅻ、激肽释放酶及缓激肽，由此激活凝血系统。缓激肽还有强烈的舒血管作用，能使血管扩张，血压下降引起休克。激肽系统对凝血过程有强化作用。

2. 非传染性病因　由非传染性病因引起动物的DIC在临诊上并不多见，但在偶尔或特定的条件下也可以发生。常见的病因包括：创伤性疾病，如严重软组织损伤、挤压伤综合征、毒蛇咬伤、大面积烧伤以及大手术等（受损的组织可释放大量组织因子进入血液，促发凝血）；动物产科病，如感染流产、死胎滞留、妊娠毒血症、羊水栓塞、胎盘早剥等（由羊水、胎盘等释放的组织因子大量进入血循环，可诱发DIC）；恶性肿瘤性疾病，如转移性癌、肉瘤、恶性淋巴瘤、动物恶性黑色素瘤和牛流行性白血病等（肿瘤细胞含有组织凝血活性物质，可激活外源性凝血系统，产生大量凝血酶而促发凝血。肿瘤细胞中的蛋白酶类物质也可激活凝血因子，起促凝作用）；血液性疾病，如溶血性疾病、异常蛋白血症、异型输血和新生仔畜溶血病等（大量红细胞、血小板及白细胞破坏或损伤所释放的类似组织因子的磷脂类物质均有促进凝血的作用）。

诱因　引起DIC常见的诱因主要包括以下几个方面：

1. 单核巨噬细胞系统功能受损　单核巨噬细胞系统具有清除循环血液中的凝血酶、纤维蛋白及内毒素的作用，可抑制血栓形成。当单核巨噬细胞系统功能损伤时，会导致机体凝血功能紊乱而易发生DIC。

2. 肝功能障碍　正常肝细胞能合成多种血浆凝血因子及抗凝物质，也能清除激活的凝血因子和纤溶性物质，在凝血和抗凝血的平衡中发挥重要的调节作用。当肝功能严重障碍时，病畜体内的凝血和纤溶过程紊乱，极易发生DIC。

3. 血液高凝状态　血液中凝血物质和血小板数目增多，血液呈高凝状态，可见大手术及流产后的动物。

4. 微循环障碍　正常血液流速较快，能将血浆中出现的少量活化的凝血因子及微小的纤维蛋白凝块稀释并运走。若微循环血流缓慢，血小板和红细胞易聚集，从而诱发 DIC。

发病机制　正常动物体内有完整的凝血、抗凝及纤维蛋白溶解系统。凝血及抗凝，既对立又统一，保持着动态平衡。当动物健康时，其血液中如果有少量活性凝血中间产物形成，就会迅速被单核巨噬细胞系统消除，或被血液中的抗凝物质中和。纤维蛋白溶解系统能不断溶解在小血管破损处所形成的少量纤维蛋白，保持血液的流动性。DIC 的发生是由于在各种致病因素的作用下，血液循环内出现了促进和激活凝血的过程，产生过量的凝血酶，使血液的凝固性过高，破坏了体内凝血与抗凝的平衡。DIC 发生的机制虽然很复杂，但主要与内、外凝血系统被激活和血液性状改变有关。

1. 内源性凝血系统的启动　内源性凝血系统是指参与凝血反应的各种因子都存在于血浆中的凝血途径。许多传染性或非传染性病因均可造成血管内皮的广泛损伤，导致内皮下胶原暴露。由于胶原表面带负电荷，当它与血液中无活性的凝血因子Ⅻ接触后，可使精氨酸残基上的胍基在负电荷影响下发生分子构型的改变，暴露丝氨酸残基，进而启动内凝血过程，使血液处于高凝状态，产生 DIC。

2. 外源性凝血系统的启动　外源性凝血系统是指触发凝血的物质来源于血液之外。目前认为组织因子释放引起的外源性凝血系统激活是造成 DIC 的主要途径。许多非传染性病因，特别是创伤和恶性肿瘤等均可引起组织损伤，释放大量凝血因子Ⅲ（即组织凝血活酶或称组织因子）入血，启动外源性凝血系统而引起 DIC 的发生。

3. 血液性状改变　除溶解在血浆中的各种凝血酶、凝血因子、血小板和纤维蛋白原在 DIC 发生前浓度升高之外，各种血细胞的破坏对 DIC 的发生也有重要的作用。研究认为，红细胞破坏所释出的红细胞素具有类似凝血因子Ⅱ和血小板磷脂的作用，可启动外源性凝血过程；释出的 ADP 又可加重血小板的聚集，从而促进 DIC 的发生。最近发现中性粒细胞的损伤也是 DIC 发病机制中重要一环，还可能是形成微血栓的必要条件。中性粒细胞参与 DIC 的发生可能与因子Ⅻa 激活补体的作用有关。补体被激活后可损伤粒细胞，从中释出蛋白酶类凝血活性物质，促进血液凝固。目前认为，除中性粒细胞外，在单核细胞中也含有丰富的凝血因子Ⅲ样活性物质。所以，当它们大量破坏时，即可通过外凝血系统的启动而促进 DIC 的发生。

总之，机体在致病因素的作用下，内、外凝血系统被激活，血液的凝血活性增高和血细胞的破坏，微循环内发生血小板聚集及纤维蛋白沉积，就导致了 DIC 的发生。

对机体的影响　DIC 的发生病因虽然不同，但其对机体的影响却很相似，除原发病的特征性病变外，DIC 对机体的主要影响有出血、休克、栓塞、器官功能障碍和贫血。

1. 出血　这是急性 DIC 中最常见的一种临诊表现，约占发生率的 80%～90%，是诊断发生 DIC 的重要依据之一。其特点是突发性多部位大量出血，仅少数为隐匿性。出血的部位视原发病变而异，最常见于皮肤，呈一处或多处大片淤斑及血肿；流产或妊娠的病畜时有大量阴道流血；手术后则伤口渗血不止或血液不凝固，局部注射可有持续的针孔渗血，用一般的止血药无效。急性 DIC 也可伴有严重的胃肠道、肺脏或泌尿道等出血。

出血发生的机制主要有三种：①凝血物质被消耗而减少。在 DIC 的发生、发展过程中，大量血小板和凝血因子被消耗，凝血因子及血小板明显减少，导致凝血障碍而引发出血。②继发性纤溶亢进。活化的凝血因子Ⅻa可激活纤溶系统，使纤溶酶原变成纤溶酶。纤溶酶既能溶解已形成的微血栓纤维蛋白凝块，引起血管损伤部位再出血，还能水解多种凝血因子和凝血酶原而造成低凝状态，导致出血。③纤维蛋白（原）降解产物（FDP）的形成。体内的继发性纤维蛋白溶解可产生大量纤溶酶，使纤维蛋白原裂解为X和A、B、C裂片，再进一步裂解为Y、D、E裂片。FDP可抑制凝血酶和抑制血小板聚集，加重出血。此外，休克、栓塞、缺氧、酸中毒等都可使毛细血管受损，通透性增高，进一步促进出血。

2. 休克　DIC引起的休克多为低血容量性休克和心源性休克，多见于急性DIC。其发生机制主要有三种：①广泛的微血栓形成使回心血量明显减少，加上广泛出血造成的血容量减少，再加之多种原因所致的心肌损伤，心脏的收缩功能减弱，使心输出量减少，加重微循环障碍而引起休克。②DIC形成过程中产生多种血管活性物质（激肽、补体C3a和C5a），造成微血管平滑肌舒张，通透性增高，回心血量减少。三是DIC引起肝脏、肺脏等内脏及周围小血管栓塞后，导致肺动脉及门静脉压力升高，回心血量减少，以致心排血量和组织血流灌注量减少而导致休克。一旦发生休克，又会加重DIC，形成恶性循环。

3. 器官功能障碍　DIC引起的器官功能障碍既与组织中大量微血栓形成有关，也与存在血液中的大量栓子引起组织栓塞有联系。DIC发生后，广泛的微血栓形成和栓塞使血循发生障碍，导致组织器官的缺血性损伤、缺氧、代谢功能障碍，甚至器官功能衰竭。临诊表现根据受累的不同部位而异。表浅部位的皮肤栓塞可引起干性坏死，在蹄部、鼻端或耳尖出现紫红色的凝固性坏死。内脏栓塞以肺脏、肾脏和肝脏最为常见。肾小球循环内有广泛血栓时，可出现急性肾功能衰竭，病畜腰痛，不愿走动，尿量和尿质改变（少尿、蛋白尿、血尿、管型尿，甚至无尿及尿毒症）。肺内微循环栓塞可引起急性呼吸功能衰竭，表现为突然发作的呼吸困难、肺出血、可视黏膜紫绀等症状。肝脏受累时多出现黄疸、肝功能不全症状。另外，胃肠道黏膜缺血、坏死引起消化道出血。脑栓塞时，病畜可出现抽搐、运动障碍和昏迷等神经症状。

4. 贫血　DIC发生后由于出血和红细胞被破坏，病畜常伴有微血管病性溶血性贫血（microangiopathic hemolytic anemia，MHA）。这种贫血除具备溶血性贫血的一般特征外，在外周血涂片中还可见到一些呈星形、半月形、三角形和不整形等形态特异的红细胞碎片，称为裂体细胞（schistocyte）。这是因为循环中的红细胞流过由纤维蛋白丝构成的网孔时，常会粘着或挂在纤维蛋白丝上，加上血流的不断冲击，引起红细胞破裂。此外，在微血流通道发生障碍时，红细胞还可通过肺组织等的微血管内皮细胞间的裂缝，被“挤压”到血管外组织中去，这种通过裂缝时的机械作用能使红细胞扭曲、变形和碎裂（图4-10）。

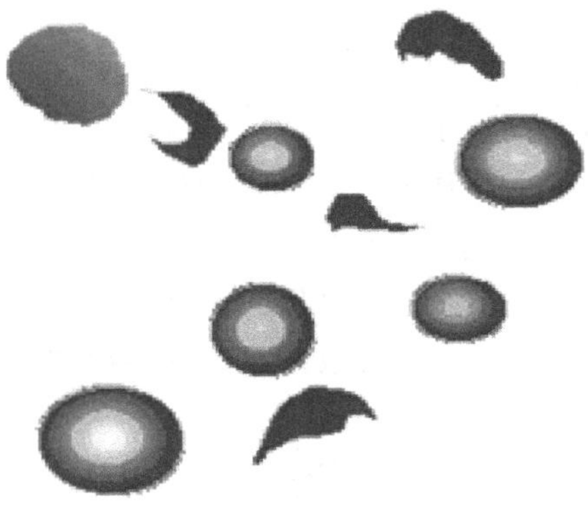

裂体细胞

图4-10　各种形态不一的裂体细胞模式图

总之，DIC对机体的影响是很复杂的，上述四类表现可同时出现，也可相继发生。一般来说，DIC发病早期以毛细血管内微血栓形成及脏器功能障碍为主；而在晚期则以休克、出血和各器官功能衰竭为常见。DIC对机体的影响如图4-11所示。

防治原则　DIC的病情严重，发展迅速，必须积极抢救，否则可发展为不可逆性。

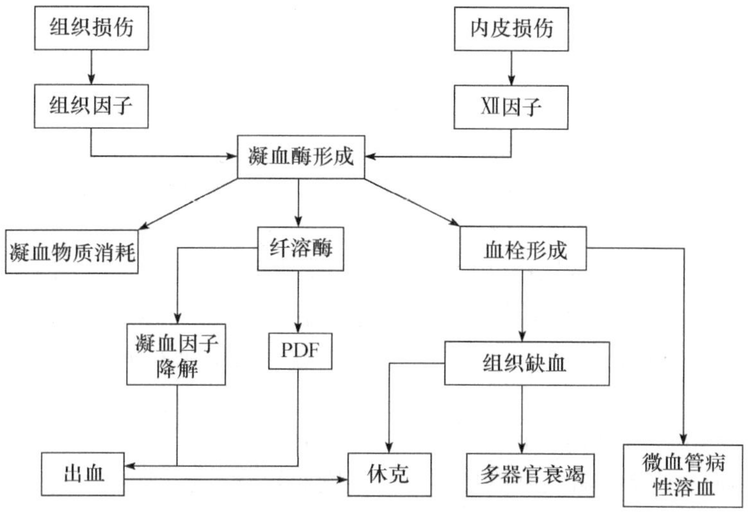

图 4-11　DIC 对机体影响的示意图

1. 去除原发病因　预防和去除引起 DIC 的原发病因是防治 DIC 的根本措施，如控制感染，去除死胎或滞留胎盘等。某些轻度 DIC，只要及时去除病因，病情即可迅速恢复。

2. 改善微循环　一般多采用扩充血容量、解除血管痉挛等措施尽快疏通阻塞的微循环，使毛细胞血管床的血流变得顺畅。

3. 建立凝血与抗凝的新平衡　在 DIC 发生的高凝期可应用抗凝药物，如肝素、低分子右旋糖酐、阿司匹林等阻止凝血过程的发动与进行，预防新血栓的形成。中后期具有出血倾向时，可输血或补充血小板等凝血物质以及使用纤溶抑制剂等。

此外，及时补液维持血容、防治休克、改善缺氧及纠正水、电解质紊乱等，也有重要作用。

第八节　休　　克

休克（shock）是机体在各种强烈致病因素作用下发生的全身性危重病理过程，其主要特征为有效循环血量急剧减少，组织器官微循环血液有效灌流量严重不足并引起重要生命活动器官的机能代谢紊乱和结构损害。

分类　休克的病因很多，导致休克发生的关键环节各不相同，所以休克的临床分类也很繁杂。一般根据休克发生的原因、发病的起始环节和血液动力学特征有以下三种分类方法。

1. 按休克发生的原因分类　常见的有：失血性休克（hemorrhagic shock）、创伤性休克（traumatic shock）、感染性休克（infectious shock）、脱水性休克（dehydrant shock）、烧伤性休克（burn shock）和过敏性休克（anaphylactic shock）等。

2. 按休克发生的始动环节分类

1）低血容量性休克（hypovolemic shock）　其始动环节是血液总量减少，各种大失血及大量体液丧失等均可使血容量急剧减少，导致静脉回流不足、心输出量下降、血压下降，由于减压反射受抑制，交感神经兴奋，外周血管收缩，组织灌流量进一步减少，从而导致低血容量性休克。

2）心源性休克（cardiogenic shock） 其始动环节是心输出量的急剧减少。因此，凡能严重地影响心脏排血功能，使心输出量急剧降低的原因，都可引起心源性休克。当心脏输出量减少，动脉充盈不足，血压降低，可反射地使交感神经兴奋和儿茶酚胺增多，小动脉、微动脉收缩，外周阻力增加，致使心脏后负荷加重，反过来又促进了休克的发生。

3）血管源性休克（vasogenic shock） 其始动环节是外周血管（主要是微血管）扩张而致的血管容量扩大。当组织长期缺血、缺氧、酸中毒和组胺及一氧化碳等活性物质释放时，即可造成血管壁的张力下降，处于扩张状态而容量增大。此时，血容量和心脏泵功能可能正常，但由于外周广泛的小血管扩张和血管床扩大，大量血液淤积在微血管中而导致回心血量明显减少。

4）神经源性休克（neurogenic shock） 其始动环节是神经受到超强刺激而反射引起周围血管扩张，血压下降，脑供血不足，导致急剧而短暂的意识丧失等。此类休克常发生于深度麻醉或强烈疼痛刺激后（由于血管运动中枢被抑制）或脊神经损伤时（因为交感神经传出径路被阻断）。

3. 按血液动力学变化的特点分类

1）低动力型休克（hypodynamic shock） 其血液动力学特点是心输出量减少，心脏指数降低，而总外周血管阻力增高，故又称低排高阻型休克。由于皮肤血管收缩，血流量减少，使皮肤温度降低，故又称为“冷性休克”。

2）高动力型休克（hyperdynamic shock） 其血液动力学特点是心输出量增多，心脏指数增大，而总外周阻力降低，故又称高排低阻型休克。由于皮肤血管扩张，血流量增多，使皮肤温度升高，故亦称“温性休克”。

病因和发病机制 虽然各种病因引起休克的始动环节不同，但休克发生的共同环节均是微循环血液灌流量不足，且所致的形态、机能和代谢变化过程大致相同。

微循环是指微动脉和微静脉之间的微血管中的血液循环，是循环系统的最基本结构。微循环的开放或关闭主要受神经（特别是交感神经）和体液（常见的缩血管活性物有儿茶酚胺、TXA2、AngⅡ等；扩血管活性物包括乳酸、腺苷、组胺、激肽等）的调节。目前认为，休克时的微循环灌流量减少主要与微循环灌流压降低、微循环血流阻力增大和微循环血液流变学改变有关。

1. 微循环灌流压降低 微循环灌流压取决于有效循环血量、外周血管阻力和心脏的输出量三个基本要素。因此，当血液总量急剧减少、血管容量突然增大或心输出量明显降低时，均可引起微循环灌流量减少。

2. 微循环血流阻力增加 微循环的阻力直接影响微循环的血液灌流量。一般而言，微循环灌流量与血流阻力成反比，微循环血流阻力越大，通过微循环的血量越少。微循环阻力分毛细血管前阻力和毛细血管后阻力。前者直接影响到微循环血液的“灌”，而后者则影响微循环血液的“流”，只有“灌”与“流”协调一致，才能有力保证微循环的灌流量和有效的循环血量。毛细血管前阻力和毛细血管后阻力增加均可引起微循环灌流量减少。

3. 微循环血液流变学改变 血液流变学（hemorheology）是研究血液成分在血管内流动和变形规律的科学。休克时微循环灌流量不足主要与血细胞比容升高，红细胞变性、粘集，白细胞附壁和嵌塞，血小板粘集和微血栓形成等血液流变学的改变有关。

微循环的病理变化 休克发生后微循环的病理变化发展过程大致可分为相互关

联的三个时期，即微循环缺血期、微循环淤血期和微循环凝血期。

1. 微循环缺血期（microcirculatory ischemic stage）　此期为休克发展的早期阶段，亦称为休克Ⅰ期、缺血性缺氧期或代偿期。其主要特点有三个：①微动脉、后微动脉和毛细血管前括约肌收缩，微循环灌流量急剧减少，压力降低；②微静脉和小静脉对儿茶酚胺敏感性较低，收缩较轻；③动静脉吻合支也有不同程度的开放，血液通过动静脉吻合支流入小静脉。

引起微循环缺血的关键性环节是交感-肾上腺髓质系统强烈兴奋，儿茶酚胺分泌和释放增加（据报道，当动物发生失血性休克时，其血中儿茶酚胺含量是正常动物的10～100倍）。交感神经兴奋、儿茶酚胺释放增加对心血管系统总的效应是促使外周总阻力增加和心输出量增加，但是不同器官血管的反应却有很大的差别。例如，皮肤、腹腔内脏和肾脏的血管，由于具有丰富的交感缩血管纤维支配，而且α受体又占有优势，因而在交感神经兴奋、儿茶酚胺增多时，这些部位的小动脉、微动脉、后微动脉、毛细血管前括约肌、微静脉和小静脉都发生收缩，其中由于微动脉的交感缩血管纤维分布最密，毛细血管前括约肌对儿茶酚胺的反应性最强，故它们收缩最为强烈。结果使毛细血管前阻力明显升高，微循环灌流量急剧减少，毛细血管的平均血压明显降低，只有少量血液经直捷通路和少数真毛细血管流入微静脉、小静脉，组织因而发生严重的缺血性缺氧。与之相反，脑血管的交感缩血管纤维分布很少，α受体密度稀疏；冠状动脉虽然也有交感神经支配，也有α和β受体，但交感神经兴奋和儿茶酚胺增多却可通过心脏活动加强，代谢水平提高以致扩血管代谢产物（特别是腺苷）增多。因此，交感-肾上腺髓质系统兴奋时，脑血管并不收缩，冠状血管反而舒张。

此外，交感神经兴奋和血容量的减少还可激活肾素-血管紧张素-醛固酮系统，而血管紧张素Ⅱ有较强的缩血管作用，包括对冠状动脉的收缩作用；增多的儿茶酚胺还能刺激血小板产生更多的TXA2，而TXA2也有强烈的缩血管作用；溶酶体水解酶-心肌抑制因子系统在微循环缺血的过程中也起一定的作用。休克时，当胰腺血液灌流量减少而缺血、缺氧和酸中毒时，可致胰腺外分泌细胞的溶酶体破裂而释出组织蛋白酶，进而分解组织蛋白而生成心肌抑制因子（myocardial depressant factor，MDF）。MDF进入血流后，除了引起心肌收缩力减弱、抑制单核吞噬细胞系统的吞噬功能以外，还能使腹腔内脏的小血管收缩，从而进一步加重这些部位微循环的缺血。

微循环缺血性变化具有重要的代偿意义。它具有增加回心血量（自我输血）、维持动脉血压（自我输液）和维持生命重要器官（心脏、脑）的血液供应（血液重新分布）的作用。例如，皮肤和腹腔器官等小动脉收缩，既可增加外周阻力，以维持血压，又可使这些组织和器官的血流量减少，借以保证心脏、脑等重要器官的血液供给；毛细血管前阻力增加，毛细血管流体静压降低，促使组织液进入血管，以增加血浆容量；动静脉吻合支开放，静脉收缩使静脉容量缩小（正常约有70%血液在静脉内），可以加快和增加回心血量，也有利于血压的维持和心脑的血液供给。肾素-血管紧张素-醛固酮系统活性增强，引起醛固酮和抗利尿激素分泌增多，从而使肾小管重吸收钠、水增多，进而有力地维持了血容量。同时，由于大部分组织器官因微循环动脉血灌流不足而发生缺氧，将导致休克进一步发展。如能及早发现，积极抢救，及时补充血量，降低应激反应，可以很快改善微循环和恢复血压，阻止休克进一步恶化，而使病畜转危为安。

2. 微循环淤血期（microcirculatory stagnant stage）　此期为休克的中期阶段，亦称为休克Ⅱ期或淤血性缺氧期。其主要特点：①前阻力血管扩张，微静脉持续收缩；②前阻力小于后阻力；③毛细血管开放数目增多；④灌流量改变，形成灌而少流，灌大于流的状态。

引起微循环淤血的关键性环节是组织发生酸中毒和大量扩血管活性物的产生及释放。在休克的微循环缺血期，如未能及早进行抢救，改善微循环，则因组织持续性严重的缺氧（包括心脏和对氧需求量大的中枢神经），组织中糖的无氧酵解过程增强，乳酸等酸性代谢产物在局部增多，引起酸中毒。由于微动脉端与微静脉端对酸性环境的耐受性不同，导致完全不同的结果出现。一般而言，微动脉和毛细血管前括约肌对酸的耐受性较差，在酸性环境中其对交感神经的递质及血液中儿茶酚胺的缩血管反应性降低，并开始舒张，毛细血管前阻力降低，微循环的灌流量增多；而微静脉、小静脉对酸的耐受性较强，即使在酸性较高的环境中仍保持对交感神经和儿茶酚胺等一些缩血管物质的反应能力，仍处于收缩状态，故引起毛细血管大量开放，大量涌入真毛细血管网，有的呈不规则囊形扩张（微血池形成），而使微循环容积扩大，血液淤积，毛细血管的流体静压增高。与组织细胞的严重缺氧和酸性代谢产物积聚的同时，破坏了组织细胞溶酶体膜的稳定性，使其释放溶酶体酶类，引起细胞溶解和坏死，并可分解蛋白质形成激肽、缓激肽和腺苷等舒血管物质，再加之微血管周围的肥大细胞也能产生和释放大量的组织胺等舒血管物质，从而导致毛细血管的通透性增加，引起大量血浆外渗。大量血浆外渗的结果，一方面使回心血量和心输出量显著减少，另一方面使血液浓缩，血液黏滞性增大，血流变慢，血管内出现红细胞聚集，白细胞嵌塞和附壁粘着、血小板粘附和聚集等血液流变学的改变，进一步提高了毛细血管后阻力，导致微循环血液流出受阻。结果使微循环处于灌而少流、灌大于流的状态，大量血液淤积在毛细血管中引起微循环淤血。总之，微循环淤血导致组织发生酸中毒，而酸中毒又使大量扩血管活性物质的产生和释放，二者互为因果，使休克不断恶化。

本期的主要临诊表现为：病畜精神沉郁，甚至昏迷；心跳快而弱，脉搏细速，血压下降，可视黏膜由苍白而逐渐发绀，体表大静脉萎陷，充盈缓慢；皮温下降，少尿或无尿。

3. 微循环凝血期（microcirculatory coagulation stage）　此期为休克的后期阶段，亦称休克Ⅲ期或微循环衰竭期。从微循环的淤血期发展为微循环凝血期是休克恶化的表现。其主要特点有：一是微循环血管麻痹性扩张，血管的渗出不断增多；二是血细胞粘附聚集加重，于微循环内（特别是毛细血管静脉端）有纤维蛋白性血栓形成；三是凝血因子的释放和激活，以及外源性凝血过程的起动；四是微循环灌流发生质的变化，不灌不流，灌流停止，大量的组织细胞因严重缺氧而发生坏死。

本期的发生主要引起 DIC，给治疗带来极大困难，因而又称“不可逆性休克或难治疗性休克”。当休克进入淤血性缺氧期后，组织的缺氧和酸中毒加重，常引起微静脉和小静脉扩张，对血管活性物质的反应降低而发生麻痹，渗出进一步增加。由于血液不断地浓缩，血细胞压积和纤维蛋白原浓度增加，血细胞聚集、血液黏滞度增高，血液处于高凝状态。还因休克过程发生的应激反应，使血液内血小板和凝血因子增加，血小板粘附和聚集能力加强，为凝血提供必要的物质基础；严重的缺氧和酸中毒，使毛细血管内皮损伤，内皮细胞下面的胶原暴露，激活凝血因子Ⅻ，使血小板粘附与聚集，从而激活内源性凝血系统，加速凝血过程；再加上受损伤的组织可释放出大量的组织凝血活素，从而起动外源性凝血过程，引起微血栓形成。

另外，由于感染、组织胺释放以及补体系统的激活等因素，亦可促使血小板产生和释放 TXA2 增多；血管内皮损伤，内皮细胞生成和释放前列腺环素减少，也能促进血小板聚集，大量红细胞破坏，红细胞膜内的磷脂和红细胞破坏释出的 ADP，亦能促进凝血过程；缺氧使单核吞噬细胞系统功能降低，不能及时清除凝血酶原酶、凝血酶和纤维蛋白，也可促进 DIC 的发生。随着凝血因子的耗竭，纤溶活性亢进，则出现出血变化。由于微循环血流停止，不灌不流，组织得不到足够的氧气和营养物质供应，微血管平滑肌麻痹，对任何血管活性药物均失去反应，所以称为微循环衰竭期。休克一旦并发了 DIC，将使病情恶化，并对微循环和各器官功能产生严重影响。

总之，休克发展的三个时期既有区别又相互联系，它们之间没有明确的界限。一般来说，微循环缺血期属代偿性变化，而微循环淤血期也是可复性时期，但进入微循环凝血期则是不可复性时期。

结局和对机体的影响　休克不仅能引起细胞的严重代谢障碍与损伤，还能引起机体各器官的功能与结构发生明显的改变。

1. 细胞损伤和代谢障碍　休克发生后细胞常由代谢障碍发展为结构损伤。细胞的代谢障碍主要表现为：一是能量不足、钠泵失灵、钠水内流。无氧情况下，糖酵解供能远比有氧时经三羧酸循环供能少，ATP 不足，细胞膜 Na^{+}-K^{+}-ATP 酶（钠泵）运转失灵，因而细胞内钠水增多，细胞水肿；细胞外 K^{+} 增多，出现高钾血症。二是代谢性酸中毒。缺氧时糖酵解加强，丙酮酸不能氧化转变为乳酸，肝也不能充分摄取乳酸将之转变为葡萄糖，导致乳酸增多，引起局部酸中毒，灌流障碍、CO_2 不能及时清除也加重了酸中毒，还有肾脏的排酸保碱功能障碍。细胞的损伤主要表现为：一是细胞膜的受损，膜泵功能障碍，水、Na^{+}、Ca^{2+} 内流；二是细胞的供能站线粒体的损伤，先肿胀继之崩解，细胞的能量供应障碍而引起死亡；三是溶酶体破坏，溶酶体内的各种酶类释出，导致细胞自溶。

2. 器官功能障碍和结构变化

1）*急性肾功能不全（休克肾）*　包括功能性肾功能不全和器质性肾功能不全。功能性肾功能不全发生于休克早期，主要与各种缩血管物质增多使肾血管收缩有关。

死于休克肾的动物，眼观，肾脏肿大，质度变软，切面上皮质增宽、色淡，髓质淤血呈暗红色。镜下，肾小球无明显改变，仅见肾小囊囊腔扩张；肾小管上皮细胞坏死、脱落是突出的病变，主要发生在远曲小管；肾小管内见透明管型或颗粒管型。病情严重时两侧肾皮质坏死，范围小的仅包括几个肾小球及其相连的肾小管，大的则波及整个皮质。镜下可见肾小球、肾小管上皮和血管坏死，在肾小球毛细血管内可见由血小板和纤维蛋白组成的微血栓。

2）*急性呼吸功能衰竭（休克肺）*　多发生于休克的中、后期，常在病畜脉搏、血压和尿量平稳以后突然发生，临诊上的主要表现为进行性低氧血症和严重的呼吸困难。

死于休克肺的动物，眼观，肺脏体积增大，重量增加，呈暗红色，富有光泽，质地稍变实，肺胸膜下常见出血点，肺脏充气不足，有时见局灶性肺萎陷，切面流出大量血样液体。镜下，肺淤血、出血，肺泡腔内和肺间质水肿，肺泡上皮脱落，肺泡壁上覆有被伊红深染的透明膜，肺泡壁毛细血管中有微血栓形成。

3）*心功能不全*　除心源性休克外，其他类型休克也能引起心功能改变。一般认为，休克的早期，由于机体的代偿，冠状动脉的血流量能够维持，因此心泵功能一般不受到显著影响。但随着休克的发展，至中后期则逐渐出现心功能不全。

死于心功能不全的动物，常见心内膜（尤其是左心室）和心外膜出血，不易检出其他明显的器质性损伤，只有当坏死范围较大且时间较长时，才能检出病损。镜下见心肌纤维变性、坏死，多呈凝固性坏死，或出现收缩性带状坏死（contraction band necrosis）。

4）*脑功能障碍*　休克早期由于交感-肾上腺髓质系统兴奋，血液重新分布，使脑血流量保持在正常范围，但随着休克的发展，有效循环血量不断减少，血压持续降低，脑组织因血液灌注量减少而缺氧，呈现抑制。此时患畜反应迟钝，反射活动减弱或消失，甚至昏迷。脑严重缺血、缺氧，尤其是微循环内 DIC 形成，更加重了脑功能障碍。当大脑皮层的抑制逐渐扩散到下丘脑、中脑、脑桥和延髓的心血管中枢和呼吸中枢时，将不断加重休克，直至引起心跳和呼吸停止导致死亡。

休克时脑组织血液灌流不足可引起缺氧性脑损伤。缺氧性脑损伤主要发生于对缺血特别敏感的部位，如脑动脉灌注的边缘区、海马、基底神经节和小脑。镜下，海马神经元、小脑浦金野细胞和大脑皮质小、大锥体细胞层的神经元在缺氧早期的变化是神经元胞浆内出现空泡，接着胞浆和胞核皱缩，随后胞浆暗淡、均质，胞核固缩。这些变化通常在缺氧后 2～18h 可以见到。最后，坏死的神经元消失，而神经胶质细胞反应在缺氧后 24h 即可出现，并在几天内变得更加明显。当缺血严重时，不仅引起神经元坏死，而且可导致脑梗死形成。这种贫血性梗死的眼观变化通常要在 18～24h 后才可见，皮质的梗死区一般波及几个脑回，但也可能深及白质。镜下梗死区，除神经元和神经胶质细胞坏死外，还可见出血和小血管内微血栓。休克时脑缺血、缺氧和毛细血管壁通透性增加，还可发生脑水肿。

5）肝功能障碍　可发生于休克的早期，但以中后期表现得最为明显。肝功能障碍主要表现为解毒功能减弱、乳酸转化能力下降、对糖的利用障碍、蛋白质和凝血因子合成障碍等，这将加重酸中毒和自体中毒，使休克迅速恶化。

死于肝功能障碍的动物，眼观，肝脏肿大，质地脆弱，呈淡黄色，有时形成“槟榔肝”样景象，表面或切面均见有干燥黄白色小病灶。镜下，窦状隙扩张、淤血，肝细胞多出现脂肪变性，中央静脉周围的肝细胞呈局灶性坏死。

此外，休克时胃肠道因缺血、淤血及 DIC 形成，使消化液分泌减少及胃肠蠕动减弱，消化功能明显障碍；持续的缺血，不仅可致胃黏膜糜烂而发生应激性溃疡，还可因肠道屏障功能受损和细菌的大量繁殖导致全身炎症反应综合征。

防治原则　休克对病畜的危害甚大，是导致死亡的常见病理过程。因此，在临诊的实践中当休克未发生时应针对休克发生的原因及早预防；而有发生可能或发生后则应积极治疗。治疗应抓住以下几个环节：一是改善微循环、提高组织灌流量、纠正酸中毒；二是改善细胞代谢，防治细胞损害；三是积极治疗器官的功能衰竭。

复习思考题

1. 名词解释：充血　淤血　渗出性出血　血栓形成　栓塞　梗死　DIC　休克
2. 充血有几种类型？简述其发病机制。
3. 淤血的主要病变特点是什么？
4. 淤血对机体的主要影响是什么？
5. 渗出性出血常见的病变有哪些？
6. 血栓形成的条件有哪些？
7. 简述栓子运行的途径。
8. 试述血栓的类型及构成。
9. 简述贫血性梗死及出血性梗死的病变特点。
10. 血栓形成、栓塞、缺血和梗死之间有何联系？
11. DIC 对机体的主要影响是什么？
12. 试述休克时微循环病变的分期及主要特点。
13. 简述休克的主要发病机制。

（潘耀谦）

第五章 炎　症

第一节　炎症概述

一、概　念

炎症（inflammation）是机体对各种致炎因子的局部损伤作用所发生的以防御为主的应答性反应，也是动物和人类疾病中最常见而且又十分复杂的病理现象。其中既有致炎因子所造成的损伤过程，也有机体为清除致炎因子及修复损伤所发生的抗损伤反应。

炎症可发生在机体的任何部位和组织，常表现为局部的变质、渗出和增生过程。变质过程是炎症的损伤过程，而渗出和增生过程则是局部发生的抗损伤性防御性反应。渗出是炎症的重要标志，是机体清除外来异物和处理病理产物的重要基础，其发生依赖于血管反应。增生主要是对损伤进行的修复过程。

二、炎症的局部症状和全身反应

（一）炎症的局部症状

炎症局部的临诊表现包括组织发红、肿胀、发热、疼痛及机能障碍，以体表的急性炎症最为典型。

1. 红（rubor；redness） 是由炎灶内充血所致。炎症初期，因发生动脉性充血，氧合血红蛋白质增多，故使炎症局部呈鲜红色。随着炎症的发展，血流变慢，动脉性充血转变为淤血，血液中还原血红蛋白增多，故又转为暗红色或紫红色。

2. 肿胀（tumor；swelling） 由充血、炎性水肿以及组织细胞变性肿胀所致。

3. 发热（calor；fever） 见于动脉性充血时，因局部血流量增多，血流加快，分解代谢增强，产热增加，故有发热症状。一般体表的急性炎症表现得比较明显，而内脏器官发炎时，局部温度并无明显变化。

4. 疼痛（dolor；pain） 炎区的疼痛由多种因素造成。例如，炎性肿胀使局部张力升高，可压迫或牵拉感觉神经末梢而引起疼痛；炎症过程中产生的5-羟色胺、缓激肽等炎症介质刺激神经末梢可引起疼痛；局部代谢增强，产生大量的钾离子和氢离子，刺激神经末梢也可引起疼痛。

5. 机能障碍（loss of function） 发炎器官组织的机能障碍是上述临诊表现综合作用的结果。

（二）炎症的全身反应

炎症虽然发生于局部，但局部的变化并不是孤立的，它既受整体的制约，又影响整体。比较严重的炎症，尤其生物性致炎因子引起的炎症常出现全身反应，主要表现有以下三个方面。

1. 发热 发热是机体抵抗疾病的防御性反应，故一定程度的体温升高对机体是有利的，可使机体代谢增强，促进抗体的形成、白细胞生成增多、肝脏解毒功能和单核巨噬细胞系统的吞噬功能增强等。但持久的发热或超过一定限度的高热，则对生命活动产生不利的影响，甚至使中枢神经系统受到损害，并出现严重后果。若炎症病变十分严重，体温反而不升高，表明机体的反应能力差，抵抗力低下，是预后不良的征兆。

2. 白细胞增多 循环血液中白细胞增多现象是炎症最为常见的全身反应之一，是抗感染、抗损伤的一种十分重要的防御性反应。

根据白细胞增多的程度与类型等，可以了解感染的程度、发展阶段、致炎因子的类型、机体的机能状况以及疾病的预后等情况。因此，在临诊上，外周血液的白细胞检测是一项非常重要的指标，是诊断疾病的重要依据。一般来说，急性炎症、化脓性炎症以中性粒细胞增多为主；过敏性炎症和寄生虫感染时，多以嗜酸性粒细胞增多为特征；慢性炎症和病毒感染，则以淋巴细胞增多为主。

值得注意的是，并非所有的炎症都伴有白细胞增多现象，在有些微生物，如伤寒杆菌、流感病毒、猪瘟病毒等感染时，循环血液中的白细胞不仅不增多，反而减少。另外，在机体抵抗力低下或感染严重时，如白细胞没有明显的增多，甚至还减少，则预后一般较差。

白细胞增多主要是由于病原微生物、细菌毒素、菌体产物、炎区代谢产物及白细胞崩解产物等刺激骨髓干细胞增殖，生成并释放白细胞进入血流，使外周血液中的白细胞增多。另外，由中性粒细胞、嗜酸性粒细胞、淋巴细胞、单核细胞和巨噬细胞等释放的白细胞增多因子，特别是细胞集落刺激因子也可特异地刺激骨髓干细胞增生、分化成各种成熟的白细胞。

3. 单核巨噬细胞系统增生与机能亢进 这也是机体抵御致炎因子刺激的一种反应。主要表现为肝脏、脾脏、淋巴结、骨髓等器官中的网状细胞和血窦、淋巴窦的内皮细胞增生，吞噬功能增强。这一系统的机能增强与某些介质的释放增多有关，如巨噬细胞活化因子、巨噬细胞移动抑制因子等。

三、炎症的本质

炎症是疾病中普遍存在的一种现象，所谓“十病九炎”即表明了炎症的普遍性及炎症和疾病之间的密切关系。其实人类早在两千多年前就已观察到炎症现象，并对其进行了描述与记载，但对炎症本质的认识却经历了一个十分漫长的阶段。

人们最初对炎症的认识多停留在炎症的损伤方面。随着显微镜的发明与应用，有关炎症本质的研究才有了突破性进展。德国病理学家 Cohnheim 通过显微镜观察到了蛙的肢体、舌和肠系膜等透明组织在炎症时的血管反应，揭示了炎症时微血管的动态变化及白细胞向血管外游出的过程。与此同时，Klebs 等发现了微生物与白细胞之间的关系，证实白细胞的吞噬反应在机体防御反应中有重要作用。俄国生物学家 Metchnikoff 于 1884 年还提出了吞噬理论，认为炎症的实质就是白细胞移行到损伤部位，吞噬和破坏刺激因子。至此，人们才真正认识到炎症实质上是一种防御性反应，而不是一种单纯的损伤过程。这是人们对炎症认识过程中的一个重大转折。20 世纪以来，由于自然科学的迅猛发展，尤其是各种新技术、新理论在生命科学中的应用以及各学科的相互渗透，人们对于炎症的认识从宏观、微观、亚微观水平进入到了分子水平，进一步认识到炎症的复杂性及炎症与机体免疫应答的关系等，尤其注意到炎症反应过程中的许多分子机制，而这些机制又多与炎症介质密切相关。大量研究表明，许多炎症实质上都是由一系列内源性和外源性炎症介质介导而实现的，它们在炎症的发生、发展过程中起着至关重要的作用。

总之，炎症是许多疾病所共有的一种十分重要的病理过程，是动物在长期进化过程中所获得的一种积极的防御性反应，旨在消除致炎因子及其所引起的损伤，因此，从本质上来说对机体是有利的。但是，这种防御性反应并不十分完善，在一定条件下也会给机体造成损害，严重时还可危及生命。

第二节 炎症的原因

凡是能造成组织损伤的外源性和内源性因素几乎均可引发炎症，成为致炎因子，因此引起炎症的原因比较复杂，归纳起来有以下五类：

一、生物性因素

生物性因素最为常见，主要包括细菌和病毒，其次还有立克次体、支原体、真菌、螺旋体和寄生虫等。生物性因素的致炎作用通常与病原体的数量及其毒力等有关，但不同因素引发炎症的机制不尽相同。例如，细菌主要通过其毒素发挥作用，也可由其抗原所诱发的免疫反应造成的损伤而引起炎症；病毒的致炎作用，则在于它能在细胞内寄生、繁殖，破坏细胞的正常代谢，导致细胞死亡，从而引发炎症，也可和细菌一样通过诱发免疫反应引起组织损伤而发生炎症。

二、化学性因素

此类因素引起的炎症在兽医临诊上比较常见，如腐败饲料引发的急性胃肠炎、有毒植物引起的出血性肠炎、食盐中毒性脑膜脑炎等。化学性致炎因子包括外源性的化学物质和内源性的化学物质，前者主要有强酸、强碱、松节油、芥子气和有毒物质（如植物毒、细菌毒素、蛇毒）等；后者主要是一些病理性产物，如坏死组织的分解产物、体内蓄积的某些代谢产物（尿素、胆酸盐）等。

三、物理性因素

低温、高温、放射线、紫外线和电击所导致的损伤以及机械力所致的鞍伤、挤压伤、切割伤、撞击伤等均可引起炎症反应。其特点是作用时间短暂，但炎症的发生则是组织损伤后出现的复杂变化的结果。

四、致敏性因素

常见的致敏性因素包括异种动物血清、疫苗、食物、花粉、药物（如青霉素等各种抗生素）、化学物质（如苦味酸、苯胺染料、植物树脂等）、病原微生物感染（如结核杆菌、病毒、真菌）和寄生虫感染等。这些致敏因素通常可引起变态反应性炎症。

五、某些排泄物或内容物异位

某些排泄物或内容物若从正常部位进入其他体腔或组织，也可引发炎症。例如，胃肠穿孔或膀胱破裂后，其内容物进入腹腔所导致的腹膜炎，家禽的卵黄掉入体腔引起的卵黄性浆膜炎等。

上述致炎因子只要有足够的强度和时间，通常都能引发炎症。

第三节　炎症局部的基本病理变化

任何炎症的局部都有变质、渗出和增生三种变化，但因致炎因子和炎症类型的不同或在炎症的不同时期，或发生在不同部位，三者的变化程度有所差异。例如，炎症初期或急性炎症，常以变质、渗出变化为主，增生不明显；而慢性炎症尤其后期，则多以增生变化为主。有时它们也可互相转化。

一、变　　质

变质（alteration）是指炎症局部组织细胞发生变性或坏死的变化过程。它常常是炎症发生的始动环节，是由致炎因子的直接作用或炎症过程中出现的局部血液循环障碍所造成。在变质部位，除有形态改变外，还有不同程度的代谢、功能障碍。

（一）形态变化

炎症的形态变化发生在实质细胞或间质。实质细胞主要表现不同程度的颗粒变性、水泡变性或脂肪变性，严重时发生坏死，并可释放大量的化学物质。其中释放出的大量水解酶可进一步引起周围组织细胞的变性、坏死，释放出来的一系列炎症介质，又可引起炎性渗出。间质一般发生黏液样变性、玻璃样变性及纤维素样变性等变化。

（二）代谢变化

炎区代谢的变化主要表现为分解代谢增强和组织内渗透压升高。

糖、脂肪和蛋白质的分解代谢均明显增强，耗氧量增加，但由于酶系统受损和局部血液循环障碍造成的缺氧，使局部氧化过程迅速下降，从而导致各种氧化不全的中间代谢产物，如乳酸、脂肪酸、酮体、氨基酸等在局部聚集，使局部出现酸中毒。而氢离子浓度升高，又使盐类解离过程增强，钾离子、磷酸根离子及其他离子浓度也升高，从而导致炎区的晶体渗透压升高。另外，由于炎区分解代谢增强和坏死组织的崩解，蛋白质等大分子物质分解为较多的小分子，又可导致炎区胶体渗透压升高。上述变化为炎性渗出提供了重要条件。

（三）功能变化

轻度的形态和代谢变化仅使局部组织细胞的功能降低，但物质代谢障碍严重或组织发生坏死时，其功能则完全丧失。

二、渗　　出

渗出（exudation）是指血液成分通过小静脉和毛细血管壁进入炎区组织或组织器官表面的变化过程。渗出的血液成分包括液体成分和细胞成分，统称为渗出物。

渗出是炎症反应中最为重要的抗损伤过程，是炎症的重要标志，是机体消除致炎因子和有害病理产物所采取的最为积极有效的重要措施。整个渗出过程是致炎因子和炎症介质共同作用的结果，是在充血、血管壁通透性升高的基础上发生发展而来的，主要包括血管反应、液体与细胞渗出。

（一）血管反应

损伤局部的小血管反应和血液动力学改变是炎症过程最早出现的变化，包括血管管径、血流量、血流速度及血管壁通透性的改变。它们是炎症发生的基础，可以说，没有血管和血液动力学的变化，也就没有炎症的发生。

1. 血管和血流的改变　炎症起始，炎区中小动脉血管壁的神经感受装置因受到致炎因子的刺激而发生短暂的反射性收缩（仅持续数秒或数分钟），血流减少，局部组织呈暂时性贫血状态。之后很快发生动脉性充血，小动脉及毛细血管扩张，血流量增加（可达正常时的10倍），血流加速，血压升高，局部组织出现发红、发热，此过程称为炎性充血（inflammatory hyperaemia）。在血管扩张的基础上，炎区的血流速度逐渐减慢，甚至呈淤滞状态，原来的动脉性充血转变为静脉性充血，炎区外观也转为暗红。此时，以中性粒细胞为主的白细胞向血管壁移动聚集，而后与血管内皮细胞发生粘附，为白细胞的游出创造了有利的条件。

2. 血管通透性的改变　主要表现为微静脉和毛细血管的通透性升高，是渗出的必要条件。

（二）液体渗出

1. 液体性渗出物的成分　液体性渗出物是指渗出物中的液体，称炎性渗出液，简称渗出液，是来自血浆的蛋白性液体，含有水分、盐类和分子质量不同的蛋白质等多种成分。

渗出液的成分可因致炎因子、炎症部位和血管壁受损程度不同而异。一般来说，血管壁受损轻微或炎症早期，渗出的主要是水、盐类和小分子白蛋白；若血管壁受损严重，分子质量较大的球蛋白甚至纤维蛋白原也可渗出。渗出的纤维蛋白原在坏死组织释放的组织因子作用下，可形成纤维蛋白即纤维素，如渗出物中含有大量纤维素时，则称纤维素性炎症。

2. 渗出液的作用　渗出液含有调理素、补体以及特异性免疫球蛋白等各种抗菌物质，对机体具有重要的防御作用：①中和、抑制或杀伤病原微生物及其毒素。②稀释病原微生物及有害物质，减轻其对组织的损伤。③促进白细胞的吞噬活动。④渗出的纤维蛋白原转变为纤维蛋白后，构成网架，利于肉芽组织的形成和吞噬细胞充分发挥其吞噬作用。⑤渗出液可将其中的病原和毒素带到局部淋巴结，促使产生细胞免疫和体液免疫。⑥吸收进入血液的药物，可通过液体渗出被带到炎区发挥治疗作用。

3. 液体渗出的机制　液体渗出是由血管壁通透性、微循环内流体静压及组织渗透压升高引起的。

导致血管壁通透性升高的主要原因是微血管管壁的完整性遭到破坏，常表现在以下两个方面：①血管内皮细胞间隙的形成：内皮间隙的形成是可逆的，是由内皮细胞收缩或细胞骨架重排所致。内皮细胞收缩一般持续的时间较短，仅为15～30min，且只发生于直径为20～60μm的小静脉。而细胞骨架重排是另一引起可逆性内皮间隙形成的机制，其发生较迟，但持续的时间较长，可达24h以上。②血管内皮细胞和基底膜损伤：在各种因素的直接或间接作用下，血管内皮细胞发生肿胀、坏死甚至脱落，内皮细胞连接处遭到破坏而形成裂隙，基底膜崩解或由凝胶状态变为溶胶状态。这些变化严重破坏血管壁的完整性，致使较大分子甚至红细胞都可通过血管壁。此外，血管内皮细胞的胞饮作用增强也可引起血管壁通透性升高。

微循环内流体静压升高是由炎区的小动脉和毛细血管扩张、小静脉淤血及血流缓慢所致。

炎区组织的变性坏死产物、分解代谢增强时产生的中间代谢产物及局部酸中毒等使局部的分子浓度和离子浓度升高，导致炎区的胶体渗透压和晶体渗透压均升高，从而促进了液体的渗出。

尽管上述引发血管渗出的机制不尽相同，但它们可协同发挥作用。

（三）细胞渗出

1. 细胞性渗出物的成分　在血液液体成分渗出的同时，各种细胞成分也随之渗（游）出。其中白细胞通过变形运动游出到血管外的过程称为白细胞渗出（leucocyte exudation），游出的白细胞称为炎性细胞（inflammatory cell），炎性细胞弥散于组织间隙并发挥吞噬作用，称为炎性细胞浸润（inflammatory cell infiltration），是炎症反应的重要形态学特征。

应该指出，炎症时红细胞也可通过血管壁进入组织，称为红细胞漏出。其漏出原因并非变形运动（红细胞无变形运动的能力），而是因为血管壁完整性遭到破坏后红细胞在流体静压的作用下被推出血管的。因此，渗出液中若出现大量红细胞，则是血管壁受损严重的标志。

2. 白细胞的渗出过程及机制　白细胞渗出是一个主动运动的过程，包括白细胞边移、粘附、游出与趋化四个阶段（图5-1）。

1）边移　血流在正常情况下分为轴流和边流两部分，轴流主要是细胞成分，而边流主要为血浆。当炎区血流变慢时，白细胞由轴流进入边流，以滚动（rolling）靠近血管壁，这种现象称为白细胞边移（margination）。

2）粘附　　靠边的白细胞沿着血管内表面缓慢地滚动，一旦与血管内皮细胞接触即粘附在血管内皮细胞表面，称为白细胞粘附（sticking）或附壁。

白细胞的粘附主要与分布在白细胞和血管内皮细胞表面的细胞黏附分子有关，而参与调控这一过程的是一些细胞因子、化学介质与化学诱导剂。

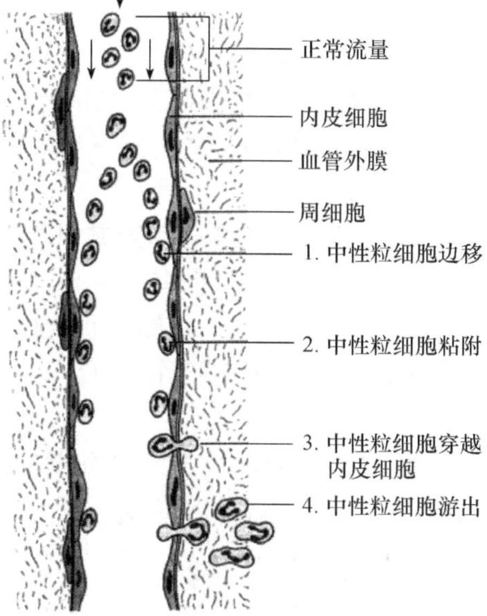

图 5-1　中性粒细胞渗出模式图

细胞黏附分子（cell adhesion molecules，CAMs）是由多种细胞表达的一群多功能膜表面糖蛋白，在生理和病理过程中均发挥着重要作用，如细胞与细胞之间、细胞与细胞外基质之间的识别、粘附以及信息传递，细胞功能的调节，肿瘤浸润转移，血栓形成等。目前已知的 CAMs 主要分为选择素（selectins）、整合素（integrins）、免疫球蛋白超家族（immunoglobulin super family，IgSF）和钙黏蛋白（cadherins）四大类型。

3）游出　　白细胞以阿米巴运动的方式穿越血管壁并移行到血管外的过程称为游出（emigration）。

（1）白细胞游出的部位及过程。白细胞游出多发生在小静脉。白细胞粘附于小静脉内皮细胞后，沿内皮细胞表面缓慢移动，当其靠近内皮细胞之间的连接处时，便可伸出伪足强行插入内皮细胞之间的缝隙，把内皮细胞之间的接合处分离开来，最后穿过基底膜使整个细胞移出血管外。白细胞穿出血管后，血管内皮间隙闭合，紧密连接部及基底膜也随之复原，不留有任何痕迹。游出的白细胞最初围绕在血管周围，以后沿组织间隙，以阿米巴运动的方式向炎灶中心聚集。白细胞游出血管后，就不能再游回血管内。

（2）白细胞游走的能力。虽然各种白细胞都能游走，但其游走的能力差别较大。中性粒细胞和单核细胞的游走能力最强，而淋巴细胞最弱。由于中性粒细胞游走能力最强，而且在血液中的数量最多，所以在急性炎症时，中性粒细胞常最早出现于炎区，这是急性炎症反应的一个重要形态学标志。

4）趋化　　是指白细胞穿越血管壁后向炎区损伤部位聚集的过程。它是炎症反应的重要标志之一，是通过白细胞的趋化作用来实现的。

趋化作用：白细胞游出血管后，因受某些化学刺激物的吸引，能以阿米巴运动定向游走，称为趋化作用（chemotaxis）或趋化性，而这些化学刺激物则称为趋化因子（chemokine；chemotactic factor）。

趋化因子通常以一定的浓度梯度分布于炎区，白细胞则沿浓度差由低至高运动，最终到达浓度最高的炎区中心发挥作用。

不同类型的白细胞对趋化因子的敏感性不同。粒细胞和单核细胞对趋化因子的反应一般较强，而淋巴细胞则较弱。此外，趋化因子的作用是有特异性的，有些吸引粒细胞而不吸引单核细胞，有些则相反，少数可同时吸引两种细胞。中性粒细胞的趋化因子主要是细菌产物、C3a、C5a 和白三烯 B_4 等。病毒对中性粒细胞没有趋化作用，但在病毒感染的炎灶中可看到大量中性粒细胞，其原因是病毒引起的细胞坏死产物对中性粒细胞有趋化作用。单核细胞的趋化因子除了细菌产物、C3a、C5a、白三烯 B_4 外，还有中性粒细胞浆中的阳离子蛋白与单核吞噬细胞趋化因子。嗜酸性粒细胞的趋化因子主要是嗜碱粒细胞和肥大细胞释放的过敏反应嗜酸性粒细胞趋化因子及致敏淋巴细胞释放的嗜酸性粒细胞趋化因子、C5a、组胺和前列腺素。

3. 白细胞的吞噬作用及其过程　白细胞渗出的主要目的是吞噬病原体及组织崩解碎片等，但对局部组织也有一定的损伤作用。

1）吞噬作用　白细胞通过趋化作用到达炎区后对病原体及组织崩解碎片等进行吞噬和消化的过程称为吞噬作用（phagocytosis）。它是炎症防御性反应机制中极为重要的一个环节。

2）吞噬细胞　能发挥吞噬功能的白细胞有中性粒细胞、巨噬细胞和嗜酸性粒细胞。

3）吞噬过程　白细胞的吞噬过程可分为粘附、吞入及消化三个阶段（图 5-2）。

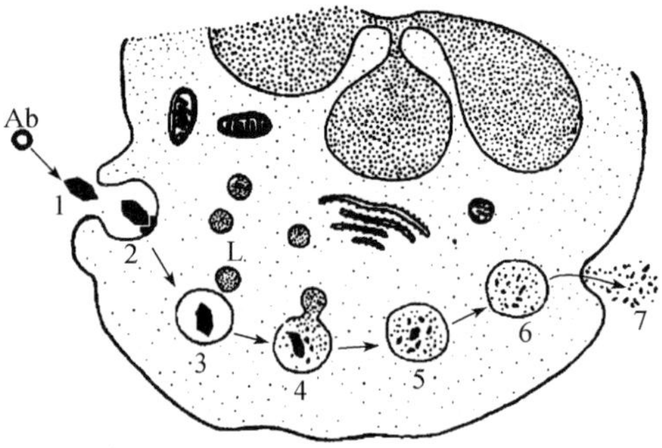

图 5-2　中性粒细胞的吞噬过程

1. 被吞噬物（细菌）与调理素或抗体（Ab）结合；2. 细菌被中性粒细胞的伪足包裹，并被吞入细胞内；3. 溶酶体（L）与吞噬体接近；4. 吞噬溶酶体形成，溶酶体酶被释放；5. 细菌被消化、杀死；6. 残余体将其中不能消化的残渣移向细胞边缘；7. 残余体排出其内容物。

吞噬细胞首先借助于自身表面的 Fc 和 C3b 受体去识别由调理素（是自然产生并存在于血清中的一类能增强吞噬细胞功能的蛋白质，包括 IgG 的 Fc 片段、C3b、凝集素）包裹的被吞噬物，通过受体与相应抗体 Fc 片段或补体的结合，使被吞噬物粘附在吞噬细胞的表面。之后吞噬细胞形成伪足（pseudopod）将其包围，并摄入胞浆内形成吞噬体（phagosome）。吞噬体又与胞浆内的溶酶体融合形成吞噬溶酶体（phagolysosome），此时溶酶体通过脱颗粒作用将其内容物释放，使吞噬物在吞噬溶酶体内被杀灭、降解。在消化结束后，吞噬细胞常将不能消化或降解的残余物排出细胞外。

吞噬溶酶体的消化过程是通过氧依赖性机制（oxygen-dependent）和氧非依赖性机制（oxygen-independent）来完成的。前者依赖细胞产生的具有强大杀菌作用的活性氧代谢产物，即超氧阴离子（O_2^-）、过氧化氢（H_2O_2）和髓过氧化物酶-过氧化氢-卤化物系统（即 MPO-H_2O_2-Cl^- 系统，是最有效的杀菌系统，可杀灭细菌、真菌、病毒和原虫等）活性产物来杀伤和降解吞噬物。氧代谢产物的杀伤机制是通过脂质过氧化作用破坏病原体膜的正常生理状态，使其生存所依赖的酶类失活以及 DNA 复制阻断，最终导致病原体死亡。氧非依赖性机制主要依靠溶酶体所释放的各种酶发挥消化作用。此外，当细菌被吞入后，吞噬体内无氧糖酵解加强，产生的酸性代谢产物（乳酸、碳酸等）使吞噬溶酶体内呈酸性环境（pH 为 3.5～5.0），也可杀死或抑制细菌，同时该环境也是酸性水解酶和 MPO-H_2O_2-Cl^- 系统发挥作用的最佳环境。

4）损伤作用　白细胞在发挥吞噬功能时能释放多种酶，尤其是白细胞死亡崩解后，细胞内的酶外溢，可造成局部组织损伤。

三、增 生

增生（proliferation）是指在致炎因子刺激下以炎症局部细胞增殖为主的变化过程。它是一种防御反应，可以清除致炎因子和病理产物，防止炎症蔓延，修复损伤。

（一）增生的细胞成分

炎灶中有多种细胞成分都可出现增生，包括巨噬细胞、淋巴细胞、浆细胞、血管内皮细胞和血管外膜细胞、血窦和淋巴窦内皮细胞、神经胶质细胞、成纤维细胞以及炎灶周围的上皮细胞或实质细胞等。

但严格地讲，真正的炎性增生应该是指为了杀灭或消除致炎因子而发生的增生，故仅包括单核巨噬细胞系统的细胞、淋巴细胞和浆细胞等。然而在炎灶，它们和再生修复过程中增生的其他细胞常常混在一起，并互有关联。如炎症后期，炎灶中的巨噬细胞所分泌的某些因子能促使成纤维细胞和血管内皮细胞明显增生，在局部形成肉芽组织，其中便混有浸润的炎性细胞。而肉芽组织的出现，常标志着炎症向愈合的方向发展。

增生变化贯穿于整个炎症过程中。在炎症早期，增生反应表现得较弱，随着炎症的发展，尤其到了炎症后期的修复阶段，或急性炎症转为慢性时，增生现象则表现得十分明显。但在有些急性炎症或炎症初期，也有明显的细胞增生变化，如急性肾小球肾炎时，肾小球血管内皮细胞和系膜细胞明显增生。

（二）增生的机制

炎症时的增生机制十分复杂。一般在炎症早期，刺激细胞增殖的主要是组织崩解产物和一些炎症介质，如崩解细胞释放的腺嘌呤核苷、钾离子、氢离子、白细胞介素等，它们主要刺激血管外膜细胞、血窦和淋巴窦内皮细胞、神经胶质细胞等多种细胞增殖，其目的是和血液中渗出的白细胞一起参与吞噬活动。炎症后期，增生的主要是成纤维细胞与毛细血管内皮细胞，刺激其增殖的主要是淋巴细胞释放的促分裂因子和巨噬细胞分泌的一些生长因子等。

变质、渗出和增生既有区别，又有联系，互为因果，共同构成复杂的炎症过程。在此过程中，有致炎因子对机体的损伤作用，也有机体的抗损伤反应，二者的对立统一贯穿于炎症过程的始末，并以抗损伤反应为主导地位，故炎症本质上是一种以防御为主的病理生理过程。

一般来说，炎症过程中的变质属于损伤性改变，渗出和增生属于抗损伤反应。但这种区分不是绝对的，在一定条件下，损伤能促使抗损伤过程的出现，且损伤和抗损伤过程还可以互相转化。例如，变质属于损伤变化，但变质过程中的坏死崩解产物又可促使血浆成分和白细胞渗出，并具有刺激组织细胞增殖的作用；而渗出虽属于抗损伤反应，但若渗出过多，则可带来不良影响，如压迫组织，造成组织缺血、缺氧；大量渗出物聚集在体腔，可影响脏器的功能活动；纤维蛋白质渗出过多，可发生机化、粘连，若发生在肺脏，则使呼吸表面积大大减少，从而造成呼吸困难；白细胞游出过多，在完成其吞噬等功能后，会发生死亡、崩解，释放大量蛋白水解酶，在降解炎性产物的同时，对周围正常组织也会带来溶解破坏作用。增生，尤其是增生的肉芽组织有修复损伤的作用，但过度增生可使原有组织的结构发生改变或破坏，并影响器官的功能，如慢性肾炎导致的皱缩肾、肝炎后期所引起的肝硬变等。

第四节 炎症介质

一、炎症介质概述

炎症介质（inflammatory mediator）在炎症过程的各个环节都发挥着十分重要的作用，其种类繁多，机制复杂。对于它的研究始于20世纪初期，目前除了人们比较熟悉的组胺、5-羟色胺、激肽、前列腺素、白三烯、补体成分外，还有大量新的炎症介质及其功能在不断地被发现，研究进展可以说是突飞猛进，这不仅对揭示炎症反应过程中的分子机制有着十分重要的意义，而且对于寻求、开发有效的抗炎药物也有实用价值。

（一）炎症介质的概念

炎症介质是指在致炎因子作用下，由局部组织释放或血浆产生的一类诱导和调控炎症反应的化学活性物质。

炎症介质通常是以非活性状态存在于体内，在致炎因子的作用下，才大量产生、释放，并变为具有生物活性的物质，在炎症过程中主要表现为使血管扩张、血管壁通透性升高和对炎性细胞的趋化、激活和聚集等作用。

（二）炎症介质的分类

根据炎症介质的来源，可将其分为外源性和内源性两大类。外源性炎症介质主要是细菌及其产物。内源性炎症介质最常见，也最为重要，是由多种细胞和血浆产生，故又分为细胞源性和血浆源性两类。细胞源性炎症介质主要包括血管活性胺、花生四烯酸代谢产物、白细胞产物和细胞因子等，血浆源性炎症介质则包括激肽系统、补体系统、凝血系统和纤溶系统。

（三）炎症介质的特征

（1）通常以前体或非活性状态存在于体内。

（2）来自细胞源性的炎症介质，常以颗粒的形式储存于细胞中，在致炎因子作用下，由细胞以颗粒的形式释放出去，如肥大细胞的脱颗粒；而来自血浆源性的炎症介质，常以前体形式存在于血浆中，必须在一系列蛋白水解酶裂解后才能被激活。

（3）在炎区，炎症介质的浓度或活性变化与炎症的消长相平行。

（4）炎症介质主要是通过与靶细胞表面的特异性受体结合而发挥其生物学效应；同时，炎症介质作用于靶细胞后，还可使其产生次级炎症介质，次级炎症介质的作用与原炎症介质相同、相似或截然相反，因而会出现放大或颉颃效应。

（5）同一种炎症介质可作用于一种或多种靶细胞，有时因组织细胞不同可产生不尽相同的效应。

（6）炎症介质的寿命比较短，被激活或释放后，很快被降解、灭活，或被抑制、清除。

（7）将分离纯化后的炎症介质注入健康组织，能诱发炎症反应。

（8）应用特异颉颃剂，可以缓解或抑制炎性反应。

（9）多数炎症介质具有潜在的致损伤作用，可以引起机体发热、疼痛和组织损伤等变化。

二、主要炎症介质及其作用

（一）细胞源性炎症介质

细胞源性炎症介质是在致炎因子直接或间接作用下，由肥大细胞、组织细胞、巨噬细胞、白细胞、血小板等细胞产生或释放。

1. 血管活性胺

1）组织胺（histamine） 简称组胺，主要储存于肥大细胞、嗜碱性粒细胞的异染颗粒中，也存在于血小板中。当其受到致炎因子的刺激时，迅速以脱颗粒的形式释放出来。由于肺、胃、肠及皮肤组织的小血管周围分布有较多的肥大细胞，故炎性水肿易发生在这些部位。

组胺的主要作用包括：①能使毛细血管、微静脉和微动脉显著扩张，血管内皮细胞收缩，内皮细胞间紧密连接部间隙增大，故微静脉和毛细血管通透性升高，血浆外渗，引起炎症局部水肿。②刺激支气管、胃肠道和子宫平滑肌收缩，促进这些部位腺体的分泌，故可引起哮喘、腹泻和腹痛。③直接刺激心肌，导致心率加快、心肌收缩力和房室间传导增强。④对嗜酸性粒细胞有趋化作用，是过敏性炎症中引起嗜酸性粒细胞浸润的主要因素，并有致痒作用。

组胺对炎症反应有促发作用，但也有一定的抑制作用，故被称为炎症调节介质。一般在炎症早期发挥促炎作用，后期则表现抑炎作用。

2）5-羟色胺（5-hydroxytryptamine，5-HT） 又称血清素，是与组胺共同参与急性炎症早期反应的炎症介质，储存于肥大细胞、血小板、肠黏膜嗜银细胞中。其作用与组胺相似，主要引起炎症局部血管通透性增高，低浓度的 5-HT 还有致痛作用。

2. 花生四烯酸的代谢产物 花生四烯酸（arachidonic acid，AA）是二十碳不饱和酸，广泛存在于各种器官的细胞内，以脂化的形式与细胞膜磷脂结合，在致炎因子作用下，中性粒细胞溶酶体内的磷脂酶释放并激活，与 AA 作用并使之从膜磷脂中释放，当 AA 释放后经不同代谢途径生成前列腺素、白细胞三烯和脂毒素等代谢产物（为具有生物活性的二十碳衍生物），从而发挥介质作用（图 5-3）。

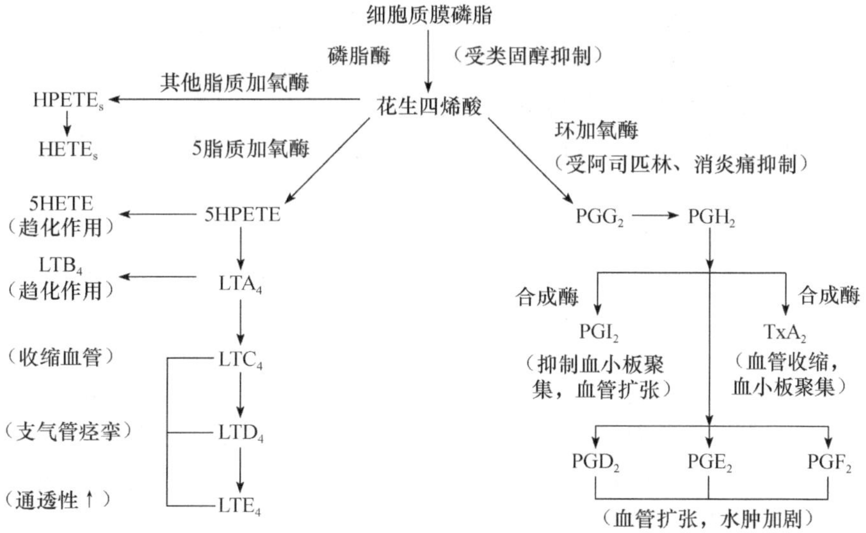

图 5-3 炎症过程中花生四烯酸的代谢及其代谢产物的主要作用

游离的 AA 在环加氧酶（CO）的作用下，先形成不稳定的环内过氧化物 PGG_2 和 PGH_2（PGG_2 在前列腺素过氧化物酶的作用下降解为 PGH_2），PGH_2 进一步形成前列腺素（PGH_2 在谷胱甘肽-S-转移酶作用下形成 PGD_2；PGH_2 在前列腺素内过氧化物酶 E 异构酶的作用下形成 PGE_2；PGH_2 在前列腺素内过氧化物还原酶的作用下形成 PGF_2）、前列环素（PGI_2）和血栓素（TxA_2）。游离的 AA 经脂质加氧酶（LPO）作用生成羟基二十碳四烯酸（$HETE_s$）、白三烯及脂毒素。

在临诊上，阿斯匹林和消炎痛等药物就是通过抑制 AA 代谢、糖皮质激素则是通过抑制 AA 从磷脂中释出，来达到减轻炎症的目的的。

1）*前列腺素*（prostaglandin，PG）　PG 广泛存在于各种组织，其中血小板是 PG 的重要来源之一。中性粒细胞、单核细胞和巨噬细胞等也能产生和释放 PG。根据分子结构特点，可将 PG 分为 A、B、C、D、E、F、G、H、I 等多种类型，其作用极为广泛复杂，其中与炎症关系密切的有 PGE_2、PGD_2、PGF_2 和 PGI_2 等。它们具有扩张微血管、增强血管通透性和致痛、致热作用，并对中性粒细胞和嗜酸性粒细胞有微弱的趋化作用。

2）*白细胞三烯*（leukotriene，LT）　LT 主要产生于白细胞，因有三个共轭双键，故称白细胞三烯，简称白三烯。主要是 AA 通过脂质化酶（LD）途径生成，LD 有三种，分别存在于不同类型细胞中。5-LD 是中性粒细胞的主导酶，细胞活化时，5-LD 移位至核膜上并与膜相关调节蛋白（5-LD 活化蛋白）相作用，形成活性复合物 5-过氧化氢二十碳四烯酸（5-HPETE），其主要产物为 5-HETE，对中性粒细胞有趋化作用。此外，5-HPETE 也可转化为一类对炎症起重要作用的化合物白三烯，主要包括 LTB_4、LTC_4、LTD_4 和 LTE_4。LTB_4 为 5,12-二羟基二十碳四烯酸，由 LTA_4 水解而成，是目前所知最强的白细胞趋化剂。可促使中性粒细胞、嗜酸性粒细胞和单核细胞在小静脉内皮细胞粘附并对其有强烈的趋化及激活作用。LTC_4、LTD_4 与 LTE_4 均为白三烯与肽的结合产物，称为肽基白三烯，它们能增强血管通透性，对支气管和血管平滑肌有强烈的收缩作用。

3）*脂毒素*（lipoxins，LX）　LX 是新确定的一类由 AA 产生的活性物质，主要通过转细胞生物合成机制形成，具有抑制炎症和促进炎症的双重作用。其主要作用是：①促进单核细胞的粘附，但抑制中性粒细胞的粘附及趋化作用。②脂毒素 A_4（LXA_4）有扩张血管的作用，故可削弱 LTC_4 的缩血管作用。③对 LT 具有负调节作用。

3. 白细胞产物　中性粒细胞和巨噬细胞被致炎因子激活后可释放氧自由基和多种溶酶体酶成为炎症介质，促进炎症反应和损伤组织。

1）*溶酶体成分*　溶酶体存在于多种细胞的胞浆中，以吞噬细胞内分布最为丰富。在溶酶体内含有 40 多种酶性和非酶性炎症介质。重要的有：①中性蛋白酶（neutral proteases）：是炎症中损伤组织的主要介质，在中性或弱碱性环境中活性最强，具有降解多种细胞外成分的能力。其中胶原酶能降解胶原、软骨和血管基底膜，弹性蛋白酶能降解弹性蛋白、软骨和肾小球基底膜，还能裂解 C3 和 C5，产生过敏毒素 C3a、C5a 及激肽类物质。因此，中性蛋白酶在血管炎、关节炎和肾小球肾炎的发生发展中起重要作用。此外，中性蛋白酶还有促进脓肿形成和升高血管通透性的作用。②酸性蛋白酶（acid proteases）：在酸性环境中活性最强，主要在吞噬溶酶体内降解病原微生物和细胞碎片，还能促进肥大细胞脱颗粒。③阳离子蛋白（cationic proteins）：能引起肥大细胞脱颗粒，释放组胺，能明显升高血管的通透性，对单核巨噬细胞有趋化作用，但对中性和嗜酸性粒细胞有游走抑制作用。

2）*氧自由基*　当中性粒细胞和巨噬细胞吞噬微生物形成吞噬体时，可产生超氧阴离子、过氧化氢和羟自由基等大量的氧代谢产物，即氧自由基，其作用为：①损伤血管内皮细胞，导致血管通透性增高。②激活中性粒细胞，产生毒性物质，还可刺激内皮细胞本身的黄嘌呤氧化作用，从而产生更多的过氧化物。③灭活抗蛋白酶，致相应蛋白酶活化，破坏组织结构并使基质损伤。④损伤红细胞或其他实质细胞。

4. 细胞因子 细胞因子（cytokines，CKs）是一组由免疫细胞和非免疫细胞合成、分泌的非免疫球蛋白性质的多肽类介质。其种类繁多，功能广泛，来源复杂，并与激素、神经肽、神经递质共同组成了细胞间信号分子系统，主要参与和调节机体的免疫应答、炎症反应、损伤修复、细胞生长、分化等过程。

细胞因子由淋巴细胞、单核巨噬细胞、成纤维细胞、血管内皮细胞、表皮细胞、平滑肌细胞和软骨细胞等多种细胞产生，有些肿瘤细胞也可产生 CKs。

细胞因子的分类尚不统一。根据产生 CKs 的细胞来源可将其分为淋巴因子（lymphokines，LKs；主要由淋巴细胞产生）、单核因子（monokines，MKs；主要由单核巨噬细胞产生）和其他细胞产生的细胞因子（由骨髓和胸腺中的基质细胞、血管内皮细胞、成纤维细胞等产生）等三种类型。根据细胞因子的结构和功能可将其分为以下八种类型，其中多数与炎症密切相关（表 5-1）。

表 5-1 参与炎症反应的主要细胞因子及其功能

细胞因子类型	来 源	主要功能
白细胞介素（ILs）	淋巴细胞、单核巨噬细胞、内皮细胞、上皮细胞、成纤维细胞、平滑肌细胞、肾小球系膜细胞、滑膜衬里细胞、胎盘细胞、白血病细胞等	诱导机体发热；增强血管通透性；刺激多谱系造血干细胞增殖、分化、成熟，并形成细胞集落；介导 T、B 淋巴细胞分化、增殖、活化；增强 NK 细胞的细胞毒作用；增强白细胞与内皮细胞的粘附；趋化、激活白细胞，促进其吞噬功能，并刺激中性粒细胞等白细胞释放炎症介质等；促进成纤维细胞增生；促进肝脏合成急性期蛋白质
集落刺激因子（CSFs）	淋巴细胞、巨噬细胞、成纤维细胞、内皮细胞、肿瘤细胞等	刺激不同发育阶段的造血干细胞和祖细胞增殖、分化；促进单核巨噬细胞增生、释放细胞因子；趋化、激活白细胞，增强其吞噬功能
趋化因子家族（CFs）	单核巨噬细胞、淋巴细胞、血小板、内皮细胞、成纤维细胞等	趋化、激活、聚集白细胞，刺激其释放炎症介质等；刺激造血细胞、成纤维细胞生长
肿瘤坏死因子（TNFs）	单核巨噬细胞、T 淋巴细胞	激活、聚集白细胞，增强白细胞的吞噬功能；促进内皮细胞与白细胞的粘附；刺激巨噬细胞合成细胞因子；抗肿瘤
细胞黏附分子（CAMs）	内皮细胞、白细胞、血小板、单核吞噬细胞、髓样细胞等	介导白细胞和血管内皮细胞、T 细胞与 T 细胞、T 细胞与 B 细胞、T 细胞与靶细胞之间的粘附；趋化、激活白细胞；引导淋巴细胞“归巢”及再循环

1）*白细胞介素*（interleukins，ILs） 在 1979 年第二届国际淋巴因子专题讨论会上，将来自 T 淋巴细胞和单核巨噬细胞等所分泌的某些非特异性发挥免疫调节和在炎症反应中起作用的因子统称为白细胞介素。它们是介导白细胞间相互作用的细胞因子，包括 IL-1～IL-24，目前还有新的 IL 被报道和命名。IL 是体内作用最强的炎症介质之一，其生物学功能广泛而复杂，能介导多种炎症反应，并具有抗病毒、抗肿瘤和免疫调节等作用。这些作用不是孤立的，而是彼此重叠、相互诱导、交叉调节、协同或相互制约。

2）*集落刺激因子*（colony stimulating factors，CSFs） 根据它们刺激造血干细胞和造血祖细胞在半固体培养基中所形成的不同细胞集落，分别将其命名为多系-集落刺激因子（Multi-CSF）、粒细胞-巨噬细胞集落刺激因子（GM-CSF）、粒细胞集落刺激因子（G-

CSF)、巨噬细胞集落刺激因子(M-CSF)、促红细胞生成素(erythropoietin,EPO)和干细胞因子(stem cell factor,SCF)等。

3)趋化因子家族(chemokine family;chemotactic factors,CFs) 是指一组结构和功能相似、分子质量为8～12kD、对白细胞具有激活和趋化作用的小分子细胞因子。目前已知的趋化细胞因子有50多种,主要由免疫细胞产生。

根据趋化因子的来源,可分为外源性趋化因子和内源性趋化因子。外源性趋化因子主要包括细菌及其代谢产物,内源性趋化因子由机体产生,包括补体系统、激肽系统、淋巴因子、阳离子蛋白、组织崩解产物等。也可根据趋化因子分子结构的特点将其分为四个家族或亚族,即CXC亚族(α-亚族)、CC亚族(β-亚族)、C亚族(γ-亚族)、CX_3C亚族(δ-亚族)。C为半胱氨酸,X为非保守氨基酸。

4)干扰素(interferon,IFN) 是1957年发现的细胞因子,由白细胞和成纤维细胞等产生。根据理化和生物学特性,可将IFN分为IFN-α、IFN-β、IFN-γ三类(亚型)。它们具有很强的免疫调节作用及抗病毒、抗肿瘤的功能。一般来讲,小剂量的IFN促进T淋巴细胞、B淋巴细胞的功能,大剂量则起抑制作用。

5)肿瘤坏死因子(tumor necrosis factors,TNFs) 包括分别由活化的单核巨噬细胞和T淋巴细胞产生的TNF-α和TNF-β。它们在炎症时发挥多种重要作用,如能诱导发热和IL-1、IL-6等细胞因子的合成,能与IL-1、IL-6协同诱发血清急性期蛋白和黏附分子在血管内皮细胞的表达。其他作用见表5-1。

6)转化生长因子-β超家族(transforming growth factor-β family,TGF-β family) 由多种细胞产生,主要包括TGF-β、抑制素、激活素、骨形态形成蛋白等,目前至少有25个成员。它们是一类调节细胞生长和分化的多肽,可通过多种环节导致细胞外基质积聚和纤维化。

7)生长因子(growth factors,GFs) 包括胰岛素样生长因子(IGF)、表皮生长因子(EGF)、血小板衍生的生长因子(PDGF)、成纤维细胞生长因子(FGF)、血管内皮细胞生长因子(VEGF)、肝细胞生长因子(HCGF)、神经生长因子(NGF)、血小板衍生的内皮细胞生长因子(PDEGF)、转化生长因子-α(FGF-α)等。GFs对细胞的生长和分化等具有明显的调节作用、也参与炎症反应。

8)细胞黏附分子(CAMs) 详见表5-1及本章第三节白细胞的渗出过程及机制。

5. 急性期蛋白 急性期蛋白(acute phase protein,APP)是指炎症、感染或恶性肿瘤等引起机体组织损伤的急性期内合成的一组蛋白质。正常时,血浆中不存在APP或仅含极少量的APP。只有组织损伤后,这些蛋白质才迅速合成并被释放进入血液。它们在血液的存在是初期组织损伤和初期炎症反应的一个标志,因此称为急性期蛋白。

大多数APP由肝脏合成,同一个肝细胞可产生四种以上的APP。炎症时,血浆中APP的浓度迅速升高,但也有部分APP发生降低的变化。通常将浓度升高的一类称为阳性APP,而浓度降低者称为阴性APP。阳性APP包括C反应蛋白、α1-抗糜蛋白酶、结合珠蛋白、血浆铜蓝蛋白、纤维蛋白原、α1-酸性糖蛋白、脂多糖结合蛋白、血清淀粉样蛋白A等。这些APP的合成主要受IL-6和IL-1的调控。APP是通过与特异性配体结合来发挥其生物学效应的。阴性APP在炎症反应过程中浓度降低,机体可释放一部分与其相结合的配体,如脂肪酸、激素、维生素及微量元素等。

APP不仅是炎症反应的生物学标志,也是炎症过程中的调节因子。它主要通过下述三种机制促使损伤组织的恢复和维持内环境的稳定:①灭活或中和坏死组织、吞噬细胞所释放的各种具有生物活性的酶类及其他物质。②清除细胞膜碎片和细胞核坏死后释放的DNA物质。③通过先于炎症反应的负反馈性调节，限制炎症的扩散，增强机体抗感染能力。

6. 其他炎症介质

1）细胞裂解产物　主要使血管通透性持久升高，并使溶酶体释放多种酶。

2）过敏性慢反应物质（slow reacting substance of anaphylaxis，SRS-A）　在过敏反应时，由肥大细胞所释放，能增强血管的通透性并加强组织胺的作用而引发水肿，同时它也是过敏反应中引起支气管平滑肌收缩的物质。

3）过敏性嗜酸性粒细胞趋化因子（eosinophil chemotactic factor of anaphylaxis，ECF-A）　由肥大细胞、嗜碱性粒细胞和血小板释放，故与组织胺存在的部位相同，当IgE与肥大细胞或嗜碱性粒细胞膜 $IgEF_C$ 受体结合后，再与相应抗原结合，即引起肥大细胞脱颗粒而释放ECF-A和组织胺。ECF-A对嗜酸性粒细胞具有明显的趋化作用，以便吞噬免疫复合物和寄生虫。它还能刺激嗜酸性粒细胞释放组胺酶、磷脂酶和芳香基硫酸脂酶等，以调节炎症反应。

4）血小板激活因子（platelet activating factor，PAF）　是一种活性极强的炎症介质，由被激活的嗜碱性粒细胞、肥大细胞、中性粒细胞、单核巨噬细胞和血管内皮细胞产生。PAF在炎症过程中的主要作用是：增强血小板的聚集，促进其脱颗粒并释放血管活性胺；促进白细胞的聚集、粘附；刺激白细胞及其他细胞合成PG和LT；具有很强的扩张血管、增强血管通透性的作用，其作用比组胺强100～1000倍，故PAF是导致炎症局部水肿的重要介质。

（二）血浆源性炎症介质

炎症时，局部组织损伤可激活Ⅻ因子，从而使血浆内的激肽系统、补体系统、凝血系统和纤维蛋白（原）溶解系统等四系统同时或先后被激活，产生许多有活性的炎症介质，称血浆源性炎症介质。

1. 激肽系统

1）激肽系统的组成　激肽系统（kinin system）由激肽释放酶原（prekallikrein）、激肽释放酶（kallikrein）、激肽释放酶结合蛋白（kallistatin）、激肽原（kininogen）、激肽（kinin）、特异性B1和B2受体及激肽酶组成。

（1）激肽：是一类具有生物活性的多肽，是在血浆激肽释放酶作用下形成的。发炎时，第Ⅻ因子被胶原和基底膜激活，产生Ⅻa片段，使非活性的血浆激肽释放酶原转变为有活性的激肽释放酶，后者将高分子质量的激肽原裂解为有生物活性的缓激肽。同时，血浆激肽释放酶也对第Ⅻ因子有较强的激活作用，从而使原始刺激效应放大。通常激肽的作用十分短暂，在循环血液中的半衰期不到15s，很快被组织和血浆中的激肽酶水解而灭活。另一方面组织激肽释放酶原在组织崩解后产生的组织蛋白酶的作用下变为组织激肽释放酶，后者将低分子质量的激肽原变为胰激肽。胰激肽在氨基肽酶的作用下也可变为缓激肽。激肽有缓激肽和赖氨酰缓激肽两种，缓激肽是激肽的主要类型，也是一种重要的炎症介质。

（2）激肽原：是一种糖蛋白，存在于血浆中。

（3）激肽释放酶：包括组织激肽释放酶和血浆激肽释放酶两种。前者以活性酶或非活性酶前身的形式存在于腺性器官（如唾液腺、胰腺、汗腺、泪腺等）、肾脏和肠黏膜中，后者以非活性酶前身的形式存在于血浆，由肝脏合成。

(4) 激肽释放酶结合蛋白：主要由肝脏合成，广泛分布于各种组织、细胞及体液中，是循环系统外激肽释放酶的一个重要调节因子。它可以特异地与激肽释放酶共价结合，调节激肽释放酶的活性和清除率。

2）*激肽系统的作用*　缓激肽是激肽系统激活后的主要最终产物，通过与其受体结合而发挥作用。缓激肽受体分为 B1 和 B2 两种亚型，B1 受体激活后，参与慢性炎症反应并引起持续的痛觉；B2 受体激活后，则引起水肿、疼痛，参与急性炎症过程。

2. 补体系统　补体系统（complement system）是血清和组织液中具有酶活性的一组糖蛋白，由近 40 种可溶性蛋白和膜结合蛋白组成，是目前所知机体中最复杂的一个限制性蛋白水解系统。血浆中的补体主要来源于肝细胞，而炎灶中的补体则主要来源于巨噬细胞。

在生理状态下，血清中大多数补体均以无活性的酶前体形式存在。但在致炎因子作用下，补体系统可通过经典途径、凝集素活化途径和旁路（即替代）途径被依次激活，出现一连串逐级放大的连锁反应，并产生多种补体成分的水解片段或组成新的具有酶活性的复合分子，从而发挥不同的作用。其中 C3 和 C5 被激活后形成的裂解片段 C3a、C5a 及 C3b，在炎症过程中发挥重要的炎症介质的作用。C3a 与 C5a 称为过敏毒素（anaphylatoxins）。C3a 能引起肥大细胞和血小板释放组胺，导致血管扩张和通透性升高。C5a 除有 C3a 的作用外，对吞噬细胞还具有强烈的趋化作用，可使中性粒细胞粘附于血管内皮细胞，还能激活花生四烯酸代谢的脂氧化酶途径，使中性粒细胞和单核细胞进一步释放炎症介质。C3b 是一种重要的调理素，中性粒细胞和巨噬细胞膜上有 C3b 受体，因此 C3b 包被的病原菌易被这些吞噬细胞识别并吞噬。$C_{\overline{5b67}}$对中性粒细胞、单核细胞和嗜酸性粒细胞均有强烈的趋化作用，能促进中性粒细胞释放溶酶体成分。$C_{\overline{5b6789}}$能破坏靶细胞膜的类脂质，对细菌、原虫、病毒感染细胞均能溶解。

3. 凝血系统　炎症时血管内皮受损，基底膜胶原纤维被暴露，因其带负电荷，故可激活凝血因子Ⅻ，使内源性凝血系统启动。同时受损细胞释放大量凝血因子Ⅲ进入血液，使外源性凝血系统启动。凝血系统被启动激活后，产生凝血酶和 Xa 因子，在炎症过程中发挥重要介质作用。凝血酶（thrombin）可使纤维蛋白原形成不溶性的纤维蛋白并释放出纤维蛋白多肽（fibrinopeptides），即纤维蛋白 A 肽（16 肽）和纤维蛋白 B 肽（14 肽）。纤维蛋白多肽可使血管壁通透性升高，同时对白细胞有趋化作用。Xa 则通过与效应细胞蛋白酶受体-1 结合，发挥炎症介质的作用（作用和纤维蛋白多肽基本相同）。

4. 纤维蛋白（原）溶解系统　Ⅻ因子在启动凝血系统的同时，也激活纤维蛋白（原）溶解系统，简称纤溶系统。该系统在激活过程中，通过水解纤维蛋白（原），使纤维蛋白凝块溶解而与凝血作用相颉颃。纤维蛋白（原）溶解系统的激活也与激肽系统的激活密切相关。前述的激肽释放酶可使纤维蛋白溶解酶原转变为纤维蛋白溶解酶。后者是一种多功能的蛋白酶，在溶解纤维蛋白（原）过程中所形成的纤维蛋白原降解产物（fibrinogen degradation products，FDP）具有增加血管通透性和趋化白细胞的作用。纤维蛋白溶解酶的炎症活性还表现为能降解 C3，形成 C3a。此外，它还能活化Ⅻ因子，故又可激活或启动多种级联反应，从而发生放大效应。

总之，在炎症过程中，各种来源的炎症介质既有各自作用的重点环节和作用时期，又在各个环节中有着密切的联系，彼此起着协同作用。一般在炎症早期，以血管活性胺和激肽作用为主，而在后期则以前列腺素、淋巴因子和溶酶体成分作用为主。另外，几乎所有介质均处于灵敏的调控和平衡体系中。一方面在细胞内处于严密隔离状态的介质，或在血浆和组织内处于前体状态的介质，都必须经过许多步骤才能被激活，在其转化过程中，限速机制控制着产生介质的生化反应的速度。另一方面，介质一旦被激活和释放，将迅速被灭活或破坏。机体就是通过这种调控体系使体内介质处于动态平衡状态。

第五节 炎性细胞

炎症过程中出现的各种炎性细胞是机体炎症反应的重要标志，是探讨疾病的发病机制、进行疾病诊断的重要依据。这些细胞在炎症的发生、发展和转归中发挥着不同的作用。炎性细胞多数是由血液渗出而来，如中性粒细胞、单核细胞、淋巴细胞和嗜酸性粒细胞；有的则是来自组织内增生的细胞，如浆细胞以及由巨噬细胞转化而来的上皮样细胞、多核巨细胞。

一、中性粒细胞

中性粒细胞（neutrophil；neutrophilic granulocyte）是炎症反应中最为活跃的炎性细胞，也是白细胞中较多的一种，临诊上被作为急性炎症的重要指标。在急性炎症、化脓性炎症及炎症早期，循环血液中的中性粒细胞常见明显增多，炎灶局部也有较多中性粒细胞浸润。

（一）形态特征

主要是核分叶和胞浆中含有中性颗粒。

1. 微观结构特征 中性粒细胞的平均直径约 12μm，核呈肾形、杆形或分叶形，肾形和杆形为幼稚性核，分叶形则为成熟中性粒细胞的核，一般可分为 2～5 叶（羊的核分叶通常较多），各叶之间仅由核丝相连（图 5-4）。

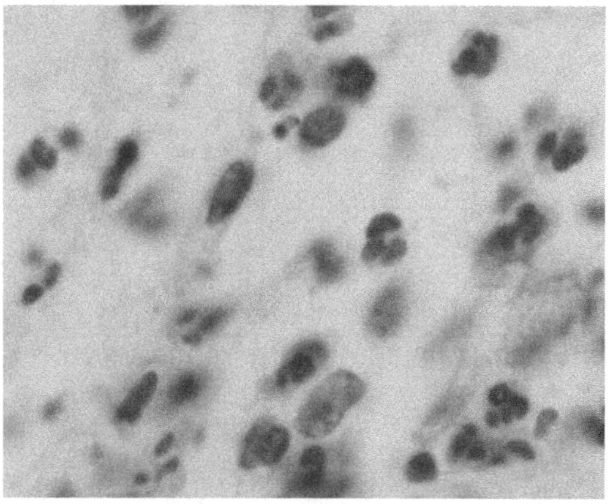

图 5-4 光镜下的中性粒细胞（牛）

临诊上，幼稚性核出现较多时称核左移，分叶核的细胞多时称核右移。当骨髓造血机能保持正常并能满足机体需要时，循环血液中的中性粒细胞多呈成熟型，表现为核右移；而骨髓的功能衰竭、造血过程不能满足机体需要或病情严重时，则出现较多的幼稚型细胞。机体严重衰竭时，如此细胞不增多或反而减少，则常提示预后不良。

中性粒细胞的细胞浆在 HE 染色时为淡粉红色，家畜的中性粒细胞胞浆内含细小的淡紫色的中性颗粒，一般在光镜下不明显；但家禽和兔中性粒细胞胞浆中的颗粒粗大、明显，为短杆状，并呈嗜酸性，因中性粒细胞的颗粒有多种嗜色性，所以称为异嗜性粒细胞（旧称假嗜酸性粒细胞）。

2. 超微结构特征 中性粒细胞胞浆中的颗粒在电镜下可分为初级颗粒（嗜天青颗粒）和次级颗粒（特异性颗粒）（图 5-5），这些颗粒即细胞溶酶体。初级颗粒体积大，数量少，含有髓过氧化物酶、酸性磷酸酶、中性蛋白酶、溶菌酶、吞噬素和一些乳铁蛋白等，其中髓过氧化物酶是中性粒细胞的标志酶。次级颗粒呈圆形或哑铃形，颗粒小，数量多，不含酸性磷酸酶或其他酸性水解酶，但含有碱性磷酸酶、溶菌酶、吞噬素、胶原酶、酯酶、乳铁蛋白等。

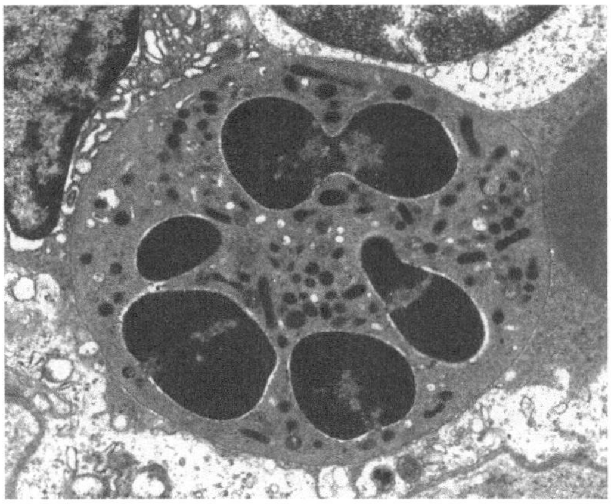

图 5-5　电镜下的中性粒细胞（绵羊）

此外，中性粒细胞胞浆内还有肌动和肌球蛋白组成的微丝，当细胞形成伪足时，伪足膜下的微丝呈网状聚合与分散状态的交替运动。胞浆中的微管是细胞游走具有定向性的结构。细胞膜上分布有识别趋化因子、IgG 的 Fc 片段与 C3b 的受体。上述结构特点保证了中性粒细胞具有变形、定向运动、吞噬与消化微生物等异物的能力。

（二）功　　能

（1）具有很强的趋化性和活跃的游走能力。

（2）具有极强的吞噬功能。中性粒细胞又称小吞噬细胞，在非酸性环境下，对大多数病原微生物、颗粒细小的组织崩解产物及抗原抗体复合物等具有极强的吞噬功能。

（3）可通过抗体依赖性细胞介导的细胞毒作用及其吞噬作用杀伤、抑制入侵的寄生虫（主要是幼虫）。

（4）可产生和释放内生性致热原，引起机体发热。

二、嗜酸性粒细胞

嗜酸性粒细胞（eosinophil；eosinophilic granulocyte）多见于过敏性炎症、寄生虫感染、食盐中毒，也见于嗜酸性粒细胞性肌炎和牛的绿色瘤组织中。

（一）形 态 特 征

光镜下的显著特点是胞浆内充满粗大的鲜红色嗜酸性颗粒，即溶酶体（图 5-6）。其中含有芳基硫酸酯酶、酸性磷酸酶、过氧化物酶、组胺酶、磷脂酶 D、磷脂酶 B、血纤维蛋白酯酶和碱性蛋白等。该细胞的直径为 10～15μm，成熟细胞的核分为二叶，呈卵圆形。

电镜下的特点是颗粒中常常含有电子密度较高的蛋白结晶物，颗粒的形态也会因动物种类的不同而有所差异（图 5-7）。

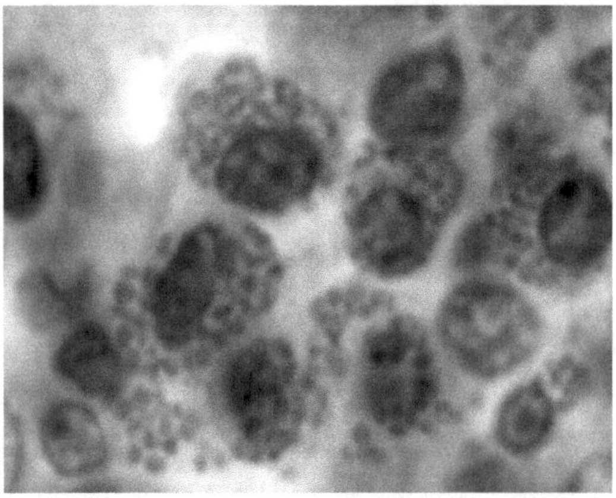

图 5-6　光镜下的嗜酸性粒细胞（猪）

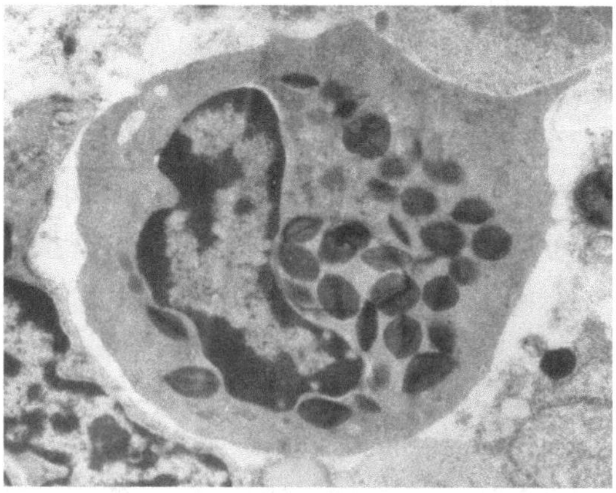

图 5-7　电镜下的嗜酸性粒细胞（骆驼）

（二）功 能

嗜酸性粒细胞具有一定的游走和吞噬能力，其趋化因子来自补体、嗜碱性粒细胞、肥大细胞、中性粒细胞、淋巴细胞及寄生虫等。

嗜酸性粒细胞有多种功能与作用，但在一定条件下也对机体造成一定的损伤。

1. 吞噬功能 嗜酸性粒细胞没有吞噬素和溶菌酶，故吞噬能力较弱。通常可吞噬抗原抗体复合物、抗体包被的红细胞、细菌、支原体、念珠菌、肥大细胞颗粒、寄生虫等。在进行吞噬时，嗜酸性粒细胞的特异性颗粒与吞噬体融合，释放其酶，以降解被吞噬的物质。补体和抗体能增强该细胞的吞噬功能。

2. 炎症介质作用 嗜酸性粒细胞可释放炎症介质（如 LT），引起血管通透性升高及支气管平滑肌收缩，释放的蛋白酶能分解结缔组织的组织蛋白，胶原酶能分解结缔组织和肺组织Ⅰ型和Ⅱ型胶原，从而促进组织损伤。另外，嗜酸性粒细胞分泌的 IL-1、IL-8、IL-6、TNF-α、TGF-α 和 TGF-β 等，在急性和慢性炎症中均发挥重要作用。

3. 抗寄生虫感染作用 嗜酸性粒细胞虽然属于非特异性免疫成分，但常作为一种效应细胞与特异性抗体或其他非特异性成分一起，对侵入的寄生虫起杀伤作用，参与寄生虫肉芽肿的形成，并对寄生虫感染引起的过敏反应有调节作用。

嗜酸性粒细胞膜表面存在 IgG 和 IgE 两种抗体的 Fc 受体，故可借助这两种受体与结合于寄生虫虫体的特异性 IgG 和 IgE 结合，使嗜酸性粒细胞能粘附于虫体上，然后脱颗粒，释放出其中的毒性蛋白、过氧化物酶和氧自由基等，对组织中发育的蠕虫进行杀伤。而巨噬细胞往往是在这种杀伤作用的基础上再进一步发挥杀灭和吞噬作用。

4. 过敏性炎症的修复作用 在过敏性炎症时，嗜酸性粒细胞可通过释放组胺酶、芳基硫酸酯酶、磷脂酶 D 来分别灭活由肥大细胞或嗜碱性粒细胞释放的组胺、白三烯及血小板激活因子以消除它们引起的过敏反应，通过释放前列腺素抑制肥大细胞和嗜碱性粒细胞的脱颗粒并释放组胺和白三烯等活动，而抑制过敏反应的进一步发展。嗜酸性粒细胞还可吞噬肥大细胞及嗜碱性粒细胞释放的颗粒及抗原抗体复合物，尤其是 IgE 免疫复合物，从而起到反馈抑制Ⅰ型变态反应加剧的作用。

5. 凝血抑制作用 嗜酸性粒细胞能释放血纤维蛋白酶原和磷脂酶 D。前者可促使血纤维蛋白溶解，后者能分解引起血栓形成的血小板激活因子，二者共同作用参与防止血管内的凝血过程。

三、单核细胞与巨噬细胞

炎症时，单核细胞（monocyte）可游出血管，进入炎区进行吞噬活动，从而转变为巨噬细胞（macrophage）。单核细胞常见于急性炎症的后期、慢性炎症、某些非化脓性炎症、病毒及寄生虫感染等。在急性炎症，单核细胞在炎灶出现的时间往往迟于中性粒细胞，当其进入炎灶后，中性粒细胞便逐渐消失。但在病毒感染时，单核细胞在炎症的早期即可大量出现。

应指出的是，炎灶中的巨噬细胞不仅来源于血液中的单核细胞，也可来源于局部组织中的细胞，并因其分布的器官或组织不同而有不同的名称，如结缔组织中的组织细胞、肝脏的枯否细胞、肺脏的尘细胞、骨髓中的破骨细胞、神经组织中的小胶质细胞等。这些细胞平常多处于静止状态，但均具有吞噬、趋化及增殖潜能，发炎时即变成活跃的巨噬细胞。巨噬细胞的表面也分布有多种受体，如 Fc、C3b 和细胞因子受体等，因此与其识别抗原以及吞噬、细胞毒作用等功能有关。

（一）形态特征

血液常规染色涂片中的单核细胞是白细胞中最大的细胞，直径约 16μm，呈圆形或椭圆形，细胞轮廓不清，细胞浆丰富，呈弱嗜碱性（浅灰蓝色），含有大小不等的紫红色嗜天青颗粒。其中含有过氧化物酶，但有的单核细胞无此颗粒。单核细胞的核呈肾形、马蹄形或不规则形，位于细胞中央或偏于一侧。

组织中的巨噬细胞因分布或功能状态不同，其形态大小差异很大，直径可达 16～25μm，呈圆形或椭圆形，有钝圆的伪足样突起，核为卵圆形或马蹄形，染色质呈细粒状，胞浆丰富，常含有吞噬物，如细菌、变性红细胞、坏死细胞残片或脂滴等（图 5-8）。如巨噬细胞吞噬了含蜡质膜的细菌（如结核杆菌）时，其胞质增多，染色变淡，整个细胞变得与上皮细胞相似，称为上皮样细胞或类上皮细胞；如吞噬脂质较多，胞质内出现许多脂滴空泡，呈泡沫状或格子状，称为泡沫细胞或格子细胞；如果异物体积较大，难以被吞噬时，巨噬细胞可通过多个细胞的融合或核分裂而胞质不分裂形成多核巨细胞，对异物进行包围吞噬。

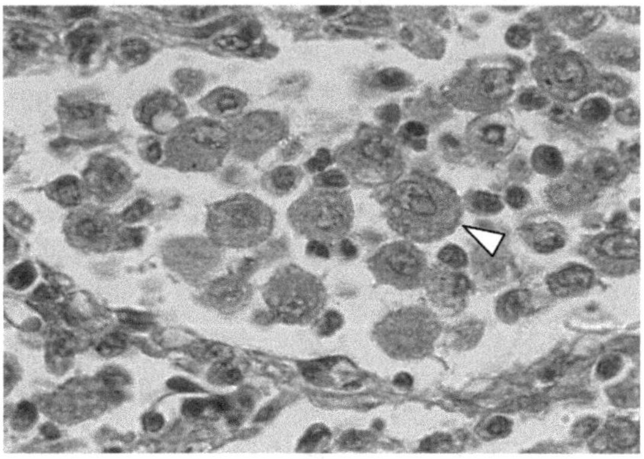

图 5-8　巨噬细胞（△）
肺炎时肺泡腔中的巨噬细胞：其体积大，但大小不同，胞浆丰富；核相对较小，淡染，呈泡状。

（二）功　　能

1. 吞噬功能　巨噬细胞又称大吞噬细胞，有趋化作用，能做变形运动，具有强大的吞噬能力，能识别、粘附、吞噬和消化较大的颗粒，如微生物、坏死细胞的碎片、衰老和异常的细胞、抗原抗体复合物、脂质及外来的细小异物颗粒等。但若病原体（如结核杆菌、伤寒杆菌等）被吞噬后并未被杀死，则可随巨噬细胞的游走而在体内散播，对机体产生不利影响。

在酸性和非酸性环境下，巨噬细胞均能发挥其吞噬作用。

2. 分泌功能　单核巨噬细胞在静止状态下其分泌功能十分有限，但在活化状态下则能分泌数十种生物活性物质：①对细胞外蛋白质起作用的酶类，如纤维蛋白原致活酶、胶原酶、弹性蛋白酶以及溶酶体酶；②促炎细胞因子，如 TNF-α、IL-1、IL-6、IL-8、MCP-1α、MIP-1β、补体和溶菌酶等；③对周围细胞起调节作用的细胞因子，如 IL-1、IL-10、IL-12、IL-18、G-CSF、M-CSF、GF、TNF、cAMP、PG、LT 等。在上述物质中，有些是经常不断地分泌（如溶菌酶），有些仅在进行吞噬时才分泌，但大多数是在接受一定的刺激后才分泌。

3. 对其他细胞的调节作用　巨噬细胞可调节血液中单核细胞和中性粒细胞的数量，还与淋巴细胞、粒细胞、肥大细胞在功能上有相互促进、相互抑制的作用。

4. 抗原提呈作用　巨噬细胞在摄取并处理抗原后，可将抗原信息传递给免疫活性细胞，参与特异性免疫反应。因此，巨噬细胞也被称为抗原提呈细胞。

5. 参与损伤组织的修复　在炎症后期，巨噬细胞能转变为成纤维细胞分泌前胶原，促进肉芽组织和瘢痕组织的形成，使损伤得以修复。

但应指出的是，活化的巨噬细胞所产生和分泌的大量物质中，有些成分对组织和细胞具有毒性作用或能破坏细胞外基质（如蛋白酶类）。

四、上皮样细胞

（一）形 态 特 征

正常的组织中没有上皮样细胞（epithelioid cell），它主要来源于炎症局部的巨噬细胞。但巨噬细胞在吞噬过程中，不会转变成上皮样细胞。

上皮样细胞呈多角形或扁平形，界限不清，常连片分布，核椭圆，染色质细小；胞浆丰富，染色淡，因其形态与扁平上皮相似，故得名（图 5-9）。电镜下可见上皮样细胞核内常染色质增加，表明 DNA 激活；核仁增大并接近核膜，显示 rRNA 合成增强；另外，核糖体、线粒体、内质网和溶酶体也比较丰富。

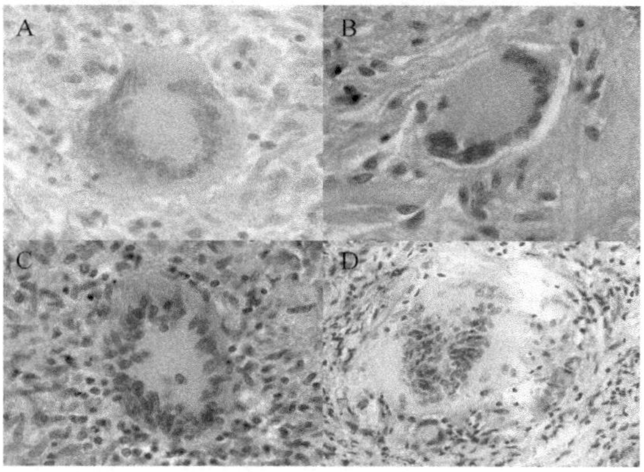

图 5-9　多核巨细胞和上皮样细胞

A. 为朗汉斯巨细胞，其核排列成马蹄形，周围是上皮样细胞；B. 为朗汉斯巨细胞，其核排列成 C 形，周围是上皮样细胞；C. 为朗汉斯巨细胞，其核排列成环形，周围是上皮样细胞和淋巴细胞；D. 为异物巨细胞，其形状不规则，核无序地排布于细胞浆中。

（二）功　　能

上皮样细胞见于肉芽肿性炎症，是肉芽肿性炎症即特异性增生性炎症的标志。该种细胞常以数层包绕在病原体、病理产物及异物的周围，是典型肉芽肿的中间部分。它的主要功能是围歼所包绕的病原微生物，限制其向周围扩散。在电镜下，上皮样细胞胞浆内的内质网、高尔基体、小泡及空泡均较丰富，由此推测该细胞可能具有较强的外分泌功能。

必须指出，上皮样细胞虽然由巨噬细胞演变而来，但它已丧失了吞噬活细菌的能力，仅保留以胞饮摄取微粒的功能。上皮样细胞吞噬能力的丧失，是由于其表面缺乏针对抗体 Fc 片段、补体及其他分子的受体。上皮样细胞可能通过分泌化学因子来破坏或有助于破坏其邻近的微生物，它们在肉芽肿中心的有害物与宿主之间，可形成一道隔离屏障。

五、多核巨细胞

（一）形 态 特 征

多核巨细胞（multiple nuclear giant cell）简称巨细胞（giant cell），是由巨噬细胞或上皮样细胞融合而成，也可由其通过核分裂而细胞浆不分裂的方式来形成。

多核巨细胞体积很大，直径可达 40～50μm，甚至更大，胞浆十分丰富，在一个细胞体中常含有数个到数十个形态大小相似的胞核。

根据胞核的排列，可将多核巨细胞分为朗汉斯巨细胞（Langhans' giant cell）和异物巨细胞（foreign body giant cell）两种类型。朗汉斯巨细胞的核一般分布在胞质的周边部，呈马蹄形或环形排列，而异物巨细胞的核多不规则地散布于胞质中（图 5-9）。

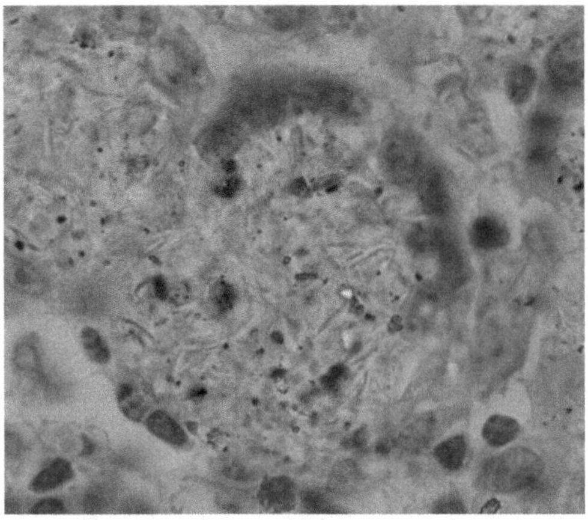

图 5-10 多核巨细胞
多核巨细胞胞浆内吞噬有大量结晶状棕黄色无机粉尘，细胞核沿细胞边缘分布。

朗汉斯巨细胞多见于感染性肉芽肿内，异物巨细胞则主要见于异物性肉芽肿内。

（二）功　　能

多核巨细胞具有强大的吞噬功能，常出现在结核病、鼻疽、副结核、放线菌病和霉菌病的病灶内，也见于坏死组织（尤其是坏死的脂肪组织）的边缘和芒刺、缝线及虫卵等异物周围。多核巨细胞运动缓慢，其运动速度与核的数目成反比，且随着核的数目增多，与异物性颗粒的结合及吞噬能力均降低，原因是细胞融合可导致细胞表面受体迅速减少。但这种细胞的吞噬能力相对于其他细胞，还是比较强大的（图 5-10）。

六、淋巴细胞与浆细胞

淋巴细胞（lymphocyte）、浆细胞（plasma cell）与机体的免疫反应及炎症密切相关，常出现于慢性炎症的局部组织。

（一）形 态 特 征

从形态上淋巴细胞分大、中、小三类。小淋巴细胞属于成熟的淋巴细胞，直径为 6～9μm，胞核为圆形或卵圆形，一侧常有小缺痕，核染色质致密，染色深，胞浆少（在病理组织切片中很难看到胞浆），呈嗜碱性。大淋巴细胞见于骨髓、脾脏和淋巴结的生发中心，是机体受到抗原刺激后，由静止状态的淋巴母细胞分化而来，经几次分裂后才可变成小淋巴细胞。它的数量比较少，代表未成熟类型，直径为 12～15μm，胞浆比较丰富。血液中无大淋巴细胞。中淋巴细胞的大小介于二者之间，平均直径为 10μm，胞质丰富，核椭圆形或肾形，有时和单核细胞难以区分。

浆细胞由 B 淋巴细胞演变而来，比小淋巴细胞略大，呈卵圆形，胞浆弱嗜碱性，色灰暗，但核周胞浆色淡；细胞核常偏于一侧，染色质致密呈粗块状，并多沿核膜分布，致使细胞核呈钟表的表面或车轮状，这种形态特征是识别浆细胞的标志之一（图 5-11）。电镜下，浆细胞最为典型的结构是胞浆中充满呈扁囊或囊泡状的粗面内质网。

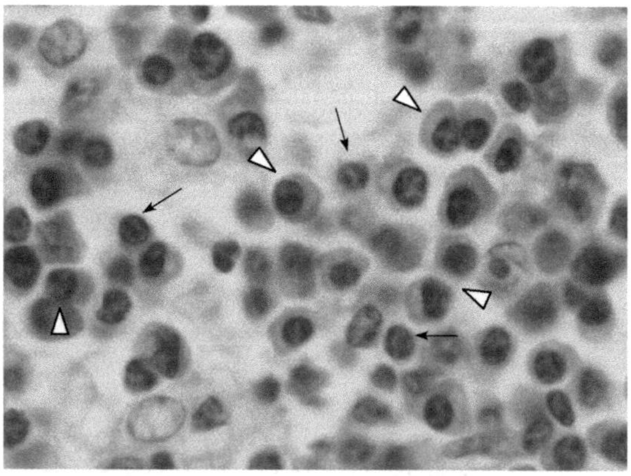

图 5-11 浆细胞（△）和淋巴细胞（↑）

（二）功　　能

虽然淋巴细胞的形态相似，但根据它们的来源、细胞表面标志及功能等，可将其分为 T 淋巴细胞、B 淋巴细胞、K 细胞和 NK 细胞等不同的类群，T 淋巴细胞、B 淋巴细胞又可根据表型和功能分为若干亚群。

1. T 淋巴细胞 T 淋巴细胞为胸腺依赖细胞，包括细胞毒性 T 细胞（或称杀伤性 T 细胞）、抑制性 T 细胞和辅助性 T 细胞三个亚群。其主要功能是参与机体的细胞免疫，但必须经过抗原致敏后方可成为成熟的效应细胞。T 细胞受到抗原刺激后，即转变为致敏淋巴细胞。当其再次与相同抗原接触时，便产生释放多种淋巴因子（与炎症有关的包括巨噬细胞活化因子、巨噬细胞趋化因子、巨噬细胞移动抑制因子；中性粒细胞、嗜酸性粒细胞、嗜碱性粒细胞趋化因子、白细胞移动抑制因子；淋巴细胞促分裂因子、淋巴细胞转移因子；皮肤反应因子、淋巴毒素、成纤维细胞激活因子等），发挥其细胞免疫及各种炎症介质的重要作用。例如，淋巴毒素能直接杀伤带有特异性抗原的靶细胞（异常细胞、肿瘤细胞或外来的细胞）；具有趋化功能的趋化因子能吸引白细胞向炎区做定向移动；巨噬细胞移动抑制因子可阻止巨噬细胞移动，使其聚集于炎灶内；巨噬细胞激活因子可增强巨噬细胞的吞噬和杀菌能力；促核分裂素可促进淋巴细胞分裂等。

2. B 淋巴细胞 B 淋巴细胞在哺乳动物的骨髓中分化发育，称骨髓依赖细胞；而在鸟类，B 淋巴细胞是在腔上囊分化发育的，称腔上囊依赖细胞。B 淋巴细胞根据产生抗体时是否需要 T 细胞协助，分为 B1、B2 两个亚群，前者为非 T 细胞依赖细胞，后者为 T 细胞依赖细胞。

B 淋巴细胞的功能是参与机体的体液免疫，通过其效应细胞浆细胞产生抗体来实现。在抗原刺激下，B 淋巴细胞可以增殖并转变为浆细胞。但也有一些证据表明，浆细胞可由初级网状内皮及间充质细胞演变而来。正常时，浆细胞不存在于循环血流中，结缔组织内浆细胞也很少。但在感染后的慢性炎症病灶周围，可见大量浆细胞。它和变态反应有关，实验性和临诊上的过敏反应，均见浆细胞显著增多。

3. K 细胞 K 代表“killer”。K 细胞即杀伤细胞，主要存在于腹腔渗出液、血液和脾脏中，淋巴结中很少，在骨髓、胸腺和胸导管中含量甚微。其主要功能是通过 ADCC 杀伤与特异性抗体结合的靶细胞。在 K 细胞表面分布有抗体的 Fc 相应受体（FcR），当靶细胞与抗体结合后，抗体的 Fc 便可与 K 细胞的 FcR 结合，从而使 K 细胞活化，释放细胞毒，杀伤靶细胞。因为 K 细胞在发挥杀伤作用时，必须依赖抗体，故又称抗体依赖性细胞介导的细胞毒性细胞（antibody dependent cell mediated cytotoxic cell），简称 ADCC 细胞。

4. NK 细胞 NK 代表“nature killer”（自然杀伤）。NK 细胞即自然杀伤细胞，主要分布于外周血和脾脏中，其次是淋巴结和腹腔。它既不需要抗原致敏，也不需要抗体或补体参与，便具有杀伤能力。

NK 细胞具有抗感染、抗肿瘤及免疫调节等功能。它可通过自然杀伤作用来控制病毒的感染，或通过 ADCC 来杀伤病毒感染的靶细胞，分泌的细胞因子在抗寄生虫和胞内病原菌感染方面也发挥重要作用。

淋巴细胞和浆细胞是机体进行免疫应答反应的主要细胞，它们与巨噬细胞有密切的关系。在免疫反应过程中，首先是巨噬细胞吞噬处理抗原，然后把抗原信息传递给免疫活性细胞。因此，淋巴细胞、浆细胞和巨噬细胞在炎区内常可同时出现。

七、嗜碱性粒细胞

（一）形 态 特 征

嗜碱性粒细胞（basophil；basophilic granulocyte）是血液中数量最少的白细胞，其直径为 10～12μm，核分叶不清楚，常呈 S 形或 T 形，胞浆丰富，内含大小不等的嗜碱性颗粒。因其形态和功能与肥大细胞有许多相似之处，故被认为是未成熟的循环性肥大细胞，但二者却属于完全不同的细胞谱系。嗜碱性粒细胞在组织中主要定位于血管周围，若在此处脱粒，则对血管的通透性有很大影响。

嗜碱性粒细胞的颗粒中含有组胺、5-羟色胺、肝素、白三烯、激肽以及蛋白聚糖和一系列中性蛋白酶等。此外，嗜碱性粒细胞还含有过氧化物酶，但血清素和某些水解酶的含量比肥大细胞少得多。电镜下，嗜碱性颗粒由界膜包裹，不同颗粒中的小颗粒有所差异，有人认为这是由颗粒发育阶段不同所致。随颗粒内容物的释放，颗粒电子密度降低，最后成为空泡。

（二）功　　能

在致炎因子刺激下，嗜碱性粒细胞活化，通过脱颗粒释放出炎症介质，从而引起炎症反应。

八、肥 大 细 胞

（一）形 态 特 征

肥大细胞（mast cell）来源于血液中的嗜碱性粒细胞或由间充质细胞演变而成，常常贴附于血管外膜或分布于疏松结缔组织中。和嗜碱性粒细胞一样，胞浆内含有嗜碱性颗粒，其中含有血管活性因子，如组胺、5-羟色胺、肝素、白三烯等，此外，还含有多种酶类，如组氨酸脱羧酶、纤溶酶、亮氨酸氨基肽酶、*N*-乙酰 *p*-葡萄糖氨基酶、*p*-葡萄糖胺酸酶、酸性磷酸酶和碱性磷酸酶等。肥大细胞的超微结构和嗜碱性粒细胞的相似。

（二）功　　能

肥大细胞是十分复杂的多功能细胞，能释放多种作用强烈的介质，可引发速发型变态反应，有一定的趋向性，也与成纤维细胞和上皮的增生、血管的生成、肿瘤的发生、血脂的清除、寄生虫的排除等密切相关。

肥大细胞不仅参与急性和持续性慢性炎症反应，还是速发型过敏反应的主要靶细胞。当机体受到致炎因子刺激或发生过敏反应时，像嗜碱性粒细胞一样，肥大细胞脱颗粒，释放出其中的血管活性物质及各种酶类，从而发挥在炎症过程中的作用。例如，炎症早期，释放的血管活性胺可增强血管通透性；通过黏多糖的合成，参与炎灶修复时结缔组织基质的形成；产生的肝素有抗凝血作用，利于炎灶内纤维蛋白的溶解和吸收；释放的嗜酸性粒细胞趋化因子可使局部嗜酸性粒细胞增多并发挥其抗蠕虫的作用等。近年有科学家发现肥大细胞还有抗菌功能。

第六节　炎症的类型

在临诊上，常根据炎症的经过将其分为超急性炎症、急性炎症、亚急性炎症和慢性炎症，但任何炎症反应都是变质、渗出与增生变化的综合表现，因此，现根据炎症的基本病理变化将其分为变质性炎症、渗出性炎症和增生性炎症三大类型，变质和渗出性炎症常呈急性，而增生性炎症多为慢性。

一、变质性炎症

变质性炎症（alterative inflammation）是以炎症局部组织变性、坏死为主的一类炎症，而渗出和增生变化轻微。这种炎症多发生在肝脏、心脏、肾脏、脑等实质器官，因此又称为实质性炎症，常见于传染病（如传染性肝炎、坏死杆菌病）和中毒病（如霉菌毒素中毒、植物毒素中毒）。此类炎症多呈急性经过，有时也可转为亚急性或慢性。

眼观，变质性炎症和一般实质器官的变性、坏死很难区分，主要依靠组织学进行鉴别。轻微的变质性炎症以实质细胞变性变化为主，其病变器官在眼观上与实质器官的变性相似，都表现为肿大、质软、色淡等一般变化，但在镜下，除实质细胞发生不同程度的颗粒变性、水泡变性、脂肪变性等变化外，尚可见渗出与增生变化，尤其有炎性细胞浸润。

严重的变质性炎症以坏死变化为主，故又称坏死性炎症。发生坏死性炎症的器官，常见大小不等的灰白或灰黄色炎性坏死灶，坏死灶和周围组织界限清楚。炎症初期，在坏死灶周围常有红晕。镜下可见实质细胞变性坏死，并伴有血管充血、出血、炎性细胞浸润。

二、渗出性炎症

渗出性炎症是以渗出变化为主的一类炎症，多呈急性过程。其特征是炎灶中有大量的渗出物，包括细胞渗出物和液体渗出物，在渗出物中有时可见漏出的红细胞，组织细胞有明显的变性、坏死，但增生变化比较轻微。

由于致炎因子和机体反应性的不同，渗出物的成分也有所差异。因此，根据渗出物的主要成分和病变特点，可将渗出性炎症分为五种，即浆液性炎症、化脓性炎症、卡他性炎症、纤维素性炎症与出血性炎症。

（一）浆液性炎症

浆液性炎症（serous inflammation）是以浆液渗出为主的炎症。浆液主要含白蛋白，还有少量纤维蛋白原、白细胞、脱落的上皮细胞或间皮细胞等。浆液一般比较稀薄，稍呈浑浊，容易凝固。

浆液性炎症常发生在浆膜、皮肤、黏膜、肺脏和淋巴结等组织，并因发生部位的不同而有多种表现形式。

1. 浆膜 浆液性炎症发生在浆膜时，可见浆膜腔内积聚有大量的淡黄色透明或稍浑浊的液体，通常称为积液，如心包腔积液、胸腔积液、腹腔积液、关节腔积液等（图 5-12）。

2. 皮肤和皮肤型黏膜 皮肤发生浆液性炎症时，浆液多聚积于表皮棘细胞之间或真皮的乳头层，使皮肤局部形成丘疹样结节或水疱，此病变常见于炭疽、口蹄疫、猪水疱病、痘症、烧伤、冻伤及湿疹等（图 5-13）。皮下结缔组织发生浆液性炎症时，常呈半透明淡黄色胶冻样，故称胶样水肿或胶样浸润。

3. 黏膜 发生于黏膜层时，常常是卡他性炎症的初期表现，在黏膜表面可见覆有多量混有黏液的浆液；如发生在黏膜下层，则表现为胶冻样水肿，如仔猪水肿病时的胃壁，切开肿胀部可见流出淡黄色浆液。

4. 肺脏 比较常见。眼观明显肿大，重量增加，切面可流出多量含泡沫的液体。镜下，肺泡隔毛细血管充血，肺泡腔充满浆液，其中有多少不一的白细胞，有时还见少量红细胞和纤维素。

5. 淋巴结 淋巴结的浆液性炎症（即浆液性淋巴结炎）是最为常见的淋巴结炎症，很多致炎因子均可引起。眼观主要表现肿大、切面隆起、潮红多汁等变化。镜下，典型变化为窦卡他，可见淋巴窦扩张，含有大量浆液、巨噬细胞及数量不等的中性粒细胞、淋巴细胞和浆细胞。

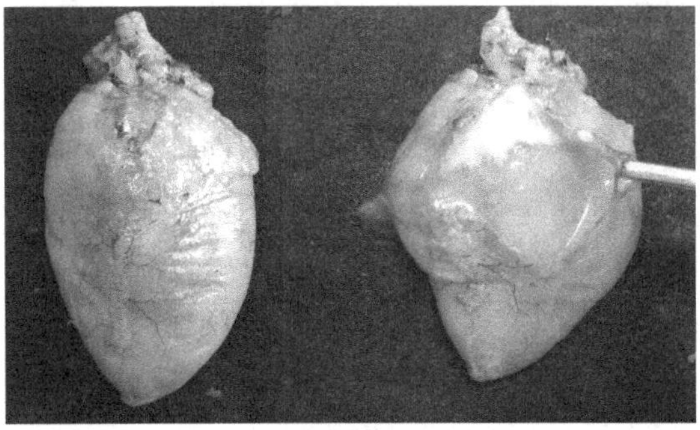

图 5-12 浆液性炎症（浆膜）

鸡的心包腔积液：左侧心脏肿大，心包腔充满液体，有波动感；右侧为剖开心脏，其内可见浑浊的液体。

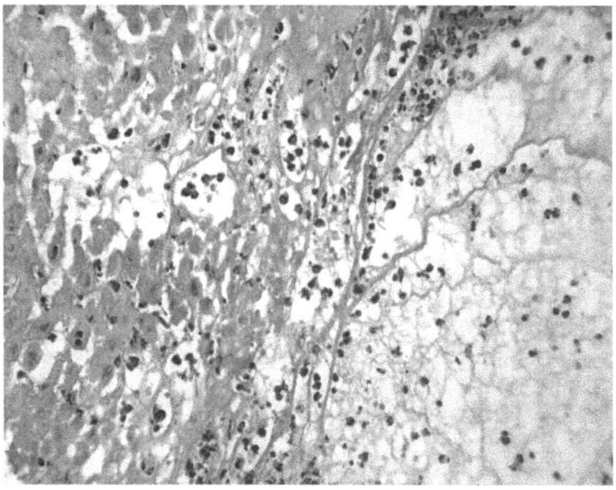

图 5-13 浆液性炎症（皮肤型黏膜）

牛口蹄疫舌黏膜水疱的局部：左侧为水疱壁，可见棘细胞水泡变性，其间有较多中性粒细胞浸润；右侧为渗出的大量水疱液，其中也有许多中性粒细胞。

浆液性炎症通常是渗出性炎症中比较轻微的一种，多呈急性经过。其结局和对机体的影响取决于炎症的发生部位及渗出的程度。如致炎因子消除，渗出液能被吸收，损伤的细胞经再生修复，炎症即可消散，完全恢复至正常。但若渗出液过多，则可压迫脏器或周围组织，引起功能障碍，尤其发生在浆膜腔或肺脏、咽喉部时，常可造成严重后果，甚至危及生命。

（二）化脓性炎症

化脓性炎症（suppurative inflammation；purulent inflammation）是以大量中性粒细胞渗出并伴有局部组织坏死和脓液形成为特征的一种炎症。它是临诊上最常见的炎症之一，可发生在机体的任何部位，属于典型的液化性坏死。

化脓性炎症主要是由葡萄球菌、链球菌、脑膜炎球菌、淋球菌、大肠杆菌、绿脓杆菌、化脓棒状杆菌等化脓菌引起。但有些化学物质（如松节油、巴豆油、煤焦油）或坏死组织（如坏死骨片）也可引起无菌性化脓。

炎区内渗出的中性粒细胞崩解后释放的溶酶体酶将局部坏死组织溶解液化的过程称为化脓（suppuration），所形成的液状物称为脓液（pus）。脓液可因病原菌不同而呈乳白色、灰黄色或黄绿色，质地浓稠或稀薄，主要由中性粒细胞、脓细胞、溶解的坏死组织、渗出的浆液和化脓菌组成。脓细胞（pus cell；pyocyte）是指脓液中已发生变性、坏死的中性粒细胞。由于中性粒细胞坏死后，可将其溶酶体中的酶尤其蛋白水解酶释放出来，使局部炎区的坏死组织和纤维素等渗出物被溶解，所以化脓性炎症以液体的形式存在。

化脓性炎症的组织学特点是大量中性粒细胞渗出。在发挥吞噬等功能之后，多数中性粒细胞发生脂肪变性、空泡化、胞核固缩等退行性变化。与此同时，局部组织发生溶解液化。在化脓灶也可见巨噬细胞和淋巴细胞，尤其是呈慢性经过时，这两种细胞比较多见。在 HE 染色时，化脓灶常被深染，并和周围组织有明显的界限（图 5-14）。

由于致炎因子和发生部位的不同，化脓性炎症有多种表现形成，常见的有以下四种。

1. 积脓（empyema） 是脓液聚积在浆膜腔的一种现象，见于浆膜的化脓性炎症，如牛创伤性心包炎。

2. 脓性卡他（suppurative catarrh） 是发生在黏膜的化脓性炎症。其特点是：黏膜潮红、肿胀，表面覆有多量黄白色脓性渗出物，常伴有出血，黏膜腔蓄积大量脓汁（如胆管和输卵管积脓）。脓性卡他常发生在鼻腔、颌窦、副鼻窦、子宫、喉囊、支气管、泌尿道和肠道（图 5-15）等部位。

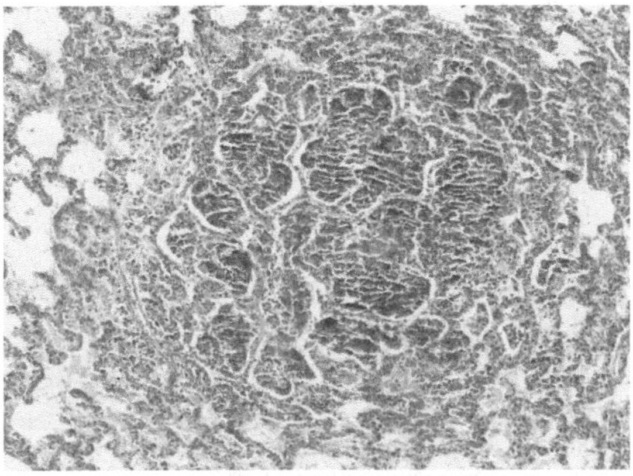

图 5-14 化脓性炎症（肺脏中的化脓灶）
化脓灶中的肺泡充满中性粒细胞和脓细胞，
肺组织开始溶解坏死。

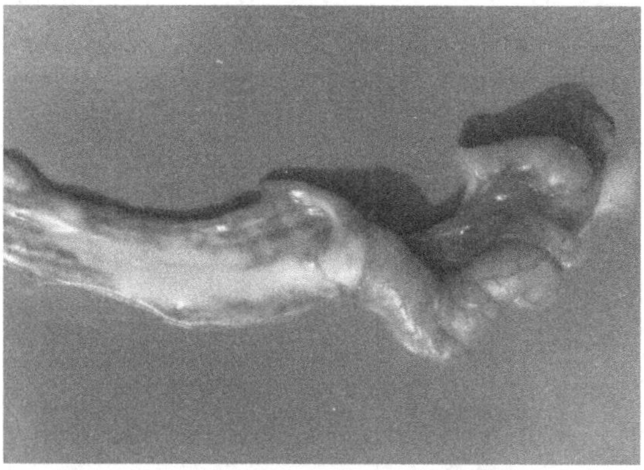

图 5-15 化脓性炎症（小肠的脓性卡他）
肠黏膜表面附着大量黄白色糊状脓性渗出物。

3. 脓肿（abscess） 是发生在器官组织内的局限性化脓性炎症，多由葡萄球菌引起，皮肤和内脏多见。其特点是形成的化脓灶有一定的界限，脓腔中充满脓液，时间较久者，脓肿周围还有包囊形成（即脓肿膜），这是使化脓局部化的一种防御性反应。

发生在皮肤的脓肿常以疖和痈的形式表现出来。疖是单个毛囊、所属皮脂腺及其邻近组织所发生的脓肿，好发于毛囊和皮脂腺丰富的部位，主要由金黄色葡萄球菌引起。痈是由多个疖融集而成，在皮下脂肪、筋膜组织中形成许多互相沟通的脓腔，在皮肤表面可有多个开口，常需及时在多处切开引流排脓，方可愈合。

位于皮肤表面的脓肿容易发生破溃，形成溃疡（ulcer），如鼻疽性皮肤溃疡。位于深部的脓肿如果向体表或自然管道穿破，可形成窦道（sinus tract）或瘘管（fistula）。窦道是只有一个开口的排脓通道，瘘管则是连接于体外与有腔器官之间或两个有腔器官之间的有两个以上开口的排脓通道。窦道或瘘管因长期排脓，一般不易愈合。

4. 蜂窝织炎（cellulitis；phlegmonous inflammation） 是指发生在疏松结缔组织的弥漫性化脓性炎症，多见于皮下和肌间，常由溶血性链球菌引起。链球菌能产生透明质酸酶和链激酶，前者可降解结缔组织基质的透明质酸，使基质溶解，后者则可激活从血浆中渗出的溶纤维蛋白酶原，使之转变为溶纤维蛋白酶，进而溶解纤维蛋白。这均利于细菌沿间质和淋巴管向周围迅速蔓延。因此，蜂窝织炎发展迅速，炎症波及范围广，且发生高度水肿，有大量中性粒细胞弥漫性浸润，使得炎区与周围组织无明显界限，但炎区组织坏死不明显（图 5-16）。轻度蜂窝织

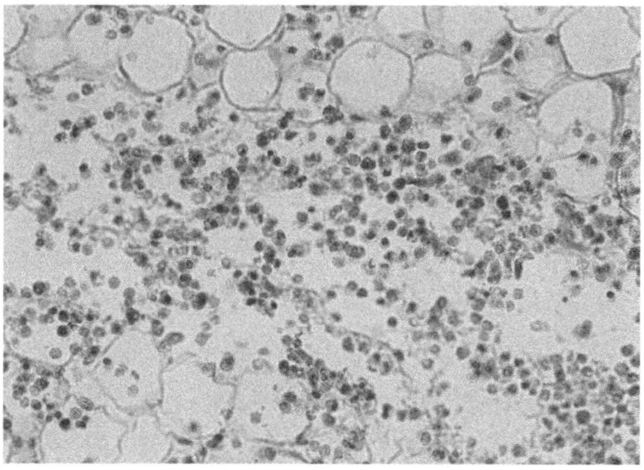

图 5-16 化脓性炎症（蜂窝织炎）
疏松结缔组织中有大量中性粒细胞和
脓细胞弥漫性浸润，组织溶解，结构松散。

炎经及时治疗痊愈后可不留痕迹，但严重的蜂窝织炎常因全身中毒而致死。

化脓性炎症多呈急性经过，如脓液被及时清除，则可痊愈。发生在皮肤的溃疡可由肉芽组织修复。小脓肿有时可发生钙化，有的钙化灶也可被溶解吸收。但若脓肿破溃，脓液进入静脉管或淋巴管，则引起化脓性静脉炎或淋巴管炎，此时如果机体抵抗力低下，病原菌便随脓液经血管和淋巴管蔓延至全身，造成脓毒败血症，在全身多种组织器官尤其是肺脏、肝脏、肾脏等形成多发性转移性脓肿。少数化脓性炎症也可呈慢性经过，如牛放线菌病和马鼻疽的化脓性炎症。

（三）卡他性炎症

卡他性炎症（catarrhal inflammation）是发生在黏膜的渗出性炎症。其特征是在黏膜的表面覆有大量不同性状的炎性渗出物。卡他（catarrh）一词来自希腊语“katarrhein”，原意为液体向下流淌。

根据渗出物的性质，卡他性炎症可分为浆液性卡他、黏液性卡他和脓性卡他。

1. 浆液性卡他 以大量浆液渗出为主，实则是发生在黏膜的浆液性炎症。

2. 黏液性卡他 在炎性渗出的同时，伴有大量的黏液分泌，从而使渗出物显得黏稠。

3. 脓性卡他 是发生在黏膜的化脓性炎症，其渗出物因含有大量脓细胞而呈脓样。

卡他性炎症的分类是相对的，它们可以是同一炎症的不同发展阶段，有时也可以混合发生，如浆液性黏液性卡他、脓性黏液性卡他。

急性卡他性炎症时，眼观可见黏膜充血，潮红肿胀，表面附着多量渗出物，黏膜腔内有大量渗出物蓄积（图 5-17）。组织学特点是黏膜上皮变性、坏死、脱落，黏膜表面有多少不等的黏液和白细胞，黏膜固有层和黏膜下层充血、水肿，炎性细胞浸润（图 5-18）。而慢性卡他性炎症时，则见黏膜组织发生萎缩或增生，黏膜表面也附有较多黏液。

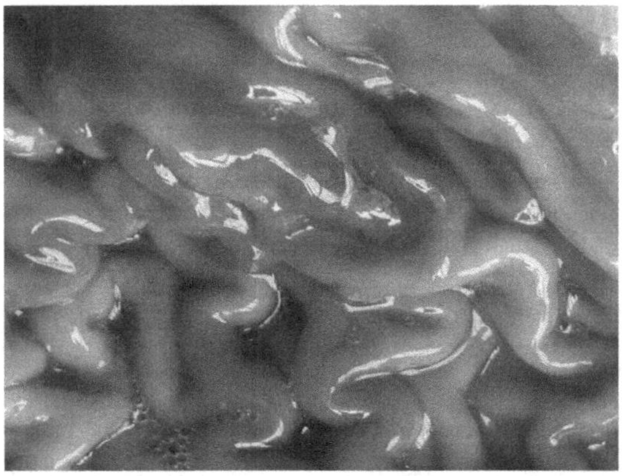

图 5-17 急性卡他性炎症（胃）
胃黏膜表面附有大量黏液。

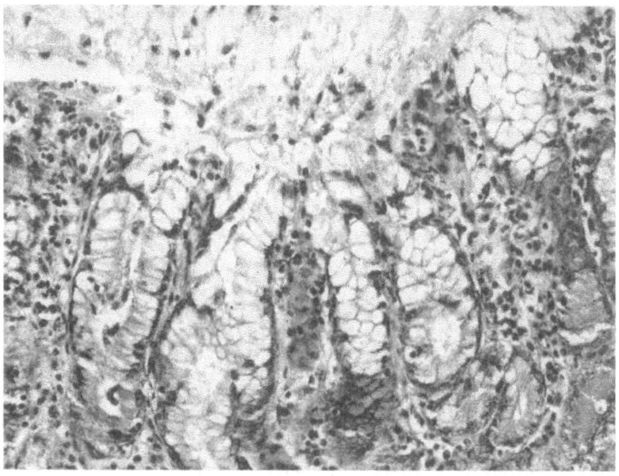

图 5-18 急性卡他性炎症（胃）
胃黏膜被覆较多淡红色黏液和破碎的上皮细胞；固有膜炎性细胞浸润。

卡他性炎症一般比较轻微，常呈急性经过，如病因消除，即迅速痊愈，否则可引起继发感染，或转为慢性卡他性炎症。

（四）纤维素性炎症

纤维素性炎症（fibrinous inflammation）是以渗出物中含有大量纤维素为特征的渗出性

炎症。纤维素即纤维蛋白，来源于血浆中的纤维蛋白原。纤维蛋白原从血液中渗出后，受到来自损伤组织所释出的酶的作用而转变成不溶性的纤维蛋白质。

纤维素性炎症常发生在浆膜、黏膜和肺脏等部位。

1. 浆膜　见于胸膜、腹膜和心包膜。渗出物中的纤维素常附着在浆膜表面，形成一层灰白色或灰黄色纤维素性膜，将此膜剥离后，可见浆膜充血、出血，并很粗糙。如纤维素随渗出液进入浆膜腔时，则见浆膜腔内的渗出液浑浊，并含有多量淡黄色纤维素凝块和絮片。纤维素性炎症若发生于心包膜（即纤维素性心包炎），纤维素则附着于心包膜上，由于心脏的跳动，可使心包的脏层和壁层之间互相摩擦，致使附着在心包膜脏层面上的纤维素呈绒毛状，故称为“绒毛心”（shaggy heart）。时间久者，渗出的纤维素干涸。镜下，心外膜附着厚薄不等的纤维素层，其中夹杂多量中性粒细胞。

2. 黏膜　常见于喉头、气管、胃肠、子宫和膀胱等部位。渗出的纤维素、白细胞和坏死的黏膜上皮常凝集在一起，形成一层灰白色的膜样物，称为“假膜”。因此，黏膜的纤维素性炎症又有假膜性炎症之称。如果覆于黏膜表面的假膜易于剥离，剥离之后其下层组织无明显损伤，则称浮膜性炎症（croupous inflammation），见于急性纤维素性胃肠炎和牛病毒性腹泻等。如果假膜较厚，并与深层坏死组织发生牢固结合，难以剥离，则称为固膜性炎症（diphtheritic inflammation），见于慢性仔猪副伤寒、慢性猪瘟与鸡新城疫等病的肠黏膜。仔猪副伤寒多表现为弥漫性固膜性炎症，而猪瘟则呈局灶性固膜性炎症，通常称为“扣状肿”。

3. 肺脏　肺脏的纤维素性炎症（即纤维素性肺炎）较为常见。其特点是肺泡腔内聚积有大量纤维素性渗出物，外观呈肺肝变景象，肺表面也常有纤维素附着（图 5-19）。

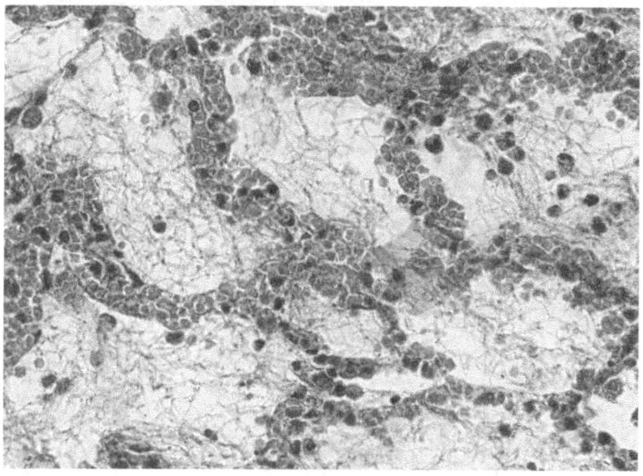

图 5-19　纤维素性炎症（肺脏）

肺泡腔内可见较多纤维素和渗出的白细胞，肺泡隔毛细血管扩张并充满红细胞。

纤维素性炎症多呈急性经过，渗出物较少时，机体可将其溶解吸收。消化道黏膜的假膜脱落后，可随粪便排出，但支气管黏膜的假膜（如鸡传染性喉气管炎、鸡痘等）若大量脱落，则可引起支气管堵塞而发生窒息。纤维素性肺炎时，如纤维素不能完全被溶解吸收，则可发生机化，严重时导致肺肉变。

（五）出血性炎症

出血性炎症（hemorrhagic inflammation）是指炎性渗出物中含有大量红细胞的炎症。这是血管通透性显著升高的结果。出血性炎症常是一种混合性炎症，如浆液性出血性炎症、出血性坏死性炎症等。出血性炎症时的渗出液呈红色，炎区的变化和单纯的出血变化相似。但在镜下，炎区除可看到大量红细胞外，还伴有充血、水肿、炎性细胞浸润。家畜的出血性炎症最多见于急性传染病和中毒病，如炭疽、猪瘟、巴氏杆菌病、马传染性贫血与蕨类植物中毒等。

三、增生性炎症

增生性炎症是以细胞增生为主、变质与渗出变化轻微的一类炎症，多呈慢性经过。

根据增生的组织细胞成分和结构特征，可将增生性炎症分为一般（非特异性）增生性炎症和肉芽肿（特异性）性增生性炎症两种类型。

（一）一般增生性炎症

根据炎症经过，一般增生性炎症分为以下两种。

1. 急性增生性炎症　这是以组织增生为特征的一种急性炎症，常见于脑、淋巴结和肾脏等。在脑，主要见于病毒、寄生虫和食盐中毒引起的非化脓性脑炎，增生的成分是神经胶质细胞，常形成胶质细胞结节。在肾脏，见于急性增生性肾小球肾炎，增生的细胞是肾小球毛细血管内皮细胞、血管系膜细胞以及肾小囊脏层上皮细胞（图 5-20）。淋巴结和脾脏发生急性增生性炎症时，常见淋巴细胞、网状细胞和淋巴窦内皮细胞明显增生（图 5-21）。仔猪和犊牛副伤寒时，肝内的“副伤寒结节”是由肝内网状细胞和单核巨噬细胞增生的结果。

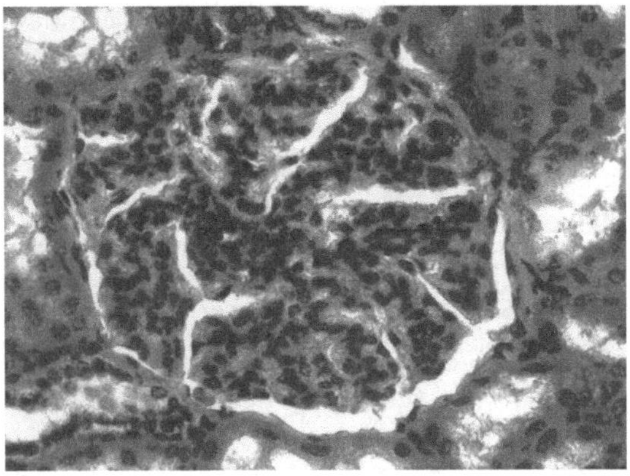

图 5-20　急性增生性炎症

急性增生性肾小球肾炎：肾小球毛细血管内皮细胞和系膜细胞增生，使肾小球中的细胞数量增多。

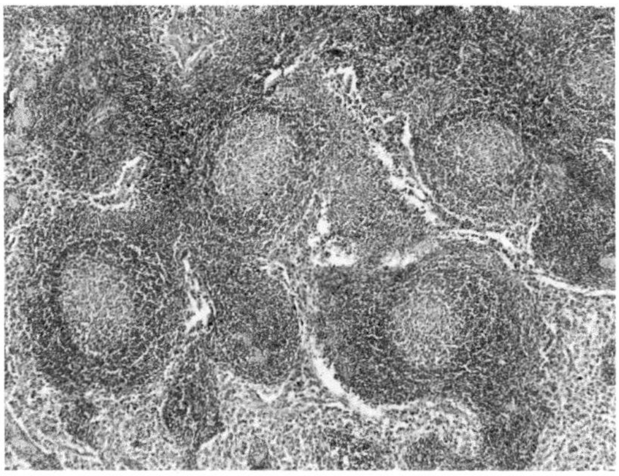

图 5-21　急性增生性炎症

急性增生性淋巴结炎：淋巴小结明显增生，数量增多，生发中心明显，淋巴窦中有较多巨噬细胞。

2. 慢性增生性炎症　这是一种以间质纤维结缔组织大量增生并有程度不等的淋巴细胞、浆细胞和巨噬细胞浸润为特征的慢性炎症。由于炎症起始于间质，故又称慢性间质性炎症（应注意，器官内的纤维结缔组织增生并非都是间质性炎症），如慢性间质性肾炎（图 5-22）、慢性间质性肝炎等。在慢性增生性炎症的后期，器官多半缩小，质地变硬，器官表面因结缔组织收缩而凹凸不平。

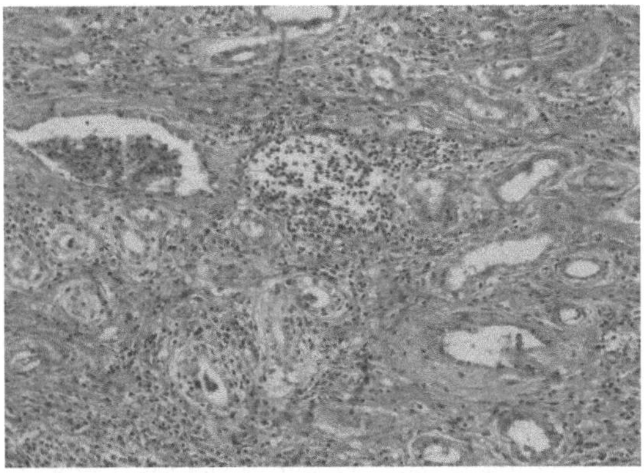

图 5-22　慢性增生性炎症

慢性间质性肾炎：肾间质纤维结缔组织大量增生，并有程度不等的淋巴细胞、浆细胞和巨噬细胞浸润；肾小球和肾小管萎缩，少数肾小管扩张。

（二）肉芽肿性增生性炎症

肉芽肿性增生性炎症简称肉芽肿性炎症（granulomatous inflammation），或炎性肉芽肿（inflammatory granuloma），是一种慢性炎症。其特征是以巨噬细胞增生为主，并形成肉芽肿结构。炎症开始，来自血液的单核细胞和局部组织细胞增生，形成巨噬细胞，之后再转化为上皮样细胞和多核巨细胞。

根据致炎因子的不同，肉芽肿性炎症可分为感染性肉芽肿和异物性肉芽肿两种。

1. 感染性肉芽肿（infective granuloma） 是指由细菌和霉菌等生物性致炎因子引起的肉芽肿。因其结构具有一定的特异性，故又称特异性肉芽肿。由分支杆菌、鼻疽杆菌、放线菌等引起的结核结节、鼻疽结节和放线菌性肉芽肿均为特异性肉芽肿，布鲁氏杆菌、大肠杆菌以及曲霉菌等也可引起类似的变化。

炎症初期，局部可见大量巨噬细胞，之后巨噬细胞转变为上皮样细胞，其中部分上皮样细胞又融合为朗汉斯巨细胞。在这些细胞间还夹杂有淋巴细胞、浆细胞。炎症后期，增生的肉芽组织将上述病灶包裹，形成明显的肉芽肿结构。

典型的感染性肉芽肿从其中心向外依次由三部分组成（图 5-23）。

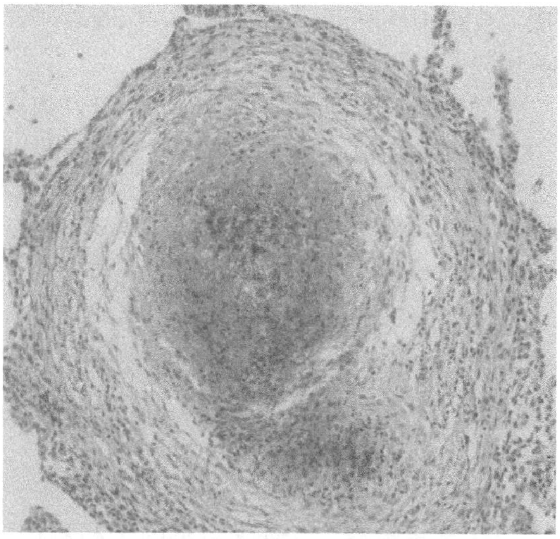

图 5-23 感染性肉芽肿

马鼻疽性肉芽肿（鼻疽结节）：中心为中性粒细胞碎片，其周围是上皮样细胞，最外围是结缔组织包囊。

1） 中心部分 为病原菌或病理产物。疾病不同其肉芽肿的中心不尽相同，因此肉芽肿中心特点是鉴别诊断的主要依据之一。例如，分支杆菌引起的肉芽肿，其中心是干酪样坏死和钙化，抗酸染色可见分支杆菌(图 5-24)；鼻疽肉芽肿的中心为大量中性粒细胞及其核碎片，放线菌病肉芽肿的中心为花瓣状的放线菌菌块和中性粒细胞（图 5-25）；禽曲霉菌肉芽肿的中心为干酪样坏死，其中有霉菌菌丝及孢子。

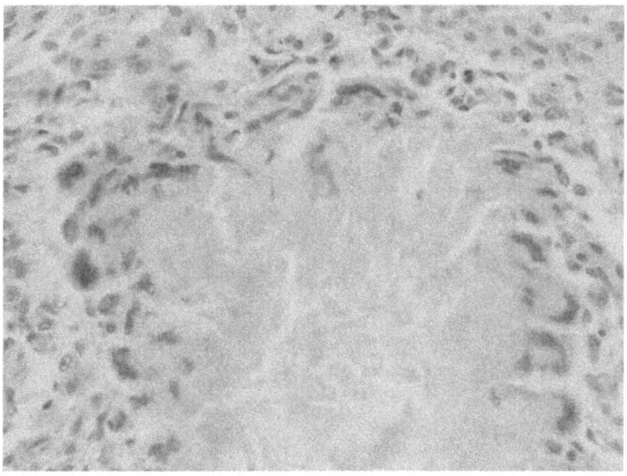

图 5-24 感染性肉芽肿

鸡结核性肉芽肿（结核结节）：肉芽肿中心为干酪样坏死，外围由大量巨细胞和上皮样细胞包围。

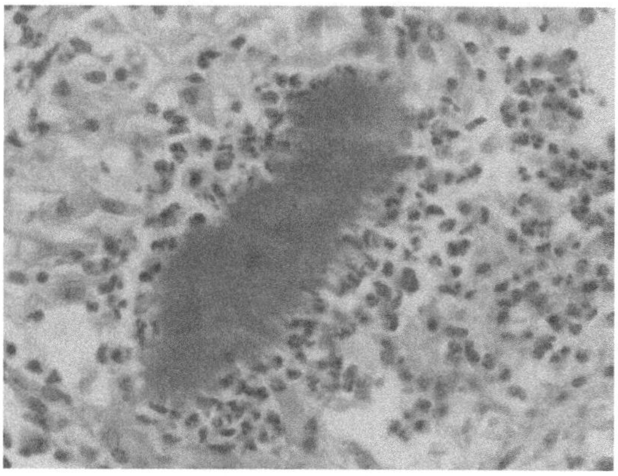

图 5-25 感染性肉芽肿

牛放线菌性肉芽肿：中心为放线菌菌块和大量中性粒细胞，外围是上皮样细胞。

2） 中间部分 由上皮样细胞和巨细胞组成，这是肉芽肿性炎症的标志。

3） 外围部分 为普通肉芽组织，其中可见淋巴细胞、浆细胞。

2. 异物性肉芽肿（foreign body granuloma） 由寄生虫、寄生虫虫卵、外科缝线、硅尘、滑石粉及某些难溶解的代谢产物（如尿酸盐结晶、类脂质）引起。这些异物体积较大，常不能被单个巨噬细胞吞噬，因而不引发典型的免疫反应，但能刺激巨噬细胞增生，并转化成上皮样细胞和多核巨细胞。它们附着于异物表面并将其包围。因此，典型的异物性肉芽肿其中央常可见到异物成分。

异物性肉芽肿的基本结构和感染性肉芽肿相似，除中心部为异物外，在异物周围也是多少不等的上皮样细胞、异物巨细胞以及最外围的肉芽组织。

第七节　炎症的结局

致炎因子引起的损伤与抗损伤的斗争过程贯穿于炎症的始末，决定着炎症的发生、发展和结局。如损伤占优势，炎症则加重，并向全身扩散，甚至可导致机体死亡；若抗损伤反应占优势，炎症会逐渐趋向痊愈。炎症的结局分述如下。

一、痊　愈

1. 完全痊愈　如果致炎因子和病理产物被清除，损伤的组织通过再生而修复，炎区最后完全可恢复其正常的结构和功能。

2. 不完全痊愈　如坏死范围较大，病理产物过多，而且机体抵抗力又较弱时，则发生机化或包囊形成。这种结局常可导致一定的不良影响，尤其机化可造成器官组织间的粘连（adhesion），如心包膜脏层和壁层粘连、肺和胸壁粘连、肠和腹壁粘连等，进一步引起这些器官发生功能障碍。

二、迁延不愈

如炎症治疗不及时不彻底，或机体抵抗力低下，致炎因子持续作用，则可造成炎症过程迁延不愈，时好时坏，反复发作，最后转为慢性。

三、蔓延扩散

当机体抵抗力低下，或病原微生物数量多、毒力强时，病原微生物即在局部大量繁殖，并向周围组织蔓延扩散，或经淋巴道、血道扩散至全身，从而引起严重后果，甚至危及生命。

（一）局部蔓延

局部蔓延是炎症局部的病原微生物沿组织间隙、器官表面或天然管道向周围组织扩散使炎区扩大，如支气管炎蔓延引起肺炎，心包炎蔓延引起心肌炎等。

（二）淋巴道扩散

炎区病原微生物如侵入淋巴管，则可随淋巴液到达局部或远处淋巴结，引起淋巴结炎。另外，淋巴系统内的病原微生物还可经胸导管进入血液，引起血道扩散。

（三）血道扩散

如果炎区的病原微生物及其毒素侵入血液循环，则可引起菌血症、毒血症、败血症或脓毒败血症等。

1. 菌血症（bacteremia）　细菌经血管或淋巴管侵入血流，血液中可查到细菌，但并不繁殖和产生毒素，临诊上无全身中毒症状。在一些细菌性传染病的早期，常有菌血症出现，甚至在健康的机体内也偶然发生。

2. 毒血症（toxemia） 微生物的毒素或其他毒性产物（组织的毒性代谢产物）被吸收入血而引起的全身中毒现象。临诊上出现高热、寒战等全身症状，严重时可出现中毒性休克，实质器官变性坏死，黏膜出血、水肿等。血液细菌学检查，常找不到细菌。

3. 败血症（septicemia） 细菌由感染局部侵入血液，并大量生长繁殖，产生毒素，引起全身中毒症状和病理变化称为败血症。

败血症在临诊上比较常见，罹患败血症的动物常表现高热症状，且病程短促。剖检可见尸僵不全，血凝不良，常有溶血现象，全身多种器官组织，尤其是皮肤、黏膜和浆膜出现多发性充血、出血、水肿，实质器官呈现不同程度的变性、坏死，脾脏及全身淋巴结肿大等。应该注意，不同疾病的败血症病变十分相似，因此在疾病诊断时，必须结合细菌学及毒素的检查。

4. 脓毒败血症（pyemia） 化脓菌随血流到达全身引起的败血症，并形成多发性化脓灶的现象，称为脓毒败血症。镜检，脓肿中央及尚存的毛细血管或小血管中常见细菌团块，说明脓肿是由血管内的化脓性栓子形成栓塞后引起的。

5. 病毒血症（viremia） 是指病毒粒子侵入血液的现象。主要是病毒大量复制后释放入血所致，也伴有明显的全身性症状，如口蹄疫在病毒血症期间发热、白细胞明显增多等。

6. 虫血症（parasitaemia） 是指寄生虫大量侵入血液的现象。通常也伴有明显的全身症状和病理变化，常见于血液寄生虫感染，如锥虫、梨形虫等。

复习思考题

1. 名词解释：炎症 炎性细胞 炎性细胞浸润 渗出 白细胞游出 趋化作用 趋化因子 吞噬作用 炎症介质 急性期蛋白 积脓 脓肿 蜂窝织炎 浮膜性炎症 固膜性炎症 感染性肉芽肿 异物性肉芽肿
2. 引起炎症的主要原因是什么？
3. 试述炎症的基本病理变化及其病理学意义。
4. 简述炎症的局部症状和全身反应。
5. 试述液体成分渗出的机制及渗出液的作用。
6. 白细胞的渗出包括哪几个阶段？简述其机制。
7. 炎症介质具有哪些特征？试述主要细胞源性炎症介质的作用。
8. 试述常见炎性细胞的微观形态特点及其在炎症过程中的主要功能与作用。
9. 各类炎症的常发部位及其病变特征。

（王雯慧）

第六章　肿　　瘤

肿瘤（tumor）是指在外来和内在有害因素作用下，动物器官组织的某种或某类细胞在基因水平上失去了对其生长的正常调控，导致克隆性异常增生而形成的新生物（neoplasm）。该新生物与受累器官的生理需要无关，不按正常器官生长规律生长，丧失正常细胞的功能，破坏了原器官的结构，部分可转移到其他部位，危及动物生命。由此可见，肿瘤是一种基因病，如果把传染病看做是外界生物对动物侵袭的话，肿瘤便是动物自身细胞的“叛变”。形成肿瘤的过程，称为肿瘤形成（neoplasia）。

肿瘤的形成，不但是机体某种或某类细胞异常增殖的结果，也与细胞死亡机制障碍密切相关。引起肿瘤形成的细胞增殖称为肿瘤性增殖（neoplastic proliferation），其与非肿瘤性增殖（non-neoplastic proliferation）完全不同。前者与机体不协调，对机体有害，一般为单克隆性，肿瘤细胞不但形态、代谢和功能均异常，不同程度地失去分化成熟能力，而且具有生长旺盛、失去控制和相对自主性，常常表现为在机体局部形成肿块，但是某些肿瘤性疾病（如白血病）并不一定形成局部肿块；相反，临诊上表现为“肿块”者也并非都是真正的肿瘤。非肿瘤性增殖多数是多克隆性，增殖过程中产生的细胞群，即使是同一类型细胞，也并非都来自同一个亲代细胞，而是从不同亲代细胞衍生而来，另外，该增殖是符合机体需要的生理过程，是受控制和具有一定限度的，一旦引起增殖的因素被消除一般不再继续，并且增殖的组织细胞能够分化成熟，见于正常的细胞更新，损伤组织的修复等。

肿瘤形成是迄今尚未完全阐明的一个十分复杂的过程，其与调节分子基因异常密切相关。因此，调节细胞生长与增殖基因及其产物异常是肿瘤发生的分子基础。

第一节　肿瘤的特征

一、肿瘤的形态结构

（一）肿瘤的形状

肿瘤的形状除与组织起源、发生部位和生长方式有关外，还与肿瘤良恶性质密切相关。在外观上，肿瘤常呈息肉状、乳头状、绒毛状、结节状、分叶状、囊状、蕈状、浸润性包块状、弥漫性肥厚状和溃疡状等。图 6-1 为肿瘤的常见形状。

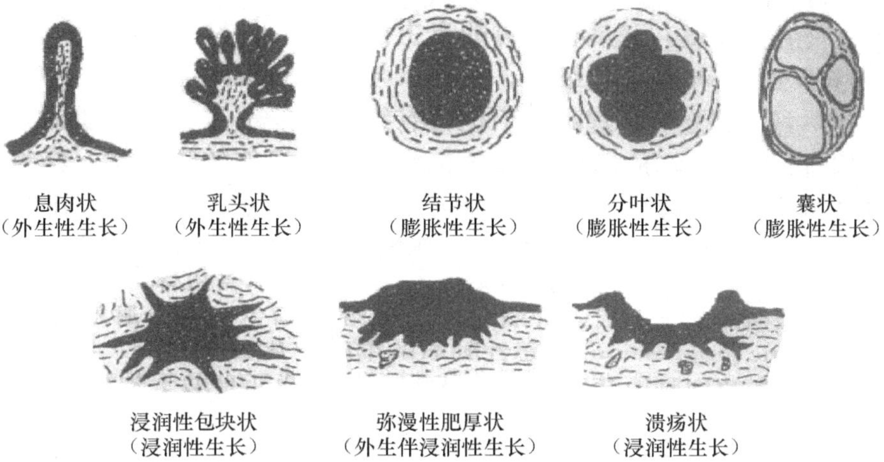

图 6-1　肿瘤的常见形状及其生长方式示意图

（二）肿瘤的大小和数目

1. 肿瘤的大小　肿瘤的体积差异很大，小者直径只有几毫米或更小，肉眼很难检查到，只有在显微镜下才能看见；大者直径可达数十厘米，重量可达数千克甚至数十千克。肿瘤的大小与其良恶性、发生部位和生长时间有关。生长在动物体表或较大体腔（如腹腔）内的肿瘤，尤其是良性肿瘤，由于生长空间充足，可长得很大；发生在狭小腔道（如椎管、颅腔等）内的肿瘤，一般较小。恶性肿瘤，由于生长迅速，对机体的破坏作用显著，常常在未达到一定体积之前，已导致动物死亡，因此，巨大型恶性肿瘤较为少见。但必须强调，恶性肿瘤体积越大，其转移潜能和几率也就越大，故肿瘤体积可作为衡量恶性肿瘤早、晚期和某些类型肿瘤（如胃肠间质肿瘤）良恶性的重要指标之一。此外，生长缓慢、生长时间长的肿瘤，体积也可很大。而生长在体表的肿瘤，由于易被察觉而及时进行治疗，故体积常常不大；生长在深部的良性肿瘤可长得很大，但生长在生命重要器官（如脑、心脏等）的肿瘤，往往在肿瘤体积很小时，已导致动物死亡。

2. 肿瘤数目　肿瘤数目不等。一般为一个，即单发瘤，但有时可同时或前后出现多个，即多发瘤。多发瘤也可能是单发瘤转移的结果。

（三）肿瘤的颜色

肿瘤的颜色与其组织起源、色素、含血量、有无出血和坏死等有关。良性肿瘤一般接近其起源组织的颜色，如血管瘤呈红色或暗红色；脂肪瘤为黄色；纤维瘤呈灰白色；软骨瘤呈半透明的淡灰蓝色。恶性肿瘤色泽不一，多数呈灰白或灰红色或似鱼肉样；血管较丰富的，可呈暗红色；有坏死时可呈灰黄色；通过肿瘤颜色可推测肿瘤类型，如黑色素瘤多数呈黑色或灰褐色。

（四）肿瘤的硬度

肿瘤的硬度也称为肿瘤质地，其与肿瘤类型、瘤细胞与间质比例以及有无变性、坏死等有关。就组织种类而言，脂肪瘤、脑星形细胞瘤和黏液瘤通常较柔软；骨瘤、软骨瘤硬度较大；纤维瘤也较硬实。从瘤细胞与间质比例看，瘤细胞多、间质少的肿瘤一般较软（如软性癌）；反之，肿瘤则较硬（如硬性癌）。另外，瘤组织若发生变性、坏死或液化时变软，有钙盐沉着或骨质形成时则变硬。

（五）肿瘤的组织结构

通常实体瘤的组织由实质和间质两部分组成。

1. 肿瘤的实质　是指肿瘤组织内的肿瘤细胞，是肿瘤的主要成分。肿瘤组织类型及其生物学特性主要由实质决定。动物体内几乎所有组织均可发生肿瘤，故肿瘤实质细胞的形态多种多样。一般根据肿瘤实质细胞（肿瘤细胞）的形态识别肿瘤的组织起源、判断瘤细胞分化成熟程度，从而对肿瘤进行分类、命名和组织病理诊断、确定肿瘤良恶性及其程度。肿瘤实质通常只有一种成分，但少数肿瘤（如乳腺纤维瘤、畸胎瘤等）可含有两种，甚至多种成分。

2. 肿瘤的间质　是指肿瘤组织中除实质以外的其他成分，主要由结缔组织和血管组成，有时还有淋巴管，其主要作用除支持和营养肿瘤实质外，还是恶性肿瘤侵袭和转移的重要途径和条件。肿瘤间质是肿瘤细胞诱导后和瘤周组织对肿瘤反应而新生的，故不具肿瘤类型特异性。一般生长缓慢的肿瘤，间质血管较少；而生长迅速的肿瘤，间质血管和淋巴管较丰富。此外，肿瘤间质内还经常可见数量不等的白细胞和其他免疫细胞，该现象可能与机体对肿瘤的免疫反应有关。肿瘤间质中除纤维母细胞外，近年还发现有肌纤维母细胞，后者对肿瘤细胞活动和浸润等有一定限制作用，从而减少肿瘤播散。

二、肿瘤组织的代谢

肿瘤组织代谢与正常组织相比，除代谢较旺盛外，并无本质差异。

（一）核酸代谢

与正常组织比较，肿瘤组织的 DNA 和 RNA 聚合酶活性均较高，核酸分解显著减弱，DNA 和 RNA 含量均明显增加。DNA 和 RNA 增多，分别与细胞分裂、增殖和蛋白质合成等密切相关。核酸增多是肿瘤生长迅速的生物学基础。

（二）糖代谢

肿瘤组织主要以糖无氧酵解获得能量。这可能与肿瘤细胞，特别是癌细胞内线粒体功能障碍有关；也可能与糖酵解的关键酶（如己糖激酶、磷酸果糖激酶和丙酮酸激酶）活性增强及同工酶谱改变和糖异生关键酶活性降低密切相关。另外，肿瘤组织中，糖酵解产生的中间代谢产物可被瘤细胞利用合成蛋白质、核酸和脂类，从而为瘤细胞生长及其增殖提供必需的物质基础。

（三）脂类代谢

肿瘤细胞中的脂类有中性脂肪、脂肪酸、脂肪酸盐、胆固醇脂、磷脂质等，其中以中性脂肪为主。肿瘤细胞易发生脂变，不但使不饱和脂肪酸含量增加，而且可引起类脂质、尤其是胆固醇含量明显升高。胆固醇可改变细胞膜通透性，为瘤细胞增殖创造了基础条件。

（四）蛋白质代谢

蛋白质合成与分解均增强，但合成大于分解，肿瘤甚至可夺取正常组织蛋白的分解产物，合成本身所需的蛋白质，导致机体呈现恶病质状态。肿瘤组织蛋白质分解代谢特点是：蛋白质分解为氨基酸过程增强，而氨基酸进一步分解减弱，结果使已分解的氨基酸重新合成蛋白质。另外，肿瘤组织还可合成肿瘤蛋白，作为肿瘤特异抗原或肿瘤相关抗原，引起机体免疫反应。有些肿瘤蛋白与胚胎组织有共同的抗原性，称为肿瘤胚胎性抗原，如甲胎蛋白。检查此类抗原可辅助诊断某些肿瘤。

（五）酶系统

肿瘤组织与正常组织相比，酶系统改变只是含量或活性变化，并非质的改变。一般来讲，除恶性肿瘤组织内氧化酶（如细胞色素氧化酶及琥珀酸脱氢酶）减少和蛋白分解酶增多外，其余酶变化在不同类型肿瘤中是不同的。例如，肝癌和骨肉瘤时，碱性磷酸酶增加；而前列腺癌时，酸性磷酸酶明显增多。动物体内酶含量或活性的变化，有助于肿瘤的诊断。

（六）水、电解质代谢

肿瘤特别是肉瘤，其组织含水量和钾较多。肿瘤生长越快，钾含量越高。上述变化可能与钾促进蛋白质合成有关。相反，肿瘤组织中除坏死部分外，钙含量减少，使肿瘤细胞间聚集能力减弱，易于分离和移动，有利于肿瘤浸润和转移。

综上可见，肿瘤物质代谢紊乱并非局限于肿瘤本身，而是影响整个机体。研究发现，肿瘤组织氧化过程低弱，不仅患病机体的整个氧化过程低下，而且未被肿瘤侵袭的组织，其呼吸相对也降低，而糖酵解过程不同程度增高。肿瘤组织产生的大量氧化不全产物常被移入血液，引发酸中毒。肿瘤患病动物物质代谢严重障碍，最终发展为衰竭状态，产生所谓“癌性恶病质”。

三、肿瘤的异型性

因分化程度不同，肿瘤组织无论在形态还是组织结构上均与其起源的正常组织存在不同程度的差异称为肿瘤异型性（tumor atypia）。异型性反映肿瘤组织的分化程度，其大小是区分肿瘤性增生和非肿瘤性增生、诊断肿瘤、确定其良恶性及判断恶性肿瘤恶性程度等的主要组织病理依据。恶性肿瘤常具有明显的异型性。

恶性肿瘤有时瘤细胞分化程度很低或主要由未分化细胞组成。由未分化细胞构成的恶性肿瘤称为间变性肿瘤（anaplastic neoplasm）。所谓“间变”是指瘤细胞异型性明显导致细胞缺乏分化的状态。由此可见，“异型性明显”与“间变”只是从不同角度表述肿瘤恶性形态特征。肿瘤异型性包括细胞异型性和结构异型性两方面。

（一）肿瘤细胞的异型性

良性肿瘤的瘤细胞分化成熟较好，异型性小，一般与其起源的正常组织相似；而恶性肿瘤的瘤细胞，尤其是细胞核具有明显的异型性，是恶性肿瘤组织病理诊断的重要依据。

1. 细胞多形性 是指瘤细胞大小和形态的不一致性。有的肿瘤细胞呈圆形、卵圆形或多边形，有的呈梭形或不规则形等；大小差异很大，小到小淋巴细胞，大至数十倍、数百倍于正常细胞。有时可出现瘤巨细胞（tumor giant cell），其胞内可见单个或多个形态不一，甚至怪异的细胞核；但有些分化成熟很差的肿瘤，其瘤细胞也很原始，体积并不大，大小和形态也比较一致。

2. 核的异型性 肿瘤细胞核体积增大，核质比相对同类正常细胞增大［如正常上皮细胞的核质比为 1∶(4～6)；恶性肿瘤细胞接近 1∶1］，核大小、形状不一，可见巨核、双核、多核或畸形核。因核内 DNA 增多，HE 染色核着色加深，染色质呈颗粒状，分布不均匀，常堆积于核膜下，使核膜“增厚”。核仁肥大，数目增多（达 3～5 个）。核分裂象（mitotic figure）不同程度地增加，尤其是出现不对称性、多极性及顿挫性等核分裂象，其发生可能与染色体呈多倍体或非整倍体等有关。核分裂象对恶性肿瘤诊断具有重要意义。

3. 细胞质的改变 肿瘤细胞的胞质随核蛋白增加而嗜碱性增强。有些肿瘤细胞质可堆积其产生的异常分泌物或其代谢产物（如激素、黏液、糖原、脂质、角质和色素等），部分产物还可分泌到细胞外。应用特殊方法显示上述某种物质，有助于肿瘤组织起源的判断。

4. 细胞超微结构的异型性 肿瘤细胞的胞质内细胞器发育不良或形态异常、数量减少；可见游离核体；侵袭性较强的瘤细胞中溶酶体增多；细胞间连接减少，粘着松散，部分瘤细胞表面可出现不规则的微绒毛等。

（二）肿瘤结构的异型性

肿瘤结构的异型性是指肿瘤组织，在空间排列方式（如细胞极向、结构排列及其与间质关系等）上与其起源的正常组织的差异性。如上皮组织发生肿瘤时，不但细胞层次增多，而且其排列呈现不同程度的紊乱。肿瘤良恶性不同，其结构异型性及程度也不同。良性肿瘤由于细胞异型性不明显，故组织结构异型性成为诊断的主要依据，如纤维瘤的瘤细胞与正常纤维组织相似，其排列与正常纤维不同，常呈编织状而致密，并有完整包膜。恶性肿瘤组织结构异型性比较明显，瘤细胞排列更紊乱，完全失去正常排列结构、层次或极向，如腺癌时，不仅腺上皮异常，而且可见腺体大小不一，形状十分不规则。

四、肿瘤的生长

良性肿瘤只局限于机体某一局部，而多数恶性肿瘤还可发生扩散。局部侵袭和转移是恶性肿瘤十分重要的两大生物学特性，也是恶性肿瘤威胁动物生命的主要原因。故对肿瘤生长、侵袭和转移的研究一直是肿瘤病理学的热点之一。

（一）肿瘤的生长方式

肿瘤生长方式与其发生部位、类型及良恶性有关，主要有膨胀性生长、外生性生长和浸润性生长三种。

1. 膨胀性生长（expansive growth）　为实质器官大多数良性肿瘤的生长方式，其生长较慢，随瘤体积增大，犹如逐渐膨大的“气球”，将瘤周组织挤开，一般不侵袭周围正常组织，可形成完整包膜，与周围组织界限清晰。常呈结节状、球形，触诊时，肿瘤可推动，易于手术摘除，摘除后也不易复发。此类型肿瘤对周围组织的影响主要是挤压和阻塞，对组织结构破坏不明显。

2. 外生性生长（exophytic growth）　体表肿瘤、体腔（如胸腔、腹腔）内肿瘤或管道器官（如消化道、泌尿生殖道）腔面的肿瘤，常突出表面，呈乳头状、息肉状、蕈状或花椰菜状，称为外生性生长。良性和恶性肿瘤均可外生性生长，但恶性肿瘤在外生性生长的同时，往往呈现浸润性生长，又因其生长迅速，血液相对供应不足，易发生坏死、脱落而形成底部高低不平、边缘隆起的恶性溃疡。

3. 浸润性生长（infiltrating growth）　是大多数恶性肿瘤的生长方式。肿瘤细胞侵入并破坏周围组织，称为浸润（invasion）。此类肿瘤没有包膜，与相邻正常组织连接紧密，无明显界限。触诊时，肿瘤活动性差或固定不活动。手术切除范围应比眼观所见大，否则术后易复发。

（二）肿瘤的生长速度及特点

不同类型肿瘤的生长速度存在很大差异。一般来讲，瘤细胞分化成熟较好的肿瘤，其生长缓慢，病程也较长，可达几年或十几年，在人类可能更长；分化成熟较差的肿瘤，尤其是恶性肿瘤，其生长快，可在短期内形成明显肿块，并常因血管新生和营养供应相对不足而发生坏死等继发改变。良性肿瘤短期内突然生长加快，应考虑有无恶变的可能。影响肿瘤生长的因素很多，常见的有肿瘤细胞倍增时间、生长分数、肿瘤细胞生成与死亡比例以及肿瘤血管的生成等。

1. 肿瘤细胞倍增时间　是指亲代瘤细胞分裂增殖为两个子代细胞所需的时间。肿瘤细胞生长周期与正常细胞一样，包括 G_1、S、G_2 和 M 四个期。多数恶性肿瘤细胞倍增时间并不像人们想象的那样比正常快，而是与正常细胞相近，甚至比正常细胞更慢。因此，认为肿瘤细胞倍增时间缩短可能不是恶性肿瘤生长迅速的主要原因。

2. 肿瘤细胞生长分数　是指肿瘤细胞群体中处于增殖状态（$S+G_2$ 期）的细胞比例。肿瘤细胞生长分数与生长速度呈正相关，即生长分数越大，肿瘤生长越迅速；反之，肿瘤生长较慢。恶性转化初期，生长分数较高；随肿瘤的持续增长，多数肿瘤细胞进入静止期（G_0 期），停止分裂增殖。即使生长迅速的肿瘤，其生长分数也只有 20%左右。临床上目前使用的大多数化学抗肿瘤药物是通过干扰细胞增殖而发挥作用的。因此，生长分数高的肿瘤对化疗特别敏感；生长分数低的肿瘤对化疗相对不敏感。

3. 肿瘤细胞生成与死亡比例　在肿瘤实质中，既有新生瘤细胞的产生，又有瘤细胞通过凋亡或坏死而死亡，两者比例直接决定肿瘤是否能持续生长、能以什么样的速度生长。生长分数相对较高的肿瘤（如急性白血病），瘤细胞生远大于死，其生长速度要比生稍大于死的肿瘤（如结直肠癌）快得多。促进瘤细胞死亡和抑制瘤细胞增殖是肿瘤治疗的两个重要方面。

4. 肿瘤血管的生成　实体瘤的生长和演进与肿瘤新生血管密切相关。当肿瘤直径达到 1～2mm 后，如果没有新生血管生成提供营养物质，肿瘤将不再继续增大。研究发现，肿瘤具有诱导血管生成的能力。肿瘤细胞本身及浸润到肿瘤组织内及其周围的炎细胞（主要为巨噬细胞）能产生一类血管生成因子，如血管内皮生长因子、成纤维细胞生成因子家族、血管生成素家族、血小板源性生长因子、转化生成因子-α 和肿瘤坏死因子-α 等，诱导新生血管的生成。血管内细胞和纤维母细胞表面有血管生成因子受体，当其与血管生成因子结合后，促进血管内皮细胞分裂和毛细血管出芽生长。新生血管既为肿瘤生长提供了营养，又为肿瘤转移准备了条件。因此，抑制肿瘤血管形成可能成为肿瘤治疗的新途径。

5. 肿瘤演进和异质性 肿瘤演进是指恶性肿瘤在生长过程中，其侵袭性越来越强的现象，包括生长加快、浸润周围组织并发生远处转移等。肿瘤异质性是指由单克隆起源的肿瘤细胞在生长过程中形成的亚克隆，其在侵袭力、生成速度、对激素的反应性、对抗瘤药物和放疗的敏感性等方面呈现的非均一性。肿瘤演进与其获得越来越大的异质性有关。产生上述现象的主要原因是，虽然恶性肿瘤是由一个发生恶性转化（malignant transformation）的细胞单克隆性增殖而来，但在其生长过程中，经多次分裂增殖产生的子代细胞，可因不同基因和其他大分子的改变，使瘤细胞亚克隆获得不同特性，结果一个肿瘤细胞群不再是由完全一样的肿瘤细胞所组成，而是一个具有异质性的肿瘤细胞群体。在获得异质性的肿瘤演进过程中，生长力和侵袭力较强的细胞压倒了生长力和侵袭力较弱的细胞。机体的抗肿瘤反应可杀死具有较高抗原性的亚克隆，而那些抗原性较低的亚克隆则可逃避机体的免疫监视。由于上述选择，肿瘤生长过程中能保留那些适应存活、生长、浸润和转移的亚克隆。肿瘤细胞异质性的产生可能与肿瘤干细胞或称癌症干细胞、肿瘤启动细胞的不断自我更新、分化，从而产生不同克隆密切相关。

五、肿瘤的扩散

具有浸润性生长的恶性肿瘤，不仅可在原发部位继续生长、蔓延，累及相邻器官或组织，而且还可通过不同途径扩散至机体其他部位，这是恶性肿瘤最重要的生物学特性，常见的扩散途径如下。

（一）直接蔓延

随肿瘤生长，瘤细胞沿组织间隙、淋巴管、血管或神经束浸润，破坏邻近正常组织、器官，并继续生长，称为直接蔓延（direct spread）。

（二）转　　移

转移（metastasis）是指恶性肿瘤细胞从原发部位侵入淋巴管、血管或体腔，迁徙到其他部位而继续生长，形成与原来同样类型肿瘤的过程。经转移形成的肿瘤称为转移瘤（metastasis tumor）或继发瘤（secondary tumor）；原发部位的肿瘤称为原发瘤（primary tumor）。转移是恶性肿瘤的重要生物学特性之一，但并非所有恶性肿瘤都可发生转移。如皮肤的基底细胞癌，很少发生转移。恶性肿瘤的转移途径主要有淋巴道、血道和体腔三种。

1. 淋巴道转移（lymphatic metastasis） 恶性肿瘤细胞侵入淋巴管，随淋巴流首先到达局部淋巴结，聚集于边缘窦，随后累及整个淋巴结，发展为淋巴结内转移瘤，导致淋巴结肿大，质地变硬。局部淋巴结发生转移后，也可继续转移至淋巴循环下一站的其他淋巴结，最后经胸导管进入血液，继发血道转移。上皮组织的恶性肿瘤，多经淋巴道转移，如肺癌转移至肺门淋巴结。

2. 血道转移（hematogenous metastasis） 恶性肿瘤细胞侵入血管后，随血流到达远离器官，继续生长，形成转移瘤。瘤细胞侵入血道的途径有：经瘤组织的新生微血管或（和）瘤周血管（毛细血管和小静脉）；经淋巴-胸导管和淋巴-静脉通路。进入血管的瘤细胞常与纤维素和血小板粘集成团，称其为瘤栓（tumor embolus）。后者可阻塞靶器官的小血管，引起内皮细胞损伤。瘤细胞可由损伤的内皮细胞或内皮间隙穿出血管，进而侵入组织并增殖，形成转移瘤。血道转移途径与栓子运行途径相同，即进入体循环静脉的瘤细胞经右心可到达肺，在肺内形成转移瘤；侵入门静脉的瘤细胞，首先发生肝转移，如胃癌、肠癌肝转移等；进入肺静脉的瘤细胞可经左心随主动脉血流到达全身各器官组织，如转移到脑、肾脏、骨、肾上腺等。各种恶性肿瘤均可发生血道转移，多见于肉瘤、肾癌、肝癌、甲状腺滤泡癌及绒毛膜癌；血道转移可发生于许多器官，但最常见于肺脏，其次为肝脏和骨。

3. 体腔转移 又称为种植性转移（implantation metastasis）是发生于胸腔、腹腔等体腔内器官的恶性肿瘤，当肿瘤侵及器官表面时，瘤细胞脱落，随体腔内液体像播种一样种植在体腔内其他器官表面，甚至侵入其下生长，形成转移瘤。例如，肺癌常在胸腔内形成广泛的种植性转移瘤；胃癌侵及浆膜后，可种植到大网膜、腹膜及盆腔器官（如卵巢等）。体腔转移常伴有肿瘤性体腔积液及器官间粘连。另外，有些恶性肿瘤因手术可造成医源性种植，故临诊上应尽量避免。

转移是恶性肿瘤最重要的生物学特性，尽管迄今为止，尚未发现与肿瘤转移有关的特异基因，但已知多种基因编码产物参与了肿瘤细胞的侵袭和转移过程，此类基因被认为是肿瘤转移相关基因，如上皮钙黏素和组织金属蛋白酶抑制物基因，其产物有抑制肿瘤转移的作用，被称为肿瘤转移抑制基因。*nm23*（nm 为 non-metastasis 的缩写，是一种肿瘤抑制基因）表达水平降低与某些肿瘤（如乳腺癌）的侵袭和转移有关。研究发现，*nm23* 高表达小鼠，其肿瘤转移较低；而 *nm23* 表达低 10 倍小鼠伴有高转移性。另外，黏附分子 CD44 过表达可能与某些肿瘤血道播散有关。

六、肿瘤对机体的影响

肿瘤对机体的影响主要取决于肿瘤良恶性、大小和发生部位等。早期或微小肿瘤，临诊常无明显异常，有时只在病理剖解时才被发现。

（一）良性肿瘤对机体的影响

良性肿瘤由于分化成熟程度较高，生长缓慢，只限于局部，无浸润和转移，故一般对机体影响相对较小，主要表现为局部压迫和阻塞。上述症状的有无及其程度，主要与肿瘤发生部位和有无继发改变等有关。例如，支气管平滑肌瘤，可引起呼吸困难；颅内良性肿瘤，可压迫脑组织，阻塞脑室系统引起颅内压升高等相应神经症状；肠平滑肌瘤，因突出肠腔，可引起肠阻塞或肠套叠。

（二）恶性肿瘤对机体的影响

恶性肿瘤分化成熟程度较低，生长快，破坏器官组织结构，导致功能障碍，并可发生转移，因而对机体的影响较大。恶性肿瘤除能产生良性肿瘤所具有的局部压迫和阻塞症状外，还易并发出血、溃疡和穿孔等更为严重的后果。有的恶性肿瘤可使患病动物呈现严重消瘦、贫血、厌食和全身衰竭等恶病质状态。

七、良性肿瘤与恶性肿瘤的区别

区别良性肿瘤与恶性肿瘤，对肿瘤的诊断和治疗均具有重要意义。良性肿瘤与恶性肿瘤的主要区别归纳为表 6-1。

表 6-1　良性肿瘤与恶性肿瘤的区别

项　目	良性肿瘤	恶性肿瘤
分化程度	分化好，与起源组织和细胞形态相似	分化不好，与起源组织和细胞形态差异大
异型性	异型性不明显，核分裂象无或少，一般无病理性核分裂象	异型性明显，核分裂象易见，呈现数量不等的病理性核分裂象
生长速度	缓慢	常较快
生长方式	常呈膨胀性或外生性生长，前者常有包膜，与周围组织分界清楚	常呈浸润性或外生性生长，与周围组织分界不清，后者也常伴有浸润性生长
转移	不转移	常有转移
复发	彻底切除后不复发或很少复发	手术难以彻底切除，治疗后易复发
对机体的影响	较小，主要为局部压迫和阻塞，只有发生于重要器官时才引起严重后果	较大，除压迫、阻塞外，还可破坏相邻组织、器官，引起坏死、出血、合并感染，并出现发热和恶病质

良性肿瘤与恶性肿瘤的差异是相对的，有时并无严格界限，某些肿瘤的组织形态和生物学行为介于良性与恶性之间，称为交界性肿瘤（borderline tumor）。即使是恶性肿瘤，其恶性程度也不完全相同。有些良性肿瘤可发生恶性变化，个别恶性肿瘤也可停止生长甚至消退。

瘤样病变（tumor-like lesions）又称为假性肿瘤病变（pseudoneoplastic lesions），是指本身并非真正肿瘤，但其临诊表现或组织形态类似肿瘤。某些瘤样病变易被误认为是恶性肿瘤，故应注意这类病变与肿瘤的鉴别诊断。

第二节　肿瘤的命名与分类

一、肿瘤的命名

动物机体任何部位、任何器官组织几乎均可发生肿瘤，故肿瘤种类繁多，命名也十分复杂。

（一）肿瘤的一般命名

肿瘤一般根据组织或细胞类型，即组织或细胞起源（分化方向）及生物学行为命名。

1. 良性肿瘤的命名　一般在起源组织或细胞名称后加“瘤”字，（英文为后缀“-oma”）。例如，起源于腺上皮的良性肿瘤称为腺瘤；起源于脂肪组织的良性肿瘤称为脂肪瘤；起源于平滑肌的良性肿瘤称为平滑肌瘤；同时起源于腺体和纤维两种成分的良性肿瘤称为纤维腺瘤。有时还结合某些形态特点命名，如起源于皮肤鳞状上皮的良性肿瘤，外观呈乳头状者称为鳞状上皮乳头状瘤，简称乳头状瘤；腺瘤呈乳头状并有囊腔者称为乳头状囊腺瘤。

2. 恶性肿瘤的命名　比良性肿瘤要复杂，常用的命名原则如下。

1）癌（carcinoma）　起源于上皮组织的恶性肿瘤称为“癌”，命名时在其起源组织或细胞名称后加“癌”字。如起源于鳞状上皮的恶性肿瘤称为鳞状细胞癌，简称鳞癌；起源于腺上皮的恶性肿瘤称为腺癌。由腺癌和鳞癌两种成分组成的癌称为腺鳞癌。有些癌还可结合其形态特征命名，如乳头状和囊状结构的腺癌称为乳头状囊腺癌。形态或免疫表型可确定为癌，但缺乏特定上皮分化特征的癌称为未分化癌。

2）肉瘤（sarcoma）　起源于间叶组织（如脂肪、肌肉、骨、软骨、纤维结缔组织、血管、淋巴管等）的恶性肿瘤称为“肉瘤”。命名方法为在其起源组织名称后加“肉瘤”二字。例如，起源于纤维组织的恶性肿瘤称为纤维肉瘤；起源于横纹肌的恶性肿瘤称为横纹肌肉瘤。形态或免疫表型可确定为肉瘤，但缺乏特定间叶组织分化特征的肉瘤称为未分化肉瘤。同时具有癌和肉瘤两种成分的恶性肿瘤称为癌肉瘤。

所谓“癌症”（cancer）是泛指所有的恶性肿瘤，包括癌和肉瘤。由此可见，“癌”和“癌症”既有联系，又有严格区别，两者不能混淆。癌与肉瘤的主要区别见表 6-2。

表 6-2　癌与肉瘤的主要区别

鉴别项目	癌	肉　瘤
组织来源	上皮组织	间叶组织
发病率	较常见，多见于老龄动物	较少见，大多见于幼龄动物
眼观病变特点	质较硬、色灰白、较干燥	质软、色灰红、湿润、鱼肉状
组织病变特点	多形成癌巢，实质与间质分界清楚，纤维组织常有增生	肉瘤细胞多弥漫分布，实质与间质分界不清，间质内血管丰富，纤维组织少
网状纤维	癌细胞间多无网状纤维	肉瘤细胞间多有网状纤维
转移	多径淋巴道转移	多径血道转移

（二）肿瘤的特殊命名

部分肿瘤不按照上述原则命名，而是由于历史原因已约定俗成。

（1）有些肿瘤，其形态与发育过程中某种幼稚细胞或组织相似，称为“母细胞瘤”或称为“细胞瘤”（英文加后缀“-blastoma”）。此类肿瘤大多数为恶性肿瘤，如髓母细胞瘤或成髓细胞瘤、肾母细胞瘤或成肾细胞瘤等；也有的为良性肿瘤，如骨母细胞瘤。

（2）有些恶性肿瘤由于成分复杂，来源有争议或因习惯沿袭，在肿瘤名称前加“恶性”二字，如恶性黑色素瘤、恶性畸胎瘤、恶性脑膜瘤、恶性神经鞘瘤等。

（3）有些肿瘤以最初描述（发现）或研究者的名字命名，如马立克病、劳斯肉瘤、尤文肉瘤、霍奇金淋巴瘤等。

（4）白血病、精原细胞瘤等，虽然称为“病”或“瘤”，但实质上都是恶性肿瘤。

（5）有些肿瘤以肿瘤细胞形态命名，如透明细胞肉瘤。

（6）“瘤病”（英文加后缀“-omatosis”）主要指肿瘤呈多发性的状态。常用于多发性良性肿瘤，如神经纤维瘤病、脂肪瘤病、血管瘤病和纤维瘤病等。

（7）畸胎瘤（teratoma）是性腺或胚胎附件中的全能细胞发生的肿瘤，多发生于性腺，一般含有两个以上胚层的多种成分，结构混乱，可分为良性畸胎瘤和恶性畸胎瘤两类。

二、肿瘤的分类

肿瘤的分类主要依据肿瘤组织或细胞起源、生物学行为，再结合临诊表现和病理特征及其预后等。常见肿瘤的分类见表 6-3。

表 6-3 常见肿瘤的分类

组织起源		良性肿瘤	恶性肿瘤
上皮组织	被覆上皮	乳头状瘤	鳞状细胞癌，基底细胞癌
	移行上皮	乳头状瘤	移行上皮癌
	腺上皮	腺瘤	腺癌
间叶组织	纤维结缔组织	纤维瘤	纤维肉瘤
	脂肪组织	脂肪瘤	脂肪肉瘤
	黏液组织	黏液瘤	黏液肉瘤
	软骨组织	软骨瘤	软骨肉瘤
	骨组织	骨瘤	骨肉瘤
	间皮组织	间皮瘤	间皮肉瘤
	滑膜组织	滑膜瘤	滑膜肉瘤
	血管	血管瘤	血管肉瘤
	淋巴管	淋巴管瘤	淋巴管肉瘤
	平滑肌	平滑肌瘤	平滑肌肉瘤
	横纹肌	横纹肌瘤	横纹肌肉瘤
淋巴造血组织	淋巴组织		淋巴（肉）瘤
	造血组织		白血病，骨髓瘤
神经组织	室管膜上皮	室管膜瘤	室管膜母细胞瘤等
	交感神经节	神经节细胞瘤	神经母细胞瘤
	胶质细胞	胶质细胞瘤	多形性胶质细胞瘤（恶性胶质细胞瘤）
	神经鞘细胞	神经鞘瘤	恶性神经鞘瘤
	神经鞘膜组织	神经纤维瘤	神经纤维肉瘤
其他组织	生殖细胞		精原细胞瘤，胚胎性癌
	三个胚叶组织	畸胎瘤	恶性畸胎瘤
	成黑色素细胞	黑色素瘤	恶性黑色素瘤
	各种组织成分	混合瘤	恶性混合瘤，癌肉瘤

第三节 肿瘤的病因与发生机制

肿瘤的病因是指引起肿瘤的原始动因，又称为致瘤因子（tumorigenic agent）或致瘤因素。辅助或促进肿瘤发生的因素称为促瘤因子或促瘤因素。习惯上将引起恶性肿瘤的致瘤因子称为致癌物（carcinogen）。根据来源致瘤因素分外源性（环境致瘤因子）和内源性两类。前者包括化学性、生物性和物理性三类；后者主要与遗传、免疫、年龄、激素等有关。

一、环境致瘤因素及其致瘤机制

（一）化学致瘤物及其致瘤机制

有些化学物质以某种方式作用于机体后，可引起肿瘤。能引起肿瘤的化学物质称为化学致瘤物，其主要生物学特性是：①致瘤作用具有剂量效应，剂量越大，其肿瘤发生率越高，潜伏期越短；②相对潜伏期较长；③致瘤作用是一个多阶段的复杂过程；④有些化学物质在肿瘤发生中仅起激发作用；⑤同一化学致瘤物可引起不同组织的肿瘤，同一肿瘤也可由几种不同化学物质所引起。

化学致瘤物的作用方式主要有两类。少数化学致瘤物进入体内后不需代谢转化就能致瘤，如氮芥、亚硝基甲脲、环氧化物、溶肉瘤素、双氯甲醚、氯甲醛等，称为直接化学致瘤物。而绝大多数化学致瘤物进入体内后，必须经过进一步激活，变成化学性质更为活泼的终致瘤物才能发挥致瘤效应，称为间接化学致瘤物。终致瘤物多数为带正电荷的亲电子性分子，如二甲基硝胺生成的终致瘤物为重氮甲烷和自由甲基；乙萘胺变成氮阳离子的羟基萘胺；黄曲霉毒素 B_1、G_1、M_1 生成 2,3-环氧化物并可形成阳离子终致瘤物等。迄今为止，已确认对动物具有致瘤作用的化学物质有 1000 余种，其中部分可能与人类的癌症密切相关。

1. 间接化学致瘤物

1）亚硝胺类　　该类物质对动物具有很强的致瘤性，且致瘤谱广，常见有二甲基亚硝胺、二乙基亚硝胺、甲基苄基亚硝胺和杂环化合物（如吗啉亚硝胺和哌啶亚硝胺等），均可诱发多种动物（如猴、兔、豚鼠、大鼠和小鼠等）产生不同部位的多种肿瘤。亚硝胺进入体内后，经羟化而活化，形成具有很强效应性的烷化碳离子而致瘤。

2）多环碳氢化合物　　又称多环芳烃类，是由多个苯环缩合而成的碳氢化合物。致瘤性特别强的有 3,4-苯并芘、1,2,5,6-双苯并蒽、3-甲基胆蒽、9,10-二甲基苯蒽等。由含碳物质不完全燃烧产生，主要存在于煤烟、废气、烟熏食物中。上述物质在肝脏经细胞色素氧化酶 P450 系统氧化成环氧化物，后者以其亲电子基团（不饱和 C—C 键）与核酸分子共价结合，进而引起 DNA 突变。

3）芳香胺类与氨基偶氮染料　　芳香胺类常见有 2-乙酰基芴、乙萘胺、联苯胺、4-氨基联苯胺等，此类物质在肝脏经细胞色素氧化酶 P450 系统使其 N 端羟化形成羟胺衍生物，再与葡萄糖醛酸结合成葡萄糖苷酸由尿排除时，葡萄糖苷酸在膀胱中被水解释放出活化的羟胺引发膀胱癌。氨基偶氮染料，如奶油黄（人工奶油染料）、猩红等，进入体内后主要在肝脏代谢，经氧化后形成终致瘤物。

4）真菌毒素　　迄今已知具有致瘤作用的真菌毒素有数十种，其中研究最多的是黄曲霉毒素（aflatoxin）。黄曲霉毒素有近 20 余种衍生物，其中黄曲霉毒素 B_1 致瘤作用最强，可诱发火鸡、雏鸡、豚鼠和人的肝癌，黄曲霉毒素 B_1 化学结构为异环芳烃，进入体内后经肝细胞内的混合功能氧化酶氧化成环氧化物，后者可使肿瘤抑制基因 *P53* 发生点突变而丧失活性，结果诱发肝细胞癌。研究发现，黄曲霉毒素 B_1 与乙型肝炎病毒（HBV）有协同作用。HBV 感染导致的肝细胞慢性损伤和持续性增生为黄曲霉毒素的致瘤作用提供了有利条件。黄曲霉毒素广泛存在于霉变食物中，如霉变饲草、饲料；特别是霉变花生、玉米和谷物中含量最高。此外，杂色曲霉毒素、黄米毒素、展青霉素、环氯素、白地霉等，也有致瘤作用。

2. 直接化学致瘤物　　此类化学致瘤物不需要在体内进一步代谢活化即可直接致瘤，该类物质不但种类较少，一般致瘤作用也比较弱，且致瘤时间也长。

1）烷化剂和酰化剂　　环磷酰胺、氮芥、苯丁酸氮芥、亚硝基脲等均属此类。环磷酰胺既是抗癌药物又是很强的免疫抑制剂，其在应用相当长时间后可诱发另一种肿瘤（如粒细胞性白血病）。

2）其他直接化学致瘤物　　有些重金属（如铬、镉、镍、铍等）与某些肿瘤的发生有关，如铬可致肺癌，镍可引起肺癌和鼻咽癌。此类金属为亲电子的二价阳离子，可与细胞大分子尤其是DNA结合而致瘤。此外，某些非金属元素和有机化合物，如苯、氯乙烯、砷等也具有致瘤作用。

（二）生物致瘤因素及其致瘤机制

生物致瘤因素包括细菌和病毒，其中绝大部分为病毒。凡能引起动物或人肿瘤或在体外能使细胞转化为恶性的所有病毒称为致瘤病毒。肿瘤病毒感染可诱导细胞恶变并形成肿瘤。由病毒引起的动物肿瘤已有数十种，如禽、牛、鼠的白血病；鸡马立克病，鸡劳斯肉瘤，鸭肌肉瘤，牛、兔、犬、猴、羊乳头状瘤；兔和鹿纤维瘤；牛淋巴肉瘤；鼠乳腺癌、蛙肾腺癌和脂肪肉瘤、蝾螈皮肤癌等。目前已确认能引起动物肿瘤的病毒约为150株以上，其中2/3为RNA病毒，1/3是DNA病毒。

1. 致瘤病毒

1）*致瘤性DNA病毒*　目前已发现有50多种病毒可引起动物的肿瘤。DNA病毒引起肿瘤的机制为，致瘤性DNA病毒感染宿主细胞后，其DNA整合到宿主细胞基因组中，并加以表达，产生转化蛋白，使细胞分裂增殖失去控制，细胞发生转化，引起肿瘤。病毒DNA还可直接干扰细胞基因的正常转录或与其协同，使细胞发生转化。能引起动物肿瘤的DNA病毒有：①乳多空病毒：包括乳头瘤病毒、多瘤病毒、猴空泡病毒（SV_{40}）。乳头瘤病毒能引起兔、犬、人乳头瘤。多瘤病毒可诱发兔、豚鼠、大鼠、小鼠、仓鼠等多部位肿瘤。SV_{40}不仅能诱发仓鼠肉瘤，而且其基因可整合到动物细胞染色体中。②疱疹病毒：包括鸡马立克病病毒、蛙肾腺癌病毒（又称Lucke病毒）、猴疱疹病毒等。③腺病毒：包括鸡、犬、牛、猴、小鼠等的腺病毒。④痘科病毒：包括兔纤维瘤病毒、兔黏液瘤病毒等。近年发现鸭乙型肝炎病毒、土拨鼠肝炎病毒、松地鼠肝炎病毒等均可引起肝癌。

2）*致瘤性RNA病毒*　RNA致瘤病毒可通过转导或插入突变将其遗传物质整合到宿主细胞DNA中，使宿主细胞发生恶性转化。在RNA病毒中，只有含逆转录酶的RNA病毒可引起动物肿瘤。其中有：①急性致瘤性RNA病毒。其诱发肿瘤的潜伏期短（4～8周），动物的大部分肉瘤病毒和少数白血病病毒属这一类。该类病毒基因组中含有病毒癌基因（如*v-sec*、*v-abl*、*v-myb*等），当病毒感染宿主细胞后，以病毒RNA为模板通过逆转录酶合成DNA片段，然后整合到宿主细胞DNA链中并进行表达，从而使细胞发生恶性转化。②慢性致瘤性RNA病毒。其诱发肿瘤的潜伏期长（4～12个月），动物的大部分白血病病毒属这一类。此类病毒的基因组本身不含癌基因，但感染宿主细胞后，其病毒基因也可由逆转录酶作用合成DNA，并插入到宿主细胞DNA链的原癌基因（*c-onc*）附近，使原癌基因过度表达，引起宿主细胞恶性转化。

2. 致瘤细菌　研究发现，幽门螺杆菌感染引起的慢性胃炎和胃溃疡与胃癌和胃黏膜淋巴瘤密切相关。但对其发生详细机制尚有待进一步探讨。

（三）物理致瘤因素及其致瘤机制

有些物理因素如电离辐射、紫外线等可引起动物肿瘤。

1. 电离辐射　如X射线、γ射线和β粒子等可引起肿瘤。大剂量X射线反复照射家兔、大鼠或者其他动物皮肤，在照射部位可发生恶性肿瘤。电离辐射的致瘤机制可能与其使染色体断裂、易位和点突变、癌基因活化或肿瘤抑制基因灭活等有关。

2. 紫外线　长期紫外线（波长270～340nm）照射或日光下曝晒对动物皮肤有致癌作

用。紫外线可使DNA中相邻两个嘧啶二聚化，造成DNA分子复制错误。另外，紫外线照射引起细胞DNA损伤得不到正确修复也与肿瘤发生有关。

二、体内因素在肿瘤发生发展中的作用

在肿瘤发生发展中，除外界环境因素作用外，机体某些内在因素（如机体对肿瘤的反应性等）也发挥重要作用。体内因素十分复杂，有许多问题至今尚未阐明。

（一）遗传与肿瘤

大量动物肿瘤资料和实验研究表明，遗传与肿瘤发生有一定的关系。目前全世界已培育出有自发肿瘤倾向的纯系小鼠200多种，如C_3H小鼠易发乳腺癌和肝癌，而C_{57}小鼠则极少患乳腺癌，表明其发生与小鼠基因型有关。但是，真正直接遗传的只是少数不常见的肿瘤；而在多数肿瘤发生中，遗传因素的作用只表现为对致瘤因素的易感性或倾向性。绝大多数肿瘤的发生主要是环境因素或多种因素共同作用的结果。肿瘤发生与遗传的关系如下。

1. 染色体显性传递肿瘤　少数肿瘤的发生主要决定于有关基因缺陷，称为遗传性肿瘤，如牛白血病、肾母细胞瘤、视网膜母细胞瘤、嗜铬细胞瘤等。

2. 肿瘤易感性遗传　在一定环境因素作用下，容易发生肿瘤的倾向性，称肿瘤易感性，此类肿瘤可按常染色体隐性遗传规律传递。研究发现，肿瘤易感性增高往往与某些遗传缺陷（如免疫缺陷、染色体畸变或酶活性改变）有关。

3. 遗传因素与环境因素协同作用　多基因遗传和环境因素协同而引发肿瘤，如黑色素瘤、乳腺癌、胃癌等。主要与环境因素密切相关的肿瘤，称为非遗传性肿瘤。

（二）免疫与肿瘤

机体对肿瘤发生发展具有一定的抵抗力，即免疫性。当正常细胞转变为恶性肿瘤细胞时，体内会产生特异性的抗原和抗体。免疫监视是机体的重要免疫功能之一。细胞突变、恶变、瘤性转化时，机体即产生特定的癌抗原，后者能够激发机体的免疫系统。正常情况下，机体免疫监视系统处于“监视”状态，一旦发现携带有异常基因的细胞，就会调动免疫系统，或是加以修复，或是进行清除，抑制癌基因产生与活化，保证细胞的正常功能。但当免疫系统功能因各种原因（如过度疲劳、营养不良、神经系统功能紊乱和各种生物因子作用等）而降低甚至衰竭时。一旦受到致瘤因素作用，异常基因的自我修复功能便会失去，从而转化为癌基因。

（三）性别和激素与肿瘤

性别与肿瘤发生密切相关。激素失衡（缺乏或过量）均可引发肿瘤。这可能由于内分泌功能失调时，某种激素持续作用于靶器官，从而导致某些细胞增殖与突变。有致瘤作用的激素，一般属于促进细胞生长的激素，如雌激素、促性腺激素、促甲状腺激素、催乳激素等；而仅影响代谢的激素，如胰岛素、甲状腺素等则无致瘤作用。实验表明，乳腺癌与卵巢分泌的雌激素有关。如从幼龄开始给予“低癌族”小鼠雌激素，则乳腺癌发生率升高；若幼龄时摘除卵巢，雌鼠不发生乳腺癌。有研究发现，母鸡患白血病（30%）比公鸡（9.1%）明显增多。上述情况均表明激素分泌紊乱与肿瘤发生有关。

（四）年龄与肿瘤

任何年龄动物都可发生肿瘤，但绝大多数恶性肿瘤发生于老龄动物，这可能与老龄动物长期接触环境致瘤因素及其免疫功能低下或衰竭，对环境致瘤因素抵抗力降低有关。如 4 岁以上老鸭原发性肝癌发病率明显升高；2 岁以上鸡卵巢癌多见。另外，猪鼻咽癌、副鼻窦癌、鸡食管癌发病率也随年龄而增加。

（五）营养与肿瘤

限制实验动物进食，可抑制自发性肿瘤的生长。低蛋白质或缺乏某种氨基酸的饲料也可抑制实验动物自发性肿瘤的发生；但也有相反报道，高蛋白质饲料对黄曲霉毒素等致瘤因素诱发的大鼠恶性肿瘤有抑制作用。

三、肿瘤发生的分子机制

肿瘤发生涉及众多基因及其表达产物的异常，具有极其复杂的分子基础，包括原癌基因激活、肿瘤抑制基因灭活或缺失、凋亡调节基因和 DNA 修复基因以及微小 RNA（micro RNA，miRNA）调节功能紊乱等。上述基因是生理情况下参与细胞增殖、分化、生长、凋亡的调控者，在保持机体正常结构和功能中发挥十分重要的作用。在环境致瘤因素或（和）体内某种因素作用下，上述基因无论其功能还是结构发生异常，均可引起细胞转化和肿瘤形成。

（一）癌　基　因

1. 癌基因与原癌基因及其产物　癌基因（oncogene）是能导致细胞恶性转化的核酸碎片，包括病毒癌基因（viral oncogene，*v-onc*）和细胞癌基因（cellular oncogene，*c-onc*）。病毒癌基因首先是在 RNA 逆转录病毒中发现的，后来证实 DNA 病毒也存在癌基因。随后又在正常细胞基因组中也发现与病毒癌基因几乎完全相同的 DNA 序列（同源序列），被称为细胞癌基因。由于这种基因在正常细胞中以非活性形式存在，故又称为原癌基因（proto-oncogene）。正常时，这些基因不但不导致肿瘤，而且其编码产物（如生长因子及其受体、信号转化蛋白和转化因子等）是促进细胞增殖、生长、分化和发育十分重要的蛋白质。当原癌基因在致癌因素作用下发生突变时，可使细胞发生恶性转化，此时这些基因称为细胞癌基因，如 *c-ras*、*c-myc* 等。原癌基因转化为细胞癌基因的过程称为原癌基因激活（activation of proto-oncogene）。原癌基因激活后过量表达肿瘤蛋白或癌蛋白（oncoprotein），后者常通过细胞生长因子或受体影响细胞信号转导，进而导致细胞转化。有些肿瘤蛋白还与肿瘤细胞分化及其恶性程度相关，为肿瘤标志物（tumor marker）。癌基因是活化了的原癌基因，发挥病理作用，仅存在于异常或正在发生异常的细胞内。原癌基因和癌基因的发现是肿瘤分子生物学研究的重大成就之一。

2. 原癌基因的激活方式　在体内、外各种致瘤因素作用下原癌基因被激活为癌基因，其激活方式主要有：

1）点突变（point mutation）　是指原癌基因编码顺序的特定部位某一核苷酸发生改变，如 *ras* 基因 12 号密码子 GGC 因一个碱基置换变为 GTC，使 Ras 蛋白的 12 号氨基酸由原来甘氨酸变为缬氨酸，突变后的 Ras 蛋白称为 Ras 肿瘤蛋白，该蛋白不但不能将 GTP 水解为 GDP，而且还不受上游信号的控制，使细胞持续处于增殖状态，从而为肿瘤形成提供了条件。

2）染色体易位（chromosomal translocation） 是指原癌基因正常所在的染色体发生易位，导致原癌基因表达或结构与功能异常。例如，原癌基因由于染色体易位被置于较强启动子控制下，转录增加，过度表达；或由于易位产生具有致瘤性的融合基因，编码融合蛋白，导致细胞恶性转化。原癌基因易位后其调节发生改变，使原癌基因从静止状态变成激活状态。染色体易位是 T、B 淋巴细胞瘤的常见特征之一。

3）插入突变（insertional mutation） 是指原癌基因附近插入某种 DNA 序列，从而引起基因表达改变，如插入启动子使原癌基因过度表达，可产生过量的促进细胞生长蛋白。

4）基因扩增（gene amplification） 特定基因过度复制，其拷贝数明显增加，引起特定基因过表达，如神经母细胞瘤中 *N-myc* 的扩增；乳腺癌中的 *ERB-B2* 基因扩增等。

癌基因编码的蛋白质与原癌基因的正常编码产物存在量或结构上的差异，其可通过下列方式影响靶细胞：①生长因子及其受体均增加；②产生突变信号转导蛋白；③产生与 DNA 结合的转录因子等。癌蛋白通过改变正常靶细胞的生长、代谢，促进细胞逐渐转化为肿瘤。

（二）肿瘤抑制基因

肿瘤抑制基因（tumor suppressor gene）又称抑癌基因，是正常细胞分裂、增殖、生长的负调节基因，其编码蛋白能抑制细胞生长并能潜在性抑制细胞的癌变。肿瘤抑制基因主要通过等位基因的两次突变、缺失（纯合子）和甲基化而失活，其功能丧失，导致细胞转化。目前研究较多的肿瘤抑制基因是 *Rb* 基因和 *P53* 基因，其产物都是调控核转录和细胞周期的核蛋白。根据作用机制肿瘤抑制基因可分为看门基因（gatekeeper gene）和看管基因（caretaker gene），前者是抑制含损伤 DNA 细胞增殖或促进其死亡，如 *P53*、*Rb*、*APC* 等；后者是通过修复损伤 DNA 以维持基因组完整性，如 *BRCA1*、*BRCA2* 等。

（三）凋亡调节基因和 DNA 修复基因

肿瘤生长取决于细胞增殖与死亡比例，除原癌基因和肿瘤抑制基因作用外，细胞凋亡调节基因及其产物在某些肿瘤发生中也发挥重要作用。细胞凋亡受极其复杂的分子机制调控，是通过促凋亡分子（如死亡受体、caspase 蛋白酶、*bax* 等）和抗凋亡分子（如 *survivin*、*XIAP*、*c-IAP* 等）相互作用实现的。研究表明，*bcl-2* 抑制细胞凋亡，而 *bax* 促进细胞凋亡。野生型 *p53* 可诱导 bax 蛋白合成，促进受损 DNA 细胞进入凋亡。凋亡在肿瘤发生发展中具有双重性，肿瘤形成前，通过凋亡去除受损 DNA 或不能修复的细胞，有效防止正常细胞转化为恶性细胞；而肿瘤形成后，凋亡基因失活或抗凋亡基因功能增强，促使肿瘤迅速生长。

细胞内正常存在 DNA 修复基因，当 DNA 损伤轻微时，DNA 修复基因启动修复机制对其进行及时修复；当 DNA 损伤严重难以修复时，将引发凋亡。由此可见，DNA 修复基因与凋亡调节基因一样，在维持遗传基因稳定方面具有非常重要的作用。有遗传性 DNA 修复基因突变或缺失的动物，肿瘤发生率也高。

（四）端粒、端粒酶与肿瘤

存在于染色体末端的DNA重复序列称为端粒（telomere），其功能是控制DNA复制次数，细胞每分裂一次，其端粒就缩短一点，细胞分裂一定次数后，端粒缩短使染色体相互融合，导致细胞死亡。体内除生殖细胞外，大多数细胞没有端粒酶（telomerase）活性。实验表明，绝大多数恶性肿瘤细胞都含有较高活性的端粒酶，可使端粒不会缩短，这与肿瘤细胞的永生化密切相关。

（五）肿瘤发生的多步骤过程

肿瘤发生并非单个分子事件，而是一个长期的多因素参与的分阶段过程。正常细胞完全恶性转化，需要多个基因的改变，包括数个癌基因激活，两个以上肿瘤抑制基因失活，以及其他基因（如凋亡调节基因、DNA修复基因等）的变化。上述过程，在结肠直肠癌发生中已得到较详细研究。从正常肠上皮增生到癌的演进过程中，多步骤癌基因突变和肿瘤抑制基因失活是关键。单个细胞要达到上述基因改变，一般需要较长时间，这也是癌症随年龄增长发生率升高的一个原因。

综上可见，肿瘤从遗传学角度来讲是一种基因病；其发生是瘤细胞单克隆性扩增的结果；环境和体内致瘤因素引起原癌基因激活和（或）抑癌基因失活可导致细胞恶性转化；肿瘤发生不只是单个基因突变的结果，而是一个长期的、分阶段的、多种基因突变积累过程；机体免疫“监视”功能减弱或丧失是肿瘤发生、发展的重要内在因素。随着分子生物学的发展，近年来对肿瘤病因与发病机制的研究有了新的进展。但是肿瘤发生、发展极其复杂，目前了解的只是冰山一角，还有许多未知领域需要继续探索。

第四节　动物常见的肿瘤

一、良性肿瘤

（一）来源于上皮组织的良性肿瘤

上皮组织包括被覆上皮、腺上皮和导管上皮，由此发生的肿瘤最为常见。

1. 乳头状瘤（papilloma）　这是被覆（如鳞状或移行）上皮的良性肿瘤，其发生可能与乳头状瘤病毒感染有关。常见于皮肤和消化道、呼吸道及泌尿生殖道的黏膜。各种动物都可发生，但以反刍动物、犬、马最多见。

眼观，肿瘤向皮肤或黏膜表面呈外生性生长，形成许多手指样或乳头状突起，有时呈绒毛状、树枝状或结节状，瘤根部常有细蒂与正常组织相连。豌豆至拳头大。表面粗糙。质地软硬不一，若伴有上皮角化，所含间质较丰富，质地较硬，称为硬性乳头状瘤；有的结构疏松，含血管较多，质地较软而易出血，称为软性乳头状瘤。

镜下，瘤组织呈乳头状突起，且有分支，每个突起表面覆盖增生的鳞状上皮或移行上皮，乳头轴心由具有血管的分支状结缔组织构成。上皮层次较正常增多，细胞变大，但瘤组织很少向深部浸润性生长。乳头状瘤因发生部位不同，可分为鳞状上皮乳头状瘤（图6-2）、移行上皮乳头状瘤（图6-3）和柱状上皮乳头状瘤。

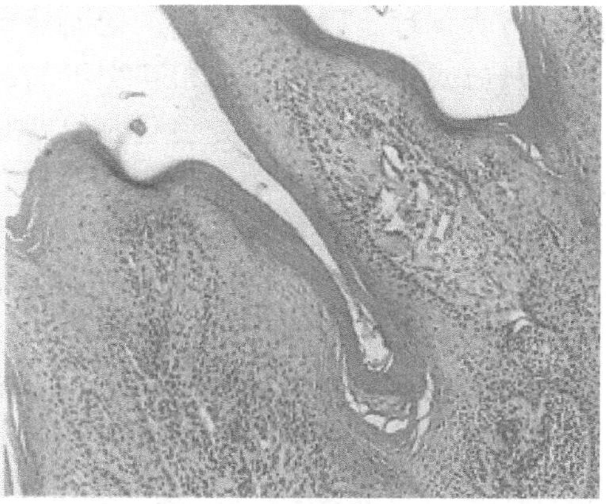

图 6-2 鳞状上皮乳头状瘤（牛食道黏膜）

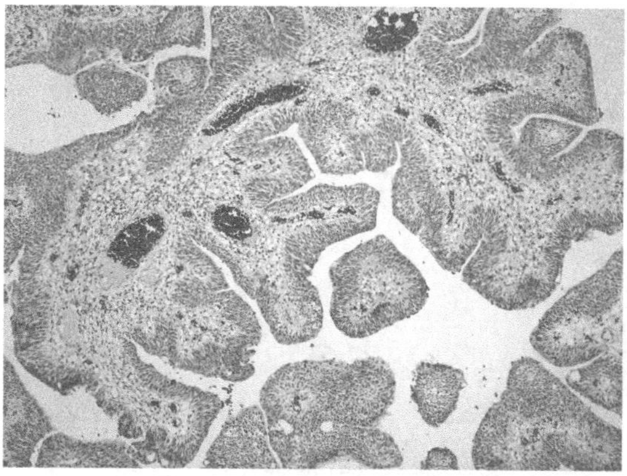

图 6-3 移行上皮乳头状瘤（牛膀胱黏膜绒毛状乳头状瘤）

2. 腺瘤（adenoma） 是由腺体、导管或分泌上皮发生的良性肿瘤。多见于胃、肠、子宫、乳腺（图 6-4）、卵巢和甲状腺等；也见于肺脏、肝脏和肾脏等。根据成分或形态特点，腺瘤可分为囊腺瘤（cystadenoma）、纤维腺瘤（fibroadenoma）、多形性腺瘤（pleomorphic adenoma）和息肉状腺瘤（polypous adenoma）等。

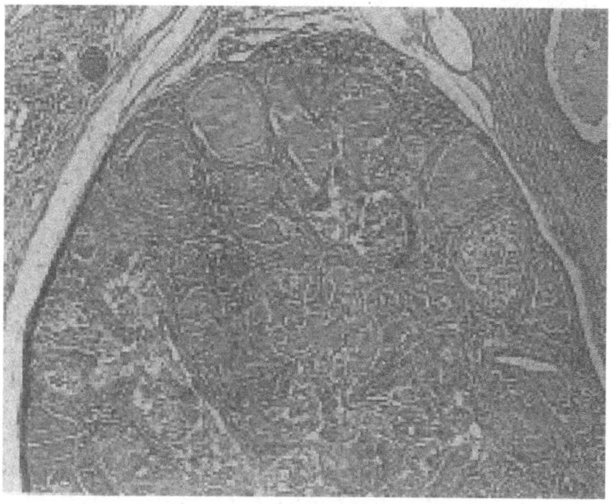

图 6-4 乳腺瘤

瘤组织被间质分隔成小叶，其内乳腺组织呈腺泡状增生，腺泡腔内有含脂肪的乳汁样分泌物。

眼观，黏膜的腺瘤多呈息肉状；腺器官内的腺瘤常呈结节状，有包膜，与正常组织界限清晰。一般生长缓慢，无转移性，多呈灰白色，切面常呈分叶状。

镜下，瘤细胞可呈圆柱状、立方状或多角形，其排列可呈管状、腺泡状或实体性。腺体之间分布有数量不等的结缔组织和血管。腺上皮与结缔组织之间以基膜为界。若瘤组织以实质（腺泡）为主称为单纯腺瘤；以间质为主称为纤维腺瘤。若腺内积有分泌物，腺腔极度扩张而成囊状称为囊腺瘤。囊腔内分泌物可为浆液、黏液或胶样物。腺瘤中瘤细胞通常呈单层排列，若发生过度增生，部分细胞层突入腺腔或囊腔内，形成折叠或分支的乳头状称为乳头状囊腺瘤。

（二）来源于间叶组织的良性肿瘤

1. 纤维瘤（fibroma） 是纤维结缔组织的一种良性肿瘤，主要由成纤维细胞和胶原纤维组成。与正常纤维结缔组织相比，纤维瘤组织内成纤维细胞和胶原纤维比例不同，细胞分布不均匀，纤维束排列不规则，纤维束粗细差异明显。体内凡有结缔组织的部位都可发生纤维瘤。硬性纤维瘤，多见于肌膜、骨膜和腱；软性纤维瘤，常见于皮下、黏膜下和浆膜下；息肉状软性纤维瘤，常发生于马和猫的鼻咽部。

眼观，肿瘤外观常呈结节状。由豌豆至人头大或更大，表面较光滑，有包膜，与周围组织界限清晰。肿瘤质地及其色泽因细胞与胶原纤维比例不同而存在差异。胶原纤维多于细胞

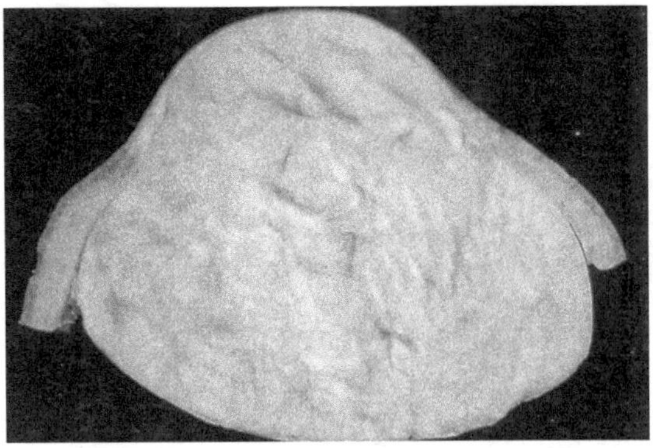

图 6-5 硬性纤维瘤切面
牛皮下纤维瘤的切面，质地硬实，
呈丝团样结构，突出部皮肤受压变薄。

者，硬度较大，称为硬性纤维瘤，切面致密干燥，呈灰白或黄白色，可见相互交织的纤维束纹理（图 6-5）；细胞成分多于胶原者则较软，称为软性纤维瘤，切面疏松，因富含淋巴管及血管，故呈淡红色，较湿润，有时淋巴凝结呈胶样物。软性纤维瘤发生于黏膜面时，常有细小根蒂，似息肉。

镜下，硬性纤维瘤的瘤细胞呈梭形，胞核狭长或椭圆，大小不一，含多量粗细不等的致密纤维束，可见编织状条纹（图 6-6）；软性纤维瘤，其细胞成分多于纤维，排列疏松，细胞间可见组织液，且血管较多，故生长较快，易发生恶变（图 6-7）。

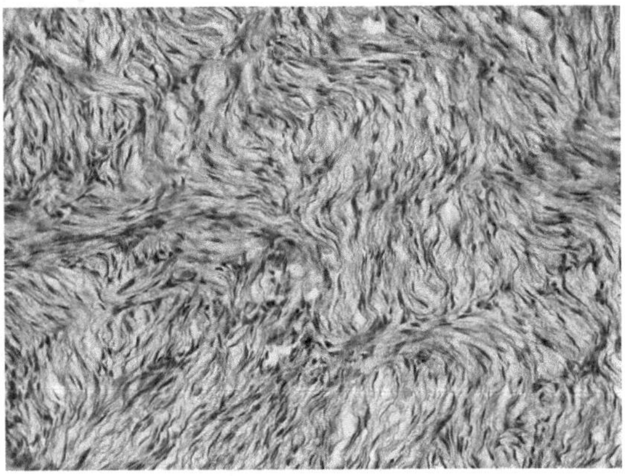

图 6-6 硬性纤维瘤
胶原纤维很多，纤维与瘤细胞呈束状相互交错或
呈旋涡状排列，瘤组织致密。

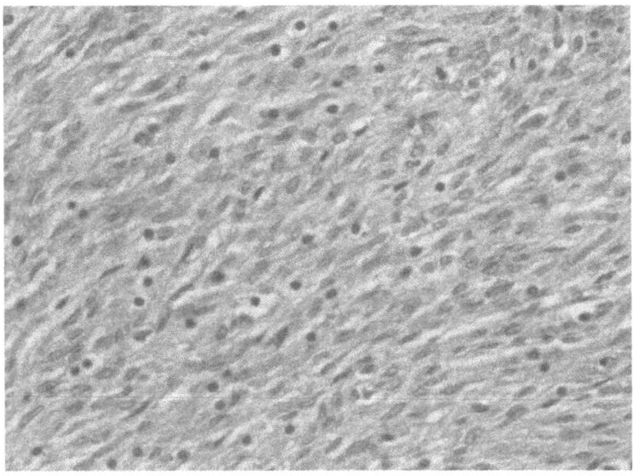

图 6-7 软性纤维瘤
瘤细胞较多，体积较大，呈梭形，
胶原纤维较少，瘤组织间散在淋巴细胞。

2. 脂肪瘤（lipoma） 是发生于脂肪组织的良性肿瘤，由分化成熟的脂肪瘤细胞构成，凡体内有脂肪组织的部位均可发生，尤以肠系膜、肠浆膜和大网膜多发。见于猪、马、牛、犬和羊等多种动物。

眼观，常为单发性，也可为多发，如双峰驼的肝脂肪瘤。多呈扁圆形或分叶状，有包膜，与周围界限清晰，质地柔软，表面呈淡黄或黄色，切面有油脂样光泽，略透明，肿瘤大小不一。肠系膜脂肪瘤常有蒂。

镜下，与正常脂肪组织相似，但其主要区别是：有包膜和纤维间隔，细胞体积较大（图 6-8）。若瘤组织中结缔组织所占比例较大时，称为纤维脂肪瘤（图 6-9）。

3. 软骨瘤（chondroma） 是软骨组织，尤其透明软骨发生的一种良性肿瘤。常见于马、犬、牛的长骨骨端、肋软骨、剑状软骨、喉头软骨、气管软骨和支气管软骨等处。发自骨膜并向外突起者称为骨膜软骨瘤（periosteal chondroma）；发自长骨骨干髓腔内者称为内生性软骨瘤（enchondroma）。

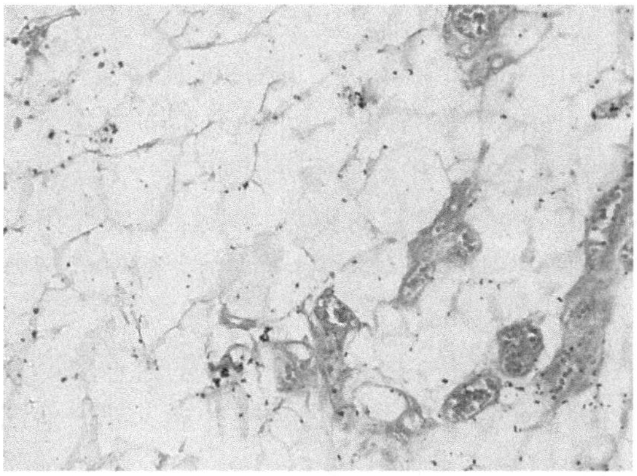

图 6-8 脂肪瘤

肿瘤实质由成熟的脂肪细胞构成，形状不规则，纤维间隔多少不等，富含血管并含红细胞。

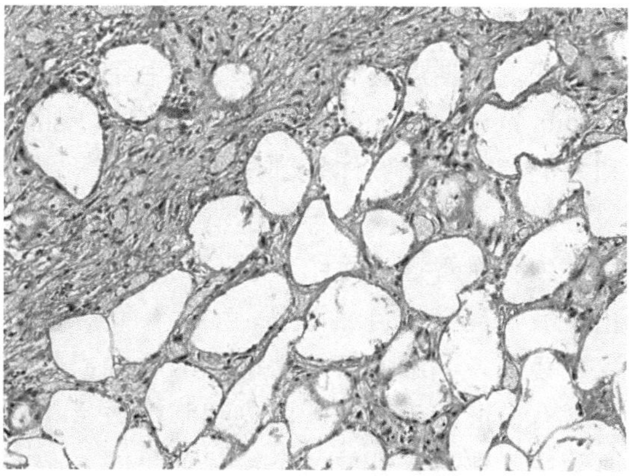

图 6-9 纤维脂肪瘤

瘤细胞形状各异，胞浆呈空泡状，含大量纤维组织。

眼观，呈豌豆至小儿头大小，质地较坚硬，大多呈球形，灰白色，外有包膜。切面呈淡蓝色或银灰色，半透明，可见有钙化或囊性变。

镜下，瘤组织由成熟透明软骨组成，呈不规则分叶状，小叶由疏松纤维血管间质包绕（图 6-10）。软骨囊大小不一，所含细胞数目不等，软骨细胞大小、排列和分布紊乱，有时软骨基质疏松不均匀。部分可见坏死、黏液样变性、钙化、骨化或形成囊泡等。

4. 骨瘤（osteoma） 是来源于骨膜的一种良性肿瘤，主要发生于颌骨、鼻窦、颜面骨、颅骨及四肢骨等。多见于鱼类、马和牛，尤其带鱼好发于脊柱（图 6-11）。多数在动物幼龄期发生，随年龄增长而逐渐长大，成年后肿瘤体积不再增加。

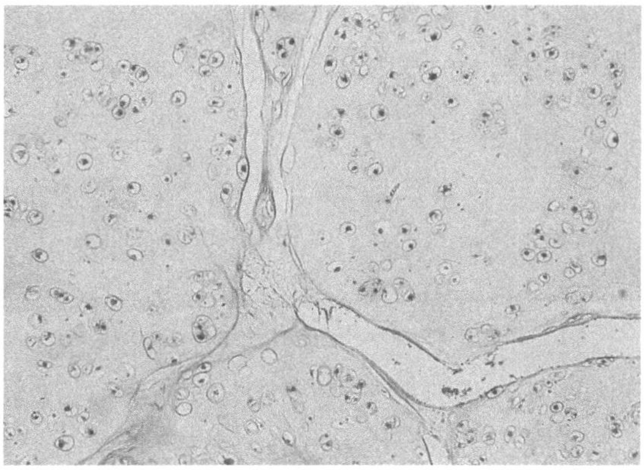

图 6-10 软骨瘤

小叶边缘的瘤细胞一般小而多，基质较少；而小叶中心的瘤细胞大，比较成熟，和成熟的软骨细胞更相似。

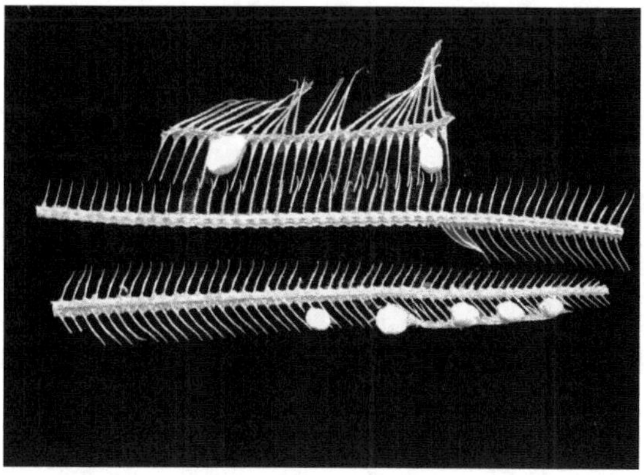

图 6-11 带鱼骨瘤

骨瘤呈圆形或椭圆形结节状，常位于脊柱的背侧或腹侧。上为带鱼骨骼的前半段，下为骨骼的后半段。

眼观，常呈扁圆形，外缘平整，附着于正常骨表面。牛、马的骨瘤，直径可达 14cm 左右，质地坚硬。

镜下，多数骨瘤外周由骨膜和一层不规则断续骨板组成。其内可见数量不等、粗细和长短不一、排列紊乱的成熟板状骨小梁。小梁间为疏松结缔组织，偶见脂肪髓或红髓。

5. 血管瘤（hemangioma）　较常见，是一种由不同类型血管增生所构成的没有境界的病变。根据形态和性状可分为毛细血管瘤（capillary hemangioma）、海绵状血管瘤（cavernous hemangioma）和静脉血管瘤（venous hemangioma）等类型。毛细血管瘤多发生于犬和马的背、胸和肢体等部位皮肤或皮下；海绵状血管瘤常见于牛肝脏和鸡皮肤。

眼观，无包膜，界限不清，发生在皮肤或黏膜时，可呈突起的鲜红、暗红或紫红色斑块，内脏血管瘤多呈结节状，切开后有大量血液流出。一般随动物生长而长大，成年后可停止发展，甚至可自然消退。

镜下，毛细血管瘤由增生的毛细血管构成，有时呈丝球状，可见各种切面的血管腔，其内含有血液；毛细血管内皮细胞多数呈单层，有时因内皮细胞增生可为数层；还有部分毛细血管由于保持未开放状态，只见呈同心圆或索状排列的内皮细胞（图 6-12）。海绵状血管瘤由扩张的血窦构成，大小不一，绝大多数呈不规则的窦状；窦内壁被覆内皮细胞，窦壁间为结缔组织，窦腔内含有血液，有时可见血栓，甚至机化（图 6-13）。

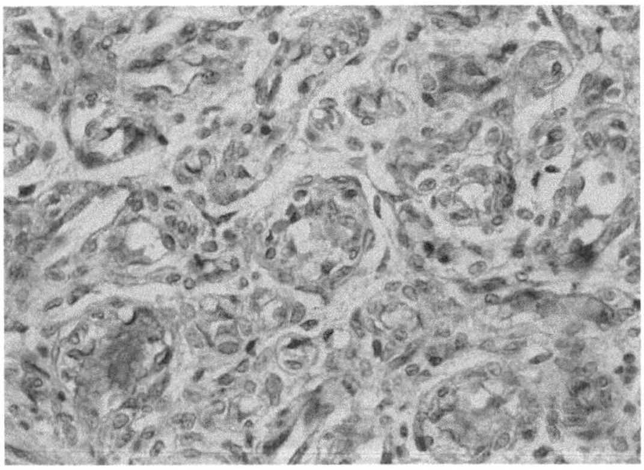

图 6-12　毛细血管瘤

瘤组织由异常增生的毛细血管构成。

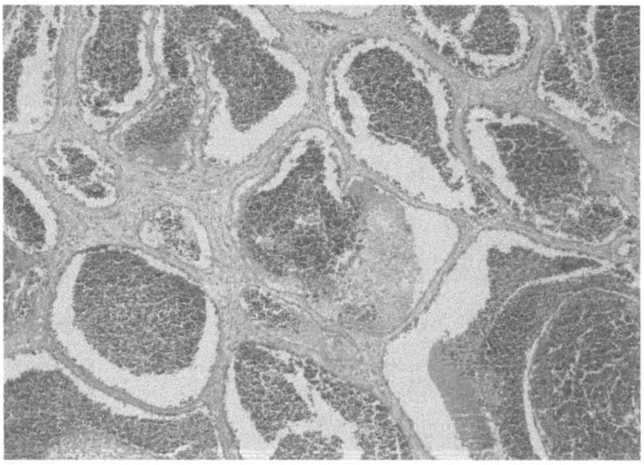

图 6-13　海绵状血管瘤

瘤组织由大小不等的扩张的血窦构成，腔内常充满红细胞，血窦之间有多少不一的结缔组织。

6. 平滑肌瘤（leimyoma）　是由平滑肌演进的良性肿瘤，最常见于犬，在牛、绵羊、猪、马、猫和其他动物也有报道。主要发生于消化道和泌尿生殖道，其中子宫平滑肌瘤最为多见。

眼观，呈球形，单个生长，界限清楚，但常缺乏包膜。肿瘤侵害阴道或阴户时常带蒂，且突出于阴户。大小由几毫米至 10cm 或更大；表面平滑，呈粉红或白色，质地较硬，特别是陈旧性肿瘤质地更硬，切面呈纵横交错的编织状或旋涡状。

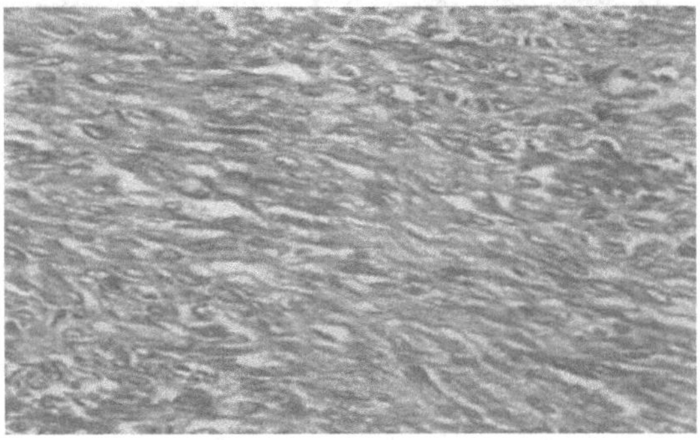

图 6-14　平滑肌瘤

瘤细胞呈梭形，细胞核两端钝圆，胞质丰富。

镜下，瘤组织由形态比较一致的梭形平滑肌细胞组成，但较正常平滑肌细胞密集，胞浆较丰富，稍红染。瘤细胞相互编织呈束状或栅状，核呈长杆状、两端钝圆、分裂象少见（图 6-14）。瘤组织中含有许多壁厚的小血管。用 Van Gieson、Masson 或 Mallory 磷钨酸苏木素染色，显示胞浆中有纵行肌丝，可作为平滑肌瘤的诊断依据。

（三）来源于其他组织的良性肿瘤

畸胎瘤（teratoma）是由一种或一种以上胚叶分化所形成的肿瘤。其特点是在机体某些部位出现正常不应有的组织成分，如皮下出现带毛皮肤等。根据外观可分为囊状畸胎瘤和实体畸胎瘤。前者好发于卵巢，多为良性；后者常见于睾丸，一般为恶性。也可见于皮下、胸腔、腹腔等。瘤组织分化高者为良性；分化低者为恶性。多发于马、骡、牛、猪、犬、鸡等。

眼观，囊状畸胎瘤多呈圆形或卵圆形，直径为 1.5～15cm（大动物）。切面为密闭的囊状，囊内含有蜂蜜样或粥样物质，呈灰黄色，混有被毛，有时生长于囊壁的毛形成紧密缠绕的毛球。禽类的皮样囊瘤中生长或存在游离羽毛。实体畸胎瘤多为实体性。

镜下，除可见皮肤组织及其附件外，还可见覆以立方上皮的腺体、气管、肠黏膜、骨、软骨、脑、平滑肌等组织，囊腔内含有游离的被毛、脱落变性上皮、胆固醇结晶和无定形的细胞分解产物。实体畸胎瘤还可见分化不良的神经外胚层成分。

二、恶性肿瘤

（一）来源于上皮组织的恶性肿瘤

1. 鳞状细胞癌（squamous cell carcinoma） 简称鳞癌，是皮肤和皮肤型黏膜发生的一种恶性肿瘤。常发生在鳞状上皮被覆部位，如皮肤、唇、口腔、舌、喉头、食管、子宫颈、阴道、阴茎等；也可发生在正常虽非鳞状上皮被覆、但可发生鳞状上皮化生的部位，如支气管、膀胱等，尤其是皮肤缺乏色素部位有多发倾向。马属动物多见于食管与贲门腺交接处和蹄枕、眼睑黏膜以及外生殖器。牛多见于眼睑和瞬膜。

眼观，鳞癌外观常呈花椰菜状，表面有坏死脱落时可形成边缘高突、基底坚硬的溃疡状，并发感染化脓菌时，伴有不同程度的恶臭。切面呈灰白色、粗颗粒状；癌组织可向周围或深层组织浸润，边界不清。其附近淋巴结常肿大。

镜下，鳞癌一般有两种表现形态。

1）角化鳞状上皮癌 癌细胞呈团状分布，形成癌巢，与间质界限清楚；高分化鳞癌的癌巢中央可见层状或团状角化物称为角化珠（keratin pearl）或癌珠。癌巢与癌巢之间有大量结缔组织及炎性细胞。癌巢结构与皮肤相似，其外层为梭形或低立方形基底细胞；内为大而呈多角形的棘细胞，细胞界限清楚，核分裂象少见；有时可见钙化现象（图 6-15）。

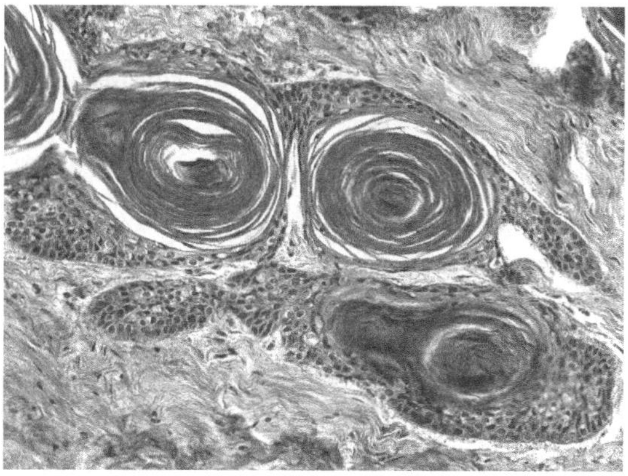

图 6-15 鳞状细胞癌（皮肤）

癌巢中心发生明显角化，形成典型的癌珠，呈同心层状结构。

2）无角化鳞状上皮癌 由分化较差的鳞状细胞组成。无角化珠形成，细胞异型性明显，核分裂象多见（图 6-16）。

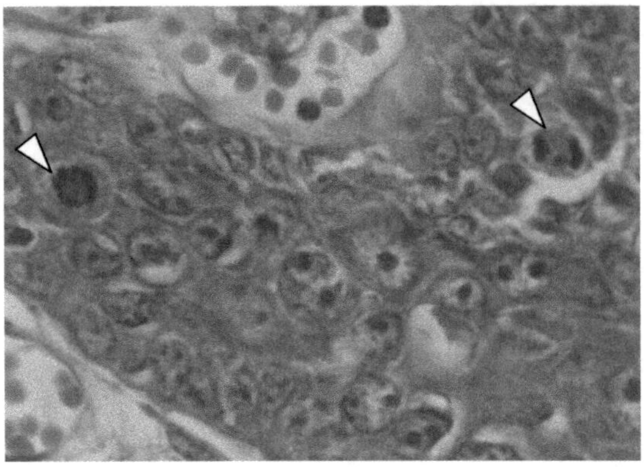

图 6-16　鳞状细胞癌（皮肤）
癌细胞异型性大，核分裂象（Δ）明显，核仁大而清晰。

2. 鼻咽癌（naso-pharyngeal carcinoma）　是来源于鼻咽黏膜上皮和腺体的恶性肿瘤。动物只见于猫、犬和猪。尤其在猪各种年龄均可发病，但主要发生于年龄较大母猪，特别是进口猪与本地杂交猪所产的子代最常见。另外，研究发现，患有鼻咽癌的猪，常伴有副鼻窦癌（上颌窦癌、筛窦癌或蝶窦癌）、原发性肝癌或淋巴肉瘤等，猪鼻咽癌常见于鼻咽侧壁和底壁。

眼观，瘤体呈黄豆大，灰白色，无光泽，无包膜，质硬而脆，切面呈粗细不等的颗粒状，有时散布小坏死灶。鼻咽侧壁和底壁黏膜增厚、粗糙，呈微细突起或结节状肿块，结节表面和切面有新生疤痕组织；筛窦癌多呈花椰菜样状，并常见肿瘤向上颌窦、颅腔或鼻腔方向浸润生长。

镜下，癌细胞大小、形态不一，染色质增多，核分裂象多见，排列紊乱。癌变细胞突破基底膜向间质呈乳头状或有分支的索样浸润。

3. 腺癌（adenocarcinoma）　是腺体（导管或分泌上皮）发生的恶性肿瘤。根据形态和分化程度可分为管状腺癌（tubular adenocarcinoma）、乳头状腺癌（papillary adenocarcinoma）、黏液癌（mucoid carcinoma）和髓样癌（medullary carcinoma）等。马、牛、犬等动物均有发生。见于各种腺器官，也见于支气管、胃肠道、胆管等。

眼观，体积大小不一，呈扁平、突起或花椰菜状，单发或多发，与周围界限不清，触之可有波动。切面常见大小不等的腺腔。若间质多于实质时，质地坚硬，切面干燥、色淡、呈纤维丝状，称为硬性癌；反之，其质地柔软，切面多汁，称为髓样癌。

镜下，癌细胞形成腺样结构，腺体呈圆形、长形、不正形或分支状。腺腔大小不等，扩张呈囊状，有的含大量黏液；无腔者，呈实体条索状或团状。癌细胞多为柱状，体积较大，呈单层或多层排列（与恶性程度有关），胞质略呈嗜碱性，核大，染色质多而深染，核分裂象十分明显。如果癌细胞呈实体性癌巢，称为实体癌或单纯癌（图 6-17）；如实体癌中间质少，而细胞较多，则为髓样癌。反之，如实体癌中间质多，细胞少而小，则是硬性癌。

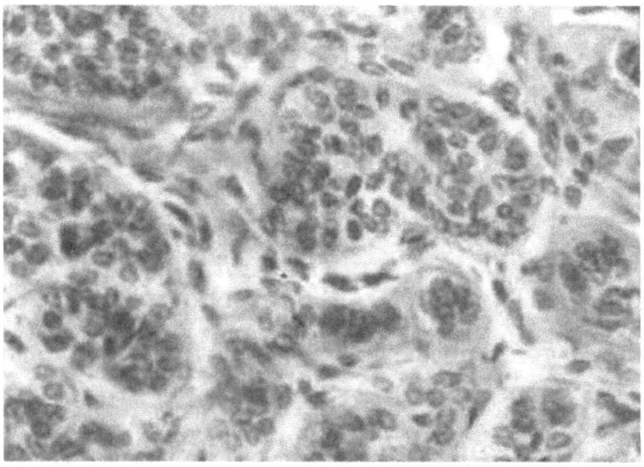

图 6-17　乳腺癌
癌巢大小不一，形态不整；癌细胞为多形态，排列密集；核呈卵圆形，染色质多，核仁明显，可见核分裂象。

4. 原发性肝癌（primary carcinoma of liver）　是肝细胞或肝内胆管上皮细胞发生的恶性肿瘤，简称肝癌。已报道的有牛、山羊、绵羊、猪、鸭、火鸡、鸽、犬、马和鱼等。其中鸭发病率最高。

1）眼观　原发性肝癌分为弥漫型、结节型和巨块型三种，其中以前两型多见。

（1）弥漫型。其特征是癌组织在肝内弥漫分布，肝肿大，无明显肿瘤结节。肝表面和切面可见许多不规则、且呈灰白或灰黄色斑点或斑块。

(2) 结节型。最常见，特征是肝组织内形成圆形或椭圆形，大小不一的瘤结节。小结节只有粟粒大，最大的结节，直径可达几厘米。瘤结节通常多个同时出现，不均匀地分布于各肝叶，小结节可相互融合形成较大结节。结节硬度与肝组织相似，切面呈乳白色、灰白色、淡红色、灰红色、淡绿色或黄绿色不等。结节与周围组织分界明显，被膜下瘤结节向表面隆起可使肝表面凹凸不平。

(3) 巨块型。较少见，其特点是肿瘤为单发，呈巨块状、圆形，质地较软，中心部常见出血，瘤体周边常见散在的卫星状瘤结节。

2) 镜下　根据组织来源肝癌可分为肝细胞癌、胆管上皮(细胞)癌和混合性肝癌三种。

(1) 肝细胞癌 (liver cell carcinoma)。发源于肝细胞，最多见，分化成熟较好的癌细胞与肝细胞类似，呈多角形，胞浆丰富，嗜酸性，核大、圆形、核仁清楚；分化成熟较差者，癌细胞异型性明显，可见瘤巨细胞和多核瘤细胞。癌细胞呈条索状、巢状或腺管样排列，其周围有血管内皮包绕。

(2) 胆管上皮(细胞)癌 (cholangiocarcinoma)。发生于肝内胆管上皮细胞，较少见，癌细胞呈立方形、低柱状或高柱状，通常排列成不规则的腺管状，管腔内常有黏液积聚。

(3) 混合性肝癌 (mixed carcinoma)。最少见，癌组织具有肝细胞癌与胆管上皮(细胞)癌两种成分，但以肝细胞癌成分为主。

5. 尿路上皮癌 (urothelial carcinoma)　又称为移行细胞癌 (transitional cell carcinoma)，常发生于膀胱、尿道与肾盂等部位。

眼观，呈单个或多灶性，肿瘤大小不等，呈乳头状或息肉状，也见扁平斑块状，可分为浸润性和非浸润性两种。

镜下，癌细胞异型性明显，呈复层排列。牛膀胱移行细胞癌最为多见，包括原位癌、乳头状癌和浸润性癌。

(二) 来源于间叶组织的恶性肿瘤

间叶组织的恶性肿瘤统称为肉瘤，比癌少见。眼观常呈结节状或分叶状。除浸润性生长外，也可挤压周围组织并形成假包膜。瘤体积较大，切面多呈灰红色或灰白色，质软，切面湿润，呈鱼肉状，易发生出血、坏死、囊性变等继发改变；镜下，肉瘤细胞大多呈弥漫性分布，不形成细胞巢，与间质界限不清，肉瘤细胞间有纤细的网状纤维；间质结缔组织少，但血管丰富，故易发生血道转移。

1. 纤维肉瘤 (fibrosarcoma)　是来自纤维结缔组织的肉瘤，多为原发性，少数可由纤维瘤恶变而来。动物纤维肉瘤一般恶性程度不高，不会引起严重后果，但个别病例可发生肺转移，甚至致死。多见于马、骡、牛、犬和鸡皮下、黏膜下、肌膜、肌间和骨膜等。

眼观，常呈圆形、椭圆形，有时呈结节或分叶状，多数与周围境界不清。质地较软；切面呈粉红色、致密、湿润，呈鱼肉状。有时可见坏死、出血。

镜下，瘤细胞呈圆形、长圆形、棱形和不规则形，大小不一，胞质呈弱酸性或嗜碱性，部分胞体境界不清。核分裂象多见。间质中可见数量不等的胶原纤维，有的致密呈索状，将瘤组织分成小叶；部分仅在瘤细胞间出现微量纤维(图 6-18)。毛细血管极丰富。

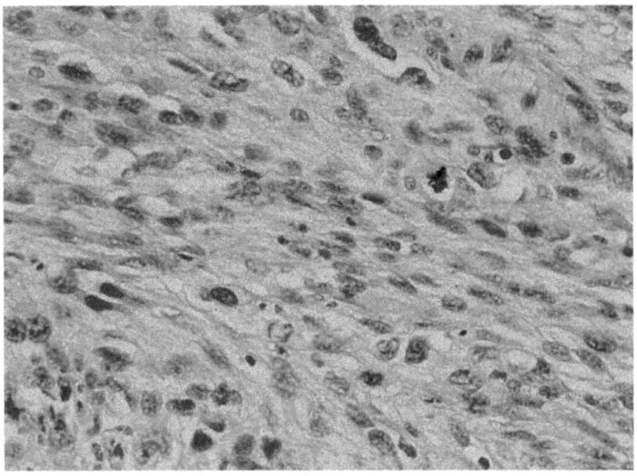

图 6-18 纤维肉瘤
瘤细胞呈多形性，核大，染色质多，核仁明显，可见核分裂象。

2. 脂肪肉瘤（liposarcoma） 是来源于原始间叶组织的恶性肿瘤，极少由脂肪瘤恶变而来。多见于股部、腹股沟等深部组织，犬多发于皮下脂肪，并有肝、肺，甚至骨转移。根据形态及其成分可将脂肪肉瘤分为：黏液样型脂肪肉瘤、圆形细胞型脂肪肉瘤和多形性脂肪肉瘤等三种。

眼观，瘤体多为结节状或分叶状，表面常被覆假膜，质地较脂肪瘤坚硬，切面呈灰白色，黏液样外观或均质呈鱼肉样，常见继发改变，如出血、坏死及囊性变等。

镜下，瘤细胞形态多种多样（圆形、多角形、星形和梭形等），胞浆嗜酸性，其中含数量不等、大小不一的脂滴；核呈圆形或卵圆形、深染、核仁较大、分裂象少见，常见多核巨细胞。瘤组织富含血管。

（三）来源于淋巴造血组织的恶性肿瘤

1. 淋巴（肉）瘤（lymphosarcoma） 是发生于淋巴组织的一种恶性肿瘤。见于多种动物，但牛、鸡、犬和猪淋巴结和肠壁淋巴小结及骡脾脏等最易发。

眼观，瘤体大小不等，呈结节或团块状，与周围组织粘连。发生在淋巴结者，淋巴结肿大，呈拳头或更大；发生在肠壁淋巴小结者，呈鸡蛋至手掌大；发生在脾脏、肝脏、肾脏等内脏者，呈多发性结节状，大者可达几十千克。切面呈灰白色，质地较软，似鱼肉样。有些可见出血或坏死。

镜下，肿瘤以异型成淋巴细胞和淋巴细胞样瘤细胞为主。前者较正常淋巴细胞大，胞浆较丰富，核圆、淡染、呈空泡状、核分裂象明显；后者核圆而浓染，核分裂象也多见。另外，间质中可见丝状的网状纤维，但淋巴小结和淋巴窦的正常结构已完全消失。

2. 白血病（leukemia） 是造血干细胞克隆性增生形成的恶性肿瘤。哺乳动物白血病包括淋巴细胞性白血病和骨髓性白血病。前者是各种动物最常见的白血病，其特点为白细胞大量增殖，表现为血液中淋巴细胞总数明显增加。增生的白细胞主要为异型淋巴细胞、成淋巴细胞和网状细胞；后者也可见白细胞增多，但没有前者明显，增生的白细胞主要是幼稚型中性粒细胞、早幼粒细胞、晚幼粒细胞和髓母细胞等。各型白血病除血液中白细胞数增多外，其各器官组织内可见由相应增生细胞构成的肿瘤。

贫血是白血病的基本特征之一。血液稀薄，黏度显著下降，凝固缓慢，因此常有出血倾向。

（四）来源于其他组织的恶性肿瘤

1. 恶性黑色素瘤（malignant melanoma） 是高度恶性的黑色素细胞肿瘤。在动物中马、骡，尤其是老龄青色马最为多发。原发病灶主要见于肛门周围和尾根部皮肤，也可见于眼睑等。

镜下，瘤组织主要由含有多少不等的黑色素的瘤细胞构成（图 6-19）。

2. 肾母细胞瘤 又称肾胚细胞瘤或成肾细胞瘤，是幼龄动物比较常见的一种肾肿瘤，各种动物均可发生，最多见于猪、兔、鸡，偶见于牛、羊。

眼观，瘤体多呈结节状或分叶状，少数为花椰菜样或浸润肿状，肿瘤大小不等，从粟粒至巨型肿块，呈灰白色，有一层包膜，质地柔软。

镜下，组织成分复杂，结缔组织与上皮组织分隔或混合存在。瘤细胞为圆形或梭形，核分裂象明显。瘤细胞常组成团块状或构成肾小管样结构。

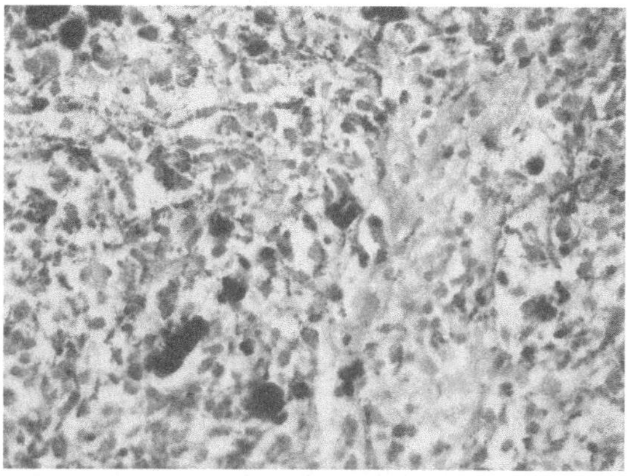

图 6-19 恶性黑色素瘤

瘤细胞呈多形性，胞浆有数量不等，呈黑褐色的色素颗粒。

第五节 肿瘤的诊断

大多数肿瘤的病理诊断，依靠常规石蜡切片，结合临床资料，即可做出正确的病理诊断，少数分化低的肿瘤则需要采用特殊染色、免疫组织化学染色和超微结构观察等技术，才能做出恰当的病理诊断。

一、活体组织学检查

该法不但可观察细胞形态，而且可看到部分组织结构，因此，较细胞学检查更为准确可靠。是肿瘤诊断病理学中最重要的部分，被认为是临床的最后诊断。

1. 活检的基本步骤 送检标本的肉眼观察→取材→固定→洗涤→脱水→包埋→制成薄切片→苏木素-伊红染色→光镜下观察。通过对病变组织或细胞形态变化识别、分析，再结合肉眼观察和临床有关资料，对疾病做出病理学诊断。经上述方法，对常见或典型病例可做出确诊，但对一些疑难、罕见病例，还需通过组织化学、免疫组织化学、电镜、甚至分子生物学等方法进行辅助诊断，才能做出最终的诊断。

2. 活检的常用类型 活检可分为术前活检、术中活检和术后活检三类。

1） *术前活检* 是指在肿瘤手术或在其他治疗（如化疗、放疗）前进行的活体检查。其目的是明确诊断，以便临床采取相应手术或其他治疗措施。一般是取一小部分病变组织，经上述步骤处理，需 3～7d 才能做出诊断报告。该法的优点是：创伤较小，一般在门诊可进行，对绝大多数肿瘤能术前确诊，为临床下一步治疗方案的确立提供依据。其缺点是：诊断报告等待时间长（最少 3d 以上），急需确诊病例不适应；取材范围受限（取材不规范或未取到病变），易造成漏诊或诊断困难；深部组织难以取材；易造成出血或病变播散。

2） *术中活检* 是指在肿瘤手术或探查手术进行中所做的检查。其目的是：①确定病变性质（良恶性），以便决定手术方案；②确定恶性肿瘤的扩散情况，决定手术范围，如浸润范围、深度，有无转移，以及手术切除边缘组织有无瘤细胞等；③鉴定手术切除组织的类型。该法的优点是：能对性质不明病变予以确诊；诊断报告完成时间短（一般在 30min 以内）；并能知道病变范围，如病变侵犯深度、多远等。其缺点为：①适应范围受限，只适应于体表或内部器官手术探查，并需确诊良恶性时应用，对病变复杂和需要辨认细胞微细结构

（如恶性淋巴瘤）等均不适应；②受取材限制，易出现假阴性（漏诊）；③对病理工作者技术要求高，由于制片、染色等时间短，切片也厚，组织结构没有石蜡切片清晰，又要在几分钟内做出诊断，没有更多时间思考和参考相关资料，故诊断难度大；④不能依据组织形态判断良恶性的肿瘤不适用。

3）*术后活检*　是指对手术切除的病变及相关组织、器官进行较全面的病理学检查。其目的是：确定疾病的性质、类型、严重程度、切除是否彻底、有无播散，以判断术前或术中诊断是否正确、手术治疗是否彻底、是否需要进一步辅助治疗以及预后取向等。该法的优点是：检查全面细致，诊断更可靠。其缺点为：对不适于手术治疗或手术中发现已不能切除的病例不能进行全面诊断，另外，受主、客观因素的影响，依然有少量漏诊或误诊。

二、X 射线透视检查

X 射线检查是临床早期发现、早期诊断和鉴别诊断肿瘤最有效方法之一，是肿瘤诊断和治疗中不可缺少的工具。该法既能对病变定位、定型、定性，又能了解病变大小、数量、范围和与周围器官组织的关系以及有关并发症，从而为临床治疗措施制定、疗效观察和预后评估提供可靠依据。只要合理应用 X 射线检查并结合临床病史、体征及其他辅助检查，就能达到确诊目的。

1. 常用检查方法　常规透视、拍片、各种体腔管道造影、血管造影（包括数字减影血管造影，DSA）、X 射线 CT 扫描及磁共振成像（MRI）等。

2. 首选检查的肿瘤疾病　X 射线作为首选检查的肿瘤有：肺癌及纵隔肿瘤、胃肠道肿瘤、骨转移癌、骨原发性肿瘤、乳腺癌、脑肿瘤等。

3. 肿瘤普查　挽救肿瘤特别是恶性肿瘤患病动物（尤其在人类）最重要措施，就是早发现、早诊断、早治疗，其中早期诊断是核心和关键。要早期发现肿瘤，最积极措施就是普查，而 X 射线检查又是常用方法之一。目前在医学界应用较多的是肺癌和上消化道肿瘤的普查。

三、免疫学检查

1. 免疫学方法在肿瘤诊断中的应用范围

（1）疑难、罕见病例，应用常规病理检查方法不能做出明确诊断者。

（2）形态相似，但组织来源不同的肿瘤（如未分化癌与恶性淋巴瘤）的诊断与鉴别。

（3）某些缺乏特有组织学特征的转移性肿瘤，确定其原发病灶者。

（4）通过某些与细胞增殖和肿瘤恶性程度有关标记物检查，以协助确诊肿瘤良恶性病性者。

2. 免疫学方法的主要步骤与常用标记物

1）*主要步骤*　抗原提取→免疫动物制备抗血清（多克隆或单克隆抗体）→抗体纯化→抗体标记组织切片→染色→结果观察。

2）*常用标记物*　主要包括：荧光标记物、酶标记物、金属标记物及生物素-亲和素标记物等。其中酶标记物应用最广，常用辣根过氧化物酶（HRP）、碱性磷酸酶（APK）和葡萄糖氧化酶（GOD）三种；金属标记物常用有胶体金和铁蛋白，多用于免疫电镜；荧光标记物常用有异硫氰酸荧光素（FITC）和四甲基异硫氰酸罗明达（TRITC）。

3. 常用免疫学组织染色方法　有直接法、间接法、PAP 与双 PAP 法、ABC 法和链式聚合物偶氮技术等。不同方法均具有各自不同的优缺点，应依据实际情况选择适合要求的方法。

4. 常见肿瘤标记物 肿瘤标记物是指在肿瘤发生和增殖过程中，由肿瘤细胞合成、释放或者是机体对肿瘤细胞反应而产生的一类物质。当机体发生肿瘤时，其血液、细胞、组织或体液中的某些肿瘤标记物就可能相应升高。通过该类物质的检查可在肿瘤普查中早期发现肿瘤，帮助观察抗肿瘤治疗疗效和判断预后。目前发现的肿瘤主要标志物有：甲胎蛋白（AFP），癌胚抗原（CEA），糖原 125（CA125）、CA153、CA199、CA724、CA211、CA242 等，铁蛋白（Fer），神经元特异性烯醇化酶（NSE），前列腺特异性抗原（PSA），组织多肽抗原（tissue polypeptide antigen，TPA），绒毛膜促性腺激素（CG），β-绒毛膜促性腺激素（β-CG），性激素和甲状腺激素，甲状腺球蛋白（TG），抗甲状腺球蛋白（ATG），甲状腺结合球蛋白（TBG），抗甲状腺过氧化物酶（ATPO）等。

不同肿瘤，其肿瘤标记物不同，如 CEA 常见于肠癌、胃癌，CA199 常出现在肠癌、胰腺癌，CA153 多见于乳腺癌，所以临床根据不同肿瘤检查不同标记物。但是，迄今为止，所知肿瘤标记物绝大多数不仅存在于恶性肿瘤，也存在于良性肿瘤、胚胎组织，甚至正常组织中。肿瘤标记物不是肿瘤组织所特有，故易产生所谓的假阳性和假阴性。引起上述现象的主要因素有：①某些病理过程或疾病，如炎症时，一些肿瘤标记物表达增加：病毒性肝炎、肝硬化时，AFP、CA199、CEA 等都可能升高。②某些生理变化，如妊娠时，AFP、CA125、HCG 也会升高。③风湿病时，CA199 可增高。另外，肿瘤标记物在正常范围内也不能完全排除有关肿瘤，如 AFP 阳性率只有 75%～90%，还有 10%左右的肝癌动物 AFP 为阴性。

综上所述，肿瘤标记物仅仅只能作为辅助诊断指标之一，不能单独依靠肿瘤标记物，单次肿瘤标记物升高，其意义并不大，如果发现某个或几个肿瘤标记物持续升高，应提高警惕，需要进行其他检查，特别是病理学检查以进一步确诊。

复习思考题

1. 名词解释：肿瘤 癌 肉瘤 肿瘤演进 肿瘤异质化 肿瘤细胞生长分数 癌基因 原癌基因 肿瘤抑制基因
2. 什么是肿瘤异型性、分化程度？其与肿瘤良恶性有何关系？
3. 试述肿瘤的生长方式。
4. 试述恶性肿瘤的扩散途径。
5. 良性肿瘤与恶性肿瘤有何区别？各自对机体有何影响？
6. 鳞癌和腺癌的结构特点分别是什么？其与肉瘤有何区别？
7. 肿瘤性增生与非肿瘤性增殖的主要区别是什么？
8. 试述肿瘤形成的分子机制。
9. 良性肿瘤与恶性肿瘤的命名原则有何区别？

（郑世民）

第七章　应激与疾病

第一节　概　　述

一、应激的概念

应激（stress）又称应激反应（stress response），是指机体受到内外环境刺激而出现的一系列全身性非特异性适应反应。能引起应激反应的各种刺激因素则称为应激原（stressor）。

应激是生物界普遍存在的自然现象，是生物保持个体生命存在和延续种族所必需的机制，也是机体适应和保护机制的一个重要组成部分。因此，应激的本质是动物机体在进化过程中所获得的一种适应防御反应，是机体对各种不同刺激因素所产生的同一个模式反应。但需要强调的几个问题是：

（1）应激反应必须在受到刺激因素刺激的前提下才会发生。

（2）应激反应是一种非特异性全身反应，各种刺激因素引起应激反应的表现是相似的。

（3）应激反应对机体的意义。当应激原不十分强烈且作用的时间比较短时，有利作用占主导地位，主要表现在：①在神经内分泌因素的作用下，机体能源物质分解加强，可为机体提供充足的能量。②脑、心脏和肺脏等重要生命器官的功能显著增强。③在应激原作用后数小时内机体便可大量合成多种保护性物质（如急性期蛋白和热休克蛋白等），以便保护机体、减轻损伤。当应激原强烈或持续时间过长时，则以对机体的损伤作用占主导地位，主要表现在：①能源物质的大量消耗。②心脏、肺脏等器官超负荷运作。③免疫防御机能抑制。④肾脏、胃肠等脏器在血流重新分布中受到损害。应激反应强烈而持久地进行下去，必然导致机体发生疾病或使原发病恶化，甚至死亡。

二、应　激　原

任何刺激因素（内外环境因素）只要达到一定强度均能够引起应激反应，成为应激原。在畜牧业生产中常见的应激因素可概括为以下七个方面。

1. 物理性应激因素　过热、过冷、强辐射、贼风、强噪声以及去势、打耳号、断尾等。

2. 化学性应激因素 畜禽舍中的氨、硫化氢、二氧化碳等有毒有害气体。

3. 饲养性应激因素 饥饿或过饱、日粮营养不均衡、急剧变更日粮与饲养水平、饮水不足和水质不卫生或水温过低、饲料投饲时间过长等。

4. 生产工艺性应激因素 饲养规程变更、饲养员更换、断奶、称重、转群、饲养密度过大和组群过大等。

5. 心理性应激因素 争斗、在畜群中的等级地位、惊吓、饲养员的粗暴对待等。

6. 运输应激因素 装卸和运输行程中的不良条件及刺激等。

7. 兽医预防或治疗应激因素 防疫注射、消毒和兽医治疗等。

三、应激的分期

早在20世纪30年代加拿大生理学家Selye研究了应激反应的基本过程，发现尽管应激原各不相同，但它们都可引起一系列相似的非特异性反应，这种反应称为全身适应综合征(general adaptation syndrome，GAS)。机体对短暂且不强烈应激原的刺激，往往表现为短期的应激反应，在消除应激原后，机体很快恢复平静。如果应激原持续作用于机体，应激则表现为逐渐发展的动态过程。

在应激原的长期影响下，身体的抵抗通常经历三个阶段。

1. 警觉期（stage of alarm reaction） 此时个体觉察到环境的威胁，交感神经系统被激活，从而引起对抗或逃避反应，机体为应对应激原而动员能量。此阶段为紧急反应阶段，即机体对应激原作用的早期反应。此期特点是机体防御机制快速动员，以交感-肾上腺髓质系统兴奋为主。该阶段又分为休克相和抗休克相。

1）休克相 表现为体温和血压下降，血液浓缩，神经系统抑制，肌肉紧张度降低，进而发生组织降解、低氯血、高钾血、胃肠急性溃疡、机体抵抗力低于正常水平，可持续几分钟至24h。

2）抗休克相 当应激反应进入抗休克相时，机体的防卫反应加强，血压上升，血钠和血氯增加，血钾减少，血糖升高，分解代谢加强。胸腺、脾脏等淋巴器官萎缩。嗜酸性粒细胞和淋巴细胞减少。肾上腺皮质肥大，机体总抵抗力提高，甚至高于正常水平。

2. 抵抗期（stage of resistance） 此时警觉期的反应消失，机体处在与应激原作长期抗衡的状态，在神经、内分泌、免疫系统的协调下，各系统均处于动员状态。机体在此阶段克服了应激原的作用而获得了适应，新陈代谢趋于正常，合成代谢占主导地位，血液变稀，血液中的白细胞和肾上腺皮质激素含量趋于正常，机体的全身性非特异性抵抗力提高到正常水平以上。研究者认为，每个人或动物都具有不同程度的适应性能量储备，这些能量储备具有身心基础，用于应对各类应激。此期的特点是机体以肾上腺皮质激素增多为主；对特定应激原的抵抗程度增强。

3. 衰竭期（stage of exhaustion） 在此阶段，用来对抗应激的生理、心理能量已被耗竭，机体需要得到能量补充。此时，如果机体不再有可供动员的能量储备来对抗不良应激，则可导致严重的疾患。应激反应程度加深，出现各种营养不良，肾上腺皮质虽然肥大，但功能低下。分解代谢又重新占主导地位，体重急剧下滑，机体储备耗竭，新陈代谢出现不可逆变化。机体适应机能被破坏，最终导致畜禽的死亡。此期特点是虽然肾上腺皮质激素增高，但其受体数量和亲和力均下降；出现应激相关疾病的表现。

应激反应的三个阶段是一个连续过程，且上述三个阶段并不一定都依次出现，多数应激只引起第一、第二期的变化，只有少数严重的应激反应才进入第三期。对畜禽的不良影响大多发生在第一、三阶段，第二阶段是畜禽通过代偿而获得了适应，生产力和总体抵抗力得以恢复，甚至高于应激前水平。

第二节 应激的基本表现

一、神经内分泌反应

当机体受到强烈刺激时，应激的基本反应为一系列的神经内分泌改变，而其最主要的改变则表现为交感-肾上腺髓质系统（sympathetic-adrenal medulla axis）和丘脑-垂体-肾上腺皮质系统（hypothalamus-pituitary-adrenal cortex system，HPA）的强烈兴奋，并伴有其他多种内分泌激素的改变（图 7-1）。这些改变是机体应激时所出现的全身性非特异性反应的基础。

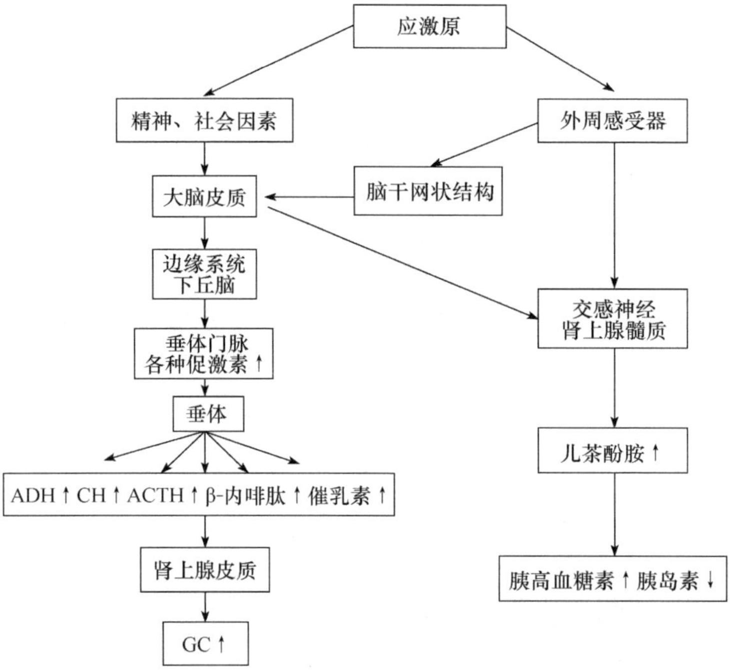

图 7-1 应激时神经内分泌反应示意图

（一）交感-肾上腺髓质系统

1. 结构基础 交感-肾上腺髓质系统的中枢调节和整合部位主要位于脑桥蓝斑及相关的去甲肾上腺素能神经元。其中去甲肾上腺素能神经元的上行纤维主要投射至杏仁复合体、海马、边缘皮质及新皮质，是应激时情绪变化、学习记忆及行为改变的结构基础。肾上腺素能神经元的下行纤维主要分布于脊髓侧角，调节交感神经张力及肾上腺髓质中儿茶酚胺（肾上腺素、去甲肾上腺素和多巴胺）的分泌。

2. 应激时的基本效应

1）中枢效应 应激时，交感神经兴奋，血浆儿茶酚胺水平升高。去甲肾上腺素释放增多可引起兴奋、警觉及紧张、焦虑等情绪反应。应激原不同，所引起的交感-肾上腺髓质系统兴奋的程度也不相同。一般认为，躯体应激以去甲肾上腺素释放增多为主，而心理应激则以肾上腺髓质分泌肾上腺素增多为主。另外，应激原的强度和刺激作用持续的时间，也影响交感-肾上腺髓质系统的反应。

2）外周效应　主要表现在血浆中肾上腺素、去甲肾上腺素及多巴胺等儿茶酚胺的浓度迅速升高。位于脑桥蓝斑的去甲肾上腺素能神经元还与下丘脑有密切联系。前者释放去甲肾上腺素后，刺激下丘脑室旁核神经元上的α-肾上腺素能受体而使促肾上腺皮质激素释放激素（corticotropin releasing hormone，CRH）释放增多，从而激活下丘脑-垂体-肾上腺皮质轴。

应激时交感-肾上腺髓质系统的兴奋，可引起一系列功能和代谢变化。这些变化，在某种程度上有利于机体的防御、代偿机制，但也可造成不利的影响。

3. 对机体的影响

1）适应代偿意义　主要表现在五个方面：①心率加快、心收缩力加强、外周总阻力增加：有利于提高心脏每搏和每分钟输出量，提高血压。②血液的重分布：交感-肾上腺髓质系统兴奋时，皮肤、腹腔内脏、肾脏等的血管收缩，脑血管口径无明显变化，冠状血管反而扩张，骨骼肌的血管也扩张，从而保证了心脏、脑和骨骼肌的血液供应，这对于调节和维持各器官的功能，保证骨骼肌在应付紧急情况时的加强活动，有很重要的意义。③支气管舒张：有利于改善肺泡通气，向血液提供更多的氧。④促进糖原分解，升高血糖：促进脂肪分解，使血浆中游离脂肪酸增加，从而保证了应激时机体对能量需求的增加。⑤儿茶酚胺对许多激素的分泌有促进作用：儿茶酚胺分泌增多是引起应激时多种激素变化的重要原因。

2）不利影响　主要表现在五个方面：①出现紧张、焦虑、抑郁和愤怒等情绪反应及行为改变。②腹腔内脏血管的持续收缩可导致腹腔内脏器官缺血，胃肠黏膜的糜烂、溃疡、出血，这是应激性溃疡的主要发病机制之一。③外周小血管的长期收缩可使血压升高。④外周小血管收缩，微循环灌流量少，导致组织缺血。⑤心率加快，心肌耗氧量增加，导致心肌缺血。

（二）下丘脑-垂体-肾上腺皮质系统（HPA 轴）

1. 结构基础　包括下丘脑的室旁核、腺垂体和肾上腺皮质。室旁核作为该神经内分泌轴的中枢部位，上行与边缘系统的杏仁复合体、海马结构及边缘皮层有广泛的往返联系，下行纤维则通过 CRH 控制腺垂体促肾上腺皮质激素（adrenocorticotropic hormone，ACTH）的释放，从而调控肾上腺糖皮质激素（glucocorticoid，GC）的合成和分泌。

室旁核 CRH 的释放也受到脑桥蓝斑中去甲肾上腺素能神经元的影响。

2. 应激时 HPA 轴兴奋的基本效应

1）中枢效应　由 CRH 分泌增多引起，出现抑郁、焦虑及厌食等情绪行为改变。

2）外周效应　主要由 GC 引起。应激时机体 GC 分泌增加，升高幅度大而且反应较迅速。其升高程度和持续时间与病情发展有关，故可作为反映应激强度的指标。例如，烧伤性休克病畜，血浆皮质醇浓度可高达正常的 3～4 倍，经抗休克治疗后有所降低，但仍高于正常水平，甚至可长达 2～3 个月。动态检测血浆 GC 的变化对于判断应激的强度或并发症的存在具有重要意义。

应激时糖皮质激素分泌增多的机制：应激时糖皮质激素分泌增多，主要是受下丘脑-垂体-肾上腺皮质相互作用所致。在生理情况下，下丘脑分泌的促肾上腺皮质激素释放因子

(corticotropin releasing factor，CRF）经垂体门脉进入腺垂体刺激促肾上腺皮质激素释放。后者作用于肾上腺皮质，促进皮质醇分泌。皮质醇和 ACTH 的增多，又反馈抑制 CRF 和 ACTH 的释放。下丘脑受大脑各部控制，其中主要接受来自上部的边缘系统纤维及来自下部的脑干网状结构的影响。来自边缘系统杏仁核的纤维参与调节情绪性的应激反应，如恐惧、愤怒、忧虑等应激原均经此途径显著增加 ACTH 分泌；而创伤、温度剧烈变化等应激原，则可通过外周感受器传入冲动，引起脑干网状结构中的上行激动系统兴奋，再激发 CRF 和 ACTH 的释放。在应激时，上述的负反馈抑制作用减弱，从而出现 ACTH 和皮质醇大量分泌（图 7-2）。

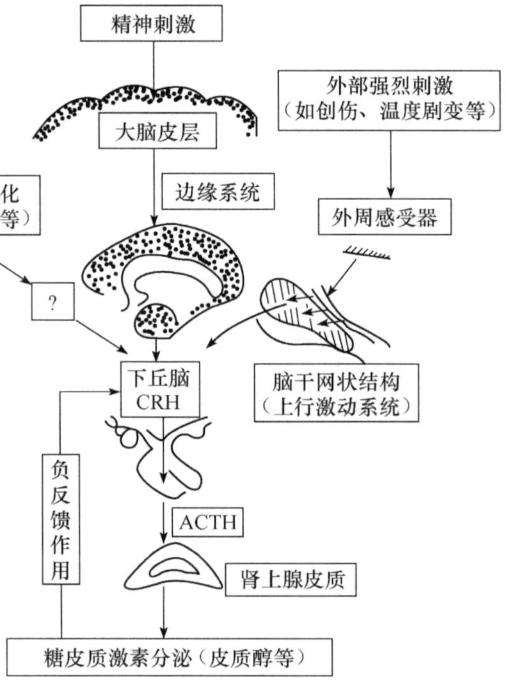

图 7-2 应激时糖皮质激素分泌的调节

3. 对机体的影响

1）适应代偿意义　因为 GC 可以提高机体的适应能力，所以 GC 分泌增多成为应激反应的重要环节。例如，切除肾上腺的动物应激时极易死亡，但是，如给切除肾上腺的动物补充 GC，则可恢复动物的抗损伤能力。

GC 之所以能够提高机体的适应能力，是因为它有以下生物学效应：①提高心血管系统对儿茶酚胺的敏感性。②促进蛋白质分解和糖原异生，抑制肌肉组织对葡萄糖的利用，从而可补充肝糖原的贮备和提高血糖水平。③稳定溶酶体膜，使溶酶体内的溶酶不致逸出，以免损伤细胞。④抑制促炎介质的生成、释放和激活，避免过强的炎症和变态反应发生。

2）不利影响　GC 对机体的不利影响包括：①抑制免疫反应：慢性应激后多种细胞因子及炎症介质生成减少，免疫力下降，易并发感染。利用 GC 抑制免疫反应这一特点，许多自身免疫性疾病，如系统性红斑狼疮、过敏性紫癜等均可用 GC 来进行治疗。②抑制生长发育：CRH 使生长激素分泌减少，GC 使靶细胞对胰岛素样生长因子（ICG-1）产生抵抗，从而导致生长发育迟缓，伤口愈合不良等。③抑制性腺轴：GC 使促性腺素释放激素（gonadotropin releasing hormone，GnRH）、黄体生成素（luteinizing hormone，LH）的分泌减少，并使性腺对上述激素产生抵抗，从而使性功能减退，哺乳期母畜泌乳减少等。④抑制甲状腺轴：GC 可抑制促甲状腺素释放激素（thyrotropin releasing hormone，TRH）及促甲状腺激素（thyroid stimulating hormone，TSH）的分泌，并阻碍 T_4 在外周转化为活性更强的 T_3。⑤行为改变：出现抑郁症、异食癖及“自杀”倾向。

（三）其他激素反应

1. 胰高血糖素　应激时胰高血糖素分泌增加，它可促进糖原异生和肝糖原分解，是引起应激性高血糖的重要激素。其分泌增加的主要原因可能是交感神经兴奋和儿茶酚胺在血中浓度的升高。

2. 生长激素　应激时生长激素分泌增多。其作用是：促进脂肪的分解；促进甘油、丙酮酸合成为葡萄糖，抑制组织对葡萄糖的利用，因而具有升高血糖的作用；促进氨基酸合成蛋白质，在这一点上它可以对抗皮质醇促进蛋白质分解的作用，因而对组织有保护作用。

3. 胰岛素　应激时血浆胰岛素含量偏低，这是由于交感神经兴奋，血浆中儿茶酚胺升高所致。尽管应激性高血糖和胰高血糖素水平升高都可刺激胰岛素分泌，但应激时胰岛素分泌减少。

4. 醛固酮　应激时血浆醛固酮水平常升高。这主要是由于交感-肾上腺髓质系统兴奋使肾血管收缩，因而肾素-血管紧张素-醛固酮被激活。此外，ACTH 分泌的增多也可刺激醛固酮的分泌。

5. 抗利尿激素　紧张、运动、手术、胃肠牵拉、呕吐、缺氧和烧伤等应激原可引起抗利尿激素（antidiuretic hormone，ADH）分泌释放增加，使尿量减少。但有些应激原，如吸入乙醚或加速度运动并不伴有 ADH 分泌增加。

6. β-内啡肽　许多应激原（手术、分娩、电刺激、注射内毒素、放血和脊髓损伤等）可引起血浆 β-内啡肽明显增多。它在应激中的重要作用是镇痛。

二、细胞体液反应

在应激原尤其是非生理性应激原的刺激下，细胞可出现一系列胞内信号转导和相关基因的激活，表达多具有保护作用的蛋白质，如急性期蛋白、热休克蛋白、某些酶和细胞因子等。

（一）急性期反应和急性期蛋白

1. 急性期反应　应激时由于感染、炎症或组织损伤等原因可使血浆中某些蛋白质浓度迅速升高，这种反应称为急性期反应。许多疾病，如传染病、外伤、炎症和免疫性疾病时都可发生急性期反应，它是以防御为主的非特异性反应，如体温升高、血糖增加及血浆中某些蛋白质成分浓度改变或新的蛋白质出现等。其中多数反应在应激开始的数小时或数日内出现，是机体自稳调节和自我保护的适应行为。当去除应激原时，这些反应也出现逆转。

2. 急性期蛋白　急性期反应中血浆多种蛋白质的浓度迅速升高，这些蛋白质即为急性期蛋白。关于它的来源、功能等参见第五章第四节。

（二）热休克蛋白

1. 热休克蛋白（heat shock protein，HSP）　是指在应激原，特别是高温诱导下所生成的、有助于稳定细胞结构和修复损伤的一组蛋白质，主要有 HSP110、HSP90、HSP70、HSP60 和小分子 HSP 五大家族。HSP 主要在细胞内发挥功能，属于非分泌型蛋白质。

1962 年，Ritossa 发现，当果蝇的培养温度从 25℃提高到 30℃，30min 后就可在其唾液腺染色体上看到蓬松现象，提示这些区带基因的转录加强，预示有新蛋白质合成增加。这一发现揭开了探索应激分子机制的序幕。随后，1974 年，有人从热应激果蝇幼虫的唾液腺等组织分离出一组蛋白质，并将其命名为热休克蛋白。以后大量的研究证明，机体受高温、感染、缺氧等因素刺激时，均可诱导 HSP 生成，故 HSP 又被称为应激蛋白（stress protein，SP）。热休克蛋白不仅存在于果蝇体内，也存在于从细菌到人类的整个生物界，是一种进化上高度保守的蛋白质。HSP 多数是细胞的结构蛋白，只有部分可在应激时生成或合成增加，除环境高温外，其他应激原如缺氧、寒冷、饥饿、感染、创伤和中毒都能诱导细胞表达 HSP。

2. 热休克蛋白的基本功能

1）结构型 HSP　是一类重要的“分子伴侣”（molecular chaperone），正常时存在细胞内，是细胞的结构蛋白，能帮助蛋白质进行正确折叠、移位、维持和降解，与细胞结构的维持、更新和修复有关。

2）诱生型 HSP　在应激时可以诱导生成或合成增加。主要功能与应激时受损蛋白质的修复或移除有关，可保护细胞免受严重损伤，加速修复。

三、机能和代谢变化

（一）机能变化

1. 心血管系统　在应激时，主要因交感-肾上腺髓质系统的作用，使心血管系统出现心率加快、心收缩力加强、外周总阻力增加以及血液的重分布等变化。这些变化有利于提高心输出量，提高血压，保证心脏、脑和骨骼肌的血液供应，因而有十分重要的防御代偿意义。但同时也会带来皮肤、腹腔内脏缺血和缺氧、心肌耗氧量增多等不利影响，而且当应激原的作用特别强烈和持久时，还可引起休克。

2. 消化系统　消化系统功能障碍在应激时较为常见，但各种应激原所致的消化障碍并不一致。引人注目的是由应激引起的消化道溃疡，称为应激性溃疡（stress ulcer）。有报道，75%的赛马患有应激性溃疡。

与慢性经过的消化性溃疡（peptic ulcer）不同，应激性溃疡是一种急性溃疡，病变主要位于胃和十二指肠，在强烈的应激原作用后数小时内就可出现，常表现为黏膜的多发性糜烂或溃疡，溃疡的直径可达 20mm。

应激性溃疡的发病机制可能与以下因素的变化有关。

1）黏膜缺血　缺血常导致以下两种结果：①黏膜缺血可造成供能不足，因而不能产生足量的碳酸氢盐和黏液。这样就使由黏膜上皮细胞之间的紧密连接和覆盖于黏膜表面的碳酸氢黏液层所组成的胃黏膜屏障遭到破坏，胃腔内的 H^+ 就顺着浓度差进入黏膜；同时，由于黏膜缺血，又不能将侵入黏膜的 H^+ 随血液运走，因而 H^+ 就在黏膜内积聚。研究证明，H^+ 是主要的应激性溃疡的“损害性因素”，是形成应激性溃疡必不可少的原因。如果将腔内的胃酸完全中和，那么在动物实验中就不能复制出应激性溃疡的模型。当溃疡初步形成后，另一“损害性因素”胃蛋白质酶也可借其蛋白分解作用分解已经受损的细胞而使溃疡面扩大。②黏膜缺血使黏膜细胞的再生能力降低，因而使损伤不易修复。

2）胃黏液-碳酸氢盐屏障功能减弱　生理情况下，胃黏膜表面被黏膜上皮细胞分泌的黏液所覆盖，胃黏膜上皮细胞在碳酸酐酶的催化下可分泌 HCO_3^-，扩散入黏液层能中和胃腔中反向弥散来的 H^+，从而使黏膜表面的 pH 保持在 7 左右，并可维持胃腔与黏液间的酸度差，这样构成了胃黏液-碳酸氢盐屏障，其主要功能是阻碍胃腔中 H^+ 反流入黏膜。

应激时由于胃黏膜缺血，黏液分泌受抑；应激时伴发的代谢性酸中毒，使血中 H^+ 浓度降低；应激时高浓度的糖皮质激素，使胃黏膜上皮细胞分解加强而更新率减慢，降低了胃黏膜对损伤因素的抵抗力，结果使胃黏液-碳酸氢盐屏障功能降低，胃腔中的 H^+ 便可反流入胃黏膜。反流入胃黏膜的 H^+ 可直接刺激胃壁肥大细胞释放组胺，而组胺又刺激胃壁腺细胞，促进胃酸分泌；组胺、H^+ 和胃酸还可扩张胃壁小血管，使血管壁通透性增高，于是胃壁发生淤血、水肿和出血；此外，H^+ 可作用于胃壁内神经丛，使之兴奋而致胃蛋白酶分泌增加，加重对黏膜的自身消化作用，最终造成黏膜损伤和溃疡。

3）胃黏膜合成前列腺素减少　胃黏膜上皮细胞不断地合成和释放前列腺素（PG），它有保护胃黏膜上皮细胞的作用。但应激后胃黏膜 PG 合成减少，对胃的保护作用减弱。

4）β-内啡肽增多　应激时血浆 β-内啡肽显著增多，可作为一种“损害因子”引起应激性溃疡。如果事先给予阿片受体颉颃药纳洛酮，就可以预防大鼠发生应激性溃疡。

5）胆汁酸和溶血卵磷脂　这是十二指肠内的两种“损害性因素”。胆汁酸来自肝，溶血卵磷脂则是胰腺分泌的酶作用于卵磷脂而形成。生理情况下，通过十二指肠至胃的反流，可有少量胆汁酸和溶血卵磷脂进入胃腔，但由于“保护性因素”占优势，故不能对胃黏膜造成损害。在严重应激特别是伴有休克时，这种十二指肠至胃的反流加强，同时又因缺血等原因使“保护性因素”削弱。因而这两种“损害性因素”既可直接损害胃黏膜，又可因为能使黏膜的通透性增加而导致 H^+ 反流进一步加强，从而使黏膜的损害更严重。

3. 血液　应激时，血液凝固性和纤溶活性均升高，其机制如下：

（1）应激时因儿茶酚胺分泌增加，可使血小板的聚集性增强。

（2）应激时血浆中凝血因子Ⅷ、纤维蛋白原和血小板三者均增多，从而使血液凝固性升高。

（3）应激时纤溶活性升高是由于纤溶酶原激活物的增多，该激活物存在于血管内皮细胞内。儿茶酚胺等血管活性物质作用于血管内皮细胞，具有刺激纤溶酶原激活物的作用。

应激时凝血和纤溶的变化是严重创伤或感染时易于发生弥散性血管内凝血的因素之一。然而，应激时血液凝固性的增高也不乏有利的一面，因为它可以促进组织损伤时的止血。

4. 泌尿系统　泌尿机能的主要变化是尿少，尿比重升高，水和钠排出减少。这些变化的机制为：

（1）应激时交感神经兴奋，肾素-血管紧张素系统增强，肾入球小动脉明显收缩，肾血流量减少，肾小球滤过率减少。

（2）应激时醛固酮分泌增多，肾小管钠、水重吸收增加，水和钠排出减少，尿钠浓度降低。

（3）应激时抗利尿素分泌增加，从而使肾远曲小管和集合管对水的通透性增高，水的重吸收增加，故尿量少而比重升高。

肾泌尿机能变化的防御意义在于减少水钠的排出，有利于维持循环血量。但肾缺血所致的肾泌尿功能障碍，却可导致内环境的紊乱。泌尿机能的这些变化，实际上相当于休克早期所伴有的功能性急性肾功能衰竭，如果不及时抢救休克，将发展成为急性肾小管坏死。

5. 免疫系统　表现为免疫功能的减弱，这是 GC 分泌增加的结果，与生长激素、盐皮质激素也可能有一定的关系。GC 对免疫反应的许多环节都有影响，主要是抑制巨噬细胞对抗原的吞噬和处理，阻碍淋巴细胞 DNA 合成有丝分裂，破坏淋巴细胞，使外周淋巴细胞数减少，并损伤浆细胞，从而抑制细胞免疫反应和体液免疫反应。此外，GC 还能抑制毛细血管壁的通透性升高，抑制胶原纤维和毛细血管的增生，抑制中性粒细胞向炎症灶游出。这些作用就使炎症反应受到抑制。

（二）物质代谢变化

总的物质代谢变化特点是分解增加，合成减少（图 7-3）。

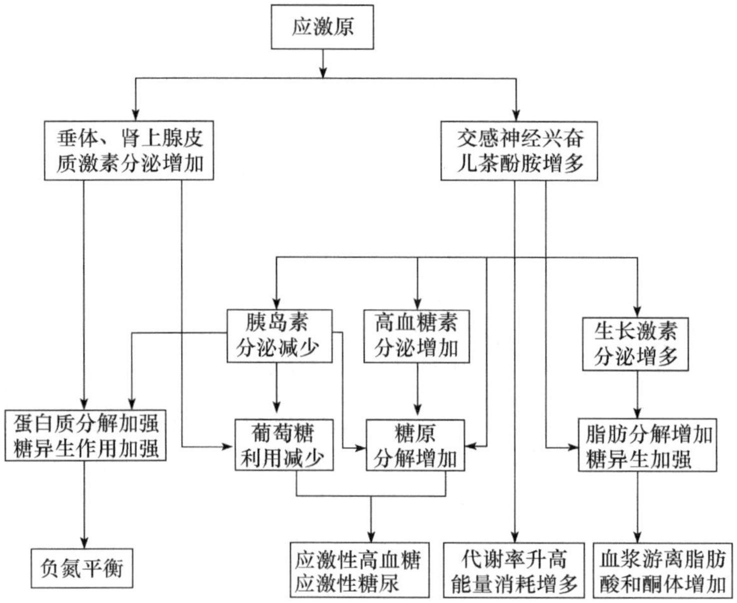

图 7-3　应激时糖、脂肪和蛋白质的代谢变化

1. 高代谢率　严重应激时，代谢率升高十分显著，机体处于分解代谢大于合成代谢状态，造成物质代谢的负平衡，因而患病动物出现消瘦、衰弱、抵抗力下降等。超高代谢主要与儿茶酚胺分泌量的增加密切相关。

2. 高血糖　应激时，糖代谢变化的主要表现为高血糖。空腹血糖常为 6.72～7.84mmol/L（120～140mg/100mL），甚至可以超过葡萄糖的肾阈 8.96mmol/L（160mg/100mL）而出现糖尿。应激时的高血糖和糖尿是由于儿茶酚胺胰高血糖素、生长激素、肾上腺糖皮质激素等促进糖原分解和糖原异生以及胰岛素的相对不足所致，因此，称为应激性高血糖或应激性糖尿。肝糖原和肌糖原在应激的开始阶段有短暂的减少，随后由于糖的异生作用加强而得到补充，组织对葡萄糖的利用减少（但脑组织不受影响），这些变化与应激的强度相平行，在严重创伤和烧伤时，这些变化可持续数周，因此称为创伤性糖尿病。

3. 脂肪酸增加　应激时由于肾上腺素、去甲肾上腺素、胰高血糖素等脂解激素增多，脂肪的动员和分解加强，因而血中游离脂肪酸和酮体有不同程度的增加。同时，组织对脂肪酸的利用也增强。严重创伤后，机体所消耗的能量有 75%～95%来自脂肪的氧化。

4. 负氮平衡　应激时，蛋白质分解加强，血中氨基酸（主要是丙酮酸）浓度增加，尿氮排出量增多，呈现负氮平衡。严重应激时，负氮平衡可持续较久。

上述这些代谢变化的防御意义在于为机体应付“紧急情况”提供足够的能量。但如持续时间长，机体则可因消耗过多而出现消瘦、贫血、创面愈合迟缓和抵抗力降低等不良后果。

第三节　应激与疾病

应激虽是机体的非特异性适应保护机制，但应激反应也存在对机体不利的一面。对大多数的应激反应来说，在除去应激原后机体很快趋于平静，恢复自稳态。但在过于强烈和持久的劣性应激原的作用下，机体的自稳调节将会出现障碍，引发疾病或促进原有疾病的发展。

与应激有关的疾病大体可分为两类。一类是应激性疾病或应激综合征，应激在其致病过程中发挥主要作用。另一类疾病可按应激触发或诱导统称为应激相关疾病，如原发性高血压、冠心病以及牛的运输热、酮血症等。

一、全身适应综合征

全身适应综合征是Selye基于他的关于人和动物在应激原刺激下的生理反应实验研究所提出的一个术语。他认为，机体抵抗应激原的能力是有限的，他将这种能力称作“适应能量”（adaptation energy）。

应激原多种多样，由于它们的强度、持续时间和畜禽的不同品种、年龄及其机体健康和营养状态的不同，应激引起的临诊症状会有各种类型。不同的致病因子，在机体除可产生特异性反应之外，还可产生相同或相似的非特异性反应。这种非特异性变化通称为“全身适应综合征”。

所有畜禽都会发生全身适应性综合征，但以仔猪、繁殖母猪、鸭和乳牛较为常见。表现为呼吸加快，狂躁不安或活动量减少，采食量减少，饮水增加，机体蛋白质合成减少，分解代谢增强，合成代谢减弱，出现负氮平衡，导致生长发育减缓或停滞，生产性能下降，产品质量下降，饲料转化率降低，免疫力减弱，严重时引起死亡，给养殖业造成巨大经济损失。

二、突毙综合征

突毙综合征（sudden death syndrome，SDS），又称猝死应激综合征，以猪和舍饲鸡最为常见。其特点是突然受到强烈应激原的刺激，无任何临诊症状而突然死亡。例如，个别应激敏感猪在受到抓捕惊吓或免疫注射时突然死亡，有的公猪在配种时，由于过度兴奋而死亡，有些猪在车船运输途中突然死亡等；舍饲鸡受到爆竹的突然惊吓，或运输时过度拥挤等，都可能由于神经过于紧张，“交感-肾上腺”系统受到剧烈刺激而引起休克或循环虚脱，造成猝然死亡。此外，SDS也见于纯种马胃肠鼓胀（胃破裂）、急性肠炎、肠扭转、肠套叠以及在运输、抓捕过程中受到拥挤和惊恐等。

三、应激综合征

1. 急性应激综合征　临诊上由不良应激引起的急性应激综合征，以猪较为常见，如仔猪桑葚心病、应激性肌病、恶性高温综合征、大肠杆菌病、咬尾症、咬耳症、母猪无乳症、皮炎和肾病等。

1）猪心性急死　也称致死性昏厥、急性心衰竭。主要特点是急性死亡和心肌及全身横纹肌变性，仔猪和育肥猪都可发生，死亡多突然发生于酷热的季节，事先无任何症状。

2）桑葚心猪　参见第十五章。

3）应激性肌病　参见第二十一章。

4）恶性高温综合征　多见于长途运输中的肥育猪，由于生存环境突然改变、拥挤、高温等，使猪发生肺炎或胸膜炎，临诊主要表现为呼吸困难，体温升高，全身肌颤，死亡率较高。某些待宰肥育猪，因为使用全身麻醉药物如氟烷、胆碱等也可引起应激综合征（但与药物本身的药理作用无关）。前期表现肌肉颤抖和尾端发抖，继而表现呼吸困难，体表充血、紫斑，体温迅速升高达43℃，心跳亢进，后肢痉挛收缩；重者进一步发展，导致全身无力，肌肉僵硬，最后死亡。

急性应激综合征偶见于牛，称为牛的运输热，是在应激状态下牛发生多种病原微生物感染所致。常见于饥渴、寒冷或过热、精神上的恐惧或焦虑、疲劳、去势、断奶等应激原引起的应激反应。临诊上表现为发热与支气管肺炎症状。

2. 慢性应激综合征　应激原强度不大，但持续或间断反复引起轻微反应。由于持续或间断反复引起的反应轻微，病情不易觉察，病畜防御机能减弱，生产性能下降，容易继发感染，引起各种疾病的发生。常见于胃肠溃疡、急慢性肠炎等症状。

四、其他应激相关疾病

（一）应激性溃疡

应激性溃疡是指机体遭受创伤、休克及其他强刺激情况下所发生的上消化道急性病变，主要表现为胃、十二指肠黏膜的糜烂、溃疡、渗血等，重者可发生大出血和溃疡穿孔，以赛马、赛狗、斗鸡和斗牛等比赛动物较为常见。应激性溃疡的发生机制主要是胃黏膜缺血和H^+逆向弥散，除此之外，由酸中毒等也可促进本病的发生。

（二）应激性心律失常与心肌坏死

强烈的精神心理应激，可发生心律失常，对原有缺血性心脏病者，可导致猝死。应激性心律失常的发生机制主要与儿茶酚胺腺苷酸环化酶（cAMP）依赖性蛋白激酶系统的激活等作用有关，过分强烈刺激还可以使交感-肾上腺髓质系统兴奋等而引起应激性心肌坏死。

五、防 治 原 则

应根据应激原及应激综合征的性质选用具体的防治措施，基本原则为加强饲养管理，提高动物福利；加强饲料营养调控，使用抗应激类添加剂；选育抗应激能力强的动物品种；及时治疗，减少损失。

复习思考题

1. 名词解释：应激　应激原　急性期反应　热休克蛋白　全身适应综合征　突毙综合征
2. 为什么说应激是一个非特异性全身反应？它有何生物学意义？

3. 应激时主要细胞体液反应有哪些？
4. 应激时代谢有何变化？
5. 应激时心血管系统、免疫系统有哪些主要反应？
6. 简述应激时糖皮质激素大量分泌的生理病理意义。
7. 试述应激时交感-肾上腺髓质系统兴奋的生理病理意义。

（陈世恩）

第八章 发　　热

第一节　概　　述

恒温动物的体温升高有生理性和病理性之分。前者是在剧烈运动或应激时出现的体温升高现象；而后者则见于病理过程中，且包括发热和过热，二者有着明显的差异（图 8-1）。

- 体温升高
  - 生理性体温升高
    - 应激
    - 剧烈运动
  - 病理性体温升高
    - 发热（调节性体温升高）
    - 过热（被动性体温升高）

图 8-1　体温升高的分类

一、发　　热

发热（fever）是指在致热原（pyrogen）的作用下，使体温调节中枢的调定点上移而引起的调节性体温升高（高于正常体温的 0.5℃以上），并伴有机体各组织器官机能和物质代谢的改变。发热不是一种独立的疾病，而是许多疾病，尤其是传染病和炎症性疾病过程中所共有的重要病理过程和最常见的症状之一，也是疾病发生的重要信号。因为发热与体内病变有相应的依赖关系，故体温的变化往往与体内的疾病过程密切相关。因此，了解疾病过程中发热的特点，对判断病情、评价疗效和预后都有重要的参考价值。

二、过　　热

从本质上讲，发热是体温调节中枢的调定点上移后所出现的体温调节活动。此时体温调节功能是正常的，只是由于调定点上移，使体温调节在高水平上进行的一种主动的调节性体温升高。但过热明显有别于发热，过热不是调节性反应，而是由于体温调节机制失调或调节障碍（如体温调节中枢受到损伤）、机体的散热功能障碍（如环境温度过高、湿度过大等）、产热器官功能异常，使机体不能将体温控制在与调定点相适应的水平而引起的一种非调节性的体温升高，它是一种被动性体温升高现象。

三、发热的经过

发热的发展过程可分为体温上升期、高温持续期和体温下降期三个阶段。

1. 体温上升期（fervescence period） 这是发热的早期，是指内生致热原通过发热介质使体温中枢调定点上移后，血液温度低于调定点的温热感受阈值，导致产热增加，散热减少，体温上升到新的调定点水平为止的过程。

2. 高温持续期（persistent febrile period） 又称热极期，是指体温达到新的调定点水平后，产热与散热在高水平上又出现动态平衡的过程。在不同的疾病，该期持续的时间长短不同，如马传染性胸膜肺炎可持续 3～9d，而马流行性感冒的高热期有时仅持续数小时。

3. 体温下降期（defervescence period） 又称退热期，是指随着病因的消除，血液中的致热原减少或消失，体温中枢的调定点又恢复到正常水平，体温也随之下降到正常范围的过程。体温下降的速度会因病情不同而异，通常有两种形式。体温缓慢下降到正常水平叫渐退；如果体温迅速下降，则叫骤退。对体质衰弱的病畜，体温骤退是预后不良的先兆，通常会导致循环衰竭而造成严重后果。

四、热　　型

将患病动物的体温按照一定时间记录下来并绘制成曲线图即称为热型。兽医临诊上常见的热型有下列六种：

1. 稽留热（continuous fever） 是指高热持续数日不退，昼夜温差不超过 1℃的发热。见于急性猪瘟、犬瘟热、猪丹毒、急性链球菌病、马传染性胸膜肺炎、牛恶性卡他热等疾病。

2. 弛张热（remittent fever） 是指体温升高以后，昼夜温差超过 1℃以上，但体温下线不低于正常体温水平的发热。见于化脓性疾病、败血症等。

3. 间歇热（intermittent fever） 是指发热期和无热期较有规律的交替出现，间歇时间较短，体温下线可达到正常水平或低于正常水平，并呈现每日或隔日重复出现的一种热型。见于马传染性贫血、马焦虫病、血孢子虫病等。

4. 回归热（recurrent fever） 发热特点与间歇热相似，但发热期和无热期间隔时间较长，持续时间也大致相等。见于亚急性和慢性马传染性贫血。

5. 暂时热（temporary fever） 是指持续时间很短暂的发热。见于轻度消化不良、分娩后、结核菌素和鼻疽菌素反应、传染性胃肠炎、伪狂犬病、水肿病等。

6. 消耗热（depletive fever） 是指病畜长期发热，昼夜温差超过 4～5℃，又称衰竭热。见于慢性或严重的消耗性疾病，如重症结核、脓毒血症等。

发热时会出现不同热型的原因还不完全清楚，目前认为热型与病变的性质有关。病变的性质在某种程度上决定着内生致热原产生的速度和数量，从而影响着调定点上移的速度和幅度。所以当病变性质发生变化时，热型也会随之变化。

第二节　发热的病因和发病机制

一、发热激活物

发热激活物（fever activator）是引起发热的原因，是指能够作用于动物机体直接或间接激活产生内生致热原细胞，使其产生和释放内生致热原（endogenous pyrogen，EP）而引起发热的物质，即EP诱导物。它们可以是来自体外的外致热原，也可以是某些体内产物。

（一）外致热原（感染性因素）

外致热原是指来自体外的某些致热原，主要包括细菌、病毒、真菌、螺旋体等多种病原微生物，临诊上多数发热性疾病都是由病原微生物及其产物引起的。

1. 细菌及其毒素

（1）革兰阴性菌与内毒素。多种革兰阴性菌（如大肠杆菌、伤寒杆菌、脑膜炎球菌等）可以引起发热。这类菌群的致热性除菌体和胞壁中所含的肽聚糖外，最主要的是其胞壁中所含的脂多糖（lipopolysaccharide，LPS），又称内毒素（endotoxin，ET）。其组成包括*O*-特异侧链、核心多糖和脂质A三部分，其中脂质A是其致热性和毒性的主要成分。ET是最常见、也是最重要的外致热原，其耐热性高，160℃干热2h才可被灭活。临诊上输液或输血引起的发热反应，多因污染ET所致。

（2）革兰阳性菌和外毒素。革兰阳性细菌（如葡萄球菌、链球菌、肺炎球菌和枯草杆菌等）也可引起发热。这类细菌除了菌体可致热外，还与其代谢产物外毒素有很大关系。例如，葡萄球菌释放的可溶性肠毒素，链球菌产生的致热外毒素A、B、C，能激活产致热原细胞产生和释放EP，且均有显著的致热性。此外，有些分支杆菌，如结核杆菌，其菌体及细胞壁中所含的肽聚糖、多糖和蛋白质也具有致热作用。

2. 病毒　多数病毒可引起发热。常见的有流感病毒、猪瘟病毒、流行性乙型脑炎病毒、马传染性贫血病毒、出血热病毒等。实验证明，病毒引起发热的主要物质是病毒囊膜中的脂蛋白以及血细胞凝集素。

3. 真菌　许多真菌感染引起的疾病也常伴有发热症状。例如，球孢子菌和组织胞浆菌引起的感染性发热、白色念珠菌引起的鹅口疮、肺炎等疾病时也可出现发热症状。真菌的致热性与其全菌体及菌体内所含的荚膜多糖和蛋白质有关。

4. 螺旋体　螺旋体感染引起发热症状，可能与其所含的溶血素和细胞毒因子等有关。常见的有钩端螺旋体和伯氏疏螺旋体等。

5. 寄生虫　某些寄生虫（常见的有旋毛虫、丝虫、血吸虫等）侵入机体后可激活机体免疫系统，并引起发热。此外，血液原虫病感染时也出现明显的发热症状。其原因主要是感染红细胞破裂后，释放出裂殖体、原虫代谢产物、红细胞碎片等，被单核巨噬细胞吞噬后产生EP引起发热。

（二）体内产物（非感染性因素）

体内产物主要是指动物体内产生的非生物性因子。

1. 抗原抗体复合物　许多自身免疫性疾病都伴有发热症状，如常见的系统性红斑狼疮、急性肾小球肾炎、类风湿关节炎等。实验证明，抗原抗体复合物能够激活产内生致热原细胞，使其合成并释放EP。

2. 无菌性炎症　在大手术、严重的组织挫伤、内出血、心肌梗死等情况下，即使没有感染，也可伴有不同程度的发热和炎症。这种发热主要是由于组织细胞的坏死崩解致使炎灶内白细胞释放的EP所致。

3. 致热性类固醇　体内某些类固醇产物也具有致热作用。例如，原胆烷醇酮是睾丸酮和雄甾烯二酮的代谢产物，在肾癌、肝癌引起的发热过程中，血清中此类物质含量增高。

4. 化学物质 α-二硝基酚、咖啡因、烟碱、苯二胺、尿酸盐结晶等化学物质均可引起发热。但机制不同。例如，α-二硝基酚主要是通过增强细胞的氧化过程，促使机体产热增加而导致发热；咖啡因是通过兴奋体温调节中枢，限制散热而导致体温升高的。

二、内生致热原

内生致热原是指致热原细胞被发热激活物激活而产生和释放的致热物质。因为发热激活物不能直接作用于体温调节中枢引起发热，所以内生致热原被作为“信使”携带着发热的信息，经血流将其传递到下丘脑体温调节中枢。

（一）内生致热原的来源及种类

1948 年美国科学家 Beeson 等采用排除内毒素污染的技术，从家兔无菌性腹腔渗出液的粒性白细胞中提取出一种物质，将其给正常家兔静脉注射，经过 10～15min 能迅速引起发热反应，1h 左右达到高峰，当时称其为白细胞致热原（leukocyte pyrogen，LP）。后来又有人从注射了内毒素、细菌体或病毒的家兔外周血液中提取到了一种与 LP 性质相同的致热物质，因其来源于体内，故称为内生致热原。进一步的研究证实，LP 与 EP 是同一种物质。随着研究的深入，现已发现有多种来源和性质并具有与 LP 类似作用的内源性致热物质，统称为 EP。常见的 EP 有以下几类。

1. 白细胞介素-1（IL-1） 早期发现的 LP 或 EP 主要是 IL-1。它是由单核巨噬细胞和肿瘤细胞等多种细胞在发热激活物的作用下所产生的多肽类物质，能诱导产生 IL-1 的因素很多，主要是脂多糖、肽聚糖、金黄色葡萄球菌、病毒和免疫复合物等。目前已发现 IL-1 包括 IL-1α、IL-1β 和 IL-1ra 三种亚型。IL-1α 和 IL-1β 两者虽然仅有 26％的氨基酸序列相同，但都作用于相同的受体，是重要的 EP。IL-1ra 氨基酸序列与 IL-1α 有 18％的同源性，与 IL-1β 有 26％的同源性，是体内 IL-1 的抑制物。

IL-1 受体广泛分布于脑内，在靠近体温调节中枢的下丘脑外面密度最高。实验研究发现，IL-1 对体温调节中枢的活动有明显的影响，给实验动物注入微量 IL-1 即可引起发热，但注入过量的 IL-1ra 则能阻止发热的产生。给家兔静脉注射 IL-1 后可引起典型的发热反应，50μg/kg 即能引起体温升高 0.5℃以上，大剂量可引起双相热。多次注射不发生耐受。

2. 肿瘤坏死因子（TNF） 是由巨噬细胞等分泌的一类多肽生长因子，是重要的 EP 之一。据报道，多种发热激活物如葡萄球菌、链球菌、内毒素等都能诱导巨噬细胞和淋巴细胞产生 TNF。TNF 包括 TNF-α 和 TNF-β 两种亚型。TNF-α 主要由单核巨噬细胞分泌，分子质量为 17 000Da，是参与发热机制尤其是内毒素性发热的重要因素；TNF-β 主要由活化的 T 淋巴细胞分泌，分子质量为 25 000Da。两者有相似的致热活性。实验表明，给家兔静脉注射小剂量 TNF（50～200ng/kg）仅引起单相热；大剂量（10μg/kg）可引起双相热，第一热峰是 TNF 直接作用于体温调节中枢的结果，而第二热峰则由 IL-1 引起（TNF 在体内和体外都能刺激 IL-1 的产生）。

3. 干扰素（IFN） 是由白细胞、T 淋巴细胞、成纤维细胞和 NK 细胞等分泌的一类蛋白质，分子质量为 15 000～17 000Da。可分为 IFNα、IFNβ 和 IFNγ 三种亚型。IFNβ 与 IFNα 虽然有明显的氨基酸同源性，但 IFNβ 的致热性却低于 IFNα。IFNγ 与 IFNα 有大约 17％的同源性，也具有致热性，但作用方式可能不同。因此，与发热关系密切的主要是

IFNα 和 IFNγ。特别是当受到病毒感染后可明显促进 IFN 的表达和分泌，IFN 可能是病毒性发热的重要 EP。纯化和人工重组的 IFN 在人和动物都具有致热作用，同时伴有脑内 PGE 含量升高。它所引起的发热反应有明显的剂量依赖性，反复注射可发生耐受性，可被 PG 合成抑制剂所阻断。

4. 白细胞介素-6（IL-6） 是一种主要由单核巨噬细胞、内皮细胞和成纤维细胞、骨髓基质细胞等分泌的细胞因子，其分子质量为 26 000Da。内毒素、病毒、IL-1、TNF 和血小板生长因子等都能诱导其合成与释放。IL-6 能引起各种动物的发热反应，但致热作用较 IL-1 和 TNF 弱。研究表明，给兔和鼠静脉或脑室内注射 IL-6，可引起动物体温明显升高，此时血浆或脑脊液（CSF）中 IL-6 的活性均见增高，用布洛芬或吲哚美辛可阻断其作用。

近年来研究表明，IL-2、IL-8、IL-11 等细胞因子给实验动物静脉或脑室内注射能够引起发热。但这些细胞因子是否属于 EP，尚有待进一步研究证实。

（二）产内生致热原细胞

在发热激活物作用下，将所有能够产生和释放 EP 的细胞统称为产内生致热原细胞，目前已知的产致热原细胞主要有三类：①单核巨噬细胞：包括单核细胞和巨噬细胞，它们是产生 EP 的主要细胞。②肿瘤细胞：包括骨髓单核细胞性肿瘤细胞、白血病细胞、肾癌细胞等。③其他细胞：包括内皮细胞、淋巴细胞、朗罕斯细胞和神经胶质细胞等。

（三）内生致热原的产生和释放

内生致热原的产生和释放是一个复杂的细胞信息传递和基因表达的调控过程。这一过程包括产致热原细胞的激活、EP 的合成和释放三个环节。

1. 激活 是指产致热原细胞与各种发热激活物相互作用的过程，即这些激活物与细胞膜上特异性受体结合，通过信号转导启动细胞内 EP 的合成。巨噬细胞的吞噬过程也是一个激活过程。激活所需要的时间与吞噬时间一致（15～20min），此时细胞内耗氧量增高，糖原酵解和葡萄糖氧化加强。脂多糖（LPS）激活产致热原细胞主要有两种方式；在上皮细胞和血管内皮细胞，首先是 LPS 与血清中 LPS 结合蛋白质（lipopolysaccharide binding protein，LBP）结合形成复合物，然后此复合物中的 LPS 又与可溶性 CD14（sCD14）结合形成 LPS-sCD14 复合物，然后再作用于细胞膜特异性受体，使产 EP 细胞活化。在单核巨噬细胞，则 LPS 与 LBP 形成复合物后，再与细胞膜表面 CD14（mCD14）结合，形成 LPS-LBP-mCD14 三重复合物，从而启动细胞内激活。另外，LPS 信号转入细胞内可能需要一种跨膜蛋白质 Toll 样受体（toll-like receptors，TLR）参与。TLR 可将信号通过与 IL-1 受体活化相似的途径进行转导，并激活核转录因子（NF-κB），启动 IL-1、TNF、IL-6 等 EP 成员的基因表达，进一步合成 EP。

2. 合成 产致热原细胞在激活后 1～2h，细胞内外均不存在 EP。此时，可能在细胞内先形成"EP 前质分子"或形成活化 EP 前质分子所需的关键酶。在此阶段细胞内 RNA 和蛋白质合成均增加。

3. 释放 目前认为 EP 是以一种非活性形式存在于细胞内，在其通过细胞膜被释放前的短时间内，可被转换酶或释放酶激活（或转换）成为有活性的 EP。一般产致热原细胞在被激活后 2h 开始释放 EP，其释放过程不需要能量供给。释放持续时间因细胞种类不同而异，中性粒细胞能持续释放 6h，单核巨噬细胞可长达 24～72h。

三、发热时体温调节的机制

（一）体温调节中枢

发热时参与体温调控的中枢可能包括两个部分，一是以视前区下丘脑前部（preoptic anterior hypothalamus，POAH）为代表的体温正调节中枢，二是以腹中隔（ventral septal area，VSA）、中杏仁核（medial amydaloid nucleus，MAN）为代表的负调节中枢。研究表明，POAH与VSA之间有密切的功能联系。当外周致热信号通过不同方式和途径传入体温调节中枢后，可启动体温正、负调节机制，一方面通过正调节介质使体温上升，另一方面通过负调节介质限制体温过度升高。正、负调节相互作用的结果决定体温调定点上移的水平及发热的幅度和时程。

（二）EP信号进入体温调节中枢的途径

当外致热原激活产致热原细胞并使其释放EP后，血液中的EP是如何进入脑内并作用于体温调节中枢引起发热，目前认为主要有以下三种途径。

1. 通过下丘脑终板血管器 终板血管器（organum vasculosum laminae terminalis，OVLT）位于第三脑室壁视上隐窝处，紧邻POAH的体温调节中枢。目前认为，此处的毛细血管属于有孔毛细血管，对大分子物质有较高的通透性，这可能是EP进入脑内作用于体温调节中枢的主要通路。但有人认为，EP也可能并不直接进入脑内，而是通过有孔毛细血管，作用于血管外周隙中的巨噬细胞、神经胶质细胞，使其激活，然后产生新的发热介质如PGE，介质再作用于OVLT神经元，将EP的信息传入POAH。

2. 通过血脑屏障直接进入中枢 EP虽然是一些难以透过血脑屏障的大分子，但在血脑屏障的毛细血管床部位存在着IL-1、IL-6、TNF的可饱和转运机制，推测其可将相应的EP特异性地转运入脑。另外，EP也有可能从脉络丛渗入或易化扩散转运入脑，通过脑脊液分布到POAH的神经元，引起体温调定点上移。

3. 通过迷走神经 研究发现，细胞因子IL-1可刺激肝巨噬细胞周围的迷走神经，并将EP信号传入体温中枢引起发热。但若切断迷走神经肝支后，经腹腔注射IL-1或静脉注射LPS，则不再引起发热反应。

（三）发热中枢的调节介质

大量研究表明，EP无论以何种方式入脑，它们只是作为“信使”传递发热信息，仍然不是引起调定点上移的最终物质。EP本身并不能直接引起体温调定点上移，而是通过发热中枢释放的某些介质发挥作用。中枢的发热介质可分为两类：正调节介质和负调节介质（图8-2）。

1. 正调节介质

1）环磷酸腺苷（cAMP） cAMP是EP引起发热的主要中枢介质。例如，给兔、猫、大鼠脑内注射二丁酰cAMP，可迅速引起发热。分别给实验动物静脉注射内毒素、病毒、EP或PEG引起的发热，都可发现脑脊液内cAMP含量显著升高，但此时血浆内cAMP水平无变化；在环境高温引起体温升高时则不伴有脑脊液中cAMP增多。此外，注射茶碱（磷酸二酯酶抑制物）在增高脑内cAMP浓度的同时，还可增强EP诱导的发热，而注射尼

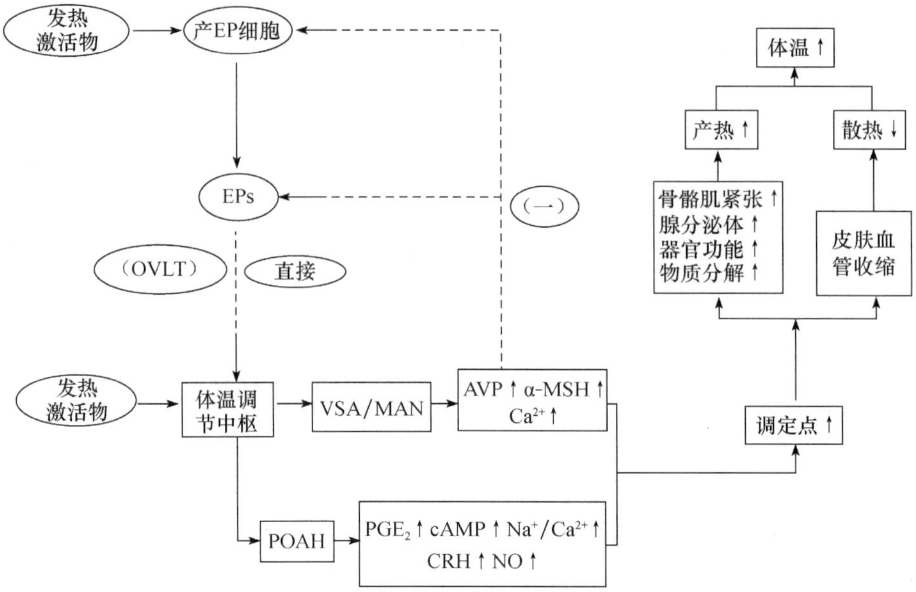

图 8-2 发热基本机制示意图

克酸（磷酸二酯酶激活物）则在降低脑内 cAMP 的同时，也使 EP 性发热反应减弱。

2）*前列腺素 E（prostaglandin E，PGE）* 实验证明，PGE 是 EP 引起体温上升的中枢介质。将 PGE 注射入兔、猫、鼠等动物脑室内可引起明显的发热反应，且体温升高的潜伏期比 EP 短。在 EP 引起发热时，脑脊液内 PGE 含量明显增加。如果给予 PGE 合成抑制剂，如阿司匹林、布洛芬等都具有解热作用，且同时也可降低脑脊液中 PGE 的浓度。在体外试验中，ET 和 EP 均能诱导下丘脑组织合成和释放 PGE。

但是，近年来国内外也有一些研究资料表明，PGE 不是中枢发热介质。例如，PGE 特异颉颃物能有效地抑制注入脑室内的 PGE 引起的体温上升，但不能抑制 EP 性发热。小剂量水杨酸钠尽管能抑制 EP 引起的脑脊液 PGE 含量的增加，但同样也不能抑制 EP 性发热。

3）*Na^+/Ca^{2+} 比值* 实验表明，给多种动物脑室内灌注 Na^+ 溶液可使体温很快升高，灌注 Ca^{2+} 则使体温很快下降；脑室内灌注降钙剂也可引起体温升高。用标记的 Na^+ 和 Ca^{2+} 灌注猫的脑室，发现在发热期间 Ca^{2+} 流向脑脊液，而 Na^+ 则保留在脑组织中，这表明 Na^+/Ca^{2+} 比值改变在发热机制中担负着重要的中介作用。

最近研究表明，Na^+/Ca^{2+} 比值改变不直接引起调定点上移，而是通过 cAMP 起作用，这可能是多种致热原引起发热的重要途径。用降钙剂灌注家兔侧脑室引起发热时，脑脊液中 cAMP 含量明显增加；预先灌注 $CaCl_2$ 可抑制降钙剂的致热作用和脑脊液中 cAMP 的增加。$CaCl_2$ 对 LP 和 ET 性发热也有类似作用，并且脑脊液中 cAMP 含量升高被抑制的程度与体温上升被抑制的程度呈明显正相关。

4）*促肾上腺皮质激素释放素（CRH）* CRH 是由室旁核细胞与杏仁核神经元分泌的一种 41 肽的神经激素。近年来研究发现，CRH 是一种重要的中枢发热介质，不仅介导发热反应，还可介导非体温性急性期反应。脑室内注射 CRH 可引起动物脑温度和结肠温度明显升高。在体外细胞培养和动物实验中，IL-1、IL-6 等 EP 物质可刺激下丘脑细胞释放 CRH。用 CRH 受体颉颃剂或单克隆抗体预处理，可阻断 IL-1β、IL-6 等 EP 的致热性。

5）*一氧化氮* 作为一种新型的神经递质，它广泛分布于中枢神经系统。目前的一些研究表明，一氧化氮与发热有关，其机制可能主要是通过作用于 POAH 等中枢部位，介导发热使体温上升；抑制发热体温中枢负调节介质的合成与释放。

2. 负调节介质

1）精氨酸加压素（arginine vasopressin，AVP） AVP 是一种由下丘脑视上核和室旁核神经元分泌的 9 肽神经垂体激素，是一种重要的中枢体温负调节介质。研究证明，给家兔、鼠、羊、猫等动物脑内或经其他途径注射微量 AVP，均具有解热作用。用 AVP 颉颃剂或受体阻断剂能阻断其解热作用或加强致热原的发热效应。在大鼠，由 IL-1 引起的发热可被 AVP 所减弱。但如果在脑内注射 AVP 颉颃剂则可完全阻断这种解热效应。AVP 具有 V_1 和 V_2 两种受体，其解热作用可能是通过 V_1 受体起作用。

2）α-黑素细胞刺激素（α-melanocyte-stimulating hormone，α-MSH） α-MSH 是腺垂体分泌的一种由 13 个氨基酸组成的小分子多肽。许多研究表明它具有很强的解热或降温作用。例如，脑室内或静脉内注射 α-MSH，具有减弱 LPS、TNF-α、IL-1β、PGE_2 等所致的发热。在用 α-MSH 解热时发现家兔的耳静脉扩张，皮肤温度升高，说明其解热作用与增强散热有关。在 EP 性发热时，脑内 α-MSH 含量增高，说明 EP 在引起发热的同时，伴随体温负调节介质合成增加，这可能是热限形成的重要机制。

3）脂皮质蛋白-1（lipocortin-1） 脂皮质蛋白-1 是一种钙依赖性磷酸酯结合蛋白，主要存在于脑和肺脏等器官中。实验研究表明，给大鼠脑内注射重组的脂皮质蛋白-1，可抑制由 IL-1、IL-6、CRH 诱导的发热反应。这表明脂皮质蛋白-1 可能是一种发热时体温中枢的负调节介质。此外，另有资料表明，糖皮质激素发挥解热作用依赖于脑内脂皮质蛋白-1 的释放，脂皮质蛋白-1 发挥解热作用的机制可能与其抑制 CRH 的作用有关。

（四）发热机制的基本环节

发热的发生机制比较复杂，目前尚未完全阐明。但发热机制的基本环节大致包括信息传递、中枢调节和效应器反应三个基本环节。

1. 信息传递 产致热原细胞在发热激活物作用下被激活，产生和释放 EP。EP 可作为发热的信息分子，经血流到达下丘脑体温调节中枢。

2. 中枢调节 EP 经下丘脑终板血管器或直接通过血脑屏障进入体温调节中枢，通过发热中枢的正、负调节介质的作用使体温调定点上移。

3. 效应器反应 体温调定点上移后可引起调温效应器反应。此时，由于体温低于调定点，体温调节中枢发出冲动，一方面经运动神经引起各组织细胞代谢加强及骨骼肌紧张和寒战，使产热增多；另一方面经交感神经使皮肤血管收缩而减少散热。通过对产热与散热的效应器调节，使体温上升并维持在与调定点相适应的水平，这是一种调节性体温升高，即发热。

第三节 发热时机能和代谢的变化

一、物质代谢的变化

发热时由于交感神经兴奋，甲状腺素和肾上腺素分泌增加，一方面使糖、脂肪和蛋白质的分解加强，另一方面还可使病畜的食欲减退，营养物质摄取减少，其结果是导致体内营养物质大量消耗和物质代谢紊乱。

（一）糖 代 谢

发热时由于产热的需要，能量消耗明显增加。主要是糖的分解代谢加强，肝糖原和肌糖原分解增多，可引起血糖升高，糖原贮备减少。特别是在寒战期糖的消耗更为明显。在某些慢性消耗性疾病时，由于肝糖原的储存已耗尽，可出现血糖降低的情况。此外，因发热时体内氧化过程加强，耗氧量增多，可使氧的供应相对不足，糖酵解过程增强，乳酸生成增多，出现肌肉酸痛症状。

（二）脂肪代谢

发热时由于糖原贮备不足，再加上交感-肾上腺髓质系统兴奋，脂解激素分泌增多，使脂肪分解明显加强。特别是长期反复发热的病畜，脂肪消耗过多而逐渐消瘦。因过多的脂肪分解和氧化不全，血液脂肪酸和酮体大量增加，可出现酮血症和酮尿症。

（三）蛋白质代谢

随着糖和脂肪的大量消耗，蛋白质的分解也加强。其结果不但引起血液和尿液中非蛋白氮含量升高，同时因患畜消化功能降低，蛋白质摄入和吸收减少而造成机体负氮平衡。长期反复发热的患畜，因组织蛋白大量分解引起肌肉及实质器官萎缩、变性，导致机体衰竭。

（四）维生素代谢

长期发热时，维生素 C 和 B 族维生素显著消耗。加之由于食欲减退而摄入不足，常可继发维生素缺乏症。

（五）水、电解质代谢

在体温上升期，由于肾血流量减少，尿量的生成和排出减少，Na^+ 和 Cl^- 的排泄也减少，其结果引起水、钠在体内潴留。在体温下降期，因为尿量增加和汗腺分泌加强，Na^+ 和 Cl^- 的排出又可增加。在高温持续期，由于皮肤和呼吸道水分蒸发的增加及退热期的大量排汗，可导致机体内水分大量丢失，严重时可引起脱水。

二、各系统机能的变化

（一）中枢神经系统

发热动物可表现出不同程度的中枢神经系统机能改变。一般在体温上升期，由于中枢神经系统兴奋性升高或降低，患畜临诊表现兴奋不安或精神沉郁。在高温持续期，由于高温血液及有毒产物的影响，中枢神经系统常常是抑制性占优势，患畜反应迟钝，嗜睡，甚至处于昏迷状态。在体温下降期，副交感神经兴奋性增加。

（二）循 环 系 统

发热时由于交感神经兴奋和高温血液刺激心脏窦房结，可使心率加快。在体温上升期和高温持续期，由于心率加快，心肌收缩力加强，血压稍升高。长期发热（尤其是传染病）时，由于代谢产物或毒素等对心脏的作用，易使心肌变性，加之心率过快，心脏负担加重，常可导致心力衰竭。在体温下降期，因副交感神经兴奋，心率减慢，外周血管扩张，血压稍降低。在高热骤退时，可因血压下降过快、过低而发生休克。

（三）呼吸系统

发热时由于高温血液和酸性代谢产物刺激呼吸中枢，可使呼吸加深加快。深而快的呼吸在增加散热的同时，因通气过度、CO_2 排出过多、$PaCO_2$ 下降，可能发生呼吸性碱中毒。持续的体温过高可使大脑皮层和呼吸中枢发生抑制，出现呼吸变浅、变慢或不规则。

（四）消化系统

发热时，由于交感神经兴奋性增强，引起消化液分泌减少和胃肠蠕动减弱，使食物的消化、吸收与排泄功能障碍，患畜表现食欲减退、腹胀或便秘。有时可因肠内容物发酵、腐败，甚至导致自体中毒。

（五）泌尿系统

在体温上升期，由于交感神经兴奋，肾小球入球动脉收缩，肾脏血液重新分配，于是肾小球血流量降低，尿生成减少。在高温持续期，一方面由于呼吸加快，水分蒸发及体表血管舒张，使肾血流量相对减少；另一方面由于肾小球损伤及肾小管上皮细胞变性，从而使尿量更加减少，并出现蛋白质尿和酸性尿，严重时则无尿。体温下降期由于肾小球血管扩张，血流量增加，可使尿量增多。

（六）内分泌系统

发热时垂体、肾上腺、甲状腺功能增强，相应激素分泌增多，对促进产热及增强机体防御适应性具有一定的意义。

（七）免疫系统

适度体温升高能激活单核巨噬细胞系统的功能，抗体生成加速，肝脏解毒功能增强，提高机体的抵抗力。但体温过高或持续高热也可造成免疫系统功能紊乱。

第四节 发热对机体的影响

发热是机体在进化过程中形成的针对发热刺激物的一种防御调节反应，它对机体既有有利的一面，也有不利的一面。

一般认为，短时间的适度发热有利于机体抗感染、清除有害的致病因素。因为适度的体温升高能引起神经内分泌反应和免疫激活，一方面抑制体内病原微生物的活性，另一方面可增强单核巨噬细胞的杀菌活性。例如，IL-1 可促进淋巴细胞活化，IL-6 可促进 B 细胞分化，增强特异性抗体产生，IFN 是抗病毒的细胞因子，可抑制病毒复制。但是，体温过高或发热持续时间过久对机体是不利的，可损害机体重要器官功能和免疫功能，使机体呈负营养平衡状态。因为高热时可引起机体能量物质过度消耗，消化机能紊乱可导致动物消瘦和机体抵抗力降低。高热时可引起一些代谢旺盛的组织、细胞的病理形态改变，如细胞肿胀等。此外，还可加重机体脏器功能负荷，甚至诱发相关脏器的功能衰竭。

复习思考题

1. 名词解释：发热　热型　过热　发热激活物　内生致热原
2. 主要的发热激活物有哪些？它们共同的作用环节是什么？
3. EP 是如何进入脑内的？它们是否为发热的最终产物？为什么？
4. EP 是如何引起体温中枢调定点上移的？
5. 发热时机体的物质代谢和生理机能主要有哪些变化？

（龙　塔）

第九章 缺 氧

第一节 概 述

一、缺氧的概念

缺氧（hypoxia）是指当组织细胞的氧的供应不足，或其对氧的利用出现障碍并引起器官组织的代谢、机能和形态结构都发生异常变化的病理过程。缺氧是临诊上常见的病理过程，是许多疾病引起死亡最重要的直接因素。

缺氧和窒息（asphyxia）是两个不同的概念，应注意区别。缺氧时动物体内氧的含量不一定减少，二氧化碳也不一定增多。但窒息时体内氧的含量不足，并伴有二氧化碳增多，常由外呼吸功能障碍引起。

二、常用的血氧检测指标

动物机体对氧的获取和利用是一个复杂的过程，包括外呼吸、气体的运输和内呼吸。组织的供氧量＝动脉血氧含量×组织血流量；组织的耗氧量＝(动脉血氧含量－静脉血氧含量)×组织血流量。因此，供氧量和耗氧量可以代表机体是否缺氧，而血氧是反映组织的供氧量与耗氧量的重要指标。常用的血氧检测指标有：

1. 血氧分压（partical pressure of oxygen，PO_2） 是指以物理状态溶解于血液中的氧所产生的张力，故又称血氧张力（oxygen tension）。正常时动脉血氧分压（PaO_2）约为13.3kPa（100mmHg），静脉血氧分压（PvO_2）约为5.33kPa（40mmHg）。PaO_2 的高低主要取决于大气中的血氧分压和外呼吸功能，PvO_2 的高低主要取决于组织摄氧和利用氧的能力。

2. 血氧容量（oxygen binding capacity，$C\text{-}O_{2max}$） 即最大的氧含量，是指在标准条件下，即氧分压为20kPa（150mmHg）、二氧化碳分压为5.33kPa（40mmHg）、温度为38℃时，每100mL血液中血红蛋白（Hb）所能结合的最大氧量。每克血红蛋白约可结合1.34mL的氧。血氧容量的高低主要取决于血液中血红蛋白的含量及其结合氧的能力，它反映了血液的携氧能力。

3. 血氧含量（oxygen content，C-O_2）　是指每100mL血液中实际的含氧量，包括Hb实际结合的氧和极小量溶解于血浆的氧（通常仅0.3mL/100mL）。血氧含量表示体内血液的实际供氧水平，它取决于氧分压和氧容量。

4. 血氧饱和度（oxygen saturation，S-O_2）　是指血液中与氧结合的血红蛋白占血液中总血红蛋白的百分比。即S-O_2＝[（血氧含量－溶解的氧量）/血氧容量]×100%。血氧饱和度主要取决于血液氧分压的高低。

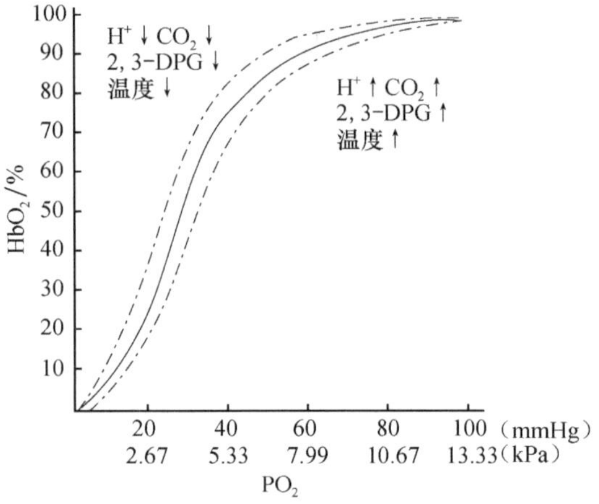

图 9-1　氧合血红蛋白解离曲线及其影响因素

5. 氧合血红蛋白解离曲线（oxygen dissociation curve，ODC）　是指血氧分压与血氧饱和度关系的曲线，简称氧离曲线，大致呈S形。红细胞中2,3-二磷酸甘油酸（2,3-DPG）升高、酸中毒、二氧化碳增多及血液温度升高时，均可使血红蛋白与氧的结合力下降，即在相同氧分压情况下血氧饱和度降低，氧离曲线右移；反之则氧离曲线左移（图9-1）。

反映ODC左移和右移的指标是P_{50}。它是指血红蛋白氧饱和度为50%时的氧分压。P_{50}代表血红蛋白与氧的亲和力，正常值为3.47～3.6kPa（26～27mmHg）。ODC右移时P_{50}增大，ODC左移时P_{50}减小。红细胞内2,3-DPG浓度每升高1μmol时，P_{50}将升高0.1kPa。

6. 动-静脉氧差（the different between CaO_2 and CvO_2，dO_2 或 A-VdO_2）　是指动脉血氧含量减去静脉血氧含量的差值，它反映组织对氧的消耗量。当血红蛋白与氧的亲和力异常增强，组织氧化代谢减慢或动、静脉分流时，动-静脉氧差变小；反之则可增大。

第二节　缺氧的病因和发病机制

根据缺氧发生的原因和血氧变化的特点，一般将缺氧分为以下四种类型。

一、低张性缺氧

低张性缺氧（hypotonic hypoxia）是指动脉血氧分压降低而引起的组织供氧不足，又称为低张性低氧血症（hypotonic hypoxemia）。

病因

1. 吸入气中氧分压过低　多发生于海拔3000m以上的高原或高空，也可发生于通风不良的畜舍，均因吸入氧气量减少而使肺泡内氧分压随之降低，从而导致血氧来源不足。这种原因所致的低张性缺氧亦称大气性缺氧。

2. 外呼吸功能障碍　由于肺的通气或换气功能障碍，可致动脉血氧分压和血氧含量降低而发生缺氧，又称为呼吸性缺氧。常见于呼吸道狭窄或阻塞、胸腔或肺部疾病等。

3. 通气与血流比不一致　见于有肺泡通气但无血流或血流不足（肺血管收缩或栓

塞），或者肺泡不通气或通气减少（肺萎陷、肺水肿），但有血流的情况下，均可引起低张性低氧血症。

4. 静脉血分流入动脉血　多见于某些先天性心脏病，如心室或心房间隔缺损或同时伴肺动脉狭窄或肺动脉高压时，由于右心压力高于左心，出现右心血向左分流，使静脉血掺杂入左心的动脉血中，导致血氧分压下降。

血氧变化特点与组织缺氧机制

1. 动脉血氧分压、血氧含量和血氧饱和度均降低　由于氧解离曲线的特性，一般动脉血氧分压在8kPa（60mmHg）以上时，氧离曲线接近水平线，不会明显影响动脉血氧饱和度和血氧含量。但是，当动脉血氧分压降低到8kPa（60mmHg）以下时，则可使动脉血氧饱和度和血氧含量显著减少，造成组织供氧不足。

2. 动-静脉血氧含量差减少或接近正常　血液中的氧弥散入细胞被线粒体用于生物氧化过程，弥散的速度取决于血液与细胞线粒体部位的氧分压差。细胞内氧分压正常为0.8～5.33kPa（6～40mmHg）。若PaO_2与CaO_2过低可使氧弥散速度减慢，引起细胞缺氧。通常100mL血液流经组织时约有5mL氧被利用，即动-静脉血氧含量差约为5mL/100mL。低张性缺氧时，由同量血液弥散到组织细胞被利用的氧量减少，故动-静脉血氧含量差一般是减少的。如果慢性缺氧使组织利用氧的能力代偿性增强，则动-静脉血氧含量差变化不显著。

3. 脱氧血红蛋白浓度增高　通常毛细血管中脱氧血红蛋白平均浓度为2.6g/100mL。低张性缺氧时，动脉血与静脉血的氧和血红蛋白浓度均降低，毛细血管中氧和血红蛋白也必然减少，脱氧血红蛋白浓度则增加。例如，毛细血管中脱氧血红蛋白浓度增加到5g/100mL以上时，可使皮肤、黏膜出现青紫色，称为发绀（cyanosis）。

二、血液性缺氧

血液性缺氧（hemic hypoxia）是指由于血红蛋白质数量减少或性质改变，以致血氧含量降低或血红蛋白结合的氧不易释出所引起的组织缺氧。由于以物理状态溶解在血液内的氧不受血红蛋白的影响，此型缺氧的PaO_2正常，故又称等张性低氧血症（isotonic hypoxemia）。

病因

1. 贫血　见于各种原因引起的严重贫血。因单位容积血液中红细胞数和血红蛋白含量减少，使血液携氧减少而导致的缺氧，又称为贫血性缺氧（anemic hypoxia）。

2. 一氧化碳中毒　血红蛋白与一氧化碳（CO）结合形成碳氧血红蛋白（carboxyhemoglobin，HbCO），从而失去携带氧的功能。CO与Hb的亲和力比O_2与Hb的亲和力高210倍。当吸入气中含有0.1%的CO时，血液中的Hb可能有50%为HbCO。当CO中毒时，血液内形成大量的HbCO而丧失携氧能力，使血氧含量和血氧容量降低。另一方面，CO还能抑制红细胞内糖酵解，使2,3-DPG生成减少，氧离曲线左移，HbO_2中的O_2不易释放，从而加重组织缺氧。

3. 高铁血红蛋白血症　血红蛋白中的二价铁（Fe^{2+}）在氧化剂的作用下可氧化成三价铁（Fe^{3+}），形成高铁血红蛋白（methemoglobin Hb Fe^{3+}OH，MHb），又称为变性血红蛋白或羟化血红蛋白。高铁血红蛋白中的三价铁因与羟基牢固结合而丧失携带氧的能力。此外，血红蛋白分子的4个Fe^{2+}中有一部分氧化为Fe^{3+}后，还能使剩余的Fe^{2+}与氧的亲和力增加，导致氧离曲线左移，影响血红蛋白中结合氧的释放，使组织缺氧。在生理状态下，血液中不断有少量高铁血红蛋白形成，又不断地被血液中的还原剂，如NADH、抗坏血酸、还原型谷胱甘肽等还原为二价铁的血红蛋白，使正常血液中高铁血红蛋白含量只占血红蛋白总量的1%或2%以下。当高铁血红蛋白含量超过血红蛋白总量的10%，就可引起缺氧；达到20%～50%时则可引起严重缺氧，出现呼吸困难、心动过速，以至昏迷等症状。

高铁血红蛋白血症可见于亚硝酸盐、苯胺、硝基苯等中毒，临床上最常见的是亚硝酸盐中毒。例如，使用文火烧煮或者煮后焖置过久的白菜等饲料中的硝酸盐可被还原为亚硝酸盐，亚硝酸盐是一种强氧化剂，动物食用后可引起高铁血红蛋白血症。另外，食用含大量硝酸盐的腌菜或用腌菜卤喂猪时，由于猪胃肠道内细菌将硝酸盐还原为亚硝酸盐，也可引起猪的高铁血红蛋白血症，即“肠源性发绀”。

家畜中猪对亚硝酸盐最为敏感，其他依次为牛、绵羊和马。亚硝酸盐对猪的致死剂量为每千克体重0.088g。亚硝酸盐中毒时可静脉注射还原剂，如美蓝（亚甲蓝）进行抢救。

4. 血红蛋白与氧的亲和力异常增强　输入大量碱性液体或碱中毒可使血液pH升高，或输入大量库存血液时，由于库存血液中红细胞的2,3-DPG含量低，均可使氧合血红蛋白解离曲线左移，导致血红蛋白与氧的亲和力异常增强。此外，至今已发现30多种人的血红蛋白病，由于Hb的肽链中存在氨基酸替代，如α链第92位的氨基酸被亮氨酸取代，以至血红蛋白与氧的亲和力比正常的血红蛋白高几倍，从而使组织缺氧，并出现代偿性的红细胞增多。

血氧变化特点与组织缺氧机制

1. 动脉血氧分压正常，血氧含量和血氧容量降低，血氧饱和度不变　血液性缺氧时，因患畜的氧来源充足，且外呼吸功能正常，故PaO_2正常，但因Hb量减少和质的改变，可使Hb结合氧量减少，所以血氧含量及血氧容量均降低，血氧饱和度不变。

2. 动-静脉血氧含量差小于正常　毛细血管床中O_2向组织、细胞弥散的动力是血液与组织、细胞之间的PaO_2梯度，在毛细血管动脉端血液PaO_2高，故O_2向血管外弥散速度快。血液由动脉端流向静脉端时，血氧含量逐渐减少，PaO_2逐步下降，O_2向组织弥散的速度逐步减慢，故组织获得的氧量取决于毛细血管床中的平均PaO_2与组织细胞的PaO_2差。贫血的病畜虽然PaO_2正常，但其毛细血管床中平均PaO_2却低于正常，使O_2向组织弥散的速度也很快减慢，导致组织缺氧和动-静脉血氧含量差低于正常。但是，如果是Hb与O_2亲和力增强引起的血液性缺氧，则动脉血氧容量和血氧含量不降低，甚至可能高于正常水平。这时的组织缺氧是由于Hb与O_2的亲和力较大，结合的氧不易释出所致，其动-静脉血氧含量差也小于正常。

血液性缺氧时，皮肤、黏膜的颜色随病因不同而异。严重贫血的患畜皮肤、黏膜呈苍白色；CO中毒病畜血液中HbCO增多，故皮肤、黏膜呈樱桃红色，但严重缺氧时由于皮肤血管收缩，皮肤、黏膜可呈苍白色；高铁血红蛋白呈咖啡色或青石板色，故使病畜皮肤和黏膜呈咖啡色或青石板色；单纯由Hb与O_2亲和力增加引起的缺氧，因毛细血管中脱氧血红蛋白量少于正常，所以病畜皮肤和黏膜不出现发绀变化。

三、循环性缺氧

循环性缺氧（circulatory hypoxia）是指由于血液循环障碍，供给组织的血流量减少而引起的缺氧，也称低动力性缺氧（hypokinetic hypoxia）。循环性缺氧可分为缺血性缺氧（ischemic hypoxia）和淤血性缺氧（congestive hypoxia）。前者为动脉血流入组织不足所致，后者为静脉血回流受阻所致。

病因

1. 全身性循环性缺氧　见于心力衰竭和休克。大多休克病畜心输出量的减少比心力衰竭者更严重，全身性缺氧也更严重，病畜可死于因心脏、脑、肾脏等重要器官严重缺氧而发生的功能衰竭。

2. 局部性循环性缺氧　见于栓塞和血管病变，如脉管炎、血栓形成等。局部血液循环性缺氧的后果主要取决于病变发生的部位，如发生在心脏、脑血管可引起动物死亡。

血氧变化特点与组织缺氧机制

1. 动脉血氧分压、血氧容量、血氧含量及血氧饱和度均正常　单纯性循环性缺氧时，动脉血氧分压、血氧容量、血氧含量及血氧饱和度均正常，但由于因血流缓慢，单位时间内流过毛细血管的血量减少，故弥散到组织、细胞的氧量减少，导致组织缺氧。当左心衰竭引起肺水肿时，则可合并有呼吸性缺氧。

2. 动-静脉氧含量差增大　当血流缓慢时，血液通过毛细血管的时间延长，组织、细胞从单位血液中摄取的氧量相对较多，同时由于血流淤滞，二氧化碳含量增加，促使氧离曲线右移，释氧增加，致使静脉血氧分压和血氧含量降低，结果是动-静脉氧含量差增大。

缺血性缺氧时，组织由于毛细血管床的血液灌流量下降而呈苍白色；淤血性缺氧时，由于静脉血的氧分压和氧含量较低，毛细血管中平均脱氧血红蛋白可超过 5g/100mL，因此病畜皮肤、黏膜常出现发绀。

四、组织性缺氧

组织性缺氧（histogenous hypoxia）是指由于组织细胞利用氧障碍所引起的缺氧。

病因

1. 组织中毒　许多毒性物质，如氰化物、硫化物、砷、磷等都可引起组织中毒性缺氧（histotoxic hypoxia），最典型的是氰化物中毒。各种氰化物，如 HCN、KCN、NaCN、NH_4CN 等可由消化道、呼吸道或皮肤进入机体内，迅速与氧化型细胞色素氧化酶的三价铁结合，形成氰化高铁细胞色素氧化酶，使铁保持三价状态，不能被还原成为带二价铁的还原型细胞色素氧化酶，从而失去传递电子的功能，以至呼吸链中断，组织不能利用氧，造成“细胞内窒息”。0.06g HCN 即可使人死亡。硫化氢、砷化物等中毒也主要是由于抑制细胞色素氧化酶等而影响了细胞的氧化过程。

2. 呼吸酶合成障碍　某些维生素是呼吸链中多种辅酶的组成成分，如硫胺素为丙酮酸脱氢酶的辅酶成分，泛酸是辅酶Ⅰ的组成成分，核黄素（维生素 B_2）是两种重要黄素辅酶黄素单核苷酸（FMN）和黄素二核苷酸（FAD）的组成成分，烟酰胺（尼克酰胺）组成的烟酰胺腺嘌呤二核苷酸（NAD^+）和烟酰胺腺嘌呤二核苷酸磷酸（$NADP^+$）也是多种脱氢酶的重要辅酶，当这些维生素严重缺乏时，因生物氧化过程不能正常进行而导致氧的利用障碍。

3. 线粒体损伤　细菌毒素、大量放射线照射等可损伤线粒体，引起细胞氧的利用障碍。

血氧变化特点与组织缺氧机制

1. 动-静脉血氧含量差减小　组织性缺氧时，动脉血氧分压、血氧含量、血氧容量和血氧饱和度均正常，只是由于内呼吸障碍使组织不能利用氧，故静脉血氧分压和血氧含量高于正常，动-静脉血氧含量差减小。

2. 氧合血红蛋白升高　由于组织细胞利用氧障碍，使毛细血管中氧合血红蛋白高于正常，故组织中毒性缺氧病畜的皮肤、黏膜呈玫瑰红色。

第三节 缺氧时机能和代谢的变化

缺氧时机体的机能和代谢的变化，包括机体对缺氧的代偿性反应和由缺氧引起的代谢与功能障碍。轻度缺氧主要引起机体代偿性反应，严重缺氧而机体代偿不全时，出现的变化以代谢和功能障碍为主，甚至发生组织细胞坏死或机体死亡。机体在急性缺氧与慢性缺氧时的变化不相同。急性缺氧时由于机体来不及代偿而较易发生代谢功能障碍。各种类型的缺氧所引起的变化既有相似之处，又各具特点。以下主要以低张性缺氧为例，说明缺氧对机体的影响。

一、呼吸系统的变化

（一）代偿性反应

机体急性缺氧时，当动脉血氧分压低于 8kPa（60mmHg）时，可刺激颈动脉体和主动脉体化学感受器，反射性地引起呼吸加深加快，增加肺通气量。呼吸加深使胸腔负压加大，可促使静脉回流，增加心输出量和肺血流量，有利于氧的摄取和运输。但是，过度通气可使肺排出较多的 CO_2，导致呼吸性碱中毒，后者在一定程度上可以抑制中枢化学感受器，起到抵抗缺氧对外周化学感受器的刺激效应。所以，仅出现一定范围的代偿性通气增加。

慢性低张性缺氧患畜，由于颈动脉体和主动脉体化学感受器对缺氧的敏感性下降，使肺通气反应减弱，这也是一种慢性适应过程。因为肺通气每增加 1L，呼吸肌耗氧量增加 0.5mL，从而可加剧机体氧的供求矛盾，故长期呼吸运动增强显然是对机体不利的。

血液性缺氧和组织性缺氧因 PaO_2 不降低，故呼吸一般不增强；循环性缺氧如果累及肺循环（如心力衰竭引起肺淤血和肺水肿）时，可使呼吸加快。

（二）呼吸功能障碍

严重的缺氧可抑制呼吸中枢的活动，引起周期性呼吸，甚至呼吸停止。急性低张性缺氧，如快速登上 4000m 以上高原时，可在 1～4d 发生肺水肿，表现为呼吸困难、咳嗽、血性泡沫痰、肺部有湿性罗音、皮肤黏膜发绀等。因高原肺水肿的动物模型难以复制成功，故其发病机制至今尚不清楚。可能是由于缺氧所致外周血管收缩，使回心血量增加和肺血量增多，加上缺氧性肺血管收缩反应使肺血流阻力增加，导致肺动脉高压；同时缺氧时肺微血管通透性增加，故发生肺水肿。肺水肿影响肺的换气功能，可使 PaO_2 进一步下降，从而直接抑制呼吸中枢，使呼吸抑制，肺通气量减少，结果可导致中枢性呼吸衰竭。

二、循环系统的变化

（一）代偿性反应

低张性缺氧引起的代偿性心血管反应主要表现为心输出量增加、血流分布改变、肺血管收缩和毛细血管增生。

1. 心输出量增加 缺氧时可引起交感-肾上腺髓质系统兴奋，作用于心脏 β-肾上腺素能受体，使心肌收缩性增强；由于通气增加，肺泡膨胀对肺牵张感受器的刺激，反射性地通过交感神经而使心率加快；同时心脏活动及胸廓呼吸运动增强，导致静脉回流量增多，均可使心输出量增加。

2. 血流分布改变 急性缺氧时，皮肤、腹腔器官因交感神经兴奋，缩血管作用占优势，使血管收缩；而心脑血管则以腺苷等局部组织代谢产物、特别是无氧酵解产物的扩血管作用为主，故血管扩张，血流增加。这种血流分布的改变对于保证生命重要器官供氧是有利的。

3. 肺血管收缩 肺泡缺氧及动脉血氧分压降低都可引起肺小动脉收缩，从而使缺氧的肺泡血流量减少，有利于维持肺泡通气与血流的适当比例，使流经这部分肺泡的血液仍能获得较充分的氧，从而维持较高的动脉血氧分压。

4. 毛细血管增生 长期慢性缺氧可促使血管内皮生长因子等基因表达增强，使毛细血管增生。尤其是心脏、脑和骨骼肌的毛细血管增生更明显。毛细血管的密度增加可缩短血氧弥散至细胞的距离，增加对细胞的供氧量，有一定的代偿意义。

（二）循环系统功能障碍

严重的全身性缺氧可引起循环系统功能障碍，主要表现为肺动脉高压、心输出量减少，最终导致心力衰竭，如肺源性心脏病、贫血性心脏病等的发生均与缺氧有关。

1. 肺动脉高压 肺泡缺氧引起的肺血管收缩反应可增加肺循环阻力，导致严重的肺动脉高压。长期的肺小动脉收缩，可引起肺血管平滑肌细胞和成纤维细胞的肥大和增生，血管硬化，形成持续的肺动脉高压。另外，缺氧所致的红细胞增多，使血液黏度增高，同时也可增加肺循环的阻力。肺动脉压增高可增加右心室射血的阻力，导致右心室肥大，甚至心力衰竭。

2. 心输出量减少 严重缺氧所致的心输出量减少是由于心功能降低、心律紊乱及静脉血回流减少等因素综合作用的结果。缺氧时，心肌细胞 ATP 生成减少，pH 降低等可引起心肌舒缩功能紊乱，甚至发生心肌变性、坏死；严重缺氧可引起窦性心动过缓、期前收缩，心室颤动等；静脉回流减少主要与严重缺氧时呼吸中枢抑制使胸部运动减弱有关。全身性严重而持久的缺氧还可使体内产生大量乳酸、腺苷等代谢产物，导致外周血管扩张，大量血液淤滞在外周血管，从而使回心血量减少。

三、血液的变化

缺氧可使骨髓造血增强，红细胞增多和血红蛋白氧离曲线右移。这些变化可增加氧的运输和血红蛋白释放氧，在缺氧的适应中具有重要意义。

（一）红细胞增多

急性缺氧时，可反射性地使储血器官（脾脏、肝脏）收缩，将平时不参与循环的血液释放入体循环，以增加循环血量和红细胞数量。慢性缺氧时，低氧血流能刺激肾小管旁间质细胞，产生并释放促红细胞生成素，它刺激骨髓干细胞，加速红细胞成熟并释放入血液。

红细胞增多及血红蛋白的升高，可增加血液的血氧容量和血氧含量，从而增加组织供氧量。但是，红细胞过多又可增加血液黏稠度，使血流速度减慢，影响氧气的运输。

（二）氧合血红蛋白解离曲线右移

缺氧时，红细胞内 2,3-DPG 形成增多，导致氧合血红蛋白解离曲线右移。2,3-DPG 是红细胞内糖酵解的中间产物，易与红细胞中的还原血红蛋白结合，而使后者分子结构趋向稳定而不易与氧结合。2,3-DPG本身又是一种有机酸，当其增加时可降低红细胞内pH。通过上述双重作用，降低了血红蛋白与氧的亲和力，引起氧合血红蛋白解离曲线右移，即促进氧合血红蛋白的解离，释放更多的氧供组织利用。但是，红细胞中2,3-DPG过多时，又可使血液通过肺部时结合的氧减少，从而失去代偿作用。

四、中枢神经系统的变化

脑组织的能量主要来源于葡萄糖的有氧氧化，而脑内葡萄糖和氧的储备量则很少。因此，脑组织对缺氧极度敏感，其中大脑皮质和小脑灰质耗氧量最多，对缺氧也最敏感，对缺氧的耐受性更差。严重缺氧可导致烦躁不安、惊厥、昏迷，甚至死亡。缺氧引起脑组织的形态学变化主要是脑细胞变性、坏死及脑间质水肿。脑水肿可使颅内压升高，并压迫脑血管影响血液循环，使脑缺氧进一步加重，形成恶性循环。

五、组织细胞的变化

（一）代偿性反应

在供氧不足的情况下，组织细胞可通过增强利用氧的能力和增强无氧酵解过程以获取维持生命活动所必需的能量。

1. 细胞利用氧的能力增强 慢性缺氧时，细胞内线粒体的数目和膜的表面积均增加，呼吸链中的酶，如琥珀酸脱氢酶、细胞色素氧化酶可增加，使细胞的内呼吸功能增强。

2. 无氧酵解增强 缺氧时，ATP生成减少，ATP/ADP比值下降，以致磷酸果酸激酶活性增强，使糖酵解过程加强，这在一定程度上可补偿能量的不足。

3. 肌红蛋白增加 慢性缺氧可使肌肉中肌红蛋白含量增多。肌红蛋白和氧的亲和力较大，当氧分压为1.33kPa（10mmHg）时，血红蛋白的氧饱和度约为10%，而肌红蛋白的氧饱和度可达70%，当氧分压进一步降低时，肌红蛋白可释放出大量的氧供细胞利用。肌红蛋白的增加可从血液中摄取更多的氧，起到氧储存的作用。

4. 低代谢状态 缺氧可使细胞耗能过程减弱，如蛋白质合成、葡萄糖合成、尿素合成、离子泵功能等均降低，使细胞处于低代谢状态，有利于机体在缺氧状态下生存，细胞内酸中毒可能是合成代谢降低的原因之一。

（二）缺氧性细胞损伤

缺氧性细胞损伤主要为细胞膜、线粒体及溶酶体的变化。

1. 细胞膜的变化 缺氧时由于ATP生成减少，可造成细胞膜上一些需能的离子泵（如Na^+-K^+-ATP酶）功能障碍，引起Na^+、Ca^{2+}内流，细胞内渗透压升高，引起细胞水肿。细胞内Ca^{2+}浓度增加时，Ca^{2+}可抑制线粒体的呼吸功能，激活磷脂酶，使膜磷脂分解。此外，Ca^{2+}还可激活蛋白酶，促使黄嘌呤脱氢酶转变为黄嘌呤氧化酶，从而增加氧自由基的形成，进一步加重细胞的损伤。

2. 线粒体的变化 轻度缺氧或缺氧早期线粒体呼吸功能增强。严重缺氧首先影响线粒体对氧的利用，使神经介质的生成和生物转化过程等降低。当线粒体部位氧分压降到临界点0.1kPa（<1mmHg）时，可降低线粒体的呼吸功能，使ATP生成更加减少。呼吸功能

降低主要因脱氢酶活性下降所致，严重时可引起线粒体肿胀、嵴断裂，甚至外膜破裂和基质外溢等病变。

3. 溶酶体的变化　　严重缺氧时ATP生成减少，细胞内酸中毒，可使溶酶体膜的稳定性降低、通透性升高，结果使溶酶体肿胀，甚至破裂，大量溶酶体酶（如酸性磷酸酶、组织蛋白酶等）释出，引起细胞自溶及其周围组织的溶解、坏死。

复习思考题

1. 名词解释：缺氧　低张性缺氧　血液性缺氧　循环性缺氧　组织性缺氧　血氧分压　血氧含量　血氧容量　血氧饱和度　氧合血红蛋白解离曲线
2. 各型缺氧的原因和血氧指标变化特点是什么？
3. 简述猪亚硝酸盐中毒的发生机制。
4. 缺氧对呼吸系统有哪些影响？
5. 缺氧时红细胞增多的机制和意义是什么？
6. 缺氧时组织细胞的变化及意义如何？

（龙　塔）

第十章　水和电解质代谢障碍

水和电解质是体液的主要成分，广泛分布于组织细胞内外，构成了动物的内环境。动物的新陈代谢是在内环境中进行的，因此为了保证新陈代谢的正常进行和各种生理功能的发挥，维持内环境相对稳定是必要的。

外环境的剧烈变化常会引起水和电解质平衡的紊乱，导致水的容量和分布异常，电解质浓度变化，如得不到及时纠正，常引起严重后果，甚至危及生命，故纠正水和电解质代谢障碍的输液疗法是动物临诊上经常使用和极为重要的治疗手段。

第一节　水、钠代谢障碍

一、水　　肿

水肿（edema）是指过多的液体在组织间隙或体腔中积聚。水肿是等渗液的积聚，一般不伴有细胞内液增多，细胞内液增多也称为细胞水肿。液体积于体腔内，通常称为积水（hydrops），如心包积水、胸腔积水、腹腔积水。水肿不是一种独立的疾病，而是多种疾病的一种共同病理过程。

按水肿发生的部位分为全身性水肿（anasarca）和局部性水肿（local edema），后者发生于局部，如脑水肿、肺水肿等。按水肿发生的原因分为心性水肿、肾性水肿、肝性水肿、炎性水肿、淋巴性水肿等。

水肿液来自血浆，除蛋白质含量外，其余与血浆相同，其蛋白质含量主要取决于毛细血管壁的通透性和淋巴回流。当毛细血管壁通透性增高（如炎症）、淋巴回流受阻时，水肿液中蛋白质含量增高，比重增加。通常将比重高于 1.018、蛋白质含量可达 30～50g/L，可见各种白细胞的水肿液称为渗出液（exudate）；而将比重低于 1.015、蛋白质含量低于 25g/L、细胞数少于 500 个/mL 的水肿液称为漏出液（transudate）。

病因和发病机制　正常动物组织间液容量的相对恒定，主要依赖于血管内外液体交换的平衡，一旦平衡失调，就可能导致水肿。

1. 组织液生成大于回流　正常动物组织液生成和回流之间保持着动态平衡，即在毛细血管动脉端不断有组织液生成，而在静脉端又不断回流，不能回流的部分则由毛细淋巴管汇集，再进入血液循环。这种动态平衡的维持主要取决于有效流体静压、有效胶体渗透压及淋巴回流等因素（图 10-1）。

引起组织液生成增多的原因有以下四个方面。

1）毛细血管流体静压升高　　毛细血管流体静压升高可致有效流体静压升高，使组织液生成增多，当超过淋巴回流的代偿能力时，便可引起水肿。常见原因是动脉充血（如炎症）和静脉压升高。引起静脉压升高的因素有：心力衰竭引起的静脉回流障碍（如牛的创伤性心包炎），肝硬变导致的门静脉高压（如寄生虫性肝硬变），静脉阻塞（如血栓），静脉受压等。

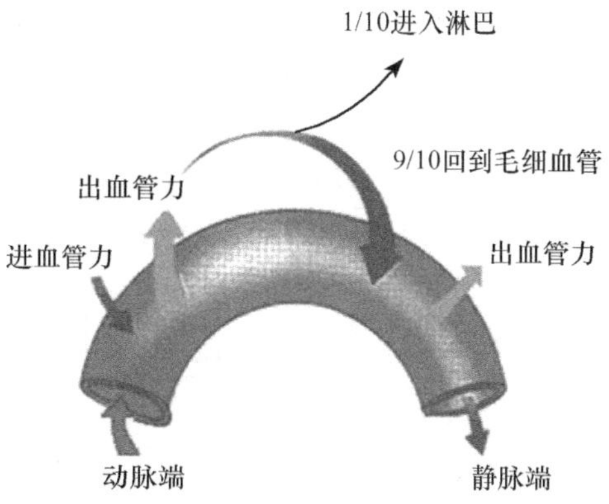

图 10-1　体液在血管内外的交换

2）有效胶体渗透压降低　　有效胶体渗透压是指血浆胶体渗透压减去组织胶体渗透压的差值，是促使组织液回流的力量，因此，当有效胶体渗透压降低时可引起水肿。

（1）血浆胶体渗透压降低。血浆胶体渗透压主要取决于血浆蛋白质的含量，因此凡能引起血浆蛋白质含量降低的因素均可导致血浆胶体渗透压下降。常见原因有：蛋白质合成不足，如营养不良，消化吸收障碍，严重肝病等；蛋白质丢失过多，见于肾病综合征患畜，大量蛋白质从尿中丢失；大量钠、水在体内潴留可使血浆蛋白质稀释。这类水肿液的特点是蛋白质含量较低。

（2）组织胶体渗透压增高。增高的因素有：微血管壁通透性增高，使大分子物质滤出到组织液中，致组织胶体渗透压增高；局部组织细胞变性、坏死、组织分解加剧，使大分子物质分解为小分子物质，引起局部胶体渗透压增高。

3）微血管壁通透性增加　　微血管壁通透性增加，使较多的蛋白质滤出到组织间隙中，一方面使组织胶体渗透压增加（有效胶体渗透压降低），另一方面使毛细血管静脉端和微静脉内的胶体渗透压下降，从而引起水肿，主要见于各种炎症和某些变态反应，包括感染、冻伤、化学伤以及昆虫咬伤等。这些因素可直接损伤微血管壁或通过炎症介质（血管活性胺类：如组织胺，5-羟色胺；激肽类：如胰激肽，缓激肽等）使微血管壁的通透性增高。这类水肿液的特点是蛋白质含量高，可达 30～60g/L。

4）淋巴回流受阻　　由于淋巴回流的特点，使其具有较强的抗水肿作用，当淋巴回流受阻或不能代偿性加强回流时，含蛋白质较多的液体可在组织间隙中积聚，形成淋巴性水肿。常见原因有：①淋巴管阻塞：如丝虫病时淋巴管道被成虫阻塞，恶性肿瘤细胞等阻塞淋巴管，肿瘤组织、疤痕等压迫淋巴管，手术截断淋巴管干道等。②淋巴管痉挛：可使淋巴回流受阻。③淋巴泵失去功能：在慢性水肿时，由于长期淋巴回流增多，使淋巴管被动扩张，管内瓣膜关闭失灵，降低了淋巴泵在促使淋巴回流中的作用。

淋巴性水肿液的特点是蛋白质含量较高，可达 40～50g/L。

2. 钠、水潴留　　动物对钠、水的摄入量和排出量通常保持动态平衡，从而保持体液量的相对恒定。这种平衡的维持是通过神经-体液的调节而实现的，其中肾脏的作用尤为重要。肾脏通过肾小球的滤过和肾小管的重吸收作用而维持钠、水的平衡（称肾小球-肾小管平衡或球-管平衡）。一旦球-管平衡失调，将可导致钠、水潴留，成为水肿发生的基础。球-管失衡通常表现为：肾小球滤过降低，肾小管重吸收不变；肾小球滤过正常，肾小管重吸收增多；肾小球滤过减少同时伴有肾小管重吸收增多（图 10-2）。

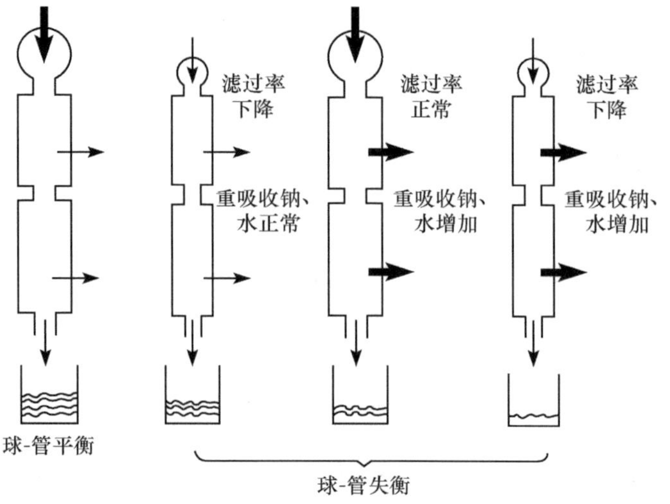

图 10-2　球-管失衡基本形式示意图

1）肾小球滤过降低而不伴肾小管重吸收相应减少时，会导致钠、水潴留　肾小球滤过常取决于滤过膜的通透性和总面积，有效滤过压，以及肾血流量，当上述因素中的一个或几个发生障碍时，便可致肾小球滤过降低。

（1）肾小球滤过膜通透性降低或滤过总面积减少。广泛的肾小球病变，如急性肾小球肾炎，炎性渗出物和内皮细胞肿胀，影响滤过；慢性肾小球肾炎，肾单位严重破坏，肾小球滤过面积显著减少。

（2）肾血流量下降。有效循环血量减少，如失血、休克、充血性心力衰竭等，可使肾血流量减少。另外，有效循环血量减少还可反射性地引起交感-肾上腺髓质系统和肾素-血管紧张素系统兴奋，使入球小动脉收缩，肾血流量进一步减少，肾小球滤过下降。

（3）有效滤过压降低。构成有效滤过压的三种力量：有效滤过压＝肾小球毛细血管血压－（血浆胶体渗透压＋肾小球囊内压），任何一种力量的改变，都将影响肾小球的滤过。肾小球毛细血管血压降低，肾脏具有自身调节血流量的机制，只有当全身动脉血压显著降低、交感神经高度兴奋、肾上腺素大量分泌，肾小球毛细血管血压才明显降低，肾小球滤过减少；当肾盂或输尿管结石，肾外肿物压迫引起尿路不畅，尿液积聚时，肾小球囊内压升高，使有效滤过压下降。

2）肾小管重吸收增多是引起钠、水潴留的主要方面　在伴有或不伴有肾小球滤过下降的情况下，肾小管重吸收增多，均可导致钠、水潴留。

（1）肾血流重新分布。动物的肾单位有皮质肾单位和近髓肾单位两种。皮质肾单位因髓袢短，不能进入髓质高渗区，对钠、水重吸收较少；近髓肾单位髓袢长，其肾小管深入髓质高渗区，对钠、水重吸收较多。正常时，肾血流大部分通过皮质肾单位，只有小部分通过近髓肾单位。但在某些病理情况下（如休克、心力衰竭等），肾血流重新分布，使大部分肾血流进入近髓肾单位，故钠、水重吸收增加。

（2）激素。醛固酮和抗利尿激素（antidiuretic hormone，ADH）是调节远曲小管和集合管对钠、水重吸收的主要因素，当二者分泌增多或灭活减少时，可导致钠、水重吸收增多。心房利钠肽（atrial natriuretic peptide，ANP）具有利尿、利钠作用，当有效循环血量减少，血压下降时，ANP 分泌减少，肾近曲小管对钠、水重吸收增加。

（3）肾小球滤过分数（filtration fraction，FF）增加。FF＝肾小球滤过率/肾血浆流量，正常时约有20%的肾血浆流量经肾小球滤过。当充血性心力衰竭时，肾血流量随有效循环血量减少而下降，但肾小球滤过率却相对增高，导致FF增高。同时由于血流量减少，流体静压下降，近曲小管对钠、水重吸收增加。

以上是水肿发生机制中的基本因素。在各种不同类型水肿的发生发展过程中，通常是几种因素先后或同时发挥作用，在每一种特定水肿的发生中，各种因素所起作用的大小也各不相同。

病理变化

1. 皮肤水肿 皮肤肿胀，颜色苍白，弹性降低，指压留痕，切开时有水肿液溢出，皮下水肿组织呈胶冻样。

2. 黏膜水肿 水肿部隆起，黏膜呈半透明胶冻状，严重时形成水泡。

3. 肺水肿 肺水肿时，水肿液聚积于肺泡腔内，使肺明显肿胀，质地变实，重量增加，被膜湿润光亮，小叶间质加宽呈半透明，切面有泡沫样液体流出。

4. 浆膜腔水肿 即浆膜腔积液，包括心包积液、胸腔积液（胸水）和腹腔积液（腹水）。如果是非炎性水肿（如肉鸡腹水综合征），水肿液呈清亮或淡黄色，比重低于1.018，体外不凝固。炎性水肿（如大肠杆菌引起的肉仔鸡腹水），水肿液较混浊，比重高于1.018。体外易凝固，其中常混有絮状纤维素和炎性细胞。

5. 实质器官水肿 心脏、肝脏、肾脏等实质器官水肿时，病变一般不明显，仅见稍肿胀，色变淡，切面较湿润。

对机体的影响

1. 对机体的有利影响 炎性水肿的水肿液有稀释毒素、运送抗体等抗损伤作用。肾性水肿的形成对减轻血液循环的负担起着弃卒保车的作用。心性水肿液的生成可降低静脉压、改善心肌收缩等。

2. 对机体的不利影响 取决于水肿发生的部位、程度、速度及持续时间。

1）器官机能障碍 水肿对器官组织功能活动的影响，取决于水肿发生的速度和程度。急性水肿比慢性水肿影响大。若为生命活动的重要器官，可造成严重后果。例如，心包积水妨碍心脏的泵血机能；喉头水肿可引起气道阻塞，严重者窒息死亡。

2）细胞营养障碍 水肿可引起组织内压升高，尤其是受坚实骨壳限制的器官和组织，发生水肿时，使血液供应减少。此外，因水肿液的存在，使细胞与毛细血管间的距离增大，增加了营养物质在细胞间交换的距离。

二、脱　水

成年动物体液约占体重的60%左右，分为细胞内液（intracellular fluid）和细胞外液（extracellular fluid）。体液中的溶质包括电解质和非电解质两大类。各种盐在水中解离为带电荷的离子，称之为电解质。细胞外液的主要阳离子为Na^+，Na^+是维持细胞外液渗透压的主要阳离子，因此体内水和钠代谢关系十分密切，其障碍往往是同时或相继发生，并且相互影响。

脱水（dehydration）是指细胞外液容量的明显减少，伴有或不伴有血钠浓度的变化。根据水与钠丢失的比例不同分为以下三种。

（一）高渗性脱水

高渗性脱水（hypertonic dehydration）是指失水多于失钠，细胞外液容量减少、渗透压升高，又称低容量性高钠血症（hypovolemic hypernatremia）。

病因

1. 进水不足　动物得不到饮水（如水源断绝）或吞咽困难（如咽喉、食管疾病）等而缺水，但仍要通过不感蒸发和排尿而丢失低渗体液。

2. 失水过多　丢失水的途径有：经胃肠道丢失，如呕吐、腹泻、胃扩张、肠梗阻、反刍动物瘤胃酸中毒等；经呼吸道或皮肤失水，如过度通气、汗腺不发达动物夏季为调节体温而进行热性喘息；炎热的气候、发热时的大出汗等；经肾丢失水分，如 ADH 分泌障碍或肾小管对 ADH 缺乏反应、静注高渗葡萄糖溶液等。

对机体的影响及机制　细胞外液容量减少和渗透压升高是高渗性脱水的两个关键。

1. 细胞内液向细胞外转移　由于细胞外高渗，使细胞内液向细胞外转移，细胞外液得到部分恢复。但同时也引起细胞脱水，严重者发生脑细胞脱水，出现神经症状，如步态不稳、肌肉抽搐、嗜睡，甚至昏迷。

2. 口渴和 ADH 分泌增加　细胞外液容量减少和渗透压升高，可通过渗透压感受器和渴感中枢引起动物口渴；ADH 分泌增加，使水的重吸收增多、尿量减少，尿钠浓度增高。

3. 血液学变化　血钠和血浆蛋白浓度升高，单位体积血液中红细胞数增加，血红蛋白含量增加，但红细胞压积通常变化不大（红细胞体积缩小）。

通过以上调节，均使得细胞外液得到补充，既有助于渗透压回降，又使血容量得到恢复（图 10-3）。

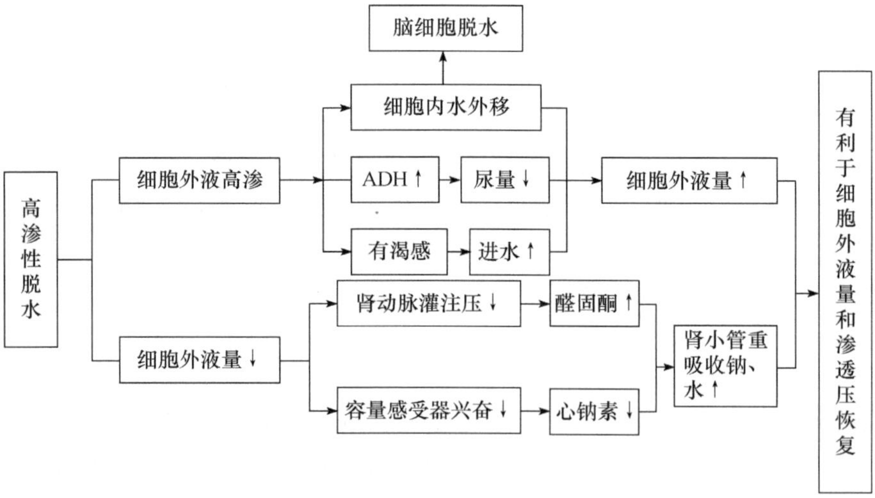

图 10-3　高渗性脱水的发生机制

4. 细胞外液容量减少　细胞外液容量减少使皮肤水分蒸发减少，影响散热；细胞内脱水可引起分解代谢的增强，以增加内生性水，但同时也使产热增加，产生脱水热。

防治原则

（1）防治原发病，去除病因。

（2）补水，可静注5%葡萄糖溶液。但要注意适当补钠，虽然病畜血钠浓度增加，但体内总钠量是减少的，故待缺水情况得到一定程度纠正后，应适当补钠，可给予生理盐水与5%葡萄糖混合液。

（3）适当补钾，细胞脱水时，伴有钾的外移和丢失（尿中排钾增多）。

（二）低渗性脱水

低渗性脱水（hypotonic dehydration）是指失钠多于失水，细胞外液容量和渗透压均降低，也称为低容量性低钠血症（hypovolemic hyponatremia）。

病因　常见病因是肾内或肾外丢失大量液体后处理不当，如只给水而未给钠。

1. 经肾丢失　如慢性间质性肾疾患，可使肾髓质正常结构破坏，不能维持正常的渗透压梯度和髓袢升支功能受损等，使钠随尿排出增加；长期使用利尿剂，可抑制肾小管对钠的重吸收；肾上腺皮质功能低下时，由于醛固酮分泌不足，使肾小管对钠的重吸收减少。

2. 肾外丢失　大量失血、呕吐、腹泻、大面积烧伤后仅补充水而未补充氯化钠。

对机体的影响及机制　细胞外液容量减少和渗透压降低是低渗性脱水的两大特点，由此造成一系列后果。

1. 细胞外液容量减少　细胞外液容量减少是低渗性脱水的主要特点，同时由于细胞外液的低渗，使水分从细胞外液向渗透压相对较高的细胞内转移，从而使本来已减少的细胞外液进一步下降，严重者导致外周循环衰竭，患畜出现血压下降、四肢厥冷、脉搏细速等症状，如水分进入脑细胞内，引起脑细胞水肿，可出现神经症状。

2. 血浆渗透压降低　一般无渴感，故机体虽缺水，但却难以经口补充液体。同时，由于细胞外液低渗，抑制渗透压感受器，使ADH分泌量减少，肾远曲小管和集合管对水的重吸收也相应减少，导致多尿，排水量增多。

由上可知，较轻的低渗性脱水通过自身的调节，一般可恢复；但在严重的低渗性脱水，如不及时治疗则可导致血容量的进一步下降或外周循环衰竭（图10-4）。

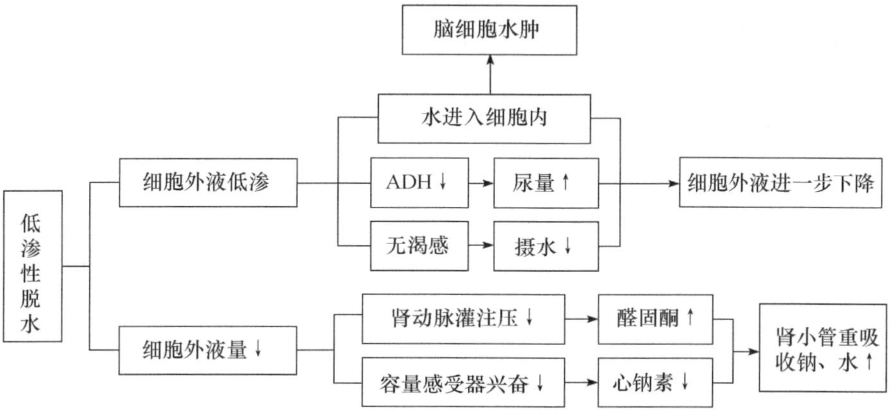

图10-4　低渗性脱水的发生机制

3. 血液学变化　血浆容量减少和渗透压降低，可使单位体积血液中红细胞数量增加和红细胞平均容积增大、血红蛋白量增多，红细胞压积显著升高。血容量减少，组织间液向血管内转移，使组织间液减少更明显，出现明显的失水体征，如皮肤弹性减退，眼球凹陷等。

4. 肾脏失钠　经肾失钠的患畜，尿钠含量增多，如是肾外原因所致，则因低血容量所致的肾血流量减少而激活肾素-血管紧张素-醛固酮系统，使肾小管重吸收钠增多，结果导致尿钠含量减少。

防治原则

（1）积极防治原发病，去除病因。

（2）原则上给予生理盐水以恢复细胞外液容量。

（3）如缺钠严重，则适当给予高渗盐，忌补葡萄糖溶液。

（三）等渗性脱水

等渗性脱水（isotonic dehydration）是指体液中的钠与水按血浆中的比例丢失，又称低容量血症（hypovolemia）。其特点是细胞外液容量减少，渗透压不变。

病因　等渗性脱水在动物临诊上极为普遍。呕吐、腹泻时大量消化液的丢失是最常见的原因，另外软组织损伤、大面积烧伤等也可丢失大量等渗性体液。

对机体的影响及机制

（1）细胞外液容量减少使回心血量下降，心输出量降低，严重者可引起血压降低，甚至休克。

（2）细胞外液容量减少而细胞内液量变化不大，使血液浓缩，单位体积血液中红细胞数增加，血红蛋白含量升高，红细胞压积增大。

（3）细胞外液容量减少可引起 ADH 和醛固酮的分泌，促进肾脏重吸收水和钠，使细胞外液量有所增加。

防治原则　除防治原发病外，以恢复血容量为主。可先给生理盐水以扩充血容量，一旦血压恢复，可改用半张性盐水或 5%葡萄糖加等量生理盐水，防止由于水分的不断丢失而可能导致的高渗性脱水。

（四）三种类型脱水的比较

脱水可从血液学和无渴感等方面进行比较（表 10-1）。

表 10-1　三种类型脱水的比较

项　目	低渗性脱水	等渗性脱水	高渗性脱水
红细胞数/(10^{12}/L)	↑	↑	↑
Hb/(g/L)	↑	↑	↑
MCV/μm^3	↑	—	↓
MCHC/%	↓	—	↑
PCV/%	↑	↑	↑（或—）
血［Na^+］/(mmol/L)	↓	—	↑
血浆蛋白质含量/(g/L)	↑	↑	↑
渴感	无	无	有

注：↑表示增加；↓表示减少；—表示无变化或变化不大，下同。

三、水 中 毒

水中毒（water intoxication）是指由水过量引起的低钠血症，又称稀释性低钠血症（dilutional hyponatremia）或高容量性低钠血症（hypervolemic hyponatremia）。其特点是细胞外液量增多，血钠浓度降低，细胞外液低渗。

病因 正常动物不会因摄水过多而引起水中毒，因为机体可通过调节排出过多的水分。但在下列情况下，可发生水中毒。

1. 应激状态下输液过多 因创伤、手术等应激状态时，机体 ADH 分泌增加，抑制了水的排出，过多输入不含电解质的溶液（如大量输葡萄糖溶液），发生水的潴留，从而导致水中毒。

2. 肾功能不全 肾功能不全时，肾的稀释功能受到损伤，排水能力降低，引起水中毒。

3. 肾上腺皮质功能减退 糖皮质激素对下丘脑分泌 ADH 有抑制作用，缺乏糖皮质激素则 ADH 分泌增加，如摄水（或输水）过量易发生水中毒。

对机体的影响及机制 细胞外液容量增加和渗透压下降是水中毒的关键。

1. 细胞内水肿 细胞外液低渗，使水自细胞外转入细胞内，一方面可使细胞外液容量得以恢复；另一方面可造成细胞内水肿，严重者可引起脑细胞水肿和颅内压升高，出现中枢神经系统功能紊乱，如动物定向障碍、呕吐，甚至出现反射消失和昏迷。而细胞外液容量的增加则可通过压力感受器和容量感受器的调节使肾脏排水增加，对细胞外液容量和渗透压的恢复都有一定的作用（图 10-5）。

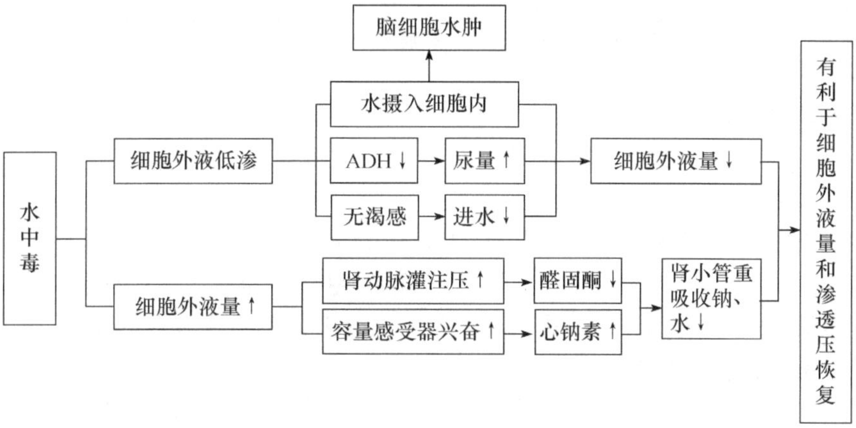

图 10-5 水中毒调节机制图

2. 血液学变化 表现为稀血症，血浆蛋白和血红蛋白浓度降低，单位体积血液中红细胞数减少，红细胞压积通常降低，但红细胞体积增大，严重的急性水中毒，可发生溶血。

3. 尿量的变化 水中毒早期尿量增加（肾功能障碍除外），尿比重下降。

防治原则

（1）防治原发病，肾功能衰竭，应激情况下，应严格控制水的摄入，预防水中毒发生。

（2）轻症患畜，只要停止给水便可自行恢复。

（3）重症患畜，除严格控制水进入外，尚应给予高渗盐水（3%～5%NaCl 溶液），以迅速纠正脑细胞水肿，并应用利尿剂促进水分排出。

第二节　钾代谢障碍

钾是动物体内最重要的无机阳离子之一，其98%存在于细胞内液。正常动物机体钾代谢必须实现两种动态平衡，即钾的摄入与排出平衡，钾的分布平衡。机体主要通过下述途径维持血钾的稳定：①通过细胞膜 Na^+-K^+ 泵，改变钾在细胞内外的分布。②通过细胞内外 H^+-K^+ 交换，影响细胞内外液钾的分布。③通过肾小管上皮细胞内外跨膜电位的改变影响排钾量。④通过醛固酮和远曲小管液流速，调节肾的排钾量。⑤通过肠道和出汗形式排钾。钾具有维持细胞新陈代谢、维持细胞静息电位及调节细胞内外渗透压和酸碱平衡等多种生理功能。

钾的代谢障碍主要是指细胞外液中 K^+ 浓度的异常变化，尤其是血清中 K^+ 浓度的变化，包括低钾血症和高钾血症。

一、低钾血症

低钾血症（hypokalemia）是指血清钾浓度低于正常范围，各种动物的正常血钾浓度略有不同，参见表10-2。缺钾（potassium depletion）则是指体内总钾量不足，二者是不同的概念，应注意区别，低钾血症和缺钾可同时发生，也可分别发生。

表10-2　动物血液中钾、镁的正常参考值（mmol/L）

	马	牛	绵羊	山羊	猪	狗	猫	兔	鸡
钾	2.40～4.70	3.90～6.80	3.90～5.40	2.40～4.11	4.90～7.10	4.37～5.35	4.00～6.00	3.70～6.80	4.60～6.50
磷	1.00～1.81	1.45～3.00	1.62～2.36	1.16～4.42	1.71～3.55	0.84～2.00	1.45～2.01	0.74～2.23	2.00～2.55

注：马、绵羊、狗的参考值来自王小龙主编《兽医临床病理学》；其余来自 Brij M. Mitruka “*Clinical Biochemical and Hematological Reference Values in Normal Experimental Animals*”。

病因和发病机制

1. 钾摄入不足　动物饲料中一般不会缺钾，尤其是草食动物，但在吞咽困难、长期饥饿、消化吸收障碍等情况下，可引起缺钾。

2. 钾丢失过多　这是造成动物机体缺钾和低钾血症的主要病因。

1）经消化道丢失　消化液富含钾，当严重的呕吐、腹泻、真胃停滞、高位肠梗阻等丢失大量消化液时，可发生缺钾。另外，大量消化液丢失引起体液容量减少，还可导致继发性醛固酮分泌增多，促进肾排钾。

2）经肾丢失　肾是排钾的主要器官。肾远曲小管和集合管的上皮细胞一方面可主动分泌钾进小管液中，另一方面可以通过 Na^+-K^+（或 Na^+-H^+）交换的形式，将 K^+ 交换入管腔中。在醛固酮原发性或继发性分泌增加时（如慢性心力衰竭、肝硬变等），Na^+-K^+ 交换增加，导致肾排钾增加；长期使用利尿剂、渗透性利尿（输入高渗葡萄糖溶液），随着远曲小管内尿液流速加快，导致尿钾增多；镁缺乏常引起低钾血症，这和 Na^+-K^+-ATP 酶的功能障碍有关，因 Mg^{2+} 是该酶的激活剂，缺镁时，细胞内 Mg^{2+} 不足而使此酶失活，导致钾重吸收障碍，尿钾增加。

3）经汗液丢失　汗液含钾5～10mmol/L。一些汗腺发达的动物在高温环境中进行重役，可因大量出汗丢失较多的钾，若没有及时补充，可造成低钾血症。

3. 钾在细胞内外分布异常　某些原因引起低钾血症，但不引起缺钾。

1）碱中毒　碱中毒引起低钾血症的机制是：①H^+ 从细胞内外溢，为维持电荷平衡，

伴有细胞外 K^+ 进入细胞内，引起血钾浓度降低。②肾小管上皮细胞的 Na^+-H^+ 交换减少，Na^+-K^+ 交换增强，尿钾排出增多。

2）细胞内合成代谢增强　细胞内合成代谢特点是糖原和蛋白质合成加强，钾从细胞外转移进细胞内，从而引起低钾血症。

3）某些毒物　如棉酚、钡中毒，可特异地阻断钾通道，使钾外流受阻。

对机体的影响　低钾血症对机体的影响，在不同的个体差异很大，临床症状和体征取决于血钾降低的速度和程度。一般来说，血钾浓度越低对机体的影响越大。慢性失钾，临诊症状可不明显。低钾血症对机体的主要影响是神经和肌肉的功能障碍。

1. 对神经-肌肉的影响　可兴奋细胞的兴奋性是由静息电位与阈电位之间的差值决定的，差值越大，引起兴奋所需的刺激强度就越大，其兴奋性就越低。反之，在一定范围内，差值越小，引起兴奋所需的刺激强度就小，兴奋性就高。静息电位很大程度上与细胞膜内外钾的浓度差有关。浓度差越大，钾外流越多，静息电位越大（负值增大）。因此，在低钾血症，尤其是急性低钾血症时，细胞外液中钾离子浓度急剧降低，使细胞内外钾离子浓度差显著增加，细胞内钾离子外流增多，从而导致静息电位负值增大，与阈电位之差变大，使可兴奋细胞的兴奋性降低。通常把这种变化称为超极化阻滞（图 10-6）。不同细胞发生超极化阻滞的表现不同。

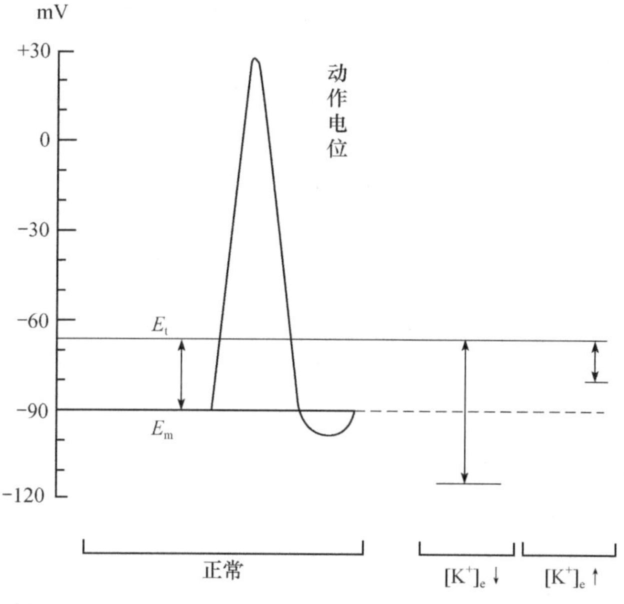

图 10-6　细胞外液钾浓度对骨骼肌细胞静息电位和阈电位的影响

1）对神经系统的影响　动物主要表现为淡漠、定向力弱、嗜睡甚至昏迷。

2）对肌肉的影响　急性低钾血症常引起肌肉无力，甚至麻痹；消化道平滑肌则常发生运动减弱、便秘、腹胀，严重的发生麻痹性肠梗阻。其发生机制为低钾血症引起消化道平滑肌细胞超极化阻滞，ATP 的产生和利用发生障碍，从而导致收缩力下降。

3）对心脏的影响　低钾血症对心肌细胞的兴奋性、自律性、传导性和收缩性均有影响。可引起心律失常，易发生异位节律。心电图的特征性表现是 T 波后出现明显 U 波，S-T 段压低。

2. 其他影响　低钾血症可引起肌肉代谢障碍，对骨骼肌产生损害。轻者主要表现为髓质集合管上皮细胞肿胀、增生等，重者可波及各段肾小管，甚至肾小球，出现间质性肾炎样病变。严重的低钾血症容易诱发代谢性碱中毒，主要机制是低钾血症时 H^+ 向细胞内转移增多，二是肾小管上皮细胞 K^+-Na^+ 交换减少，H^+-Na^+ 交换增多，使肾排 H^+ 增多。因此，低钾血症时，常排出酸性尿，而机体却发生碱中毒，称为“反常性酸性尿”。

治疗原则　除治疗原发病外，对较严重的低钾血症（有明显临床表现的）应及时补钾，补钾的原则是：①见尿补钾，无尿不补钾。②补钾途径，最好为口服，若不能口服可静注，但一定要控制剂量和速度，不能操之过急。

二、高钾血症

高钾血症（hyperkalemia）是指血钾浓度高于正常范围。血钾浓度高不一定反应体内钾含量高。此外还需注意排除假性高钾血症，其原因是，血标本处理不当，发生了大量红细胞、白细胞、血小板的破坏，引起细胞内的钾大量释放入血清。

病因和发病机制　高钾血症的主要原因是钾排出受阻和细胞内钾外移，而由于钾摄入过多引起的高钾血症则较为罕见。

1. 肾排钾障碍

（1）在急性肾功能不全的少尿、无尿期，或慢性肾功能不全的后期，因肾小球滤过率下降或肾小管排钾功能障碍，往往发生高钾血症。

（2）肾上腺皮质功能下降，醛固酮合成障碍或某些药物和疾病引起继发性醛固酮不足（如间质性肾炎），使钾的排出减少。

2. 细胞内钾外移　大量溶血和组织坏死，如严重创伤、烧伤等导致钾从细胞内大量释出，超过肾代偿能力，血钾浓度升高。组织缺氧，ATP 生成不足，细胞膜 Na^+-K^+-ATP 酶功能障碍，非但细胞外的钾不能泵入细胞内，而且细胞内的钾还大量外流，引起高钾血症。酸中毒时，一方面细胞外 H^+ 进入细胞内，使细胞内 Na^+ 和 K^+ 外移；另一方面肾小管上皮细胞 H^+-Na^+ 交换增多，K^+-Na^+ 交换减少，从而导致高钾血症。

对机体的影响　高钾血症对机体的影响主要表现在因膜电位异常而发生的障碍，典型的表现在骨骼肌和心肌。

1. 对骨骼肌的影响　轻度高钾血症（血清钾浓度高于正常值 2.0mmol/L 以内），细胞外液钾浓度的增高，使细胞内外钾浓度差减小，膜电位降低（负值减小），相当于部分去极化，因而兴奋所需的阈刺激减小，肌肉的兴奋性增强，临诊上可出现肌肉震颤。重度高钾血症（血清钾浓度高于正常值 2.0mmol/L 以上），骨骼肌细胞膜电位过小，等于或低于阈电位，Na^+ 快通道失活，难以形成动作电位，肌肉细胞不易被兴奋，兴奋扩布困难，这种状态称为去极化阻滞（表 10-3）。临诊上可出现四肢软弱无力、腱反射消失，甚至出现麻痹。肌肉症状首先出现于四肢，然后向躯干发展。

表 10-3　血钾浓度对神经肌肉兴奋性的影响

血钾浓度	膜电位	膜电位-阈电位差	神经-肌肉兴奋性
正常范围	正常	正常	正常
低钾	↑（超极化）	↑	↓（超极化阻滞）
轻度高钾	↓（大于阈电位）	↓	↑
重度高钾	↓↓（小于或等于阈电位）		不易兴奋（去极化阻滞）

2. 对心脏的影响 高钾血症可使心肌的兴奋性、自律性、传导性和收缩性降低，导致心律失常，甚至心搏骤停。

3. 对酸碱平衡的影响 高钾血症常伴发代谢性酸中毒，其机制为：①细胞外 K^+ 移入细胞内，细胞内 H^+ 移向细胞外。②肾小管上皮细胞 K^+-Na^+ 交换增多，H^+-Na^+ 交换减少，故此时排出碱性尿。

治疗原则 轻度高钾血症应去除病因，限制钾的摄入。重度高钾应迅速采取措施降低血钾，保护心脏。

1. 对抗高钾对心脏的毒害作用 静注钙剂（10%葡萄糖酸钙）或高渗钠溶液，Na^+、Ca^{2+} 对 K^+ 有颉颃作用。

2. 促进钾进入细胞内 注射碳酸氢钠或葡萄糖和胰岛素，通过增加血液 pH，或促进糖原合成，促进钾进入细胞内。

3. 加速钾的排出 如应用阳离子交换树脂经口服或灌肠，促进钾的排出。

第三节 镁代谢障碍

镁是体内含量仅次于钠、钾、钙，居第四位的阳离子，而在细胞内，镁的含量仅次于钾，居第二位。动物体内镁的50%～60%存在骨骼中，其中大多是可交换的镁，作为保持正常细胞外镁浓度的储备。其余大部分在骨骼肌和其他组织器官的细胞内。细胞内镁主要存在于细胞器中，80%以上为结合形式。在细胞核中，主要与 DNA 结合，线粒体内的镁与 ATP 和蛋白结合，核糖体中的镁与 RNA 结合，细胞浆中的镁主要与 ATP 结合。细胞外镁约占总镁量的 1%，正常血清镁浓度各种动物有所差异。正常情况下，体内镁平衡主要靠肾脏的调节。

镁具有广泛的生理功能，是骨盐的组成成分，催化体内多种酶而参与 ATP 代谢，调控细胞生长、再生及膜结构，调节各种离子通道的电子流，维持心肌、骨骼肌及胃肠道平滑肌的兴奋性等。

一、低镁血症

低镁血症（hypomagnesemia）是指血清镁含量低于正常范围（各种动物血清镁含量略有差异）。

病因和发病机制

1. 摄入不足 有些地方土壤中缺镁，植物中也缺镁，动物采食了这种牧草后，发生低镁血症。例如，反刍动物的青草抽搐（grass tetany），由于牛、羊放牧于幼嫩的青草地，采食了低镁土壤中生长的牧草而致。慢性消化机能障碍，也可使镁吸收不足。

2. 排出增多 肾是体内排镁的主要器官，在肾脏疾病，如慢性肾小球肾炎、肾盂肾炎，镁的重吸收功能障碍，尿镁增多；应用利尿药，如速尿和渗透性利尿剂，均可使肾排镁增多；高钙血症，可减少镁在近曲小管的重吸收；氨基糖苷类抗生素能引起可逆性肾损害，导致高尿镁和低血镁。此外，糖尿病可由于渗透性利尿，酮病可由于酸中毒而排镁增多。

3. 镁分布异常 细胞外液镁进入细胞内，可引起转移性低镁血症。常见于骨骼修复过程中，镁可沉积于骨质中；碱中毒时，镁可进入细胞内。

对机体的影响

1. 对神经-肌肉的影响 低镁血症使神经-肌肉兴奋性增加，出现四肢肌肉震颤、强直、抽搐等症状，其主要机制为：①Mg^{2+}与Ca^{2+}具有竞争进入轴突前膜的作用，血镁浓度降低，Ca^{2+}进入增多，释放乙酰胆碱增多，导致肌肉兴奋。②镁影响肌细胞钙转运，低镁时，激发钙从肌浆网中释出，使肌肉收缩。③骨骼肌收缩需ATP供能，而能量产生和利用的一系列过程中酶的激活皆需Mg^{2+}的参与，低镁可导致能量供应不足。

2. 心律失常 低镁血症可引起心律失常，以心室性心律失常为主，严重者由于室颤而猝死。低镁使Ca^{2+}和Na^{+}经慢通道进入心肌细胞加速，平台期缩短，有效不应期缩短，同时自律细胞自动去极化加快，导致心律失常。

3. 低镁可致低钾和低钙血症 低钾的原因是低镁促进肾小管排钾；低钙的原因为：低镁时，骨镁释放而钙进入骨内，Mg^{2+}可置换血浆中与蛋白及阴离子结合的钙，低镁使Ca^{2+}降低。

4. 对中枢神经系统的影响 镁对中枢神经系统具有抑制作用，血镁降低时抑制作用减弱，故动物可出现焦虑、易激怒等症状，严重时，可引发惊厥、昏迷等。其机制可能与下列因素有关：①低镁血症时，Mg^{2+}阻滞中枢兴奋性氨基酸-*N*-甲基-D-天冬氨酸受体的作用减弱。②Mg^{2+}抑制中枢神经系统的作用减弱。③低镁血症时，Na^{+}-K^{+}-ATP酶活性及cAMP水平的异常可能也参与作用。

治疗原则 除积极治疗原发病外，轻者可肌注镁制剂，重者可静注镁制剂，但必须缓慢、谨慎，特别要注意肾脏功能。

二、高镁血症

高镁血症（hypermagnesemia）是指血清镁浓度高于正常范围。

病因和发病机制

1. 肾排镁减少 急、慢性肾功能衰竭，因肾小球滤过功能降低，使肾排镁减少。

2. 镁分布异常 严重糖尿病、酮病、烧伤、创伤可使细胞内镁释放至细胞外，引起高镁血症；酸中毒时，细胞内镁转移到细胞外，发生高镁血症。

3. 过量应用镁制剂 如口服泻药和用含镁药物灌肠，可引起高镁血症。

4. 其他 严重脱水伴少尿，排镁减少，可致高镁血症；甲状腺素可影响镁代谢，甲状腺功能减退，可发生高镁血症。

对机体的影响

1. 对神经-肌肉的影响 高镁可使神经-肌肉接头处释放的神经递质（乙酰胆碱）减少，抑制了神经-肌肉兴奋的传递，表现为骨骼肌弛缓性麻痹，严重者可发生随意肌和呼吸肌麻痹。

2. 对心肌的影响 高镁降低心肌兴奋性，延长窦房结、房室结传导，出现传导阻滞和心动过缓等，甚至使心脏停搏。

3. 对中枢神经系统的影响 镁能抑制中枢神经系统的突触传递，从而抑制中枢的功能活动，因此，高镁血症时常有腱反射减弱或消失，甚至发生嗜睡或昏迷。

4. 对平滑肌的影响 高血镁对平滑肌有显著的抑制作用。内脏平滑肌抑制可引起腹胀、便秘和尿潴留等；血管平滑肌抑制，可使血管扩张导致外周阻力和血压下降。

治疗原则 关键是治疗原发病，改善肾功能。可使用葡萄糖酸钙等制剂颉颃镁的作用。注意并发症的发生。

复习思考题

1. 名词解释：水肿　脱水　水中毒　低钾血症　高钾血症
2. 简述水肿形成的基本机制。
3. 简述脱水的类型及其各自的特点。
4. 高钾血症和低钾血症对神经肌肉兴奋性的影响是什么?

（张书霞）

第十一章　酸碱平衡障碍

机体的组织细胞必须在适宜的酸碱环境中才能进行正常的代谢和机能活动。体液酸碱度的相对恒定是机体内环境恒定的重要组成部分，是生命活动正常运行的基本条件。在生理情况下，机体通过体内的各种缓冲系统、肺脏、肾脏等对体液酸碱度进行调节，机体维持体液酸碱度的相对稳定性称酸碱平衡（acid-base balance）。在病理情况下，许多原因使体内酸碱平衡遭到破坏，引起酸碱平衡障碍（acid-base disturbance）。它是兽医临诊上常见的病理过程。

第一节　反映血液酸碱平衡状况的常用指标及其意义

一、血　液　pH

血液 pH 通常是指动脉血中 H^+ 浓度的负对数值，是反映血液酸碱度的常用指标。动物血液正常 pH 为 7.35～7.45，除了静脉血 pH 比动脉血 pH 略低外，不同动物之间其血浆 pH 也略有差异（表 11-1），但平均值均趋于 7.4 左右，是一个变动范围很窄的弱碱性环境。pH 的变化反映了酸碱平衡紊乱的性质及严重程度，生命所能承受的最低和最高 pH 极限为 6.8 和 7.8。

表 11-1　不同动物血浆 pH、$PaCO_2$ 和 CO_2CP 正常参考值

动　物	血浆 pH	$PaCO_2$/kPa	CO_2CP/(mmol/L)
牛	7.38±0.04	6.42±1.65	31.0±3.00
绵羊	7.40±0.05	5.61±0.65	26.2±5.00
山羊	7.41±0.09	6.65±1.25	25.2±2.80
马	7.34±0.03	5.33±0.54	22.5±8.27
猪	7.40±0.08	5.72±0.74	30.2±2.50
犬	7.42±0.04	5.05±0.73	21.4±3.90
鸡	7.52±0.04	3.45±0.60	23.0±2.50

pH在正常范围内时，可表示酸碱平衡正常，亦可表示代偿性或混合性酸碱平衡障碍。例如，代谢性酸中毒合并呼吸性碱中毒或呼吸性酸中毒合并代谢性碱中毒等，血液［HCO_3^-］和［H_2CO_3］绝对值已经发生了改变，但［HCO_3^-］/［H_2CO_3］的比值仍维持在20∶1左右，故pH仍在正常范围内。所以，进一步测定$PaCO_2$和HCO_3^-浓度是非常重要的。

二、动脉血二氧化碳分压

动脉血二氧化碳分压（arterial partial pressure of carbon dioxide，$PaCO_2$）是指溶解在血浆中的CO_2分子所产生的压力。肺的通气换气功能可以直接调节$PaCO_2$水平，因而$PaCO_2$是反应呼吸因素的最佳指标。$PaCO_2$高于正常值表示通气不足，CO_2潴留，见于呼吸性酸中毒或代偿后的代谢性碱中毒；$PaCO_2$低于正常值表示肺通气过度，CO_2呼出过多，见于呼吸性碱中毒或代偿后的代谢性酸中毒。

三、二氧化碳结合力

CO_2结合力（CO_2 combining power，CO_2CP）是指血浆中呈化学结合状态的CO_2的量，即血浆$NaHCO_3$中的CO_2含量。CO_2CP升高常见于代谢性碱中毒或代偿后的呼吸性酸中毒；CO_2CP降低则常见于代谢性酸中毒或代偿后的呼吸性碱中毒。不同动物血浆pH、CO_2分压、CO_2结合力正常值参见表11-1。

四、碱剩余和缓冲碱

碱剩余（base excess，BE）是指在标准条件下，用酸或碱滴定1L全血或血浆至pH7.40时所需的酸或碱的量。BE比较真实地反映了血液缓冲碱的不足或过剩。代谢性碱中毒时，缓冲碱增多，需用酸将血液滴定到pH7.40，BE用正值表示；代谢性酸中毒时，缓冲碱减少，需用碱将血液滴定到pH7.40，BE用负值表示。

缓冲碱（buffer base，BB）是指血液中一切具有缓冲作用的负离子碱的总和。包括血浆和红细胞中的HCO_3^-、Hb^-、HbO_2^-、Pr^-、HPO_4^{2-}等，通常以氧饱和的全血在标准状态下测定。BB也是代谢性因素的指标，代谢性酸中毒时BB减少，代谢性碱中毒时BB增加。

五、标准碳酸氢盐和实际碳酸氢盐

标准碳酸氢盐（standard bicarbonate，SB）是指在标准条件下，即$PaCO_2$为5.32kPa、温度38℃、血红蛋白氧饱和度为100%，全血测得的血浆中HCO_3^-含量。由于测定时已排除了呼吸性因素的影响，故可作为判断代谢性因素的指标。代谢性酸中毒时SB降低，代谢性碱中毒时SB升高。但在呼吸性酸中毒（或呼吸性碱中毒）时，由于肾脏的代偿作用，SB也会继发性升高（或降低）。

实际碳酸氢盐（actual bicarbonate，AB）是指隔离空气的全血标本，在实际$PaCO_2$、体温、血红蛋白氧饱和度条件下，测得的血浆中HCO_3^-含量。AB受呼吸和代谢两方面的影响，在正常情况下，AB与SB相等，均低则表明有代谢性酸中毒，均高则表明有代谢性碱中毒。

六、阴离子间隙

阴离子间隙（anion gap，AG）是指血浆中未测定的阴离子（undetermined anion，UA）与

未测定的阳离子（undetermined cation，UC）的差值。血浆中阳离子与阴离子总量相等，从而维持电荷平衡。血浆中 Na^+ 占血浆阳离子总量的 90%，称可测定阳离子。血浆中未测定阳离子包括 K^+、Ca^{2+} 和 Mg^{2+}。HCO_3^- 和 Cl^- 占血浆阴离子总量的 85%，称可测定阴离子。血浆中未测定阴离子包括 Pr^-、HPO_4^{2-}、SO_4^{2-} 和有机酸阴离子。血浆中阳离子与阴离子平衡可表示为：$[Na^+]+[UC]=[HCO_3^-]+[Cl^-]+[UA]$，则 $[UA]-[UC]=[Na^+]-[HCO_3^-]-[Cl^-]$，$AG=UA-UC=[Na^+]-[HCO_3^-]-[Cl^-]$，式中离子浓度的单位为 mmol/L。AG 增高见于为测定阳离子减少或为测定阴离子增加。而后者是引起 AG 增大更为常见的原因，多见于代谢性酸中毒，如磷酸盐和硫酸盐增高、乳酸堆积、酮体过多等病症。目前多以 AG>16mmol/L 作为是否有 AG 增高代谢性酸中毒的界限；AG 减少，见于未定阴离子减少或未测定阳离子增加，低蛋白血症可能是 AG 减少的最常见原因。

第二节　单纯型酸碱平衡障碍

$PaCO_2$ 是酸碱平衡的呼吸性因素，由 $PaCO_2$ 原发性升高（或降低）引起的酸碱平衡障碍称为呼吸性酸中毒（或碱中毒）；HCO_3^- 是酸碱平衡的代谢性因素，由 $[HCO_3^-]$ 原发性增加（或减少）引起的酸碱平衡障碍称为代谢性碱中毒（或酸中毒）。因此，单纯型酸碱平衡障碍可分为以下四种基本类型：代谢性酸中毒、呼吸性酸中毒、代谢性碱中毒和呼吸性碱中毒。

一、酸　中　毒

（一）代谢性酸中毒

代谢性酸中毒（metabolic acidosis）是指体内固定酸过多或体内碱性物质丧失过多而引起的以血浆中 $[HCO_3^-]$ 原发性减少为特征的酸碱平衡障碍。这是临诊上最常见的一种酸碱平衡障碍类型。血浆 pH、$[HCO_3^-]$、$PaCO_2$ 均降低。

病因和发病机制

1. 体内固定酸产生过多　在许多疾病过程中，由于发热、缺氧、血液循环障碍、饥饿等因素引起物质代谢紊乱，体内糖、蛋白质、脂肪分解代谢增强并伴有氧化不全，结果产生大量酸性中间代谢产物，如乳酸、丙酮酸、酮体、氨基酸等，HCO_3^- 缓冲这些酸性物质而消耗过多，引起酸中毒。反刍兽采食了大量谷类饲料，如玉米、高粱等，这些精料在瘤胃内发酵产生大量乳酸，乳酸被吸收后引起酸中毒；高产乳牛、妊娠绵羊等由于新陈代谢负担加重，体脂动员过多，产生大量酮体，引起酮病。

2. 碱性物质丧失过多　体内的肠液、胰液、胆汁均为碱性消化液。严重腹泻时 HCO_3^- 大量丢失；慢性肾功能衰竭、汞等重金属中毒及磺胺等药物中毒时，肾小管上皮细胞功能减退，泌 H^+ 减少，原尿中的 HCO_3^- 重吸收减少，HCO_3^- 随尿大量排出。

3. 酸性物质摄入过多　大量服用氯化铵、水杨酸、稀盐酸时，引起酸性物质摄入过多。

4. 酸性物质排出减少　急性或慢性肾功能不全时，肾小球滤过率降低，硫酸、磷酸等固定酸滤出减少，导致酸性物质不能及时排出而在体内蓄积。

5. 高血钾　高血钾时，K^+ 与细胞内 H^+ 交换，引起细胞外 H^+ 增加，发生代谢性酸中毒，而细胞内 H^+ 减少，呈现碱中毒。血钾升高时，肾小管的 K^+-Na^+ 交换增加，H^+-

Na^+交换减少，使肾小管上皮细胞泌 H^+减少，故尿液呈碱性，引起反常性碱性尿。

机体的代偿调节

1. 血液的缓冲　代谢性酸中毒时，细胞外液 H^+浓度增加，血液中的碳酸氢盐缓冲系统立即进行缓冲。缓冲反应为：$H^+ + HCO_3^- \longrightarrow H_2CO_3 \longrightarrow H_2O + CO_2$。

其结果是 HCO_3^- 不断被消耗，浓度降低。

2. 肺的代偿调节　血液 H^+浓度增加，可刺激主动脉体、颈动脉体的化学感受器，反射性引起呼吸中枢兴奋，呼吸加深加快，CO_2 呼出增加，使血浆 H_2CO_3 浓度随之降低，维持［HCO_3^-］/［H_2CO_3］的比值在 20∶1 左右，此时血液 pH 可无明显变化。呼吸的代偿反应是非常迅速的，一般在酸中毒后 10min 就出现呼吸增强。

3. 肾的代偿调节　除肾脏功能障碍引起的代谢性酸中毒外，其他原因引起的代谢性酸中毒时，肾脏均发挥重要的代偿调节作用。酸中毒时肾脏排酸增加，尿液呈酸性。这是因为酸中毒时肾小管上皮细胞内碳酸酐酶活性增加，泌 H^+增多，NH_3 的形成和 NH_4^+的排出增多，同时 HCO_3^- 重吸收增加。肾脏的代偿作用较慢，一般要 3～5d 才达高峰。

酸中毒时，H^+-Na^+交换增多，则 K^+-Na^+交换减少，使 K^+排出减少，故可引起高血钾。

4. 组织细胞的代偿调节　酸中毒时，约有 1/2 的 H^+通过离子交换进入细胞内，被细胞内的缓冲系统缓冲。H^+进入细胞时，K^+从细胞内外移，引起血钾升高，这也是酸中毒伴发高钾血症的原因之一。

通过上述几方面的代偿调节，若能使［HCO_3^-］/［H_2CO_3］的比值维持在 20∶1，则血浆 pH 可在正常范围内，称为代偿性代谢性酸中毒（compensated metabolic acidosis）；若不能维持血浆［HCO_3^-］/［H_2CO_3］的正常比值，其比值小于 20∶1，pH 小于 7.35，称失代偿性代谢性酸中毒（decompensated metabolic acidosis）。

对机体的影响

1. 中枢神经系统功能障碍　代谢性酸中毒时，患畜中枢神经系统功能抑制。表现为精神沉郁、感觉迟钝，甚至昏迷。其发生机制与下列因素有关：①脑组织能量供应不足。酸中毒时，脑细胞内参与生物氧化的酶类受到抑制，使氧化磷酸化发生障碍，ATP 生成减少，神经细胞能量供应不足。②抑制性神经递质 γ-氨基丁酸增多。代谢性酸中毒时，谷氨酸脱羧酶活性增强，催化谷氨酸脱羧，生成 γ-氨基丁酸。

$$\text{谷氨酸} \xrightarrow{\text{谷氨酸脱羧酶}} \gamma\text{-氨基丁酸} + CO_2$$

同时，γ-氨基丁酸转氨酶活性降低，则 γ-氨基丁酸转化发生障碍，因而在中枢神经系统内积聚，引起神经中枢抑制。

2. 心血管系统功能障碍

1）*心肌收缩力减弱，心输出量减少*　酸中毒时，H^+可与 Ca^{2+}竞争结合肌钙蛋白，影响心肌的兴奋收缩偶联，使心肌收缩力降低；酸中毒时，心肌内氧化酶活性降低，因此，氧化磷酸化减弱，ATP 生成不足。

2）*心律失常*　酸中毒时血钾浓度升高，高血钾引起心律失常。心肌传导性、自律性、收缩性下降。血钾浓度轻度升高时，心肌兴奋性增高；显著升高时，心肌兴奋性降低甚至消失；严重高钾血症能引起心脏传导阻滞，甚至心搏骤停。

3）*毛细血管扩张，血压下降*　H^+浓度增加能降低微动脉和毛细血管前括约肌对儿茶酚胺的反应性，但小静脉、微静脉对酸中毒的耐受性较高，儿茶酚胺对其仍有缩血管效应。因此，大量毛细血管网开放，使血管容量不断扩大，回心血量减少，血压下降，可引起低血压，甚至休克。

3. 骨骼系统的改变 慢性酸中毒时，骨盐溶解，骨骼中的磷酸钙和碳酸钙释放入血以缓冲 H^+，从而引起骨骼脱钙。幼畜可发生佝偻病，成畜可致骨软症。

防治原则

1. 治疗原发病 去除引起代谢性酸中毒的发病原因，是治疗代谢性酸中毒的基本原则和主要措施。

2. 补充碱性药物 多选用碳酸氢钠直接补充 HCO_3^-，乳酸钠也是常用的碱性药物。补碱量宜小不宜大，不可使 pH 过快地恢复正常。

3. 注意纠正水和电解质紊乱 酸中毒病畜常伴有体液丢失，应及时补充液体，恢复有效循环血量，改善组织血液灌流。纠正酸中毒的同时，还须注意纠正低血钾。当酸中毒被纠正后，K^+ 又返回细胞内，出现低血钾。所以应注意补钾。

（二）呼吸性酸中毒

呼吸性酸中毒（respiratory acidosis）是指由于 CO_2 排出障碍或 CO_2 吸入过多而引起的以血浆 H_2CO_3 浓度原发性升高为特征的酸碱平衡障碍。血浆 pH 降低、$PaCO_2$ 和［HCO_3^-］两者均升高。血浆 H_2CO_3 浓度增高称为高碳酸血症。

病因和发病机制

1. CO_2 排出障碍

1）呼吸中枢抑制 颅脑损伤、脑炎、脑膜脑炎、脑脊髓炎、全身麻醉药或镇静药用量过大时，机体处于昏迷状态，呼吸中枢深度抑制，引起通气不足。

2）呼吸道阻塞 气管内异物、大量分泌物或水肿液造成堵塞，喉头黏膜水肿等，引起通气障碍，CO_2 排出受阻。

3）呼吸肌麻痹 有机磷农药中毒、脑脊髓炎、脊髓高位损伤及严重低钾血症等病时，呼吸肌随意运动减弱或丧失，可造成 CO_2 排出障碍。

4）肺部病变 严重肺水肿、肺气肿、肺组织广泛炎症或广泛纤维化均引起换气障碍。

5）胸廓病变 胸腔大量积液、严重气胸、胸膜炎时，影响肺脏扩张，使肺换气减少。

2. CO_2 吸入过多 当厩舍过小、饲养密度过大或通风不良时，空气中 CO_2 浓度过高，畜禽吸入 CO_2 量过多，均可引起呼吸性酸中毒。

机体的代偿调节 呼吸性酸中毒主要是由于肺通气功能障碍引起。因此，呼吸系统往往不能发挥代偿调节作用。主要靠血液非碳酸氢盐缓冲系统、细胞和肾脏的代偿调节。

1. 血液的缓冲调节 血浆的缓冲主要靠非碳酸氢盐缓冲系统缓冲，因此，缓冲能力有限。

红细胞缓冲：血浆中的 CO_2 可通过弥散作用进入红细胞，在碳酸酐酶的作用下很快生成 H_2CO_3，H_2CO_3 进一步解离为 H^+ 和 HCO_3^-，H^+ 主要被血红蛋白和氧合血红蛋白缓冲，而 HCO_3^- 与血浆中 Cl^- 进行交换，HCO_3^- 进入血浆，使血浆内 HCO_3^- 浓度增加。

2. 组织细胞的代偿调节 呼吸性酸中毒时，血浆 H_2CO_3 浓度增高。H_2CO_3 解离成 H^+ 和 HCO_3^-，H^+ 与细胞内 K^+ 交换，K^+ 移出细胞外，引起高血钾，H^+ 进入细胞内，被细胞内的缓冲体系中和。HCO_3^- 则留在细胞外液中，有利于维持［HCO_3^-］/［H_2CO_3］的比值。但这种离子交换和缓冲十分有限。

3. 肾脏的调节　肾脏对呼吸性酸中毒可进行有效的调节。肾脏排酸保碱功能增强，肾小管上皮细胞泌 H^+、泌 NH_4^+ 增多，$NaHCO_3$ 重吸收增多，其代偿调节方式与代谢性酸中毒相同。肾脏排 H^+ 增多，则排 K^+ 减少，引起血钾增高。

肾脏的代偿调节功能是一个缓慢的过程，常需 3～5d 才能充分发挥作用。因此急性呼吸性酸中毒时肾脏往往来不及代偿，在慢性呼吸性酸中毒时，肾脏的排酸保碱作用较强大。

对机体的影响　呼吸性酸中毒时，对机体的影响基本上与代谢性酸中毒相似。

1. 中枢神经系统功能障碍　呼吸性酸中毒通过 $PaCO_2$ 和 H^+ 浓度增高两个方面影响中枢神经系统的功能，所以要比代谢性酸中毒更为严重，主要表现为抑制。高浓度 CO_2 能直接引起脑血管扩张，可引起脑水肿，颅内压升高。病畜精神沉郁或陷入昏迷。

2. 心血管系统障碍　与代谢性酸中毒基本相同。呼吸性酸中毒时，由于 H^+ 浓度增高和高钾血症也引起心收缩力减弱、末梢血管扩张、血压下降以及心律失常等。

防治原则

1. 治疗原发病　排除呼吸道异物、控制感染、解除支气管平滑肌痉挛等，改善肺的换气功能，使蓄积于血液中的 CO_2 尽快排出。

2. 应该慎用碱性药物　在通气障碍尚未改善前一般不予补碱，因为 HCO_3^- 与 H^+ 结合后生成的 H_2CO_3 必须经肺排出体外，在通气功能障碍时，CO_2 不能及时排出，可使高碳酸血症更进一步加重。在通气改善后才可应用 $NaHCO_3$ 治疗。

3. 维护中枢神经和心血管系统的功能，改善供氧　可选用呼吸兴奋剂和强心苷，尽力改善供氧。

二、碱　中　毒

（一）代谢性碱中毒

代谢性碱中毒（metabolic alkalosis）是指体内碱性物质摄入过多或酸性物质丧失过多而引起的以血浆［HCO_3^-］原发性升高为特征的酸碱平衡障碍。血浆 pH、［HCO_3^-］、$PaCO_2$ 均升高。

病因和发病机制

1. 酸性物质丧失过多

1）*胃液大量丢失*　常见于因胃炎引起的严重呕吐、高位肠梗阻、真胃移位和扭转等。此时，肠道消化液中的 HCO_3^- 不能被胃酸中和而被吸收入血，引起血浆 HCO_3^- 浓度升高。胃液丧失往往伴有 Cl^-、K^+ 的丢失，引起低氯血症和低钾血症。

2）*经肾脏丢失*　①盐皮质激素分泌过多：任何原因引起醛固酮分泌过多时（如肾上腺皮质增生或肿瘤），都可引起代谢性碱中毒。因为醛固酮可促进远曲小管上皮细胞 H^+-Na^+ 交换、K^+-Na^+ 交换增加，引起 H^+、K^+ 随尿排出增多，同时 HCO_3^- 的重吸收增加，引起代谢性碱中毒。②使用速尿、噻嗪类利尿剂：利尿剂可抑制髓袢升支对 Cl^-、Na^+、H_2O 的重吸收，故可促进 H^+ 的排泌和 HCO_3^- 的重吸收。H^+ 经肾脏大量丢失，Cl^- 以 NH_4Cl 的形式随尿排出，血浆中 Cl^- 浓度降低。

2. 碱性物质摄入过多　纠正酸中毒时服用或静脉输入过量 $NaHCO_3$，可直接引起血浆 $NaHCO_3$ 浓度升高；输入过量乳酸钠溶液，乳酸钠经肝脏代谢可生成 HCO_3^-，使血浆 HCO_3^- 浓度升高。但肾脏具有较强的排泄 $NaHCO_3$ 的能力，只有当肾脏功能不全时，大量使用碱性物质才会发生代谢性碱中毒。

3. 低钾血症 ①低钾血症时，细胞外液 K^+ 浓度降低，细胞内 K^+ 与细胞外 H^+、Na^+ 进行交换。结果细胞外液中 H^+ 减少，引起代谢性碱中毒；细胞内 H^+ 浓度高，而发生细胞内酸中毒。②K^+ 浓度降低时，肾小管 K^+-Na^+ 交换减少，H^+-Na^+ 交换增加。结果 H^+ 的排泌增加，HCO_3^- 重吸收加强，引起代谢性碱中毒。碱中毒时尿一般呈碱性，而缺钾性碱中毒时，其尿液呈酸性，称反常性酸性尿。这是与其他碱中毒不同之处。

机体的代偿调节

1. 血液缓冲 由于血液缓冲系统中酸性成分远低于碱性成分，所以此缓冲能力有限。

2. 肺的代偿调节 代谢性碱中毒时，H^+ 浓度降低，对呼吸中枢呈抑制作用，呼吸变浅变慢，使通气量减少，$PaCO_2$ 或血浆 H_2CO_3 浓度升高，以调节［HCO_3^-］/［H_2CO_3］之比值，使之趋于 20∶1。但当呼吸变浅变慢时，不但有 $PaCO_2$ 升高，还有 PaO_2 降低，两者均可刺激呼吸中枢，引起呼吸加深加快，故这种代偿是有限度的，很少能达到完全代偿。轻度代谢性碱中毒经肺代偿，pH 可恢复正常。

3. 肾的代偿调节 肾脏在代谢性碱中毒的代偿调节中具有重要作用。肾脏的代偿作用发挥较晚。pH 升高时，肾小管上皮细胞的碳酸酐酶、谷氨酰胺酶活性降低，故泌 H^+、NH_3 减少，HCO_3^- 重吸收减少，肾脏持续排出碱性尿液，碱中毒可得以完全代偿。

4. 细胞内外离子交换 细胞外液 H^+ 浓度降低时，细胞内液 H^+ 外移，细胞外液 K^+ 进入细胞内。因此细胞外液 H^+ 浓度虽有所升高但常伴发低钾血症。

对机体的影响

1. 中枢神经系统功能改变 代谢性碱中毒时，中枢神经系统兴奋，患畜显现躁动、兴奋不安等症状。发生的主要机制可能是：①γ-氨基丁酸含量减少。血液 pH 升高时，脑组织内谷氨酸脱羧酶活性降低、γ-氨基丁酸转氨酶活性增高。结果，γ-氨基丁酸生成减少而分解加强，γ-氨基丁酸对中枢神经系统的抑制作用减弱，因此出现中枢神经系统兴奋症状。②脑组织缺氧。血浆 pH 升高时，氧离曲线左移，氧合血红蛋白不易释出氧，造成组织供氧不足。脑组织对缺氧十分敏感，容易出现功能障碍，严重时可发生昏迷。

2. 对神经-肌肉的影响 代谢性碱中毒时，血浆 pH 升高，Ca^{2+} 浓度降低。

$$Ca^{2+} + \text{血浆} \underset{\text{pH 降低}}{\overset{\text{pH 升高}}{\rightleftharpoons}} \text{结合钙}$$

只要血浆 Ca^{2+} 浓度降低，神经-肌肉的应激性就会增加，患畜便出现反射活动亢进，肢体抽搐，甚至发生痉挛。

3. 低钾血症 代谢性碱中毒时常伴有低钾血症。这是由于：①细胞外 H^+ 浓度降低时，细胞内 H^+ 外移，与细胞外液 K^+ 进行交换，则细胞外液 K^+ 进入细胞内。②肾小管泌 H^+ 减少，而泌 K^+ 就增多，K^+ 自尿丢失，引起血钾降低。

低钾血症可引起肌肉松弛无力或麻痹，心率加快或心律失常等。

防治原则

1. 积极治疗原发病 消除引起碱中毒的原因。

2. 口服或静脉注射生理盐水或葡萄糖生理盐水 大量胃液丢失、使用速尿、噻嗪类利尿剂等引起的碱中毒，伴有低氯血症。只要输入生理盐水或葡萄糖盐水，即可矫正碱中毒，因补氯即可促进 HCO_3^- 的排出。还应补 K^+，最好用 KCl。

3. 严重的代谢性碱中毒可直接给酸治疗 静脉缓慢输入 0.1mol/L 的盐酸或采用口服

氯化铵进行治疗。

（二）呼吸性碱中毒

呼吸性碱中毒（respiratory alkalosis）是指由于 CO_2 排出过多引起的以血浆 H_2CO_3 浓度原发性降低（低碳酸血症）为特征的酸碱平衡障碍。血浆 pH 升高、$PaCO_2$ 和 $[HCO_3^-]$ 两者均降低。

病因和发病机制　通气过度是呼吸性碱中毒的基本发病机制。

1. 呼吸中枢受到直接刺激，兴奋性增高　中枢神经系统疾病，如脑炎、脑膜炎、脑外伤、中枢神经系统充血等均可刺激呼吸中枢，使呼吸中枢兴奋，引起肺通气过度，CO_2 排出过多。

某些药物，如水杨酸、氨可直接兴奋呼吸中枢，引起肺通气增强。

2. 气温过高、机体发热或环境缺氧　高热或机体发热时，引起呼吸加深加快。高山、高原地区，大气氧分压较低，机体缺氧，导致呼吸加深加快。

机体的代偿调节

1. 血液的缓冲　呼吸性碱中毒时，主要由非碳酸氢盐缓冲系统发挥缓冲作用。

2. 组织细胞的代偿调节　是急性呼吸性碱中毒的主要代偿方式。碱中毒时，血浆 H_2CO_3 浓度迅速降低，故 HCO_3^- 浓度相对升高，HCO_3^- 与细胞内 Cl^- 交换，HCO_3^- 进入细胞，细胞内 Cl^- 移至细胞外，结果血浆 HCO_3^- 浓度下降，血氯升高。细胞内 H^+ 与细胞外 K^+ 进行交换，H^+ 从细胞内移出，并与 HCO_3^- 结合生成 H_2CO_3，使血浆 H_2CO_3 浓度升高。K^+ 进入细胞引起血钾降低。

3. 肾脏的代偿调节　慢性呼吸性碱中毒时，肾脏代偿性泌 H^+、泌 NH_3^+ 和重吸收 HCO_3^- 减少，尿液呈碱性。

对机体的影响　呼吸性碱中毒对机体的影响，与代谢性碱中毒相似。但神经系统功能障碍往往比代谢性碱中毒更明显，这除与碱中毒对脑功能的损伤外，还与脑血流量减少有关。低碳酸血症可引起脑血管收缩、脑血流量减少。

呼吸性碱中毒时，可伴发低钾血症。

防治原则

1. 治疗原发病　排除引起过度通气的原因，大多数呼吸性碱中毒可自行缓解。

2. 吸入含 CO_2 的气体　可吸入含 5%CO_2 的混合气体，或将动物口鼻用纸袋套住，使动物再吸入呼出的气体，以提高血浆 $PaCO_2$ 和 H_2CO_3 浓度。

3. 对症处理　动物发生抽搐时可注射钙剂；有明显缺钾症状者，应及时补充钾盐。

第三节　混合型酸碱平衡障碍

混合型酸碱平衡障碍（mixed acid-base disturbance）是指在同一动物体内有两种或两种以上的单纯型酸碱平衡障碍并存。混合型酸碱平衡障碍有酸碱一致型和酸碱混合型，酸碱一致型即两种酸中毒并存或两种碱中毒并存，酸碱混合型指同一病畜既有酸中毒又有碱中毒。

一、双重性酸碱平衡障碍

（一）酸碱一致型

1. 呼吸性酸中毒合并代谢性酸中毒

1）病因　肺水肿、肺气肿、肺炎、肺淤血等引起的呼吸功能不全。呼吸功能不全时发生高碳酸血症，高碳酸血症必然伴有缺氧。一方面，由于CO_2排出障碍而发生呼吸性酸中毒；另一方面，由于缺氧、酸性代谢产物堆积而发生代谢性酸中毒。呼吸性酸中毒合并代谢性酸中毒临诊上比较多见。

2）特点　①血液pH下降。由于呼吸性和代谢性因素均使H^+浓度升高，血液pH显著下降。②$PaCO_2$升高。这是呼吸功能障碍的结果。③血浆HCO_3^-浓度降低。④血K^+浓度升高。

2. 呼吸性碱中毒合并代谢性碱中毒

1）病因　高热、脑炎、低氧血症、疼痛刺激、肝功能衰竭时血氨增高等因素均可刺激呼吸中枢而发生通气过度，引起呼吸性碱中毒。严重呕吐丢失胃酸、频繁使用利尿剂或大量静注碱性药物等均可引起代谢性碱中毒。两者合并发生。

2）特点　①血液pH明显升高。②通气过度使$PaCO_2$降低。③血浆HCO_3^-浓度升高。④血K^+浓度降低。

（二）酸碱混合型

1. 呼吸性酸中毒合并代谢性碱中毒

1）病因　常见于慢性肺部疾患，并伴发呕吐，大量使用利尿剂或在通气未改善之前使用$NaHCO_3$等。由于慢性肺部疾患可引起慢性呼吸性酸中毒，如此时大量使用利尿剂，使H^+、Cl^-丢失，即可进一步引发代谢性碱中毒；若伴发剧烈呕吐，使含HCl的胃液大量丢失则合并代谢性碱中毒。呼吸性酸中毒在通气尚未改善前若使用$NaHCO_3$，可使高碳酸血症进一步加重，也可合并代谢性碱中毒。

2）特点　①pH变动不大。由于呼吸性和代谢性因素使血液pH向相反方向发展，故pH的变化取决于酸碱中毒的强度，如强度相当，则相互抵消，pH不变，否则偏向于较强的一方。②$PaCO_2$显著增高。③血浆HCO_3^-浓度显著升高。

2. 代谢性酸中毒合并呼吸性碱中毒

1）病因　①肾功能不全或腹泻伴发高热：肾功能不全或腹泻时有代谢性酸中毒，因发热而过度通气引起呼吸性碱中毒。②感染性休克伴有发热：休克时组织血液循环障碍和肾脏泌尿减少引起代谢性酸中毒；发热时通气过度引起呼吸性碱中毒。③肝功能不全并发肾功能不全：肝功能不全时血氨升高，氨可直接兴奋呼吸中枢引起通气增强，引起呼吸性碱中毒；肾功能不全时固定酸排泄障碍，发生代谢性酸中毒。

2）特点　①pH变动不大。pH的变化取决于酸碱中毒的强度，如强度相当，pH不变，否则偏向于较强的一方。②血浆HCO_3^-浓度降低。③$PaCO_2$显著降低。

3. 代谢性酸中毒合并代谢性碱中毒

1）病因　①严重胃肠炎时呕吐并且腹泻：频繁呕吐丢失胃酸，引起代谢性碱中毒；严重腹泻丢失HCO_3^-，引起代谢性酸中毒。②肾功能不全伴有剧烈呕吐：肾功能不全引起代谢性酸中毒；剧烈呕吐引起代谢性碱中毒。

2）特点　代谢性因素使血液 pH、$PaCO_2$、HCO_3^- 浓度都向相反方向发展，因而这三项指标的最终变化取决于何种紊乱占优势，它们可以升高、降低或在正常范围内。

二、三重性酸碱平衡障碍

因为同一机体内不可能同时存在 CO_2 排出过多和 CO_2 潴留，所以呼吸性酸中毒和呼吸性碱中毒不可能同时发生。因此，三重性酸碱平衡只有两种类型，即呼吸性酸中毒＋代谢性酸中毒＋代谢性碱中毒和呼吸性碱中毒＋代谢性酸中毒＋代谢性碱中毒。此时病畜的血气指标变化更为复杂，前者特点是 CO_2 分压明显增高，AG 大于 16mmol/L，HCO_3^- 升高，Cl^- 明显降低；而后者的特点则为 CO_2 分压降低，AG 大于 16mmol/L，HCO_3^- 可高可低，Cl^- 低于正常。

该类型酸碱平衡障碍通常在临诊上比较罕见。但需要指出的是，无论是哪类酸碱平衡障碍，都不是一成不变的，由于疾病的发展和治疗措施的影响其酸碱平衡障碍的类型可能会发生转化，所以一定要密切结合患病动物的具体情况，综合分析病情，及时调整治疗措施，以免延误治疗。

复习思考题

1. 名词解释：酸中毒　碱中毒　代谢性酸中毒　呼吸性酸中毒　代谢性碱中毒　呼吸性碱中毒　阴离子间隙
2. 严重腹泻会引起哪种酸碱平衡紊乱？
3. pH 正常是否说明没有酸碱平衡障碍？
4. 酸中毒及碱中毒时血钾如何变化？
5. 代谢性酸中毒对机体有哪些影响？

（祁保民）

第十二章 免疫病理

高等动物免疫应答主要是由 T 细胞介导的细胞免疫和 B 细胞介导的体液免疫组成，二者相辅相成，互相协作，共同发挥免疫作用。但当免疫反应异常，无论是反应过高（变态反应）或过低（免疫缺陷）均能引起组织损害，导致疾病。

第一节 变态反应

变态反应（allergy）又称超敏反应（hypersensitivity），是指动物机体再次接受同种抗原刺激而发生的病理性免疫应答，常造成机体功能障碍甚至组织损伤，故也称免疫损伤（immune injury）。按免疫机制的不同，变态反应可分为四类，即Ⅰ、Ⅱ、Ⅲ、Ⅳ型。前三型由抗体介导，第Ⅳ型由细胞免疫介导。需要指出的是免疫反应可通过不同机制引起病变，但对某一疾病而言，由于抗原的特性、机体的反应情况以及病程发展的不同阶段，可以同时或先后出现不同类型的变态反应。

一、IgE 介导的Ⅰ型变态反应

Ⅰ型变态反应又称过敏反应（anaphylaxis），因发生速度最快，一般在第二次接触抗原后数分钟内出现反应，故称速发型超敏反应（immediate hypersensitivity）。本型变态反应是通过抗原（变应原）进入机体后与附着在肥大细胞和嗜碱性粒细胞上的 IgE 分子结合，并触发该细胞释放生物活性物质，引起平滑肌收缩、血管通透性增加、浆液渗出等病理变化。

该型反应的变应原比较广泛，如异种动物血清、疫苗、花粉、真菌产物等全抗原，或小分子化合物如药物等半抗原。IgE 由变应原入侵部位黏膜固有层中的浆细胞产生，对同种组织细胞具有亲嗜性。Ⅰ型变态反应主要病变在小动脉，毛细血管扩张，通透性增加，平滑肌收缩；有明显个体差异和遗传背景；补体不参与此型反应。

发病机制

1. 致敏阶段 变应原通常经呼吸道、消化道黏膜和皮肤入侵具有过敏性体质的机体，被抗原提呈细胞（APC）捕获，并在其胞内降解成肽段，与 MHCⅡ结合后被递呈至其表面供 $CD4^+$ T 细胞分化为 Th_2，Th_2 与 B 细胞作用，促使 B 细胞分化而产生 IgE 的抗体，IgE 的 Fc 片段与组织中的肥大细胞和循环血中的嗜碱性粒细胞表面的 Fc 受体结合，造成致敏状态。此状态可维持半年至数年不等。

2. 发敏阶段 致敏机体再次接触同一变应原，即与附着于致敏的肥大细胞或嗜碱性粒细胞表面的 IgE 抗体特异性结合，使细胞膜发生一系列生化反应，使得 IgEFc 受体交联，致敏细胞脱颗粒，释放原发性介质，如组胺、类胰蛋白酶等，同时合成继发性介质，如白三烯、前列腺素、促炎性细胞因子等。

3. 效应阶段 致敏细胞脱颗粒释放的生物活性介质，作用于抗原入侵部位组织器官，使毛细血管通透性增加，平滑肌收缩、痉挛，腺体分泌增加，产生一系列病理变化。例如，呼吸道过敏反应可表现为过敏性哮喘、过敏性鼻炎；消化道过敏反应表现为呕吐、腹痛、腹泻；皮肤过敏反应可表现为荨麻疹、血管性水肿；全身毛细血管扩张，引起血压下降，则表现为急性过敏性休克，如不及时抢救则有生命危险（图 12-1）。

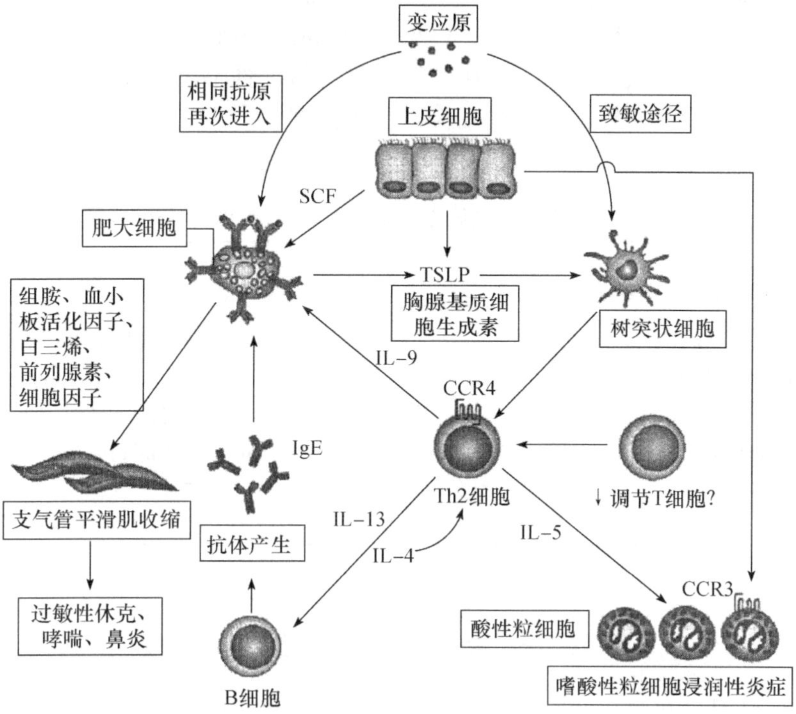

图 12-1 Ⅰ型变态反应的发病机制（SCF 为干细胞生长因子）

参与Ⅰ型变态反应生物活性介质种类及生物学效应如下。

1）原发性介质 存在于肥大细胞的颗粒中，通过脱颗粒而释放。主要包括：①组胺：可引起强烈的支气管平滑肌收缩，毛细血管扩张、通透性增加，腺体分泌增加，引起痒感。②趋化因子：其嗜酸性粒细胞趋化因子和中性粒细胞趋化因子分别引起嗜酸性粒细胞和中性粒细胞浸润等。③激肽原酶：使血浆中激肽原变为缓激肽，扩张毛细血管，增加其通透性，并使平滑肌收缩，引起痛感。

2）继发性介质 由激活的肥大细胞所产生，主要通过磷脂酶 A2 的激活，作用于膜磷脂而产生花生四烯酸，进而通过 5-脂氧化酶和环氧化酶途径分别产生白细胞三烯和前列腺素。白细胞三烯是最强烈的血管活性和致痉物质，其效应较组胺高数千倍，而白细胞三烯 B4 对中性、嗜酸性粒细胞及单核细胞有很强的趋化性；前列腺素 D2 多产生于肺肥大细胞，可引起强烈的支气管痉挛和黏液分泌增多；血小板激活因子可引起血小板聚集和组胺释放，该因子的产生也是磷脂酶 A2 激活所致，但并非花生四烯酸的代谢产物。此外，肥大细胞尚可分泌多种细胞因子，其中如 TNF-α 对促进炎性细胞浸润亦起重要作用。

常见类型与病理特征　Ⅰ型变态反应过程无补体参与，在一般情况下不破坏细胞，其致病作用主要是通过上述各生物活性物质引起。本型反应有局部性和全身性两类。

1. 局部过敏反应　发生部位与变应原进入机体的途径有关。吸入变应原常引起呼吸系统和皮肤的症状，如曲霉菌、花粉等引起的犬和猫的吸入性过敏反应，是以瘙痒为特征的过敏性皮炎；由饲料引起的过敏反应，则主要表现为消化道和皮肤症状。

局部性反应常表现为局部组织水肿、嗜酸性粒细胞浸润、黏液分泌增加或支气管平滑肌痉挛等变化，如皮肤荨麻疹、过敏性鼻炎及哮喘等。

2. 急性全身性过敏反应　全身性过敏反应如抗血清、药物（如青霉素）的过敏性休克，可造成迅速死亡。死亡病例尸检时，可见喉头水肿，两肺出血水肿，有时伴急性肺气肿及右心扩张，血不凝固，其余内脏除淤血外，通常无特征性形态变化。

由变应原进入体内引起急性全身性反应，导致过敏性休克或死亡，如青霉素过敏反应。但各种动物在过敏性休克时，累及的主要器官不同，因此，临床表现也有差异（表 12-1）。

表 12-1　各种动物过敏性休克主要累及的器官及症状与病理变化

动　物	受累器官	症　状	病　变	主要化学介质
牛、绵羊	呼吸道	咳嗽、呼吸困难	肺水肿、出血	5-HT、SRS-A
马	呼吸道、肠道	呼吸困难和下痢	肺气肿、肠出血	组织胺、5-HT
猪	呼吸道、肠道	发绀、缺氧、步态不稳	全身低血压	组织胺
猫	呼吸道、肠道	缺氧、呼吸困难、呕吐、下痢	肺水肿、肠道水肿	组织胺
犬	肝静脉	呼吸困难、虚脱、呕吐、下痢	肝充血、内脏出血	组织胺
鸡	呼吸道	呼吸困难、惊厥	肺水肿	组织胺、5-HT
人	呼吸道	呼吸困难、荨麻疹	肺水肿、气肿	组织胺

注：SRS-A 为过敏性慢反应物质。

二、IgG 和 IgM 介导的Ⅱ型变态反应

Ⅱ型变态反应是由自身组织细胞表面抗原与相应抗体 IgG、IgM 结合后，在补体、巨噬细胞和自然杀伤细胞参与下，引起细胞溶解和组织损伤为主的病理性免疫应答。此型超敏反应也称抗体依赖的细胞毒超敏反应、溶细胞型变态反应或细胞毒型变态反应（cytotoxic type hypersensitivity）。

该型反应的变应原包括自身组织细胞表面抗原，如血型抗原、自身细胞变性抗原、暴露的隐蔽抗原、与病原微生物之间的共同抗原等，以及吸附在组织细胞上的外来抗原或半抗原，如药物、细菌成分、病毒蛋白等。靶细胞/组织主要是血细胞和某些组织成分如肾小球基底膜等。

发病机制

1. 补体介导的细胞毒反应（complement mediated cytotoxicity，CMC）

1）激活补体　靶细胞上的抗原和相应抗体 IgG、IgM 结合后，通过经典途径激活补体，最终在靶细胞膜表面形成膜攻击复合物，因膜损伤而造成靶细胞裂解。此反应常累及血细胞和细胞外组织（如肾小球基底膜），引起细胞和组织损害。

2）调理吞噬作用　抗体 IgG 结合靶细胞表面抗原后，其 Fc 段与巨噬细胞、自然杀伤细胞、中性粒细胞表面的 Fc 受体结合，增强它们的吞噬作用。IgM 与靶抗原结合后可通过激活补体，再以补体 C3b 与巨噬细胞表面 C3b 受体结合发挥调理作用（图 12-2）。

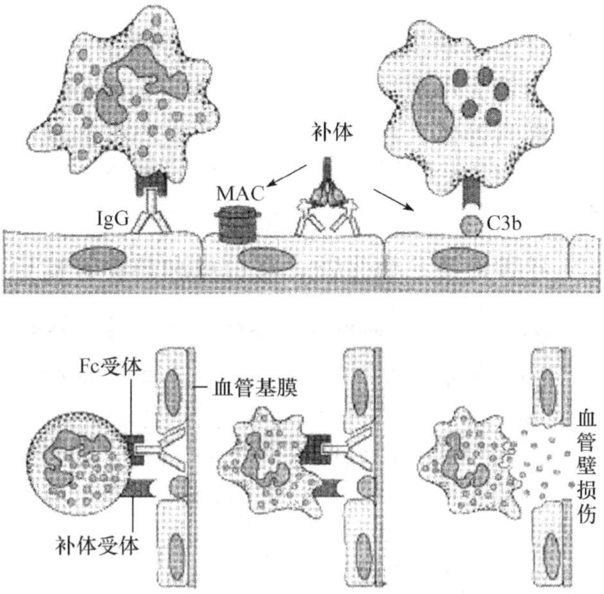

图 12-2　Ⅱ型变态反应的发病机制（MAC 为攻膜复合体）

2. 抗体介导的细胞毒反应（antibody-dependent cell-mediated cytotoxicity，ADCC）　固定的组织细胞，在抗体 IgG 和 IgM 介导下，与具有 IgG Fc 受体和补体 C3b 受体的细胞（巨噬细胞、自然杀伤细胞、中性粒细胞、嗜酸性粒细胞、单核细胞等）相接触，释放蛋白质水解酶、溶酶体酶等，使固定组织靶细胞溶解破坏。此反应需要消耗能量但不涉及吞噬反应或补体的固定。

ADCC 主要与寄生虫或肿瘤细胞的消灭及移植排斥有关。

常见类型与病理特征

1. 输血反应　各种动物均有其血型系统，血型相同的同种动物可以输血。如输入血液的血型不同，则会造成输血反应，严重者可导致死亡。这是因为红细胞膜上存在着各种抗原（凝集原），而不同血型的个体血清中有相应的抗体（凝集素），这些同族血细胞凝集素一般为 IgM 类抗体，供血者与受血者之间血型不符，则红细胞与同族血细胞凝集素结合，补体被激活，红细胞被破坏，出现溶血、血红蛋白尿等现象。

2. 新生仔畜溶血病　由于母子间血型不合，初生仔畜从母畜食入大量含有特异性血型抗体的初乳，这些抗体进入血液后，就和幼畜的红细胞起反应，在补体参与下短时间内大量溶血，从而引起溶血性黄疸。母子间血型不合是由于交配的双亲之间血型不合所造成的。母畜产生抗体则是因为在如马和猪等因血型物质不能通过胎盘，仔畜的血型物质主要通过分娩时胎盘剥离、子宫壁受伤等进入母体。因此，初生畜溶血一般都发生在 2～3 胎以后，母畜对胎儿血型抗原产生的抗体常是 IgG 或 IgA。

初生仔猪溶血症，其病理表现为出生当时无异常，在吮乳后十几小时便呈现溶血、呼吸困难、血红蛋白尿等症状，甚至死亡。初生驹的溶血病主要发生在骡，马亦常见。由于骡的亲代血型抗原差异较大，有8%～10%初生骡驹发生本病。

3. Ⅱ型药物反应 某些药物作为半抗原与细胞表面成分结合，形成新的抗原，刺激机体产生特异的IgG抗体，此抗体与细胞表面的相应抗原结合后，激活补体系统，引起细胞溶解。例如，青霉素、奎宁、氨基水杨酸等可吸附于红细胞表面，使红细胞表面抗原发生改变，导致溶血；磺胺类药物、氨基比林、氯霉素等可结合到粒细胞上，引起粒细胞缺乏症；脲类、氯霉素等则可引起血小板减少。

4. 抗肾小球基底膜型肾小球肾炎 常伴发于某些传染病，如猪丹毒、猪瘟、弓形虫病等。其发生是由于某些抗原刺激机体产生抗自身肾小球基底膜抗体并沿基底膜内侧沉积所致，此为Ⅱ型变态反应所致。

三、免疫复合物介导的Ⅲ型变态反应

Ⅲ型变态反应是免疫复合物沉着于血管壁基底膜及其周围，发生以小血管壁为中心的变化，引起以充血、水肿、中性粒细胞浸润、组织坏死为主要特征的病理性免疫应答，又称免疫复合物型反应（immune complex mediated hypersensitivity）。

引起Ⅲ型变态反应性疾病的抗原种类繁多，通常有细菌、病毒、寄生虫、血清、药物、自身抗原、肿瘤抗原及其他原因不明性抗原；抗体则限于能被补体固定的IgG和IgM。免疫复合物（immune complex，IC）是指对某种抗原产生的沉降性抗体与该抗原形成的复合物。形成的可溶性小分子免疫复合物可通过肾脏滤过清除，颗粒性大分子免疫复合物可被吞噬细胞吞噬清除；只有中等大小的可溶性免疫复合物可在血流中长期存在，若沉积于血管壁进而引起血管炎症，则导致疾病。

发病机制 免疫复合物沉积引起组织损伤的主要环节是固定并激活补体，产生生物活性介质，而导致组织损伤及炎症反应（图12-3）。

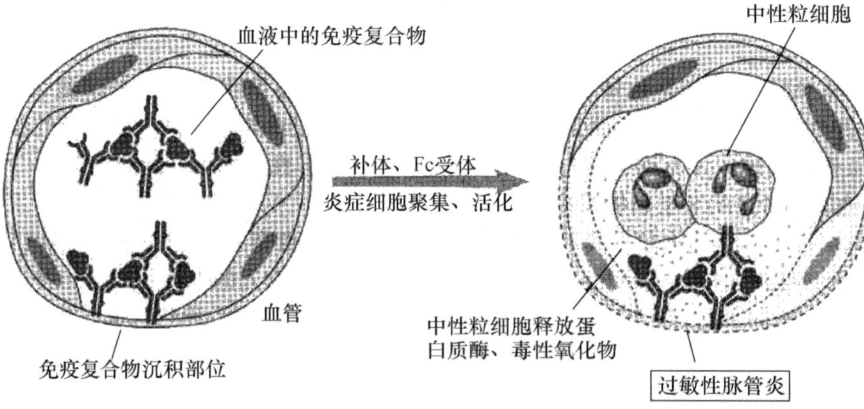

图12-3 Ⅲ型变态反应的发病机制

1. 补体激活 补体激活所产生的生物学效应有：①通过释放C3b促进吞噬作用。②提供趋化因子（C5b、C567），诱导中性粒细胞和单核细胞游走。③释放过敏毒素（C3a、C5a），增加血管通透性和引起平滑肌收缩。④攻击细胞膜，造成细胞膜损伤甚至溶解（C5b-9复合体）。

2. 中性粒细胞作用 中性粒细胞浸润是Ⅲ型超敏反应的主要病理特征。局部聚集的中性粒细胞在吞噬免疫复合物的过程中，释放蛋白质水解酶、胶原酶、弹性纤维酶和碱性蛋白质等，使血管基底膜和周围组织损伤。此外，激活的中性粒细胞产生的氧自由基也可引起组织损害。

3. 血小板作用　免疫复合物和补体 C3b 可使血小板活化，释放血管活性胺，导致血管扩张、通透性增加，引起充血和水肿；同时血小板聚集，激活凝血机制，可在局部形成微血栓，造成局部组织缺血，进而出血，加重局部组织细胞的损伤。

常见类型与病理特征

1. Arthus 反应　为局限性免疫复合物沉积引起的变态反应。是急性免疫复合物性血管炎所致的局部组织坏死，常发生在皮肤。反复多次给家兔注射可溶性抗原，当其血清中的抗体达到高效价时，再注射该抗原于同一注射部位，经过数小时后，注射部位的皮肤出现红斑、水肿，持续 12～24h，以后转成青紫色，逐渐变黑，形成痂皮。这是 Arthus 于 1903 年发现的，故称 Arthus 反应。这是一种典型的局部Ⅲ型变态反应。自然发生的 Arthus 反应见于反复吸入霉干草的灰尘后所产生的Ⅲ型变态反应性肺病。

病理特征为局部水肿、出血和坏死，血管壁纤维素样坏死明显，常伴有血栓形成，局部的缺血更加重了组织的损害。

2. 血清病（serum sickness）　是因抗原抗体在循环中形成的可溶性复合物在组织中沉积而致病，为全身性免疫复合物病。其中，一次大量免疫复合物形成并在多器官沉积，引起急性血清病；而反复持续沉积则引起慢性血清病。血清病病理特征因免疫复合物的量和形成速度不同而异。血清病常累及的部位是肾脏、心血管、关节滑膜、皮肤等血管丰富的组织。

经典的血清病是在首次注射异体蛋白 7～10d（产生抗体）后出现，临诊上表现为短暂的发热、皮肤荨麻疹、周围关节肿胀、淋巴结肿大和蛋白尿等。当大量异体蛋白注入含有大量相应抗体的血液时，迅速形成高浓度的免疫复合物，可导致虚脱。免疫复合物沉积所致的血管病表现为管壁纤维素样坏死伴有大量中性粒细胞浸润，免疫荧光或免疫电镜检查可证实管壁有抗体和补体存在。

急性血清病的临诊表现根据免疫复合物的量和形成的速度而异。当大量异体蛋白注入含有大量相应抗体的血液时，迅速形成高浓度的免疫复合物，可导致虚脱。这是由于补体被激活，中性粒细胞释放溶酶体酶，血小板激肽的释放，以及凝血与纤溶系统被激活所致。临诊表现与过敏性休克相似。慢性血清病是在持久抗原血症时，免疫复合物形成和沉积所致。慢性免疫复合物病最常累及肾，引起膜性肾小球肾炎。

3. 肾小球肾炎　是泌尿系统的常见病、多发病，分为急性肾小球肾炎和慢性肾小球肾炎，其发生是机体在抗原的刺激下，产生 IgG 抗体，并且形成一种抗原稍多于抗体的中等大小的可溶性复合物，在血液循环中保持较长时间，在通过肾小球时沉积在毛细血管壁的基底膜与脏层上皮细胞之间，引起膜性肾小球肾炎。免疫荧光下，沿毛细血管基底膜表面见有大小不等不连续的颗粒状物，电镜下则呈小丘状或驼峰状电子致密物。大多数肾小球肾炎都属此型。

四、细胞介导的Ⅳ型变态反应

Ⅳ型变态反应是由致敏 T 细胞接触特异性抗原介导的细胞免疫应答，因发生缓慢，又称为迟发型超敏反应（delayed type hypersensitivity，DTH）。一般接触变应原后 24～72h

发生，效应细胞主要是 $CD4^+$ 和 $CD8^+$ T 细胞，无抗体和补体参与。

常见于细胞内寄生菌（如结核杆菌、布鲁杆菌）、某些真菌（如荚膜组织胞浆菌、新型隐球菌）、寄生虫（如血吸虫卵的可溶性抗原）以及病毒感染。因此，针对胞内寄生菌、真菌和病毒等产生的细胞免疫同时伴随的细胞损伤，又称为传染性超敏反应。

发病机制

1. 迟发型超敏反应 本反应的发生主要由 $CD4^+$ T 细胞介导，当机体再次接触特异性抗原时，致敏 $CD4^+$ 细胞受刺激，激活分裂并释放各种生物活性物质，名为淋巴因子。淋巴因子和其他细胞因子一样，通过三种方式产生效应，以促成迟发型超敏反应的发生。

1）自分泌机制 $CD4^+$ 细胞分泌的 IL-2 作用于 $CD4^+$ 细胞表面的 IL-2 受体而使 $CD4^+$ 细胞本身进一步激活、增生并分泌。

2）旁分泌机制 $CD4^+$ 细胞分泌的干扰素（IFN-γ）等作用于邻近的巨噬细胞，将其激活、聚集并分泌单核因子，导致肉芽肿性炎症的形成和发展。

3）内分泌机制 使远处或系统细胞产生效应。例如，$CD4^+$ 细胞等分泌的肿瘤坏死因子（TNF-α）和淋巴毒因子（lymphotoxin）可作用于血管内皮细胞，前者增加其前列环素的分泌，使血管扩张，后者使之表达内皮白细胞黏附分子（ELAM-1），有利于淋巴、单核细胞粘附并游出。

迟发型超敏反应最经典的例子是结核菌素反应。结核菌素是结核菌的蛋白质脂多糖成分。对先前已致敏的个体，皮内注射结核菌素，8～12h 后局部出现硬结。一般在 1～3d 达到高峰。镜下可见表皮和真皮浅部有多量单核细胞的聚集和多少不等的中性粒细胞浸润，血管通透性明显增高，间质中有较多纤维蛋白的沉积。

2. 细胞毒性反应 由 $CD8^+$ T 细胞所介导，此种淋巴细胞又名细胞毒性 T 细胞（cytotoxic lymphocyte，CTL），其溶细胞作用是通过 CTL 表面的特异性受体对靶细胞表面抗原的识别、结合而受启动，通过细胞与细胞的直接接触，最终导致靶细胞膜的溶解和细胞的坏死。（图 12-4）。

常见类型与病理特征 病变特点是以单核细胞浸润为主的炎症和组织坏死。如局部有抗原持续刺激，则在单核细胞浸润的基础上，数周后出现上皮样细胞结节，形成典型的肉芽肿。此外，化学物质或药物引起的接触性皮炎、器官移植排斥反应、肿瘤免疫等也属本型反应。

1. 传染性变态反应 其特征是形成由上皮样细胞组成的肉芽肿。结核杆菌感染是最典型的例子。细胞内寄生的结核杆菌由巨噬细胞吞噬，残存的结核杆菌被巨噬细胞包围在局部形成结节，外围聚集的巨噬细胞有的转变成上皮样细胞，有的融合成多核巨细胞（郎罕斯巨细胞），结节内包含着大量被杀死的结核杆菌、少数活菌及坏死组织团块，随着时间推移，则逐渐变成干酪样，甚至钙化，整个结节发展成肉芽肿。此外，寄生虫病也能引起肉芽肿。

应用上述微生物感染能引起Ⅳ型变态反应的原理，可进行某些传染病的诊断，如结核菌素试验，当感染动物用少量结核菌素皮内注射，可在 48～72h 后，观察到该部位发生红肿和硬变，而未感染动物则不发生。后来发现，一些其他可溶性抗原，包括非微生物来源的物质也能引起这种反应，局部发生的主要是以单核/淋巴细胞浸润为主的炎症反应。

2. 接触性皮炎 引起这类反应的通常是一些化学物质，如苯胺染料、树脂等，它们与皮肤接触进入皮肤，并以共价键或其他方式与机体的蛋白质结合，形成新抗原、致敏 T

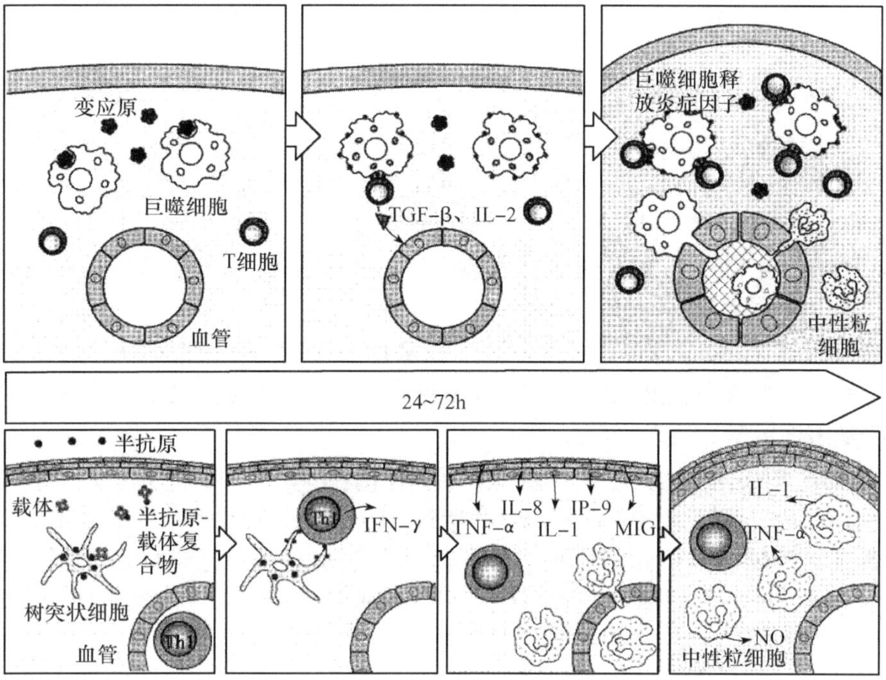

图 12-4　Ⅳ型变态反应的发病机制

细胞。当再次接触这些物质时，就产生一系列反应：单核细胞浸润、皮肤红肿和水泡，如犬的接触性皮炎，但临诊上并不少见。

需要指出的是免疫反应可通过上述四大类机制引起病变，但以一个疾病而言，由于抗原的特性，机体的反应情况及病程发展的不同阶段，可同时或先后出现不同类型的变态反应。

第二节　免疫缺陷病

免疫缺陷病（immunodeficiency disease）是指机体免疫系统因先天发育不全或后天功能受损，使免疫系统功能不全，引起一种或多种免疫功能缺陷或免疫抑制的一类疾病。

免疫缺陷病可分为原发性和继发性两大类，其发病机制甚为复杂。免疫缺陷病的共同特征是：①抗感染能力低下，易反复发生严重感染。②易患肿瘤。③易伴发自身免疫病。④临诊表现和病理变化多种多样。

一、原发性免疫缺陷病

原发性免疫缺陷病（primary immunodeficiency disease）是免疫系统先天性发育不全所致，又称先天性免疫缺陷病。

病因　原发性免疫缺陷的病因目前尚不清楚，根据这类疾病的表现多种多样，很可能是由多因素所致。由于遗传因素（如基因突变）或先天发育异常（如胚胎感染），导致免疫系统不同部分受损而引起免疫功能缺损。多发生在幼畜，除表现有免疫功能缺损外，有时还伴有其他组织器官的发育不全或畸形。

常见类型与病理特征　目前对原发性免疫缺陷病本质的认识，已从组织细胞水平直接向分子和基因水平逐渐深化。根据免疫系统受累范围和免疫缺陷的性质，其类型和临诊特征如下：

1. 抗体缺陷病（B细胞缺陷病）　是B细胞发育异常所致，如先天性无丙种球蛋白血症。本病只发生于雄性幼畜，主要见于马，牛也有报道，本病的特征是呼吸道反复感染；犬选择性IgA缺乏症时，病犬胃肠道发生反复感染。

2. 细胞缺陷病（T细胞缺陷病）　因胚胎期胸腺发育不全致使T细胞数目减少或功能障碍所致，如牛胸腺发育不全，患牛对霉菌、病毒等各种低毒病原体易反复感染，表现皮炎、脱毛以及皮质角化不全等。

3. 联合免疫缺陷病　因T细胞和B细胞发育异常引起体液和细胞免疫均缺陷。本病发生于各类家畜，患畜表现淋巴结小，发育不良，淋巴细胞总数、T淋巴细胞和免疫球蛋白均减少，反复出现感染。

4. 吞噬细胞缺陷病　因中性粒细胞、巨噬细胞吞噬功能障碍引起如慢性肉芽肿病是由于吞噬细胞缺乏能杀灭所吞噬微生物的酶所致。

5. 补体系统缺陷病　补体是血清中一组具有重要非特异性免疫功能的蛋白质。临诊可见各种补体组分缺陷、补体抑制物缺陷、补体活化因子缺陷，以及补体受体缺陷有关的病症。

二、继发性免疫缺陷病

继发性免疫缺陷病（secondary immunodeficiency disease）是动物出生后免疫系统受到其他疾病的损害而引起的免疫功能低下或缺乏，又称获得性免疫缺陷病。继发性免疫缺陷病较原发性者更为常见，可发生于任何年龄的畜禽，但无特征性病理变化。

病因　引起继发性免疫缺陷病的原因非常复杂，包括感染性因素和非感染性因素，其中感染、营养不良和肿瘤是引起继发性免疫缺陷的三大因素。

1. 感染　各种类型的感染，特别是病毒感染可导致免疫抑制。具有免疫抑制的病毒很多，如白血病病毒、流感病毒、鸡马立克病病毒、传染性法氏囊病病毒、传染性贫血病毒、犬瘟热病毒、猫泛白细胞减少病毒、猫和猴以及牛的免疫缺陷病毒等。

一些病毒感染畜禽后，虽然有些耐过不死，但却对免疫系统造成了程度不同的损伤，引起暂时性或永久性的免疫缺陷。

例如，牛免疫缺陷病毒是近年来分离出的一株慢性病毒，可引起牛的淋巴结病、淋巴细胞增多症、中枢神经系统损伤和进行性消瘦等，并干扰免疫系统的正常功能，引起类艾滋病症状。据调查证实，我国已有牛免疫缺陷病毒感染病流行。患猪因免疫缺陷可继发其他疾病，猪瘟的继发感染是造成乳猪和保育猪高死亡率的主要原因；继发Ⅱ型环状病毒感染是造成保育后期猪至生长前期猪（7～13周龄）死亡率升高的原因。Ⅱ型环状病毒也是中大猪呼吸道疾病综合征的重要病原之一；猪副嗜血杆菌的继发感染，是造成10周龄以内的小猪死亡率升高最重要的细菌性致病因子，而猪副嗜血杆菌的严重感染又成为蓝耳病存在的“指示病”。及时、准确首诊和防制畜禽病毒性传染病，以防止继发性免疫缺陷病已显得十分重要。

2. 营养不良　蛋白质、脂肪、维生素和矿物质摄入不足影响免疫细胞的成熟、降低机体对微生物的免疫应答。

1）*蛋白质不足*　动物的饲料中缺乏蛋白质，可引起家兔对丝裂原的反应降低，Ts细胞增多；缬氨酸、赖氨酸、蛋氨酸缺乏时，鸡对新城疫疫苗免疫的抗体生成反应降低，对大肠杆菌、沙门杆菌的敏感性增高。

2）*维生素、矿物质的缺乏*　维生素和矿物质的缺乏对免疫功能有不同程度的影响。维生素 B_1、维生素 B_2、维生素 H（生物素）、维生素 P（泛酸）的缺乏对 B 细胞功能有明显影响；维生素 A、维生素 B_6、叶酸、维生素 B_{12} 缺乏时，T 细胞和 B 细胞功能皆明显低下；维生素 B_{12}、维生素 B_6 的缺乏对中性粒细胞和巨噬细胞的功能有抑制作用。

3）*微量元素缺乏*　铜缺乏时，牛的超氧化物歧化酶活性降低，脾脏抗体生成细胞减少，细胞免疫反应降低。铁是许多氧化酶的辅基，铁缺乏时，吞噬细胞过氧化酶的活性降低，因而吞噬病原体后不能杀死它们，如大鼠的中性粒细胞吞噬杀菌能力降低，免疫细胞分泌 IL-1 减少，脾脏 NK 细胞的杀伤能力减弱，消化道黏膜免疫水平降低；小鼠的 T 细胞、B 细胞减少，对丝裂原的反应减弱，IgG、IgM 抗体生成细胞减少，但在补充铁剂时不要操之过急，要防止血清游离铁上升过高，反而有利细菌生长，加重感染。缺锌时，鸡的抗体生成机能、细胞免疫反应和吞噬细胞的吞噬能力均降低；大鼠胸腺萎缩和胸腺素减少，T 细胞、B 细胞对丝裂原的反应降低，对绵羊红细胞的抗体生成减少；猪的淋巴细胞对 PHA 反应减弱；鸡的胸腺和法氏囊发育受阻，淋巴细胞对 ConA 反应低下，对异种抗原的抗体生成减少。硒的缺乏对 T 细胞功能影响较大。

3. 肿瘤　恶性肿瘤特别是淋巴样组织的恶性肿瘤，由于免疫组织的细胞发生恶变导致免疫抑制。免疫抑制的性质多与恶变的淋巴细胞种类相关，即 T 细胞肿瘤主要干扰细胞免疫，B 细胞肿瘤主要影响体液免疫。例如，猫白血病的肿瘤细胞主要是 T 细胞，伴有细胞免疫缺陷；鸡淋巴性白血病的肿瘤细胞主要是 B 细胞，与体液免疫缺陷有关。

临诊特征　继发性免疫缺陷病较原发性更为常见，但无特征性的病理变化。临床上仅表现发育不良，抵抗力低下，对特定疫苗无免疫反应，易反复感染、多重感染且治疗效果不佳，其威胁是存在着机会性感染而引起严重后果。

第三节　自身免疫病

一、概　述

自身免疫病（autoimmune disease）是指机体对自身抗原发生免疫反应而导致自身组织损害所引起的疾病。正常情况下，免疫系统对自身组织抗原不产生免疫应答，或只产生极微弱的免疫应答反应，这种现象称为自身耐受。在某些情况下，自身耐受性遭受破坏，免疫系统对自身组织成分产生了明显的免疫应答反应，即在体内产生了针对自身组织成分的抗体或致敏淋巴细胞，称为自身免疫。

自身抗体可存在于无自身免疫性疾病的正常动物，特别是老龄家畜。自身免疫在许多情况下是属于生理性的，因为在一定限度内的自身免疫反应有助于清除体内衰老退变或畸变的自身细胞成分，并且对免疫应答反应起着调节作用。只是在自身免疫反应超越了生理的限度或持续时间过久，才会造成自身组织损伤和相应的功能障碍，导致疾病的发生。

二、病因和发病机制

自身免疫病是在体内出现了异常免疫应答的基础上发生的。确切病因目前还不清楚，大多认为是多种致病因素作用下，破坏了机体自身耐受状态而导致持久和过度的自身免疫病理过程所致。自身免疫病的发生与下述因素有关。

1. 遗传因素 遗传因素在自身免疫病的发病机制中起重要作用，如系统性红斑狼疮在不同动物种属间的发病率有很大差别。自身免疫病常有在家族中群集发生的特征。MHC-Ⅱ类分子的异常表达导致细胞表面抗原性质发生改变，与多种自身免疫病的发生密切相关。基因缺陷或表达异常也与多种自身免疫性疾病的发生有关。

2. 自身抗原因素

1）*自身抗原的改变* 在正常情况下自身物质对自体无免疫原性，但在物理、化学、感染及药物等因素影响下，自身组织和自身细胞的抗原性质发生改变，产生新的抗原决定簇，可引起自身免疫病。

2）*隐蔽抗原的释放* 当外伤、手术、感染等原因，使隐蔽抗原释放入血液和淋巴系统，得以与免疫系统接触并引发自身免疫反应，即可导致自身免疫病的产生。

3）*共同抗原的作用* 某些与机体组织抗原成分相同的外来抗原（如细菌、病毒）称为共同抗原。由共同抗原刺激机体产生的共同抗体，可与有关组织发生交叉免疫反应，引起免疫损伤。例如，链球菌菌体多种抗原蛋白与肾小球基底膜和心肌内膜有共同抗原，当感染链球菌时可引发急性肾小球肾炎和风湿性心脏病。

3. 免疫调节因素

1）*淋巴细胞改变识别抗原能力* 由于理化或生物因素的影响，淋巴细胞失去原有的识别能力，将自身成分误认为是非己抗原，产生免疫应答，引起自身免疫病。

2）*病毒、细菌内毒素等激活* 病毒诱发自身免疫病的机制尚未完全清楚，可能是通过改变自身抗原的决定簇而回避了 T 细胞的耐受作用；也可能作为 B 细胞的佐剂促进自身抗体形成；或感染、灭活 Ts 细胞，使自身反应 B 细胞失去控制，产生大量自身抗体。此外，有些病毒基因可整合到宿主细胞的 DNA 中，从而引起体细胞变异（不能被识别）而引起自身免疫反应。

3）*免疫调节机制紊乱* 虽然机体经常受到各种内外因素的影响，因体内存在一个精密的免疫调节网络，正常情况下也不至于引起自身免疫病。但如果抗原提呈细胞表面辅助因子的异常表达、Th1 和 Th2 细胞功能失衡、Ts 细胞缺陷或功能障碍、MHC-Ⅱ类分子异常表达、细胞因子及其受体（如 IL-2/IL-2R、IL-6、IFN）产生失调等原因使免疫调节机制发生紊乱，都会导致自身免疫病的发生。

三、常见类型及病理特征

1. 类型 根据自身免疫反应对组织器官造成损伤的范围，通常将自身免疫病划分为两大类。

1）*器官特异性自身免疫病* 组织器官的病理损害和功能障碍仅限于抗体或致敏淋巴细胞所针对的某一器官。主要有甲状腺功能亢进、慢性溃疡性结肠炎、急性特发性多神经炎等。

2）*系统性自身免疫病* 由于抗原抗体复合物广泛沉积于血管壁等原因导致全身多器官损害，称系统性自身免疫病。习惯上又称之为胶原病或结缔组织病，这是由于免疫损伤导致血管壁及间质的纤维素样坏死性炎及随后产生多器官的胶原纤维增生所致。

2. 病理特征

1）*基本病理特征*

（1）血液中存在高滴度自身抗体和（或）能与自身组织成分起反应的致敏淋巴细胞。

（2）组织器官的病理特征为免疫炎症，并且损伤的范围与自身抗体或致敏淋巴细胞所针对的抗原分布相对应。

（3）用相同抗原在某些实验动物中可复制出相似的疾病模型，并能通过自身抗体或相应致敏淋巴细胞使疾病在同系动物间转移。

此外，自身免疫病往往还具有以下特点：多数病因不明，常呈自发性或特发性，有些与病毒感染或某类药物有关；病程一般较长，多呈反复发作和慢性迁延的过程，病情的严重程度与自身免疫应答呈正相关；有遗传倾向，易伴发免疫缺陷病或恶性肿瘤。

2）常见自身免疫病

（1）系统性红斑狼疮（systemic lupus erythematosus，SLE）：是指体内形成抗多种组织成分的自身抗体所致的一种多系统非化脓性自身免疫病，因其有胶原纤维及其基质的纤维蛋白样变性和各器官中纤维蛋白样物质沉积，又称为弥漫性胶原病。常见于4～6岁的母犬，猫也可发生。具有以抗核抗体为主的多种自身抗体和广泛的小动脉病变及多系统的受累。

SLE的组织损害与自身抗体的存在有关，多数内脏病变是免疫复合物所介导（Ⅲ型变态反应），其中主要为DNA-抗DNA复合物所致的血管和肾小球病变，其次为特异性抗红细胞、粒细胞、血小板自身抗体经Ⅱ型变态反应导致相应血细胞的损害和溶解，引起全血细胞性贫血。

（2）类风湿性关节炎（rheumatoid arthritis）：是一种以关节滑膜炎为特征的慢性全身性自身免疫性疾病。本病不仅是人类的多发病，而且在奶牛也较多发，其次尚见于犬、马、猪、羊、猫。多发生在8月龄至9岁的小型犬和玩赏犬身上。类风湿性关节炎是慢性进行性、侵蚀性和免疫介导多发性关节病。

本病是由许多致病因素相互干扰所引起，确切病因和发病机制不详，它与免疫机制有关。认为与细菌和病毒感染、遗传背景和内分泌因素关系较大，可能也与寒冷、潮湿等刺激有关。滑膜炎持久反复发作，可导致关节软骨和骨的破坏，关节功能障碍，甚至残废。血管炎病变累及全身各个器官，故本病又称为类风湿病。类风湿性关节炎病变的组织变化虽可因部位而略有差异，但基本变化相同。

致病抗原侵入关节之后，发生一系列病理变化：①细胞免疫反应：入侵抗原被滑膜细胞（A型细胞、树突样细胞、巨噬细胞等）吞噬、加工、处理，在细胞表面表达Ⅱ类抗原受体，并将抗原信息传递给T淋巴细胞，激活T淋巴细胞，使之释放出多种可溶性介质，如IL-1、TNF等。这些介质进一步促进滑膜增生、诱导滑膜细胞产生胶原酶和PGE2等使炎症反应加剧。有些单核细胞因子可促使关节软骨退变、抑制蛋白质多糖合成，使骨钙吸收增加，导致关节软骨萎缩破坏。②体液免疫反应：侵入滑膜的致病抗原，在激活T淋巴细胞的同时，也可激活B淋巴细胞，使B细胞转化为浆细胞，合成多克隆抗体，在关节腔内形成免疫复合物，通过经典途径激活补体，激活激肽系统增加血管通透性，激活巨噬细胞释放多种免疫介质，如白细胞趋化因子，促使中性粒细胞在关节腔内集聚，释放溶酶体酶、胶原酶及超氧阴离子等炎性介质，使滑膜细胞产生蛋白质溶解酶类、金属蛋白质酶类及前列腺素等，加强炎症反应，最终引导结缔组织和关节软骨大分子分解，关节结构破坏及纤维结缔组织增生。

（3）干燥综合征（sjogren syndrome，SS）：是一种以侵犯泪腺、唾液腺等外分泌腺体为主的慢性自身免疫性疾病，又称为自身免疫性外分泌腺体病。见于犬和人，主要累及泪腺和唾液腺，其次是呼吸道、口腔、食道等处黏膜，使这些腺体的结构破坏，也可导致腺体外多器官损害。

特征性病变为腺体周围与小血管周围有淋巴细胞和浆细胞为主的慢性炎性细胞浸润，可伴有腺泡萎缩、小叶减少。唾液腺的组织学病变主要表现为腺管周围大量炎性细胞浸润，其中主要是淋巴细胞和浆细胞，有时可形成淋巴滤泡并有生发中心形成。伴腺管上皮增生，引起管腔阻塞。病变晚期腺泡萎缩并纤维化，为脂肪组织所替代。泪腺的类似病变可导致角膜上皮干燥、炎症及溃疡形成。呼吸道、消化道受累可导致相应的鼻炎、喉炎、支气管炎、肺炎及萎缩性胃炎。在肾可发生间质性肾炎，肾小管周围大量单核细胞浸润，导致肾小管萎缩、纤维化，因肾小管功能损害而引起肾小管性酸中毒、磷酸盐尿等颇常见。

（4）自身免疫性溶血性贫血（autoimmune hemolytic anemia，AIHA）：是指由某些原因导致体内产生抗红细胞抗体而引起的一种溶血性疾病。犬和猫都能发生。原发性 AIHA 又称特发性 AIHA，其病因尚不清楚，可能与免疫细胞的调节障碍有关；继发性 AIHA 常继发于猫白血病病毒、巴尔通体和链球菌等感染，淋巴瘤、淋巴肉瘤和白血病等良、恶性肿瘤，青霉素、头孢菌素、磺胺类药物、硫代二苯胺和苯妥英钠等药物作用，系统性红斑狼疮、自身免疫性血小板减少性紫癜等自身免疫病。

体内产生抗红细胞的自身抗体是发生 AIHA 的关键所在。导致自身抗体产生的原因可能有两个，一个是外来因素改变了红细胞的抗原性，形成红细胞自身抗原，导致红细胞自身抗体的产生；另一个是某些因素使免疫活性细胞失去识别自身红细胞的能力而产生异常的自身抗体。自身抗体生成后，在补体的参与下，通过Ⅱ型超敏反应使红细胞破坏，引起溶血性贫血。

复习思考题

1. 名词解释：变态反应　免疫缺陷病　自身免疫病　血清病　新生仔畜溶血病
2. Ⅰ型变态反应的发病机制是什么？
3. 畜禽常见变态反应类型与特征有哪些？
4. 自身免疫病的类型和特征有哪些？
5. 继发性免疫缺陷病的病因是什么？
6. Ⅰ型、Ⅱ型和Ⅲ型变态反应各由什么抗体介导？

（祁克宗）

第十三章　疾病发生的重要分子机制

第一节　细胞凋亡与疾病

一、细胞凋亡概述

（一）细胞凋亡的概念

细胞凋亡（apoptosis，Apo）是指细胞在基因调控下自主而有序的主动死亡过程。Apoptosis 一词来源于古希腊语，原意为“花瓣或树叶的枯落”。这是病理学家 Kerr 等人在 1972 年提出的一种不同于传统坏死的细胞死亡方式。细胞凋亡又称程序性细胞死亡（programmed cell death，PCD），但有学者认为细胞凋亡和 PCD 是有区别的，前者偏重细胞形态的变化，后者则偏重于细胞功能的改变，目前两者可以通用。

（二）细胞凋亡的特征

细胞凋亡是受严格基因调控主动连续的程序化反应过程，其特征主要表现在两方面：形态学特征和生化特征。

1. 形态学特征　细胞凋亡的发生过程，在形态学上大致可分为三个阶段，即凋亡的起始、凋亡小体的形成、凋亡小体被吞噬和消化。基本过程如下：凋亡细胞的早期变化是表面微绒毛消失，并与细胞外基质或周围细胞分离。随后胞浆脱水，胞膜空泡化，细胞体积缩小，内质网不断扩张并与胞膜融合，形成膜表面的芽状突起。晚期核染色质高度浓缩融合成团，聚集在核膜的周围或一侧，呈新月形或斑块状，称为染色质边集。胞膜皱缩内陷，将胞浆分割成若干个外有胞膜包裹的小体，即凋亡小体（apoptotic body）。凋亡小体内有细胞器，最后被邻近的细胞（包括单核巨噬细胞、上皮细胞、血管内皮细胞，甚至肿瘤细胞等）识别、吞噬、消化，整个凋亡过程没有细胞内容物的外漏，溶酶体相对完整，因此不引起局部的炎症反应。这是一种保护现象，可使周围组织免受死亡细胞释放的内容物引起的可能损害。需要指出的是，形成凋亡小体是细胞凋亡的重要形态学特征。

2. 生化特征　细胞被诱导凋亡，先后发生一系列生化变化。在细胞内外诱导凋亡因素的作用下，经一系列细胞内信号转导过程，最后激活一类凋亡性核酸内切酶（apoptosis endonuclease），其作用位点是在两个核小体之间的 DNA 连接区域。激活的核酸内切酶对核小体连接区域的DNA进行酶切，形成单一（180～200bp）或寡聚核小体（180～200bp的倍数）。因此在琼脂糖凝胶电泳时，呈现“梯状”（ladder pattern）DNA片段分布的特征性结果。

（三）细胞凋亡发生的原因

许多生理和病理性因素均可诱导细胞发生凋亡，主要有：

1. 生理性凋亡诱导因素 糖皮质激素是淋巴细胞凋亡的重要因素；甲状腺素在蝌蚪转变为青蛙的器官凋亡性退化中起重要作用；肿瘤坏死因子可诱导多种细胞发生凋亡。睾丸酮分泌不足可致前列腺上皮细胞发生凋亡；肾上腺皮质激素分泌不足可使肾上腺皮质细胞凋亡等。此外，转化生长因子（TGF-β）、神经递质（谷氨酸、多巴胺、*N*-甲基-D天冬氨酸）、去除细胞生长因子、基质失去粘附特性、Ca^{2+}和Ca^{2+}载体等也可引起细胞凋亡。

2. 病理性凋亡诱导因素 通常认为能对细胞造成伤害的许多因素都能诱发细胞凋亡，常见的有：①物理因素，如高温、射线等。②化学因素，如活性氧、某些激素（糖皮质激素等）、细胞因子等。③生物因素，如病毒（禽流感病毒、鸡贫血病毒等）、细菌等。④细胞本身必需营养物质和生长因子的缺乏等也可导致细胞凋亡，但这些有害因素超过一定范围则可直接引起细胞坏死。另外，并不是所有的有害因素都引起凋亡，有些反而抑制凋亡，如各种化学促癌物、某些病毒等。目前认为，能否诱导细胞凋亡，可能与各种因素的种类、强度和持续时间等有关。

（四）细胞凋亡的调控

细胞凋亡从细胞接受死亡信号开始到细胞的解体，其过程分为三个阶段：诱导期、效应期和降解期。诱导期包括体内外各种细胞凋亡相关因素的作用和细胞凋亡的信号转导；效应期是相关基因接受死亡信号后，按预定程序启动、合成凋亡所需要的各种酶类及有关物质，并导致凋亡性相关核酸内切酶和半胱天冬蛋白质酶家族的级联反应，这是在细胞内进行的一系列有序事件；降解期就是底物的降解，包括核酸内切酶彻底摧毁细胞核内的DNA结构，半胱天冬蛋白质酶家族导致细胞结构的全面解体，最终完成细胞凋亡。

1. 细胞凋亡的信号转导 不同刺激开启细胞凋亡的最初方式可能不尽相同，但其死亡通路却相当保守，已知的细胞凋亡信号转导的主要途径有：

1）死亡受体途径（death receptor pathway） 死亡受体（death receptor，DR）是一类跨膜蛋白质，有膜外和膜内两个区域，前者接受并传递死亡信号，后者称死亡域（death domain，DD）。死亡受体途径是由胞外肿瘤坏死因子超家族的死亡配体，如TNF-α、Fas配体（Fas ligand，Fas L）等引发的。这些配体和相关的死亡受体，如肿瘤坏死因子受体（tumor necrosis factor receptor，TNFR）、Fas（factor associated suicide）结合，并诱导受体三聚化，激活的受体再与接头蛋白质（adapter）结合，如Fas与FADD（Fas associating protein with death domain）结合、TNFR与TRADD（TNFR associating death domain protein）结合，启动细胞凋亡的执行系统（半胱天冬蛋白质酶系统），通过半胱天冬蛋白质酶家族的级联反应，最后导致细胞凋亡。目前研究较多的是Fas蛋白质，它是细胞膜上的跨膜蛋白质，属于TNFR家族。

2）线粒体途径 线粒体介导的凋亡通路是细胞凋亡转导途径中最重要的途径之一，它主要是由死亡受体非依赖的凋亡诱导信号（如射线、化疗药、微生物、细胞因子和生长因子缺乏等）启动的。目前认为这与线粒体的功能紊乱有关，因为线粒体的功能受损可导致

ATP 生成不足，进而引起跨膜电位变化、活性氧的产生、胞内 pH 等方面的改变，从而启动细胞凋亡的发生。

另有报道提及内质网可以介导凋亡通路，内质网中过多蛋白质的积累或钙平衡的破坏，可以引起内质网压力增高导致细胞凋亡。一般情况下凋亡刺激可以激活凋亡通路之一，且以前两种为主。

2. 细胞凋亡的执行　诱导凋亡的因素虽多种多样，但细胞凋亡过程的执行器（executor）均为细胞的蛋白质酶和核酸内切酶。

1）半胱天冬蛋白质酶系统　白介素-1β 转化酶（interleukin-1β-converting enzyme，ICE）是一类具有保守的底物结合和酶促序列的蛋白质酶，它们是结构特征相似的同源蛋白质酶，都可特异性地在底物的天冬氨酸（aspartic acid，Asp）后切断肽键，因此该酶现被称为半胱天冬蛋白质酶（cysteine aspartate-specific protease，caspase），caspase 中“c”代表该类蛋白质酶的活性部位为极保守的半胱氨酸残基，其作用是特异地切割底物天冬氨酸后的肽键，用“aspase”表示。现已发现有 14 个成员，分别用 caspase-1～caspase-14 表示（表 13-1）。根据 caspase 一级结构和介导蛋白质-蛋白质相互作用的结构域情况可将其分为两大类：启动性 caspase 和效应性 caspase。启动性 caspase 包括 caspase-1、caspase-2、caspase-4、caspase-5、caspase-8、caspase-9、caspase-10、caspase-11、caspase-14，它们在细胞凋亡信号和调节因子的作用下首先活化，再激活下游酶。效应性 caspase 包括 caspase-3、caspase-6、caspase-7、caspase-12，它们是启动性 caspase 的下游酶，能被启动性 caspase 酶解激活，激活后的效应性 caspase 能分解细胞蛋白质，起凋亡执行器的作用。

表 13-1　caspase 家族分类及命名

分　类	统一命名	作　用	底　物
caspase-1 亚家族	caspase-1	启动	IL-1β 前体、caspase-3、4 前体
	caspase-4	启动	caspase-1 前体
	caspase-5	启动	
caspase-2 亚家族	caspase-2	启动	PARP
	caspase-9	启动	PARP
	caspase-14	启动	
caspase-3 亚家族	caspase-3	执行	PARP、DNA-PK
	caspase-6	执行	Lamin A
	caspase-7	执行	PARP、caspase-6
	caspase-8	启动	caspase-3、4、7、9、10 前体
	caspase-10	启动	

注：PARP. 多聚腺苷二磷酸核糖聚合酶；DNA-PK. DNA 依赖性蛋白激酶；Lamin A. 核纤层蛋白。

所有的 caspase 平时都以无活性的酶原形式存在，细胞凋亡信号可与启动性 caspase 的死亡效应域（death effect domain，DED）结合，这种结合导致 caspase 的催化区暴露而自身催化激活。激活的 caspase 再激活效应性 caspase，其内部天冬氨酸残基酶切后形成双链，酶的活性类似酶原激活方式呈级联放大效应，从而导致细胞凋亡。不同的启动性 caspase 介导不同类型凋亡信号，如 caspase-8 与死亡受体介导的细胞凋亡相关，caspase-9 则与细胞毒因子诱发的细胞凋亡相关。

目前已知 caspase 的功能有：①灭活凋亡抑制蛋白。②裂解细胞外基质蛋白及骨架蛋白。③裂解 DNA 修复相关分子。④瓦解核结构成核碎片。

2）核酸内切酶　正常细胞中多种核酸内切酶是以无活性的酶原形式存在胞核内，且多数为 Ca^{2+}/Mg^{2+} 依赖的。凋亡诱导因素可通过启动凋亡信号转导，调控胞内某些成分（如 Ca^{2+}），激活内源性核酸内切酶，活化的核酸内切酶作用于核小体连接区，使 DNA 断裂成核小体倍数大小，即 180～200bp 的片段。

3）细胞凋亡的基因调控　细胞凋亡是细胞内级联式基因表达的结果。参与调控细胞凋亡的细胞内基因，按其对细胞凋亡的作用，可分三类：细胞凋亡诱导基因、细胞凋亡抑制基因和细胞凋亡的双向调控基因（表 13-2）。

表 13-2　调控细胞凋亡的主要基因

基　因	对细胞凋亡的调控作用			说　明
	诱导	抑制	双向	
p53	+			野生型 *p53*
myc			+	*c-myc*
ras		+		*c-ras*
rel	+			*c-rel*
bcl-2		+		
bax	+			*bcl-2* 家族成员
p35		+		
*Fas/Apo-*Ⅰ	+			CD95 分子
ice	+			IL-1β 转换酶基因

（1）*p53* 基因。*P53* 是一种抑癌基因，其野生型 *p53* 对细胞凋亡有诱导作用，突变型 *P53* 对细胞凋亡有抑制作用。正常时其编码的产物 P53 蛋白定位在细胞核，是一种 DNA 结合蛋白。有人认为 P53 是细胞生长过程中的感受器（molecular sensor），监测细胞内 DNA 的状态，起一个“分子警察”的作用。当细胞 DNA 受损时，P53 可使细胞分裂停止在 G_1 期，即 P53 在 DNA 损伤时呈高度表达，并使细胞中止增殖，以便为 DNA 的修复赢得时间，在细胞进入 S 期前修复损伤的 DNA。如 DNA 受损严重无法修复，则 P53 持续表达，诱导细胞凋亡，将其清除。最近，由于分离到一些与 P53 结合和（或）功能相似的蛋白质产物，如 P73 等，有人认为 *p53* 基因可能存在一个家族，这为 P53 蛋白的研究提供了更广阔的空间。

p53 基因的突变却能抑制细胞凋亡的发生，在约 50%的人类肿瘤中发现突变型的 *P53* 存在。最常见的为点突变，包括错义突变和无义突变。突变型 *P53* 抑制细胞凋亡的作用与其失去结合 DNA 的功能有关。

（2）*bcl-2* 基因家族。B-细胞淋巴瘤/白血病-2 基因（B-cell lymphoma/leukemia-2 gene，*bcl-2*）是 1985 年由 Tsajimato 等人从滤泡性淋巴瘤中分离出来的一个原癌基因，是第一个被发现的与细胞存活能力有关的癌基因，曾有人称其为细胞的“长寿”基因，其编码产物 Bcl-2 蛋白质是一种与细胞器膜相关联的稳定蛋白质，主要位于线粒体膜和核被膜。*bcl-2* 有一个庞大的家族，目前发现有 23 个成员（其中 15 个来自哺乳类动物，其他分别来自禽类和病毒），其中主要者见表 13-3。就功能而言，可分为两类，一类是 *bcl-2* 为代表的抗细胞凋亡成员，另一类则具促进细胞凋亡的功能，如 *Bax* 和 *Bak*。它们通过蛋白质-蛋白质的结合和解聚作用，主宰着细胞的生与死。Bcl-2 蛋白家族具有单个和数个保守的功能域（*bcl-2* homologous domain，BH，BH_{1-4}）。具有 BH_1 和 BH_2 功能域的蛋白质可在细胞器膜上形成通道，具有离子通道和停靠蛋白（docking protein）作用。

Bcl-2 抗凋亡的主要机制是：直接抗氧化；抑制线粒体释放促凋亡的物质；抑制促凋亡性调节蛋白 Bax 和 Bak 的细胞毒作用；抑制 caspases 的活性；维持细胞内钙稳态。

（3）*c-myc* 基因。细胞癌基因 *myc*（*c-myc*）的编码产物 Myc 属核蛋白，既能诱导细胞增殖，也能诱导细胞凋亡，对细胞有双向调节作用。目前认为，细胞在 Myc 的作用下，可同时启动细胞增殖和细胞凋亡两种状态。细胞选择何种状态取决于细胞接受的刺激信号和所处的生长环境。如在细胞存活因子（血清、生长因子、丝裂原等）的刺激下，细胞选择增殖；相反，如果没有足够存活因子的作用，细胞就发生凋亡。

表 13-3　Bcl-2 家族主要成员的结构与功能

蛋　白	来　源	具有同源区	功　能	分　类
Bcl-2	哺乳类	BH_1，BH_2，BH_3，BH_4	抑制凋亡	Bcl-2 亚家族
Bcl-XL	哺乳类	BH_1，BH_2，BH_3，BH_4	抑制凋亡	Bcl-2 亚家族
Bcl-w	哺乳类	BH_1，BH_2，BH_3	抑制凋亡	Bcl-2 亚家族
Mcl-1	哺乳类	BH_1，BH_2，BH_3	抑制凋亡	Bcl-2 亚家族
Bax	哺乳类	BH_1，BH_2，BH_3	促进凋亡	Bax 亚家族
Bak	哺乳类	BH_1，BH_2，BH_3	促进凋亡	Bax 亚家族
Bok	哺乳类	BH_1，BH_2，BH_3	促进凋亡	Bax 亚家族
Bik	哺乳类	BH_3	促进凋亡	BH_3 亚家族
Bad	哺乳类	BH_3	促进凋亡	BH_3 亚家族
Bid	哺乳类	BH_3	促进凋亡	BH_3 亚家族

（五）细胞凋亡与坏死的区别

细胞凋亡和坏死是多细胞生物体内两种不同的细胞死亡方式，无论是形态和生化特征还是发生机制均有着很大差异，应注意区别（图 13-1、表 13-4）。

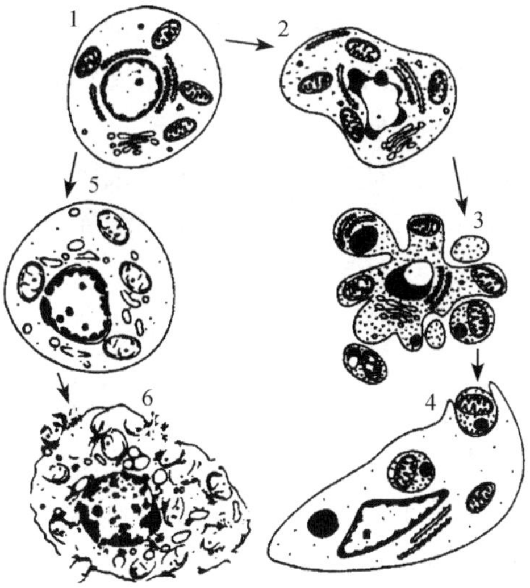

图 13-1　细胞凋亡和细胞坏死的形态比较模式图（Cotran et al.，1999）

1. 正常细胞；2～4 显示细胞凋亡过程；5～6 显示细胞坏死过程；2. 细胞膜皱缩，核染色质凝聚、边集，胞浆致密；3. 胞膜内陷并包裹胞浆成分，形成凋亡小体；4. 凋亡小体被周围巨噬细胞等吞噬；5. 细胞及其细胞器肿胀；6. 细胞膜、细胞器膜、核膜破裂，内容物外流

表 13-4　细胞凋亡和坏死的主要区别

项　目	细胞凋亡	坏　死
形态特征		
分布特点	多为单个散在性细胞	多为连续大片细胞和组织
细胞膜	保持完整性	完整性被破坏
细胞体积	固缩变小	肿胀增大
细胞器	保持完整，内容物无外漏	肿胀、破裂、酶等外漏
核染色质	边集于核膜下，呈半月形	分散凝集，呈絮状
凋亡小体	有	无（细胞破裂，溶解）
炎症反应	无	有
机制特征		
诱导因素	生理性和病理性因素	病理性因素
死亡过程	主动地由级联性基因表达调控进行	被动地呈无序状态的发展
蛋白质合成	有 RNA 和蛋白质合成	无
DNA 降解	有规律，为 180～200bp 整数倍的片段，电泳呈特征性阶梯状谱带	无规律，一般片段较大，电泳多呈涂抹状，不见阶梯状谱带

细胞以何种方式死亡，主要取决于引起死亡的环境和原因。坏死通常发生于比较强烈的有害刺激（如严重缺血、缺氧、毒物、微生物、强酸强碱等）或细胞内环境的严重紊乱；而凋亡则是由较温和的体内外因素引发细胞内死亡程序的启动而导致的细胞死亡方式。但二者之间也有联系，如在培养细胞进行凋亡诱导时，当诱导物剂量增加，诱导细胞可由细胞凋亡转为坏死，在体内也是如此。

二、细胞凋亡异常与疾病

细胞凋亡参与体内细胞数量的调节，并清除体内无功能的细胞、对机体有害的细胞、突变的细胞以及受损伤后不能存活的细胞，在发育和机体的稳态调节中发挥重要作用。例如，在发育过程中，细胞凋亡参与趾间空隙的造就；在淋巴细胞分化发育过程中，绝大多数没有功能的细胞以及能与自身抗原起反应的细胞可通过细胞凋亡而被清除；在成体动物，衰老细胞也必须除去代之以新生细胞来维持稳态。

细胞凋亡异常是许多疾病发生的基础。总体来说，细胞凋亡受到抑制，会导致肿瘤和自身免疫性疾病等的发生；而细胞凋亡过度，则会发生组织器官的退行性病变和免疫缺陷性疾病等。

（一）细胞凋亡与肿瘤

肿瘤尤其是恶性肿瘤组织的特征之一是快速增大。这种快速增大是肿瘤细胞分裂增殖过度和死亡过低导致的综合性结果。只将肿瘤的快速生长归结为肿瘤细胞的增生过度是不全面的，因细胞的积累率＝细胞的增殖率－细胞的死亡率，试想快速增殖的肿瘤细胞如果也快速死亡，其结果就不会有细胞的净增加。许多研究都证明，肿瘤细胞确实存在着细胞凋亡过程的异常。在许多肿瘤细胞中有 *p53* 基因的缺失和突变。例如，用 *p53* 基因敲除（knock out）小鼠证实，虽然 *p53* 基因缺失的小鼠可正常生长、发育，但在生后 6 个月内肿瘤发生率明显升高；另外 *p53* 状态可影响肿瘤细胞凋亡的发生，将患皮肤癌小鼠 *p53* 根据状态不同分为野生型 *p53*（＋/＋）、杂合型 *p53*（＋/－）和突变型 *p53*（－/－）三组，然后分别用相同剂量紫外线照射，结果24h照射后，野生型组鼠的皮肤组织显示出广泛的细胞凋亡，不发生皮肤癌；而突变型组小鼠的皮肤组织却几乎不发生细胞凋亡，发生皮肤癌；杂合型组小鼠皮肤组织的细胞凋亡数介于前两者之间。

现在证明 *bcl-2* 基因是最重要的抑制肿瘤细胞凋亡的基因。*bcl-2* 基因的过度表达并不影响细胞增殖和加速细胞分裂，而是通过延长肿瘤细胞生存，阻止细胞凋亡的发生。例如，在鸡马立克病肿瘤组织中，存在着 *bcl-2* 高表达，而流式细胞仪检测的结果显示，肿瘤组织细胞DNA合成期细胞比例明显增加，增殖指数（proliferation index，PI）显著提高；细胞凋亡率（apoptoticrate）明显降低。

此外，其他与细胞凋亡有关的基因，如 *c-myc* 等在肿瘤细胞中的表达也呈异常。由此可见，细胞凋亡过程的减弱对肿瘤发生至关重要。因此，寻找特异的引起肿瘤细胞凋亡的药物已成为当前肿瘤治疗的新策略。

（二）细胞凋亡与自身免疫性疾病

自身免疫性疾病的主要特征是自身抗原受到自身抗体或致敏T淋巴细胞的攻击，造成器官组织损伤。免疫细胞在发育过程中，存在着细胞的正负选择。正常情况下，免疫系统发育过程中已将针对自身抗原的T淋巴细胞、B淋巴细胞在非成熟期通过细胞凋亡的方式有效清除，此为负性选择。如果负性选择失调，那些针对自身抗原的T淋巴细胞、B淋巴细胞不凋亡而存活下来，并得到不应有的增殖，进而攻击自身组织致自身免疫性疾病。例如犬、猫的系统性红斑狼疮是一种多系统非化脓性自身免疫病，血清中存在以抗核抗体为主的多种自身抗体。犬的寻常天疱疮（pemphigus vulgaris）是针对基底细胞层细胞内胞质成分的抗体介导的自身免疫性皮肤黏膜疾病。

（三）细胞凋亡与免疫缺陷病

动物的免疫缺陷病主要表现为获得性免疫缺陷，而引起动物获得性免疫缺陷的主要原因是微生物感染，许多病毒、细菌甚至寄生虫等的感染都可导致宿主免疫细胞凋亡的异常（参见细胞凋亡与感染性疾病），从而引发相应的免疫缺陷。从某种意义上说，微生物感染导致的免疫缺陷是一种免疫细胞凋亡过渡性疾病。

人类获得性免疫缺陷综合征（acquired immunodeficiency syndrome，AIDS）是由人类免疫缺陷病毒（HIV）引起的一种具有传染性的疾病，其发病机制最关键的是宿主 $CD4^+$ T细胞被选择性破坏，导致 $CD4^+$ T细胞数量骤减，引起相关免疫功能缺陷。CD4分子是HIV被膜蛋白质复合体的受体。HIV与CD4结合可激活 $CD4^+$ T细胞的 Ca^{2+} 通道，导致细胞中 Ca^{2+} 浓度升高，激活核酸酶，促进 $CD4^+$ T细胞凋亡，引起相关免疫功能的缺陷。

（四）细胞凋亡与感染性疾病

感染尤其是病毒感染是调节细胞凋亡的重要因素。

1. 病毒感染与细胞凋亡 病毒专性胞内寄生，侵入机体后在宿主细胞内复制增殖。当感染病毒后，宿主细胞有两种结局：一是诱导宿主细胞凋亡，限制病毒复制，从而导致相应的免疫缺陷发生；二是由于病毒基因或病毒感染诱导表达的细胞蛋白质抑制宿主细胞的凋亡，造成持续性感染，增加了病毒致肿瘤的可能性。可见病毒基因对细胞凋亡的调控是影响受染细胞命运的一个关键因素。现将部分已知能调控宿主细胞凋亡的病毒总结在表13-5。

表 13-5　与宿主细胞凋亡相关的病毒

诱导细胞凋亡的病毒	相关基因产物	抑制细胞凋亡的病毒	相关基因产物
人类免疫缺陷病毒	gp120	EB 病毒	BHRF1
流感病毒	NS1	非洲猪瘟病毒	LMW5-HL
脊髓灰质炎病毒		SV40	T 抗原
猪繁殖呼吸综合征病毒	P25	牛痘病毒	CrmA
鸡贫血病病毒	VP3	鸡马立克病病毒	Meq 等
腺病毒	EIA		
小鼠肝炎病毒			

1）*病毒感染诱导细胞凋亡*　某些病毒感染能诱导细胞凋亡，其途径有两条：一是经免疫系统介导；二是病毒本身具有凋亡调节基因，通过模仿或调节细胞凋亡途径中某些成分而发挥作用。

细胞毒性 T 细胞（CTL）对清除动物体内的病毒具有重要意义，其细胞毒性作用的重要机制之一即上调 *Fas/FasL* 基因，使靶细胞出现凋亡，如小鼠肝炎病毒主要是以此机制介导细胞凋亡，从而抑制了病毒的复制，因此 CTL 介导的细胞凋亡是机体的抗病毒机制之一。有些病毒的感染则可抑制宿主的免疫反应，如 HIV 等，研究表明，此类免疫抑制是病毒激活的 T 细胞自身发生凋亡所致，该过程称为激活诱导的细胞死亡（activated induced cell death，AICD）。体外培养的小鼠脾脏 T 细胞感染淋巴细胞性脉络丛脑膜炎病毒后 6～10d 广泛发生凋亡性死亡，而体内感染时，此时期正处在免疫抑制阶段。

有些病毒的一种或多种蛋白质具有诱导细胞凋亡的作用，如猪繁殖与呼吸综合征病毒的 P25 蛋白质，鸡贫血病病毒的 VP3 蛋白等都有凋亡诱导功能。在这些疾病的发生过程中，细胞凋亡具有保护意义，因为凋亡可使宿主细胞的 DNA 降解，整合于其中的病毒也随着被破坏，从而终止病毒复制和表达，阻止其进一步繁殖和扩散。但感染导致的免疫细胞过度凋亡却不可避免地抑制宿主免疫应答和导致免疫缺陷的发生。

2）*病毒感染抑制细胞凋亡*　有些病毒基因编码的蛋白质有抑制感染细胞发生凋亡的作用。例如，EB 病毒感染，可增强细胞的存活能力，这与 EB 病毒 bhrf1（*Bam*H Ⅰ rightward reading frame 1）和潜伏膜蛋白质基因（*lmp*）的编码产物 BHRF1（17kDa）和 LMP 有关。BHRF1 与 Bcl-2 有一定同源性，具有抑制细胞凋亡、延长细胞寿命的功能。牛痘病毒的 CrmA 蛋白能特异地抑制 caspase，从而使细胞凋亡受阻。宿主细胞感染这类病毒后获得细胞凋亡抗性而长期存活，致使病毒能持续复制并扩散。病毒的持续感染抑制宿主细胞凋亡，导致细胞能永久性生存和肿瘤形成。

病毒蛋白抑制细胞凋亡的机制为：使 P53 蛋白失活；促 *bcl-2* 表达或模拟 Bcl-2 蛋白功能；抑制 caspase 活性。

综上所述，病毒的致病机制，在相当程度上使宿主细胞凋亡异常，通过控制细胞凋亡来对付病毒感染应该是一条可能的途径。

2. 细菌感染与细胞凋亡　细菌感染动物后，可在细胞内、外寄生。目前已有许多致病菌被确定为细胞凋亡的介导因子，包括革兰阳性菌和革兰阴性菌。细菌侵入动物的不同组织可造成不同的结局：激活细胞凋亡程序破坏宿主细胞，或是抑制宿主细胞凋亡造成持续性感染。细菌一旦进入机体，首先要避免被诸如白细胞、巨噬细胞等机体免疫细胞所吞噬、清除。因此，激发吞噬细胞凋亡对细菌来说，是逃避宿主第一道免疫防御的方法。

1）*革兰阳性菌感染与细胞凋亡*　革兰阳性菌感染主要通过外毒素或一些特殊的水解

酶发挥致病作用，其中一些毒素与宿主细胞凋亡有关，如葡萄球菌的肠毒素 B、化脓性链球菌产生的外毒素 B、白喉杆菌的白喉毒素均可诱导细胞凋亡。

2）革兰阴性菌感染与细胞凋亡　革兰阴性菌主要通过内毒素和其他一些致病因子发挥致病作用，内毒素本身对 TNF 诱导的细胞凋亡有明显的抑制作用，这有利于细菌的存活。但革兰阴性菌可通过非内毒素毒力因子诱导细胞凋亡，在造成细菌扩散的同时，并发组织器官损伤。

目前细胞凋亡与感染性疾病相互关系的研究方兴未艾，相信随着研究的深入，将使人们对感染性疾病的发病机制有更新的认识。

（五）细胞凋亡在疾病防治中的意义

细胞凋亡的异常与许多疾病的发生发展有关，因此从不同环节调控细胞凋亡的速率是防治疾病的新策略。

1. 合理利用凋亡相关因素　凋亡诱导因素是凋亡的使动环节，合理利用这些因素可治疗一些因细胞凋亡不足或过度而导致的疾病，如射线可诱导细胞凋亡，用射线照射使肿瘤细胞发生凋亡。

2. 干预凋亡信号转导　Fas/FasL 信号系统是重要的凋亡信号系统，因此人们利用阿霉素刺激肿瘤细胞，促其膜上表达 Fas/FasL，导致细胞毒性 T 细胞有效攻击肿瘤细胞，引起肿瘤细胞凋亡。

3. 调控凋亡相关基因　由于现代分子生物学手段的发展，人为控制凋亡相关基因的表达已成为可能，人们利用各种载体将凋亡相关基因导入肿瘤细胞内，从而诱导肿瘤细胞发生凋亡。

4. 调控凋亡相关的酶　核酸内切酶和 caspases 是凋亡执行最为关键的酶，如能抑制它们的活性，就能阻止凋亡的发生。如通过使用 caspases 抑制剂可明显减少心肌细胞的凋亡，从而缩小心肌梗死面积和改善心肌功能。

第二节　基因突变和染色体畸变与疾病

基因（gene）是 DNA 分子中载着特定遗传信息的片段，决定着生物体的性状，即表型。染色体是 DNA 分子和基因群的载体。DNA 指导蛋白质合成，控制着细胞代谢、增殖和分化，维持着生物的性状、繁衍和正常的生命活动。基因和染色体异常将影响生命过程甚至导致疾病。

一、基因突变和基因病

遗传物质的各种遗传性改变称突变（mutation），其实质是核苷酸的增添、缺失、替代、颠倒和转位，发生了突变的基因称为突变型基因（mutant-type gene），而没有发生突变的基因称为野生型基因（wild-type gene）。突变会使核苷酸的正常排列顺序发生改变，导致遗传密码的紊乱，其结果是不能正常转录、翻译的蛋白质分子结构和功能发生异常。突变可分为基因突变（gene mutation）和染色体突变（chromosomal mutation），后者又称染色体畸变（chromosomal aberration）。基因突变指一个或几个核苷酸序列或数目改变，仅累及单个基因，习惯上称为点突变（point mutation）。通常所指突变即是基因突变。

突变并不都是有害的，生物进化的主要驱动就是突变。当突变的基因使机体能更好地适应环境或有更优势的竞争力时，带有这种突变基因的个体就会在自然选择中获得发展，否则就会被自然选择所淘汰。

（一）基因突变的类型

按碱基序列改变，基因突变包括碱基替换、碱基插入和缺失。

1. 碱基替换（substitution） 是指单个碱基被另一个碱基替代，这是最常见的突变类型。如果只是嘧啶碱之间或嘌呤碱之间的替换，称转换（transition）；如果是嘌呤碱和嘧啶碱之间的取代，称颠换（transvertion）。转换突变多于颠换突变。

1）同义突变（samesense mutation） 指碱基替换后，一个密码子变成另一个密码子，但编码的氨基酸没有改变，这是由于遗传密码的兼并性。同义突变常发生在密码子的第三碱基，因此并不影响蛋白质的功能。例如，密码子 GCA、GCG、GCC 和 GCU 均编码苯丙氨酸，第三个碱基发生突变并不改变所编码的苯丙氨酸。

2）错义突变（missense mutation） 指碱基替换后使 mRNA 的密码子变成编码另一个氨基酸的密码子，改变了氨基酸的序列，影响了蛋白质的功能。这种突变常发生在密码子的第一和第二碱基。例如，DNA 序列中 TCA 的 T 突变为 G，使 mRNA 的密码子 UCA 变成 GCA，结果是苯丙氨酸替换了丝氨酸，所产生的蛋白质无活性或活性降低。

3）无义突变（nonsense mutation） 指碱基替换后，使一个编码氨基酸的密码子变为不编码任何氨基酸的终止密码子（UAG、UAA、UGA），造成多肽链合成的提前终止，肽链长度缩短，成为无活性的多肽片段。

4）终止密码突变（termination codon mutation） 指 DNA 分子中一个终止密码突变成编码氨基酸的密码子时，多肽链的合成将继续进行下去，使肽链延长，形成延长的异常肽链。

2. 碱基插入（insertion）**和缺失**（deletion） 是指在 DNA 编码序列中插入或丢失一个或几个碱基。如果插入或缺失的碱基非 3 个及其倍数，则其下游的 DNA 编码框架全部改变，其结果是突变点以后的氨基酸序列全部发生改变，称移码突变（frameshift mutation）。DNA 链的密码子之间插入或丢失一个或几个密码子，则合成的肽链将增加或减少一个或几个氨基酸，但插入或缺失部位以后的氨基酸序列不变，则称整码突变（codon mutation）。基因突变常见类型见图 13-2。

正　常　AGT - CAG - CAG - CAG - TTT - TTA - CGT - AAC - CCG -…… DNA
　　　　蛋　谷酰　谷酰　谷酰　苯丙　亮　精　天酰　脯　…… 氨基酸
同义突变　AGT - CAG - CAG - CAG - TTT - TTG - CGT - AAC - CCG -…… DNA
　　　　蛋　谷酰　谷酰　谷酰　苯丙　亮　精　天酰　脯　…… 氨基酸
错义突变　AGT - CAG - CAG - CAG - TTT - TCA - CGT - AAC - CCG -…… DNA
　　　　蛋　谷酰　谷酰　谷酰　苯丙　丝　精　天酰　脯　…… 氨基酸
无义突变　AGT - CAG - CAG - CAG - TTT - TGA - CGT - AAC - CCG -…… DNA
　　　　蛋　谷酰　谷酰　谷酰　苯丙　终止　精　天酰　脯　…… 氨基酸
移码突变　AGT - CAG - CAG - CAG - TTT - TAC - GTA - ACC - CG …… DNA
　　　　蛋　谷酰　谷酰　谷酰　苯丙　酪　缬　苏　…… 氨基酸
整码突变　AGT - CAG - CAG - CAG - TTT - AGT - TTA - CGT - AAC - CCC …… DNA
　　　　蛋　谷酰　谷酰　谷酰　苯丙　蛋　亮　精　天酰　脯　…… 氨基酸

图 13-2 基因突变常见类型

3. 基因重排（gene rearrangement） 是指DNA分子内较大片段的交换，基因重排可引起明显的错义突变。

（二）基因突变的原因和机制

能引起基因突变的原因多种多样，归纳为诱发突变（环境因素）和自发性损伤。

1. 诱发突变 外源诱发突变的因素称诱变剂（mutagen）。由诱变剂引起的突变称为诱发性突变。诱变剂种类繁多，最常见的有电离辐射、紫外线、碱基结构类似物和烷化剂。

1）电离辐射 电离辐射一方面可穿透生物组织，引起细胞大分子物质损伤；另一方面通过扩散的离子和产生的自由基使能量被生物分子吸收而产生损伤效应，使碱基破坏，形成二聚体、DNA单链或双链断裂或碱基之间形成共价键而交联。

2）紫外线 紫外线辐射常引起的变化是连接两个邻近的胸腺嘧啶，从而阻止它们与腺嘌呤配对。

3）烷化剂 烷化剂是指能使其他分子成为具有烷基性质的一类化合物，与烷化剂反应的活性基团有—SH、—NH—和—COOH等。由于细胞大分子中含有大量的这些活性基团，烷化剂能将烷基转移给这些重要的生物大分子而发生基因突变。

2. 自发性损伤 通常指DNA复制时的自发错配，如大肠杆菌DNA每次复制时的错配率为10^{-2}～10^{-1}，经修复，复制完成时的最终错配率大概10^{-10}，此概率虽然很低，但由于生物基因组的庞大，该作用仍然不能低估。

（三）基 因 病

突变基因所携带的遗传信息经过表达，可以形成具有一定异常性状的遗传病，并按一定方式在上下代之间进行传递。尽管动物的遗传性状或遗传病有多种多样，遗传方式也不尽相同，但从基因水平来看，根据参与控制遗传病的基因数量，可以概括地将动物遗传病分为两大类：单基因遗传病（monogenic disorders）和多基因遗传病（polygenic disorders）[又称多因子病（multifactorial disorders）]。

1. 单基因病 每个基因在染色体上都有特定的位置，称为座位（locus）。在每对同源染色体相对应的位置上决定同一遗传性状的这一对基因称为等位基因。这一对等位基因可以是相同的（AA，aa），也可以是不同的（Aa），前者称纯合子，后者称杂合子。在杂合子中，如果个体只表现出其中一个等位基因决定的性状，则得到表现的基因称为显性基因，习惯上用大写字母表示，而另一个相对应的未能表现的基因称隐性基因，用相对应的小写字母表示。但这种隐性基因并未消失，如果在下一代有机会出现隐性基因纯合子时就会表现出隐性遗传性状。由一对等位基因控制的遗传病，即病理性状是由于一个基因突变而引起的，称单基因遗传病，简称单基因病，这种遗传病遵循孟德尔遗传定律。突变基因可以在常染色体上，也可以在性染色体上；其性质可以是显性的，也可以是隐性的。研究单基因遗传病常常采用家系调查和分析的方法。在家系调查中，首先从先证者（即第一个在临床上被发现的患畜）着手，然后追根寻源，包括所有的直系和旁系，作好详细记录并绘成系谱图。绘制系谱图时常用的符号见图13-3。这是一项细致而繁琐的工作，但仍不失为一种单基因病分析的好方法。

单基因病的遗传方式有下列三种。

1）常染色体显性遗传（autosomal dominant inheritance，AD）病　致病基因在常染色体上，并且这种基因的性质呈显性，称常染色体显性遗传病。病理基因呈显性，用大写字母（A）表示，相对应的正常基因则用小写字母（a）表示。

在常染色体显性遗传病中，正常家畜的基因型是 aa，病畜的基因型为 AA 或 Aa，病理基因纯合（AA）的胎儿在早期往往夭亡，根据显隐性规律，杂合子（Aa）应该表现显性基因的性状而患病，但由于各种复杂因素的影响，杂合子可能出现不同的表现形式。因此，又将显性遗传分为完全显性和不完全显性等几种亚型。在常染色体显性遗传病中，Aa 和 AA 呈完全相同的遗传方式，称为完全显性遗传（complete dominant inheritance）；而 Aa 的表现型介于 AA 和 aa 之间，称为不完全显性遗传（incomplete dominant inheritance）。它们的生殖细胞结合时将出现下列情况。

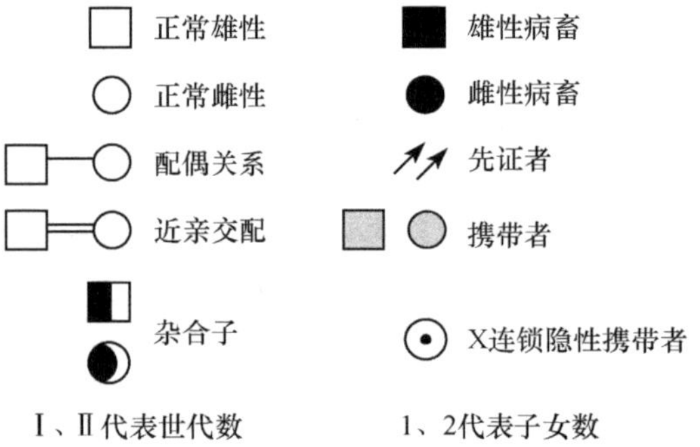

图 13-3　系谱分析中常用的符号

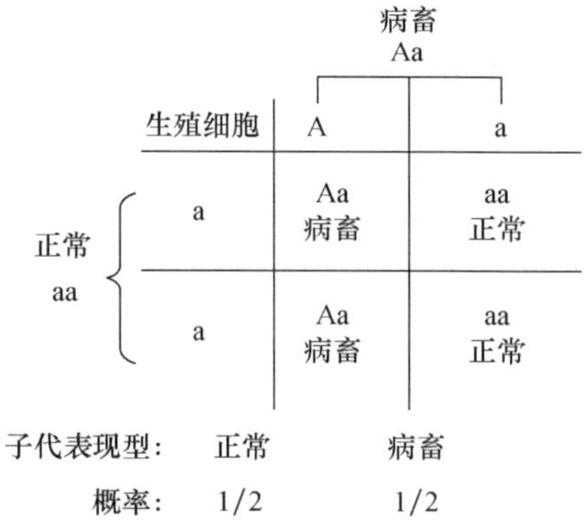

实际上由于精卵随机结合之故，它们的后代中病畜所占的比例不一定正好是 50%。
常染色体显性遗传病的典型系谱见图 13-4。

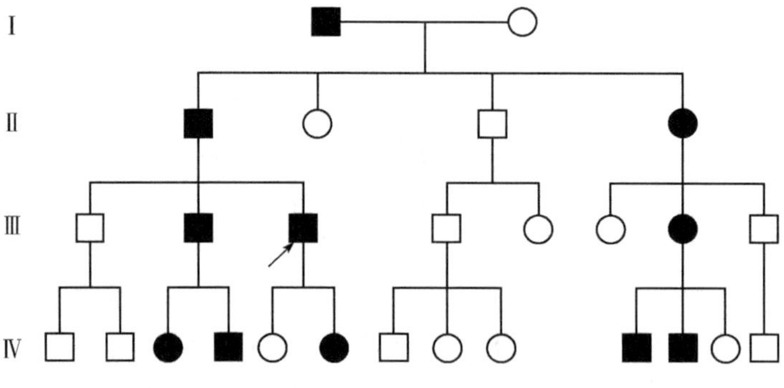

图 13-4　常染色体显性遗传病模式系谱

常染色体显性遗传病特点是：①致病基因在常染色体上，遗传与性别无关，后代发病雌雄均有相等的机会。②系谱中，此类遗传病呈连续的传递，即连续几代都有病畜出现。③双亲无病时，后代一般无此类遗传病出现（表现正常的家畜没有病理基因）。④患畜的双亲中必有一个为患畜，但绝大多数为杂合子，患畜的同胞中约有 1/2 的可能性也为患畜。

在动物中，牛的复合脂肪过多症、外生性骨疣，牛和猪的遗传性淋巴结水肿等均属于此类遗传病。

2）常染色体隐性遗传（autosomal recessive inheritance，AR）病　致病基因在常染色体上，其性质为隐性，称常染色体隐性遗传病。病畜的基因型为隐性纯合（pp），而表型正常的家畜则有两种基因型，一种为显性纯合子（PP），另一种为杂合子（Pp）。杂合子表现型正常，但携带有隐性的病理基因，这种个体称为携带者。当两个携带者交配时，后代出现病畜的概率增高，因父母双方的隐性病理基因有纯合的可能。

在常染色体隐性遗传病中，由于携带者表现型均正常，往往容易忽视，仍让其传种接代，以使病理基因代代相传，应引起高度重视。其典型系谱模式见图 13-5。

雄性携带者 Pp

生殖细胞	P	p
雌性携带者 Pp　P	PP 正常	Pp 携带者
p	Pp 携带者	pp 病畜

子代表现型：正常（PP）　携带者（Pp）　病畜（pp）

概率：　1/4　1/2　1/4

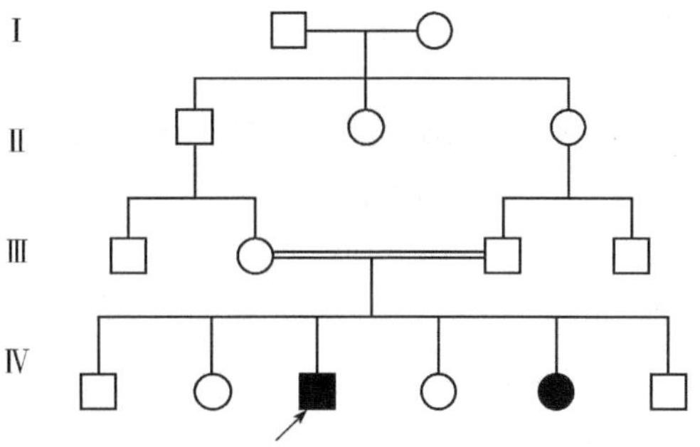

图 13-5　常染色体隐性遗传病模式系谱

常染色体隐性遗传病特点：①致病基因在常染色体上，后代患病与性别无关，即家族中雌雄得病机会均等。②该疾病不一定每代都出现，即系谱图上病畜呈不连续分布，表现散发。③近亲配种时，后代发病机会增加，因近亲之间可从共同的祖先那里得到同一致病基因，虽然它们的表现型都是正常的，但它们都是病理基因的携带者。④患畜的双亲表型往往正常，但都是致病基因的携带者，此时出生患畜的可能性约占 1/4，患畜的正常同胞中有 2/3 的可能性为携带者。

动物中，牛软骨发育不全、先天性少毛、甘露糖苷贮积症和猪乳头内陷等属于此类疾病。

3）性连锁（伴性）遗传（sex-linked inheritance）病　控制疾病的基因位于性染色体上，使疾病的遗传与性别有关，称性连锁遗传病，或伴性遗传病。病理基因在 X 染色体上叫 X-伴性，在 Y 染色体上称 Y-伴性。各自还可分为显性和隐性遗传。Y-伴性遗传病在动物中罕见。雄性的性染色体组合是一条 X 染色体和一条 Y 染色体。这一对染色体的同源序列很少，而且 Y 染色体短小，缺少 X 染色体上的等位基因，即雄性个体只具有 X 染色体上成对基因中的一个。

（1）X-伴性显性遗传（X-linked dominant inheritance，XD）病。致病基因位于 X 染色体上，并且此基因为显性，称 X-伴性显性遗传病。这类遗传病中，正常雌性动物的基因型为 xx，XX 和 Xx 基因型的雌畜均为病畜；雄性动物中，基因型为 XY 的动物是病畜，xY 基因型的公畜则是正常的。如果一个母病畜和正常公畜配种，后代发病情况将如下：

雄性（正常）xY

生殖细胞	x	Y
雌性病畜 Xx　X	Xx 病畜	XY 病畜
x	xx 正常	xY 正常

子代表现型：雄性病畜　正常公畜　雌性病畜　正常母畜

概率：　1/4　1/4　1/4　1/4

如果公病畜和正常母畜配种，则它们的后代将会出现下列情况：

其结果是雌性全是病畜，雄性均正常，这是由于公畜只将 X 染色体传给雌性后代。

X-伴性显性遗传病的模式系谱图 13-6。

雄性（病畜）XY

生殖细胞		X	Y
雌性正常 xx	x	Xx 病畜	xY 正常
	x	Xx 病畜	xY 正常

子代表现型：正常公畜　雌性病畜

概率：1/2　1/2

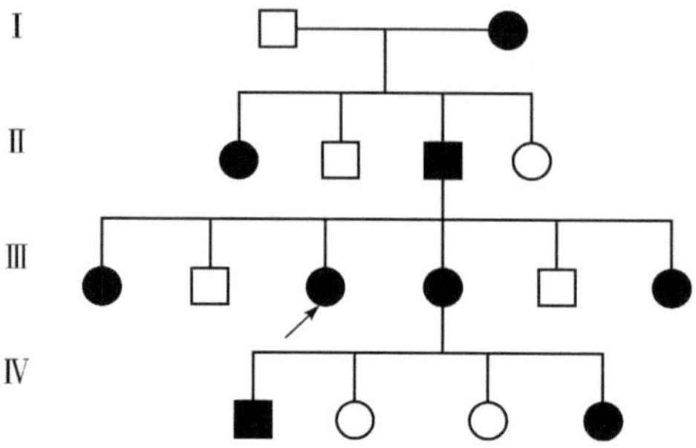

图 13-6　X-伴性显性遗传病模式系谱图

此类基因病具有下列主要特点：病理基因位于 X 染色体上，后代发病有性别差异，一般雌性发病机会大于雄性；由于病理基因是显性的，故系谱图上病畜呈连续分布，即该病在家族中每代都出现。表现型正常的家畜不带病理基因；X-伴性显性遗传病发病风险的估计，雄性患畜与正常雌性交配，后代中雄性都是正常的，雌性全都患病。雌性患畜与正常雄性交配，后代中雄性和雌性的患病风险率都是 1/2。当然这只是一种可能性的量度。精确的方法是用分子杂交，但在致病基因序列尚未明了之前，应用概率估计发病风险仍然是临床上常用的方法。

牛的条状无毛等属于此种遗传病。

（2）X-伴性隐性遗传（X-linked recessive inheritance，XR）病。病理基因位于 X 染色体上，且为隐性，称 X-伴性隐性遗传病。这类遗传性疾病的病理基因在雌性中为隐性，而在雄性中，由于 Y 染色体上没有正常等位基因的存在，故也表现出该疾病的症状，如一杂合子母畜与一正常公畜的后代情况，其结果是后代母畜表现均正常，但有一半为携带者，公畜有一半机会得病。

X-伴性隐性遗传病模式系谱如图 13-7 所示。

雄性（正常）XY

生殖细胞		X	Y
雌性携带者 Xx	X	XX 正常	XY 正常
	x	Xx 携带者	xY 病畜

子代表现型：正常雌性　雌性携带者　正常雄性　雄性病畜

概率：1/4　1/4　1/4　1/4

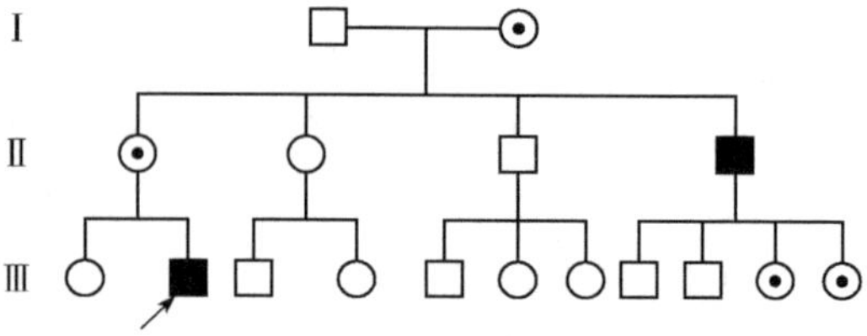

图 13-7　X-伴性隐性遗传病模式系谱图

此种基因病的主要特点是：病理基因位于 X 染色体上，后代发病有性别差异，群体中雄性发病概率大于雌性；病理基因为隐性，在家系中不一定每代都出现病畜，系谱图上病畜呈不连续分布；近亲配种时，发病概率增加；X-伴性隐性遗传病发病风险的估计，雌性携带者与正常雄性交配，雄性患病的概率为 1/2，雌性都不患病，但有 1/2 为携带者。雄性患畜与正常雌性交配，雌雄表型 100%正常，但雌性都是携带者。

人和动物的血友病 A 和 B 均属此类遗传病。

2. 多基因病　由两对及以上等位基因决定的基因病，且每对基因彼此间没有显性和隐性关系，各对基因的作用有积累效应，称为多基因遗传病，或多基因病。多基因遗传是一种数量性状的遗传，其中每一对基因对表现型的影响都很小，故这类基因又称为微效基因（minor gene），但若干对基因的作用累积形成一个对表现型产生明显影响的效应。每种多基因病都受遗传因素和环境因素的双重作用，因此又称为多因子病。

多基因病受遗传因素和环境因素作用的大小是各自不同的。由遗传因素决定的易于患某种遗传病的倾向性称遗传易感性（genetic susceptibility），通常可以用遗传度（heritability）表示，即遗传因素在多基因遗传病的形成中所起作用的大小，一般用百分率表示。例如，某一种疾病完全受环境因素的影响，遗传因素不起作用，则遗传度为 0；如果完全决定于遗传因素，而环境因素不起作用，那么遗传度就是 100%。

多基因病远比单基因病复杂，但在人类的遗传病中绝大部分是多基因遗传病，如人的高血压、哮喘病、精神分裂症、糖尿病等，动物中如豚鼠的多趾症、牛白血病等。

多基因病的主要特点为：①多基因遗传病的表现型群体频率分布呈一倒钟形常态曲线，这与单基因病在群体中表现型频率分布呈两个不连续的峰有区别。例如，人的高血压病，在群体中高血压和低血压者的分布频率都低，大多数人则为居于二者之间的中间型，因而血压在人群中的分布呈常态曲线。当达到一定的危险阈值，就会表现出高血压病。②有家族史的患畜家族中受累个体比一般群体多，一级亲属发病率高。

二、染色体畸变和染色体病

细胞分裂中期的染色体是能够分辨形态的，按其着丝粒位置被分为如表 13-6 所示的几种类型。将这些中期分裂相染色体配对排列的图形称核型。核型的表示方法，首先是染色体的总数，然后是一个逗号，后面是性染色体的组成。例如，正常公牛的核型记载为 60，XY，母牛是 60，XX；正常公猪为 38，XY，正常母猪为 38，XX。缺少一条性染色体的母猪，表示为 37，X。常染色体的缺少或增加是在性染色体组成的后面写上该染色体的号码，号码前写上“＋”表示过剩，写上“－”表示缺少。例如，母牛第 18 号染色体缺少一条记载为 59，XX，－18。

表 13-6　染色体分类

着丝粒位置	染色体名称	染色体形态
尖端部位	端着丝粒染色体	
端部稍近中央部位附近	近端着丝粒染色体	
中央部稍近端部	亚中着丝粒染色体	
中央部位	中着丝粒染色体	

各种动物都具有固定数目的染色体，每条染色体也有一定的形态。染色体数目和（或）结构的异常称染色体畸变（chromosome aberration）。这种异常所导致的疾病称染色体病（chromosomal disease）。染色体畸变可以是遗传性的，也可以是环境因素作用的结果。如某些化学物质、药物、辐射等，这是环境保护中一个值得重视的问题。

（一）染色体数目异常

动物生殖细胞中染色体数目是单倍体，以 n 表示，受精后染色体数又恢复到原来的二倍体（diploid），为 $2n$。染色体数量偏离正常，称染色体数目畸变。数目畸变主要是由于生殖细胞在成熟过程中染色体不分离所致。

1. 多倍体　染色体数成倍增加称多倍体（polyploid），如三倍体（triploid，$3n$）、四倍体（tetraploid，$4n$）。动物中多倍体的出现主要在早期胚胎。有人调查了受精后第 10 天的猪胚，约有 10%是三倍体和四倍体，到第 25 天的胚胎，就很少见多倍体。这可能说明了多倍体个体在胚胎的早期就夭亡了。

2. 非整倍体　非整倍体（aneuploid）指染色体数目增加或减少 1 条或数条，减少的称亚二倍体（hypodiploid），增加者称超二倍体（hyperdiploid）。具体包括单体型（monosomy，$2n-1$）、三体型（trisomy，$2n+1$）、多体型（polysomy，$2n+\geqslant 2$）。牛的胎儿下颚不全症是一种致死性疾病，其染色体异常表现为 18-三体型，核型为 61，XX(XY)，+18。各种动物中都有性染色体异常所致间性的报道，如 37，X；39，XXY 的间性猪；61，XXX；61，XXY 的两性畸形牛。雄性三色毛猫具有 39，XXY 核型，无繁殖能力。

3. 嵌合体　一个个体同时存在两种以上不同染色体核型的细胞系，称嵌合体，如 39，XXY/40，XXXY 的间性猪；78，XX/78，XY 的间性犬等。

（二）染色体结构异常

染色体结构异常多由于染色体在各种内外因素作用下发生断裂，断裂下来的片段未能在原位重接，而在重排时发生错误，从而使染色体结构发生改变。因此染色体断裂和重排错误是染色体结构异常的主要细胞分子机制。

1. 缺失（deletion）　一条染色体的一部分因断裂而丢失，这丢失掉一部分的染色体就称为缺失。如果断裂同时发生在一条染色体的两臂末端，则两个断裂端可以重新粘合起来形成环形染色体。

2. 倒位（inversion）　两处断裂，中间节段倒转 180°，接于两个断端上。两断裂点同在一个臂内称臂内倒位，如断裂点在二臂间称臂间倒位。

3. 重复（duplication）　同源染色体中的一条染色体发生断裂，断片移到另一条未断裂的同源染色体的相应末端。

4. 易位（translocation）　一条染色体断裂后，其断片移位到另一条非同源染色体上。

5. 等臂染色体（isochromosome）　染色体在着丝粒处横裂，短臂和长臂各自形成两臂等长的染色体。等臂染色体的形成可使有关的基因组合发生严重紊乱。

（三）基因病和染色体病的防治原则

动物基因病和染色体病的防治，关键是做好选种育种工作，因预防比治疗更为重要。治疗大多是终生性的或耗资很大。

近年来，基因治疗为基因病的防治带来福音。相信随着分子生物学技术的不断发展，根治基因病的愿望在不久的将来一定会实现。

（张书霞）

第三节　细胞信号转导与疾病

一、细胞信号转导概述

（一）细胞信号转导的概念

细胞信号转导（cell signal transduction），又称为细胞信号转导系统（cell signal transduction system）、细胞信号系统（cell signal system），是指细胞通过存在于细胞膜或细胞内的受体，感受细胞外信息分子刺激，经极其复杂的细胞内信号转导系统转换而影响细胞生物学功能的过程。由于细胞外信息的性质不同，引起细胞信息传递方式也不同。不能穿过细胞膜的信息分子必须与细胞膜上受体结合才能进一步激活细胞内信息分子，即将胞外信号首先转变为胞内信号，启动细胞内信号传递系统，再经信号转导级联反应将细胞外信息传递至胞浆或胞核内，从而调节靶细胞功能，称为跨膜信号转导（transmembrane signal transduction）。

（二）细胞信号的种类

按信号的自然性质细胞信号可分为物理信号（光、电、机械信号以及与环境应激有关的信号，如热刺激、细胞容积和渗透压改变等）、化学信号（又称为配体，相对于物理信号，化学信号是有机体间和细胞间通讯中最为广泛，研究较多、较明确的一类信号，包括蛋白质、多肽、氨基酸、核苷酸、脂类和胆固醇衍生物及 NO、CO 等气体分子等）、其他信号（如细胞黏附分子等）。

按信号引起细胞生物学效应，细胞信号可分为调节细胞增殖的信号、促细胞分化的信号、促进细胞凋亡的信号、调节细胞代谢和功能的信号及引起应激反应的信号。

（三）细胞间信号通讯

相对于单细胞生物，多细胞生物需要在不同细胞间进行信息交流和传递，以协调不同细胞执行某些特定生理功能，即细胞间通讯。其方式主要有直接和间接两种。前者的典型方式是缝隙连接，即两个相邻细胞通过由连接蛋白质形成的六聚体连接子相联系。细胞膜表面分子接触是直接通讯的另一种方式，是经细胞膜表面蛋白、糖蛋白或糖脂分子与其他细胞膜表面分子特异性相互作用而实现信息的传递。直接通讯的共同点是需要细胞间的紧密接触才得以实现。与直接通讯相反，由受体介导的信号转导系统（receptor-mediated signal transduction system）以信号分子为介质对没有直接接触的细胞进行调控，是间接通讯的主要形式。

（四）细胞内信号转导

1. G 蛋白介导的细胞信号转导　G 蛋白是指能结合 GTP 或 GDP，并具有内在 GTPase 活性的蛋白质家族，在跨膜信号传递中起“分子开关”作用。G 蛋白分为两类：一类是由 α、β、γ 3 个亚单位组成的异三聚体，在膜受体与效应器之间的信号转导中发挥中介作用；另一类是分子质量为21 000～28 000Da的单亚基小G蛋白，包括Ras和Rho家族等，主要在细胞内发挥信号转导作用。目前发现的G蛋白偶联受体（G-protein coupling receptors，GPCRs）有150余种，其结构的共同特征是，由单一肽链经7次穿越膜，形成7次跨膜受体。无外来信号时，受体、G蛋白和效应蛋白独立存在。当外来信号与受体结合后，受体构象改变，G蛋白结合位点暴露。受体与G蛋白在膜上聚集结合，G_α上的GDP被GTP取代，此时G蛋白解离成GTP-G_α和$G_{\beta\gamma}$两部分。G_α分别与效应器作用，直接改变其功能，如离子通道开闭；或通过产生第二信使影响细胞反应。最后，G_α上的GTPase水解GTP为GDP，终止G蛋白介导的信号转导。此时，G_α与$G_{\beta\gamma}$又结合成无活性的三聚体。由于效应酶和第二信使不同，不同信号转导途径引起的生物效应也不同。

1）腺苷酸环化酶（AC）途径　该途径受控于两种作用相反的G蛋白，即G_s和G_i。其中，G_s对AC有激活作用；G_i对AC起抑制作用。AC活性能调节细胞内cAMP生成，进而影响细胞功能。β-肾上腺素能和胰高血糖素受体等激活后通过G_s提高AC活性，促进cAMP生成。而α_2-肾上腺素能和M胆碱能及血管紧张素Ⅱ受体等激活则与G_i偶联，抑制AC活性，使cAMP生成减少。cAMP可激活蛋白激酶A（protein kinase A，PKA），使多种靶蛋白磷酸化，调节其功能。如肾上腺素引起肝细胞内cAMP增加，通过PKA促进磷酸化酶激酶活化，增加糖原分解。心肌β受体兴奋引起cAMP增加，经PKA促进心肌钙转运，提高心肌收缩力。

2）IP_3、Ca^{2+}-钙调蛋白激酶途径　α_1-肾上腺素能受体、内皮素受体和血管紧张素Ⅱ受体等激活可与Gqα结合，激活细胞膜上磷脂酶C（phospholipase C，PLC）β亚型，后者使质膜磷脂酰肌醇二磷酸（phosphatidylinositol 4,5-diphosphate，PIP_2）水解为三磷酸肌醇（1,4,5-inositol triphosphate，IP_3）和甘油二酯（1,2-diacylglycerol，DG）。IP_3促进肌浆网或内质网Ca^{2+}释放，DG作为第二信使启动多种细胞反应，如促进胰岛β细胞合成和分泌胰岛素；与肌钙蛋白结合，引起肌肉收缩；与钙调蛋白结合，激活Ca^{2+}/钙调蛋白依赖性蛋白激酶，通过磷酸化多种靶蛋白，发挥生物学效应。

3）DG-蛋白激酶C途径　DG与Ca^{2+}协同，能活化蛋白激酶C（protein kinase C，PKC）。后者可增进细胞膜上Na^+/H^+交换蛋白磷酸化，增进H^+外流；活化PKC也可经磷酸化转录因子AP-1、NF-κB等，促进靶基因转录和细胞增殖与肥大。

2. 酪氨酸蛋白激酶介导的信号转导

1）受体酪氨酸蛋白激酶途径　受体酪氨酸蛋白激酶（receptor tyrosine protein kinase，RTPK）是由50多种跨膜受体组成的超家族，其共同特征是：受体胞内区均含有酪氨酸蛋白激酶（tyrosine protein kinase，TPK），当配体，如表皮生长因子（epiderma growth factor，EGF）、血小板源性生长因子（platelet-derived growth factor，PDGF）等与受体胞外区结合后，诱导受体构象改变，导致受体发生二聚化，并催化其胞内区酪氨酸残基磷酸化，使TPK活化。磷酸化的酪氨酸可被一类含有SH_2区（Src homology 2 domain）的蛋白质所识别，通过级联反应将信号传入细胞内。该途径与细胞增殖和肿瘤发生密切相关。

（1）丝裂原活化蛋白激酶活化：丝裂原活化蛋白激酶（mitogen activated protein kinase，MAPK）是与细胞生长、分化、凋亡等密切相关信号转导途径中的关键物质。EGF、PDGF等与其受体结合使TPK活化后，细胞内含SH_2区的生长因子受体连接蛋白Grb_2与受体结合，将细胞浆中具有鸟苷酸交换因子活性的Sos吸引至细胞膜，Sos促进无活性Ras所结合的GDP被GTP置换，引起Ras活化。后者进一步激活Raf（又称MAPK kinase kinase，MAPKKK），从而使 MEK（又称 MAPK kinase，MAPKK）激活，最终引起细胞外信号调节激酶（extracellular signal regulated kinase，ERK）活化。激活的 ERK 可促进胞浆靶蛋白磷酸化或调节其他蛋白激酶活性，如激活 PLA_2、激活调节蛋白翻译的激酶等。尤其是激活的 ERK 进入核内，促进多种转录因子磷酸化。

（2）PKC 激活：RTPK 磷酸化酪氨酸位点可被含有 SH_2 区的 $PLC_γ$ 识别并与其结合，进一步引起 $PLC_γ$ 活化，后者水解 PIP_2 生成 IP_3 和 DG，进而调节细胞活动。

（3）磷脂酰肌醇 3 激酶活化：磷脂酰肌醇 3 激酶（phosphoinsitol 3'kinase，PI_3K）是由 P85 调节亚单位和 P110 催化亚单位组成的异二聚体，因能催化磷脂酰肌醇 3 位的磷酸化而得名。PI_3K 的 P85 与受体磷酸化的酪氨酸相结合，调节 P110 催化亚单位活性，促进底物蛋白磷酸化，在细胞生长与代谢调节中发挥重要作用。例如，PI_3K 可促进细胞由 G_1 期进入 S 期；P110 能与 Ras-GTP 结合，参与细胞生长调节。

2）*非受体酪氨酸蛋白激酶途径*　细胞因子，如 IL、INF 及红细胞生成素等膜受体本身无蛋白激酶活性，其信号转导是由非受体 TPK 介导。非受体 TPK 调节机制差异较大，现以 INF-γ 为例，说明其信号转导途径。INF-γ 与受体结合，使受体发生二聚化后，受体细胞内近膜区可与胞浆内非受体 TPK JAK 激酶（janus kinase）结合并发生磷酸化，进而与信号转导和转录激活因子（signal transducers and activators of transcription，STAT）结合。在 JAK 激酶催化下，STAT 中酪氨酸磷酸化，结合成 STAT 二聚体转移入核，与 DNA 启动子活化序列结合，诱导靶基因表达，促进多种蛋白质合成，进而增强细胞抵御病毒感染的能力。

3. 鸟苷酸环化酶途径　鸟苷酸环化酶（guanylate cyclase，GC）途径主要存在于心血管系统和脑内，NO 激活胞浆可溶性 GC；心钠素和脑钠素可激活膜颗粒性 GC，增加 cGMP 生成，再经蛋白激酶 G（protein kinase G，PKG）磷酸化靶蛋白发挥生物学作用。

4. 核受体及其信号转导　细胞内受体分布于细胞浆或核内，本质上都是配体调控的转录因子，均在核内启动信号转导并影响基因转录，故统称为核受体（nuclear receptor）。按结构与功能可将其分为：

1）*类固醇激素受体家族*　包括糖皮质激素、盐皮质激素、性激素受体等。除雌激素受体位于细胞核内外，其他类固醇激素受体均位于细胞浆，在未与配体结合前，该类激素首先与热休克蛋白（HSP）结合，处于非活化状态。当配体与受体结合，使 HSP 与受体解离，暴露 DNA 结合区。激活受体二聚化并转移入核，与 DNA 的激素反应元件（hormone response element，HRE）结合或与其他转录因子相互作用，增强或抑制靶基因转录。

2）*甲状腺素受体家族*　包括甲状腺素、维生素 D 和维甲酸受体等。此类受体位于细胞核内，不与 HSP 结合，多以同源或异源二聚体形式与 DNA 或其他蛋白质结合，配体入核与受体结合后，激活受体，并经 HRE 调节基因转录。

不同信息分子和不同信号转导途径之间还存在相互调节，从而构成极其复杂的信号转导网络。如 $Gi_{βγ}$ 可通过激活 $PLC_β$ 引起 AC 及 PLC 介导的信号转导途径之间的相互调节；在众多信号转导途径中，任何环节异常，都可使相应信号转导过程受阻，细胞应答减弱、丧失或者反应过度，导致疾病发生。

二、细胞信号转导异常与疾病

细胞信号转导异常涉及受体、胞内信号转导分子和转录因子等多个环节。细胞信号转导系统的任何环节可因原发性障碍而引起疾病；也可继发于某种疾病或病理过程而使细胞信号转导系统改变，其功能紊乱又促进了疾病的发展。

（一）受体异常与疾病

1. 遗传性受体病　由于受体数量、亲和力、结构或调节功能改变，而不能介导配体在靶细胞中应有的效应所引起的疾病，称为受体病（receptor disease）或受体异常症。受体异常可表现为受体下调/上调或减敏/增敏，前者是指受体数量减少/增加；后者是指靶细胞对配体刺激的反应性减弱或消失/增强。由于编码受体的基因突变，使受体数量减少甚至缺乏或受体结构异常而引起的疾病称为遗传性受体病。

1）家族性高胆固醇血症　家族性高胆固醇血症（familial hypercholesterolemia，FH）是 Coldstein 和 Brown 于 20 世纪 70 年代初报道的第一个受体病。该病是由于低密度脂蛋白（LDL）受体缺陷所致。富含胆固醇的 LDL 能与存在于细胞膜表面的 LDL 受体结合，并由受体介导的内吞作用进入细胞。在细胞内，受体与 LDL 解离，受体再回到细胞膜，而 LDL 则在溶酶体内降解释放出胆固醇，供细胞代谢需要并降低血浆胆固醇含量。FH 属常染色体显性遗传，可分为受体合成障碍、受体转运障碍、受体与相应配体结合障碍和受体内吞缺陷四种类型。因 LDL 受体数量减少或功能异常，其对血浆 LDL 清除能力降低，患病动物出生后血浆 LDL 含量高于正常，发生动脉粥样硬化的危险显著提高。

2）雄激素受体缺陷与雄激素抵抗综合征　雄激素受体（AR）属核受体，当其与雄激素结合后，在核内再与雄激素反应原件结合，调节基因表达发挥生物学效应。因此，AR 异常可引起雄激素不敏感综合征（androgen insensitivity syndrome，AIS）。AIS 包括雄性假两性畸形、特发性精子减少甚至缺乏症和延髓脊髓性肌萎缩（SBMA）。

3）胰岛素受体与胰岛素抵抗性糖尿病　胰岛素受体（insulin receptor，IR）属酪氨酸蛋白激酶型受体，其基因异常与Ⅱ型糖尿病发生密切相关。IR 与胰岛素结合使 TPK 激活，后者经胰岛素受体底物（IRS）进一步激活多条细胞内信号转导通路产生生物学效应。例如，促进葡萄糖转运蛋白 4（$GLUT_4$）转移到膜上，提高外周组织摄取葡萄糖的能力；活化糖原合成酶，使糖原合成增强；通过增强基因表达和蛋白质合成，促进细胞增殖等。

2. 自身免疫性受体病　由于体内产生抗受体的自身抗体所引起的疾病，该抗体引起细胞对配体的反应性增强，或因阻断性抗体干扰配体与受体结合，导致细胞反应性降低。

1）重症肌无力（myasthenia gravis，MG）　是一种神经肌肉间传递功能障碍的自身免疫病。MG 动物的胸腺上皮细胞及淋巴细胞内含有一种与烟碱型乙酰胆碱（n-Ach）受体结构相似的物质，其可能作为自身抗原而引起胸腺产生抗 n-Ach 受体的抗体。后者通过干扰 Ach 与受体结合；或加速受体内吞与破坏，最终导致运动神经末梢释放的 Ach 不能充分与运动终板上的 n-Ach 受体结合，使兴奋由神经传递到肌肉的过程发生障碍，从而影响肌肉收缩。

2）自身免疫性甲状腺病（autoimmune thyroid disease，AITD）　是由甲状腺自身抗体所引起。腺垂体合成和释放的促甲状腺素（thyroid-stimulating hormone，TSH）是糖蛋白激素，其与甲状腺细胞膜上的 TSH 受体结合，经 G_s 激活 AC，增加 cAMP 生成；也可经 Gq 介导的 PLC 增加 DG 和 IP_3 生成，其生物学效应是调节甲状腺细胞生长和甲状腺素分泌。由于自身抗体性质不同，动物的临床表现各异。

TSH 受体的抗体分为：①TSH 受体刺激性抗体（TSH receptor-stimulating antibody）：

其与 TSH 受体结合后能模拟 TSH 作用，通过激活 G 蛋白，促进甲状腺素分泌和甲状腺腺体生长，与甲状腺功能亢进和甲状腺肿大的临床表现有关。②TSH 受体阻断性抗体（TSH receptor-blocking antibody）：阻断性抗体可存在于慢性淋巴细胞性甲状腺炎和特发性黏液性水肿病动物血中，其与 TSH 受体结合，减少了 TSH 与受体的结合，减弱或消除了 TSH 的作用，抑制甲状腺素分泌，造成甲状腺功能低下。

3. 继发性受体异常（secondary receptor disorder） 是由于配体含量、pH、磷脂膜和细胞功能等异常，使受体数量及亲和力继发性改变而导致的疾病。其中部分是损伤性变化，如膜磷脂分解引起受体功能降低；有些是代偿性调节，如配体含量增高引起的受体减敏，以减轻配体对细胞的过度刺激。继发性受体异常可进一步影响疾病发展，如心功能不全时动物心脏 β 受体减敏是对过量儿茶酚胺刺激的代偿反应，可抑制心肌收缩力，减轻心肌损伤，但也是促进心功能不全发生、发展的主要因素之一。

（二）受体后信号转导异常与疾病

1. 霍乱（cholera） 霍乱是由霍乱弧菌引起的烈性肠道传染病。霍乱弧菌可分泌活性极强的霍乱毒素，后者选择性催化 Gsα 亚基的 Arg^{201} 核糖化，此时 Gsα 尽管能与 GTP 结合，但其酶活性已丧失，不能将 GTP 水解为 GDP，结果使 Gsα 处于不可逆性的激活状态，不断刺激 AC 生成 cAMP，导致小肠上皮细胞膜蛋白构型改变，大量 Cl^-、Na^+ 和 H_2O 持续转运入肠腔，引起严重腹泻、脱水、电解质紊乱和酸中毒，患病动物因循环衰竭而死亡。

2. 假性甲状旁腺功能减退症（pseudohypoparathyroidism，PHP） 是因靶器官对甲状旁腺激素（PTH）反应性降低而引起的遗传性疾病。PTH 与受体结合后可激活 Gs，经活化 AC 催化 cAMP 生成。PHP 可分为Ⅰ型和Ⅱ型。其中，Ⅰ型是由于编码 *Gsα* 等位基因突变，导致 PTH 受体与 AC 之间信号转导脱偶联。*Gs* 基因突变还可引起其他与 AC 相连的激素抵抗症，如 TSH、LH 和 FSH 抵抗症等。Ⅱ型是指肾源性 cAMP 对磷酸盐尿反应性降低，患病动物仅对 PTH 抵抗，Gs 正常，也与 PTH 受体无关，具体发病机制迄今尚未阐明。

（三）多个环节细胞信号转导障碍与疾病

1. 肿瘤 肿瘤发生可以是刺激细胞生长的信号转导通路持续激活，或诱导细胞凋亡的信号转导通路失活。

1）促进细胞增殖的信号转导增强 在肿瘤发生上促进细胞增殖的信号转导异常往往表现为信号转导过强。

（1）细胞因子产生增加：参与肿瘤发生的细胞因子主要是生长因子类，如转化生长因子-α(TGF-α)、纤维母细胞生长因子（FGF）、血小板源性生长因子（PDGF）、表皮生长因子（EGF）等，大量研究表明，很多肿瘤细胞可分泌某些生长因子；某些癌基因可编码生长因子样活性物质（growth factor-like products），如 *sis* 癌基因表达产物与 $PDGF_\beta$ 链高度同源；*int-2* 癌基因蛋白与纤维母细胞生长因子具有相似结构，上述癌基因的激活可使生长因子样物质生成增多，通过自分泌或旁分泌方式刺激细胞增殖。另外，肿瘤细胞还具有生长因子受体，生长因子与相应受体共同作用刺激肿瘤细胞自身增殖。

（2）生长因子受体表达异常增多：研究表明，恶性肿瘤常伴有某些生长因子受体表达异常（过表达或基因突变）等，且基因表达量与肿瘤的生长密切相关。酪氨酸蛋白激酶受体

(receptor of tyrosine kinase，RTK）与生长因子结合后，通过二聚化及受体间的磷酸化，使胞内区的 TPK 激活。活化受体通过其接头蛋白（adapter）启动多条信号转导通路，增强基因表达和细胞周期运行，促进细胞增殖。另外，某些癌基因还可表达生长因子受体类似物，通过模拟生长因子受体功能促进细胞增殖。

(3) 受体组成型激活突变：已发现多种肿瘤组织中存在有 RTK 组成型激活突变。例如，人乳腺癌、肺癌、胰腺癌和卵巢肿瘤中已发现有 EGF 受体的过表达，这种受体处于配体非依赖性持续激活状态，能不断刺激细胞的增殖与转化。

(4) 小分子 G 蛋白的改变：*ras* 癌基因编码的小分子 G 蛋白 ras，可在 Sos 催化下通过与 GTP 结合而激活下游信号转导分子。突变的 *ras* 与 GDP 解离速率增加或 GTP 酶活性降低，均可导致 *ras* 持续活化，促进细胞增殖信号的增强而引发肿瘤。

2）抑制细胞增殖的信号转导减弱　肿瘤的发生不但可由促进细胞增殖的信号转导通路增强所致，而且还可能与细胞生长抑制因子受体减少或功能丧失及受体后信号转导通路异常，即负调控细胞生长机制的减弱或丧失等有关，如 TGF-β 具有抑制多种肿瘤细胞增殖和激活凋亡的作用，其受体（TGF-βR）具有丝/苏氨酸蛋白激酶（PSTK）活性。TGF-βR 有Ⅰ型和Ⅱ型两种。其中Ⅱ型受体与配体结合后，与Ⅰ型受体形成寡聚体并使其磷酸化，活化Ⅰ型受体可使 Smad 蛋白家族的丝/苏氨酸残基磷酸化，随后 Smad 以二聚体形式转入细胞核内，调节靶基因转录，经抑制细胞周期依赖性激酶 4（CDK_4）表达，诱导 $P21^{waf1}$、$P27^{kip1}$ 和 $P15^{ink4b}$ 等 CDK 抑制因子的生物合成，使细胞周期阻滞于 G_1 期。

在某些肿瘤（如胃肠癌、肝癌、淋巴瘤等）组织中不但存在 TGF-βⅡ型受体（TGF-βⅡR）的突变，而且还有 Smad 的失活、缺失或突变。Smad 和受体突变导致 TGF-β 信号转导通路障碍，从而使细胞脱离 TGF-β 的负调控作用而发生肿瘤。此外，TGF-β 还可通过增进细胞外基质生成和刺激肿瘤组织血管增生，对肿瘤发生发展产生促进作用。

2. 心血管疾病　心血管系统疾病不仅种类繁多，而且病因多样，因而涉及的信号转导系统也更加复杂，有许多问题迄今尚未阐明。以下简要介绍目前研究较多、相对比较清晰的几种信号转导系统。

1）β-肾上腺受体与心功能衰竭　不论什么原因引起的心衰，其心肌均呈现一系列特殊的分子病理变化，其中最引起学者们关注的是 β-肾上腺受体（β-AR）信号转导通路的改变。因 β-AR 属 G 蛋白偶联受体，故其脱敏需依赖于 G 蛋白偶联受体激酶（GRK）。心肌细胞中的 GRKs（包括 GRK_2、GRK_3、GRK_5，其中 GRK_2、GRK_3 又称为 β-ARK_1、β-ARK_2）只能识别与配体结合的受体并将其磷酸化，使受体脱敏。心衰时，一方面由于儿茶酚胺类物质的持续存在使 β-AR 密度和敏感性均下降；另一方面因 β-ARK_1 水平的明显增加，使 β-AR 脱敏。许多心肌损伤因素（如心肌缺血、高血压等）均可诱导 β-ARK_1 的上调，进而导致心功能衰竭。

2）肾素-血管紧张素系统与心血管疾病　肾素-血管紧张素系统（renin-angiotensin system，RAS）激活在由缺血和高血压等因素所诱发的心肌重塑中发挥关键作用。其中，血管紧张素Ⅱ（AngⅡ）可通过与心肌细胞膜上的 G 蛋白偶联的 AT_1 受体（AngⅡ type 1 receptor）结合激活 Ras-MAPK 通路、PLC 和 Ca^{2+} 引起基因表达改变，促进 RNA 和蛋白质的生物合成，从而导致心肌肥大。AT_1 还可激活 JAK-STAT 通路。RAS 和 AT_1 信号转导通路的长期活化可使补偿性心肌肥大向心衰转化。

3. 炎症　细胞信号转导系统与炎症启动、放大及反应过程密切相关，尤其是在炎症反应的调节中具有十分重要的作用。

1）与炎性细胞激活和放大有关的信号转导通路　能够激活炎性细胞的各种物质（如病原微生物及其代谢产物、补体、免疫复合物、创伤和坏死组织等）可通过不同受体启动细胞内信号转导通路，从而引发炎症。

（1）脂多糖（lipopolysaccharide，LPS）受体介导的信号转导通路：LPS首先与细胞膜上的CD14结合，然后通过Toll样受体4（TLR_4）胞内区的连接蛋白（如MyD_{88}）与其辅助因子MD-2结合，激活IL-1受体连接蛋白激酶（IRAK），启动炎性细胞内多条信号转导通路，包括NF-κB、多种磷脂酶信号转导通路（如磷脂酶C-蛋白激酶C信号通路、钙信号通路及PLA_2等）和MAPK家族等。激活多种转录因子（如NF-κB），增进促炎细胞因子（如IL-1β、TNF-α等）、趋化因子、脂类介质和活性氧等生物活性物质的合成与释放。上述因子与相应受体结合后，引起炎性细胞的进一步激活和炎症反应的扩大，从而导致炎症的级联反应（inflammatory cascade）。

（2）TNF-α和IL-1受体介导的信号转导通路：TNF-α有两种受体，即1型和2型（$TNFR_1$和$TNFR_2$）。其中$TNFR_1$和IL-1受体（IL-1R）可通过接头蛋白，如肿瘤坏死因子受体（TNFR）结合因子2（$TRAF_2$）或6（$TRAF_6$）激活NIK-IKK-NF-κB通路和MAPK家族信号转导通路等。使单核吞噬细胞分泌细胞因子（如TNF-α，IL-1、IL-6、IL-8等），产生细胞因子级联反应（cytokine cascade）。上述促炎细胞因子可进一步激活白细胞和内皮细胞等，使其表达黏附分子，并能增强中性粒细胞的吞噬活性，释放蛋白水解酶及氧自由基，从而使炎症反应进一步扩大。

2）与炎症反应有关的黏附分子及其信号转导通路　炎症时，在细胞因子、趋化因子等作用下，白细胞和内皮细胞均被活化，其表达黏附分子明显增加。研究表明，内皮细胞被激活后2h，其表面细胞间黏附分子-1表达增加30倍，E-选择素表达增加100倍。在黏附分子作用下，白细胞在血管内经过滚动、粘附、伸出伪足和穿出血管等一系列过程而进入炎症病灶。在此过程中穿出血管的白细胞表达整合素，后者与细胞外基质结合，进而激活白细胞内多条信号转导通路，如活化多种蛋白激酶（包括PTK、PKC、ERK、JNK等）、激活小G蛋白Rho和PI-3K等。整合素与其配体结合产生的细胞信号转导，可使细胞骨架重构，有利于白细胞的变形及其移动，从而促使白细胞穿出血管进入炎症病灶。

3）参与炎症调控的细胞因子及其信号转导　炎症反应可造成组织细胞的广泛性损伤，从而引起炎症性疾病。为了减轻或防止过度炎症反应对机体造成的损伤，机体内存在多种极其复杂的抗炎机制。主要包括抗炎因子（如IL-4、IL-10等）、可溶性受体（如TNFαR、IL-1R及IL-6R等）和激素（如糖皮质激素等）。

总之，炎症反应是多因素和多种细胞参与的极其复杂的病理过程，因此炎症的调控也是十分复杂的，细胞信号转导系统在炎症调控中起着十分重要的作用，其主要目的是将炎症控制在一定范围内，以防止过度炎症反应对组织细胞的损伤。

第四节　自由基与疾病

一、自由基概述

（一）概　　念

自由基（free radical，FR）又称为游离基，是指能独立存在、其外层轨道上含有一个及其以上不配对电子的任何原子、原子团和分子。是具有共价键的化合物发生均裂后的产物。如 H_2O 中的一个共价键均裂，则生成氢自由基（H·）和羟自由基（OH·）。用式表示为：$H_2O \xrightarrow{均裂} H\cdot + OH\cdot$。

活性氧（reactive oxygen species，ROS）是指由氧化-还原反应产生，并在其分子上含有氧的一类化学性质非常活泼物质的总称。包括以自由基形式存在和不以自由基形式（如 H_2O_2）存在两种。

（二）生物体内的主要自由基

1. 非脂性自由基 包括超氧阴离子（superoxide radical，$O_2^{\overline{\cdot}}$）、羟自由基（hydroxyl radical，OH·）。单线态氧（singlet oxygen，$^1O_2$）和过氧化氢（hydrogen peroxide，H_2O_2）虽分子组成并非自由基，但它们是氧化作用很强的 ROS，因经过反应可形成氧自由基（oxygen free radical，OFR）或涉及自由基反应，故通常将其列入非脂性自由基。

2. 脂性自由基 包括脂自由基（L·）、脂氧自由基（LO·）和脂过氧自由基（LOO·）等。脂性自由基是 OFR 与多聚不饱和脂肪酸（polyunsaturated fatty acid，PUFA）作用后生成的中间代谢产物。

3. 一氧化氮 一氧化氮（nitric oxide，NO）是一种信号分子，具有多种生理学功能，同时也是一种氮自由基，具有广泛而活跃的生物学性质。NO 既是一种弱氧化剂，具有自由基性质；又是一种抗氧化剂，能保护机体对抗某些病理性损害。NO 能与其他 OFR 反应，产生氧化性更强的多种毒性代谢产物，如 NO 与 $O_2^{\overline{\cdot}}$ 反应生成过氧亚硝酸阴离子（$ONOO^-$）。

（三）自由基的特性

FR 的主要生物学特性是：在体内存在时间短，化学性质极其活泼，极易与其他物质反应形成新的 FR。在生理和病理情况下，体内可产生多种 FR，其中最重要的是 OFR。

（四）生物体内自由基的产生和清除

1. 生物体内自由基的产生 FR 可在机体正常或异常代谢过程中产生，也可由外来物质作用于机体产生。

1）$O_2^{\overline{\cdot}}$ 产生途径

（1）细胞色素 P450（cyt P450）：cyt P450 是一种末端加氧酶，附着于细胞的各种膜性结构上（如内质网膜等），在营养物质吸收，药物、毒物代谢中发挥重要作用。cyt P450 催化的反应是将一个氧原子插入 C—H 中，形成 C—OH 键（即加单氧），使底物氧化、羟化；另一个氧原子则还原为 H_2O，上述过程需要氧的活化，生成 ROS 分子（$O_2^{\overline{\cdot}}$ 和 H_2O_2）。是机体产生 $O_2^{\overline{\cdot}}$ 的重要途径。

（2）线粒体：线粒体电子传递通常经细胞色素 c（cyt c）氧化酶连续从还原型 cyt c 供给 4 个电子以还原 1 分子氧，$4\ cyt\ c^{2+} + 4H^+ + O_2 \rightarrow 4\ cyt\ c^{3+} + 2H_2O$。但泛醌（辅酶 Q）和细胞色素在电子传递时，可出现“电子漏”，生成包括 $O_2^{\overline{\cdot}}$ 在内的各种 ROS；FADH 在向 NAD^+ 递氢过程中也可将电子传递给分子氧生成 $O_2^{\overline{\cdot}}$。当线粒体受损时，如 cyt c 氧化酶活性下降，此时电子漏增大，$O_2^{\overline{\cdot}}$ 生成明显增多。

（3）黄嘌呤氧化酶：黄嘌呤氧化酶是嘌呤核苷酸分解代谢的酶，催化次黄嘌呤为黄嘌呤，再氧化为尿酸，此过程以分子氧为电子受体。由于反应条件（如 PO_2、黄嘌呤浓度和 pH 等）不同，分子氧可被单电子还原生成 O_2^-，或被双电子还原生成 H_2O_2。另外，黄嘌呤脱氢酶也可催化次黄嘌呤氧化为黄嘌呤，进而氧化为尿酸，但此反应以 NAD^+ 和 $NADP^+$ 为电子受体，生成 NADH 和 NADPH，而不生成 O_2^- 和 H_2O_2。但当黄嘌呤脱氢酶受到一定程度降解或分子内部的某些—SH 被氧化后，则转化为黄嘌呤氧化酶活性，也可生成 O_2^- 和 H_2O_2。

（4）吞噬细胞呼吸爆发：吞噬细胞被激活时耗氧量明显增加称为呼吸爆发，或氧爆发（oxidative burst），其增加的氧基本上均生成 O_2^-。

2）OH · 产生途径　机体内的 OH · 基本上都是由 O_2^- 和 H_2O_2 相互作用的产物，用式表示：$O_2^- + H_2O_2 \rightarrow O_2 + OH\cdot + OH^-$，此反应速度很慢。但当有金属离子，尤其是 Fe^{2+} 或 Cu^{2+} 存在时，反应速度大大加快。甚至某些还原剂，如抗坏血酸也可起到类似作用。OH · 是体内最活跃、作用最强的 OFR，寿命极短，但对机体危害最大，产生部位经常为发挥作用的部位。

3）$^1O_2$ 产生途径

（1）自由基反应：$O_2^- + OH\cdot \longrightarrow {}^1O_2 + OH^-$。

（2）髓过氧化物酶：细胞呼吸爆发时经髓过氧化物酶（myeloperoxidase，MPO）可生成次氯酸（OCl^-）和 H_2O_2，后两者进一步反应生成 $^1O_2$，即 $OCl^- + H_2O_2 \rightarrow {}^1O_2 + Cl^- + H_2O$。

（3）光敏反应：光敏化合物可吸收一定波长的光子而被激发，此激发能可传递给氧分子生成 $^1O_2$，而光敏分子返回基态。生物体内的光敏化合物主要有胆红素、视黄醛、核黄素、卟啉化合物等。

4）H_2O_2 产生途径

（1）O_2^- 的歧化反应：真核细胞的线粒体和胞浆中都含有超氧化物歧化酶（superoxide dismutase，SOD）能催化 O_2^- 的歧化反应，使其反应速度大大提高，因此凡是能生成 O_2^- 的地方都可通过歧化反应生成 H_2O_2，而且是机体生成 H_2O_2 的主要方式。

（2）酶促反应：体内的黄嘌呤氧化酶、单胺氧化酶、尿酸氧化酶等均可催化 O_2 双电子还原生成 H_2O_2。其中单胺氧化酶定位于线粒体外膜上，由其所催化生成的 H_2O_2 可造成线粒体损伤，与神经系统的退行性疾病密切相关。

2. 生物体内自由基的清除　包括清除各种 ROS 的酶系统和非酶性抗氧化剂两大类。

1）ROS 清除酶系统

（1）SOD：属金属酶，可分为 CuZnSOD、MnSOD 和 FeSOD 三种。哺乳动物细胞浆和血浆中含 CuZnSOD，线粒体中含 MnSOD，而 FeSOD 仅存在于原核生物中。SOD 通过歧化反应主要清除 O_2^-。即 $2O_2^- + 2H^+ \xrightarrow{SOD} H_2O_2 + O_2$。$O_2^-$ 虽可自然歧化，但因其为阴离子而互相排斥，故反应速度缓慢。如有 SOD 存在，可使歧化反应速度增加 100 多倍。

（2）过氧化氢酶（catalase，CAT）：也是金属酶，主要分布在过氧化物酶体（peroxisome）内，其活性中心含有 Fe-原卟啉辅基。主要催化 H_2O_2 分解为 H_2O 和 O_2，反应式为：

$$2\,H_2O_2 \xrightarrow{CAT} 2\,H_2O + O_2$$

CAT 广泛分布于各种组织中，其中肝脏和红细胞中含量最高，而脑和精子中缺乏该酶。

（3）谷胱甘肽过氧化物酶：谷胱甘肽过氧化物酶（glutathione peroxidase，GSH-Px）

是哺乳动物中迄今所知的唯一含硒酶，主要分布在胞浆和线粒体内，其作用与 CAT 相似，并有协同作用，可催化 H_2O_2 分解为 H_2O 和 O_2，但效率低于后者。GSH-Px 主要清除各种生物大分子的过氧化物，几乎所有的有机氢过氧化物，特别是脂氢过氧化物都可被 GSH-Px 还原为醇类（LOH），即：

$$LOOH + 2GSH \xrightarrow{GSH\text{-}Px} GSSG + LOH + H_2O$$

上述反应的递氢体为还原型谷胱甘肽（GSH），生成的氧化型谷胱甘肽（GSSG）经谷胱甘肽还原酶催化还原：$GSSG + NADPH + H^+ \xrightarrow{GSH\text{还原酶}} 2GSH + NADP^+$。

（4）谷胱甘肽转硫酶：谷胱甘肽转硫酶（glutathione S-transferase，GST）是一种具有清除有机氢过氧化物和解毒等多种功能的酶。其清除有机氢过氧化物的功能与 GSH-Px 相似，同样以 GSH 为递氢体，但 GST 不含硒，因此被称为是不含硒的谷胱甘肽过氧化物酶（Non-Se-GSH-Px）。GST 的最主要功能是解毒，可使 GSH 的—SH 转移，与许多亲电性药物结合发挥解毒作用。

（5）铜蓝蛋白：铜蓝蛋白（ceruloplasmin，CP）是细胞外液中的主要抗氧化物，具有铁氧化酶活性，因又具有运输铜的功能而得名。CP 使二价铁氧化为三价铁，从而显示出重要的抗 OFR 的能力。

除上述外，乳铁蛋白、转铁蛋白和铁蛋白等虽不是酶，但其在避免游离 Fe^{2+} 催化 Fenton 反应导致组织损伤中也具有重要作用。

2）非酶性抗氧化剂

（1）维生素 E(VitE)：又名生育酚，属脂溶性抗氧化剂，有 α、β、γ 和 δ 四种，其中 α-生育酚的抗氧化活性最强，是 FR 很重要的清除剂。维生素 E 含有一个二氢吡喃醇结构，易被 FR 夺氢而将 FR 淬灭，自身则形成相当稳定的 FR，如 α-生育酚 FR。后者对正常脂质不但不产生氧化应激，而且易与反应活性极高的 OFR 和 LOO· 反应，最终被氧化为 α-生育醌，表明维生素 E 在脂类 FR 清除中发挥重要的作用。

（2）维生素 C（VitC）：是水溶性小分子抗氧化剂，在清除细胞外 FR 中起主要作用，能清除 $O_2^{\overline{\cdot}}$、OH· 和 $^1O_2$。VitC 还能与膜表面的维生素 E 偶联，还原已被氧化的维生素 E。

另外，VitC 作为一种还原剂可将 Fe^{3+} 还原为 Fe^{2+}，有可能通过 Fenton 反应（采用亚铁离子催化过氧化氢产生羟自由基的方法）生成大量 OH·，引起组织损伤。

（3）胡萝卜素：包括 α、β、γ 三种胡萝卜素和玉米黄素，也是一类脂溶性抗氧化剂。哺乳动物体中主要含 β-胡萝卜素，具有较强的清除 $^1O_2$ 的功能，在保护细胞免受光、光敏色素等损伤中具有重要作用。β-胡萝卜素与维生素 E 在清除 FR 中相互有增效作用，在 PO_2 低时，β-胡萝卜素的抗氧化功能较强；PO_2 正常时，VitE 的抗氧化作用较强。

（4）谷胱甘肽：谷胱甘肽（glutathione，GSH）是细胞合成的抗氧化剂，经其—SH 氧化-还原态的转化，作为可逆的供氢体，为细胞内的水相提供抗氧化保护。GSH-Px、GST、脱氢抗坏血酸还原酶等催化的反应均需 GSH 提供氢；含—SH/二硫键的酶，其活性也受细胞内 GSSG/GSH 值的影响。GSH 还可复活被 ROS 损伤的含—SH 酶；与脂相的 α-生育酚 FR 偶联将其还原为维生素 E，参与对抗脂质的过氧化损伤。

动物体内还有其他的抗氧化防御机制，所有的抗氧化防御机制与氧化应激之间的平衡决定着氧化损伤的程度。

（五）自由基的生理学作用

FR 是机体正常代谢产物，参与生命过程中的许多化学反应，如氨基酸的氧化脱氨基、胶原蛋白合成中脯氨酸和赖氨酸的羟化、花生四烯酸生成前列腺素等均有 FR 反应，但 FR 通常只是上述反应的中间产物，而 FR 作为一种独立“分子”行使生理功能主要表现在：

1. 蛋白质活性的调控　ROS 可调节许多生物大分子活性，如转录因子 NF-κB、激活物蛋白（activator protein，AP-1、AP-2）、PKC、Ca^{2+}-ATP 酶、胶原酶、酪氨酸激酶等，从而参与对生物大分子活性、信号转导、基因转录等许多生命过程的调控。

2. 黄嘌呤脱氢酶向黄嘌呤氧化酶的转化　黄嘌呤脱氢酶中的某些—SH 被氧化后则转化为黄嘌呤氧化酶，显示出 ROS 对酶活性的调控作用。黄嘌呤氧化酶生成的 O_2^{-} 可参与对 NO 介导的血管松弛效应的反馈调控。

3. 调控细胞钾电流　主动脉体和颈动脉体均存在 PO_2 感受器，当 PO_2 降低时，可通过 NAD(P)H 氧化酶产生 ROS（O_2^{-} 和 H_2O_2）引起钾离子通道的修饰，使外向钾电流减小，而 Na^+、Ca^{2+} 的内向电流不受影响，从而引起细胞去极化，产生兴奋。

4. 对转录因子的调控

1）激活转录因子 AP-1　AP-1 是具有亮氨酸拉链和碱性结构域的转录因子家族总称，是 *fos* 和 *jun* 表达的蛋白质产物的二聚体，控制许多基因（如细胞周期 D、TGF-1β、胶原酶、许多细胞因子基因等）的表达。

AP-1 活性与以下机制密切相关：①FOS/JUN 蛋白可逆氧化-还原态的转化调控；②Ca^{2+} 依赖的 AP-1 蛋白的转录诱导；③经花生四烯酸介导 AP-1 的表达；④通过 MAPK 介导 AP-1 激活和 *c-fos*/*c-jun* 的表达。

2）调控 NF-κB　ROS 可激活 κB 抑制因子（NF-IκB）激酶，从而激活 NF-κB；而且几乎所有激活 NF-κB 的刺激都可被某种抗氧化剂（如 L-半胱氨酸、维生素 E 及其衍生物等）所抑制，说明 ROS 在 NF-κB 激活中具有重要作用。另外，NF-κBP50 亚基的 Cys-62（半胱氨酸残基）—SH 被氧化可抑制 NF-κB 与 DNA 结合，从而抑制 NF-κB 活性，表明 ROS 对 NF-κB 的作用并不仅仅是激活，其详细机制有待进一步探索。

5. NO 的生理作用　NO 激活 GC，产生第二信使 cGMP，进而发挥广泛的生物学效应。主要表现在内皮依赖性血管松弛因子、神经信使分子和免疫效应分子。

6. 参与免疫保护效应　单核巨噬细胞、淋巴细胞和多形核白细胞等激活后的呼吸爆发可产生 ROS。催化这类反应的酶主要是 NADPH 氧化酶和 MPO。其主要反应式为：

$$NADPH + O_2 \xrightarrow{\text{NADPH-氧化酶}} NADP + O_2^{-} \qquad H_2O_2 + Cl^- \xrightarrow{MPO} HOCl$$

上式反应生成的 O_2^{-} 再经歧化、Fenton 等反应生成 H_2O_2、OH· 等其他 ROS，而 HOCl 本身是一种强氧化剂。ROS 和卤系强氧化物是上述细胞杀灭病原微生物的主要方式之一，但也可造成组织细胞的损伤。

（六）自由基对机体的损害作用

1. 自由基对核酸的破坏

1）碱基修饰　主要是由于 FR 与碱基发生加成反应。例如，OH· 对碱基的修饰最容易发生在嘌呤的 C_8 位，形成 8-羟基鸟嘌呤或 8-羟基腺嘌呤，其中 8-羟基鸟嘌呤最常见；嘧啶碱基的氧化损伤常发生于 C_5、C_6 位，形成相应位置的羟基嘧啶或二羟基嘧啶。修饰碱基在 DNA 复制时引起碱基错配，如胸腺嘧啶二醇导致 T→C 的转换，8-羟基嘌呤主要诱导 G→T 的转换，碱基错配导致突变、诱发癌变等。

2）*链断裂*　OH·一般攻击脱氧核糖 C_4 位，造成相邻磷酸二酯键断裂，被认为是 DNA 氧化损伤的标志之一，其在基因突变、原癌基因活化中具有重要意义。由于修复 DNA 断裂的酶也会受 FR 攻击而降低保真度，结果造成 DNA 修复时碱基错配或丢失，引起突变。此外，抑癌基因 *P53* 受 OH·攻击而失活，也促进肿瘤的发生。

3）*DNA-DNA、DNA-蛋白质的交联*　FR 对 DNA 的修饰既可发生在 DNA 与 DNA 之间，又可产生于 NDA 与蛋白质之间，形成共价结合，引起交联，使染色体破坏，导致细胞损伤、甚至死亡。

2. 自由基对蛋白质的损伤　蛋白质是 FR 攻击的主要目标，尤其是肽链中的蛋氨酸、酪氨酸、色氨酸、脯氨酸、半胱氨酸、苯丙氨酸等残基更易受到攻击，导致氨基酸残基的修饰、交联、肽链断裂、蛋白质变性等。同时，当其中具有催化活性的酶或具有信息转导作用的受体受到损伤后，还可将 FR 损伤效应放大。

1）*蛋白质分子的聚合、肽链断裂*　OH·攻击蛋白质分子主要是抽提氢（夺电子），蛋白质分子受攻击后则在分子内部或分子间发生电子转移（氢传递），结果在肽链的 α 碳原子位形成酰胺基，如酪氨酸受 OH·攻击后可形成酪氨酰基，两个酪氨酰基交联形成稳定的二酚化合物。蛋白质一级结构的交联、修饰可引起二级、三级结构的破坏，疏水区域暴露，产生非共价聚合，导致蛋白质变性。

2）*氨基酸转化及电荷改变*　FR 能使蛋白质分子中的某些氨基酸数量发生改变，如组氨酸、精氨酸、脯氨酸、赖氨酸、苏氨酸及丝氨酸含量常降低；而谷氨酸、天冬氨酸和甘氨酸含量常增加。减少的氨基酸不是从肽链中脱落丢失，而是其侧链基团经 FR 攻击发生了转化，从而转化为其他类型氨基酸。氧化型蛋白质中碱性氨基酸（如精氨酸、组氨酸、赖氨酸）的减少及酸性氨基酸（如谷氨酸、天冬氨酸）的增加，使蛋白质分子中正电荷减少，而负电荷增加，使蛋白质等电点降低。

3）*蛋白质活性部位的修饰*　蛋白质最易被氧化修饰的部位是—SH。色氨酸氧化常发生在 C_5 位，生成 5-羟色胺，进而氧化成犬尿氨酸；蛋氨酸的氧化主要在硫甲基位，生成甲硫氨酸亚砜等。氨基酸残基的修饰不但破坏蛋白质活性中心，而且引起肽链交联，甚至断裂。

3. 自由基对脂类的破坏　生物机体内含有大量脂质，尤其是各种生物膜中富含不饱和脂肪酸（LH），易遭受 FR 的攻击，引发体内脂质过氧化，进而造成一系列生理生化过程异常。脂质过氧化是指脂肪酸，尤其是 LH 经自我催化的链式氧化反应，产生大量 FR 的过程。脂质过氧化过程可由触发、扩增和终止三个阶段组成。LH 中与双键相连的 C—H 键比较弱，该位易发生 OH·的夺氢反应，结果 OH·被还原为 H_2O，而 LH 则成为脂自由基（lipid radical，L·），反应式为：

$$LH + OH\cdot \rightarrow L\cdot + H_2O$$

L·很容易与 O_2 反应生成 LOO·，后者进一步与其他脂质分子形成新的 L·和脂氢过氧化物（LOOH），LOOH 可产生类 Fenton 反应，引起 FR 损伤的不断扩大，同时体内也不断产生 FR 清除反应，以及上述各种脂质自由基的降解和终止反应，生成各种小分子物质，如醛、酮、羧酸等。其中丙二醛（malondialdehyde，MDA）是过氧化脂质的一种重要分解产物，常作为衡量脂质过氧化程度的指标。脂质过氧化可使细胞多方面损害，其机制很复杂，至今尚未完全阐明。其最基本的损害，可归纳如下。

1）*膜结构破坏*　细胞膜的主要成分是极性脂质和膜蛋白。膜磷脂中的 LH 发生脂质过氧化，可使 LH 减少，引起膜的流动性降低、通透性增强、线粒体膨胀、溶酶体酶释放、酶失活等。例如，红细胞膜中含有大量 LH，而且又直接暴露于氧，很容易发生脂质过氧化反应，使红细胞（RBC）膜受破坏，发生溶血。

2）*酶及其他成分的损伤*　脂质过氧化反应中可产生多种活泼 FR，可攻击细胞中的酶和其他成分，使之丧失功能。如 L·、LO·、LOO·可从蛋白质分子中夺取氢，使蛋白质分子变为 FR，发生 FR 反应，导致蛋白质变性、酶失活。

3）*羰基产物对蛋白质分子的交联*　过氧化脂质降解常形成一些醛类化合物，对细胞也有毒性作用。例如，MDA 是一个双功能基化合物，其分子中的两个羰基很容易与蛋白质分子的氨基发生加成反应，使蛋白质分子内或分子间发生交联，导致蛋白质凝集、功能丧失。蛋白质分子中的—SH 也是醛类化合物攻击的靶点。

另外，脂质过氧化还可引起脂质信号分子（如 PG_s、IP_3、DG）生成异常，细胞外基质（ECM）中大分子交联等。

二、自由基与疾病

当某种因素使 FR 生成过多或超过清除能力或（和）清除功能减弱时，则 FR 在体内增加。增多的 FR 通过损伤生物大分子，破坏细胞结构与功能，促使疾病发生发展。其中仅 OFR 引起的疾病，目前确认的已 100 余种。本节仅就 FR 在某些疾病发生中的作用作一简要介绍。

（一）肿　　瘤

各种原因引起体内增多的 FR 除可直接与细胞内许多重要生物分子（如核酸、脂、糖和蛋白质等）作用，造成细胞结构和功能改变外，还可通过影响细胞信号转导系统，使细胞丧失正常接触抑制，不断增殖，同时 FR 及其代谢产物还可作用于免疫系统，使其功能减弱或丧失，从而引起和促进肿瘤发生发展。

1. 促瘤过程中 FR 的产生及其作用　某些促瘤剂可直接或间接地刺激细胞产生一系列 ROS，如佛波醇肉豆寇醋酸酯可刺激多形核白细胞产生 O_2^-，其浓度与佛波醇肉豆寇醋酸酯剂量成正相关。另外，促瘤剂对细胞内抗氧化酶活性的抑制，造成 ROS 浓度增加，可能是促进肿瘤发生发展的重要因素之一。

2. 脂质过氧化与肿瘤形成　脂质过氧化参与了肿瘤形成的起始和促成两个阶段。脂质过氧化所产生的 FR 和醛类都可能参与瘤的起始阶段，从而造成 DNA 损伤，如 $ONOO^-$ 氧化—SH 引起膜脂质过氧化，呈现细胞毒性；OH·可氧化 DNA，造成键断裂、交联和碱基修饰等。此外，NO 和 H_2O_2 反应生成具有细胞毒性的 $^1O_2$。

脂质过氧化除本身具有促瘤作用外，也能促使一些其他致癌物产生，对肿瘤有间接促成作用。例如，过氧化脂质可使某些氨基酸、单糖及肌酐相互作用而产生 2-氨基-3,4-二甲基异吡唑喹啉和 2-氨基-3-甲基异吡唑喹啉等，这些物质均具有致瘤性。

3. 肿瘤组织的抗氧化作用　肿瘤细胞具有比一般细胞更高的抗氧化能力。实验动物肿瘤研究发现，肿瘤细胞中 MnSOD、CuZnSOD 和 CAT 活性降低，而 GST 和葡萄糖-6-磷酸脱氢酶（G-6-PD）活性在许多肿瘤细胞中增高。SOD和CAT活性降低，可能造成O_2^-和H_2O_2堆积，GST和G-6-PD增加可消除某些H_2O_2的毒性。上述变化的真正原因和意义以及机制目前均不十分清楚。有学者认为，脂质过氧化可能在细胞分裂中起调控作用。氧刺激、脂质过氧化、基因突变及表达改变、抗氧化水平变化，数者之间存在以脂质过氧化为中介的互为条件的双向关系。

4. 慢性感染和炎症是不同肿瘤发生的重要因素　慢性感染或炎症时，单核巨噬细胞被激活，生成NO及其衍生物在致瘤中起重要作用。

1）活化巨噬细胞介导亚硝基化反应　体内二价胺与NO衍生的亚硝基化合物反应，直接生成致瘤性更强的亚硝胺。脂多糖（LPS）和IFN-γ诱导活化巨噬细胞（M_Φ）生成NO_2^-等化合物。另外，在M_Φ杀瘤机制研究中发现，TNF-α与NO有协同作用，NO促进TNF-α杀伤原来对其不敏感的肿瘤细胞，提示NO是一种介导巨噬细胞杀伤肿瘤细胞的细胞毒性效应分子。

2）NO促进内源性亚硝胺形成　实验证明，LPS和胺类前体物引起大鼠内源性亚硝酸盐，如*N*-亚硝基噻唑烷-4-羧酸和*N*-亚硝基吗啡啉增多。亚硝胺是肝硬化发展为肝癌的重要因素之一。

3）NO诱导DNA损伤　NO可诱导DNA氧化、脱氨基、碱基化、键断裂和突变修复错误，或基因表达失控，使癌基因激活和抗癌基因失活，从而促进肿瘤的发生发展。例如，抗癌基因*P53*突变可能与NO诱导有关。

（二）自由基与炎症

炎症时，各种炎性细胞的“呼吸爆发”，产生O_2^-、H_2O_2、OH·和$^1O_2$等多种ROS。这些ROS除具有杀灭病原微生物作用外，还可进入细胞外液，引起周围组织细胞损伤。ROS在炎症反应中的作用可概括如下。

1. 直接作用于组织细胞　ROS可直接作用于靶细胞膜，引发脂质过氧化，产生脂质过氧化物（LOOH），使蛋白质氧化、聚合、分解，从而破坏细胞膜。经离子通道和扩散，O_2^-和H_2O_2透过细胞膜，与细胞内成分作用而破坏细胞。例如，O_2^-进入红细胞可与Hb反应，形成$HbFe^{3+}$，而H_2O_2可与$HbFe^{3+}$反应形成复合物，后者具有很强的氧化性，可使红细胞崩解。ROS也能直接改变组织结构蛋白性质，如H_2O_2可使组织蛋白酶水解增加。

2. 诱导趋化因子形成　炎症局部生成的氧代谢物能产生趋化因子。将动物血浆与黄嘌呤-黄嘌呤氧化酶共孵育，可产生一种高效趋化因子。另外，将花生四烯酸（AA）与O_2^-和H_2O_2生成系统孵化，也可产生趋化性脂质，其性质与AA截然不同。

3. 使蛋白水解酶抑制剂失活　中性粒细胞所产生的ROS代谢物具有抗蛋白酶活性，后者能抑制弹性酶和胶原酶，当其失活时，弹性酶和胶原酶活性增强，使结缔组织降解。另外，中性粒细胞释放的O_2^-能使氨基葡萄糖多糖解聚，使其更易受β-*N*-乙酰基-氨基葡萄糖酶A的作用而发生降解。

4. 自由基与花生四烯酸代谢　AA代谢是炎症反应的重要过程，也涉及FR的作用。AA通过脂氧化酶生成脂氢过氧化物，如羟基廿碳四烯酸。脂氢过氧化物既是脂质过氧化的中间产物，也是炎症反应的介导物，具有趋化活性。同时脂氢过氧化物均裂可产生脂过氧基，后者能诱发抽提氢和加成反应，使膜蛋白分子聚合，失去生物活性。脂氢过氧化物的分解终产物丙二醛能使膜蛋白交联，导致细胞结构改变和代谢障碍。AA在环氧化酶作用下，生成前列腺素（PG）和白细胞三烯，此过程是脂质过氧化物（LPO）诱导的 FR 连锁反应，LOOH 作为环氧化酶激活剂，在炎症反应体系中起始动作用。炎症中，炎性细胞释放 ROS，并形成 LOOH，促进 PG 等炎症介质合成，从而加剧炎症反应。

（三）自由基与肝脏疾病

1. 肝硬化　目前认为，肝硬化的发生除病毒感染、慢性乙醇中毒、肝淤血、营养障碍等常见因素外，还与 FR 的损害有关。肝硬化时，动物体内 LPO 增加，表明脂质过氧化作用增强。其可能与下列因素有关：①肝硬化时肝脏纤维组织增生，压迫正常组织引起缺血缺氧，通过黄嘌呤氧化途径产生大量 OFR。②缺血缺氧时肝脏合成 SOD 减少，OFR 清除能力下降。③肝硬化时肝脏解毒能力减弱，造成体内毒性物质积聚，吞噬细胞激活，引起呼吸爆发，OFR 产生增强。同时，诱发产生的 LPO 随血流到达远隔脏器，造成其损伤。RBC 受 OFR 和 LPO 攻击，膜渗透脆性增加，易被脾脏清除，因 SOD 被消耗或由于 LPO 使蛋白质交联而失活，故 SOD 含量减少。

实验动物研究发现，FR 对肝细胞的毒性作用主要通过两种方式，一是活化分子氧，产生 OFR 使内质网膜上的 LH 发生脂质过氧化，从而破坏肝细胞膜性结构，导致肝功能障碍；二是 FR 易和膜蛋白及酶蛋白结合，使肝内抗氧化物和蛋白质含量下降，从而影响物质在肝细胞内代谢。另外，过氧化物刺激肝细胞合成胶原纤维，加速肝纤维化，而 SOD 对肝纤维化有预防作用。由上可见，OFR 是造成或加速肝硬化发展的主要因素之一。

2. 肝癌　FR 特别是 OFR 在原发性肝癌发生发展中的作用越来越受到学者们的广泛关注，FR 与细胞分裂的启动和终止密切相关，高水平 H_2O_2 是引起细胞分裂的信号，而细胞分裂终止的最终因素是 H_2O_2 的下降。研究证明癌细胞线粒体、其他细胞器和细胞核能产生 OFR，肝癌细胞比其他细胞产生 OFR 多 5 倍，FR 使 DNA 分子断裂，碱基置换，进而引起基因突变和 DNA 表达异常，持续增加的 H_2O_2 可使细胞具有无限分裂能力。

细胞中抗氧化能力缺乏使正常细胞癌变，SOD 是防癌的主要抗氧化酶，细胞一旦癌变，则 SOD 就会促进癌细胞增殖。CuZnSOD 与癌细胞无限分裂有关，而 MnSOD 则与细胞生长控制丧失和恶化性相关。肝癌组织中 SOD 总活性明显低于正常肝细胞，其产生可能与肝癌细胞的抗氧化能力严重受损、癌周肝组织硬化等有关。

（四）自由基与克山病

克山病（Keshan disease，KD）是至今病因不明的一种地方性原发性心肌病。由于 KD 病因不明，故对其发生机制迄今尚未阐明。无论是医学调查，还是动物研究均表明，KD 致病因子对生物膜均具有程度不同的损害作用。无论是死于 KD 动物，还是 KD 患病动物，其体内 FR 水平显著增加。表明 KD 发生与 FR 代谢紊乱密切相关。KD 多发生于水和土中缺硒（Se）少铜（Cu）地区，由于地理环境 Se、Cu 含量低，通过食物链摄入的 Se、Cu 含量减少而引起动物体内 SOD 和 GSH-Px 活性下降，从而导致机体内抗氧化系统功能减弱，清除 ROS 的能力降低，致使 ROS，特别是 OFR 在体内大量堆积，后者可通过以下机制引起心肌损伤：①损伤心肌细胞膜，使离子通道异常，从而造成心肌细胞损伤和超微结构改变；②刺激间质胶原酶活化，分解胶原蛋白，破坏间质胶原网络，促进胶原合成，导致心肌纤维化；③使血管内皮细胞功能障碍、内皮细胞依赖的血管舒张作用减弱，血管阻力增加。

此外，KD 发生时 NO 释放增加，其对心脏具有负性肌力及直接心肌毒性作用，如 NO

可通过抑制三羧酸循环和与细胞色素氧化酶上的氧竞争而抑制酶活性，减少 ATP 生成，从而抑制心脏收缩。另外，NO 还可诱导心肌细胞凋亡。

复习思考题

1. 名词解释：细胞凋亡　凋亡小体　基因突变　染色体畸变　染色体病　细胞信号转导　G 蛋白　受体病　氧自由基　呼吸爆发
2. 试述细胞凋亡和坏死的异同。
3. 简述细胞凋亡的主要信号转导途径。
4. 举例说明细胞凋亡异常与疾病发生之间的关系。
5. 基因突变主要有哪几种类型？
6. 单基因遗传病的主要遗传方式及其各自的特点是什么？
7. 简述染色体畸变的类型。
8. 试述 G 蛋白信号转导途径。
9. 试述自由基对动物机体的损害作用。
10. 试述遗传性受体病的发生机制。
11. 简述自由基的主要生理学作用。

（郑世民）

各论　系统病理学

第十四章　血液与淋巴造血系统病理

第一节　血 液 病 理

血液病可分为三大类型，即红细胞疾病、白细胞疾病、出血和血栓性疾病。兽医临诊上常见的有贫血、白细胞减少和粒细胞缺乏症、白血病、骨髓增生异常综合征、血小板减少症、多发性骨髓瘤等。本节重点介绍贫血、白细胞的病理变化和血小板减少症。

一、贫　血

贫血（anemia）是指单位容积血液内红细胞数或（和）血红蛋白量低于正常值，并伴有红细胞形态变化和运氧障碍的病理过程。它不是一种独立的疾病，而是伴发于许多疾病过程中的常见症状（如雏鸡和马的传染性贫血）。但有时在某些疾病（如严重的创伤，肝脏、脾脏破裂等）过程中，贫血常为疾病发生、发展的主导环节，并决定着疾病的经过和转归。

病因和发病机制　根据贫血发生的原因和机制，可将其分为出血性贫血、溶血性贫血、营养缺乏性贫血和再生障碍性贫血四种。

1. 出血性贫血（hemorrhagic anemia）　是指由于失血而使红细胞丧失过多所致的贫血，可分为急性和慢性两种。

1）急性出血性贫血　由各种急性大出血而导致的贫血，常发生于各种严重的创伤、产后大出血以及肝、脾破裂发生的出血。

急性出血时，由于在短时间内机体丧失的红细胞量超过了其代偿和再生能力，故在短时间内机体表现出贫血变化。此时，血液总量虽然减少，但单位容积血液中红细胞数、血红蛋白量和血色指数等都正常。当失血数小时或1～2d，可通过加压反射、交感神经兴奋和肾上腺素分泌增多，而促使脾脏、肝脏、皮下和肌肉内的血管收缩，使蓄积其中的血液参与循环。同时，由于失血造成的血管内流体静压降低，故组织间液迅速流入血液。通过上述两条途径的调节，在失血后3～24h内，循环血量即可逐渐恢复，但单位容积血液内红细胞和血红蛋白含量均减少。再经数日后（约48h），由于循环血量不足及红细胞减少而致缺氧，而促使肾脏产生促红细胞生成酶的速度增加，释放量增多。促红细胞生成酶直接使骨髓对铁的利用率提高，亚铁血红蛋白合成速度加快，并加速其对红细胞的释放，结果在循环血液中可见到多量如网织红细胞、多染性红细胞和晚幼红细胞等幼稚的红细胞。由于红细胞的再生较血红蛋白合成的速度快，倘若此时机体的铁供应相对不足，则可导致再生的红细胞血红蛋白含量明显减少，外周血液中出现较多的淡染性红细胞。上述循环血液中红细胞形态的变化，大多在急性失血后的10～15d内逐渐消失，否则可提示贫血还在持续。

2）慢性出血性贫血　多见于长期、反复少量失血的疾病，如胃肠道寄生虫病（如绦虫病、捻转胃虫病、肝片吸虫病、羊的血矛线虫病等）、马出血性紫癜和胃肠溃疡等。

由于病因长期反复作用而致机体不断发生少量出血。最初，丧失的红细胞和血红蛋白易被骨髓造血机能的增强而予以补偿，所以出血症状多不明显。但是在长期反复少量失血之后，由于铁损耗过多，故可引起缺铁性贫血。如果铁蛋白合成不足，就可导致红细胞中的血红蛋白含量减少，红细胞体积缩小，导致低血色素性、小细胞性贫血。此时，在血液涂片中可见有大小不一的红细胞，出现淡染性红细胞、多染性红细胞、异形红细胞及网织红细胞。

此外，由于骨髓机能增强，初期中性粒细胞增多，呈左移现象。但随着贫血的加重，中性粒细胞数量可能减少，说明骨髓造血机能呈现衰竭。

2. 溶血性贫血（hemolytic anemia）　是指因红细胞破坏过多而引起的贫血。主要与以下因素有关。

1）遗传性因素　见于遗传性血液病及遗传性代谢病。由于致病基因的作用，使红细胞代谢所需的酶、红细胞膜的结构和血红蛋白的分子结构等方面异常，进而改变了红细胞的机能、形态和稳定性，从而引起红细胞大量破坏并导致贫血。

2）免疫性因素　通过免疫机制使红细胞被破坏而发生贫血，称为免疫性溶血性贫血。免疫性溶血性贫血的发生原因较多，基本可归纳为以下三类。

（1）血型抗体所引起的贫血：异型输血和新生幼畜溶血病。

（2）药物免疫性溶血：许多药物（如青霉素、链霉素、头孢霉素、匹拉米洞、氯丙嗪、奎宁和左旋多巴等）进入机体后，在血浆中与蛋白质或红细胞结合而具有抗原性，可刺激机体产生抗体，并通过抗原-抗体作用，引起免疫性溶血。

（3）自身免疫性溶血：因为红细胞抗原性改变或机体免疫识别功能异常，体内产生自身抗体，与自身红细胞发生免疫反应，使红细胞被破坏过多而引起的一种贫血，如系统性红斑狼疮。

3）生物性因素　某些微生物（如溶血性链球菌、溶血性梭菌、钩端螺旋体、葡萄球菌等）和血液寄生虫（如焦虫、锥虫、鞭虫、附红细胞体等）可通过机械的、毒性的和免疫性的作用，改变红细胞构型或化学组成，从而引起红细胞破坏。

4）化学性因素　化学毒物和药物是引起溶血较多见的原因，常见的化学毒物有苯、苯肼、皂苷、蛇毒、蓖麻子、胆酸盐、铅、砷、铜等，药物有磺胺类、头孢类抗生素等。

5）物理性因素　①高温：能使红细胞膜的脂质溶解，破坏胞膜的通透性及变形性。②电离辐射：能使红细胞膜的脆性提高，对红细胞具有破坏作用。③血浆低渗：可引起红细胞的离子平衡异常，致使红细胞膨胀崩解。④DIC：能使通过微血管的红细胞遭受纤维蛋白网的机械性牵拉，容易造成红细胞损伤，可引起所谓微血管病性溶血性贫血。

3. 营养缺乏性贫血（nutritional anemia）　是因缺乏某些造血所必需的物质引起的贫血。

1）蛋白质缺乏　蛋白质是血红蛋白的主要成分，由于营养不足或消化吸收障碍而引起机体蛋白质缺乏时，都可导致骨髓造血机能低下，从而引起贫血。

2）缺铁　缺铁性贫血是动物贫血中比较常见的一种。饲料中铁缺乏、机体需要量增加而摄入量不足、铁吸收障碍、铁丧失过多等，均可引起缺铁性贫血。

缺铁不仅使血红蛋白合成减少，也可使各种含铁的酶（如细胞色素氧化酶等）活性降低，进而影响电子传递系统，造成脂类、蛋白质及糖类在红细胞内的合成发生障碍。

3）铜缺乏　铜参加细胞色素氧化酶和其他一些氧化酶的组成。此外，铜可以促使铁的吸收，在血红蛋白合成与红细胞成熟过程中起促进作用。

4）维生素 B_{12} 和叶酸缺乏　维生素 B_{12} 在体内以辅酶的形式参与转甲基作用和蛋氨酸的合成等。维生素 B_{12} 还影响核蛋白的合成和细胞成熟。缺乏维生素 B_{12}，可引起骨髓造血肝细胞的分裂障碍而导致贫血。钴是维生素 B_{12} 的组成成分，钴缺乏症伴有维生素 B_{12} 合成下降，进而导致贫血的发生。叶酸是一种水溶性 B 族维生素（维生素 B_{11}），在体内起辅酶作用。它与维生素 B_{12} 一起参与嘧啶核苷酸的生物合成。故维生素 B_{12} 和叶酸缺乏主要引起 DNA 合成减少，复制困难，使红细胞生成受阻。胞浆 RNA 受影响较小，故细胞浆 RNA 含量较多，细胞核与胞浆发育不平衡而形成巨幼红细胞。

4. 再生障碍性贫血（aplastic anemia）　是因骨髓造血机能障碍，红细胞生成不足而引起的贫血。这种贫血常伴有粒细胞和血小板生成减少，以及骨髓造血组织减少。

引起再生障碍性贫血的原因比较复杂，常见的原因有某些化学物质中毒（如重金属盐类、汞、苯等毒物和氯霉素、磺胺等）、高能辐射、X 射线、中子等损伤、病毒感染（如马传染性贫血）和免疫反应等。

再生障碍性贫血的发病机制主要有以下四点：①骨髓造血微环境障碍：微环境尤其血液供应障碍时，不利于造血细胞的生成和分化，可导致骨髓造血机能障碍。②造血干细胞受损：某些致癌因素如化学毒物、电离辐射、感染等引起干细胞损伤，可使骨髓造血机能障碍。③免疫反应：某些致病因素可通过免疫反应引起造血细胞或骨髓微循环受到破坏，从而导致贫血。④促红细胞生成素调节障碍：促红细胞生成素分泌减少，可影响干细胞的分化、幼红细胞的增殖和成熟。

病理变化

1. 形态变化

1）红细胞的变化　贫血时，除了红细胞数量与血红蛋白含量减少外，外周血液中的红细胞还会发生的变化主要有：①红细胞体积改变：或大于或小于正常红细胞，前者称为大红细胞，后者称为小红细胞（图 14-1）。②红细胞形状改变（异形红细胞）：红细胞呈椭圆形、梨形、哑铃形、半月形和桑葚形等（图 14-2）。③网织红细胞：对正常血液做活体染色时，可见其中含有少量（0.5%～1%）嗜碱性小颗粒或纤维网样的幼稚型红细胞，称为网织红细胞。在贫血时，网织红细胞增多，这是红细胞再生过程增强的表现。④有核红细胞：红细胞中出现浓染的胞核，其大小与正常红细胞相仿或稍大，此种红细胞称为晚幼红细胞（即未成熟的红细胞）。这些细胞在血液中出现，也是造血过程加强的标志。在一些重症贫血时，血液内出现胚胎期造血所特有的原巨红细胞，这种细胞体积异常巨大，含有大而淡染的核，表示造血过程返回到胚胎期的类型。⑤Jolly 小体和 Cabot 环：贫血时，红细胞胞浆内出现单个或成对的蓝色圆形小体，称为 Jolly 小体，它是红细胞核质的残迹。Cabot 环呈环形，它可能是红细胞核膜的残迹。⑥红细胞染色特性改变：包括染色不均和多染。前者表现为含血红蛋白多的红细胞着色深，而含血红蛋白少的红细胞染色变淡，且多呈环形（图 14-2）。后者表现为细胞浆一部分或全部变为嗜碱性，呈淡蓝色着染。这是一种未成熟的红细胞，见于骨髓造血机能亢进时。

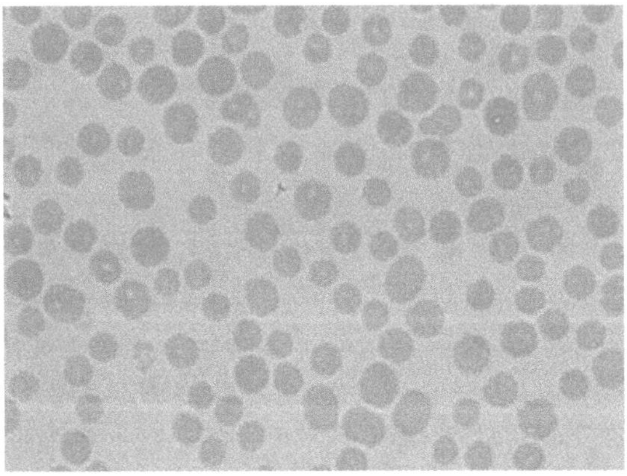

图 14-1　红细胞体积改变

红细胞大小不一，差异显著（Wright-Giemsa）。

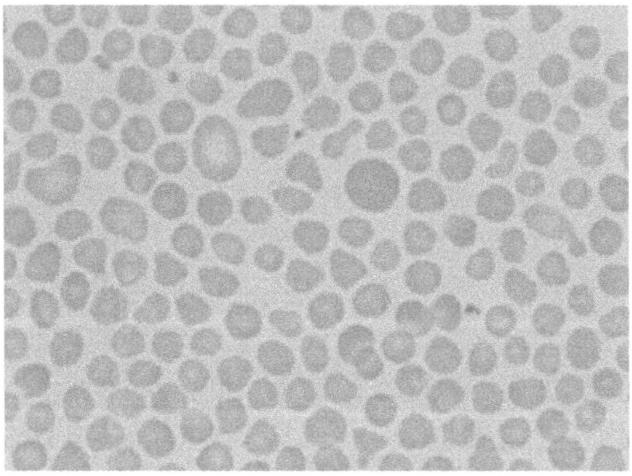

图 14-2　红细胞形状改变和染色不均

红细胞形态呈多样性。有的红细胞颜色变淡，中心区扩大，呈环状；有的着色较深；图中有两个较大的但染色深浅明显不同的红细胞（Wright-Giemsa）。

2）骨髓的变化　主要变化是红骨髓增殖，有核红细胞生成增多。需要指出的是骨髓中红细胞的含量和外周血液的红细胞量之间是不存在直接比例关系的。因此，在判断骨髓的红细胞生成机能时，不能只根据骨髓中有核红细胞的数量，而应当将骨髓象和外周血液的血液象与血红蛋白的材料进行对比研究，这样才能得出正确结论。

3）其他组织器官的变化　死于贫血的动物，由于红细胞及血红蛋白减少，故其血液稀薄，皮肤和黏膜苍白，组织、器官呈现其固有的色彩。长期贫血时，组织、器官因缺氧而发生变性，而血管的变性还可导致浆膜和黏膜出血。

2. 代谢变化

1）血液性缺氧　在血液中氧主要是以氧合血红蛋白的形式存在，贫血时血液中红细胞数及血红蛋白浓度降低，血液携氧能力降低，引起血液性缺氧。贫血时，需氧量较高的组织（如心脏、中枢神经系统和骨骼肌等）受到的影响较明显。

2）胆红素代谢　出现溶血性贫血时，单核巨噬细胞系统非酯型胆红素产量增多，一旦超过肝脏形成酯型胆红素的代偿能力，可形成非酯型胆红素升高为主的溶血性黄疸。

3. 机能变化　贫血时所引起的各系统机能变化，视贫血的原因、程度、持续的时间以及机体的适应能力等因素而定。

1）循环系统　贫血时由于红细胞和（或）血红蛋白减少，导致机体缺氧与物质代谢障碍。在早期可出现代偿性心跳加强加快，以增加每分钟内的心输出量。因血流加速，通过单位时间的供氧增多，就能代偿红细胞减少所造成的缺氧，但到后期由于心脏负荷加重，心肌缺氧而致心肌营养不良，则可诱发心脏肌原性扩张和相对性瓣膜闭锁不全，而导致血液循环障碍。

2）呼吸系统　贫血时由于缺氧和氧化不全的酸性代谢产物蓄积，刺激呼吸中枢使呼吸加快，患畜轻度运动后，便发生呼吸急促；同时组织呼吸酶的活性增强，从而增加了组织对氧的摄取能力。

3）消化系统　动物表现食欲减退，胃肠分泌与运动机能减弱，消化吸收发生障碍，故临诊上往往呈现消瘦、消化不良、便秘或腹泻等症状。这些变化反过来又可加重贫血的发展。

4）神经系统　贫血时，中枢神经系统的兴奋性降低，以减少脑组织对能量的消耗，增高对缺氧的耐受力，因此具有保护性意义。严重贫血或贫血时间较长时，由于脑的能量供给减少，神经系统机能减弱，对各系统机能的调节能力降低，患病动物表现精神沉郁，生产性能下降，抵抗力减弱，重者昏迷。

5）骨髓造血机能　贫血时，由于缺氧可促使肾脏产生促红细胞生成素，致使骨髓造血机能增强。但应注意再生障碍性贫血除外。

二、白细胞的病理变化

血液白细胞的变化不仅可反映机体的造血功能，还可表明机体防卫和免疫功能状况。动物患病时，血液白细胞的数量、质量、成熟程度等都将发生一定的变化，了解这些变化的原因和发生规律对于认识疾病过程是很重要的。

（一）白细胞形态异常

动物患病时，血液白细胞的数量、质量和成熟程度等方面都将发生一定的变化，明确这些变化的原因和发生规律对于认识疾病过程是很重要的。

1. 未成熟白细胞　在外周血液中，除淋巴细胞外，来自骨髓的白细胞都是成熟的。在疾病（败血症、贫血和中毒）时，外周血液中未成熟白细胞（immaturity leukocyte）增多，未成熟的幼稚型白细胞具有以下特征：

1）细胞核　体积较大，呈圆形、杆形或“S”形。在粒细胞中，嗜酸性染色质构成核基质，其中散在多量小结节状的嗜碱性染色质。核仁多（2～6 个），呈泡状；较成熟的则变小、变少。

2）细胞浆　胞体丰富，越幼稚者胞浆越丰富，胞浆基质嗜碱性，较成熟者逐渐转为嗜酸性。在核周围有不着色的透明带，随其细胞成熟透明带逐渐不清，胞浆嗜碱性逐渐减弱。粒细胞胞浆中颗粒从很少到较少。中性粒细胞的颗粒为紫色到紫褐色，嗜酸性粒细胞为黄色到紫红色，嗜碱性粒细胞则呈紫色。

2. 衰老和变性白细胞

1）衰老白细胞　老化白细胞其染色质丝变粗呈结节状，或网状结构不清，最后成为无结构的均质物，进一步老化时可出现核浓缩、崩解和溶解，胞浆空泡化。严重衰老时细胞轮廓不清，成为有残留核块的细胞痕迹。

2）变性白细胞　其胞浆颗粒之间可出现一种大小 1～2μm 的三角形、梨形、杆形、圆形等形状的颗粒，称窦勒包涵体，用姬姆萨、美蓝染色液染色时呈淡蓝或灰蓝色，用哌若宁染色时呈深红色，它可能是分化初期的嗜碱性胞浆残迹。变性中性粒细胞中还可出现中毒性颗粒（toxic granule）或变性颗粒。颗粒间的胞浆变均匀一致、稀疏，状似空泡变性。中毒性颗粒见于脓毒败血症及许多细菌或病毒感染所致的炎症性疾病。

（二）白细胞增多

白细胞增多（leukocytosis）是指外周血液白细胞数显著增多，通常是指正常白细胞系列的细胞增多，标志着造血系统功能增强。但不包括发生血液造血器官肿瘤，如发生畜禽白血病淋巴肉瘤时血液白细胞数增多，此时增多的白细胞是不成熟的异型白细胞，而正常造血功能遭到破坏。

在动物患病（如许多传染病、脓毒败血症、化脓、急性炎症以及组织损伤、某些中毒）时，出现白细胞增多，其增多的幅度通常与疾病严重程度呈正相关，随着疾病的减轻和痊愈而幅度降低直到正常范围。其类型主要有：

1. 中性粒细胞增多（neutrophilic leukocytosis）　中性粒细胞显著增多，若伴有白细胞总数增多，表明存在重症化脓性炎症或脓毒败血症性传染病，但是机体抵抗力良好，反之则标志着重症感染而机体抵抗力差。血液中成熟型中性粒细胞增多的同时，幼稚型（髓细胞、杆状核细胞）也增多，称为中性粒细胞核左移。显著核左移表示骨髓造血功能旺盛，称为再生型核左移；变性杆状核细胞增多则表示骨髓造血功能障碍，称为变性型核左移，多预后不良。血液中出现大量多分叶（5～6 个叶）的成熟型中性粒细胞，称为中性粒细胞核右移。在传染病或严重疾病中出现中性粒细胞核右移，而幼稚型中性粒细胞也同时增多时，通常表示机体抵抗力强。

2. 嗜酸性粒细胞增多（eosinophilic leukocytosis）　常见于各种过敏性疾病，还见于寄生虫病、许多皮肤病以及急性传染病恢复期、青霉素和链霉素治疗期间。认为神经因素（副交感神经兴奋）在其中起着重要作用。在以中性粒细胞增多为特征的急性传染病中，中性粒细胞数下降而嗜酸性粒细胞数增多通常是预后良好的征兆。在炎症性疾病或传染病过程中，白细胞总数减少或中性粒细胞稍增多，而嗜酸性粒细胞减少，则是机体抵抗力低落的标志。

3. 单核细胞增多（monocytosis）　它与脾脏、淋巴结和骨髓造单核细胞功能增强有关，在一些传染病时，单核细胞增多往往伴有网状内皮组织活动化、增生以及组织内的单核细胞浸润。例如，畜禽共患的李氏杆菌病就是以单核细胞（即淋巴样细胞）性脑膜脑炎为特征，有些病例还出现血液单核细胞增多等特征。

4. 淋巴细胞增多（lymphocytosis）　可发生在慢性传染病、慢性炎症或急性传染病的恢复期。

（三）白细胞减少

白细胞减少（leukocytopenia）是指血液中白细胞绝对数显著低于正常范围。白细胞减少常指粒性白细胞减少（granulocytopenia），一般由以下原因引起：

1. 粒细胞增殖或成熟障碍　粒性白细胞减少通常标志骨髓造粒性白细胞功能障碍，药物是引起骨髓粒细胞生成障碍最常见的重要原因之一，也可见于再生障碍性贫血、感染、化学物质中毒、放射病等。

2. 粒细胞破坏或消耗过多　结缔组织病、自身免疫性疾病、氨基比林、磺胺噻唑等药物的使用，使血液中产生粒细胞抗体，引起免疫性粒细胞减少。脾脏功能亢进等疾病使粒细胞在单核巨噬系统滞留、破坏过多。血液中的粒细胞因严重感染等进入组织增加，消耗加快。

3. 粒细胞分布异常　过敏性休克、异体蛋白反应和病毒血症等使粒细胞过多地转移至边缘池，循环池中的粒细胞减少，但白细胞总数不变，称为假性粒细胞减少症。

白细胞数减少伴有持续的幼稚中性粒细胞及毒血症时其往往预后不良。

三、血小板减少症

血小板减少症（thrombocytopenia）是指血液中血小板数明显低于正常值的病理现象。

血小板的主要功能是促进凝血和止血。当其减少时，血液凝固缓慢、血凝块退缩能力减弱及血凝块脆弱，因此，当自发地或轻微受损造成出血时难以自行止血，往往持续出血，此即出血性素质。血小板减少性出血时，突出的症状是皮下或黏膜下出血，形成紫蓝色或紫色出血斑，称为血小板减少性紫癜（thrombocytopenic purpura）。

病因　主要有两个方面：

1. 血小板生成减少　任何影响骨髓中巨核细胞生成的因素都可造成血小板减少。动物血小板减少症或缺乏症最常发生于淋巴细胞性白血病、骨髓性白血病和其他侵害骨髓的肿瘤，以及电离辐射、某些中毒（氯霉素、苯、二甲苯）等造成骨髓严重破坏时。

2. 血小板破坏过多　免疫性血小板减少性紫癜是引起血小板破坏的最常见的病因，由于体内产生了抗血小板抗体，受抗体包裹的血小板在体内被吞噬、清除而使血小板被破坏。仔猪血小板减少性紫癜与母源性同族抗体有关。母猪在妊娠期，胎儿的血小板进入母体后激发母猪产生抗血小板同族抗体。初生猪在吮食初乳时同族抗体随初乳进入仔猪体内，引起血小板溶解。

病理变化　骨髓造血机能障碍所致的血小板减少症时，骨髓内红骨髓减少，脂肪骨髓增多，骨髓内和外周血液中血小板和其他类型血细胞普遍减少，表现再生障碍性贫血的血液学变化。血小板被破坏或消耗过多所致的血小板减少症时，伴有明显贫血，呈现再生性贫血的血象和骨髓象。若出血量少，即使病程长，贫血、骨髓与血液变化也不很明显。

血小板减少性紫癜的特点是皮肤、皮下、黏膜和内脏器官等有多少不等的出血斑点。初期为紫色，之后变为黄色，并可完全消失。有些病例还可见肝脏、脾脏肿大。

第二节　脾　　炎

脾炎（splenitis）是指发生在脾脏的炎症过程。多伴发于各种传染病，也见于血液原虫病和非传染性疾病。

由于脾脏是参与免疫反应的重要外周免疫器官，又是位于血液循环通路中的滤过器官，在吞噬、处理和清除血液中的病原体过程中，本身容易遭受刺激和损伤，从而引起炎症。所以脾炎是脾脏最常见的一种病理过程。

根据病程和病变特征，脾炎可分为急性脾炎、坏死性脾炎、化脓性脾炎和慢性脾炎四种类型。

一、急性脾炎

急性脾炎（acute splenitis）是指伴有脾脏明显肿大的脾炎，常见于炭疽、急性猪丹毒、急性猪副伤寒和急性马传染性贫血等败血性传染病，故亦称为败血脾（septic spleen）。

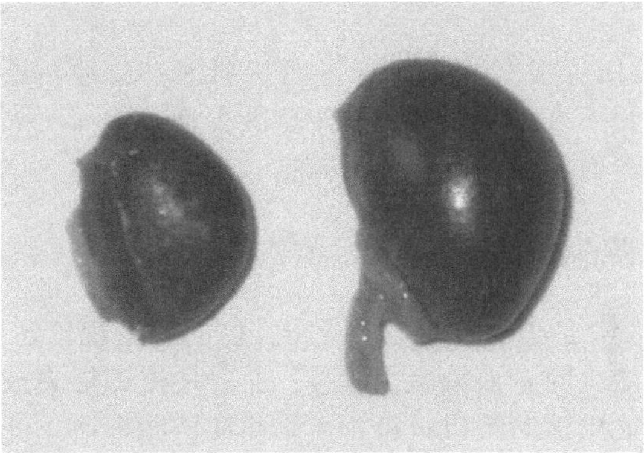

图 14-3 急性脾炎（鸡）
脾脏显著肿大（右为病鸡脾脏，左为正常对照鸡的脾脏），质地柔软，颜色暗红。

病理变化 眼观，脾脏显著肿大，较正常大 2～3 倍，甚至 5～10 倍，被膜紧张，边缘钝圆，质地柔软，切面脾髓呈紫黑色，易用刀刮脱，结构不清，严重时脾髓呈粥样或煤焦油样，易从切面流失（图 14-3）。

镜下，脾髓大量充盈血液，红细胞多溶解，散见中性粒细胞，并有浆液性水肿和多量棕色色素。在充血的脾髓中还可见病原菌和散在的炎性坏死灶。脾小体几乎完全消失，红髓结构不清。脾小梁结构疏松，平滑肌变性、坏死，胶原纤维和弹性纤维肿胀、溶解，排列疏松，有时在小梁或被膜附近可见一些零散的淋巴细胞。

结局 急性脾炎在原发病痊愈后，炎症逐渐消散，充血减轻，坏死组织及渗出物可被吸收。此时脾脏实质成分减少，结果导致脾脏皱缩，其被膜出现皱纹皱褶，质地松弛，切面干燥呈褐红色。以后这种脾脏通过淋巴组织再生和支持组织的修复，一般都可完全恢复正常的形态结构和功能。有些病例因机体状况不良，再生能力较弱和脾实质破坏严重，可发生脾萎缩，此时脾体积缩小、质软，被膜和小梁因结缔组织增生而增厚、变粗。

二、坏死性脾炎

坏死性脾炎（necrotic splenitis）是指脾脏实质坏死明显而体积不肿大的急性脾炎。多见于巴氏杆菌病、法氏囊病、鸡新城疫、禽霍乱、结核病、弓形虫病及牛坏死杆菌病等。

病理变化 眼观，脾脏不肿大或轻度肿大，透过被膜可见分布不均的针尖至粟粒大灰白色坏死灶。

镜下，脾脏实质细胞坏死明显，在白髓和红髓均可见散在的坏死灶。除充血外，更重要的变化是白细胞浸润以及淋巴细胞和网状细胞的变性、坏死（图 14-4），胞核溶解或破碎，细胞肿胀、崩解。脾脏含血量不见增多，故脾脏不肿大。被膜和小梁均见变质性变化，如新城疫时，鞘动脉周围网状细胞坏死及多量浆液和纤维素渗出，并可扩大波及周围淋巴组织。有的坏死性脾炎，由于血管壁破坏，还可发生较明显的出血，如猪瘟时，可见出血性梗死灶。

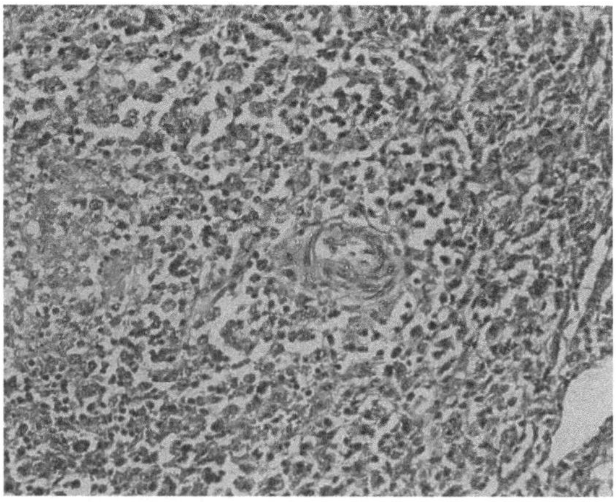

图 14-4 坏死性脾炎
淋巴细胞因坏死而明显减少，中性粒细胞浸润。

结局 坏死性脾炎的病因消除后，炎症过程可以消散，随着坏死物和渗出物的吸收、淋巴细胞和网状细胞的再生，脾脏的结构和功能一般可以完全恢复。只有脾实质和支持组织遭受严重损伤的病例，脾脏才不能完全恢复，其实质成分减少，支持组织中的结缔组织明显增生，导致小梁增粗和被膜增厚，出现纤维化。

三、化脓性脾炎

化脓性脾炎（suppunrative splenitis）是指伴有组织脓性溶解的脾炎，主要是由其他部位化脓灶中的化脓菌经血流转移而引起，很少由直接感染所致。

眼观，脾脏形成大小不一的化脓灶（脓肿）。

镜下，初期可见脾组织内有大量中性粒细胞聚集、浸润，之后中性粒细胞变性、坏死、崩解，局部组织坏死而形成浓汁。后期，化脓灶周围常见结缔组织增生、包绕。

四、慢性脾炎

慢性脾炎（chronic splenitis）是指发生在脾脏的慢性增生性炎症脾炎。多见于亚急性或慢性马传染性贫血、结核，牛传染性胸膜肺炎和布鲁菌病等病程较长的传染病，以及锥虫病、焦虫病等寄生虫病，慢性脾炎又可分为增生性脾炎和萎缩性脾炎。

病理变化

1. 增生性脾炎　眼观，脾脏体积增大，被膜增厚，边缘略显钝圆，质地硬实如橡皮，切面隆起、脾小体增大，在暗红色红髓的背景上可见灰白色粟粒至高粱粒大的淋巴小结向外突出。有时该现象不明显，只见整个脾切面色彩变淡，呈灰红色。结核病、鼻疽时，还可见结核结节（图 14-5）、鼻疽结节。

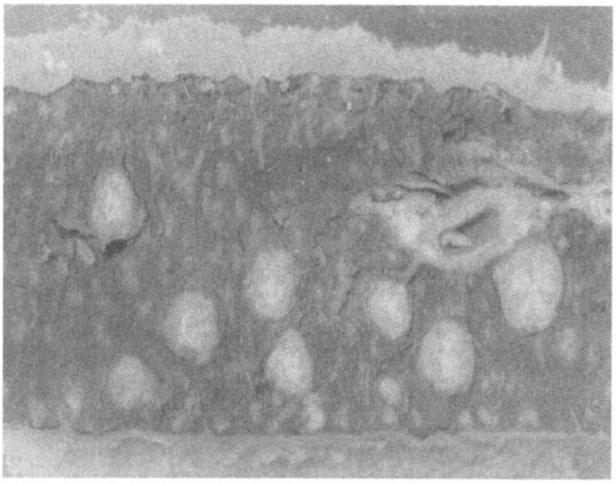

图 14-5　慢性增生性脾炎（牛结核病）
脾脏切面可见明显的灰白色颗粒，并有较大的内含干酪样坏死物的增生性圆形结核结节。

镜下，白髓、红髓网状细胞及淋巴细胞显著增生，脾小体增多，生发中心明显。但在不同传染病过程中，有的以淋巴细胞增生为主，有的以网状细胞增生为主，有的两种细胞均明显增生。

2. 萎缩性脾炎　被膜和小梁结缔组织增生明显，网状纤维胶原化，脾实质萎缩。多见于增生性脾炎的后期。

眼观，脾脏体积缩小，质地变硬，被膜增厚，小梁明显，白髓、脾索萎缩。

镜下，被膜、小梁和血管外膜的结缔组织增生，脾脏内结缔组织成分增多，小梁变粗，网状纤维胶原化。

结局　慢性脾炎通常以不同程度的纤维化为结局。随着病理过程的结束，增生的淋巴细胞减少，局部网状纤维胶原化，上皮样细胞转变为成纤维细胞，结果使脾脏内结缔组织成分增多，发生纤维化。被膜和小梁也因结缔组织增生增厚、变粗，从而使脾脏体积缩小，质地变实。脾脏若受损严重，可影响机体免疫功能，引起免疫抑制。

第三节　淋巴结炎

淋巴结炎（lymphadenitis）可以是局部性的，也可以是全身性的。单个或某一组淋巴结出现炎症，表明输入该淋巴结的淋巴流区域有局部感染、创伤或炎灶，若多处或全身淋巴结发炎，则表明发生了全身性感染。由此可见，淋巴结对病原因子损害作用的反应是极其敏感的。按炎症的发展过程，淋巴结炎可分为急性和慢性两种类型。

一、急性淋巴结炎

急性淋巴结炎（acute lymphadenitis）可呈全身性或局部性，前者多见于败血性传染病（如猪瘟、猪丹毒、绵羊链球菌病等急性热性传染病），后者见于其淋巴流区域的急性炎症或局部感染。

（一）浆液性淋巴结炎

浆液性淋巴结炎（serous lymphadenitis）又称单纯性淋巴结炎（simple lymphadenitis），是最常见的淋巴结炎症。常见于传染病的初期，以及局部组织器官发生急性炎症时。

病理变化　眼观，发炎的淋巴结体积肿大，质地柔软，切面隆突，湿润多汁，呈鲜红或紫红色。

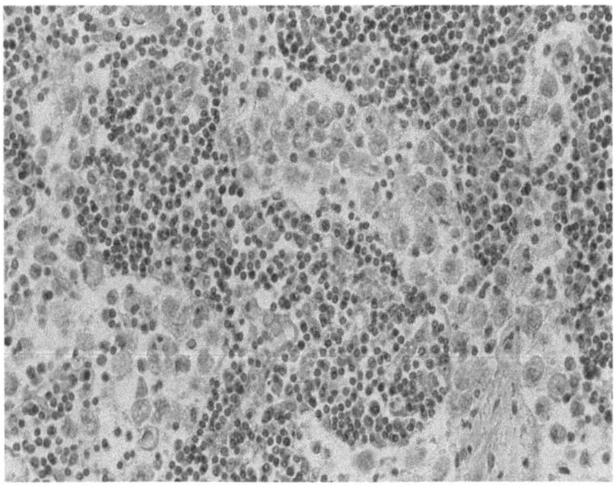

图 14-6　卡他性淋巴结炎（窦卡他）
淋巴窦扩张，充满浆液和大量巨噬细胞以及中性粒细胞和淋巴细胞。

镜下，被膜、小梁和实质中的毛细血管充血，淋巴窦扩张，充满浆液、单核细胞、淋巴细胞、中性粒细胞及数量不等的红细胞，巨噬细胞内常有吞噬的致病菌、红细胞、白细胞。若窦内细胞以单核细胞为主，则一般称为卡他性淋巴结炎或窦卡他（图 14-6）。淋巴小结内的淋巴细胞因组织水肿而显疏松。在早期，淋巴小结和髓索变化不明显，但随着炎症的发展，淋巴组织呈增生性变化，可见淋巴小结生发中心扩大，外周淋巴细胞密集，副皮质区、髓索因淋巴细胞增生而扩大，此时充血减轻。

结局　浆液性淋巴结炎在病因消除后，随着炎症的消退，渗出的浆液可被吸收，增生的细胞变性、坏死，并被淋巴流带走，而使淋巴结恢复正常。否则，随着病因的加强可发展为出血性或化脓性淋巴结炎。

（二）出血性淋巴结炎

出血性淋巴结炎（hemorrhagic lymphadenitis）通常由浆液性淋巴结炎发展而来，常见于伴有较严重出血的败血性传染病，如猪瘟、猪巴氏杆菌病、急性猪链球菌病和猪丹毒等。

病理变化　眼观，淋巴结肿大，呈暗红色或黑红色，切面隆突，湿润，呈弥漫性暗红色或呈大理石样外观（出血部暗红、淋巴组织呈灰白色）（图 14-7）。严重出血的淋巴结，因被血液充盈，酷似血肿。

镜下，除有单纯性淋巴结炎的表现外，最明显的变化是出血。淋巴窦内及淋巴组织周围有大量红细胞。淋巴窦内的红细胞除来自自身组织的出血外，也可能来自相应器官的出血，红细胞沿淋巴流进入淋巴窦。淋巴小结内也有出血。此外，尚有一些浆液渗出和炎性细胞浸润。

结局　出血性淋巴结炎的结局与其实质损伤程度和出血数量有关。实质成分损伤较轻且出血不多时，随着病因的消除，淋巴结内的渗出物可被溶解、吸收、消散，局部有含铁血黄素沉着，组织缺损经再生修复。出血量大并且实质受损严重时，通常转变为坏死性淋巴结炎。

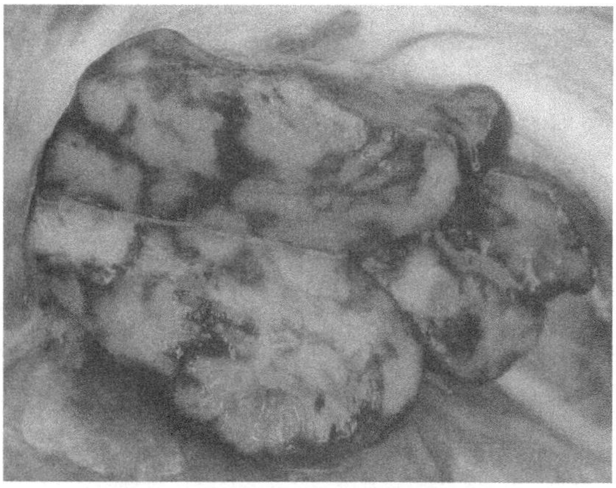

图 14-7　出血性淋巴结炎（猪瘟）

淋巴结切面可见周边和小梁有明显出血区，呈大理石样变。

（三）坏死性淋巴结炎

坏死性淋巴结炎（necrotic lymphadenitis）是指伴有明显实质坏死的淋巴结炎。多见于炭疽、坏死杆菌病、猪副伤寒、弓形虫病和牛泰勒虫病等。

病理变化　眼观，淋巴结肿大，呈灰红色或暗红色，质地硬而脆，切面湿润、隆突，散在灰白色或灰黄色坏死灶。后期淋巴结切面干燥，因出血、坏死呈砖红色。

镜下，淋巴组织固有结构被破坏，形成大小不等、形状不一的坏死灶，并有充血和出血。有的坏死灶周围也见充血、出血，且有中性粒细胞和巨噬细胞浸润（图 14-8，图 14-9）。

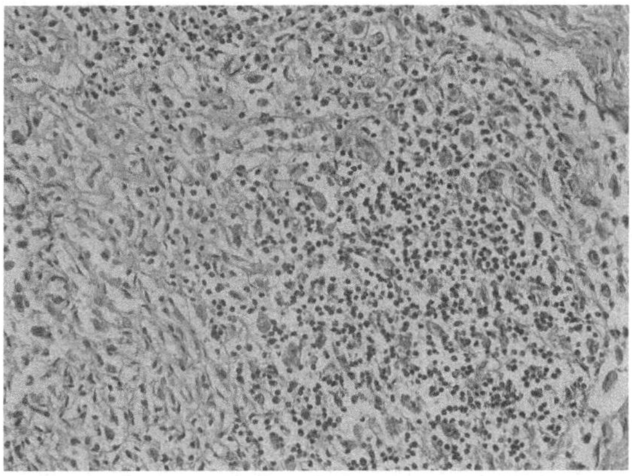

图 14-8　坏死性淋巴结炎（犬）

网状细胞有些增生，淋巴细胞坏死，导致淋巴小结变小，仅残存部分淋巴细胞。

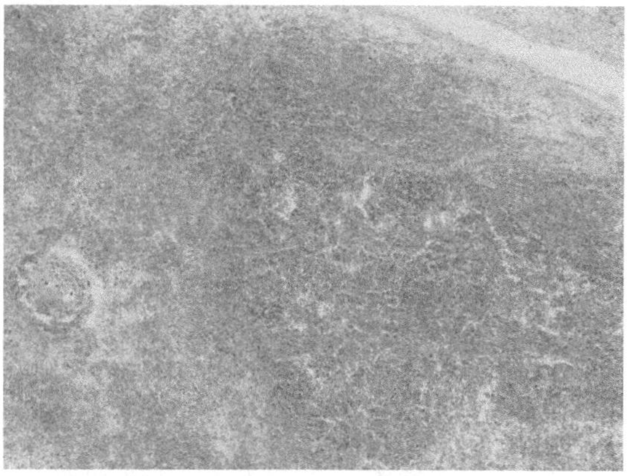

图 14-9　出血坏死性淋巴结炎（猪炭疽）

颌下淋巴结的结构严重破坏，淋巴组织几乎坏死消失，淋巴小结仅残存少量淋巴细胞；充血、出血与中性粒细胞炎症渗出均很严重。

结局　坏死性淋巴结炎的结局取决于病变程度、机体抵抗力及有无继发感染。若坏死灶小、机体抵抗力强，坏死灶可被溶解、吸收，并完全恢复；较大的坏死灶，可发生机化或包囊形成。淋巴组织广泛坏死，常导致淋巴结的纤维化，如继发感染可转变为化脓性淋巴结炎。

（四）化脓性淋巴结炎

化脓性淋巴结炎（suppurative lymphadenitis）是指伴有组织脓性溶解的淋巴结炎。常发生于所属器官或组织的化脓性炎症，由化脓菌沿血流、淋巴流转移而来。多见于马腺疫和猪链球菌病的颌下淋巴结，也可发生于组织、器官化脓性炎灶时累及的局部淋巴结。

病理变化 眼观，淋巴结肿大，表面或切面可见大小、形状不一的黄白色化脓灶，切面有灰黄色或灰绿色脓汁流出，严重时淋巴结可全部被脓汁取代，成为脓肿，并有包囊包裹，后期脓液干涸。

镜下，炎症初期淋巴窦内聚集浆液和大量中性粒细胞，窦壁细胞增生、肿大，进而中性粒细胞大量聚集、变性、崩解，局部组织发生溶解形成脓液。经时较久，可见化脓灶周围有纤维组织增生而形成包囊。

结局 化脓性淋巴结炎的结局，因病因性质、毒力和机体的机能状态不同而异，小的脓肿，可被机化形成疤痕；大的脓肿可形成包囊，脓液干涸后变为干酪样物质，进而发生钙化，与结核病灶不易区分。体表淋巴结的脓肿，有时可向皮肤表面破溃排脓并形成瘘管。化脓性淋巴结炎常经淋巴管蔓延至下游的淋巴结，化脓菌可通过淋巴管和血管播散至全身，引起多器官化脓性炎症，甚至发生脓毒败血症。

二、慢性淋巴结炎

慢性淋巴结炎（chronic lymphadenitis）是指由病原致病因素反复或持续作用所引起的以细胞显著增生为主要表现的淋巴结炎。常见于慢性经过的传染病（如结核、副结核等）或组织器官发生慢性炎症时，也可由急性淋巴结炎转变而来。慢性淋巴结炎可分为细胞增生性淋巴结炎和纤维增生性淋巴结炎。

（一）细胞增生性淋巴结炎

细胞增生性淋巴结炎是指淋巴结变质和渗出不明显、细胞显著增生的炎症过程，故又称增生性淋巴结炎。

眼观，淋巴结肿大，质地稍硬，切面皮、髓质结构不分，较干燥，呈灰白色脑髓样，故称髓样肿胀，有时因淋巴小结增生而呈颗粒状。特殊肉芽肿性淋巴结炎，切面可见灰白色结节状病灶，结节中心发生干酪样坏死或钙化。

镜下，淋巴细胞、网状细胞均增生，淋巴小结增大，生发中心明显，淋巴小结与髓索以及淋巴窦之间界限不明显，仅可见淋巴细胞弥散性分布于整个淋巴结内，固有结构模糊不清，髓索的浆细胞往往增生。网状细胞散在于淋巴细胞间，且肿大、变圆，形成大圆形细胞。

（二）纤维增生性淋巴结炎

纤维增生性淋巴结炎又称纤维性淋巴结炎，以淋巴结内结缔组织增生和网状纤维胶原化为特征，主要是由浆液性淋巴结炎和化脓性淋巴结炎转移而来的，但也可见于某些病原因素长期作用。

眼观，淋巴结体积变小，质地坚硬，切面可见增生的结缔组织呈不规则地交错行走在淋巴结内，淋巴结固有结构模糊不清或消失。

镜下，淋巴结结缔组织显著增生，网状纤维变粗并转变为胶原纤维，血管壁硬化。严重时，整个淋巴结可变成纤维结缔组织。在淋巴细胞之间也可见巨噬细胞，有时还可见浆细胞散在分布或小灶状集结。充血和渗出现象不明显，偶见少量白细胞浸润和细胞的变性、坏死。

第四节 骨 髓 炎

骨髓炎（osteomyelitis）是指骨髓的炎症，多由感染或中毒引起。按骨髓炎的经过不同可分为急性骨髓炎和慢性骨髓炎两类。

一、急性骨髓炎

急性骨髓炎（acute osteomyelitis）按其病变性质，可进一步分为化脓性和非化脓性骨髓炎。

（一）急性化脓性骨髓炎

急性化脓性骨髓炎是由化脓性细菌感染所致。致病菌以金黄色葡萄球菌最多，其次为溶血性链球菌，其他如肺炎双球菌、大肠杆菌、绿脓杆菌等也能引起化脓性骨髓炎。病原菌进入骨髓的途径可以是血源性感染，也可以是附近软组织或关节的化脓性感染（如化脓性骨膜炎）直接蔓延至骨髓，或由骨折损伤所致的直接感染。

急性化脓性骨髓炎可在骺端或骨干的骨髓中形成脓肿，局部骨髓固有组织坏死、溶解。随着脓肿的扩大，化脓过程不仅可波及整个骨髓，还可侵及骨组织。骨髓的化脓性炎症可侵蚀骨干的骨密质到达骨膜下，引起骨膜下脓肿。此时，由于骨膜与骨质分离，使骨质失去来自骨膜的血液供给而发生坏死，被分离的骨膜因刺激引发成骨细胞增生，继而形成一层新骨。新骨逐渐增厚，形成骨壳包围部分或整个骨干，骨壳通常有许多穿孔，成为骨瘘孔，并从孔内经常向外排脓。化脓性骨髓炎也可经骨骺端侵及关节，引起化脓性关节炎。如果大量化脓菌进入血液，可导致脓毒败血症。

（二）急性非化脓性骨髓炎

急性非化脓性骨髓炎是以骨髓各系血细胞明显变性、坏死为主要表现的急性骨髓炎，常由病毒感染（如马传染性贫血病病毒、鸡传染性贫血病病毒）、中毒（如苯、蕨类植物）和辐射损伤引起。

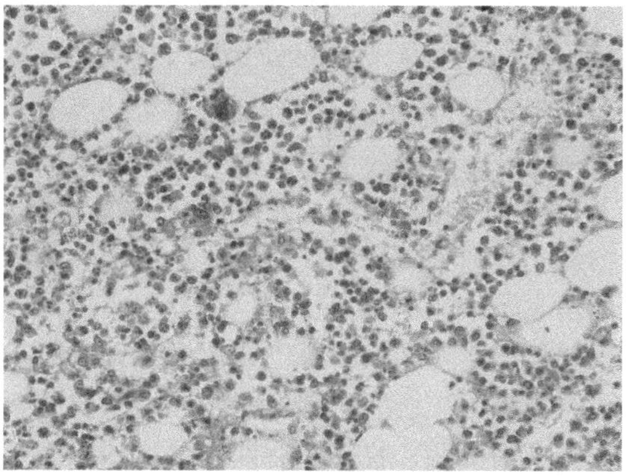

图 14-10 急性非化脓性骨髓炎（急性马传染性贫血）

骨髓坏死显著，红骨髓细胞减少，红细胞系、粒细胞系和巨核细胞系的细胞均有明显坏死、崩解。

眼观，非化脓性骨髓炎眼观病变不明显，通常仅见长骨的红髓区质地稀软，色彩变淡，呈黄红色。

镜下，骨髓组织中细胞成分（红细胞系、粒细胞系和巨核细胞系）明显减少，细胞均发生严重变性、坏死、崩解，小血管内皮细胞肿胀、变性，并见浆液和炎性细胞渗出，常见充血和出血性病变。骨髓组织中可见单核细胞呈小灶状增生，偶见早幼细胞的异常分裂象(图 14-10)。

非化脓性骨髓炎的转归取决于原发病的

发展，如病程延长则转为慢性骨髓炎。

二、慢性骨髓炎

慢性骨髓炎通常是由急性骨髓炎转变而来，也可分为化脓性骨髓炎和非化脓性骨髓炎两种。

（一）慢性化脓性骨髓炎

慢性化脓骨髓炎是由急性化脓性骨髓炎迁延不愈转变而来，其特征为形成脓肿、结缔组织和骨组织增生。此时，脓肿周围肉芽组织增生形成包囊，并发生纤维化，其周围骨质常硬化成壳状，形成封闭性脓肿。有的脓肿侵蚀骨质及其相邻组织形成向外开口的脓性窦道，窦道周围肉芽组织明显增生并纤维化，不断排出脓性渗出物，长期不愈。骨髓内形成脓肿病灶后，骨髓内压力增高、血流中断，骨膜下形成的脓肿常导致骨坏死、病理骨折，甚至大段骨坏死造成骨缺损。

（二）慢性非化脓性骨髓炎

常见于慢性马传染性贫血、侵害骨髓的网状内皮组织增生病、禽J-亚型白血病、慢性中毒等。

眼观，马传染性贫血时，长骨骨髓的红髓区扩大，有时黄骨髓中可见点状红骨髓。而在网状内皮组织增生病、禽J-亚型白血病时，红骨髓则逐渐变成黄骨髓，甚至变成灰白色。

镜下，可见骨髓组织中细胞成分比急性非化脓性骨髓炎时增多，但发育不到正常水平；红细胞系、粒细胞系和巨核细胞系的细胞均有不同程度的减少，各系细胞仍有变性、坏死发生，但较急性期少；在红骨髓中见淋巴细胞呈散在或灶状增生，尤其是在小动脉周围和红、黄骨髓交界处，其中还可见到相当数量的浆细胞，同时见单核细胞和网状细胞增生。此外，红骨髓与黄骨髓分界模糊，黄骨髓中有红细胞系和粒细胞系的细胞群出现。

第五节　法氏囊炎

法氏囊炎是由病原微生物引起的法氏囊的炎症。主要见于鸡传染性法氏囊病、鸡新城疫和禽流感等传染性疾病。按性质可分为卡他性炎症、出血性炎症和坏死性炎症。

眼观，法氏囊周围有淡黄色胶冻状浸润物，法氏囊明显肿大变圆，比正常大1～3倍以上，质地变硬，潮红或紫红色。法氏囊切开后，腔内常见血液、灰白色黏液或干酪样坏死物，黏膜肿胀、充血、出血或见灰白色坏死点。后期法氏囊萎缩，壁变薄，黏膜褶皱消失，色暗无光泽。

镜下，大多数的淋巴滤泡实质细胞呈不同程度的变性、坏死，细胞核崩解破碎，有的滤泡充满浆液或血液，滤泡间组织水肿扩张、充血和出血，并有一些异嗜性粒细胞浸润。黏膜上皮细胞变性、脱落。后期，淋巴滤泡萎缩消失，间质结缔组织增生，严重时法氏囊淋巴组织被结缔组织取代而发生纤维化。

复习思考题

1. 名词解释：血小板减少性紫癜　败血脾　窦卡他　髓样肿胀

2. 导致溶血性贫血发生的主要因素有哪些？
3. 简述维生素 B_{12} 和叶酸缺乏导致贫血的机制。
4. 简述贫血发生时对机体的影响。
5. 动物患病时，血液中白细胞的增减有何意义？
6. 简述急性淋巴结炎的眼观病理变化。
7. 简述法氏囊炎的病变特征。

（陈创夫　王雯慧）

第十五章　心血管系统病理

心血管系统是由心脏、血管（包括动脉、毛细血管和静脉）和血液构成的一个封闭的、供全身血液循环的管道系统，其病理现象在兽医临诊上比较多见，病理过程也十分复杂，并同其他系统之间有着密切的相互关系。

本章重点论述心脏和血管的炎症以及各种原因导致的心脏肥大、心脏扩张、心肌病和心功能不全等。

第一节　心脏病理

一、心脏肥大

心脏肥大（cardiac hypertrophy）是指心脏因心肌纤维增粗而导致的体积增大、重量增加及心壁增厚的现象。因其增大的基础是心肌纤维增粗，故也称为心肌肥大。

心脏肥大在生理状态和病理条件下均可发生，发生于前者时，称为生理性肥大或工作性肥大，见于赛马和猎犬等。其特点是心脏各部分成比例地肥大，但外形仍保持正常。在病理条件下发生的肥大称为病理性肥大，由多种原因引起，常发生在功能增强的心室或心房，可以是心脏的单侧或两侧，也可以是一个心室或一个心房，但以左心室肥大最为多见。

根据心腔的变化，又将病理性肥大分为离心性肥大和向心性肥大。离心性肥大（eccentric hypertrophy）的特点是伴有明显的心腔扩张，即容量负荷增加时，心腔增大，心肌纤维以增长为主。向心性肥大（concentric hypertrophy）的特点是不伴有心腔扩张，在阻力负荷增加时，心脏肥大比容量负荷增加时更显著，但早期心脏并无明显扩张。

病因和发病机制　病理性肥大是由心腔血容量增多或循环阻力增大所致。左心室肥大多源于主动脉瓣狭窄和闭锁不全或外周小动脉阻力大等，而右心室肥大多因肺动脉瓣狭窄、慢性肺气肿和肺性高血压等。常见的病因及机制如下：

1. 动脉疾患　见于主动脉瘤、主动脉先天性狭窄、血栓形成、肿瘤压迫、动脉硬化等，这些病变均可导致循环阻力增大、心脏负荷增加，从而使心脏发生肥大。

2. 心瓣膜病　心瓣膜病包括瓣膜闭锁不全和瓣口狭窄。如二尖瓣发生闭锁不全，左心室收缩时就会有部分血液逆流到左心房，使心舒张期有多量血液从左心房注入左心室，左心房和左心室由于长期负荷增加，结果发生肥大。若左心不能胜任这种额外负荷而传至右心，还可引起右心肥大。

3. 肺脏疾患　慢性肺气肿、慢性肺炎及肺与胸膜粘连等病理过程均可影响肺脏的血液循环，从而增加右心负荷，导致右心肥大。

4. 心包粘连　心包脏层与壁层粘连时，牵制心脏的搏动，增加心肌收缩负荷，从而导致心脏肥大。

5. 慢性肾炎　因大量肾单位纤维化，肾组织缺血，刺激肾小球旁器分泌肾素增多，通过肾素-血管紧张素系统，使外周小动脉收缩，引起血压升高，从而增加左心室负荷，结果导致左心室肥大。

病理变化　眼观，心脏体积增大，重量增加，心壁增厚、硬实，乳头肌和肉柱变粗。心脏外形有所改变，当右心室肥大时，常见心尖部横径增加；而左心室肥大时，则见心脏纵径增长（图 15-1）；若左右心室均发生肥大，心脏则变得比正常圆。

镜下，肥大的心肌纤维普遍增粗、增长，且粗细不均。

结局　心脏肥大是心脏功能长期代偿性增强的结果，但经过长时期的稳定代偿后，若病理性负荷没有解除或不断加重，心脏功能则会逐渐减弱而失去代偿作用，转化为心力衰竭。

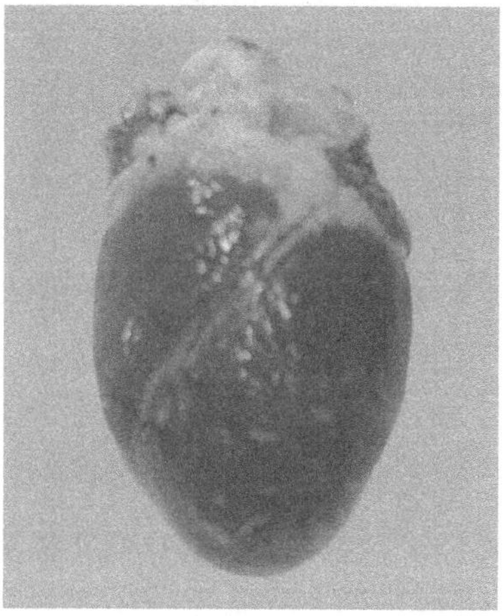

图 15-1　左心肥大

心脏体积增大，外形改变，尤其纵径增长。

二、心 脏 扩 张

心脏扩张（cardiac dilatation）是指心腔容积扩大的现象。

它是心血管疾患的继发现象，是心脏功能不全的表现，常起因于心脏血容量超负荷，一般呈慢性发展，可发生在整个心脏，也可发生在 1 个或 2～3 个心房、心室，但以右心室扩张最为常见。例如，肉用仔鸡腹水综合征、牛高山病及肺性高血压等疾病均可看到明显的右心室心脏扩张。

病因和发病机制　根据心脏扩张的机制和病变特点，可将其分为以下两种类型：

1. 紧张源性心扩张（tonogenic dilatation）　也称机能性心扩张（functional dilatation）。其特点是心腔横径和纵径都增长，常伴有心肌肥大，心肌纤维变长、变粗，紧张性增高，心收缩力增强。这是对血容量负荷过重的代偿性功能增强的表现，发生于心脏功能不全的代偿期，见于各种心血管疾患引起的心腔排空受阻、心脏排出的血液部分反流及部分心肌收缩力减弱。

2. 肌源性心扩张（myogenic dilatation）　也称结构性心扩张（structural dilatation），由紧张源性心扩张发展而来。其特点是心腔横径增长，心壁变薄，肥大的心肌纤维发生变性，收缩力降低，心脏收缩时血液不能被排空而积留在心腔（图 15-2）。肌源性心扩张是心肌功能不全和衰竭的表现，发生于心脏功能不全的失代偿期，见于一些急性传染病（如牛传染性胸膜肺炎、恶性口蹄疫等）所伴发的心肌炎、心肌病、心内膜炎以及中毒等经过中，有时呈急性发作。

病理变化 心脏扩张多发生在右心室，常见心脏的横径增大，外形呈卵圆形（图15-3）。若心脏扩张仅局限于心腔的某一部分，则可形成所谓的心脏动脉瘤（cardiac aneurysm）。扩张的心腔内常积有血液或血凝块。心壁薄而柔软，切开时心室壁自行塌陷。心肌往往表现贫血、变性，乳头肌和肉柱变得平展。左心扩张时的肺脏，右心扩张时的肝脏、脾脏、肾脏等器官伴有明显淤血，皮下和肌间水肿，心包腔、腹腔和胸腔积液。在慢性病例，常伴有相应心房、心室的肥大，还可见心瓣膜纤维化、肝硬化、肺褐色硬化等。

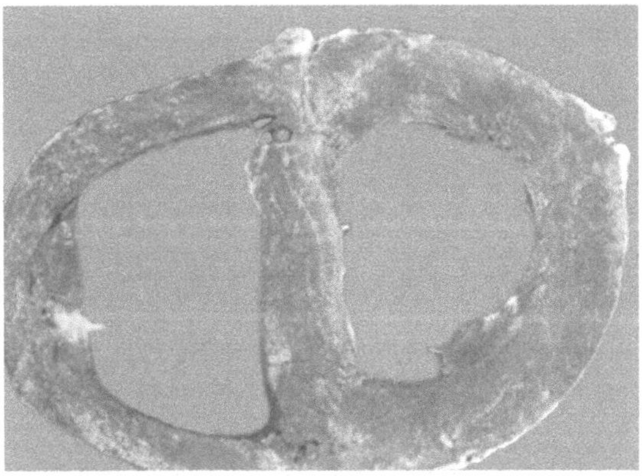

图 15-2 肌源性心扩张（乳牛）
心脏冠状沟下横断面：左、右心室高度扩张，心室壁变薄。

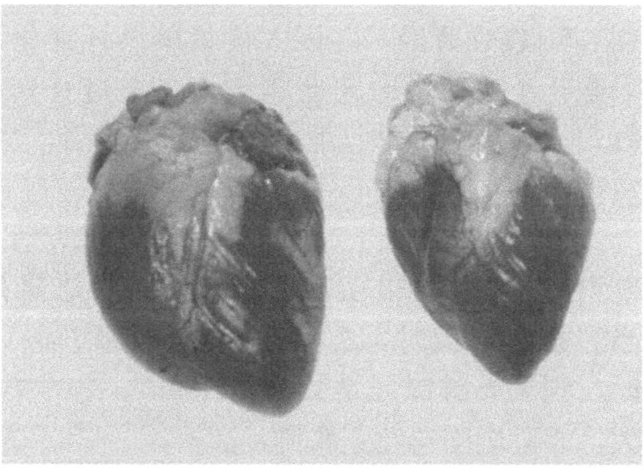

图 15-3 右心室扩张（山羊）
左侧为右心室，心脏体积增大，横径增宽，心室积有血凝块；右侧为山羊正常心脏。

三、心 内 膜 炎

心内膜炎（endocarditis）是指发生在心内膜的炎症。

根据心内膜炎发生的部位，可将其分为瓣膜性、心壁性、腱索性和乳头肌性心内膜炎，其中以瓣膜性心内膜炎（心瓣膜炎）最为常见，但发生部位因病因和动物的不同而有所差异。猪和马的心内膜炎常发生在二尖瓣和主动脉瓣，而牛则在三尖瓣、肺动脉瓣和心室内壁。动脉瓣的炎症常起始于瓣膜的心室面，房室瓣的炎症则在心房面，也就是瓣膜对着血流的表面。

病因和发病机制 细菌、病毒和寄生虫等均可引发心内膜炎，但以细菌感染引起的心内膜炎最为常见。在猪，主要伴发于慢性猪丹毒，链球菌病可发生急性心内膜炎。心内膜炎病灶中偶尔可检查出葡萄球菌、化脓棒状杆菌和沙门菌。牛羊心内膜炎的主要病原菌为化脓棒状杆菌、链球菌和葡萄球菌，大多数病例的原发病灶是创伤性网胃-腹膜炎、子宫炎、乳腺炎。马的心内膜炎常伴发于马腺疫和放线菌病。另外，某些先天性因素也可引起心内膜炎。

家畜心内膜炎的发病机制因病原不同而异。急性心内膜炎常常是病原菌在引起败血症或菌血症时，其本身及其毒性产物直接作用的结果，在病灶中多可发现致病菌的菌落。细菌毒力的强弱也是发病的重要因素，实验证明，给猪和实验动物注射强毒猪丹毒杆菌比弱毒菌容易引起心内膜炎。

慢性心内膜炎的发生可能与变态反应和自身免疫反应有关。用链球菌与家兔的心肌或结缔组织悬液，反复给家兔注射，可使部分家兔诱发心内膜炎或心肌炎。又如给猪反复注射猪丹毒抗原可诱发Ⅳ型变态反应；用猪丹毒杆菌培养物，多次注射健康猪后可实验性地引起猪丹毒心内膜炎，其病灶呈现胶原纤维纤维素样变、嗜酸性粒细胞和浆细胞浸润等变态反应性炎症的某些特征变化；而制造猪丹毒血清的马仅在多次注射猪丹毒杆菌后才发生心内膜炎。近来还证实，猪丹毒杆菌抗原与瓣膜和心肌抗原之间存有交叉免疫反应，因此有人认为细菌性心内膜炎是机体遭受猪丹毒杆菌和链球菌感染后，其菌体蛋白可与机体胶原纤维的黏多糖结合，形成复合性自身抗原并刺激机体产生相应的抗体，这种抗自身抗体在心内膜的胶原纤维上结合，并沉积下来，在补体的作用下，使胶原纤维发生纤维素样坏死。由于这种变态反应损伤了心内膜，成为血栓的形成基础，也为局部细菌繁殖创造了条件，导致心内膜炎的发展。此外，心瓣膜容易受损伤，可能与它不停地运动、机能负荷较大以及瓣膜游离缘缺乏血管、营养供应较差、抵抗力较低有一定的关系。所以，病变常发生于瓣膜边缘，特别是瓣膜的向血流面。又因左心二尖瓣的负荷高于右心三尖瓣，所以心内膜炎的发病率60%位于二尖瓣，40%位于三尖瓣或其他瓣膜。

病理变化　心瓣膜的游离缘缺乏血管分布，因此，在心瓣膜发生炎症时，渗出过程不明显，主要表现心内膜坏死及由此而导致的心内膜表面的血栓形成和随后发生机化。

根据病变特点，可将心内膜炎分为：疣状血栓性心内膜炎和溃疡性心内膜炎。

1. 疣状血栓性心内膜炎（verrucose thromboendocarditis）　多由毒力较弱的细菌感染引起。其特征是炎症过程发展缓慢，心瓣膜受损轻微，常在二尖瓣心房面和主动脉瓣心室面的游离缘形成疣状赘生物。

眼观，炎症初期在心瓣膜游离缘表面（面向血流方向的表面）附着多少不等的呈串珠状或散在的颗粒状黄白色血栓，很容易剥离。之后，血栓逐渐增大，同时从瓣膜基部有毛细血管和成纤维细胞增生并长入血栓中，血栓因此被机化而变硬实，成为灰白色或黄褐色较小的赘生物，其表面粗糙，质脆易碎。由于血栓形成和血栓机化反复进行，因而使赘生物不断增大和融合，最后变成黄白色表面粗糙不平的花椰菜状赘生物，与心瓣膜紧密相连（图15-4）。该病变常可导致瓣口狭窄和瓣膜闭锁不全。

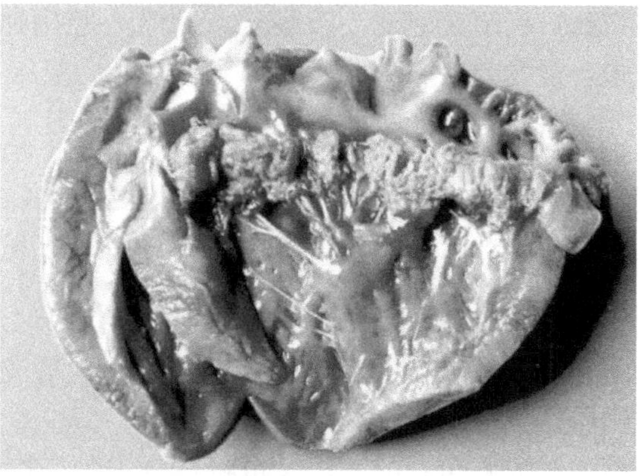

图15-4　疣状血栓性心内膜炎（慢性猪丹毒）
二尖瓣上有花椰菜样赘生物，瓣膜明显增厚变形。

镜下，炎症初期可见瓣膜内皮细胞变性或坏死、脱落，心内膜下充血、出血，伴有淋巴细胞和巨噬细胞浸润，胶原纤维坏死、崩解。在炎灶表面形成由血小板、纤维素、少量细菌和中性粒细胞组成的白血栓，附着在心内膜弹性膜上。随着炎症的发展，血栓不断增大并被机化（图15-5）。

2. 溃疡性心内膜炎（ulcerative endocarditis）　常伴发于败血症过程，故又称败血性心内膜炎（septic endocarditis）。多见于化脓菌或致病力较强的细菌感染，呈急性经过，炎症发展迅速，瓣膜受损严重，波及深层组织，有明显的坏死过程和较大的血栓性疣状物

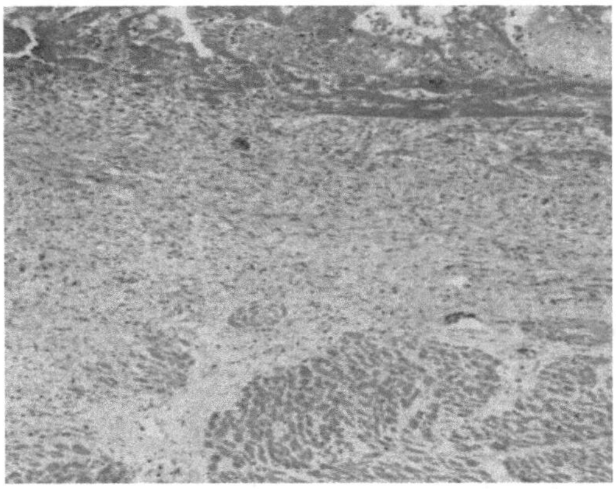

图 15-5 疣状血栓性心内膜炎（慢性猪丹毒）
表面为血栓，中间为血栓机化部分，
下为心肌纤维（横切面）。

形成。

眼观，炎症初期，瓣膜表面出现形态不规则的淡黄色坏死斑点，进而病灶迅速扩展、融合、发生脓性分解，形成溃疡。溃疡面上附着灰黄色血栓。随着炎症的发展，血栓迅速增大并成为大块附着物，其内混杂有红血栓，质地脆弱，容易脱落，剥离血栓后可见瓣膜有溃疡。若伴有化脓，可能导致瓣膜穿孔，甚至损及腱索和乳头肌而使之断裂。心瓣膜病变也可向心壁内膜扩展。

镜下，病变部深层组织坏死，与邻近组织之间有一化脓带，其外围组织中则见中性粒细胞和巨噬细胞浸润，以及肉芽组织增生。坏死组织表面附着的血栓由大量纤维素和少量血小板构成，其中含有坏死的脓细胞及细菌团块，有时也见钙化斑。

结局和对机体的影响 心内膜炎通常呈进行性发展，反复形成血栓和血栓机化，使病变逐步加重并导致严重后果，主要表现在两个方面：①血栓表面物质在血流冲击下脱落形成栓子，随血流运行，造成栓塞，引发相应器官局部组织梗死（来自左心的栓子可到达肾脏、脾脏、心脏，引起梗死、栓塞性肾小球肾炎和心肌炎，来自右心的栓子常引起肺栓塞和梗死），如果血栓内含有化脓菌（败血性栓子）则在栓塞部位形成转移性化脓灶。②瓣膜上的赘生物以及后期瓣膜增厚、变硬、粘连和腱索增粗、缩短等，均可造成瓣膜闭锁不全和瓣口狭窄，引发心瓣膜病，此时心腔内血流动力学发生障碍，进一步引发心脏肥大与扩张，最终导致心功能不全和充血性心力衰竭，而且由于瓣膜启闭障碍，听诊心脏时可在相应部位听到心杂音。此外，炎症若波及心脏传导系统，还会出现心脏节律不齐。如果炎症发展快且波及范围广，动物常发生猝死。

四、心　包　炎

心包炎（pericarditis）是指发生在心包浆膜壁层和脏层（即心外膜）的炎症。主要由细菌和机械性损伤引起，以心包腔蓄积大量炎性渗出物、心包浆膜面附着纤维素性或纤维素-化脓性炎性渗出物为特征。

根据心包炎的病因，可将其分为传染性心包炎、创伤性心包炎和寄生虫性心包炎；若根据炎性渗出物的性质，可将心包炎分为浆液性、纤维素性、化脓性、出血性、腐败性或混合性等心包炎，通常以浆液-纤维素性心包炎最为常见。

病因和发病机制 心包炎常伴发于传染病，但有时也可作为一种独立的疾病发生，如牛的创伤性心包炎、猪浆膜丝虫病等。

1. 病原微生物感染 主要是由细菌感染引起，其次是支原体和病毒等。常见于以下传染病：牛的巴氏杆菌病、气肿疽、结核病、产气荚膜梭菌感染、传染性胸膜肺炎、初生犊大肠杆菌病和沙门菌病，猪的巴氏杆菌病、败血型链球菌病、猪丹毒、支原体性肺炎、沙门菌病、猪瘟及流感，绵羊的巴氏杆菌病、链球菌病，马的链球菌病，鸡和鸭的沙门菌病、大肠杆菌败血病、禽霍乱、鸭传染性浆膜炎、鸡慢性呼吸道病等。

细菌和病毒引起的心包炎是由于它们侵入血流，形成菌血症、败血症或病毒血症所致，或由邻近发炎的器官组织直接蔓延至心包引起。支原体引起的心包炎均为呼吸道感染，一般先引起肺炎、胸膜炎，尔后蔓延到心包引起炎症。此外，饲养不当、受凉和过劳等应激因素可降低机体抵抗力，对心包炎的发生有一定的促进作用。

2. 寄生虫感染　见于猪浆膜丝虫病（serofilariasis in swine），由猪浆膜丝虫（serofilaria suis）的成虫寄生在心外膜淋巴管内引起。

3. 创伤　见于牛的创伤性心包炎（traumatic pericarditis），偶尔见于羊。本病的发生主要是饲草料加工粗放，饲养管理不当，对饲草料中的金属等异物检查和处理不细所致。

牛在采食时对饲草料中的金属异物等（主要是铁丝、钢丝、铁钉、大头针、回形针、缝针、碎铁片、竹签或玻璃碎片等尖锐物体）感觉比较迟钝，很容易发生误食，从而使其进入网胃。因网胃的前部仅以薄层的横膈与心包相邻，故当网胃收缩时，往往使混入食物中的尖锐物体刺破网胃壁和横膈而穿入心脏，此时胃内微生物和异物上污染的细菌也随之侵入（主要是化脓棒状杆菌、坏死杆菌、产气荚膜梭菌、金黄色葡萄球菌、大肠杆菌等化脓腐败菌），从而引发创伤性心包炎，严重时可伴发胸膜炎、心肌炎、心内膜炎、肺炎、败血症或继发局灶性腹膜炎和粘连等。

病理变化　心包炎多表现为混合性渗出性炎症，常见的有浆液-纤维素性炎和浆液-纤维素-化脓性炎，前者主要由传染性因素引起，后者见于创伤性心包炎。

1. 传染性心包炎　常呈急性经过，开始为浆液性炎症，随后发展为浆液-纤维素性炎症。

眼观，初期心包浆膜面普遍充血，心包腔蓄积淡黄色浆液性渗出物，若含有较多白细胞和脱落的间皮细胞则变得浑浊，渗出物量多时心包明显扩张。随着炎症的发展，大量纤维素随浆液一起渗出，附着在心包壁层的内面和心外膜的表面，并凝结成黄白色薄膜，进入心包腔中的纤维素则呈絮状或凝块悬浮于渗出物中。时间较久时，覆盖在心外膜表面的纤维素膜增厚，并因心脏跳动、摩擦而形成典型的“绒毛心”（图 15-6）。附着在浆膜表面的纤维素膜一般易于剥离，且剥离后局部浆膜面粗糙而无光泽，有时可见出血斑点。呈慢性经过时，被覆于心包浆膜面上的纤维素膜往往发生机化，致使心包脏层和壁层发生粘连。在牛结核性心包炎，其心包腔中的渗出物可干涸成干酪样物填塞心包，若经时较久，还可见特异性与非特异性组织增生，使心外膜被覆层增厚，形似盔甲，故称“盔甲心”。

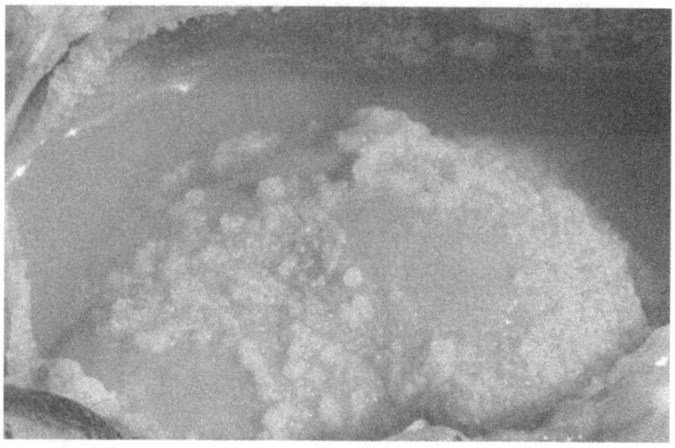

图 15-6　传染性心包炎（副猪嗜血杆菌感染）
心包积液，心外膜上有大量纤维素附着（绒毛心）。

镜下，初期心外膜充血、出血、水肿，中性粒细胞浸润，间皮变性、肿胀，表面附有少量纤维素。之后，间皮细胞坏死、脱落，心外膜渗出加重，白细胞等炎症细胞增多，有大量呈条索状的纤维素附着。心外膜相邻的心肌纤维发生颗粒变性和脂肪变性，心肌纤维间可见充血、水肿、炎性细胞浸润。病程较久的病例，可见间皮细胞再生，有时呈立方状，渗出的纤维素溶解、吸收或被增生的肉芽组织机化。

2. 创伤性心包炎　常呈慢性经过，有时病程可达数年之久。病变和传染性心包炎相似，但早期便呈浆液-纤维素性炎症变化，并因伴有化脓腐败菌感染，很快转变为浆液-纤维素-化脓性心包炎。以后，心包腔内的渗出物发生腐败分解，产生气体，转为腐败性心包炎。

眼观，心包腔蓄积大量污秽恶臭的浆液-纤维素-化脓性渗出物，其中混有气泡。渗出物的量在牛可多达 30～40L，羊可达 5～8L。心外膜被覆厚层污绿色纤维素-化脓性渗出物。在心包腔渗出物中或在心尖、心脏左侧或右缘上，常可发现尖锐的异物，有时在异物穿刺的径路上，由于肉芽组织增生，可形成含有脓汁的管道。异物有时也可转移到胸腔、肺脏、肋间、皮下组织，甚至返回网胃。后期，心外膜上的纤维素性渗出物被机化，形成“盔甲心”。同时心包壁层和脏层不同程度地粘连，使心包腔缩小，甚至完全闭合（图 15-7）。

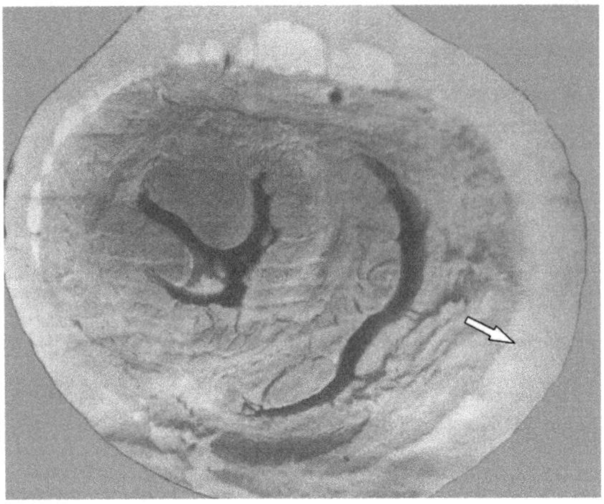

图 15-7　牛创伤性心包炎

慢性病例的心脏横切面：心外膜的炎性渗出物已被肉芽组织机化，形成厚层环形灰白色致密的结缔组织（⇧）。

创伤严重时，尖锐异物可刺伤心肌而导致创伤性心肌炎（traumatic myocarditis），在损伤局部形成腐败性脓肿，其中常可发现异物，如果脓肿向心室破溃，可引发脓毒败血症。当异物损伤心内膜时，还可引起创伤性心内膜炎（traumatic endocarditis），所形成的腐败性化脓性碎屑物若被血液冲走，则成为败血性栓子而引起其他器官的转移性脓肿。此外，创伤性心包炎还常伴发创伤性网胃炎、膈肌炎和胸膜炎，病程久者，可发生心包与膈、网胃与膈的粘连，伴发胸膜炎的病牛，其胸腔也见大量渗出物。

镜下，心外膜上的渗出物由纤维素、中性粒细胞、脓细胞、巨噬细胞、红细胞与脱落的间皮细胞等组成。炎症后期发生机化（图 15-8）。若心肌和心内膜受损，还可看到化脓性心肌炎、化脓性心内膜炎等变化。

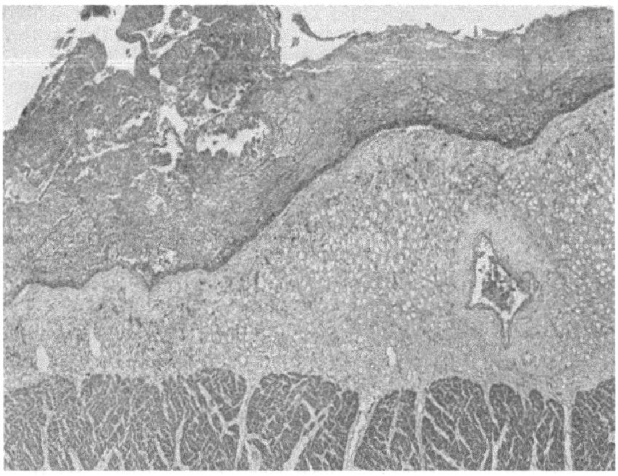

图 15-8　牛创伤性心包炎

心外膜上附着厚层炎症渗出物，在渗出的纤维素条索中有大量的中性粒细胞和脓细胞浸润，渗出物表面不平，心外膜结缔组织增生。

3. 寄生虫性心包炎　虽然猪浆膜丝虫可寄生在心脏（心内膜、心外膜）、肝脏、胆囊、子宫阔韧带、腹膜、胃、膈肌肌膜、肋胸膜以及肺动脉基部和主动脉管壁等多种器官组织的浆膜淋巴管内，但主要寄生于心外膜，并引起慢性心外膜炎。其他部位的病变和心脏的类似。

眼观，由于淋巴管局部有虫体寄生而发生扩张、淋巴液淤积，因此在心外膜表面，尤其纵沟附近常见绿豆大小的水泡状或长短不一的条索状病灶。病灶呈灰白色，散在分布，少者一个心脏仅见 1～4 个，多时可见数十个，其中可找到数量不等的活的白色丝虫（呈乳白色，细似毛发）（图 15-9）。后期，病灶多发生钙化，形成砂砾状坚硬的白色结节，或形成纡曲的灰白色坚硬的索状病灶。严重病例，可见纤维素性心外膜炎的变化。

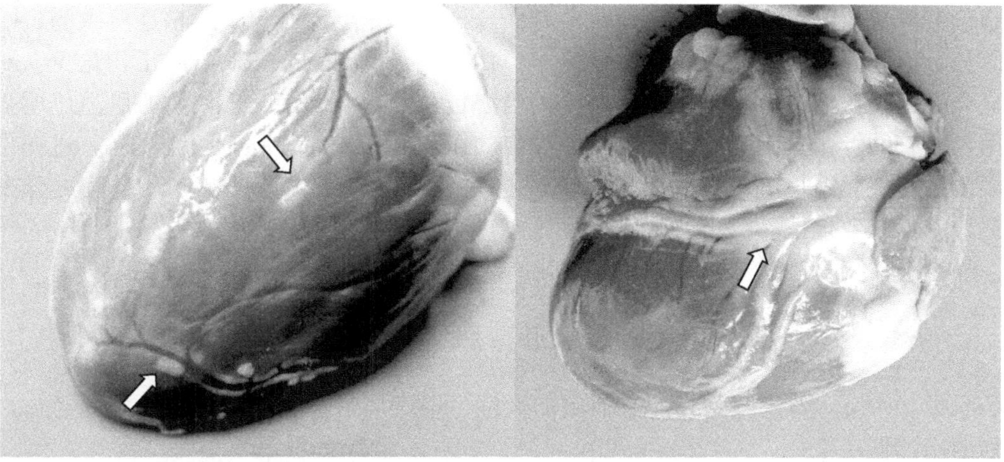

图 15-9　寄生虫性心包炎（猪浆膜丝虫病）

左侧心外膜可见乳白色水泡状病灶；右侧心脏纵沟及心外膜内的淋巴管因有猪浆膜丝虫寄生而扩张，隆突于心外膜表面呈白色条状（⇧）。

镜下，典型病变为浆膜丝虫性肉芽肿、浆膜丝虫性淋巴管栓塞和淋巴管周炎。

根据不同发展阶段，浆膜丝虫性肉芽肿可分别表现为细胞性肉芽肿、纤维性肉芽肿和钙化性结节。细胞性肉芽肿为早期病变，中心为虫体，虫体由大量嗜酸性粒细胞包围，最外围由大量淋巴细胞、单核细胞和少量成纤维细胞、胶原纤维构成。随着病变的发展，细胞性肉芽肿发展成为纤维性肉芽肿，此时虫体死亡，周围仍是嗜酸性粒细胞和淋巴细胞，外围则形成典型的结缔组织包囊。后期，死亡的虫体钙化，周围或有淋巴细胞浸润，或仅见少量淋巴细胞，最外围是厚层结缔组织包囊。

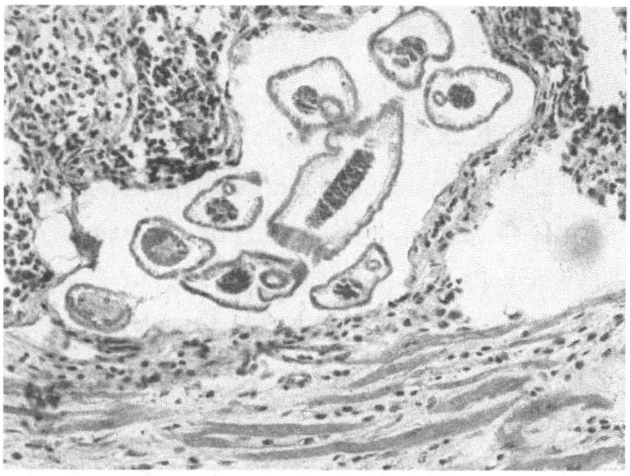

图 15-10　寄生虫性心包炎（猪浆膜丝虫病）

心外膜淋巴管发炎、扩张，管腔中有浆膜丝虫横切面，淋巴管周围有淋巴细胞、嗜酸性粒细胞浸润。

淋巴管病变是最早期的变化，主要表现为高度扩张，管腔中有较多丝虫，其周围和间皮下结缔组织中有较多嗜酸性粒细胞、淋巴细胞浸润（图 15-10）。

除上述变化外，心外膜病灶局部还因结缔组织增生而明显增厚，在肉芽肿邻近组织中，常见淋巴组织显著增生，形成密布的淋巴小结（多有明显的生发中心）。肉芽肿邻近的心肌纤维变性、坏死或萎缩，部分坏死的心肌纤维崩解消失而由炎性细胞所取代。

结局和对机体的影响　炎性渗出物较少时，可被溶解、吸收，损伤的间皮细胞经再生修复，炎症即可消散。但若心包腔中有大量渗出物，则不能被完全溶解吸收而发生干酪化，随后被间皮层下增生的肉芽组织所机化，从而使心包脏层与壁层发生广泛粘连，心包腔完全闭合，心脏的活动受到限制，最终导致心力衰竭。创伤性心包炎常因伴发胸膜炎、肺炎、心肌炎、心内膜炎，或因吸收渗出物的腐败分解产物和微生物毒素而引起脓毒败血症致病畜死亡。

心包炎对机体的影响主要表现在两个方面，一方面是上述心包浆膜粘连所致的影响，另一方面是心包腔内的渗出物对心脏的直接压迫作用。一般在炎症初期，渗出物量少，对心脏没有显著影响，血液循环障碍也不明显。但当心包积液逐渐增多时，便对心脏造成明显的压迫作用，心脏的舒张受到限制，尤其右心房内的压力升高，使静脉血回流受阻，进而出现全身性淤血和有效血液循环量减少。虽然此时也呈现心跳加快、呼吸加强及血液再分布等现象，但均难以有效代偿，故可能带来严重后果，甚至危及生命。

在临诊上，病畜躯体下部和四肢皮下出现明显水肿及心力衰竭等症状。

五、心 肌 炎

心肌炎（myocarditis）是指心脏肌层的炎症。以变质性炎症为主，多呈急性经过，常见于动物的病毒性传染病。

病因和发病机制　原发性心肌炎在兽医临诊上比较少见，多伴发于以下各类疾病：病毒性传染病，常见于口蹄疫、猪脑心肌炎、牛恶性卡他热、马传染性贫血、犬瘟热、犬细小病毒感染、鸡新城疫、禽脑脊髓炎、禽流感、猫传染性腹膜炎和流行性感冒；细菌性传染病，如巴氏杆菌病、猪丹毒、猪链球菌病、禽大肠杆菌病、坏死杆菌病、结核病、鼻疽等；寄生虫病，主要见于肉孢子虫病、猪囊尾蚴病、猪浆膜丝虫病、弓形虫病和锥虫病等；中毒病，见于马的霉玉米中毒及磷、砷、汞、镉等矿物质中毒；变态反应性疾病等。

心肌炎的发生主要通过以下几个途径：①通过血源性传播途径入侵心脏引起心肌炎；②由心内膜炎或心外膜炎蔓延所致；③由消化道而来的异物刺伤心肌引起，见于牛创伤性心包炎。

病理变化　心肌炎的分类尚不统一。通常依据炎症发生的部位和性质，将其分为实质性心肌炎、间质性心肌炎和化脓性心肌炎三种。

1. 实质性心肌炎（parenchymatous myocarditis）　炎症多取急性经过，伴有明显的心肌纤维变性和坏死，常见于病毒性传染病、急性败血症、中毒病等。

眼观，心脏有一定程度的扩张，尤以右心室扩张明显。病变部位的心肌失去光泽，呈灰黄色或灰白色，质地松软。炎症呈多灶状分布，因而在心内外膜和切面上可见许多灰白色或灰黄色斑点状和条纹状病变（图 15-11）。有时，在心肌横切面上，病变围绕心腔呈条纹状分布，呈“虎斑心”外观，在犊牛恶性口蹄疫时可以看到。在禽流感的一些病例中，心外膜上可见灰白色的条状病变。需要注意的是，实质性心肌炎的眼观病变很难与单纯的心肌变性、坏死区分。

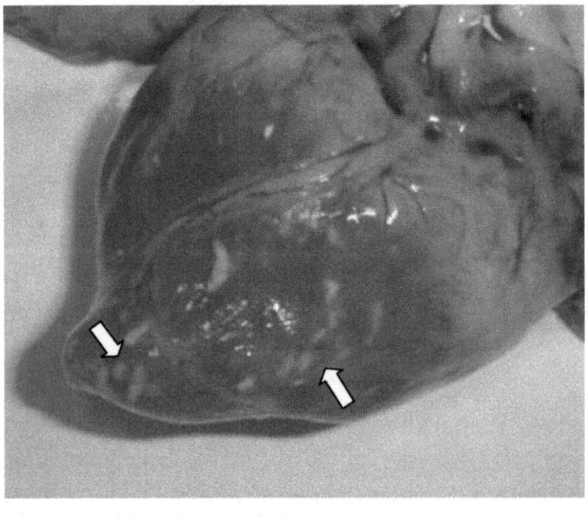

图 15-11　实质性心肌炎（猪口蹄疫）
在心外膜上可见许多灰白色或灰黄色斑点状和条纹状病变（⇧）。

镜下，轻度实质性心肌炎，仅见心肌纤维发生颗粒变性和脂肪变性。重症病例，则见心肌纤维呈现水泡变性、蜡样坏死。间质可见轻度充血、水肿及中性粒细胞、巨噬细胞和淋巴细胞浸润（图 15-12）。若由寄生虫或变态反应所致，则见较多嗜酸性粒细胞。

2. 化脓性心肌炎（suppurative myocarditis）　常由机体其他部位化脓灶的化脓性细菌栓子经血流转运到心肌而引起，或由带菌的异物损伤心肌所致，有时是邻近组织化脓性炎症蔓延的结果。

眼观，常在心肌内看到大小不等的脓肿。新形成的脓肿，其周围有红色炎性反应带，而陈旧脓肿的外周常有包囊形成。较大的脓肿中含有脓汁。

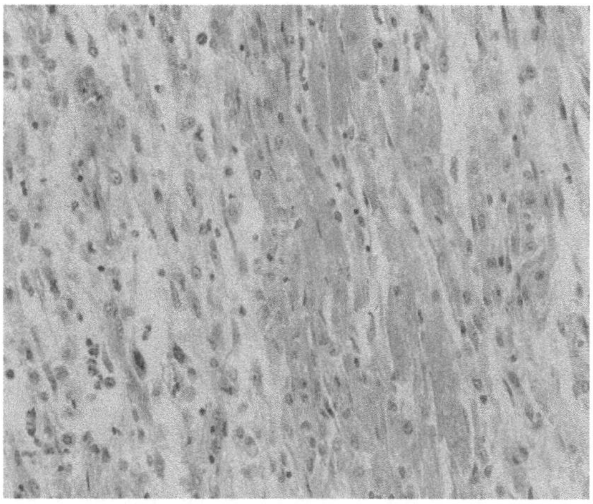

图 15-12　实质性心肌炎

心肌纤维变性、坏死，纤维间可见少量中性粒细胞。

镜下，脓肿部位含有大量的脓细胞，心肌纤维坏死溶解，其周围是充血、出血、中性粒细胞浸润。陈旧的脓肿外围可见纤维结缔组织增生。脓肿附近的心肌纤维发生不同程度的萎缩、变性等病变。

3. 间质性心肌炎（interstitial myocarditis）　炎症变化在间质显著，以渗出和增生变化为主，而心肌纤维的变性、坏死轻微。常见于病毒和细菌性传染病及中毒病等。

眼观，病变和实质性心肌炎十分相似，难以区分，故常通过镜下进行鉴别。

镜下，初期主要表现局灶性心肌纤维变性、坏死，之后间质的渗出和增生变化占主导地位，可见间质发生水肿，单核细胞、淋巴细胞、浆细胞和嗜酸性粒细胞浸润，成纤维细胞增生。炎症若呈慢性经过，则见间质结缔组织明显增生，并伴有不同程度的单核细胞浸润，而邻近的心肌纤维发生变性、坏死或萎缩，甚至溶解、消失。

结局和对机体的影响　轻微的心肌炎可以痊愈，但因心肌纤维没有再生能力，所以坏死的心肌纤维通常是由增生的纤维结缔组织修补而形成瘢痕。因此，实质性心肌炎和间质性心肌炎常以纤维化为结局，而化脓性心肌炎常以化脓灶的包囊形成、钙化或纤维化为结局。

心肌炎时，心肌纤维和传导系统都会受到不同程度的损伤，加之炎症介质的刺激，使心脏的自动性、兴奋性、传导性和收缩性受到影响，从而导致心脏发生明显的功能障碍。患病动物在临诊上会出现窦性心动过速、窦性心律不齐、各种形式的期外收缩和传导阻滞等心律紊乱症状。若心肌纤维发生广泛性变性、坏死及传导系统出现严重障碍，则可发展为心脏扩张和心力衰竭。此外，心肌炎纤维化所形成的瘢痕，因其缺乏弹性，当心腔内压突然增高时，有可能使病变部的心壁向外侧突出，形成所谓的心脏动脉瘤。

六、心　肌　病

心肌病（cardiomyopathy）是指心肌纤维受损的一类急性或慢性心肌疾患，其共同特征是心肌纤维呈多灶性变性、坏死，常无炎症反应。

病因　引起心肌病的原因有很多，可归纳为以下五个方面：

1. 缺氧　大多数组织能摄取约 25%的血氧，而心肌纤维却能摄取 75%的血氧，因此，心肌对缺氧十分敏感。窒息、严重贫血、严重低血压、引起心肌缺血的血管病变等全身性或局部性原因均可引起心肌缺氧，并可导致心肌病。

2. 营养缺乏　见于硒、维生素（如维生素 E、维生素 B_1）、钾、铜、蛋白质、脂肪酸和胆碱等营养物质的缺乏或饥饿。

3. 中毒　心肌对毒性物质比较敏感，如矿物性毒物（钾、铜、钴、钙、铁、铅、钠等）、生物性毒素（蛇毒素、含氟化物的植物望江南、番泻叶等）、微生物毒素和寄生虫毒素等。另外，某些药物，如儿茶酚胺类、莫能菌素、奎宁、维生素 D、呋喃唑酮、甲状腺素、洋地黄和 β-肾上腺素能阻断剂等也能引起心肌病。

4. 应激　猪发生应激综合征时，心肌可发生不同程度的变性和灶状坏死；犊牛进食时间剧烈变更、野生动物进行捕捉时都有可能发生心肌灶性坏死。

5. 遗传　通常发生在新生动物，见于牛、犬、猫、火鸡和仓鼠等。

病理变化　病变可因病因和动物种类不同而有所差异，下面以猫的心肌病、禽的圆心病和仔猪桑葚心病为例叙述心肌病的病理变化。

1. 猫的心肌病　动物心肌病以猫最为多见，常发生在成年公猫，有三种类型。

1）扩张（充血）性心肌病　眼观，四个心腔均显著扩张，心脏呈大球形，乳头肌和室小梁变平、萎缩，约有 1/3 的病猫发生主动脉血栓性栓塞，多数患猫可见胸膜渗出物。镜下，心肌纤维比正常时细，常发生溶解，其间被水肿液或纤维结缔组织分离。

2）肥厚性心肌病　眼观，左心室游离壁、乳头肌及室间隔显著增厚，心脏重量明显增加，约有 1/2 的病猫发生主动脉血栓性栓塞。镜下，心肌纤维异常粗大，排列紊乱，相互交错，核大、畸形、深染。在肥大的心肌纤维间或其周围常见间质纤维化。

3）缩窄（限制）性心肌病　可由自发性急性、亚急性和慢性心内膜心肌炎所致。病猫心脏明显增重，右心室和左、右心房极度扩张，左心室中度扩张或正常，心内膜发生严重的纤维化和肥厚，18%的患猫可见附壁性血栓，43%见主动脉血栓性栓塞。

2. 禽圆心病（round heart disease）　为原发性心肌病，可能与遗传有关。常见于 1 月龄内的雏火鸡，发病率和死亡率均很高，主要表现扩张性心肌病的病理变化。

眼观，心腔尤其右心室扩张，明显时使心尖部变钝圆，整个心脏近似球形，故有“圆心病”之称。大龄火鸡可见左心室扩张与肥大，心内膜纤维化。另外，还可见心包积水、腹水、肺淤血和水肿、肝淤血等充血性心力衰竭的病变。

镜下，特征性变化为局灶性心肌坏死、肌纤维溶解、间质性心肌炎以及心内膜纤维弹性组织变性。

3. 仔猪桑葚心病（mulberry heart disease）　常见于生长良好的 3～4 月龄仔猪，呈爆发性发生，且突然死亡。本病是仔猪维生素 E 和硒缺乏综合征的一种病型。

眼观，除变性和坏死灶外，其突出病变为心肌呈广泛的斑点状或条纹状出血，使心脏外观呈现紫红色桑葚状。同时还伴有心包积水和肺水肿等心力衰竭的表现。

镜下，心肌内可见较多散在的变性和坏死灶。心肌毛细血管和毛细血管前动脉发生微血管病（microangiopathy），即血管内膜下及管腔内有无定形的糖蛋白物质沉积并堵塞毛细血管的现象，同样病变也可见于其他部位。因此本病又称为营养性微血管病，它是导致心肌坏死的直接原因。病程稍久者，可发现大脑白质两侧有对称性脑软化灶（即坏死灶），也被认为是微血管病直接导致的结果。

七、心功能不全

心功能不全（cardiac insufficiency）又称心功能障碍（cardiac dysfunction），是指在致病因素作用下，由于心肌发生原发性或继发性舒缩功能障碍，使心输出量绝对或相对减少，以致不能满足机体代谢需要的一种病理过程或临诊综合征。心功能不全的发生发展过程包括两个阶段，即代偿阶段和失代偿阶段。

心功能不全的分类方法较多，根据发生部位，可将其分为左心功能不全、右心功能不全和全心功能不全；根据病程，可分为急性心功能不全和慢性心功能不全；根据心输出量的高低，可分为低输出量性心功能不全和高输出量性心功能不全。以下仅介绍根据发生部位的分类，这是常见的分类方法。

1. 左心功能不全（left cardiac insufficiency）　主要由于左心室受损或负荷过重，导致左心室泵血功能下降，收缩末期左心室残留血液量增多，并出现肺淤血，甚至水肿。此类心功能不全在临诊上较为多见，一般见于冠心病、心肌病、风湿性心脏病、二尖瓣关闭不全及高血压等。

2. 右心功能不全（right cardiac insufficiency）　常见于各种原因引起的肺动脉高压、二尖瓣狭窄、大面积肺栓塞、某些先天性心脏病等，因后负荷过重而导致右心功能不全。此时，因回心血量不能充分排出，故患病动物常见有体循环淤血及全身性水肿等临诊表现。

3. 全心功能不全（whole cardiac insufficiency）　多见于风湿性心肌炎、严重贫血，或由于长期左心功能不全使右心室负荷加重而并发右心功能不全。

此外，还应注意心功能不全和心力衰竭的区别。心功能不全和心力衰竭二者在本质上是相同的，只是程度上有所差异。心力衰竭（heart failure）是指严重的心功能不全，发生在心功能不全的晚期，有明显的心力衰竭症状和体征；而心功能不全则是指心功能障碍的全过程，包括代偿和失代偿两个阶段。在临诊上二者往往是通用的。

病因和发病机制

1. 病因　心功能不全是心脏的“泵”功能发生障碍所致。因此，凡能引起“泵”功能异常的因素均可成为心功能不全的原因。

1）心肌收缩、舒张功能障碍　这是引起心功能不全的最主要原因，见于病毒感染、硒和维生素 B_1 缺乏、心肌缺血与缺氧等引起的心肌炎、心肌病等。

2）心脏负荷过度　因为心脏负荷有前负荷和后负荷之分，所以，心脏负荷过度也分为前负荷过度和后负荷过度。

前负荷过度（excessive preload）：前负荷（preload）是指心脏舒张时所承受的负荷，又称容量负荷（volume load），主要取决于心室舒张末期的心室容积。前负荷过度则是指心脏舒张末期容积长期过度增加，使心室壁张力明显增大。其特征是心肌肥大伴有心腔半径显著增大，而室壁厚度与腔半径的比值基本正常。左心室前负荷过度，常见于左房室瓣或主动脉瓣关闭不全；右心室前负荷过度，主要见于右房室瓣或肺动脉瓣关闭不全或房室间隔缺损；左、右心室前负荷均增加，可见于重症贫血、维生素 B_1 严重不足和甲状腺功能亢进等。

后负荷过度（excessive after load）：后负荷（after load）是指心脏收缩时所承受的负荷，又称压力负荷（pressure load），主要取决于心脏搏出血液时所遇到的阻力（压力）。后负荷过度的特征是心室壁显著增厚而心腔半径并不增大，使心室壁厚度与腔半径的比值增大。左心室后负荷过度，常见于高血压、主动脉瓣狭窄和主动脉缩窄等；右心室后负荷过度，主要见于肺动脉高压、肺动脉瓣狭窄、肺炎、肺气肿等；左、右心室后负荷均增加，见于血液黏度显著增高。

临床实践证明，许多因素可诱发或使心功能不全加重，成为本病发生的诱因，主要包括感染、心律失常、酸碱平衡障碍和电解质代谢紊乱（如酸中毒、高钾血症）、妊娠和分娩以及其他因素（如过度劳役、气候剧变、外伤和手术、输液过多过快和洋地黄中毒等）。

2. 发病机制 虽然心功能不全的发病机制十分复杂，甚至有些方面迄今尚不明确，但各种原因引起的心肌舒缩功能障碍是心功能不全发病机制的基本环节。

1）心肌收缩性减弱 大多数心功能不全的发生都是由于原发性或继发性心肌收缩性减弱所致。心肌收缩性是决定心输出量最关键的因素，也是保证血液循环正常运行的动力源。通常可导致心肌收缩力减弱的原因主要有以下三个方面：

（1）心肌能量代谢障碍：正常情况下，心肌能量代谢包括能量生成、储存和利用三个环节（图 15-13）。故凡能使这三个环节中的任何一个环节发生障碍的因素，均可导致心肌收缩性减弱。

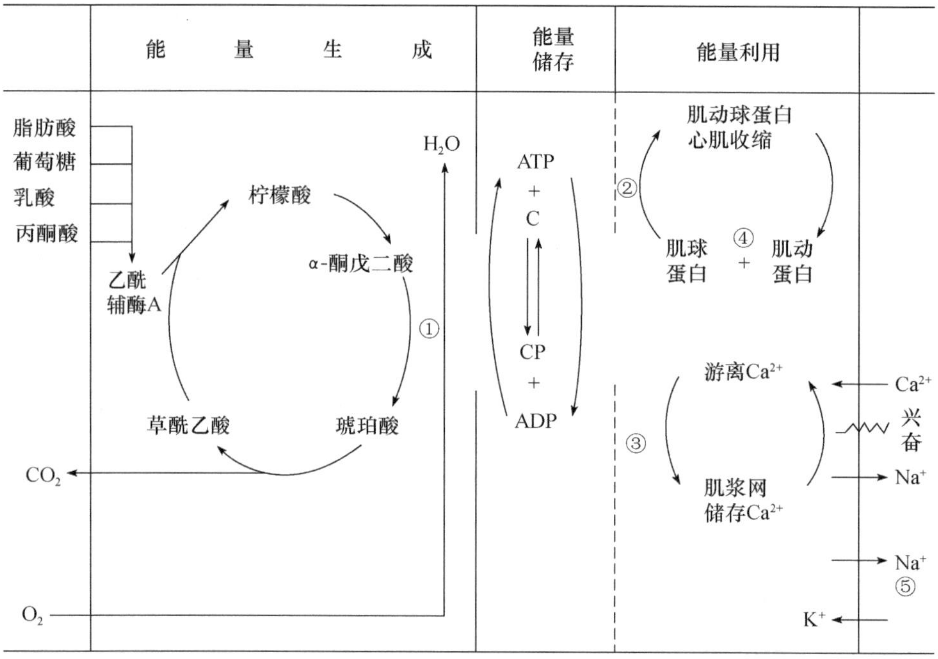

图 15-13 心肌能量代谢示意图

① 呼吸链的氧化磷酸化作用；② 肌球蛋白 ATP 酶；③ 肌浆网 Ca^{2+}-ATP 酶；④ Ca^{2+}激活肌球蛋白 ATP 酶；⑤ 细胞膜 Na^+-K^+-ATP 酶。

（2）心肌兴奋-收缩偶联障碍：Ca^{2+} 在心肌兴奋-收缩偶联中发挥着极其重要的作用，因此，凡是能够使 Ca^{2+} 转运、分布异常的任何因素，如肌浆网处理 Ca^{2+} 功能异常、细胞外 Ca^{2+} 内流障碍、Ca^{2+} 与肌钙蛋白结合障碍，都能影响心肌的兴奋-收缩偶联。

（3）心肌结构的破坏：心肌收缩性减弱还与心肌收缩相关蛋白质的大量被破坏有关，后者主要由心肌细胞死亡所致。

心肌细胞死亡包括坏死和凋亡两种。前者是当心肌在严重缺血、缺氧、感染及中毒等的作用下，引起的心肌细胞局灶性或弥漫性死亡，主要表现为线粒体肿胀、嵴断裂，溶酶体破裂、大量水解酶外逸引起心肌细胞自溶，此时与心肌收缩相关的蛋白质也随之被破坏，心肌收缩功能严重受损。临诊上最常见于急性心肌梗死。近年来研究证明，心肌细胞凋亡而引发的心肌细胞数量减少在心功能不全发生中也同样发挥着极其重要的作用。许多因素（如心脏负荷过度、缺血缺氧、自由基、TNF、IL-1、IL-6 以及神经-内分泌失调等）可诱导心肌细胞发生凋亡。总之，心肌细胞无论发生坏死，还是产生凋亡，均可使心肌收缩相关蛋白质大量破坏和功能降低，甚至完全丧失，从而引起心肌收缩性明显减弱，最终导致心功能不全。

2）心室舒张功能和顺应性异常

（1）心室舒张功能障碍：引起心室舒张功能障碍的因素主要包括：Ca^{2+} 复位延缓、肌球-肌动蛋白复合体解离障碍、心室舒张负荷降低。

（2）心室顺应性降低：引起心室顺应性降低的主要原因是心室壁增厚和心室壁结构发生改变，如炎症细胞浸润、水肿、间质增生和心肌纤维化等。另外，心包炎的后期也可能发生顺应性降低。

心室顺应性降低是促进或加重心功能不全发生、发展的重要因素之一。这是因为心室顺应性降低可使心室的血液充盈量下降，导致心脏输出量减少；心室顺应性降低影响冠状动脉血液灌注（因冠脉血液灌流量的 2/3 是在心舒期内完成），可加重心肌缺血、缺氧；左心室顺应性降低，可使左心室舒张末期内压增高，引起左心房内压和肺静脉压均升高，呈现肺淤血、水肿等左心功能不全特征性的临床表现。心室顺应性降低可导致心脏舒张不全。

3）心脏各部位舒缩活动的不协调性　心脏舒缩活动的不协调性在心功能不全的发生中具有极其重要的作用。

在正常情况下，心房与心室之间、左心与右心之间以及心房、心室本身各区域均保持着有规律的协调舒缩活动状态，但在各种致病因子的作用下，它们的协调性受到破坏，心脏的“泵”功能发生紊乱而导致心输出量减少。引起心脏舒缩活动不协调的最常见因素是由心肌梗死、心肌炎、严重贫血和甲状腺功能亢进等引起的心律失常。这是由于上述因素可使心脏各部分心肌的生化过程、电生理活动和舒缩性能受损的程度和顺序有所不同，因而导致心脏各部分的舒缩活动在空间上和时间上呈现不协调性，从而影响心脏舒缩功能。心脏舒缩活动的不协调性主要表现形式为受累部分心肌收缩性减弱或丧失；部分心肌的收缩性膨出（即心脏未受累部分收缩时，受累心肌未收缩反而向外膨出）；心脏各部分的兴奋-收缩顺序因传导障碍而失常。

心肌的收缩性、心室的舒张功能以及顺应性是密切相关的。多数心功能不全是由心肌收缩性减弱所致，有的则主要是心室舒张功能障碍和心室顺应性异常的结果，也有的二者兼有。

机体的适应代偿反应　心脏的适应代偿能力十分强大，在剧烈运动时，其输出量可增加 6～10 倍，以适应机体的需要。但如果病因的损伤超过心脏的代偿能力，就会发生心功能不全。通常机体对心功能不全的适应代偿反应主要表现为心率加快、心脏扩张和心肌肥大三个方面。

结局和对机体的影响　心功能不全时机体内将发生一系列功能、代谢以及形态的改变。从血流动力学来讲，可归纳为心输出量减少、肺循环障碍和体循环障碍三个方面。

1. 心输出量减少　心功能不全时，血流动力学改变最具特征的临诊表现就是心脏输出量绝对或相对减少。

心功能不全的早期，由于机体的代偿作用加强，心输出量还可维持在正常或接近正常的范围内，但随着疾病的进一步发展，心脏输出量明显下降，并呈现一系列器官组织血液灌流量不足引起的病变和临诊症状，如皮肤和可视黏膜发绀或苍白、尿量减少、动物表现兴奋或抑郁，甚至导致心源性休克。

2. 肺循环障碍 左心功能不全时常引起肺循环障碍，主要表现为肺淤血、肺水肿，病畜出现呼吸困难症状。

1）肺淤血 左心功能不全时，左心室搏出发生障碍，从而导致肺静脉回流入左心房受阻，进一步引发肺淤血。

2）肺水肿 肺淤血一方面导致毛细血管内压升高，另外一方面导致缺氧，使肺泡壁毛细血管通透性增大，二者共同作用造成肺水肿。

3）呼吸困难 主要是由肺淤血和肺水肿引起的浅而快的呼吸困难，常表现为呼吸的节律、幅度、频率和用力程度等均发生改变，在轻微运动或使役后呼吸困难则加重。

3. 体循环障碍 体循环障碍主要由右心功能不全引起，常表现为体循环淤血和心性水肿。

1）体循环淤血 右心功能不全时常发生右心室搏出障碍，由于心肌收缩力减弱，心室排空困难，收缩末期心腔余血增多和内压升高，前腔静脉和后腔静脉血液回流入右心房受阻，进而引起体循环静脉系统有大量血液淤积，静脉压升高，最终导致腹腔内脏各器官组织发生淤血。

2）心性水肿 是指由于心功能不全时体循环淤血而引起的全身性水肿，主要表现为颈下、胸部、腹部及四肢等低垂部位皮下水肿，严重时可见浆膜腔积液（如胸腔积液、腹腔积液、心包腔积液等），腹腔多器官组织淤血、水肿，从而导致它们的相应功能下降或发生严重障碍，以致丧失，临诊上表现为恶病质。此外，心输出量减少、有效循环血量下降引起的肾脏泌尿功能和内分泌的调节功能改变也与心性水肿的发生密切相关，如水、钠潴留在心性水肿的发生上具有十分重要的作用。

第二节 血管病理

一、动脉炎

动脉炎（arteritis）是指动脉管壁的炎症。常见的动脉炎有以下三种类型。

（一）急性动脉炎

急性动脉炎（acute arteritis）常表现为浆液性炎症、化脓性炎症和化脓坏死性炎症等变化，若同时伴有血栓形成，称为血栓性动脉炎（thromboarteritis）；若炎症波及动脉管壁各层，则称为全动脉炎（panarteritis）。

病因和发病机制 急性动脉炎多由病原微生物（如细菌、病毒、霉菌）、理化因子和创伤引起，常见于猪丹毒、猪瘟、牛恶性卡他热、牛坏死杆菌病、牛肺疫、霉菌病、马病毒性动脉炎以及水貂阿留申病等疾病过程中。

急性动脉炎主要通过以下途径发生：①经血流入侵，引起动脉内膜炎（endoarteritis），如败血症时，病原微生物由局部感染处侵入血流，在血液中大量繁殖并产生毒素，同时侵害血管内膜引起动脉内膜炎。②通过血管壁内的滋养血管引起动脉中膜炎（mesarteritis）和动脉外膜炎（periarteritis）。③由动脉血管周围组织的炎症蔓延而来，首先引起动脉外膜炎，然后由外向内逐渐波及动脉的中膜和内膜。牛坏死杆菌病时的子宫动脉炎和牛肺疫时肺脏内的动脉炎便是通过该途径引起的。

病理变化　眼观，动脉壁增厚、变硬，失去原有弹性，血管内膜粗糙不平，有时可见血栓。

镜下，动脉内皮细胞变性、坏死或增生，血管中膜发生纤维素样坏死，血管壁有中性粒细胞和单核细胞浸润及水肿，同时还可看到血管充血、出血或血栓形成。

值得注意的是一些传染病的特征病变就是由急性动脉炎所致。例如，猪丹毒时皮肤上出现的疹块和坏死，其基础是疹块部位皮肤乳头层中的末梢动脉发炎；急性猪瘟时皮肤和肾脏的点状出血、淋巴结的周边出血以及出血性脾梗死等特征病变的发病学基础也是急性动脉炎；牛恶性卡他热时，全身许多动脉、静脉和小血管都发生坏死性炎症，进而导致其他一系列的变化。

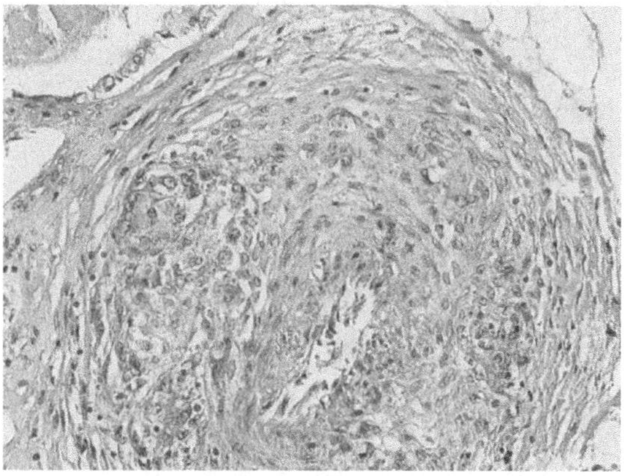

图 15-14　慢性动脉炎
动脉中膜结缔组织明显增生，致使动脉壁增厚，此图仅显示动脉壁横切面的局部。

（二）慢性动脉炎

慢性动脉炎（chronic arteritis）多由急性动脉炎转变而来，管壁以纤维结缔组织增生为主，伴有淋巴细胞、浆细胞和嗜酸性粒细胞等炎症细胞浸润（图 15-14）。

病因　慢性动脉炎常由普通圆虫、圈形盘尾丝虫、犬狼旋尾线虫（或血色旋尾线虫）等寄生虫寄生于动物的前肠系膜动脉、主动脉或其他动脉而引起，也可由其他原因引起。

病理变化　以下将以普通圆虫和圈形盘尾丝虫感染为例叙述慢性动脉炎的病变特点。

1. 普通圆虫感染　普通圆虫的幼虫常寄生在马、骡的前肠系膜动脉根部及其分支，引起典型的原发性慢性动脉炎。

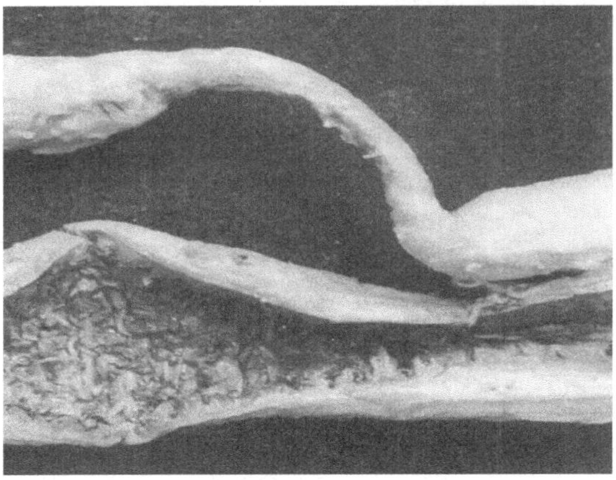

图 15-15　蠕虫性动脉瘤（马圆线虫病）
前肠系膜动脉的动脉壁局部因结缔组织增生而增厚，变粗，外观似肿瘤，其内膜粗糙，有血栓形成并有虫体附着。

眼观，寄生部位初期表现为很小的硬结，之后逐渐增大，甚至可达拳头大小，一般呈梭形，质地坚硬，形似肿瘤，故称为蠕虫性动脉瘤（verminous aneurysm）。将其切开，可见血管壁异常增厚，动脉内膜粗糙不平，附有红黄相间的混合血栓，其中常见数量不等的淡红色线状虫体（图 15-15）。到后期，血栓被机化，并与血管壁牢固粘连，纤维组织均质化，甚至发生钙化。

镜下，血管壁结构被破坏，白细胞浸润，结缔组织增生，血栓形成及其机化。

2. 圈形盘尾丝虫感染　虫体主要寄生在牛和绵羊的主动脉基部内膜下。

眼观，病变部的血管壁肥厚、变硬，内膜粗糙不平，散布着颗粒状和疣状结节，内膜下有蜿蜒弯曲的线状虫道。结节和虫道内为淡黄色油脂状物，呈半透明，里面有虫体，陈旧病灶里常见内膜下有片状或颗粒状的钙化斑。

镜下，与蠕虫性动脉瘤相似。

（三）结节性动脉周围炎

结节性动脉周围炎（nodular periarteritis）又称结节性多动脉炎（nodular polyarteritis），主要发生于血管分支处的中、小动脉。其特点是多种器官组织内的中、小动脉同时或先后发生坏死性全动脉炎，并伴有血栓形成，使病变器官发生出血和坏死，同时血管周围结缔组织增生致使血管呈结节状增厚。

病因和发病机制　结节性动脉周围炎常伴发于牛恶性卡他热、牛散发性脑膜脑炎、水貂阿留申病、马传染性贫血和猪丹毒等传染病。其病因和发病机制不十分清楚，但根据病变特点提示，本病的发生在早期可能与免疫复合物介导的Ⅲ型变态反应有关，而晚期还可能与细胞介导的Ⅳ型变态反应有关。

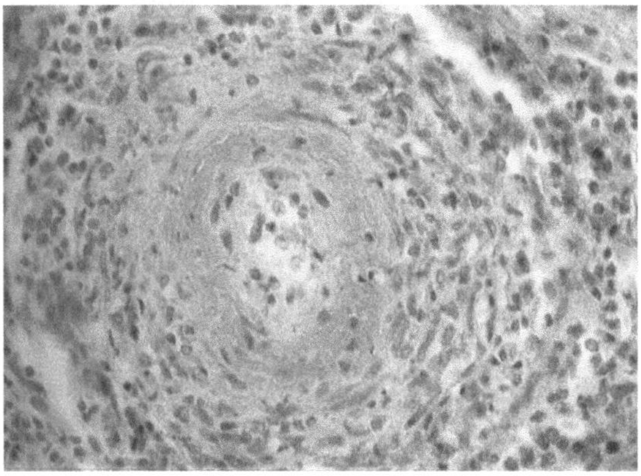

图 15-16　结节性动脉周围炎（犬）

动脉中膜纤维素样坏死，外膜有大量中性粒细胞和单核细胞浸润。

病理变化　眼观，多数器官组织，尤其是心脏、脑膜和肾脏的中、小动脉沿线，散布着不同大小和形状的结节。结节处的血管壁显著增厚，内壁常附有血栓，管腔狭窄甚至闭塞。局部组织还见有出血和梗死。小动脉的病变通常在镜下方可观察到。

镜下，炎症始于动脉的内膜和中膜，管壁发生水肿、中性粒细胞浸润和纤维素样坏死，并伴有血栓形成。随后，血管壁纤维结缔组织显著增生，嗜酸性粒细胞、淋巴细胞和浆细胞浸润（图 15-16）。炎症后期，增生的纤维组织均质化和血栓机化，从而形成闭塞性动脉瘤样结构。

二、静　脉　炎

静脉炎（phlebitis）是指静脉的炎症，常伴有血栓形成，而出血较少发生。其病理过程的发展方式与动脉炎相似，但不如动脉炎多见。

根据炎症经过，可将静脉炎分为急性和慢性两种。

（一）急性静脉炎

病因和发病机制　急性静脉炎（acute phlebitis）常见于感染和中毒时。可通过以下途径发生：①病原侵入血流引起静脉内膜炎。严重时可向中膜和外膜扩展。②由静脉周围组织的炎症蔓延而来。先引起静脉周围炎，然后发展为中膜炎和内膜炎，多伴有血栓形成。③外伤感染。在临诊上较为多见，如新生动物的脐带感染导致的脐静脉炎（omphalophlebitis）、颈静脉穿刺或反复静脉注射时消毒不严引起的颈静脉炎等。

病理变化　眼观，静脉明显肿胀、变硬，血管壁及其周围有胶样水肿，血管内膜粗糙，多见血栓。若为外伤感染所致，管腔中常充满糊状脓液。

镜下，静脉壁各层组织水肿并有中性粒细胞浸润，严重时发生脓性溶解（图 15-17）。血管内膜可见内皮细胞肿胀、脱落，有血栓附着；中膜平滑肌发生变性、坏死。若血栓中含有化脓菌，并发生血栓碎片脱落，则可导致脓毒败血症。

（二）慢性静脉炎

慢性静脉炎（chronic phlebitis）一般是由急性静脉炎发展而来，或继发于邻近组织的慢性炎症。其眼观变化和结节性动脉周围炎相似。镜下可见静脉壁结缔组织增生，淋巴细胞浸润等。

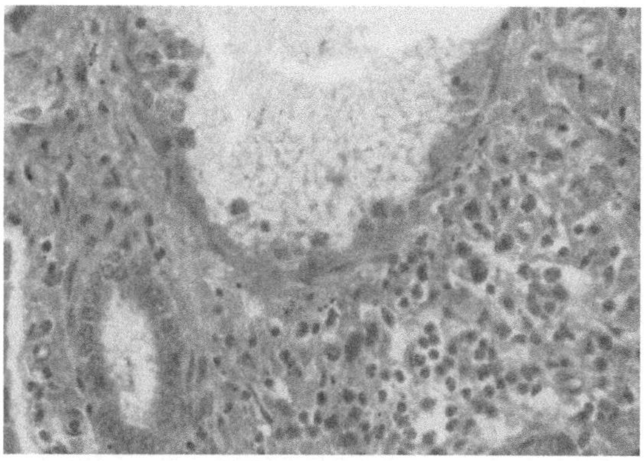

图 15-17　急性静脉内膜炎（猪肝脏）
汇管区小叶间静脉发生炎症，内膜粗糙，可见中性粒细胞附着，静脉周围也见中性粒细胞等炎性细胞浸润。

三、动脉硬化

动脉硬化（arteriosclerosis）是泛指动脉内膜或中膜因非炎性变性、坏死、增生或钙化而使动脉壁发生弥漫性或局限性增厚变硬，并逐渐失去弹性，同时伴有血管管腔变狭窄的一类动脉疾病。

动脉硬化主要包括动脉粥样硬化、动脉钙化和老龄性动脉硬化三种类型。

1. 动脉粥样硬化　动脉粥样硬化（atherosclerosis，AS）是指动脉内膜和中膜有脂质沉积并伴有坏死，二者共同形成粥样病灶，同时还伴有内膜纤维组织增生的硬化性病变。是人类心血管系统疾病中最常见的疾病，也是危害人类健康的常见病，一般多见于中老年人，主要累及大、中动脉。AS 也见于多种动物，如老龄猪、犬、兔、鸡、鹦鹉和鸽子等，大熊猫、老虎及斑马等野生动物也可发生。主动脉、髂动脉、臂头动脉、冠状动脉、肾动脉和颈动脉等大、中型动脉较易发生。

眼观，血管内膜有针尖至数厘米大的黄白色隆起，内含粥样物质，称为粥样瘤（atheroma）或纤维脂肪斑（fibrofatty plaque）。镜下，脂质（胆固醇、中性脂肪）沉积于血管内膜和中膜，或存在于泡沫细胞（吞噬脂质的巨噬细胞）和平滑肌细胞内，或以小滴或结晶的形式游离于间质中，随后血管中膜发生变性、坏死，内膜、中膜纤维组织增生，后期纤维组织发生均质化，病灶内还见蛋白质碎片、脂质、钙化颗粒和许多泡沫细胞与淋巴细胞。

虽然动物自发性 AS 的病因和发病机制比较复杂，目前还不十分清楚，但实验表明，它的发生与脂质代谢障碍密切相关，如喂饲高脂质尤其高胆固醇的饲料可以促发动脉粥样硬化，饲料中胆碱缺乏而脂质过高也可引起。动物 AS 并无实际的临诊意义，但在比较医学上却意义重大，可为人类医学提供资料，因为二者有许多相似之处。

2. 动脉钙化　在动脉炎后期、动脉坏死和寄生虫感染时，动脉内膜或中膜常可发生营养不良性钙化，其中以中膜钙化更为多见。

3. 老龄性动脉硬化　发生、发展比较缓慢，主要见于老龄反刍动物、马属动物和肉食动物。任何部位的动脉均可发生，但以腹主动脉及其分支最为常见，其次为冠状动脉、脑动脉、肺动脉和胸主动脉。眼观，血管硬化部位常形成灰白色椭圆形或线状的、隆起的硬化斑。

第三节 心血管系统先天性缺损

心血管先天性缺损（cardiovascular congenital anomalies）是指胎儿的心脏和大血管在母体内的发育异常。其原因和机制尚不十分明确，一般认为可能与胎儿的周围环境、母体的因素及遗传等有关。大多数患心血管缺损病变的动物，在出生后会表现逐步加重的心脏功能障碍并导致心脏结构改变，严重者出现生长障碍、无力、呼吸困难、心杂音、紫绀乃至晕厥等症状。但也有一些患心血管缺损的病畜，因心脏有代偿作用，而不表现症状。

心血管先天性缺损的种类复杂，在此仅介绍以下四种。

一、心室间隔缺损

心室间隔缺损（ventricular septal defect）见于牛、绵羊、马和猪，是一种较为常见和影响严重的心脏缺损病，可与其他类型的心血管缺损并发。缺损多发生在心室间隔膜部，孔径可达5mm。轻症病畜一般无明显症状，严重时可使小肺动脉硬化，肺循环阻力增大，最终导致右心室肥大，右心室血压逐渐增高。当其收缩时血液自右心室向左心室分流，输入主动脉的血液成为混合血，此时病畜可表现紫绀症状。

二、心房间隔缺损

心房间隔缺损（atrial septal defect）比较常见的是卵圆孔开放（patency of the foramen ovale），见于驹和羔羊等多种动物。小的缺损，在牛较为普遍，对心脏功能活动无多大影响，较大的缺损很少见。

三、法乐氏四联症

法乐氏四联症（tetralogy of Fallot）可能与动脉球、动脉干及动脉隔的发育障碍有关，见于牛、猪、绵羊、犬和猫，是一种复合的心脏缺损病，包括肺动脉狭窄、主动脉右位、心室间隔缺损和右心室肥大，其中以肺动脉狭窄造成的影响最为严重。肺动脉狭窄时，右心室收缩力增强，右心室的血压升高，从而导致血液自右心室向左心室分流，输入主动脉的血液成为混合血，因而患畜表现紫绀症状，严重时发生脑部缺血。由于血液分流，致使肺循环血量减少，同时右心室因长期机能代偿而逐渐发生肥大，久之则发生失代偿而出现功能衰竭。

四、动脉导管开放

动脉导管是胎儿期间连接主动脉和肺动脉的一条动脉短管，肺动脉中的大部分血液可由此管流入主动脉，以供后躯的需要。胎儿出生后，该管因失去作用而闭锁成为动脉韧带。某些品种的猪和绵羊，动脉导管于出生后1周内未闭锁属于正常现象，但若始终不闭锁，即形成动脉导管开放。

动脉导管开放（patent ductus arteriosus）见于马、牛、猪和绵羊，可单独出现，也可与其他心脏缺损合并发生。严重的动脉导管开放可导致右心或左心扩张、衰竭及肺动脉硬化。

复习思考题

1. 名词解释：心脏肥大　心脏扩张　绒毛心　心肌病　心功能不全　心力衰竭　蠕虫性动脉瘤　动脉硬化　心血管先天性缺损

2. 心脏的病理性肥大常发生于什么部位？主要常见的病因有哪些？
3. 简述心脏扩张的常发部位、类型及其特点。
4. 瓣膜性心内膜炎有几种类型？试述其病变特点及其对机体的影响。
5. 简述传染性心包炎和创伤性心包炎的发病机制和眼观病变特征，并进行区别。
6. 心肌炎与心肌病的主要区别是什么？
7. 心肌收缩性减弱导致心功能不全的主要原因是什么？试述其基本发病机制。
8. 简述引起左心功能不全的常见原因及其对机体的影响。
9. 动脉炎常见的类型有哪些？试述其病因和机制。
10. 试述引起急性静脉炎的原因和途径。

（王雯慧）

第十六章　消化系统病理

消化系统是在神经内分泌系统的调节下，共同完成食物消化、吸收和转化的全过程，是提供机体营养物质的主要来源。在兽医临诊中，消化系统的疾病是最常见的疾病之一，尤其是胃、肠以及肝脏的疾病。

第一节　胃　　炎

胃炎（gastritis）是指胃壁的炎症，几乎发生于所有的动物，尤其是幼龄畜多见。现根据病程和病理变化对几种主要胃炎加以叙述。

一、急性胃炎

急性胃炎（acute gastritis）是以胃黏膜上皮细胞不同程度变性、坏死、脱落和炎性渗出为主的炎症。依据渗出物的不同，可分为五种类型。

（一）急性卡他性胃炎

急性卡他性胃炎（acute catarrhal gastritis）是一种比较轻微的黏膜表层炎症，主要见于温热、毒物、外伤、细菌、寄生虫、霉败饲料或污染水等对胃黏膜的直接刺激。

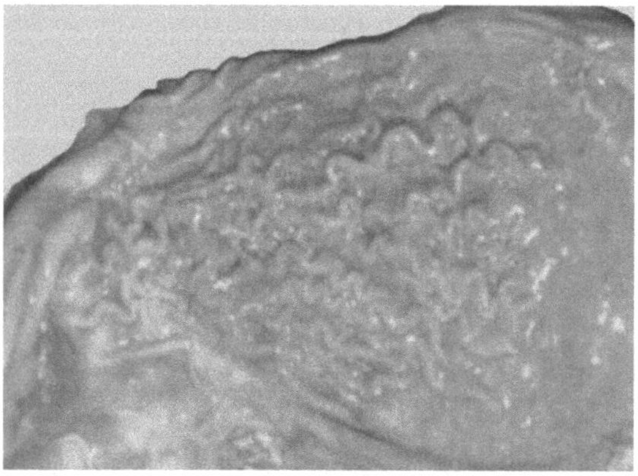

图 16-1　急性卡他性胃炎（犬）
黏膜潮红、肿胀，表面附有较多渗出物。

眼观，胃黏膜尤其是胃底腺体部黏膜呈现弥漫性肿胀、充血与点状出血，黏膜面被覆多量灰白色黏稠的液体（图 16-1）。

镜下，黏膜上皮通常完好无损，上皮细胞间有散在的中性粒细胞，黏膜固有层有中度水肿和轻度充血。随着病程的发展，黏膜上皮或许出现轻度变性、脱落，黏膜上皮缺损和出血，黏膜固有层与黏膜下层有中性粒细胞浸润。

（二）出血性胃炎

出血性胃炎（hemorrhagic gastritis）多见于霉败饲料和化学物质的中毒，也见于某些急性传染病，如快疫（又称急性细菌性皱胃炎）。

眼观，胃黏膜肿胀，呈弥漫性或点状、斑状出血，黏膜表面被覆红褐色黏液，严重时整个胃底部黏膜被血液浸染。

镜下，黏膜上皮严重变性、坏死、脱落，黏膜固有层和黏膜下层水肿、出血并伴有大量炎性细胞浸润。

（三）纤维素性胃炎

纤维素性胃炎（fibrinous gastritis）多因服用腐蚀性药物、烈性泻剂或由微生物感染所致，如猪瘟。

眼观，胃黏膜表面被覆灰黄色纤维素性假膜。假膜脱落后，黏膜显示肿胀、充血、出血与糜烂。

镜下，黏膜上皮不同程度受损，表面被覆黏液-纤维素性渗出物，间杂不等量的中性粒细胞，黏膜下层水肿与炎性细胞浸润。

（四）化脓性胃炎

化脓性胃炎（suppurative gastritis）多见于牛、羊采食尖锐的异物、饲料，刺伤胃黏膜而感染化脓性细菌所致，也可见于马胃内大口德拉西线虫寄生和马腺疫、马鼻疽感染。

眼观，胃黏膜表面被覆黄白色黏液脓性分泌物，黏膜肿胀、充血及出血。病情严重时，胃黏膜表层严重受损，化脓性病变可深至黏膜下组织。有时出现脓肿。

镜下，黏膜上皮的完整性被破坏，变性、坏死的上皮细胞脱落，有大量中性粒细胞浸润，黏膜固有层毛细血管扩张、水肿，有多量中性粒细胞和少量游离的红细胞。

（五）坏死性胃炎

坏死性胃炎（necrotic gastritis）是指胃壁的坏死性炎症，常表现为溃疡，可以单发或多发，有时累及食道与十二指肠，可作为单独的一种疾病，也可以是其他疾病的一种并发症。在家畜中以狗、猫、猪、牛和马多见。

坏死性胃炎的主要病因是胃酸的侵蚀作用和胃蛋白酶之间的相对失衡、胃黏膜血流量减少或胃黏膜完整性与保护机制受损、应激反应以及生物性致病因素。

由于不同动物胃的解剖学结构和胃溃疡发生的机制不同，病灶数量和分布也有差异。犬的胃溃疡主要发生在幽门窦或十二指肠近端，直径3～4cm，数量较少；牛的皱胃溃疡常发生在幽门区，为多发性，绝大多数的直径为2～4cm，多为圆形（图16-2）；猪的胃溃疡通常局限在胃的食管区，可蔓延至相连的食道，偶尔可见于胃底区和幽门区（图16-3）；马的胃溃疡常为多灶性，大多位于食管区，但也可同时累及胃的四个黏膜区和十二指肠。胃溃疡的大小和形状差异较大，但多为圆形，有的凹，有的凸，有的带堤状边缘，严重的溃疡可造成胃穿孔。胃溃疡的基本镜下病变是胃壁的凝固性坏死。周围有中性粒细胞为主的炎性浸润区，溃疡基部有单核细胞浸润的肉芽组织。

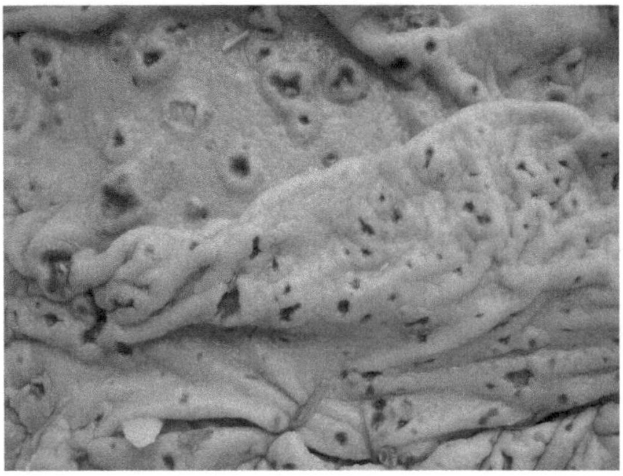

图 16-2　胃溃疡（牛）
牛泰勒焦虫病时的多发性溃疡灶，可见出血和增生性结节。

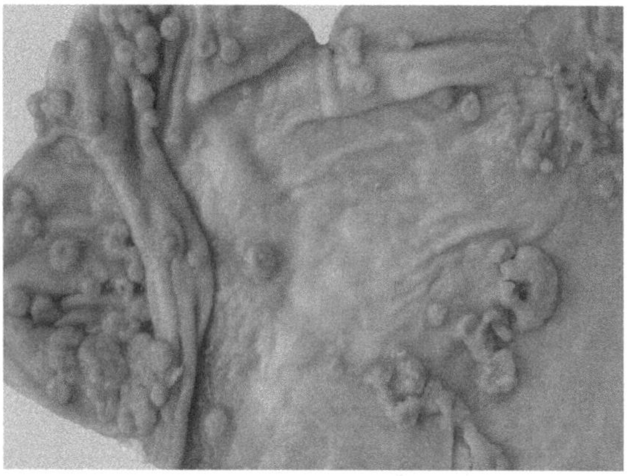

图 16-3　胃溃疡（猪）
猪瘟时的多发性溃疡灶。

二、慢性胃炎

慢性胃炎（chronic gastritis）是指以淋巴细胞、结缔组织及黏膜腺上皮增生为主的炎症过程，表现为黏膜的肥厚或萎缩。

慢性胃炎多由急性胃炎转化而来，也与其他病因有关，如恶性贫血所致的特异性炎症、马胃蝇幼虫所致的肉芽肿性病变、幽门螺杆菌等慢性感染、长期的毒性物质刺激、胃运动机能障碍等。幽门螺杆菌感染被认为有重要的致病作用。此菌可在已被其他病因所破坏的胃黏膜上增殖，引起慢性炎症与伤口愈合延缓。改变胃的内环境，释放细菌毒素，诱发宿主炎症应答是其发病机制。

慢性胃炎多见于马、猪、狗以及猫，可发生在胃的不同区域，黏膜受损的程度也有所不同。慢性自身免疫性胃炎主要引起胃体、胃底部黏膜的弥漫性炎症。由环境病因（包括幽门螺杆菌）引起的胃炎主要侵犯幽门窦黏膜或呈泛胃性。不论病因和发生部位有何不同，形态学特征有相似之处。

眼观，胃黏膜往往被覆多量灰白色黏稠渗出物，黏膜表面凹凸不平、潮红，皱褶增厚。随着病程发展，黏膜明显变薄、平坦。

镜下，黏膜固有层内有淋巴细胞、浆细胞浸润。初期炎症浸润通常局限于胃黏膜的浅1/3处，称为慢性浅表性胃炎（chronic superficial gastritis）。严重时，炎性反应累及整个黏膜，黏膜内淋巴组织增生，生发中心明显。胃腺颈部区上皮细胞分裂增生，黏膜内出现不成熟的上皮细胞，表现为体积较大，核浓染以及黏蛋白小泡数量减少或消失。有时局部胃黏膜被增生的杯状细胞和化生的柱状上皮细胞取代，同时伴发轻度结缔组织增生，导致胃黏膜肥厚呈脑回样外观，故称为慢性肥厚性胃炎（chronic hypertrophic gastritis）（图 16-4）。如果黏膜固有层的腺体与固有层和黏膜下层的结缔组织呈不均匀的增生，则胃壁虽然增厚，但黏膜表面呈现高低不平的颗粒状，称为颗粒性胃炎（granular gastritis）（图 16-5）。随着胃腺体积变小，上皮化生，胃壁细胞与腺体结构明显丧失，整个黏膜内炎症细胞弥漫性浸润以及结缔组织疤痕形成，萎缩变得越发明显，故眼观黏膜平坦，皱褶减少，此时称为萎缩性胃炎（atrophic gaztritis），这是犬慢性弥漫性胃炎的一个结局。

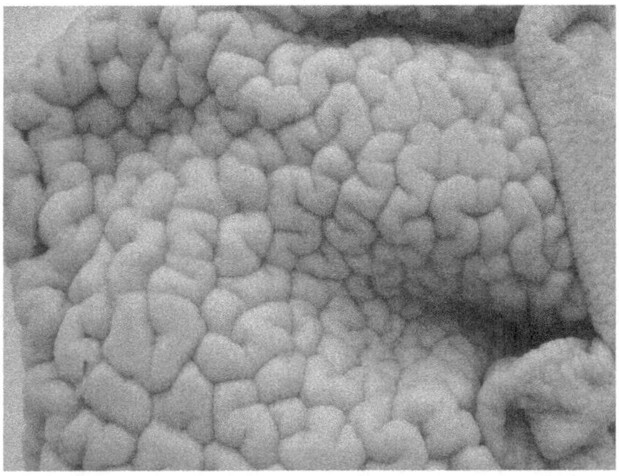

图 16-4　慢性肥厚性胃炎（猪）
猪慢性增生性胃炎时，胃黏膜呈典型的脑回样外观，胃壁明显增厚。

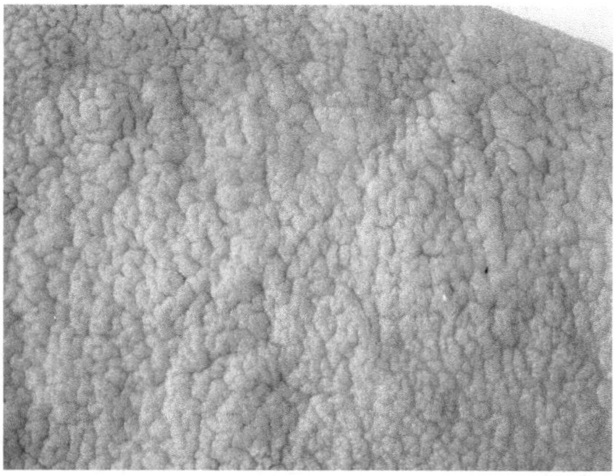

图 16-5　颗粒性胃炎（马慢性胃炎）

第二节　肠　　炎

肠炎（enteritis）是泛指肠壁黏膜的炎症。由于胃和肠的解剖学关系，胃炎的许多致病因素同时也是肠炎的致病因素。但是，肠道局部的内环境有所不同，肠炎的致病因素又有自己的特点。兽医临诊中常见的病因是肠道内正常菌群失调，盐酸分泌不足，肠液、胰液和胆汁分泌排泄障碍，营养过剩或缺乏，肠内容物滞留，条件致病菌的增殖与外源性消化道病原侵袭以及有害物质的损害，其中微生物感染及其毒素引起的肠道病变尤为常见。

当外源性致病菌进入肠道或内源性条件致病菌在肠道内增殖后，可通过几种途径引起肠道的炎症：①损伤肠上皮细胞微绒毛。许多病毒，如轮状病毒、冠状病毒、腺病毒可直接损伤肠上皮微绒毛，使肠上皮细胞纹状缘变钝，影响肠上皮的吸收功能，引起病毒性腹泻。②损伤肠上皮细胞。有些肠侵袭性微生物依靠其表面的抗原（如菌毛抗原等不同分子结构）粘附于肠上皮细胞，通过多种活化酶、调节蛋白等生物活性物质干扰和破坏肠上皮细胞的正常生理代谢，或直接溶解细胞膜，或直接寄生于肠上皮细胞内，导致肠上皮细胞变性、坏死、脱落或肠绒毛萎缩。③毒素作用：有些微生物，如产气荚膜梭菌、霍乱弧菌、大肠埃希菌、志贺菌等可在肠道内寄生并分泌毒素，引起肠黏膜的急性炎症，黏膜弥漫性受损以及远离肠道的其他系统的病变。④易位性侵犯：有些寄生虫、细菌（弯曲菌、红球菌）可直接穿透小肠黏膜上皮在黏膜固有层、肌层、浆膜层甚至肠系膜淋巴结内繁殖引起肠炎和肠系膜淋巴结炎。根据肠炎的病程，可将其分为急性肠炎和慢性肠炎两种。

一、急性肠炎

急性肠炎（acute enteritis）是指肠黏膜上皮细胞不同程度变性、坏死、脱落和炎性渗出为主的炎症。根据炎性渗出物的性质和病变特点，常可分为以下四种。

（一）急性卡他性肠炎

急性卡他性肠炎（acute catarrhal enteritis）是指以肠黏膜急性充血和浆液-黏液渗出为

特征的轻度肠炎，可呈局部节段性或弥漫性。一般而言，它是其他肠炎的早期发展阶段。

眼观，发炎肠段色红，淋巴滤泡肿大，呈灰白色颗粒状。剖开肠管，炎区黏膜面被覆稀薄、半透明或黏稠灰白色渗出物，不含血液，黏膜有轻度至明显的肿胀，弥漫性或沿皱襞呈条纹状潮红，有散在点状或斑状出血。

镜下，肠绒毛通常变短，上皮细胞纹状缘有明显的空泡形成和缺损，肠腺腺体增生，杯状细胞增多，黏膜固有层血管扩张、充血、水肿，有时有轻度出血，黏膜上皮层和黏膜固有层有不等量中性粒细胞（细菌感染）或淋巴细胞（病毒感染）或嗜酸性粒细胞（寄生虫感染）浸润，黏膜下层有时有充血、水肿以及少量炎性细胞浸润。

（二）出血性肠炎

出血性肠炎（hemorrhagic enteritis）是由强烈刺激物引起的一种较严重的肠炎类型。病因为烈性化学毒物（如砷）、微生物及其毒素或寄生虫侵袭所致。例如，鸡和牛的球虫病（图 16-6）、炭疽、沙门菌病、仔猪痢疾以及仔猪、羔羊的产气荚膜梭菌病、犬细小病毒感染等引起的肠炎，大多属于出血性肠炎。

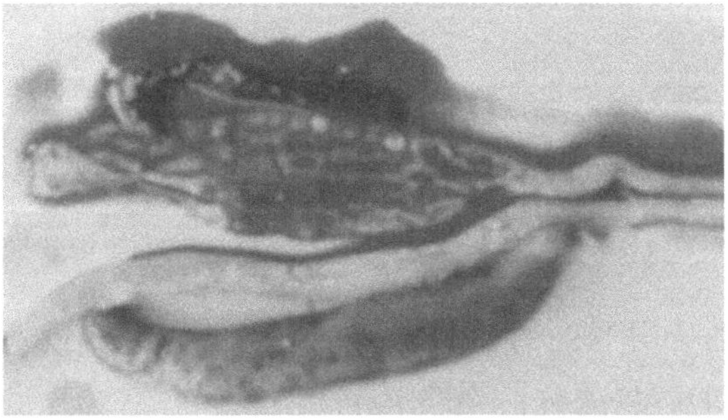

图 16-6　出血性肠炎（鸡球虫病）
盲肠肠腔内有血样内容物和血凝块。

眼观，肠壁水肿、增厚。严重出血时，可见肠壁呈节段状或弥漫性紫红色或暗红色。剖开肠管，黏膜表面出血，呈斑块状和弥漫性分布，肠内容物常与血液混杂。但有的肠壁出血（如犬细小病毒感染）始发于浆膜下出血，可扩散至肌层与黏膜下层，黏膜上皮受损较轻，肠内容物稀薄呈番茄汁色。

镜下，肠绒毛不同程度地破坏、脱落，黏膜表面附有上皮的碎屑、纤维素性渗出物，黏膜固有层以及黏膜下层可见许多红细胞。在肠腺之间的黏膜固有层中有中性粒细胞、淋巴细胞浸润，也可扩散至肠腺腔内。有时黏膜肌层水肿，有红细胞、炎性细胞浸润。

（三）纤维素性肠炎

纤维素性肠炎（fibrinous enteritis）又称浮膜性肠炎或格鲁布性肠炎（croupous enteritis），是以纤维素渗出为主的炎症，常见于猪、牛、鹅以及猫。

眼观，肠集合与孤立淋巴小结肿大，呈结节状突起，肠黏膜充血、水肿，表面被覆局灶性或弥漫性纤维素薄膜，呈灰白色或棕黄色，称为纤维素性假膜。此层假膜容易从黏膜表面脱离，常以肠管形状或絮状碎片的形式混于粪便内，被排出体外。假膜脱离后，肠黏膜明显充血、水肿、点状出血以及糜烂。

镜下，黏膜表层以黏液-纤维素性渗出物，间杂不等量的脱落上皮和中性粒细胞、黏膜固有层、黏膜下层充血、水肿以及单核细胞为主的炎症细胞浸润。黏膜本身破坏不太严重。

（四）纤维素性坏死性肠炎

纤维素性坏死性肠炎（fibrino-necrotic enteritis）又称为固膜性肠炎（diphtheritic enteritis），是以黏膜坏死，伴发纤维素性渗出物为特征的炎症，是纤维素性肠炎进一步的发展阶段。由于黏膜表面或深层组织发生凝固性坏死，纤维素与其牢固结合，不易从肠黏膜上脱离。若强行剥脱，黏膜除充血、水肿外，出血和溃疡尤为突出。纤维素性坏死性肠炎多发生于回肠末段、盲肠和结肠（图 16-7）。

眼观：黏膜面出现致密、增厚的麸皮样棕黄色薄膜。病变范围大小不等，可呈弥漫性或局灶性，常以淋巴集结为中心。

镜下，黏膜表层呈无结构的嗜酸性凝固性物质，内含细菌，其下有浸润的炎性细胞将其与活组织隔离，主要为中性粒细胞、浆细胞与淋巴细胞，还有红细胞（图 16-8）。有时炎症反应深达肌层，常见小血管栓塞。弥漫性固膜性肠炎多以死亡为转归，局灶性固膜肠炎则随着病程发展，坏死的边缘出现具有活力的肉芽组织，最终形成具有轮层状结构的“扣状肿”。此型肠炎多发于沙门菌病、猪瘟、小鹅瘟等。

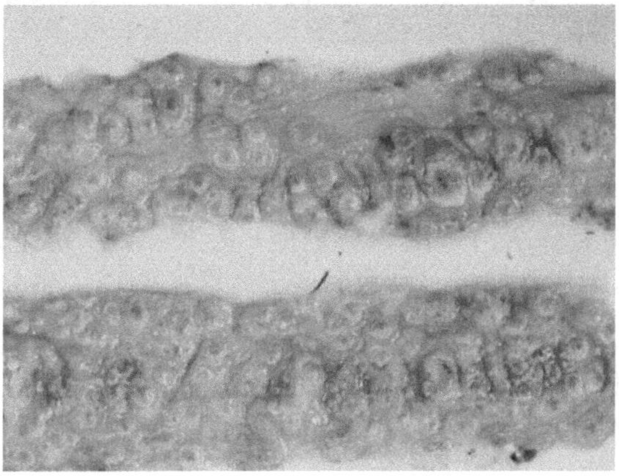

图 16-7　局灶性纤维素坏死性肠炎（慢性猪瘟）
结肠黏膜可见较多由渗出物和坏死组织凝聚在一起形成的扣状肿。

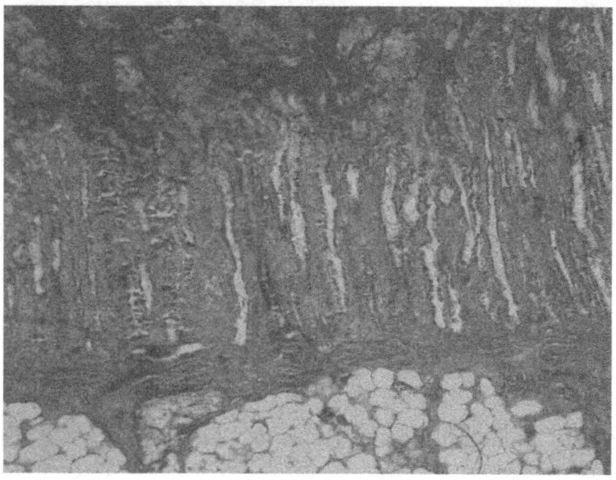

图 16-8　纤维素坏死性肠炎
肠黏膜表面有大量纤维素渗出，并和坏死的肠固有层结合，坏死的肠腺隐约可见。

（五）化脓性肠炎

化脓性肠炎（suppurative enteritis）常由各种化脓性细菌（如链球菌、沙门菌、志贺菌等）所引起。病原菌多经黏膜的损伤或溃疡面而侵入。在马腺疫经过中，有时其转移性脓肿可发生于肠壁，从而引起化脓性肠炎。

眼观，除见肠黏膜面被覆多量脓性渗出物和肠内容物中混有脓汁外，其他病变与急性卡他性肠炎基本相同。

镜下，主要在固有层及肠腔内可见到多量的中性粒细胞，其中部分细胞已发生变性或坏死。

二、慢性肠炎

畜、禽的慢性肠炎（chronic enteritis）可分为两种类型。

（一）慢性卡他性肠炎

慢性卡他性肠炎（chronic catarrhal enteritis）主要由急性卡他性肠炎转变而来。这是由于病因刺激较轻，持续时间较长的缘故，多见于长期饲喂不当和寄生虫（图 16-9，图 16-10）、微生物的慢性感染以及慢性心脏病与肝病。

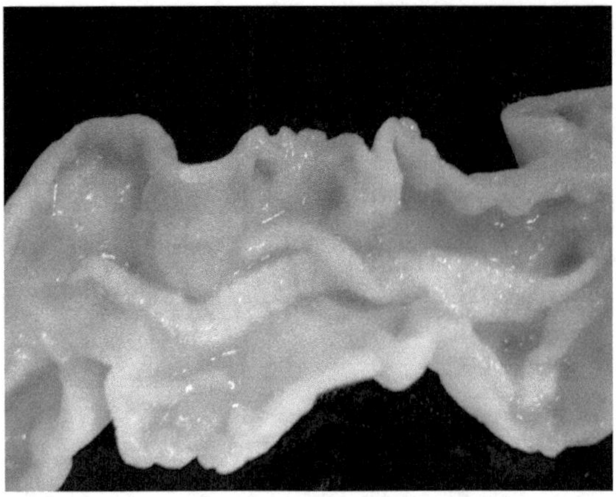

图 16-9　慢性卡他性肠炎（绵羊贝氏莫尼茨绦虫感染）

小肠有两条虫体寄生，且黏膜表面附有乳白色黏稠的黏液。

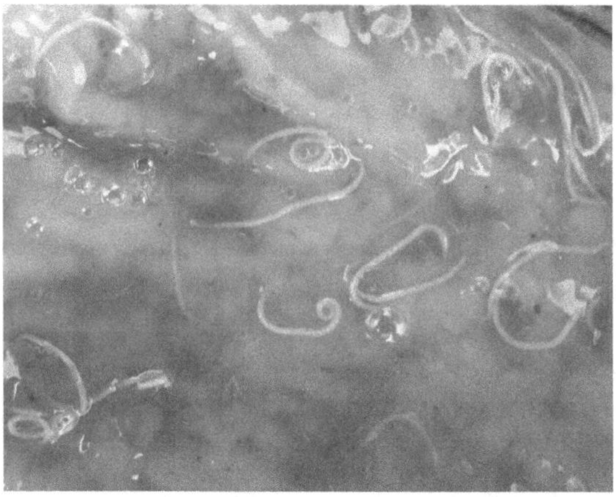

图 16-10　慢性卡他性肠炎（牦牛感染绵羊夏伯特线虫）

大肠黏膜表面可见多条虫体，并附有大量的黏液。

眼观，肠管积气，内容物稀少，黏膜面被覆多量灰白色的黏稠黏液，黏膜平滑呈灰白色，或因结缔组织不均匀增生而呈颗粒状。如病程经过较久，黏膜因营养障碍而萎缩，使肠壁变为菲薄，此时称为慢性萎缩性肠炎（chronic atrophic enteritis）。

镜下，肠绒毛变短或变平、消失，肠上皮细胞不同程度变性、萎缩或脱落。肠腺体积减小，数量减少，间距增宽，有时有腺体囊肿形成。黏膜固有层、黏膜下层有淋巴细胞、浆细胞、嗜酸性粒细胞浸润，有时可见结缔组织增生。

（二）慢性增生性肠炎

慢性增生性肠炎（chronic proliferative enteritis）常见于副结核分支杆菌、结核分支杆菌、劳森菌、组织胞浆菌及一些未知病原的消化道感染。

图 16-11　慢性增生性肠炎（牛副结核病）

黏膜增厚，呈脑回样外观。

眼观，此型肠炎的眼观特征具有相似性，即肠管粗细不均，肠壁明显增厚，肠腔变小、缺乏内容物，肠皱褶减少、肥厚，弹性减退，如同脑回样外观（图 16-11）。黏膜表面常被覆多量呈黄白色或橙黄色黏稠渗出物，有时可见黏膜点状和斑状出血。此型肠炎多呈节段性，一般见于小肠后段和结肠。

镜下，肠绒毛变短，呈各种弯曲状，肠黏膜上皮细胞变性、脱落，杯状细胞肿大、增生、分泌亢进。由于病因不同，使肠壁增厚的组织结构有所差异，一般可分为三类：①黏膜固有层、黏膜下层有大量上皮样细胞、巨噬细胞、淋巴细胞、浆细胞浸润，多见于结核分支杆菌、副结核分支杆菌感染（图 16-12）。②黏膜固有层和黏膜下层有多量结缔组织增生和炎性细胞浸润，黏膜肌层增厚，见于马肥厚性肠炎。③黏膜层腺体细胞增生，导致腺体数量增加，引起肠壁增厚，见于猪等动物的增生性肠炎（劳森菌感染）。此型肠炎常因肠黏膜过度增生，引起黏膜表层的凝固性坏死和肠道内出血。

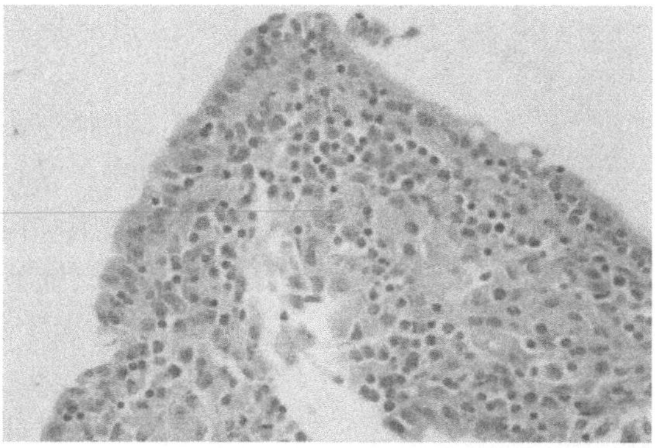

图 16-12　慢性增生性肠炎（牛副结核病）
小肠绒毛变矮、变钝，黏膜固有层上皮样细胞浸润，使黏膜固有层增厚。

第三节　肝脏病理

一、肝　炎

肝炎（hepatitis）是指肝脏的炎症，是畜禽的一种常见的肝脏病变。根据炎症的病程，可将肝炎分为急性肝炎和慢性肝炎，根据炎症出现的部位，又可分为实质性肝炎和间质性肝炎；根据发生原因不同，又可分为传染性肝炎、寄生虫性肝炎和中毒性肝炎。以下重点介绍传染性肝炎和寄生虫性肝炎。

（一）传染性肝炎

1. 细菌性肝炎　根据病变特征可分为变质性肝炎、化脓性肝炎和肉芽肿性肝炎等。

1）变质性肝炎　以变质变化为主，常表现为局灶性坏死。其病原主要有细菌（如沙门菌、禽巴氏杆菌、结核分支杆菌、鼻疽杆菌、大肠杆菌等）、螺旋体和真菌等。它们可通过门静脉、脐静脉、肝动脉、胆道系统、外伤或直接由邻近病灶蔓延等途径侵袭肝脏，引起变质性肝炎。

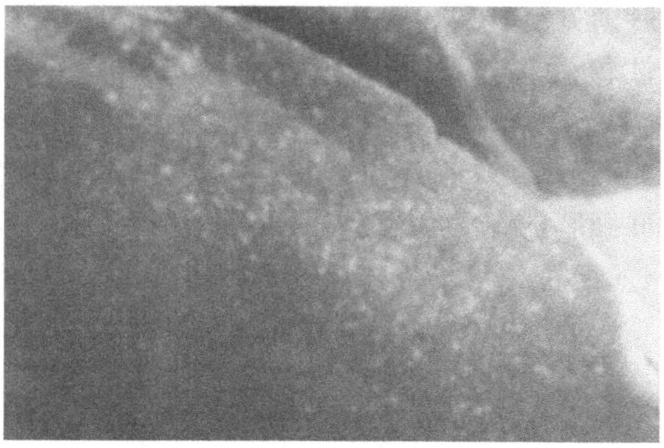

图 16-13　局灶性坏死性肝炎（鸡巴氏杆菌病）
肝脏表面分布有大量的针尖大小的黄白色坏死灶。

眼观，肝脏肿大，充血明显呈暗红色，黄疸时呈黄褐色或土黄色。常见点状出血与斑状出血，以及灰白色或灰黄色的坏死病灶（图 16-13）。

镜下，中央静脉扩张，肝窦充血。肝细胞普遍发生颗粒变性、脂肪变性、水泡变性或局灶性坏死，坏死灶多位于肝小叶内，大小不一，也可发生弥漫性坏死，与感染细菌的种类有关。坏死灶周围有以中性粒细胞为主的炎症细胞浸润（图 16-14）。

2）化脓性肝炎　以脓肿为其特征，家畜较为常见，尤其是牛。常由化脓菌引起，如化脓棒状杆菌、大肠杆菌、链球菌和葡萄球菌等。化脓细菌可来自门静脉、附近的化脓灶或全身性脓毒败血症。

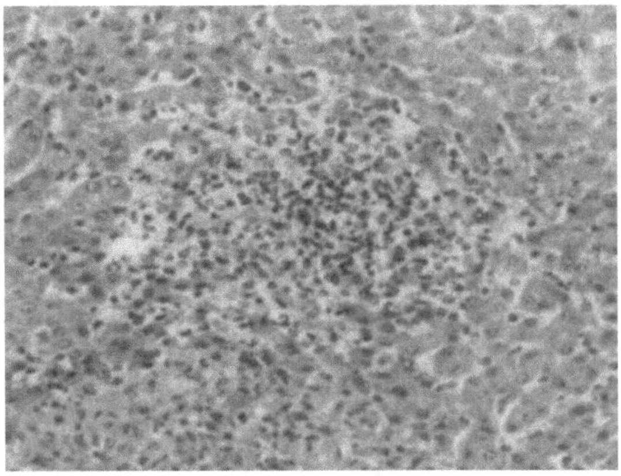

图 16-14　局灶性坏死性肝炎（犊牛沙门菌病）
局部肝细胞坏死，枯否细胞增生，炎性细胞浸润。

眼观，肝脏内有大小不一的脓肿，其中充满脓液。

镜下，脓肿中心有变性、坏死的肝细胞和中性粒细胞，有时可见菌落。脓肿周围有大量中性粒细胞和巨噬细胞聚集，结缔组织包囊内也有淋巴细胞、巨噬细胞浸润。

3）肉芽肿性肝炎　以形成肉芽肿为其特征。常由某些慢性传染病的病原体引起，如结核杆菌、鼻疽杆菌、放线菌以及烟曲霉菌、黄曲霉菌、灰绿曲霉和构巢曲霉等。

眼观，典型的增生性肉芽肿中心为黄白色干酪样坏死或化脓，如有钙化时质地比较硬固，刀切有沙砾感，结节与周围组织分解清楚。

镜下，结节中心为均质无结构的坏死物、核碎片或病原菌。周围为上皮样细胞和多核巨细胞，最外层由数量不等的结缔组织环绕，其中有多量淋巴细胞浸润。

2. 病毒性肝炎　引起病毒性肝炎的病毒主要有嗜肝性病毒（如牛恶性卡他热病毒、水牛热病毒、鸭瘟病毒、马传染性贫血病毒）和非嗜肝性病毒（如雏鸭病毒性肝炎病毒、鸡包涵体肝炎病毒、犬传染性肝炎病毒等）。

眼观，肝脏肿大，肝叶边缘钝圆，被膜紧张、切面外翻。肝呈暗红色或红色与土黄色（或黄褐色）相间的斑驳色彩，其间散在灰白色或灰黄色形状不一的坏死灶。胆囊胀大或缩小。

镜下，肝小叶中央静脉扩张，淤血。小叶内见出血和坏死病灶。肝细胞广泛水泡变性和气球样变性，淋巴细胞浸润，肝窦充血（图 16-15）。小叶间组织和汇管区内小胆管和卵圆形细胞增殖。部分病毒所致肝炎还可在肝细胞的胞核或胞浆内发现特异性包涵体（如禽病毒性肝炎病毒、犬病毒性肝炎病毒、鸡包涵体肝炎病毒和腺病毒感染等）。

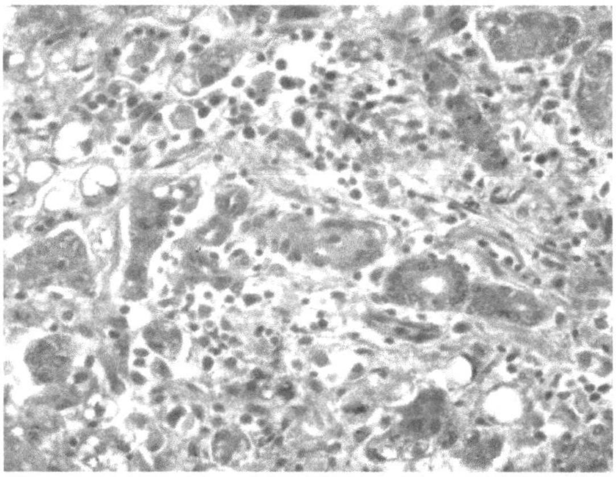

图 16-15　弥漫性坏死性肝炎（马病毒性脑炎）
肝细胞发生脂肪变性与坏死，间质内炎性细胞浸润。

（二）寄生虫性肝炎

寄生虫性肝炎（parasitogenic hepatitis）是指肝脏内某些寄生虫在肝实质中或胆管寄生繁殖，或某些寄生虫的幼虫移行于肝脏时引起的炎症，是畜禽最常见的一种以侵犯肝脏间质为主的炎症，因此，又有间质性肝炎（interstitial hepatitis）之称。

眼观，肝脏肿大，表面存在突出于表面、大小一致、界限清楚的小结节（寄生虫结节），可有钙化，这种结节也可存在于肝实质内。表面亦可见许多圆形下陷的坏死病灶，坏死灶呈黄色或黄绿色（图 16-16）。

镜下，肝细胞呈弥漫性坏死，形成大小不一的坏死灶，外围可见大量嗜酸性粒细胞、少量的中性粒细胞和淋巴细胞浸润。慢性病例中一些较小的坏死灶因结缔组织增生而疤痕化（图 16-17）。

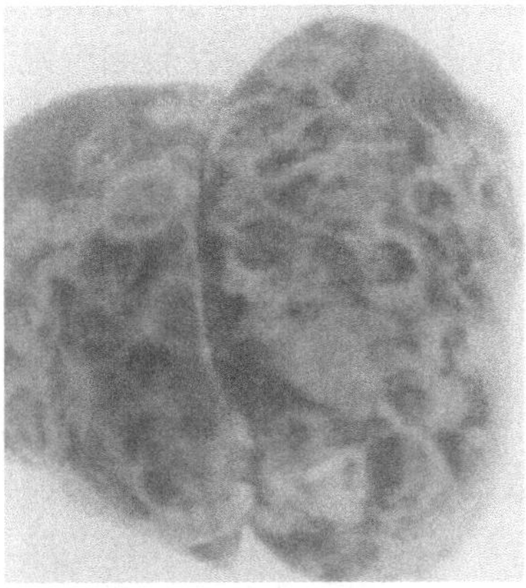

图 16-16　寄生虫性肝炎（鸡组织滴虫病）
肝脏表面可见较多较大的圆形坏死灶。

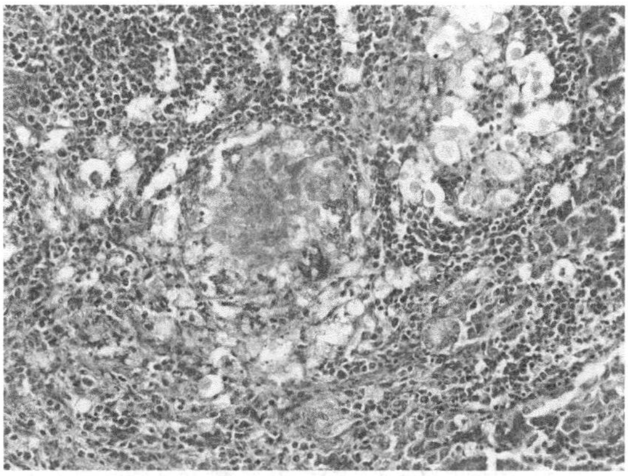

图 16-17　寄生虫性肝炎（鸡组织滴虫病）
图示一个坏死灶，附近结缔组织增生，淋巴细胞、浆细胞、巨噬细胞浸润，并见巨细胞形成，增生的组织中杂有不少组织滴虫。

由于寄生虫的种类、发育史、侵入门户以及致病机制不同，其表现形式各异，但其基本的病变为：①多发性坏死：以大小不等、形状各异的虫道、溃疡和凝固性坏死灶为主，是急性寄生虫性肝炎的早期表现。坏死灶的中心或边缘有虫卵或虫体以及组织碎屑，周围为凝固性坏死和嗜酸性粒细胞浸润为主的炎症反应。多见于细颈囊尾蚴、蛔虫、线虫的幼虫移行、弓形虫以及原虫感染等。②结节与囊泡形成：在肝脏表面出现数量不等、大小不一、形状不定的淡黄色或灰白色结节，常为脓性，随后干酪化，形似结核样结节，有的则形成肉芽肿性结节。有些寄生虫，如发育至中期的棘球蚴可在肝脏内形成囊泡。随着囊泡不断长大，肝实质受到严重破坏。③钙化与疤痕化：钙化与疤痕化是慢性寄生虫性肝炎的后期主要表现，由于寄生虫结节或坏死灶钙盐沉着，纤维性结缔组织增生，轻者导致肝脏表面粗糙、高低不平与疤痕形成，重者导致肝脏体积变小，质地坚硬，表面和切面有密集的灰白色钙化结节，形成所谓的“砂粒肝”（图 16-18）。以下以肝片吸虫病为例介绍肝片吸虫的成虫和幼虫对肝脏的损伤。

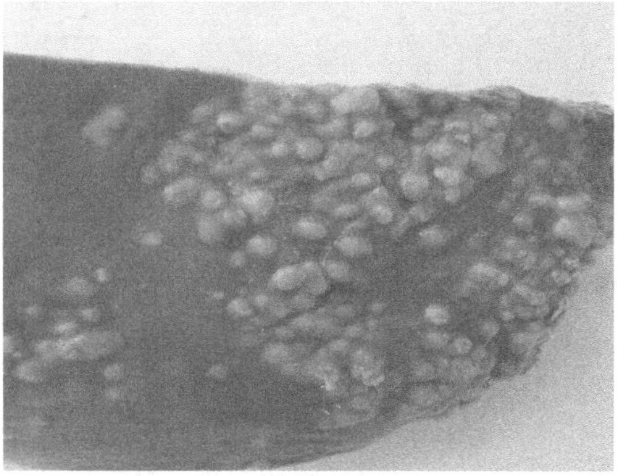

图 16-18　寄生虫性肝炎钙化（马的砂粒肝）
肝脏体积变小，质地坚硬，表面和切面高低不平，有密集的灰白色钙化结节。

肝片吸虫病（fascioliasis）是以肝脏损伤为其特征的寄生虫病，主要发生在绵羊、牛和其他野生、家养动物以及人。

肝片吸虫所引起的主要病变发生在肝脏，可分为幼虫移行产生的虫道所诱发的创伤性出血性肝炎、成虫胆管内寄生所致的胆管炎和胆管性肝炎及受损胆管继发细菌感染所致的多发性肝脓肿。肝脏创伤性病变和胆管病变经常是混合在一起的。

移行幼虫所致肝脏的急性病变基本上是创伤性的，由于幼虫分泌的毒素作用，创伤区出现凝固性坏死。在不规则虫道的横断面可见到直径 2～3mm 的出血灶，在虫道的顶端可见到不超过 1mm 长的幼虫。感染严重时，肝脏肿大，被膜上被覆一层厚薄不均、灰白色纤维素性薄膜。被膜下可见暗红色的出血性条纹和出血灶。陈旧的虫道由于嗜酸性粒细胞浸润而呈浅黄色的条纹。镜下，新形成的虫道内充满血液，肝细胞变性、坏死，组织碎屑积聚，坏死区周围有嗜酸性粒细胞、巨噬细胞、多核巨细胞浸润。陈旧的虫道由富含淋巴细胞和嗜酸性粒细胞的肉芽组织进行修复。重度感染时这些病灶可以互相融合，损伤门脉区，引起中度的、不规则的纤维化。

肝片吸虫的成虫寄生在较大的胆管内，引起胆管性肝炎（cholangiohepatitis）。胆道病变可发生在所有的肝叶，通常以左叶最为严重，右叶可能有中度的肥大。从肝门开始，肝脏表面的胆道隆起，形成分支状的、坚实的、白色胆管索，直径有时可达 2～3cm。触摸扩张的胆管或膨胀的局部区域有波动感。切开胆管，管腔内有由絮状变性的胆汁、脓汁、脱落细胞以及组织碎屑构成的污浊、黏稠的棕褐色液体和虫体，有时有黑褐色块状或砂砾状结石或钙化灶。绵羊、猪、马的胆管扩张主要是机械性的，是由肝片吸虫团阻塞和胆汁滞留所致，因为这些动物胆道壁新生的肉芽组织相对较少，胆管腔内只有轻度的卡他性炎症的缘故。牛的大胆管内脱屑性和溃疡性病变比其他动物严重，胆管壁内和胆管腔表面有大量的结缔组织增生，使其胆管壁明显增厚，管腔不规则地狭窄和扩张。此外，牛胆管内的结缔组织易发生钙化，严重时不易用刀切开。随着病情的发展，吸虫的直接刺激、重叠性的感染以及胆汁滞留使小门脉区的炎症加重，增生的结缔组织和小胆管互相融合，形成疤痕。炎性纤维化取代了许多病灶内的肝实质。此时受损最重的肝左叶可能出现萎缩、硬结以及变形。

二、中毒性肝病

中毒性肝病（toxic liver disease）又称肝中毒（hepatotoxicity），是指在多种致病因素作用下，肝细胞发生变性（颗粒变性、脂肪变性、水泡变性）和坏死，缺乏炎症反应的急性或慢性病理过程。它可作为一种独立的疾病或为其他疾病的并发症。

病因和发病机制　中毒性肝病是兽医临诊中最为常见的疾病之一。由于肝脏的解剖学位置及其功能的特殊性，肝脏容易受到外源性或内源性毒物的攻击，引起肝细胞的变性和坏死。

1. 外源性毒物　主要有以下三类：

1）*化学毒物*　包括农药、化药与药源性毒物，常见的有磷及磷的化合物、卤代烃化合物、亚硝胺、铜及铜化合物、砷及砷的化合物、汞、锑、氯仿、硫酸亚铁、四氯化碳、四氯乙烯、煤酚、甲苯哒唑等均可引起中毒性肝炎，不同毒物引起的肝病变差异很大。

2）*有毒植物毒素*　许多有毒植物能引起肝脏损伤。常见的植物毒是含吡咯烷生物碱的有毒植物，如千里光属、野百合属、天芥菜属、玻璃草属和毛束草属中的 30 多种有毒植物。

3）*真菌毒素*　常见的生物毒素有黄曲霉毒素、担孢子毒素以及其他霉菌毒素（棕色曲霉、硫色曲霉、青霉、产紫青霉、鲜绿青霉等）。

2. 内源性毒物　内源性毒物是指代谢性毒素或由于胃肠道机能障碍所致的肠道自体毒，如肝脑病，肝性肾功能衰竭，肠道胺类、酚类、硫化氢、甲烷等有毒产物中毒。

中毒性肝病的发病机制：①毒素对肝细胞的直接损伤。②无毒或毒性较小的化合物在肝脏生物转化过程中，产生出比原毒性更大的中间产物（代谢毒）。在肝脏的正常生物转化过程中，脂溶性化合物被转化为水溶性化合物之后，才被排出体外。这是靠肝细胞内的混合功能氧化酶（mixed-function oxygenase，MFO）系统或细胞色素 P450 系统（cytohrome P450 system），将细胞内极性基团结合到化合物上或将化合物上存在的极性基团通过氧化、水解、还原作用暴露出来后与肝细胞内的葡萄糖醛酸脂、磺酸盐或其他基团结合，变成水溶性化合物，经胆汁、尿道排出体外的结果。MFO 系统位于肝细胞滑面内质网内，它很少表现出对底物的特异性，但具有很强的诱发性。当该系统代谢产物增多时，肝脏内这些酶的含量增多。胞质酶也参与这些物质的生物转化与脱毒过程。但在生物转化中，一种化合物可通过一种或几种酶代谢途径，产生有毒的代谢中间体，造成肝细胞的原发性损伤。由于肝细胞的 MFO 系统、P450 系统以及胞质酶的分布区域不同，肝细胞变性、坏死发生的区域也有差异。例如，四氯化碳可被肝细胞滑面内质网中的 MFO 代谢为三氯化碳自由基。由四氯化碳引起的肝细胞病变在小叶中央带最为严重，这是因为此处的滑面内质网最为丰富，也是三氯化碳自由基活化浓度最高的部位。相反，丙烯醇被小叶周边带最为丰富的乙醇脱氢酶活化。因此，丙烯醇所致的肝细胞损伤在小叶周边带最为严重。

病理变化

1. 急性肝中毒　虽然急性肝中毒的病因有所不同，但临床表现和病理学变化基本相似。病畜在短暂的沉郁、厌食、腹痛、肝性脑病所致的神经紊乱（如抽搐）之后死亡。

眼观，尸体腹水增多，呈黄色，含有絮状纤维素或团块。肝脏肿大，呈红紫色，胆囊壁水肿、粘连，胆囊和门脉区浆膜上的淋巴管扩张。如果肝毒素剂量不到半数致死量时，肝脏出血不严重，略显苍白，可见明显的肝小叶。急性致死性肝中毒时，组织广泛出血，浆膜点状或斑状出血，尤其是心外膜和心内膜。肠道内、胆囊内弥漫性出血，尤其是在反刍动物的十二指肠。这些器官的出血是由胆汁中的毒素代谢产物所致。其他器官和组织的出血是由于凝血因子消耗过度和损伤的肝脏不能产生凝血因子的缘故。肝脏的特征性病变主要是肝细胞发生颗粒变性、脂肪变性和凝固性坏死。由于动物种属、年龄与毒物类型、剂量以及病程不同，疾病的严重程度有所差异。病变较轻者多为小叶内病变，即肝细胞局部坏死或肝细胞带状变性和（或）坏死，尤其是小叶周边带或小叶中间带变性和（或）坏死。病变较重者多为小叶性病变，即肝细胞的弥漫性变性和（或）坏死。眼观小叶内病变的肝脏色泽变浅，呈黄色（脂肪变性）、白色（坏死）或呈红色（肝淤血使肝细胞变性、坏死模糊）或杂斑状（红、灰、黄色相间）。肝脏轻度肿大，边缘钝圆，质地变脆。肝切面上出现体积增大、轮廓清晰的三种特征性的肝小叶结构：①小叶中心带淤血，呈红色，而小叶中间带与周边带色泽苍白或呈黄色。②小叶中心带色泽苍白，周边部分仍保留正常色泽。③小叶中间带苍白，而小叶中央带与周边带保留正常色泽。小叶性病变常发生于肝左叶，严重时可累及所有肝叶。当肝脏大多数实质受损时，肝脏可能呈中度肿大、表面光滑，肝实质因淤血呈暗红色。如果此过程是局灶性或多灶性病变，肝脏因小叶性变性和（或）坏死而体积变小、塌陷、边缘变薄、质地柔软，甚至可以折叠，肝被膜皱缩，呈棕黄色，过去曾被称为“急性黄色肝萎缩”。若此时有严重淤血和出血掩盖了黄色的肝细胞变性和坏死，则称为“急性红色肝萎缩”。若此阶段病畜存活下来，则出血、坏死、凹陷区出现皱缩并形成疤痕。因此，在肝脏表面有纤细的或较大的疤痕将肝细胞再生的大结节分割开。

镜下，急性肝中毒性营养不良的组织学变化是相对恒定的。从单个细胞坏死至融合性皱缩性带状坏死、弥漫性出血性坏死与肝窦内皮细胞坏死不等。但通常的特征是严重的小叶中央带或中间带坏死。周边带坏死较少发生。绝大多数的肝细胞坏死为凝固性坏死。此后，坏死细胞崩解、消失。当小叶中央带的肝细胞坏死、崩解后，可被淤血或出血所取代，并逐渐向周围扩散，小叶中间带的部分肝细胞表现典型的脂肪变性或水泡变性，周边带呈颗粒变性。有的病例则相反，小叶周边带肝细胞严重坏死、崩解，肝小叶塌陷，呈红色，而小叶中间带与中央带肝细胞呈不同程度变性。严重时，坏死可突然波及整个肝小叶，呈弥漫性坏死，无细胞变性痕迹，只有充满血液的或间杂一定数量的细胞碎屑、脂肪小滴和胆色素的结缔组织基质，看不见肝细胞。如果此时病畜能存活下来，出现的病变或许是急性弥漫性坏死和坏死后肝硬变的混合体。由于病因的持续作用或疤痕的影响，疤痕内的肝细胞坏死仍在继续，肝小叶结构完全被破坏。

2. 慢性肝中毒　引起慢性肝中毒的毒素有些是致瘤毒素，有些是致畸毒素。在兽医临诊上，慢性中毒性肝病常见于黄曲霉毒素中毒和慢性铜中毒。

1）*黄曲霉毒素中毒*（aflatoxin poisoning）　黄曲霉毒素主要是由黄曲霉、寄生曲霉、软毛青霉的代谢产物所构成的一组双香豆素化合物。根据光谱性质可将这些主要代谢产物命名为 B_1、B_2、G_1、G_2 四种。在黄曲霉毒素中，研究最深的、且最有临诊意义的毒素是 B_1，因为它的来源广泛，是一种肝毒素。

黄曲霉毒素通过肝脏多功能氧化系统分解成不同的有毒和无毒的代谢产物。所产生的有毒和无毒代谢产物的比例以及对毒素的敏感性都与采食动物的种属和年龄有关。B_1 的毒性作用主要与毒性代谢产物与大分子，尤其是核酸和核蛋白的结合有关，主要包括致癌作用、致畸作用、有丝分裂抑制以及免疫抑制。

眼观，当机体长时间低剂量地接触毒素，可见肝脏的轻度肿大。若大剂量接触时，可见肝脏肿大、苍白、质地变硬，出现局灶性坏死及其再生的小结节，胆汁着染。在严重的病例，可见胆囊水肿，腹水胆汁着染，有的因持续性接触毒物而死于肝功能衰竭。

镜下，部分肝细胞体积增大、细胞核明显变大，形成巨肝细胞（megalocytosis），胆管增生，整个肝窦内有网硬蛋白和胶原纤维沉着及细胞碎屑。有的肝区出现不同程度的脂肪变性。在损伤较重的肝脏，毛细胆管和肝细胞内有胆色素聚集。肝小叶周边区的绝大多数肝细胞消失，被混合性的炎性细胞、成纤维细胞以及新生的血管通道所取代。此时，幼畜的肝脏体积缩小，可能是有丝分裂抑制的缘故。局灶性肝细胞坏死明显或小叶周边带状坏死，肝细胞脂肪变性严重。肾近曲小管上皮细胞内可见到少量的巨肾细胞。

2）*慢性铜中毒*（chronic copper poisoning）　铜是对肝脏具有选择性毒性的独特重金属。其在动物种属中存在显著差异，绵羊和犬最为敏感，其次是牛和猪。临诊症状和病理学变化表现为突发性血管内溶血和肝功能衰竭。

眼观，尸体黄染。肝脏轻度肿大，变软，呈深橘色。胆汁变黑，呈颗粒状。肾脏和尿呈棕红色。脾脏充盈、肿大，质地柔软，呈黑红色。镜下，在亚临诊期肝脏可见肝小叶结构因缺血性周边性坏死而模糊不清，胆汁滞留。严重溶血时，铜从肝脏坏死区溢出，进入尿，肾脏的铜含量可达 1000mg/kg。

猪和牛的慢性铜中毒与绵羊相似，表现为急性血管内溶血，尤其是犊牛。慢性肝损伤的病变主要为广泛性的门脉区纤维化。犬的慢性铜中毒与绵羊不同，表现为进行性肝衰竭、消瘦、腹水以及神经症状，黄疸并不常见。眼观，肝脏苍白，纤维化形成，后期肝脏呈细小的颗粒状。显著的镜检特征是在绝大多数的肝细胞内有大量富有光泽的棕黄色颗粒，在枯否细胞内有较黑的色素。这些颗粒是含有三价铁和铜的脂褐素。肝脏的病变为慢性活动性肝炎和渐进性坏死。肝脏出现门脉性和弥漫性纤维化，绝大多数肝细胞肿大，胞浆内出现脂滴。在肝脏铜含量检测时，病犬的肝脏含铜量都达到 12 000mg/kg。

结局和对机体的影响　致死性急性病例不论其病因如何在临诊和眼观特征上均相对一致。病畜在经过短期的反应迟钝、厌食、腹痛以及包括痉挛在内的多种神经症状（肝脑病）之后死亡。亚致死性的急性肝中毒性营养不良，可能出现轻症和暂时性的肝功能不全（如反刍动物光敏反应）或转化为慢性肝中毒性营养不良。后者因为病程较长可呈亚临诊性或表现出肝硬变时的肝功能不全或肝功能衰竭综合征，通常预后不良。

三、肝　硬　变

肝硬变（hepatic cirrhosis）是指严重的肝细胞变性、坏死之后，残存肝细胞结节性再生，结缔组织与胆管增生，使肝结构改建，逐渐变形、变硬以及纤维化的慢性病理过程。

这里需要强调的是：①肝实质的损失和随后发生的肝纤维化是弥漫性的，往往波及整个肝脏，带有疤痕的局部损伤不能构成肝硬变。②肝再生性结节是诊断肝硬变的依据，是再生作用与收缩愈合之间的一种平衡反应。③一旦肝脏发生纤维化则是不可逆转的病理过程，故称之为末期肝。④肝血管的正常分布和构型被实质损伤和疤痕形成所改建，血管动-静脉吻合形成异常互通。

病因和发病机制　肝硬变不是一种独立的疾病，而是多种疾病导致的一种不可逆的晚期肝病。凡是能致肝细胞进行性坏死且超过肝细胞再生能力的病因都可引起肝硬变。常见的病因有肝急性中毒（如农药、重金属、除草剂）、药源性肝损伤、肝细胞代谢紊乱（如半乳糖血症、酪氨酸代谢紊乱）、慢性肝炎、慢性胆囊炎、肝外胆道阻塞、心源性肝淤血、生物性致病因素感染、肿瘤性病变以及一些不能界定的疾病，如隐源性肝硬化（cryptogenic cirrhosis）等。因此，依其病因可将肝硬变分为门脉性、坏死性、淤血性、胆管性，以及寄生虫性等类型。

肝脏进行性纤维化是肝硬变发生的关键环节。因此，了解病因启动和病程发展尤为重要。在正常肝脏内，Ⅰ、Ⅲ型胶原主要集中于门脉区，偶见于狄氏间隙和中央静脉周围。狄氏间隙内的Ⅳ型胶原微丝构成了肝细胞之间的胶原网状支架。肝细胞与血窦内皮细胞之间有透明膜相隔。当肝脏轻度受损而恢复时，不成熟的胶原可以被酶降解、清除。虽然肝细胞有合成胶原的能力，但在肝硬变发生时，过多的胶原是由存在于狄氏间隙内的贮脂细胞所产生。由于细胞外基质的异变、炎性细胞释放的细胞因子（如 TNFα、TNFβ、IL-1 等）、代谢毒物及其产物的直接刺激，激活了贮脂细胞，使其失去原有的贮存维生素 A 的功能而变成纤维细胞样的细胞，分泌Ⅰ型和Ⅲ型胶原。与此同时，贮脂细胞也获得了与肌细胞相似的、具有收缩功能的特性。随着Ⅰ型和Ⅲ型胶原不断在狄氏间隙内沉着与胶原化形成，引起肝脏血流紊乱和肝细胞与血浆之间溶质弥散作用受阻（如白蛋白、凝血因子、脂蛋白的转运），最终导致肝脏纤维化与肝功能衰竭。

病理变化　肝硬变是包括门脉间质、静脉周围间质和肝被膜在内的肝脏结缔组织对炎症的一种应答，可以分几种类型：①胆管性肝硬变：纤维化的部位主要局限于门脉区。②坏死后肝硬变：在肝脏发生块状坏死时，周围肝小叶所有的实质细胞都受到损伤，网硬蛋白塌陷与浓缩，因此残存的门脉区间质向四周延伸，形成宽而不规则的疤痕组织带。③弥漫性肝硬变：是肝脏慢性实质性损伤时，形成的纤维组织逐渐与门脉区和肝小静脉相连，将典型的肝小叶分割，形成假小叶。④淤血和中毒性肝硬变：坏死区内肝小静脉周围纤维组织形成，又称为小叶周边性肝硬变。尽管肝硬变有着不同的类型，但它们之间存在着一些共同的基本病变。因此，无论从眼观或镜下都有相似的病理特征。

眼观，肝脏被膜增厚，体积缩小，质地变硬，表面粗糙，常出现不同程度的颗粒状至结节状隆起（图 16-19）。切面肝小叶结构破坏，常见不同走向的纤维束，胆管显露，呈索状突起。如有胆汁淤积，肝脏表面和切面呈绿褐色或深绿色。

镜下，间质明显增宽，间质内纤维性结缔组织广泛增生、网状纤维胶原化以及淋巴细胞和单核细胞浸润。纤维束呈桥梁式排列，将肝小叶分割成大小不等、形状不规则的岛屿状结构，即假小叶形成（图 16-20）。假小叶内肝细胞肥大，着色较深，多数无中央静脉或中央静脉偏位或有两个中央静脉并存。假小叶边缘可见聚积成堆或呈条索状的新生胆管上皮，很少能见到胆管腔。这些假小叶形成是肝硬变的特征性病变之一。随着病程的进一步发展，大疤痕可取代邻近多个小叶，或互相连接的纤维性疤痕取代大部分的肝实质。寄生虫感染时，可见寄生虫结节的中心发生钙化，周边有透明变性的结缔组织和嗜酸性粒细胞、淋巴细胞浸润。在胆汁性肝硬变发生时，除上述肝硬变的特征性镜下病变外，还能见到肝小叶内毛细胆管扩张，胆汁淤积，胆栓形成，肝细胞和间质内均有胆汁浸染，呈棕绿色外观。

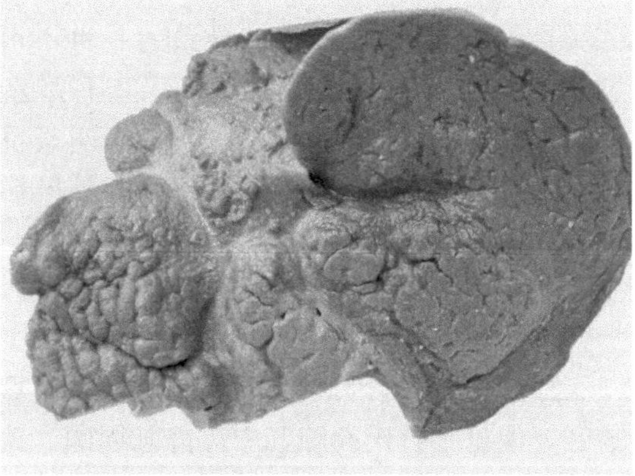

图 16-19　肝硬变（兔）

肝脏体积缩小，质地变硬，表面粗糙，常出现不同程度的颗粒状至结节状隆起。

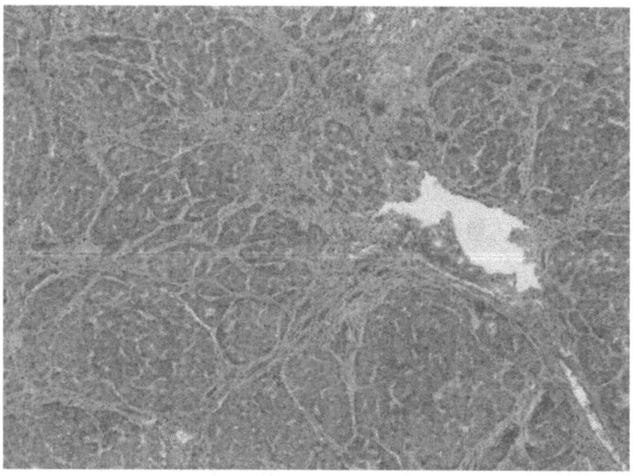

图 16-20　肝硬变（兔）

肝正常结构消失，间质内结缔组织广泛增生形成假小叶。间质内还有条索型胆管增生和炎性细胞浸润。

肝硬变对机体的影响　从肝硬变的发生到出现明显的临诊症状（表现为非特异性临诊表现，如食欲不振、消瘦、虚弱等），往往有一个相当长的发展过程。这个过程短则几周、数月，长达几年。而它对机体的影响，归纳起来则主要表现为以下两个方面：

1. 门脉高压症（portal hyperension）　引起门脉高压最主要的原因是肝脏的正常结构被改建。当门脉压升高之后，可引起门静脉所属器官（脾脏、胃、肠道）的血流受阻。在初期，可因代偿作用而不出现明显的临诊症状，但后期，因失代偿而出现一系列明显的临诊症状。主要包括：

1）脾脏肿大　由于门静脉压升高，而导致脾脏发生慢性淤血、细胞增殖和结缔组织增生，因此使其增大。还由于脾窦内皮细胞肿大、增生或脱落，吞噬能力增强，使脾脏的功能亢进，破坏血液的过程加强，致使病畜的红细胞、白细胞和血小板减少，造成贫血或合并有出血倾向。后期常因脾脏内的结缔组织大量增生，压迫脾小体使之减少、萎缩甚至消失，终被纤维组织所取代。

2）消化机能障碍　由于门脉压升高而引起的胆汁分泌和排出减少，尤其是胃肠严重淤血，导致胃酸及各种消化酶的生成和分泌大为减少，从而引起胃肠道的消化和吸收障碍。在临诊上病畜具有食欲不振等症状。

3）腹水　多见于肝硬变的晚期，在大家畜其体积可达几十升，其蛋白质成分却较一般漏出液多，这是肝性腹水的一个特征。

2. 肝功能不全　肝硬变所引起的肝功能不全是肝实质被长期反复破坏的结果，常与肝细胞变性、坏死的程度以及病变所涉及的范围有密切关系。肝功能不全的主要表现有机体的合成功能障碍，灭火机能降低，胆色素障碍和肝昏迷（详见本节“肝功能不全”的相关内容）。

四、肝功能不全

肝功能不全（hepatic insufficiency）是指肝细胞广泛性损伤已超过了肝脏的代偿功能而出现的物质代谢紊乱、胆汁淤积与黄疸、腹水、有毒产物体内蓄积甚至昏迷等一系列临诊症状的综合征。肝功能不全可分为急性和慢性两种，其临诊症状有所不同，但有相当部分的临诊症状是相互重叠的。当肝功能丧失超过80%时，被定为肝衰竭（hepatic failure）。

病因和发病机制　肝功能不全可作为一种独立的疾病出现（如与胆汁运输有关的关键酶缺乏），但大多数为其他疾病的并发症。能引起肝功能不全的病因和疾病较多，大致可分为以下四个主要类型。

1. 弥漫性肝坏死（massive hepatic necrosis）　主要病因有：①一些传染性致病因子、药物和毒物及其代谢产物能直接或间接地作用于肝细胞，使肝细胞发生弥漫性变性与坏死，导致肝功能受损。在家畜和人中，常见于病毒性肝炎（急性马传染性贫血、马传染性脑脊髓炎）、药源性肝炎与中毒（乙酰氨基酚、异胭肼、氟烷）、化学毒物与生物毒素中毒（四氯化碳、四氯乙烯、磷酸、硫酸亚铁、毒蘑菇、煤酚、棉酚等中毒）、腐败产物与代谢产物中毒（腐败饲料、胃肠炎、肠梗阻等）。②营养性因子的缺乏与中毒，此类因子在肝细胞代谢过程中发挥重要作用。例如，仔猪缺硒时，肝细胞受到负氧离子自由基的广泛性损伤；饲料中胆碱、蛋氨酸等营养物质缺乏，肝内磷脂合成减少，引起血浆脂蛋白减少，影响肝内脂肪的运输，形成脂肪肝；硫酸亚铁中毒时，肝细胞呈中心性或弥漫性坏死。

2. 胆汁排泄受阻（decreased excretion of billirubin）　肝内、肝外胆管阻塞，使胆汁淤积在肝内，毛细胆管内压升高、破裂，胆汁进入血液。一般而言，如果没有胆道疾病，肝细胞性胆汁淤积本身并不引起明显的肝损伤。然而，由于胆汁排泄受阻，长期的胆汁淤积不仅能引起肝小叶中央区肝细胞的泡沫状变性，而且能引起泛小叶性的肝细胞坏死。常见的疾病有胆道结石、肝外胆管闭锁、胆道寄生虫感染、胆管狭窄与胆总管囊肿等。

3. 慢性肝病（chronic hepatic disease）　其特点是：①有效的肝细胞数量明显减少。②肝内结缔组织慢性增生，肝实质组织改建。③血管改建后形成经肝窦完成的动-静脉吻合。常见的疾病有慢性进行性肝炎、肝硬变、心源性后腔静脉血流受阻、后腔静脉阻塞性血栓形成、收缩性心包炎、心包积液、创伤性心包炎。由于肝长期淤血、水肿，肝细胞变性、坏死，结缔组织增生，最终引起肝硬变。

4. 肝脏肿瘤（hepatic tumors）　当肝胆系统的原发性和继发性肿瘤发展到一定程度时，可引起严重的肝功能障碍。常见于猪、牛、鸡和鸭等动物，如原发性弥漫性肝细胞性肝癌与胆管癌、白血病、鸡马立克病。肝外肿瘤，如肝外胆管癌、胰头胰腺癌也能损伤肝功能。

对机体的影响

1. 代谢性紊乱

1）血清肝性酶水平升高　在肝细胞坏死的活动期，血清中乳酸脱氢酶、丙氨酸氨基转移酶/谷氨酸-丙酮酸转移酶、天门冬氨酸氨基转移酶/谷氨酸草酸乙酰转移酶升高，这些肝性酶水平的升高与肝损伤的面积或严重程度成正比。乳酸脱氢酶的升高是相对非特异性的。

2）血清胆红素升高　总胆红素代谢紊乱，超过了肝细胞分泌与排泄速度，可引起高胆红素血症与黄疸。

3）低血糖症　肝功能不全时，肝糖原分解成葡萄糖的过程明显降低，导致低血糖症（hypoglycemia）。同时胰岛素在肝脏灭活减少，引起血浆胰岛素含量升高，加重低血糖症的发生。

4）低白蛋白血症　在肝细胞坏死活动期，肝细胞白蛋白生成减少，血浆白蛋白水平降低，出现低白蛋白血症（hypoalbuminemia）。在慢性肝病时，由于门脉高压症，血浆白蛋白丧失也增加（进入腹水或肠道），则加重这一病理过程。

5）凝血病　在急性肝功能不全时，肝脏合成、分泌纤维蛋白、凝血酶原、凝血因子（Ⅱ、Ⅴ、Ⅶ、Ⅸ、Ⅹ）减少，使血凝时间延长，易造成机体出血，发生凝血病（coagulopathy）。维生素K吸收不良可加剧此病程。

6）弥漫性血管内凝血　急性肝功能不全时，凝血因子Ⅶ被激活，且排出受阻，即引起DIC的发生。

7）高血氨症　肝功能受损时，血浆氨基酸含量升高，其中以酪氨酸、亮氨酸、蛋氨酸、谷氨酸、天冬氨酸最为显著，而血液、尿液中的尿素含量减少，目前认为，由高血氨症导致的机体自体中毒是引发肝性脑病（肝昏迷）的主要因素。

8）激素紊乱　在生理条件下，机体的许多激素是在肝脏内灭活的。肝功能障碍时，对激素的灭活作用减弱，出现激素代谢紊乱。雌激素灭活障碍，引起高雌激素症（hyperestrogenism），导致母畜卵巢功能紊乱与公畜性腺机能减退；醛固酮及抗利尿激素灭活障碍，引起低钾血症和肝性水肿（低钠血症）。低磷血症和低钙血症则与血清降钙素升高有关。

9）光敏反应（photosensitization）　可分为原发性和继发性。肝功能不全或因胆道阻塞时，因采食的植物性叶绿胆红素与其他胆红素排泄受阻，血液中叶绿胆红素水平升高，并在皮肤组织中沉着。当紫外线照射激活叶绿胆红素后，引起皮肤的炎症。病变只局限于无毛、少毛或无色素、色素较少的皮肤区。

2. 其他系统功能紊乱综合征

1）腹水（ascites）　常见于有肝功能不全的犬、猫，其次是羊，马和牛较少见。慢性肝病时，经常伴有广泛的疤痕形成。由于肝组织与血管改建、门脉-动脉吻合、门脉高压症，使肝血管系统内形成较高压力，流进肝脏的血液经狄氏间隙至肝淋巴管或经肝被膜渗漏进入腹腔，形成腹水与低白蛋白血症。血浆胶体渗透压下降可促成腹水形成过程。长期腹水时，通过膈淋巴管的腹水可以外渗，引起右胸腔积水。

2）门脉高压症（portal hypertension）　可分为肝前性、肝性和肝后性三种病因。大多数肝前病因是门脉阻塞性血栓形成与门脉狭窄。大多数肝后病因是严重的右心衰竭、收缩性心包炎和肝静脉流出受阻。肝性病因主要是肝硬变。门脉高压症的发生是由于：①门脉血流在肝窦处阻力增加。②肝周纤维化所致的中央静脉受压。③肝实质结节的膨胀力增加。④疤痕内动-静脉吻合，使压力高的动脉血流直接进入压力较低的静脉系统，最终导致腹水、肝脾综合征以及肝脑病。

3）肝脑病（hepatic encephalopathy）　是急性或慢性肝功能衰竭的一种神经系统功能紊乱的综合征。急性肝功能衰竭常见于马，慢性肝功能衰竭主要发生于牛、羊以及患门脉-动脉吻合的犬和猫。各种动物的表现有所不同。羊以沉郁、反应淡漠、不愿运动、强迫性咀嚼以及痉挛为特征。牛、马以狂躁为主，定向运动障碍，具有攻击性。犬和猫等肉食动物表现为行为异常、厌食与呕吐。在本病的后期，所有动物的生理反射活动消失，甚至昏迷，故又称肝性昏迷（hepatic coma）或门脉系统脑病（portosystemic encephalopathy）。

肝功能不全时，由于氨基酸代谢障碍，血液和脑脊液中氨含量增高是肝脑病的主要原因。血氨主要干扰脑的能量代谢，可与脑内三羧酸循环中的 α-酮戊二酸结合，形成谷氨酸和谷氨酰胺或干扰脑内苹果酸穿梭系统。这些过程要消耗大量 ATP。如果大量的血氨进入脑，ATP 严重减少，脑细胞缺乏足够能量供应，则功能受到抑制。GABA 是脑内一种异常的神经递质。在肝功能衰竭时，不仅血液中 GABA 升高，穿透血脑屏障的能力增加，而且脑内 GABA 受体的数量相应增加。当 GABA 穿过血脑屏障后，可竞争性地取代脑内正常的神经递质，降低神经传导功能。其他穿过血脑屏障的氨和短链脂肪酸也是竞争性的异常神经递质。

4）肝肾综合征（hepatorenal syndrome）　是指患急性肝功能衰竭的病畜所伴发的肾功能衰竭，病畜没有肾功能衰竭所固有的形态学或功能上的改变。此综合征出现的典型先兆是肾脏尿液形成减少，即少尿，血液中脲氮和肌酸酐升高，肾脏尚有浓缩尿的功能。肾脏病理变化为体积增大、湿润，被胆汁色素浸染。镜下，肾小管上皮细胞完好无损，细胞内和管型内有胆汁色素，故称为胆汁性肾病（biliary nephropathy）。肝肾综合征是由于血液中醛固酮和抗利尿激素浓度升高，肾血管收缩导致进入肾脏的血流量减少（尤其是肾皮质部）或因肾皮质与髓质部血液吻合所致，伴发肾小球滤过率降低以及肾保钠功能增加。随着肝功能的恢复，此型肾功能衰弱则能得到明显改善。

结局　肝功能不全可以是某个或多个肝功能障碍。轻症急性肝功能不全发生时，查找病因，及时采取相应的保守疗法或手术治疗（如手术摘除胆管结石），可使肝细胞迅速再生，肝功能得以恢复。若病情进一步发展，由肝功能不全转至肝功能衰竭时则预后不良。总体来讲，肝脏移植是患重症肝功能衰竭病人、病畜唯一生存的希望。

第四节　胰　腺　炎

胰腺炎（pancreatitis）是指以胰脏外分泌腺的腺体细胞受损为基础的急性或慢性炎症过程。急性胰腺炎包括轻度自制性和出血性-坏死性两种类型。慢性胰腺炎是胰腺炎症的进行性发展或复发性的过程。

病因和发病机制　细菌、病毒（火鸡肝炎病毒、脑心肌炎病毒、呼肠孤病毒、柯萨奇病毒、流行性腮腺炎病毒）、寄生虫（马线虫、后睾吸虫、双腔吸虫、弓形体等）、中毒（锌、山扁豆、单端孢霉菌素 T2）、胰腺局部缺血或脉管炎、药物、外伤、邻近组织炎症扩散、胆囊疾病（胆结石、胆道阻塞）、胰导管疾病（胰管异常阻塞）、内分泌失调与代谢病（如营养不良、高脂肪与高蛋白日粮、高血脂症、高血钙症、血红色素沉着症、尿毒症、糖尿病性酮酸中毒）等都可引起急性胰腺炎。其中胆结石、胰导管阻塞、寄生虫感染、外伤是动物最为常见的病因。有些病因与发病机制不明的急性胰腺炎，称为自发性胰腺炎（spontaneous or idiopayhic pancreatitis），常见于犬，尤其肥胖不愿活动的母犬易发。

在正常生理条件下，胰液中含有大量可降解食源性脂类、蛋白质和碳水化合物的酶，如脂酶、磷酸酶、胰蛋白酶、胰凝乳酶、淀粉酶、氨基肽酶、弹力蛋白酶等。这些酶多以酶原的形式存在于胰液中，以避免胰腺自体消化。在神经-内分泌的双重调节下，这些酶原进入十二指肠后，被十二指肠内的肠肽酶和胆囊收缩素-促胰酶素激活，发挥其生理功能。急性胰腺炎最基本的致病机制是胰腺内激活酶的自体消化过程，即胰腺内蛋白质溶解、脂肪溶解以及硬弹力酶所致的出血。因此，蛋白酶（胰酶、胰凝乳酶）、脂酶、磷脂酶（降低脂质和膜磷脂）以及硬弹力酶（分解血管弹力纤维组织）在胰脏内的激活和释放对胰腺的损害甚为关键。被胰酶激活的其他酶也可将血管舒缓素原变成血管舒缓素，激活激肽系统，从而又间接激活凝血与补体系统，进一步加重了局部炎症、血栓形成、组织损伤以及胰腺出血。引起胰腺中的胰酶外渗的主要机制是：①胰管阻塞：胰总管约在胆总管的 2/3 处或在十二指肠壶腹部汇入胆总管（不同动物有所差异）。如果胰总管或十二指肠壶腹部阻塞，能引起胰导管阻塞，不断分泌出的胰液增大了胰导管压力，导致毛细胰腺管破裂，胰液外渗进入间质。②腺泡细胞受损：某些毒素、药物或传染性因子直接作用于胰脏腺体细胞，使其变性、坏死，导致胰液在细胞间严重泄漏。③胰酶在细胞内转运发生紊乱：有些病因可直接影响胰腺腺体细胞的顶浆分泌，这些酶被错误地包裹在含溶酶体酶的空泡内，导致这些细胞器的破裂和酶的激活。但这些酶如何被激活目前尚不完全清楚。

病理变化

1. 急性胰腺炎（acute pancreatitis）　是以厌食、呕吐、腹痛以及血液、尿液中胰酶（尤其是淀粉酶、脂酶）水平升高为特征的一种急性病症，通常伴发胰腺内的蛋白质溶解、脂肪坏死、血管坏死与出血以及炎性反应。本病多见于中老年的马、牛、猪、犬、猫。

1）轻度自限性胰腺炎（mild self-limited pancreatitis）　眼观，胰腺肿大，充血，柔软，切面湿润、多汁。

镜下，可见胰腺间质水肿，胰岛和胰腺局灶性或融合性坏死与中性粒细胞浸润，坏死区内可见无定形的嗜碱性钙盐沉着（图 16-21）。脂肪细胞的细胞膜模糊不清，细胞内充盈着粉红色、颗粒状、晦暗的沉淀物。

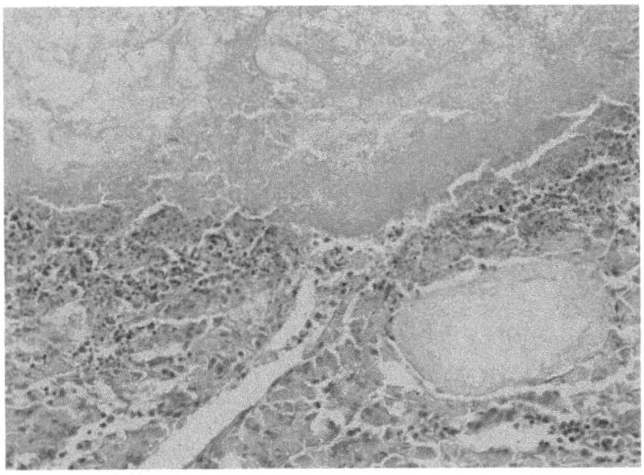

图 16-21　轻度自制性胰腺炎（坏死性胰腺炎）
胰腺内有大小不等的坏死区，和邻近组织有明显的界限，坏死区胰腺组织坏死、崩解，呈无结构的物质，坏死区外周为核碎片和较多炎性细胞浸润。

2）出血性坏死性胰腺炎（hemorrhagic-necrotic pancreatitis）　眼观，胰腺肿大，质脆，呈暗红色或杂斑状出血，胰腺小叶结构模糊，无光泽、表面或切面有灰白色较软的胰腺组织坏死灶和杂间着黄白色、石垩状脂肪坏死灶。腹腔内出现含有脂肪小滴的稍混浊的血样液体。受损区与邻近组织常出现纤维素性粘连。在大网膜、肠系膜、腹壁有时可见因脂肪组织皂化而呈白垩样脂肪坏死区，偶尔可见被结缔组织包裹成大小不一的液化性囊腔。

镜下，可见胰脏实质内出现局灶性凝固性坏死区，小叶间隔内有纤维素性-出血性渗出物聚积、中性粒细胞浸润以及微血栓形成。受损胰脏邻近的脂肪组织和肠系膜脂肪组织出现坏死和炎症反应。

2. 慢性胰腺炎（chronic pancreatitis）　又称为慢性复发性胰腺炎，是隐性或轻度自限性急性胰腺炎反复发作时，胰腺的进行性损伤。通常以实质萎缩，体积缩小，胰腺纤维化为特征。常见于犬，其次是猫、马、牛，大多不表现明显的临诊症状。

眼观，胰腺出现卷曲、皱缩，呈结节状团块，质地坚实，表面粗糙，经常与邻近组织粘连。切面胰导管扩张，含有多量黏稠的炎性渗出物，有时可见钙化灶和成形完好的白色、坚实的胰腺结石与假性囊肿。

镜下，胰腺腺泡数量和体积减小，结缔组织呈不规则的小叶性分布，累及部分或整个胰腺。在小叶和导管周围可见单核细胞、淋巴细胞浸润。所有胰导管有不同程度的阻塞，小叶内和小叶间导管扩张，管腔内可见蛋白栓。导管上皮萎缩、增生或出现鳞状上皮化生。胰岛严重受损并被残存的小叶或结缔组织所包围。

结局和对机体的影响　胰脏的外分泌腺具有相当大的贮备功能。当胰腺严重受损时才出现症状或综合征。轻度自限性胰腺炎预后较好，常于短期内消散。少数病例可转变为出血坏死性胰腺炎。犬、马、猪的急性出血性胰腺炎或许是致命的，常因胰酶自体消化所致广泛性血管损伤、出血、休克、弥漫性血管内凝血而死亡。牛和猫的急性胰腺炎虽有描述，但罕见临诊症状。消化不良作为胰腺外分泌功能不全的一个结局，可见于犬，其次是牛、猫等动物，通常与胰腺萎缩或慢性胰腺炎有关。临诊特征为脂肪痢、腹泻、贪食、体重下降。马慢性胰腺炎和胰腺纤维化通常是由寄生虫迁移所致或来自胰导管系统的逆行性细菌感染，也可继发于慢性嗜酸粒细胞性肠胃炎，但多呈亚临诊型，偶见死亡。

复习思考题

1. 名词解释：急性胃炎　慢性胃炎　肠炎　肝炎　中毒性肝病　肝硬变　肝功能不全　胰腺炎
2. 急性胃炎有哪几种类型？各型的病变特点是什么？
3. 急性肠炎有哪几种类型？试述其病理变化。
4. 简述慢性肠炎的病因、类型及其特征。
5. 试述肝炎和中毒性肝病的区别。
6. 简述肝硬变对机体的主要影响。
7. 试述肝功能不全的原因及其发病机制。

（简子健）

第十七章　呼吸系统病理

第一节　上呼吸道和气管的炎症

呼吸系统包括上呼吸道（鼻、咽、喉）、下呼吸道（气管、支气管，支气管由肺门进入肺后逐级分支，越分越细，形成细支气管、终末细支气管、呼吸性细支气管）和肺（肺泡管、肺泡囊、肺泡）。其中，呼吸道是沟通肺泡与外界环境的通道，肺内的肺泡是肺泡气与血液进行气体交换的主要场所。禽类呼吸系统与哺乳动物有着明显的差别，主要表现在禽类有气囊，肺的结构也不同，其支气管分支不形成支气管树，而是互相连通的管道，三级支气管上呈辐射状分出许多肺毛细管，壁上分布有丰富的毛细血管，相当于哺乳动物的肺泡，是气体交换的地方。由于哺乳动物与禽类呼吸系统结构的不完全相同，成为禽类与哺乳动物对一些疾病易感性不同的因素之一。

由于呼吸道与外界直接相通，外界环境中的有害气体、粉尘、病原微生物及某些致敏原易侵入肺内，引起呼吸系统疾病。尤其是在呼吸系统的自净功能和免疫功能降低或遭受破坏时，疾病很容易发生。常见的呼吸系统疾病很多。本章重点讲述呼吸道的炎症、肺炎，以及呼吸功能不全等基本病理过程。

上呼吸道和气管的病变主要表现为黏膜组织的炎症。这些病变轻则使动物体温升高、呼吸不畅、机体抵抗力及生产能力下降，重则向下呼吸道及其他器官转移，危及动物生命。

上呼吸道的炎症包括鼻腔和咽喉部的炎症。气管炎是指喉部至气管分叉处的气管的炎症。这些病变在兽医临诊上比较常见，有些动物疾病以上呼吸道和气管炎症命名，如鸡传染性鼻炎、鸡传染性喉气管炎、马鼻疽、猪萎缩性鼻炎、牛鼻气管炎等。

病因和发病机制　病原微生物感染和环境有害气体是导致畜禽上呼吸道和气管炎症的主要原因。

某些病毒可引起动物上呼吸道的炎症，如猪细胞巨化病毒、牛鼻气管炎病毒、鸡传染性喉气管炎病毒、禽流感病毒等。这些病毒对特定动物的呼吸道，特别是黏膜和淋巴组织，具有不同程度的亲嗜性，当病毒在组织细胞中复制时，引起这些细胞的坏死和过度凋亡，这可能是许多病毒引起上呼吸道和气管炎症的共同的发病机制。

细菌是引起呼吸道炎症的重要因素，如猪的败血波氏杆菌和多杀性巴氏杆菌，马属动物的鼻疽假单胞菌，鸡大肠杆菌、副嗜血杆菌、鸭疫里默杆菌等。细菌的致病机制与细菌在增殖过程中对寄生组织的直接损伤和细菌产生的毒素造成的间接损伤是密不可分的。上呼吸道黏膜湿润和富含营养的环境，为特定细菌的繁殖创造了理想的条件。有些细菌可损害器官纤毛上皮细胞，造成纤毛清除黏液的能力下降。另一些细菌则是在病毒感染的基础上进一步引起病变的。

一些环境因素如氨气、甲醛、过氧乙酸等，可直接刺激呼吸道黏膜，引起黏膜上皮损伤、黏膜下毛细血管充血、组织水肿以及杯状细胞过度分泌黏液等病变，而这些病变又为很多病原菌的寄生提供了良好的条件。

病理变化　畜禽上呼吸道和气管发炎时，均可表现卡他性（浆液、黏液、化脓性）炎症、纤维素性炎症或坏死性炎症。因此生前常以鼻孔流出不同性质的鼻液和咳嗽症状，禽尚见鼻窦肿胀、面部肿胀等变化。

眼观，黏膜充血、出血，附有浆液、黏液、脓性渗出物，甚至纤维素性、出血性凝块，有的疾病黏膜坏死形成溃疡（图 17-1，图 17-2）。

图 17-1　气管炎（鸡传染性喉气管炎）
气管黏膜充血、出血，可见纤维素凝块。

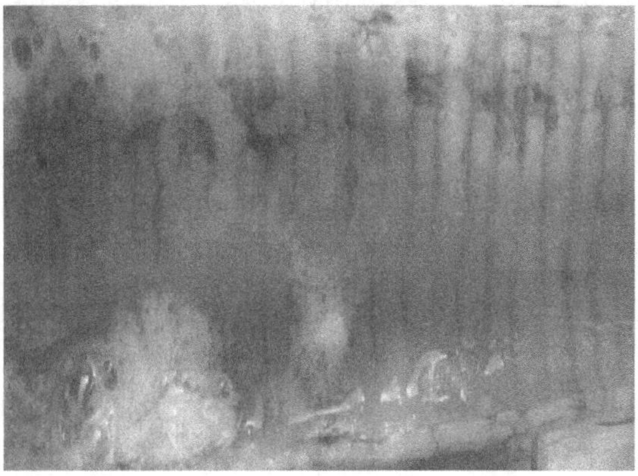

图 17-2　气管炎（肉仔鸡禽流感）
气管黏膜出血，附有浆液性泡沫状渗出物。

镜下，黏膜上皮变性、坏死或脱落，有的疾病上皮可见包涵体形成（如鸡传染性喉气管炎见核内包涵体，白喉型禽喉胞浆包涵体，猪细胞巨化病病毒感染见鼻黏膜腺核内包涵体等）。固有层充血、水肿，甚至出血，中性粒细胞、巨噬细胞、淋巴细胞、异嗜性粒细胞（禽）浸润。有的疾病如猪传染性萎缩性鼻炎，病变还可波及鼻甲骨，致使其发生萎缩、纤维化。

结局和对机体的影响　由于炎症性质和程度的不同，对机体的影响不尽相同，但呼吸道的炎症多带来呼吸道功能的障碍，如喉水肿、气管或支气管严重堵塞，则可导致窒息死亡。呼吸道的炎症结局与原发病有关。只要原发病好转或痊愈，炎症渗出物会完全吸收或排除，黏膜上皮也会再生修复。

第二节　肺　　炎

肺炎（pneumonia）是指细支气管、肺泡和肺间质的炎症，是肺脏最常见的病理过程之一。

肺炎的分类不尽相同，根据炎症范围的大小，可分为肺泡性肺炎（侵害肺泡和肺泡群）、小叶性肺炎（支气管性肺炎）、融合性肺炎（几个小叶性病灶相互融合扩大）、大叶性肺炎（侵犯一个或几个肺大叶）和全肺性肺炎（侵犯整个肺叶）；根据肺泡内炎性渗出物的性质，可分为浆液性肺炎、卡他性肺炎、化脓性肺炎、纤维素性肺炎、出血性肺炎等；根据病因的不同，还可分为病毒性肺炎、细菌性肺炎、霉菌性肺炎、寄生虫性肺炎等；根据发病机制和病变特点，将肺炎分为支气管肺炎、纤维素性肺炎、间质性肺炎和特异性肺炎，其中较常见的是支气管肺炎、纤维素性肺炎和间质性肺炎。

一、支气管肺炎

支气管肺炎（bronchopneumonia）是畜禽最常见的肺炎类型，多见于马、牛、羊、猪，尤其是幼龄动物。其特点是病变常从支气管炎或细支气管炎开始，然后蔓延到邻近的肺泡引起肺炎，每个病灶大致在一个肺小叶范围内，所以称为支气管肺炎或小叶性肺炎（lobular pneumonia），这种肺炎的病变在肺内呈散在的灶状分布。支气管肺炎时肺泡内的渗出物主要为浆液-细胞性，所以也称为卡他性肺炎（catarrhal pneumonia）。

病因和发病机制 畜禽支气管肺炎的发生原因很多，但归纳起来主要有：①细菌：常见致病菌有多杀性巴氏杆菌、溶血性曼氏杆菌、猪霍乱沙门菌、嗜血杆菌、葡萄球菌、大肠杆菌等，在肺的防御机能低下或受损时，这些致病菌可乘虚而入，大量繁殖引发该病，而某些健康动物呼吸道黏膜上的寄生菌（巴氏杆菌、化脓棒状杆菌、链球菌和马棒状杆菌），在机体由于受到应激作用（如寒冷、感冒、过劳、维生素A缺乏等）抵抗力下降时，这些细菌亦可转变为致病菌，诱发该病。②其他因素：某些化学性因素的吸入也可引起支气管肺炎。

支气管肺炎大多是经过气道播散引起的，播散的速度和范围取决于致病因子的毒力和宿主防御之间的力量对比，病原微生物由呼吸道侵入，炎症首先发生在细小的支气管，引起支气管炎，继而炎症沿着管腔蔓延至肺组织；支气管肺炎亦可是血源性的，病原菌经过血流到达支气管周围引起支气管肺炎。例如，当身体某处感染时，病原菌可由该处侵入血管并随血流到达支气管周围的血管、间质和肺泡，从而引起支气管肺炎。

病理变化 眼观，典型病变是位于尖叶、心叶和膈叶的前下部不规则的实变，病变为一侧性或两侧性，有时也呈局灶性地分布于两肺各叶。肺实变区体积增大，质地坚实，呈暗红色、粉红色到灰黄色不等，取决于病变性质和病程。病变区呈现镶嵌状，病变中央灰白色到黄色，周围暗红色，外围为正常色彩，有时甚至苍白色。肺的切面上可见散在的灰红或灰黄色病灶，粗糙，稍微突出于切面，质地较硬，颜色质地似胰脏（胰样变）。支气管黏膜充血水肿，管腔中含有带黏液的渗出物。挤压时，小支气管中流出灰白色浑浊的黏液-脓性或脓性分泌物。尸体剖检时见到的支气管肺炎大多数是病灶融合后的范围较大的融合性肺炎。如果在支气管肺炎的基础上继发化脓或坏死，则在炎症区内可见化脓灶或坏死灶。

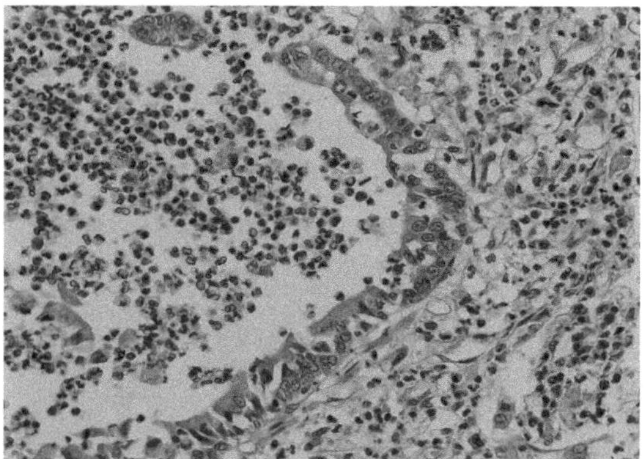

图 17-3 支气管肺炎

支气管上皮变性、坏死、脱落，管腔中有许多中性粒细胞、脱落的上皮细胞等。

镜下，支气管腔中有浆液性渗出物，病灶中央的细支气管管壁因充血、水肿及中性粒细胞浸润而增厚，管腔内充满不等量的细胞碎屑、黏液、纤维蛋白、脱落的上皮细胞和大量中性粒细胞。细支气管上皮细胞坏死、增生（图 17-3）。周围的肺组织出现代偿性肺气肿和肺萎陷，在萎陷的肺泡腔中充满浆液，其中混有少量中性粒细胞、红细胞和脱落的肺泡上皮细胞。肺泡隔毛细血管充血。支气管肺炎灶继发化脓性分解时，局部形成脓肿，称为化脓性支气管肺炎，此时可见支气管肺炎灶内散在大小不等的脓肿，支气管腔内也多充满脓液。

结局和对机体的影响

1. 消散和肉变 支气管肺炎多数经及时治疗，病因消除，炎性渗出物即可得以溶解液化而消散，损伤的上皮再生而修复，肺组织恢复原状。如果渗出物吸收不完全，则可发生机化，引起肺组织“肉变”（carnification）。

2. 并发症 若病因不能消除则病变继续发展，常继发化脓或腐败细菌感染，即发生化脓、坏死或坏疽。当发生肺坏疽时，除呼吸面积减少外，腐败分解产物的吸收还可引起自体中毒。

3. 转为慢性 当病因持续作用或机体抵抗力降低时，炎症可转变为慢性经过，肺泡壁纤维化、增厚，间质中肉芽组织增生，呈肺萎陷状态。

二、纤维素性肺炎

纤维素性肺炎（fibrinous pneumonia）是指整个肺叶或大部分肺叶以纤维素渗出为特征的一种急性肺炎，又称大叶性肺炎（lobar pneumonia）。多见于牛传染性胸膜肺炎、猪巴氏杆菌病、马传染性胸膜肺炎或继发于马腺疫、山羊传染性胸膜肺炎、鸡和兔出血性败血症等疾病。典型的纤维素性肺炎是发病急骤，炎症迅速波及大叶或更大范围，而且病理变化有明显的阶段交替。家畜的纤维素性肺炎并不具有上述全部特征，通常只是在小叶或小叶群发生纤维素性炎症，以后炎灶可以互相融合而扩大，侵及一个大叶或更大范围，实质上是一种融合性纤维素性肺炎。

病因和发生机制 家畜的纤维素性肺炎一般都由某些传染病的特定病原微生物引起。常见的病原体有支原体、嗜血杆菌、胸膜肺炎放线菌、多杀性巴氏杆菌、链球菌、红球菌等。引起动物大叶性肺炎的病原多属于动物鼻咽部正常微生物区系的共生菌，有些病原菌既可引起纤维素性肺炎，又可引起支气管肺炎，主要取决于病原菌的毒性和宿主的反应性。在纤维素性肺炎的病理发生中，外界应激因子是动物大叶性肺炎发生的重要诱因。如感冒、吸入刺激性气体、过劳、长途运输、不良厩舍条件、维生素和微量元素缺乏等，均可降低机体抵抗力，尤其是纤毛运动及其分泌物的清除作用，而有利于病原侵入从而诱发本病。此外，变态反应因素在纤维素性肺炎的发生上也起重要作用。

病原微生物主要经气源性途径感染，通过支气管树播散，炎症通常开始于支气管树的最细部分，即呼吸性细支气管，进而波及肺泡。一般认为，呼吸性细支气管是支气管树中最细的部分，其黏膜较之近端支气管的黏膜脆弱，对病原微生物的抵抗力也小；呼吸性细支气管和肺泡壁则只靠巨噬细胞的吞噬作用，由于巨噬细胞的功能有限和活动缓慢，特别是对那些宿主缺乏免疫力的病原微生物，巨噬细胞不仅不能有效地吞噬、消化，反而可被毒力强的微生物所破坏，继而造成感染。呼吸性细支气管和肺泡发生炎症后，病原微生物可在短时间内通过直接蔓延和淋巴流、血流途径扩散，迅速波及整个或大部分肺叶，引起大叶性肺炎。

纤维素性肺炎发作急剧，扩展迅速，血管壁通透性显著增高，渗出物的纤维素和出血性质，类似于过敏性炎症反应的形态表现，所以其发生机制可能与变态反应有关。

病理变化 纤维素性肺炎的炎灶为大叶性，尖叶、心叶和膈叶均可能受侵，多为两侧性，但常是不对称的。由于病变时间形成的不同，小叶处于不同的发展时期，所以病变部位呈现不同的颜色，如红褐色、暗红色、红棕色或灰白色，色多似大理石样外观（大理石样变）（图 17-4）。典型的大叶性肺炎是大面积泛发的、甚至累及整个肺叶的一种纤维素性-化脓性的实变。根据纤维素性肺炎的病变发展过程，可大体分为四个时期，但各期的病变是以小叶为单位连续发展的过程，并不能机械地分割开来，有的病例四个时期不一定都能看到。以下以牛的纤维素性胸膜肺炎为例介绍这四个时期的病理变化特点。

1. 充血水肿期 眼观，肺叶膨大，重量增加，肺组织充血水肿，质地稍变实，切面平滑，按压时流出带血的泡沫状液体，投入水中半沉于水。

镜下，肺泡腔内有多量浆液性渗出物，其中间杂少量红细胞、中性粒细胞和巨噬细胞。肺泡隔毛细血管扩张、充血，细菌学染色检查时，渗出液中可检出较多的细菌（图 17-5）。

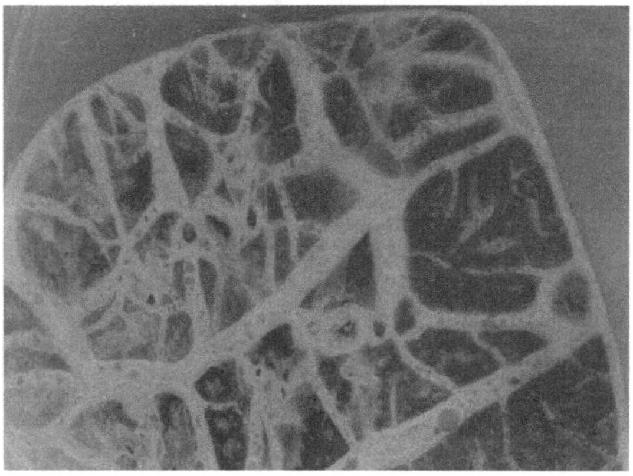

图 17-4 纤维素性肺炎（牛传染性胸膜肺炎）
肺切面见肺小叶发生红、灰肝变，间质水肿增宽及淋巴管扩张，呈典型大理石样景象。

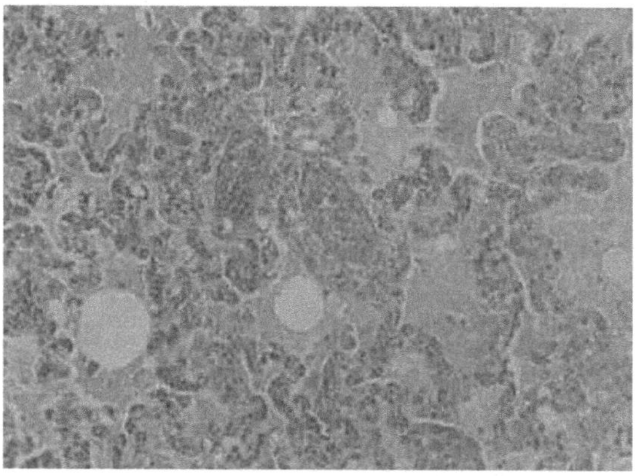

图 17-5 纤维素性肺炎（充血水肿期）
肺泡隔毛细血管高度扩张充血，肺泡腔中见大量浆液、少量红细胞及白细胞。

2. 红色肝变期 眼观，肺体积显著膨大，重量增加，肺叶转为暗红色，不含空气，质地硬实如肝脏，故称为“肝变”。肝变部切面粗糙和干燥，呈细小的颗粒状突起。小叶间间质扩张变宽，充满半透明、胶样、黄色渗出物，切面上可见呈串珠状扩张的淋巴管，内含纤维蛋白凝块。相应的胸膜面上也有灰白色纤维素性渗出物形成的假膜覆盖。肝变的肺组织投入水中完全下沉。

镜下，肺泡隔毛细血管扩张充血，肺泡腔内充满大量网状的纤维素，间杂不等的红细胞、中性粒细胞、肺泡巨噬细胞和脱落的肺泡上皮细胞（图 17-6）。支气管和细支气管管腔及其周围也有类似的渗出物。小叶间质和胸膜下组织发生炎性水肿，明显增宽，其中充盈大量纤维素性渗出物及中性粒细胞。间质中淋巴管扩张，充满炎性渗出物。

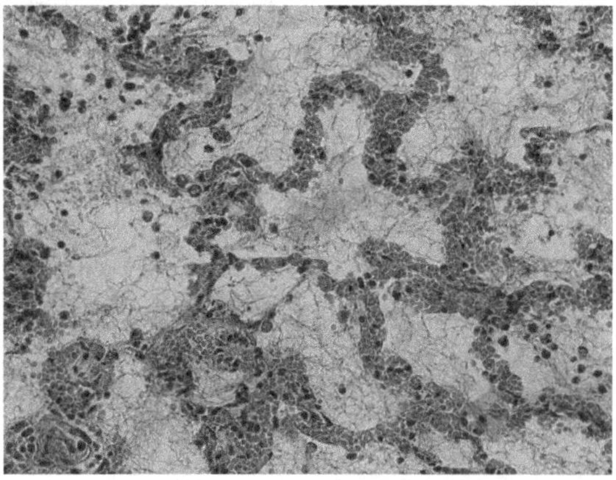

图 17-6 纤维素性炎症（红色肝变期）
在肺泡腔内有较多纤维素和炎性细胞渗出，肺泡隔毛细血管扩张并充满红细胞。

3. 灰色肝变期 眼观，病变部位由暗红色转为灰白色或灰黄色，质硬如肝，故称灰色肝变。切面干燥，有小颗粒状突起，投入水中完全下沉。肺间质和胸膜的病变与红色肝变期相同。

镜下，毛细血管，充血消失，管腔闭锁。许多毛细血管被血栓堵塞。肺泡腔中含有大量纤维素和中性粒细胞，红细胞溶解消失。肺泡腔中的纤维素可穿过肺泡孔而与相邻肺泡内的纤维素相连接。有些小叶的肺泡内可能充满多量中性粒细胞及脱落的上皮细胞，而纤维素则较少。

4. 消散期 眼观，肺组织较肝变期体积缩小，病变区呈灰黄色，质地变软，切面湿润，半透明状。按压时流出浑浊的脓样液体，切面颗粒状外观消失。

镜下，肺泡腔中的中性粒细胞多已坏死崩解，巨噬细胞增多，纤维素发生酶解过程，细胞的碎片由巨噬细胞清除，液化的渗出物由淋巴管吸收。随着渗出的吸收消散，肺泡隔毛细血管再通，肺泡Ⅱ型上皮细胞和成纤维细胞再生，肺泡腔随着炎症的消退而逐渐充气，但是家畜的纤维素性肺炎很少见到完全消散的，这是因为在炎症过程中，淋巴管同时受损伤，从而影响炎性渗出物的吸收，因此，炎灶通常通过新生的肉芽组织长入肺泡内，逐渐将渗出物机化（图 17-7）。

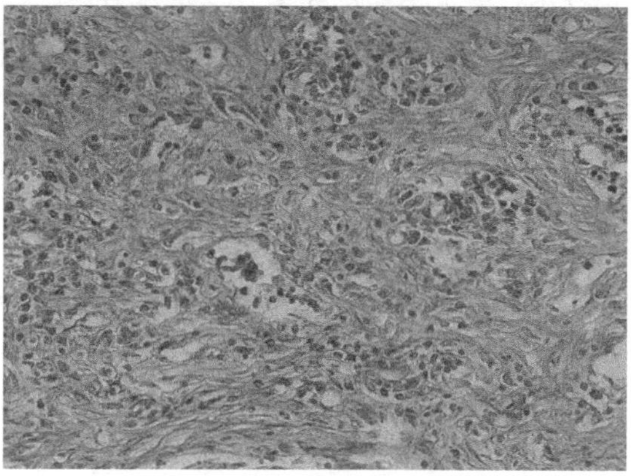

图 17-7 肺炎渗出物机化

肺泡内的炎性渗出物被肺泡隔增生的结缔组织所取代。

结局和对机体的影响 纤维素性肺炎由于炎灶范围广泛和发展迅速，使呼吸表面积减少而发生严重的呼吸困难，故多以死亡而告终。

1. 肺肉变 纤维素性肺炎很少能完全恢复，通常以肺肉变为结局。这是因为酶解过程中，中性粒细胞渗出过少，导致释出的蛋白溶解酶不足，肺泡内的纤维素性渗出物不能完全溶解、液化，此时，间质、肺泡隔、血管及支气管周围的结缔组织将大量增生，并伸入肺泡，将纤维素性渗出物机化。此时病变肺组织致密、坚实，变成红褐色肉样组织。

2. 并发纤维素性胸膜炎或纤维素性化脓性胸膜炎 纤维素性肺炎常并发纤维素性胸膜炎，胸膜表面覆盖纤维素性渗出物，在纤维素被机化时造成胸膜粘连。

3. 继发肺脓肿、肺坏疽甚至败血症 当机体的抵抗力不强时，纤维素性肺炎可继发化脓菌感染，引起肺组织坏死液化，形成大小不等的脓肿。如果肺组织坏死，并有腐败菌感染，则可发生坏疽性肺炎。此时肺组织腐败分解，呈黑色或灰绿色，并有特殊臭味。病灶内的病原菌经血源性扩散引起败血症，在机体其他部位和器官又产生新的病灶，并发其他器官炎症，给动物带来更加严重的损害。

4. 肺梗死和包囊形成 如果在疾病期间并发支气管动脉分支的血栓形成，其所属肺组织就会因缺血、缺氧而发生局灶性梗死，梗死灶进一步引致包囊形成。

5. 中毒性休克 革兰阴性细菌产生大量内毒素和严重的毒血症，可引起中毒性休克和动物死亡。

三、间质性肺炎

间质性肺炎（interstitial pneumonia）是指发生于肺间质的炎症过程。病变常始发于肺泡壁和肺泡间质，随后可波及小叶间、支气管与血管周围的结缔组织。

病因和发病机制　引起间质性肺炎的原因很多，主要包括：①病毒：一般病毒引起的肺炎多属于间质性肺炎，如流感病毒、副流感病毒、猪繁殖与呼吸综合征病毒、犬瘟热病毒、猪圆环病毒等引起的肺炎。②支原体：如猪肺炎支原体引起的猪地方流行性肺炎。③细菌：如布鲁菌、大肠杆菌。④寄生虫：牛、羊和猪的肺线虫、弓形虫、蛔虫幼虫从血液中移行到肺脏均可引起间质性肺炎。⑤理化因素：主要是过敏原、有害粉尘和有毒物质的吸入。⑥其他：可继发于支气管肺炎、纤维素性肺炎、慢性肺淤血及胸膜炎等情况下。

病原可通过气源性或血源性途径到达肺脏引发炎症，主要引起肺泡间隔毛细血管内皮细胞和肺泡上皮的损伤，故发生炎性渗出和Ⅱ型肺泡上皮细胞增生。肺泡间隔及其他间质由渗出性炎症发展为增生性炎症，最终发生肺纤维化。

病理变化　间质性肺炎的眼观变化由于病因不同而异。

眼观，病变常呈全肺弥漫分布，也可呈局灶性分布。病变部位呈淡灰红色（急性），或黄白、灰白色（慢性）。肺重量增加，质地柔软有弹性，切面致密、平整、似“肉”，较干燥。胸腔剖开时肺不塌陷，其表面可见肋骨压痕。急性间质性肺炎（尤其在牛）时常有肺水肿和间质气肿，因水肿沉积于肺前下部，故眼观变化和支气管肺炎相似。

镜下，急性间质性肺炎的初期，肺泡腔内充满浆液-纤维素性渗出物，肺泡壁充血、水肿。纤维蛋白、其他血浆蛋白以及细胞碎屑凝结成“透明膜”。肺泡渗出物内混有白细胞和红细胞，肺泡隔变宽、水肿，通常以淋巴细胞、组织细胞为主，间杂少量浆细胞的炎性细胞浸润。血管、支气管周围、小叶间质及胸膜下发生淋巴细胞、单核细胞浸润和轻度结缔组织增生，间质增宽。

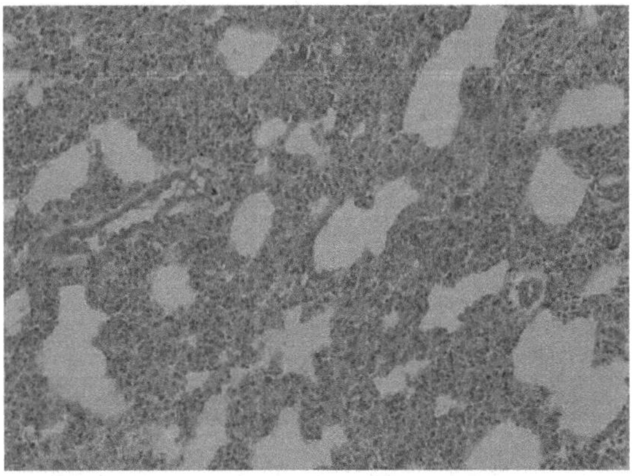

图 17-8　慢性间质性肺炎（水貂犬瘟热）
肺泡隔结缔组织增生、淋巴细胞浸润。

亚急性至慢性间质性肺炎的共同特征是肺泡上皮细胞增生，呈立方状排列成腺样结构。慢性间质性肺炎表现为上皮增生后脱落于肺泡腔中，使肺泡腔含有许多单核巨噬细胞甚至多核巨细胞，以及间质淋巴细胞和单核细胞浸润、结缔组织增生（图 17-8）。有时这些细胞的增生和浸润特别明显，如猪支原体肺炎和绵羊进行性肺炎时细支气管和血管周围有增生浸润的淋巴细胞和单核细胞积聚成“管套”或形成淋巴滤泡结构，生发中心明显。

几种疾病的间质性肺炎特点：

1. 猪支原体性肺炎　即猪地方流行性肺炎，俗称猪喘气病，其肺炎属支气管间质性肺炎。

眼观，肺膈叶气肿，肺炎区位于尖叶、心叶和膈叶前缘，呈淡灰红色小叶性病灶，或呈融合性灰红至灰白色胰变区。

镜下，细支气管与血管周围淋巴细胞明显增生，形成“管套”与淋巴滤泡。细支气管常呈收缩状态，管腔中有脱落的上皮细胞和淋巴细胞。肺泡隔增厚，淋巴细胞、巨噬细胞与结缔组织增生。肺泡上皮细胞肿大、脱落，肺泡腔充满脱落的上皮细胞、淋巴细胞及中性粒细胞。

2. 猪弓形虫性肺炎 弓形虫性间质性肺炎是猪弓形虫病的主要病变之一，呈急性渗出性炎症。

眼观，肺膨大暗红；被膜光滑、湿润，有的可见出血斑点或小坏死灶；小叶间质明显水肿增宽；切面流出泡沫样液体。

镜下，肺小叶间、胸膜下，肺泡隔及细支气管周围等有明显充血、浆液渗出和淋巴细胞、单核细胞与中性粒细胞浸润。淋巴管高度扩张，充满浆液、纤维素与炎性细胞。肺泡上皮细胞肿胀增生，肺泡腔内有浆液、纤维素、白细胞与脱落的上皮细胞等。终末细支气管周围也可见淋巴细胞、单核细胞浸润。局部肺组织及炎性细胞可崩解坏死，形成结构模糊的坏死灶。单核细胞、肺泡上皮细胞中常有弓形虫假囊形成，弓形虫也可在组织中游离存在。

3. 绵羊慢性进行性肺炎 又称梅迪病（Maedi），是绵羊的一种慢病毒病。

眼观，肺呈严重的间质性肺炎变化。胸腔剖开时肺仍膨大，不塌陷，重量增加，色灰红或灰白，全肺尤其膈叶散在灰白色半透亮小点，或肺表面呈灰白色细网状纹理，切面较干燥。

镜下，肺泡隔因淋巴网状细胞增生和成纤维细胞增生而变厚。肺泡缩小甚至闭塞。肺泡上皮增生呈立方状，有些肺泡充满巨噬细胞。细支气管和血管周围淋巴-网状细胞明显增生，常形成“管套”，并有大量淋巴滤泡形成，生发中心明显。

结局和对机体的影响 一般来说，急性过程的间质性肺炎能完全消散，预后良好。慢性过程时引起肺组织弥漫性纤维化，可造成持久的呼吸机能障碍和肺动脉高压，肺动脉高压导致右心室肥大，进一步引起右心衰竭。

四、特异性肺炎

特异性肺炎又称肉芽肿性肺炎（granulomatous pneurnonia），是指由特定病原引起的肺炎。特征是肺中形成数量不等的由特异细胞成分组成的干酪性或非干酪性肉芽肿结节。

病因和发病机制 特异性肺炎主要由真菌和细菌引起，所以常见于真菌病和细菌病，如禽霉菌性肺炎（曲霉菌等）、芽生菌病（皮肤芽生菌）、隐球菌病（新生隐球菌）、球孢子菌病（粗球孢子菌）、组织胞浆菌病（荚膜组织胞浆菌）以及结核病（分支杆菌）、鼻疽（鼻疽杆菌）、放线菌病等。

上述病原常由气源性或血源性途径入侵肺脏，其发病机制差异颇大。一般来说，引起肉芽肿性肺炎的致病因子能抵抗细胞吞噬作用和急性炎症反应，并可在受害组织中长期存活。

由于病原常呈全身性感染，因此肉芽肿病变也见于其他器官，特别是淋巴结、肝脏和脾脏。

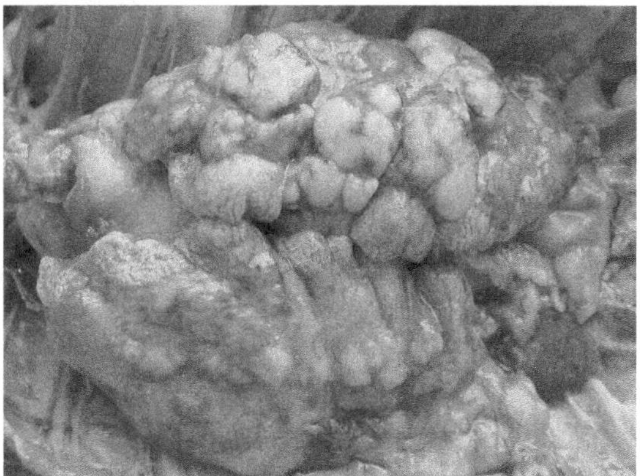

图 17-9 肉芽肿性肺炎（鸭肺结核）

肺表面有较多黄白色大小不等的结核结节。

病理变化 特异性肺炎的病理变化往往具有共同的和各自的特征。其共同特征是形成特异性肉芽肿（图 17-9）。肉芽肿中心为病原或病理产物，中间为上皮样细胞和巨细胞，外围是结缔组织。各自的特征主要表现在肉芽肿中心。例如，结核病的中心为干酪样坏死，其中还有病原菌分支杆菌，牛结核的干酪样坏死常发生钙化（图 17-10）；放线菌肉芽肿的中心为放线菌块和中性粒细胞（或脓细胞）；鼻疽肉芽肿的中心为中性粒细胞和脓细胞等（图 17-11）；霉菌性肉芽肿的中心为干酪样坏死，其中含有略呈放射状的霉菌菌丝，PAS 染色可见紫红色的菌丝壁和孢子壁。

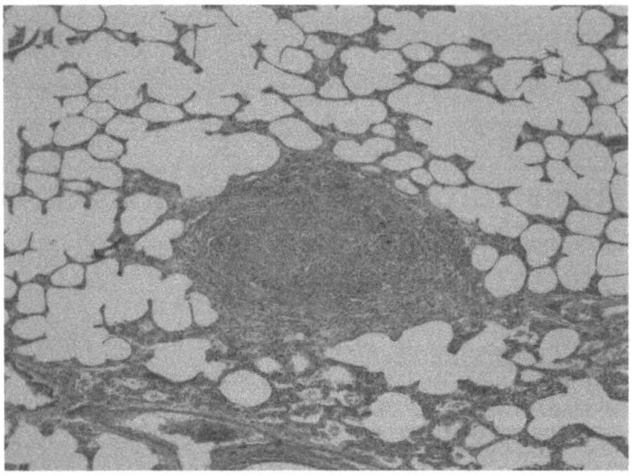

图 17-10　肉芽肿性肺炎（牛结核）
肺结核结节由上皮样细胞、巨细胞及结缔组织包囊构成，其中心尚未发生干酪样坏死。

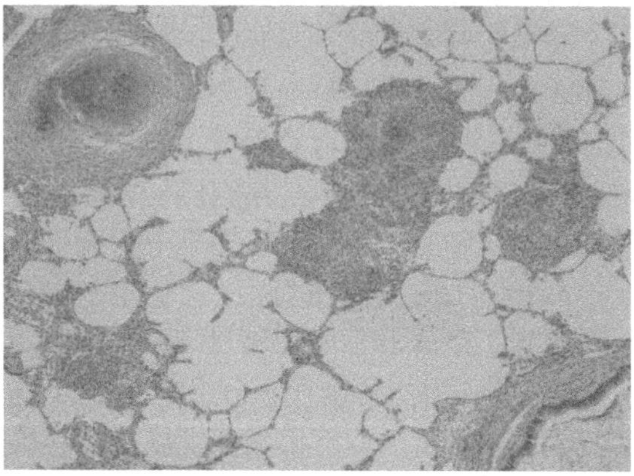

图 17-11　肉芽肿性肺炎（马鼻疽）
肺中有几个鼻疽结节，每一结节都由上皮样细胞、巨细胞及外围的结缔组织构成，其中心有许多中性粒细胞的核碎片。

结局和对机体的影响　肉芽肿性肺炎对机体的影响很不相同，这取决于肉芽肿的数量、机体状况和疾病的发展变化等。若肉芽肿结节个体很小，有可能吸收消散，但肉芽肿最常见的结局是纤维化或包囊形成，进而变为疤痕组织。肉芽肿中心部的坏死组织可发生干涸或钙化。如继发细菌感染，则肉芽肿可发生化脓。

第三节　肺　气　肿

肺气肿（pulmonary emphysema）是指肺脏因含气量增多而体积膨大的现象。依据发生部位和机制的不同可将肺气肿分为肺泡性肺气肿（alveolar emphysema）和间质性肺气肿（interstitial emphysema）。

一、肺泡性肺气肿

肺泡性肺气肿是指肺泡内空气含量增多。多见于吸气量急剧增加而使肺内压升高，肺泡过度扩张时。根据扩张肺泡腔的分布，可分为局灶性肺泡性肺气肿和弥漫性肺泡性肺气肿两种类型。

病因和发病机制　局灶性肺泡性肺气肿多发生于支气管肺炎病灶的周围肺泡，是健康肺泡呼吸机能加强的形态表现；弥漫性肺泡性肺气肿多见于摄入外源性蛋白酶、化学药物（如氯化铬）、氧化剂（如空气污染物中的二氧化氮、二氧化硫、臭氧等）等情况，此型肺气肿中主要与肺内蛋白酶与抗原蛋白酶失衡造成肺内蛋白质过度溶解有关。大多数肺泡性肺气肿是由于气道阻塞或痉挛，肺泡不能正常地排出气体所致。以慢性支气管炎和细支气管炎为例，当小气道发生阻塞或狭窄时，吸气时引起肺被动扩张，小气道随之扩张，造成气体的吸入；而呼气时，肺自动回缩，小气道阻塞，气体排出不畅或受阻，引起肺泡腔内气体含量增多。

病理变化

1. 局灶性肺泡性肺气肿　眼观，肺脏表面不平整，病变部位膨大，高出于肺表面，色泽不一，病变部位呈淡红黄色或灰白色，弹性减弱，触压或刀切时有捻发音，切面干燥，病变周围有萎陷区。

镜下，肺泡腔增大，肺泡壁毛细血管因空气压迫闭锁，严重的病例可见肺泡壁极度扩张，肺泡壁变薄，有的肺泡破裂，互相融合成较大的囊腔，这些病变区可压迫肺内的呼吸性细支气管和血管而使其变形（图 17-12）。

2. 弥漫性肺泡性肺气肿　眼观，肺脏体积显著膨大，充满整个胸腔，剖开胸腔时肺不塌陷，有时肺表面遗留肋骨压痕。肺组织由于受气体压迫而色苍白（贫血），边缘钝圆，重量减轻，质地柔软而缺乏弹性。表面有大小不等的空泡凸出。由于肺组织弹性丧失，所以指压留压痕。切开时发出特殊的小爆裂声，切面干燥、平滑，呈海绵状或蜂窝状。严重病例肺泡腔可融合成直径达数厘米的充满空气的大气泡。

镜下，在中度至重度的病例可见扩张和融合较大的肺泡腔（图 17-13）。

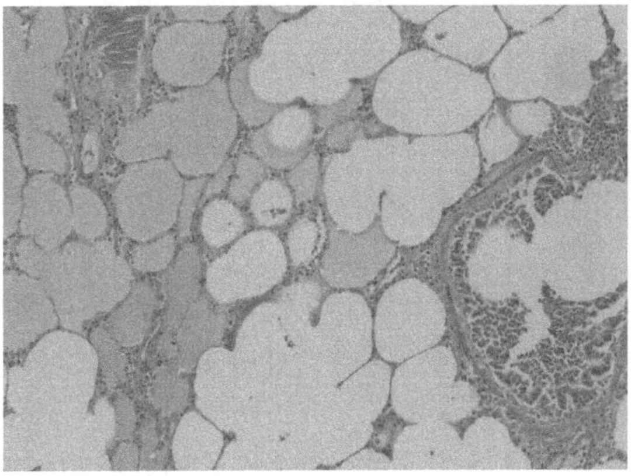

图 17-12　局灶性肺泡性肺气肿

细支气管有不少炎性渗出物，部分肺泡有浆液渗出，因此炎症区中有些肺泡发生代偿性扩张气肿。

图 17-13　弥漫性肺泡性肺气肿（水貂）

肺泡扩张，发生重度气肿，有些肺泡已破裂融合成大囊腔。

结局和对机体的影响　轻微的局灶性肺泡性肺气肿一般不引起明显的肺功能改变，病因消除后，随着过多气体的排出肺泡功能和结构恢复，直至痊愈。急性弥漫性肺泡性肺气肿可使病畜死于急性呼吸窘迫综合征。慢性肺泡性肺气肿患畜仅在剧烈运动时才表现出呼吸窘迫症状。严重时病畜可因呼吸性酸中毒、右心衰竭而死亡。

二、间质性肺气肿

间质性肺气肿是指由于肺泡破裂，空气进入间质，造成肺间质扩张，多见于牛。

病因和发病机制　凡是能引起强力呼吸行为的病因均可导致肺泡内压力剧增，肺泡破裂，当缺乏空气流通的旁路时，气体强行进入间质，引发间质性肺气肿。常见于剧烈而持久的深呼吸、胸壁外伤、濒死期呼吸、含硫磷等农药中毒、牛黑斑病甘薯中毒和牛急性间质性肺炎等疾病过程。

病理变化　眼观，可见肺小叶间质增宽，在胸膜下和肺小叶间结缔组织内有多量

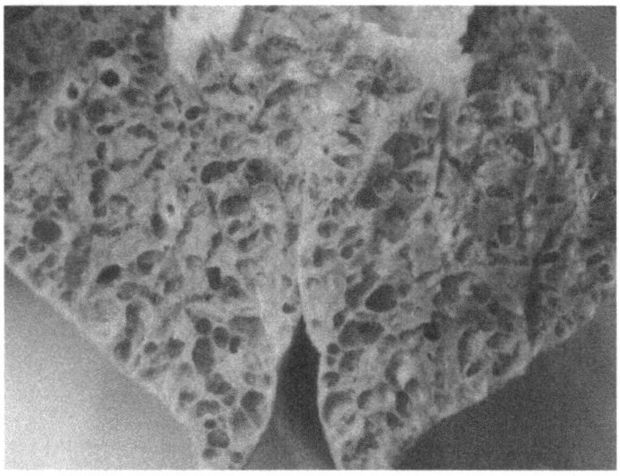

图 17-14　间质性肺气肿（牛霉烂甘薯中毒）
肺切面呈蜂窝状，小叶间充满大小不等的串珠样气泡。

大小不等成串的气泡，严重时可见于全肺的间质，牛和猪的间质较宽而疏松，故上述病变特点甚为明显（图 17-14）。小气泡可融合成直径达 1～2cm 的大气泡，并直接压迫周围的肺组织引起肺萎陷。如果胸膜下的气泡破裂，空气进入胸腔，即形成气胸。间质气肿严重时，气体可沿淋巴管到达支气管和纵隔淋巴结，或经肺根部进入纵隔、胸腔入口处，并进一步到达肩下或背部皮下，造成皮下气肿。如牛黑斑病甘薯中毒后期，即可见肺间质气肿引起背部皮下气肿的现象。

第四节　肺　萎　陷

肺萎陷（collapse of lungs）是指肺泡因含气量减少而呈瘪陷状态的现象。肺萎陷应与先天性肺膨胀不全或肺不张（atelectasis）相区别。前者是指曾经扩张而且进行过呼吸机能的肺组织发生的瘪陷；后者则是指肺脏从未被空气所扩张，属于先天性的。见于从未呼吸过的死产动物，往往是由于呼吸道被胎粪、羊水、黏液等阻塞引起。

根据肺萎陷发生的原因可分为压迫性肺萎陷和阻塞性肺萎陷两种。

病因和发病机制

1. 压迫性肺萎陷　由肺胸膜和肺内占位性病变以及气胸引起。常见于胸腔积水、胸腔积血、渗出性胸膜炎、气胸、纵膈和肺肿瘤等。气胸时病变侧几乎发生全肺性萎陷，多见于犬和猫等动物。

2. 阻塞性肺萎陷　是最常见的一种类型。主要由于支气管、细支气管内分泌物或炎性渗出物阻塞引起。造成支气管、细支气管阻塞的原因有急、慢性支气管炎时的炎性渗出物、寄生虫、吸入的异物、支气管肿瘤等。

病理变化　眼观，压迫性肺萎陷区域的大小与压迫作用的部位相一致，而且与周围组织之间分界常不很明显。萎陷区色泽苍白。阻塞性肺萎陷的病灶常常呈小叶状，境界清楚，体积明显减小，较周围正常组织明显下陷，呈现暗红色，质地较实，切面平整，均匀致密，切取一块投入水中，或下沉水底或因含少量气体而呈现半浮半沉状态。

镜下，由于肺泡塌陷，故可见肺泡壁彼此靠近、接触，呈平行排列，肺泡腔呈裂隙状。阻塞性肺萎陷时，细支气管、肺泡内可见炎症反应，肺泡壁毛细血管扩张充血，肺泡腔内常见水肿液和脱落的肺泡上皮。而压迫性肺萎陷的细支气管和肺泡腔内无炎症反应。

结局和对机体影响　肺萎陷常是可逆性的，尤其是压迫性肺萎陷，只要时间不长，病因消除，部分肺泡可再膨胀而恢复。即使是阻塞性肺萎陷，在短时间内去除引起阻塞的因素，也可逐渐恢复肺泡的功能。如果病因不能消除，病程持久，萎陷部的间质结缔组织增生，可发生肺纤维化。

发生萎陷的肺组织抵抗力明显降低，易继发感染，发生肺炎等。小区域肺萎陷不会严重影响呼吸功能。如发生大面积的萎陷，则使呼吸表面积明显减少，引起呼吸功能不全。

第五节　呼吸功能不全

呼吸功能不全（respiratory insufficiency）是指由于外呼吸功能（肺通气和肺换气）的严重障碍，使动脉血氧分压（PaO_2）低于正常范围，伴有或不伴有动脉血二氧化碳分压（$PaCO_2$）增高的病理过程。严重的呼吸功能不全称为呼吸衰竭（respiratory failure）。动物正常动脉血氧分压为13.3kPa，动脉血二氧化碳分压为5.33kPa。在动物安静状态下，一般以PaO_2低于8kPa，$PaCO_2$高于6.67kPa作为判断呼吸功能不全的标准。

根据发生的速度，可将呼吸功能不全分为急性和慢性呼吸功能不全；根据血液气体变化的特点，可分为低氧血症型和高碳酸血症型呼吸功能不全；根据原发病变部位不同，可分为中枢性和外周性呼吸功能不全；根据发生机制不同，可分为通气性和换气性呼吸功能不全。

病因和发病机制　呼吸功能不全是由于外呼吸功能出现严重障碍引起的，外呼吸包括通气和换气两个环节。通常各种病因通过影响通气和换气这两个环节，使通气过程和换气过程发生严重障碍。

1. 肺通气功能障碍　肺通气是指肺与外界进行气体交换的过程。根据通气障碍发生的原因和机制，可将其分为限制性通气障碍和阻塞性通气障碍两型。

1）限制性通气障碍　是指由于肺的扩张和回缩受到限制所引起的肺通气不足。常见原因是：

（1）呼吸运动减弱：呼吸中枢抑制、呼吸肌本身发生收缩功能障碍、呼吸肌无力等。

（2）胸廓和肺的顺应性降低：胸廓畸形、胸膜增厚或粘连、胸壁外伤等原因可限制胸廓的扩张，引起胸廓的顺应性降低；肺淤血、水肿、纤维化、肺萎陷和肺炎等肺脏疾病也可导致肺的顺应性降低。

2）阻塞性通气障碍　由于气道狭窄或阻塞，使气道阻力增加而引起的肺泡通气障碍称为阻塞性通气障碍。气道的阻力主要取决于气道口径的大小。气道内外压力的改变，管壁痉挛、肿胀或纤维化，管腔被黏液、渗出物、异物或肿瘤等阻塞，肺组织弹性降低以致对气道管壁的牵引力减弱等，均可使气道内径变窄或不规则而增加气流阻力，引起阻塞性通气不足。

肺通气障碍引起的呼吸功能不全的血气特点是：PaO_2降低，伴有$PaCO_2$增高。

2. 肺换气功能障碍

1）肺换气障碍　亦称弥散障碍，是指由于呼吸膜面积减少、呼吸膜增厚或弥散时间缩短所引起的气体交换障碍。常见原因有以下三点：

（1）呼吸膜面积减少：只有当呼吸膜面积减少50%以上时，才会发生换气功能障碍，如严重的肺实变、肺气肿、肺萎陷等。

（2）呼吸膜增厚：肺水肿、肺纤维化、间质性肺炎、肺透明膜形成等病变时，呼吸膜厚度增加，使呼吸膜通透性降低，气体弥散距离增加从而引起气体弥散障碍。

（3）血液与肺泡的接触时间过短，弥散时间不足：在动物剧烈运动或受到追赶等情况下使心输出量和肺血流速度加快时，血液和肺泡气接触时间明显缩短，出现气体交换不充分。

2）肺泡通气与血流比例失调　有效的换气不仅依赖于肺泡的通气量与血流量，同时还依赖于通气量和血流量的比例。这是肺部疾病引起呼吸功能不全最重要的机制。动物在正常静息状态下，肺泡总通气量与总血流量体积之比（V/Q）约为0.85。此时，肺泡与血液之间的换气最充分。任何原因只要使一部分肺泡的通气或血流发生改变，通气量和血流量偏离正常范围，均可引起明显的换气障碍。肺泡通气与血流比例失调有以下两种基本形式：

（1）V/Q 小于正常值：见于肺泡通气明显减少，但血流正常时，甚至还可因炎性充血而有所增加，以致流经这部分肺泡的静脉血不能充分氧合。

（2）V/Q 大于正常值：见于肺泡通气量正常，而肺泡血流量不足，如肺动脉栓塞、弥散性血管内凝血、肺气肿、肺动脉压降低（出血、脱水）等时，由于肺泡周围血流量太小，故肺泡内的氧气很少能够弥散进入血液。

肺换气障碍引起的呼吸功能不全的血气特点是：PaO_2 下降，$PaCO_2$ 正常或降低（机体能进行有效代偿时），极严重时也可升高（机体代偿失调，导致总的肺泡通气量小于正常）。

在呼吸功能不全的发病过程中，单一的通气不足、换气障碍或肺泡的通气与血流比例失调都是很少见的，往往是多种因素同时或相继发生作用。

对机体的影响

1. 中枢神经系统的变化　轻度缺氧和 CO_2 蓄积对中枢神经系统有兴奋作用，所以患畜表现狂躁，兴奋不安，肌肉震颤等；而重度缺氧和 CO_2 蓄积，对中枢神经系统有抑制作用，所以，患畜表现精神沉郁，反射消失，甚至昏迷。缺氧、酸中毒对脑血管和脑细胞有一定的影响，如脑血管扩张、通透性增高、脑间质与脑细胞水肿等。

2. 循环系统变化　呼吸功能不全时，缺氧和 CO_2 的蓄积，均可引起心血管运动中枢的兴奋，使心跳加快，心缩加强，以增加血流量和加快氧的运输，这对机体具有代偿意义。但严重缺氧和 CO_2 的过多蓄积则可导致心脏机能的衰竭，故可导致循环衰竭。

肺部疾患引起的呼吸衰竭常伴有肺动脉高压，从而引起右心肥大和衰竭，即肺源性心脏病。

3. 呼吸系统的变化　在呼吸功能不全时，呼吸运动的幅度、频率及节律均可发生相应的改变，从而出现异常的呼吸形式。

1）呼吸深度和频率的改变

（1）深而快的呼吸：呼吸运动加快、加深，见于呼吸功能不全的早期。这种呼吸是一种最有效的代偿性呼吸，因为它可加强肺通气和换气功能，增加 O_2 的摄入和 CO_2 的排出。

（2）浅而快的呼吸：呼吸运动变浅，频率加快。多见于肺炎、肺水肿、胸水、胸膜炎等病理过程。明显的浅频呼吸，由于通气量减少，每次吸入气体主要用于填充气道的无效区，进入肺泡的气量很少，故严重影响肺泡内气体交换，同时过频呼吸运动消耗大量能量，所以对机体不利。

（3）深而慢的呼吸：呼吸运动加深，呼吸时间延长，但频率减少。主要见于呼吸道狭窄（阻塞性通气不足）时，可引起呼吸困难。由于阻塞部位的不同，可表现为吸气性呼吸困难、呼气性呼吸困难以及混合性呼吸困难。

2）呼吸节律的改变　当呼吸中枢发生严重障碍时，呼吸节律可发生明显改变，表现为短时间的呼吸加强与减弱及加快与减慢或呼吸暂停交替出现，称为周期性呼吸。

（1）陈-施二氏呼吸：呼吸逐渐加深加快，而后又逐渐减弱减慢，以至呼吸暂停，然后又重新出现呼吸，如此反复交替，呈现周期性变化。见于大脑严重缺氧、脑炎、中毒、尿毒症等。

（2）毕欧呼吸：指突然出现呼吸加深、加快，经一段时间后呼吸又突然停止，如此反复交替。多见于脑炎、脑膜炎、某些中毒和热射病等。

（3）库斯莫尔呼吸：呼吸慢而深，呼气短促，并在每个深长的单个呼吸之后常常出现呼吸暂停，呼吸频率明显减少，每分钟可少到3～4次，库斯莫尔呼吸的出现标志着呼吸中枢的高度障碍。

（4）临终呼吸（或濒死性呼吸）：发生于临终前的濒死期。其特点是呼吸稀少，加深，呼吸时患畜张开大口。有时伴有全身痉挛继而呼吸逐渐减弱停止。

4. 酸碱平衡紊乱　在呼吸功能不全时，由于肺的通气和换气功能障碍，使体内缺氧和CO_2的蓄积、血浆CO_2和H_2CO_3含量升高，从而导致呼吸性酸中毒；又由于缺氧时体内物质的氧化障碍，致使大量氧化不全的酸性中间代谢产物在体内蓄积，故导致代谢性酸中毒的发生，进而引起体内各器官的功能和代谢发生相应的变化。此外，因缺氧引起肺过度通气，有时可发生呼吸性碱中毒。

复习思考题

1. 名词解释：肝变　大理石样变　肺肉变　肺气肿　肺萎陷
2. 简述上呼吸道黏膜的病理变化特征，并举例说明。
3. 支气管肺炎的病因和发病机制以及病变特征是什么？
4. 试述纤维素性肺炎的病因和机制、病理变化以及对机体的影响。
5. 简述猪支原体肺炎的病变特点。
6. 简述肺气肿的病因和发病机制。
7. 呼吸功能不全对机体的主要影响是什么？

（尹燕博　王雯慧）

第十八章　泌尿系统病理

泌尿系统包括肾脏、输尿管、膀胱和尿道。其功能一是排泄动物体内的代谢产物，二是重吸收对机体有用的物质，以维持内环境的相对稳定。泌尿系统的疾病以肾脏疾病最为常见、重要，主要表现为肾小球肾炎、间质性肾炎和化脓性肾炎等。

第一节　肾　　炎

肾炎（nephritis）是指肾小球、肾间质和肾盂的炎症，包括肾小球肾炎、间质性肾炎和化脓性肾炎。肾炎的类型不同，其发生原因、机制和病理变化也各有特点。

一、肾小球肾炎

肾小球肾炎（glomerulonephritis）是指以原发于肾小球的炎症为主的肾炎。其发病过程始于肾小球血管丛，然后波及肾小囊，最后累及肾小管及间质。

病因和发病机制　动物肾小球肾炎常伴发于某些传染病过程，如猪丹毒、猪瘟、马传染性贫血、链球菌病、鸡新城疫、马腺疫等，从感染到肾小球肾炎的发生一般经时1～3周，这恰与变态反应发生所需的时间相吻合，故认为肾小球肾炎是一种变态反应性疾病。其发生机制有两种途径：循环免疫复合物沉积和原位免疫复合物形成，即免疫复合物型肾小球肾炎和抗肾小球基底膜型肾小球肾炎。

免疫复合物型肾小球肾炎是指机体在外源（如链球菌的胞浆膜抗原和异种蛋白质等）或内源性抗原（如由于感染或自身组织破坏而产生的变性物质等）刺激下产生相应的抗体，抗原和抗体在循环血液中形成抗原抗体复合物（免疫复合物）并沉积于肾小球，激活补体，引起炎症反应。

抗肾小球基底膜型肾小球肾炎是在感染过程中或其他致病因子的作用下，某些细菌、病毒或寄生虫的成分与肾小球基底膜相结合形成自身抗原，刺激机体产生抗体并与肾小球基底膜抗原结合形成原位免疫复合物。某些细菌或其他物质的抗原与肾小球毛细血管基底膜有共同的抗原性，能够刺激机体产生抗体，这类抗体既可与该抗原物质起反应，也可与肾小球基底膜起反应（即交叉免疫反应）。原位免疫复合物在肾小球基底膜形成后，可激活补体等炎症介质引起肾小球的炎症反应。经免疫荧光法观察发现，基底膜与肾小球血管内皮细胞之间分布有抗肾小球基底膜抗体，呈均匀连续的线状。抗肾小球基底膜型肾小球肾炎的发病机制属于Ⅱ型变态反应。

研究表明，除体液免疫引起肾小球肾炎外，细胞免疫对肾小球肾炎的发生也有一定的作用，是因为T细胞也可引起肾小球的损害。

病理变化 肾小球肾炎按其病程和病变特点，可分为急性、亚急性和慢性三种类型。

1. 急性肾小球肾炎（acute glomerulonephritis） 病程一般较短，病变主要发生在血管球及肾小囊内。炎症变化表现为变质、渗出和增生。

眼观，早期变化不明显，随病变发展肾脏呈不同程度地肿大，质地柔软，被膜紧张易剥离，色泽潮红，俗称“大红肾”。切面皮质增厚，纹理不清。出血性肾小球肾炎时，肾脏表面和切面皮质部有针尖大小的出血点，外观似蚤咬或雀卵斑点。

镜下，特征是肾小球毛细血管内皮细胞和系膜细胞肿胀、增生，肾小球体积增大充满肾小囊，毛细血管受压管腔狭窄甚至闭塞，同时见有中性粒细胞、单核细胞渗出，致使发炎的肾小球内的细胞和细胞核显著增多，这种现象称为“富核现象”。以增生性变化为主的肾小球肾炎称为急性增生性肾小球肾炎，如猪链球菌病。

急性肾小球肾炎除增生性变化外，还因毛细血管基底膜受损，血管壁通透性增加，肾小囊腔内见有数量不等的炎性渗出物，如浆液、纤维素、红细胞和中性粒细胞等。其中，以浆液渗出为主的称为急性浆液性肾小球肾炎（图18-1），以纤维素渗出为主的称为急性纤维素性肾小球肾炎，以红细胞漏出为主的称为急性出血性肾小球肾炎。

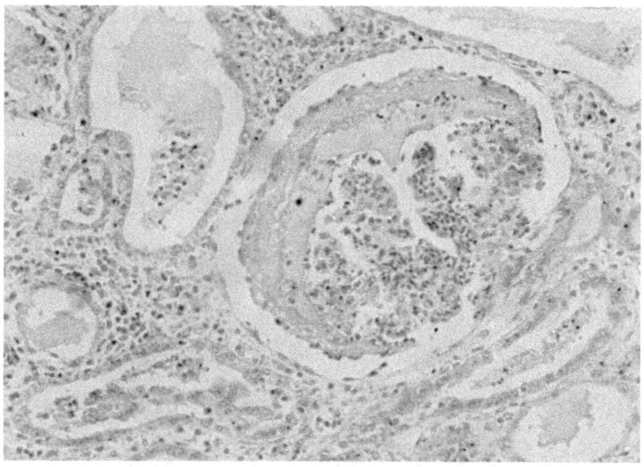

图18-1 急性浆液性肾小球肾炎

肾小球囊腔和肾小球毛细血管间隙有浆液、中性粒细胞、纤维素和红细胞。血管球体积缩小和贫血；肾小管上皮细胞变性，有些管腔扩张，内含蛋白质和中性粒细胞。

急性肾小球肾炎时，肾小管上皮细胞发生颗粒变性和脂肪变性，肾小管管腔出现各种管型，如细胞管型、蛋白质管型等。间质水肿、充血和白细胞浸润。

电镜下，可见毛细血管基底膜和肾小囊脏层上皮细胞之间有电子密度高的沉积物，并在基底膜外侧面呈“驼峰状”或“小丘状”。免疫荧光法检查证实这些沉积物中含有免疫球蛋白质（主要为IgG）和补体（主要为C3）。

2. 亚急性肾小球肾炎（subacute glomerulonephritis） 是介于急性与慢性肾小球肾炎之间的病理类型。一般由急性肾小球肾炎转变而来，或由于病因作用较弱，病程发生比较缓慢而呈亚急性经过。

眼观，肾脏体积明显肿大，质地柔软，色泽苍白，故有“大白肾”之称。表面光滑，有时见有多量出血点。切面隆起，皮质增宽，浑浊苍白，可见出血点，皮质与髓质分界比较

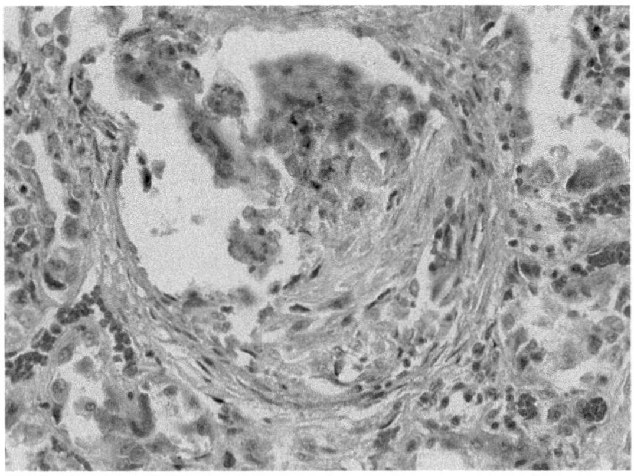

图 18-2　亚急性肾小球肾炎

肾小球囊壁层上皮细胞增生重叠，在右下侧（被覆于球囊壁层的尿极侧）形成“新月体”；毛细血管丛受压，肾小球与球囊粘连。

明显。

镜下，特征是肾小囊的上皮细胞增生。肾小囊壁层上皮细胞增生、复层排列于肾小囊壁层的尿极形成细胞性“新月体”或“半月体”（图 18-2）。增生的上皮细胞呈梭形或纺锤形，细胞之间见有纤维蛋白、中性粒细胞及红细胞。随着病变的发展，“新月体”的上皮细胞之间逐渐出现成纤维细胞，产生胶原纤维，取代细胞性“新月体”而演变成为纤维性“新月体”。纤维性“新月体”常与肾小球毛细管丛发生粘连，导致肾小球纤维化，继而发生玻璃样变性。

肾小管上皮细胞变性，甚至坏死，肾小管的管腔出现各种管型。间质水肿、炎性细胞浸润，后期发生纤维化。

3. 慢性肾小球肾炎（chronic glomerulonephritis）　病情缓慢，病程较长，一般为数月至数年甚至伴随终生。慢性肾小球肾炎可由急性转变而来，也可单独发生，按其病变特点分为膜性肾小球肾炎、膜性增生性肾小球肾炎和慢性硬化性肾小球肾炎三种类型。

1）膜性肾小球肾炎（membranous glomerulonephritis）　特征是免疫复合物沉积于肾小球毛细血管壁基底膜外侧，毛细血管壁均匀增厚（图 18-3）。此型肾炎见于雌性动物子宫积脓、绵羊妊娠毒血症、犬糖尿病和慢性病毒感染等疾病。

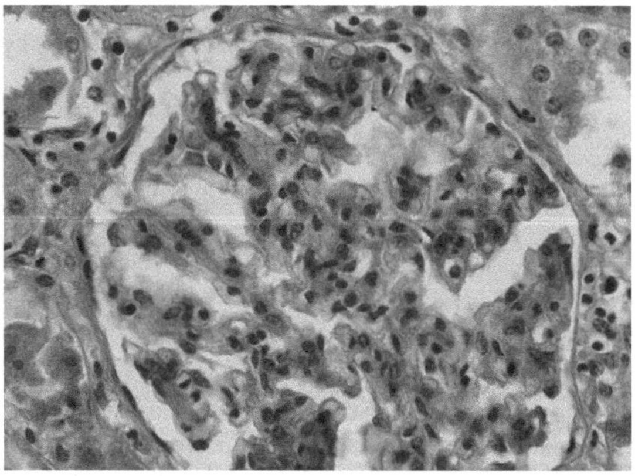

图 18-3　膜性肾小球肾炎

肾小球体积增大，毛细血管壁增厚。

眼观，肾脏体积增大，色泽苍白；后期，肾脏体积缩小，表面呈细颗粒状而显高低不平。

镜下，肾小球毛细血管壁增厚，PAS 染色法或银浸染色法观察病变更明显。荧光显微镜下观察，见沉积的免疫复合物呈均匀一致的颗粒状荧光，分布于肾小球毛细血管周围。因免疫复合物对基底膜具有损害作用，毛细血管壁通透性增高，可引起严重的蛋白质尿和肾病综合征。后期，肾小球毛细血管基底膜显著增厚，毛细血管受压，管腔变窄甚至闭塞，进而导致肾小球纤维化和肾功能不全。

电镜下，肾小球毛细血管基底膜和肾小囊脏层上皮细胞之间见有免疫复合物沉积，其基底膜呈“钉状突起”（spikes）向外突出，穿插于免疫复合物之中。

2）膜性增生性肾小球肾炎（membrano proliferative glomerulonephritis）　特征是肾小球毛细血管系膜细胞增生、基底膜增厚。

眼观，早期肾脏外形变化不明显，后期肾脏体积缩小，表面呈细颗粒状而显凹凸不平。

镜下，肾小球系膜区增宽，系膜细胞增生，肾小球增大呈分叶状。荧光显微镜下观察，沿肾小球毛细血管见有不连接的 C3 颗粒状荧光，在系膜区内也见有 C3 的团块状或环形荧光。

电镜下，肾小球毛细血管基底膜呈不规则增厚，其内见有高电子致密沉积物。

3）慢性硬化性肾小球肾炎（chronic sclerosing glomerulonephritis） 是以上各型肾小球肾炎发展到后期的一种病理类型，其病理特征是两侧肾脏肾单位弥漫性的受损，出现纤维化和疤痕收缩，并与残存的代偿性肥大的肾单位交替存在。肾脏体积缩小，表面凹凸不平，故称“皱缩肾”（contracted kidney）。

眼观，两侧肾脏体积缩小，色泽苍白，质地变硬，被膜粘连不易剥离，表面呈细颗粒状而显高低不平。切面皮质部变窄，有时见有微小的囊肿。

镜下，由于慢性硬化性肾小球肾炎的病变是以上各类型肾小球肾炎长期持续发展和反复发作的结果，故病变呈多样性，但特征变化是肾小球发生纤维化和玻璃样变性（图 18-4）。纤维化和玻璃样变性的肾小球呈均质红染无结构的团块，体积显著缩小甚至消失，与其相连的肾小管因缺血而萎缩、消失。间质结缔组织增生，淋巴细胞浸润。随着病变发展，增生的结缔组织发生收缩，致使病变肾小球相互靠拢，数量相对增多，这种现象称为“肾小球集中”。残存肾单位代偿性肥大，并与病变肾单位交替并存，这是此型肾炎的特点之一，也是造成肉眼观察所见肾脏表面高低不平呈颗粒状的原因。

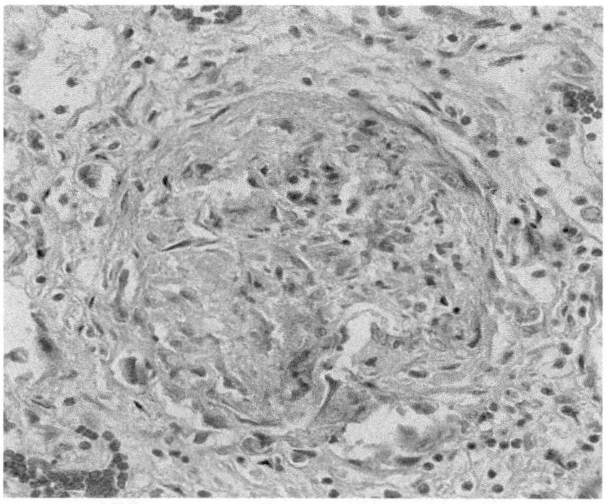

图 18-4 慢性硬化性肾小球肾炎

肾小球明显纤维化，成为一团纤维结缔组织，毛细血管已经消失，球囊腔已完全闭塞。

二、间质性肾炎

间质性肾炎（interstitial nephritis）是指肾间质的非化脓性炎症，以淋巴细胞、单核细胞浸润和结缔组织增生为特征。动物中，最常见于牛，猪、马、绵羊也可发生。

病因和发病机制 一般认为间质性肾炎发生与感染和中毒有关，常伴发于某些细菌性和病毒性传染病，如牛和猪的钩端螺旋体病、大肠杆菌病、牛恶性卡他热、水貂阿留申病以及布鲁菌病等疾病。

间质性肾炎常同时发生于两侧肾脏，表明致病因子或毒性物质是经血源性途径侵入肾脏而引起。炎症始于肾小管之间的间质，表现为淋巴细胞和单核细胞浸润，并见成纤维细胞增生。随着病变的发展，间质结缔组织明显增生，浸润的细胞增多，压迫邻近肾小管和肾小球使其发生萎缩甚至消失。

肾间质对某些药物呈现一种急性超敏性反应，可引起药源性间质性肾炎，但一般在停药后即可恢复。这些药物有二甲氧苯青霉素、氨苄青霉素、青霉素、先锋霉素、噻嗪类及磺胺类药物等。

病理变化 间质性肾炎，按其病变范围可分为弥漫性间质性肾炎和局灶性间质性肾炎。

1. 弥漫性间质性肾炎（diffuse interstitial nephritis）

1）急性弥漫性间质性肾炎　眼观，肾脏轻度肿大，被膜紧张易剥离，表面和切面皮质与髓质见有弥漫分布的灰白色斑纹，呈辐射状波及整个皮质和髓质带。灰白色斑纹病灶与周围分界不明显。

镜下，病变主要见于肾间质，表现为间质水肿和炎性细胞浸润。浸润的淋巴细胞、数量不等的单核细胞和浆细胞积聚于血管和肾小管周围（图 18-5）。肾小管上皮细胞变性、坏死甚至消失。肾小球变化不明显。

2）慢性弥漫性间质性肾炎　眼观，肾脏体积缩小，呈淡灰色或黄褐色，表面皱缩，质地变硬，被膜增厚不易剥离。切面皮质部变窄，皮、髓质界限不明显，有时可见小囊肿形成。

镜下，间质结缔组织增生，甚至见疤痕形成，炎性细胞的数量逐渐减少甚至被增生结缔组织取代。病变肾单位所属肾小管发生萎缩、消失甚至也被增生的纤维组织所取代。残存的肾小管管腔扩张，管壁变薄，管腔内出现透明或细胞性管型，上皮细胞呈扁平状或见肾小管上皮细胞呈代偿性肥大。肾小囊壁增厚，肾小球变形或萎缩，继而发生纤维化与玻璃样变性（图 18-6）。

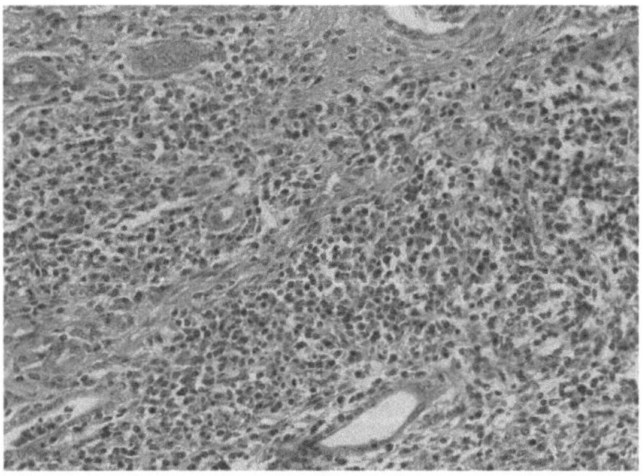

图 18-5　急性弥漫性间质性肾炎

有大量以淋巴细胞为主的炎性细胞浸润，肾小管多已萎缩，少数有扩张。

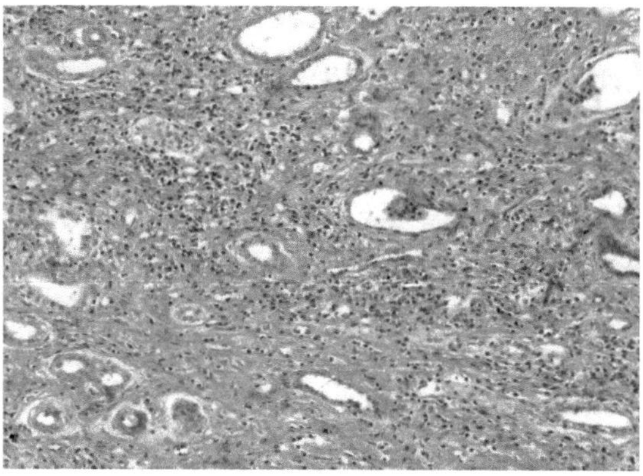

图 18-6　慢性弥漫性间质性肾炎

肾间质有大量结缔组织增生，淋巴细胞和浆细胞浸润；肾小管多数萎缩或消失，但有的扩张，肾小球也多萎缩、变小，但有的球囊腔扩张。

2. 局灶性间质性肾炎（local interstitial nephritis）　眼观，病变特征是肾脏表面或切面，散布有灰白色或灰黄色斑点或结节状病灶，大小不等，界限明显，俗称“白斑肾”。切面上见较大的结节状病灶呈楔形，外观似淋巴组织。

镜下，间质淋巴细胞和浆细胞灶性浸润，随着病变发展，结缔组织增生，肾小管受压萎缩或消失。肾小球一般正常或病变不明显。

三、化脓性肾炎

化脓性肾炎（suppurative nephritis）是指肾脏的化脓性炎症，由化脓菌感染引起。按其感染的途径，分为栓塞性化脓性肾炎和肾盂肾炎。

（一）栓塞性化脓性肾炎

化脓性栓子经血源性播散引起肾脏实质的炎症，称为栓塞性化脓性肾炎（embolic suppurative nephritis），常见于牛、猪和马。

由于是血源性感染引起，栓塞性化脓性肾炎常为两侧肾脏同时发生。

病因和发病机制　栓塞性化脓性肾炎多继发于机体其他组织器官的化脓性炎症，例如，化脓性肺炎、溃疡性心内膜炎、化脓性乳腺炎、化脓性脐带炎、化脓性子宫内膜炎和蜂窝织炎等。炎症灶中的化脓性细菌团块或败血性栓子侵入血流，随血液循环进入肾脏实质，在肾小球毛细血管和（或）肾小管间毛细血管中形成栓塞，引起栓塞性化脓性肾炎。

马驹栓塞性化脓性肾炎由马肾炎志贺菌引起，分娩时在子宫内即可被感染，或在出生后经脐带引致感染。成年牛以及猪的栓塞性化脓性肾炎分别由化脓放线菌和猪败血性链球菌引起。

病理变化　眼观，肾脏体积增大，被膜紧张易剥离，表面散在有大小不等的灰黄色或灰白色化脓灶，切面上皮质部见有许多小的灰黄色化脓病灶。肾脏表面较大的化脓灶或脓肿破溃后可引起肾周围组织的化脓性炎。

镜下，肾小球毛细血管及肾小管间的小血管内见有细菌丛或细菌团块，其周围浸润有大量中性粒细胞。肾小管内也见有同样的细菌团块和细胞浸润。随病变发展，细胞浸润处的肾组织发生坏死和脓性溶解，形成小脓肿。小脓肿逐渐增大并相互融合，形成大脓肿，周围血管充血、出血、炎性水肿以及中性粒细胞浸润。

（二）肾盂肾炎

肾盂肾炎（pyelonephritis）由化脓菌自泌尿道上行感染引起，与输尿管、膀胱和尿道的炎症有关。肾盂肾炎常见于成年母牛、母猪。

肾盂肾炎发生于一侧肾脏或两侧肾脏同时发生，与尿道的感染、阻塞有关。

病因和发病机制　主要由化脓性细菌感染引起。常见的化脓性细菌有链球菌、绿脓杆菌、葡萄球菌、肾炎棒状杆菌、膀胱炎棒状杆菌、化脓放线菌等，常常是多种细菌混合感染。

化脓性细菌感染是肾盂肾炎发生的主要原因，但诱因对肾盂肾炎的发生也起重要作用，如多见于泌尿道炎症、疤痕组织收缩、结石形成、寄生虫的寄生和移动、前列腺炎、肿瘤压迫以及膀胱麻痹等。这些诱因可致尿道狭窄，排尿困难或受阻，潴留的尿液发酵分解，其分解产物引起黏膜损伤与脱落；同时潴留的尿液及炎性渗出物为细菌停留和繁殖创造了适宜的条件。细菌经尿道、膀胱至输尿管逆行进入肾盂导致肾盂炎，进而侵害实质引起肾盂肾炎。妊娠后期的雌性动物，胎儿压迫尿道，引起排尿困难，若生殖器官感染，细菌可经尿道逆行侵入肾盂、肾实质引起肾盂炎和肾盂肾炎。

肾盂肾炎主要由尿源性感染引起，化脓菌也可经血液循环侵入肾实质和肾盂而引起，但发生条件是肾盂尿液潴留或积尿、排尿困难，此时细菌才得以停留并繁殖。

病理变化　眼观，急性肾盂肾炎时，肾脏体积增大、质地柔软、被膜紧张易剥离，表面可见灰白色或灰黄色斑点状化脓灶。切面上见肾盂高度扩张，黏膜充血肿胀，散在有出血点，被覆有纤维素-化脓性渗出物，肾盂内充满脓性黏液。髓质部见有由肾乳头延伸至皮质的呈放射状的灰黄色或灰白色条纹（充满脓液的肾小管或化脓性坏死灶），随后相互融合形成楔形化脓灶，其底部朝向肾表面，尖端位于肾乳头。病灶周围有充血、出血，呈暗红色。肾盂黏膜和肾乳头组织化脓坏死，脓性溶解自肾乳头蔓延到髓质与皮质，可引起肾组织脓性溶解形成脓腔。

慢性肾盂肾炎时，肾实质的楔形化脓灶被机化，形成疤痕组织，肾脏体积缩小，质地硬实，即发生继发性固缩肾。肾盂扩张、变形，常有积液或积脓，黏膜增厚、粗糙，可见疤痕形成。

镜下，急性肾盂肾炎，肾盂黏膜充血、出血、水肿和以中性粒细胞为主的细胞浸润。黏膜上皮细胞肿胀、变性，继而化脓坏死，形成溃疡。自肾乳头伸向皮质的肾小管（主要是集合管）内充满中性粒细胞，其中见有细菌团块；肾小管上皮细胞变性、坏死脱落，间质内也见中性粒细胞浸润、血管充血和炎性水肿。病变波及肾小球时，引发毛细血管扩张充血和炎性细胞浸润。

亚急性肾盂肾炎，肾小管内及间质内以淋巴细胞和浆细胞浸润为主，形成明显的楔形坏死灶；慢性肾小球肾炎除淋巴细胞浸润外，也见成纤维细胞增生，增生的结缔组织纤维化和形成疤痕。病灶内的肾小球发生纤维化和玻璃样变性。

第二节　肾　　病

肾病（nephrosis）是以肾小管上皮细胞变性、坏死为主要特征的一类疾病，炎症反应不明显。临诊表现以全身水肿、大量蛋白尿、血浆蛋白质降低及胆固醇增高为特征。

病因和发病机制　引起肾病的原因很多，其中外源性或内源性有害物质经血液循环进入肾脏是主要原因。外源性有害物质有氯仿、四氯化碳、汞、锡、砷等；内源性有害物质主要是在某些疾病（如慢性消耗性疾病）或病理过程（如代谢障碍）中产生的，如淀粉样物质、肌红蛋白等。上述有害物质随尿外排时，被近曲小管上皮细胞重吸收，或原尿中水分被重吸收后有害物质浓度升高，对肾小管上皮细胞产生剧烈的毒害作用，引起变性、坏死。

病理变化　中毒性肾病、淀粉样变性肾病是肾病的两种常见类型。

1. 中毒性肾病　眼观，肾脏体积增大，质地柔软，色泽苍白。切面隆起，皮质常呈暗红色或灰红色，皮质与髓质界限不清楚。

镜下，近曲小管上皮细胞变性、坏死与脱落，管腔内出现颗粒管型和透明管型，间质中有少量水肿液和白细胞浸润。早期肾小管因上皮细胞肿胀而使管腔变窄，后期扩张。病变出现1周左右，可见肾小管上皮再生。坏死的上皮、基底膜和肾小管管腔内的管型常有钙盐沉着。

2. 淀粉样变性肾病　淀粉样变性肾病是指淀粉样物质沉积于肾组织中。多见于马、牛、犬和鸡等动物的慢性消耗性疾病，长期化脓或蛋白质代谢障碍等。

眼观，肾脏体积增大，质地变硬实，色泽灰白。切面皮质增宽，肾组织呈灰黄色、半透明蜡样或油脂状。

镜下，肾小血管壁（包括入球小动脉、出球小动脉、肾小球毛细血管）、肾小球毛细血管基底膜以及间质中均见淀粉样物质沉积。肾小管上皮细胞变性甚至坏死，间质结缔组织增生，后期可形成淀粉样变皱缩肾。

第三节　囊　肿　肾

肾脏出现大小不等的囊肿变化称囊肾或囊肿肾，多见于猪，其次为牛和兔。囊肿肾的发生多为先天性，即肾单位和集合管联结发生异常所致的一种先天性畸形。

囊肿肾既可双侧同时发生，也可单侧发生。囊肿肾分为单囊肾和多囊肾。

一、单　囊　肾

单囊肾（simple cystic kidney）一般为单侧性发生的囊肿，直径为几毫米至几厘米。囊肿位于皮质部，呈圆形或椭圆形，囊内充满透明液体，囊壁光滑，衬以扁平或立方上皮，同时还见致密纤维组织。发生单囊肾的动物无临诊表现，仅在尸体剖检时意外发现。

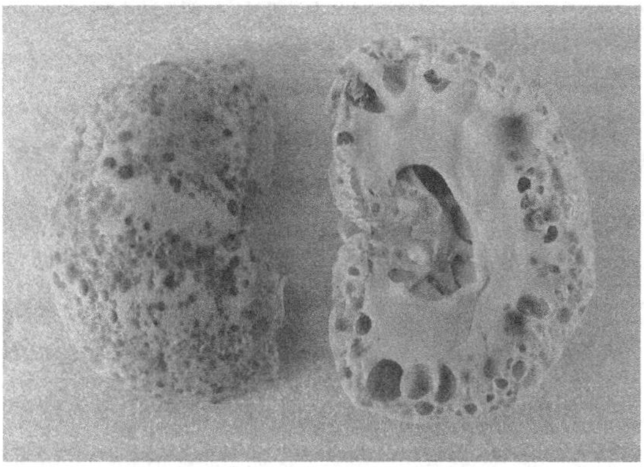

图 18-7　多囊肿肾（兔）

在肾皮质的表面和切面散在许多密集分布的大小不等的囊泡。

二、多　囊　肾

多囊肾（polycystic kidneys）时，肾脏体积增大，切面皮质和髓质部见有多个大小不等的囊肿，囊内充有透明液体，如出血则呈暗红色或淡红色（图 18-7）。肾组织见多量结缔组织增生。慢性间质性肾炎时，增生的结缔组织压迫肾小管，受压处前段肾小管因尿液积聚而扩张，可致多囊肾发生。

临诊上，动物两侧同时发病，通常会在短时间内发生尿毒症而死亡。

第四节　肾功能不全

当各种原因使肾脏的排泄及重吸收功能发生障碍，不能排除代谢产物及有毒物质，或不能重吸收水分及电解质，以维持机体内环境稳定时，则称为肾功能不全（renal insufficiency）。根据发病的缓急和病程的长短，分为急性肾功能不全和慢性肾功能不全。

一、急性肾功能不全

急性肾功能不全（acute renal insufficiency）是指任何致病因素在短时间内引起肾脏功能严重障碍，以致不能维持机体内环境稳定，进而引起水肿、电解质和酸碱平衡紊乱以及代谢废物蓄积体内的一种综合征。临诊上主要表现为少尿、无尿、高钾血症。

病因　引起急性肾功能不全的原因可分为肾前性因素、肾性因素和肾后性因素三类。

1. 肾前性因素　是指全身血液循环障碍、水盐代谢障碍以及神经体液调节机能障碍等引起肾脏血流灌注不足，导致“功能性”急性肾功能不全。

1）*全身血液循环障碍*　全身血液循环障碍时，因有效循环血量减少，肾脏血流灌注不足，从而影响尿液的生成。例如，急性失血、休克、虚脱等时，全身血压下降，有效循环血量减少，可导致肾脏的血流量减少，尿生成减少，出现少尿或无尿。再如心力衰竭时，全身静脉淤血，肾脏随之发生淤血，因而肾血流量减少，甚至血流停滞，肾小球滤过率降低，尿液生成减少；若肾淤血时间延长，肾小球毛细血管通透性增加，血浆蛋白质被滤出而发生蛋白尿等。

2）水盐代谢障碍　大面积烧伤、高热、大量出汗、肠便秘、肠梗阻、胃肠炎等时，水及电解质大量丧失，呈现全身脱水，血液浓稠，循环血量减少，也可引起肾血液循环及泌尿机能障碍，出现少尿或无尿。

3）神经体液调节机能障碍　神经系统及内分泌系统对肾脏泌尿机能具有重要调节作用。当神经体液调节机能障碍时，可引起肾脏泌尿机能不全。在某些病因作用下或严重创伤、寒冷刺激引起应激反应时，交感-肾上腺髓质系统机能亢进，从而引起肾血流量减少，肾血流重新分布，以及抗利尿激素释放增多，进而引起肾脏泌尿功能障碍，出现少尿或无尿。

2. 肾性因素　是指肾脏本身的器质性病变和肾毒素引起的急性肾功能不全。

1）肾脏本身病变　由各种原因引起的急性肾盂肾炎、急性间质性肾炎、急性肾小球肾炎、肾动脉血栓形成和栓塞以及肾小管急性坏死等。由于炎症或免疫反应广泛累及肾小球、肾间质和肾血管，影响肾脏的血液循环和泌尿功能，导致急性肾功能不全。

2）肾毒素作用　许多毒性物质经肾脏排出时，均可直接作用于肾小管上皮细胞，引起肾小管急性坏死。常见的肾毒物有重金属（如汞、砷、铅等）、有机毒物（如氯仿、四氯化碳、甲苯和酚等）、药物（如庆大霉素、卡那霉素、链霉素、磺胺类药物等）以及蛇毒和肌红蛋白等。

3. 肾后因素　是指排尿障碍而引起的肾功能不全。尿路急性阻塞（如两侧输尿管结石、尿酸盐结晶或磺胺结晶阻塞等）或输尿管受到肿瘤（如前列腺癌）、妊娠子宫的压迫等亦可引起急性肾功能不全。

发病机制　急性肾功能不全根据其发病原因及机制，可分为功能性及器质性肾功能不全两种。但两者可先后发生或同时存在。

1. 功能性肾功能不全　大多是由肾前性因素（如严重创伤、大失血、休克、脱水、中毒、感染等）所引起的一种急性肾功能不全。其发生机制主要是：

1）交感-肾上腺髓质系统兴奋　实验证明，在严重创伤、大失血、休克、脱水等情况下，不仅由于有效循环血量降低引起肾血流量灌注不足，而且还可通过交感-肾上腺髓质系统兴奋，使肾皮质血管发生痉挛性收缩，致肾血流灌注不足，其结果使肾小球血流减少和滤过率降低，近曲小管上皮细胞因缺血、缺氧发生变性、坏死脱落，尿液排出受阻，从而引起急性肾功能不全。

2）肾素-血管紧张素系统作用　在失血、脱水、中毒、休克等情况下，近曲小管由于肾血流灌注不足或毒物的作用而发生功能障碍，钠的重吸收减少，致使流经远曲肾小管尿液中钠及氯离子浓度增高，刺激致密斑，通过球旁细胞释放肾素，再经肾素-血管紧张素系统作用于肾脏小动脉，引起入球小动脉收缩（反馈性肾血流自身调节）。其结果一方面肾小球滤过率下降，另一方面肾缺血进一步加重，近曲小管的吸收机能障碍也更加严重，形成恶性循环，从而导致急性肾功能不全。

3）弥漫性血管内凝血作用　在中毒、休克，特别是肾小球毛细血管还发生弥漫性血管内凝血时，肾小球滤过率降低而发生急性肾功能不全。但并不是所有的急性肾功能不全都伴发肾小球毛细血管弥漫性血管内凝血。

值得指出的是，“功能性”急性肾功能不全，一般并无肾脏的器质性病变，因此常是可逆的，当原因去除后，可以恢复肾脏的功能。相反，功能性急性肾功能不全如果持续发展，肾小动脉长期痉挛造成的肾缺血可导致肾小管上皮细胞变性、坏死，最终转变为器质性肾功能不全。

2. 器质性肾功能不全

1）肾小球的作用　各种变态反应性肾小球肾炎时，由于肾小球入球动脉及毛细血管的痉挛性收缩，或由于肾小球毛细血管基底膜因免疫复合物沉积而增厚，或由于肾球囊内潴留大量的炎性渗出物，致囊内压增高等，均可导致肾小球滤过率降低而发生少尿或无尿，以及尿源性有毒物质在体内潴留，从而引起急性肾功能不全。

2）肾小管的作用　在肾脏缺血、缺氧及肾毒性物质作用下，肾小管上皮发生急性肿胀、变性、坏死，肾小管管腔狭窄或上皮细胞脱落引起肾小管阻塞，均可使尿液排出障碍，并通过损伤的肾小管管壁“漏回”肾间质内，进而被吸收入血，呈现少尿、氮质血症及电解质和酸碱平衡紊乱等肾功能不全。

综上所述，在急性肾功能不全的发病过程中，主要环节常是由于肾血流灌注不足，肾小动脉痉挛性收缩引起肾小球滤过率的急剧减少。其中，交感-肾上腺髓质系统和肾素-血管紧张素系统在发病早期起着重要作用。至于促发因素，目前认为肾小管上皮细胞肿胀、变性、坏死及肾小球血管弥漫性血管内凝血对肾功能不全的发展有重要促进作用，而肾小管阻塞、原尿漏回到肾间质及血管内，在发病的某个阶段主要是后期起促进作用。

急性肾功能不全发病机制见图 18-8。

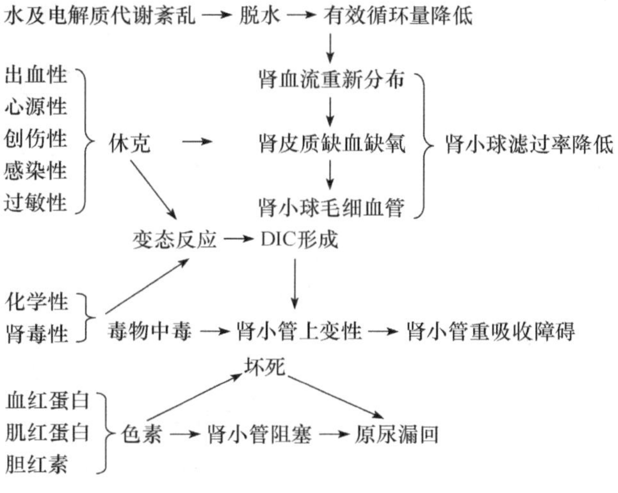

图 18-8　急性肾功能不全发病机制示意图

急性肾功能不全时机体的主要变化

1. 尿量变化　急性肾功能不全时，初期少尿或无尿（亦有尿量不减的病例），中期多尿，后期逐渐恢复。

急性肾功能不全初期的少尿或无尿是最显著而常见的变化，其发生机制因病因不同而异。功能性肾功能不全时，尿量减少主要是由于肾小球滤过率急剧降低，以及抗利尿激素分泌增多，使远曲肾小管及集合管对水分重吸收加强所致。而在伴有肾小管坏死的器质性肾功能不全时，尿量减小除因肾小球滤过率降低外，还与肾小管上皮细胞的变性、坏死有关。引起肾小球滤过率降低的原因包括肾血流量减少，肾内血液重新分布及肾小球弥漫性血管内凝血等。肾小管上皮细胞坏死，不仅能促使原尿“漏回”肾间质及肾血管内，引起肾间质水肿并压迫肾小管，而且坏死脱落的上皮细胞及其他管型也可阻塞肾小管，在少尿或无尿的发生上均有重要的促发作用。

少尿期之后进入多尿期。尿量增多主要与肾血流量和肾小球滤过率逐渐恢复、肾小管阻塞被解除、肾间质水肿消退、坏死的肾小管上皮细胞逐渐再生、新生上皮细胞对水和电解质的重吸收机能尚不完善以及少尿期血液中潴留的高浓度的尿素等代谢产物使原尿溶质浓度增高（渗透性利尿作用）等因素有关。

急性肾功能不全一般需经较长时间才能进入恢复期，并与水、电解质及酸碱平衡的恢复和蓄积的代谢产物排除密切相关。

2. 尿液成分的变化　急性肾功能不全时，尿液中可出现异常成分，主要有以下几种：

1）蛋白尿（proteinuria）　尿液中出现蛋白质称为蛋白尿。在正常时，肾小球毛细血管基膜只允许分子质量小于70000Da的物质通过，而血浆白蛋白分子质量为69000Da，故原尿中含有少量的白蛋白，但在通过肾小管时还可被重吸收，故终尿中蛋白质含量甚微，一般难以测出。当肾功能不全时，由于缺血、缺氧、肾小球肾炎、中毒等，致肾小球毛细血管壁及滤过膜通透性增加，因而蛋白质滤出增多。如果滤出蛋白质量超过了肾小管的重吸收能力，或肾小管伴发损害，致重吸收能力降低，则可产生蛋白尿。

2）血红蛋白尿（hemoglobinuria）　尿中出现游离的血红蛋白，称为血红蛋白尿。伴有溶血反应的肾功能不全时，由于大量的血管内溶血，血液中游离血红蛋白显著增多，从肾小球滤出而呈现血红蛋白尿。

3）肌红蛋白尿（myohemoglobinuria）　是指尿中出现肌红蛋白的现象。当伴有肌肉病变（如创伤、中毒、感染及肌红蛋白尿症等）时，可见肌红蛋白随尿排出，呈现肌红蛋白尿。

4）管型尿（cylinderuria）　尿液中出现圆柱状或管型样物质，称为管型尿或圆柱尿，主要是由蛋白质、脱落上皮细胞、红细胞、白细胞及细胞碎片等在远曲小管和集合管内凝固而成。急性肾功能不全时，可见到蛋白质管型、上皮细胞管型及肌红蛋白管型等。

3. 肾性水肿　急性肾功能不全时，由于少尿或无尿，特别是肾前性因素所致的肾小球滤过率降低，而肾小管无损伤并具有重吸收水、钠功能时，常致水、钠在体内潴留而发生水肿。因此，肾功能不全时，若补液过多，可加重水肿的发生。肾性水肿时，水肿常发生于组织结构疏松的部位，如眼睑、腹部皮下和雄性动物阴囊等。

4. 电解质代谢紊乱　急性肾功能不全少尿期，电解质代谢发生紊乱，常常出现高钾低钠血症、高磷低钙血症和高镁低氯血症。

1）高钾低钠血症　高钾血症主要是由于钾从肾脏排出减少和体内细胞崩解释放出钾离子所致；低钠血症主要是由于水的潴留而钠浓度被冲淡的结果，或钠随水转入软组织之故。高钾血症可引起心室纤维性颤动及心脏停搏；低钠血症一般无临诊症状，但严重时可引起中枢神经元中毒，出现中枢神经症状，表现为全身无力，嗜睡甚至惊厥、昏迷等。

2）高磷低钙血症　高磷血症亦是肾排磷减少所致。高磷可引起血钙降低，肾脏不能排出磷，磷经肠道排出时在肠道形成不溶性磷酸钙，影响钙的吸收，故可致低钙血症。低钙血症时，神经、肌肉的兴奋性升高，病畜常发生抽搐，并能使细胞及血管壁的通透性增强，加重肾性水肿发生，加重高血钾症对心脏的毒性作用。

3）高镁低氯血症　正常时，过剩的镁亦由肾排出。急性肾功能不全时排尿减少，可导致高镁血症。低氯血症常伴发于低钠血症。高镁血症可引起神经症状，并抑制心脏活动。低氯血症一般无临诊意义。

5. 代谢性酸中毒　急性肾功能不全时，由于排酸保碱功能障碍，致使大量酸性代谢产物在体内蓄积而发生代谢性酸中毒。而酸中毒又可使体内代谢增强，酸性代谢产物增多，进一步加重酸中毒的反应。

6. 氮质血症　血液中残余氮（非蛋白质氮）含量增多，称为氮质血症（nitremia）。急性肾功能不全时，蛋白质含氮代谢产物（如尿素、尿酸、肌酸酐、氨基酸及氨等）随尿排出受阻，血液中残余氮含量增多而发生氮质血症。严重创伤、休克、感染等情况下，由于组织分解、破坏严重，蛋白质分解代谢旺盛，残余氮生成增多，而肾脏排出能力又减弱时，则更易发生氮质血症。

二、慢性肾功能不全

当泌尿器官各种慢性疾患不断发展，肾单位不断破坏，长时间内残存的肾单位不能充分排出代谢产物和维持内环境的恒定，体内逐渐出现代谢产物和毒性物质堆积，水、电解质以及酸碱平衡等紊乱时，称为慢性肾功能不全（chronic renal insufficiency）。慢性肾功能不全常以尿毒症而告终。

病因和发病机制　引起慢性肾功能不全发生的原因很多，其中最主要的是慢性肾脏疾患，如慢性肾炎、慢性肾盂肾炎、慢性肾盂积水、多囊肾等。亦可继发于急性肾功能不全，或因慢性尿路阻塞所引起，但较为少见。

关于慢性肾功能不全的发生机制，目前认为在慢性肾炎过程中存在两部分肾单位，一部分肾单位不断被破坏，另一部分肾单位未受破坏仍能代偿其功能，但当其不足以代偿全部肾功能时，即呈现慢性肾功能不全。故受破坏和未受破坏肾单位的数量比例变化，决定着慢性肾功能不全的发展过程。动物实验证明，肾脏具有强大的代偿能力，当一侧肾脏有病变或被切除时，仍能维持正常的排泄功能。只有切除一侧肾脏和再切除另一侧肾脏的1/3左右，即只剩下一个肾脏的2/3左右时，才开始出现肾功能不全的表现。换言之，当肾小球滤过率低于正常的25%时，就会出现肾功能不全。以上表明尽管引起慢性肾功能不全的原因不同，但发病都是由于肾单位不断遭到破坏，致使有功能的肾单位越来越不足以代偿全部肾功能的结果。在慢性肾功能不全的早期，残存的肾单位可发生肥大和代偿，但这些肾单位却经受不起各种额外的负荷，如感染、脱水、中毒等，均可促进或加重肾功能不全的发展。

慢性肾功能不全时机体的主要变化

1. 尿量的变化　慢性肾功能不全早期，残存肾单位血流量增加（解剖学分流），肾小球毛细血管丛增大、血管扩张、滤过机能代偿性增强，肾小球滤过率超过正常水平，原尿通过肾小管的速度加快，使肾小管对水重吸收减少，因而尿量增加。慢性肾功能不全后期，由于肾单位广泛遭受破坏，肾小球滤过面积减少和滤过率降低，血液中尿素等含氮物质增多，使原尿溶质增多，出现渗透性利尿，加之肾小管广泛损伤，吸收面积减少以及肾小管集合管对尿液的浓缩功能降低，故尿量增多。但当肾单位严重破坏，肾小球滤过面积明显少时，则发生少尿的临诊症状。

2. 尿质的变化　慢性肾功能不全时，由于肾小球毛细血管壁通透性增高，滤出蛋白质增多，加上肾小管重吸收蛋白质的能力降低，故可出现蛋白尿。严重病例出现血尿、管型尿。

3. 肾性脱水 慢性肾功能不全时，肾小管对水、钠重吸收减少，出现多尿，易发生肾性脱水。

4. 电解质代谢紊乱 慢性肾功能不全时，由于多尿，钠、钾均可由尿排出而发生低钠、低钾血症。磷、钙代谢初期变化不明显。后期因少尿、无尿，磷排出受阻，可出现高磷血症，以及磷从肠道排出而引起低钙血症。

慢性肾功能不全时，由于维生素D在肝脏转变为25-羟维生素D_3后，还须在肾脏进一步羟化形成1，25-二羟维生素D_3，当此过程障碍时，可影响钙从肠道吸收，亦是血钙降低原因之一。长期血钙降低，还可引起骨质脱钙和影响骨质钙化，继发肾性骨营养不良。

5. 代谢性酸中毒 慢性肾功能不全时，大量肾单位被破坏，肾小球滤过功能减退，排酸保碱作用降低，从而发生代谢性酸中毒。

6. 氮质血症 初期变化不明显，后期可出现氮质血症，乃为代谢产物不能充分经肾排出的结果。

三、尿 毒 症

尿毒症（uremia）是指急性或慢性肾功能不全发展到严重阶段时，由于代谢产物和内源性毒性物质不能排出而在体内蓄积所引起的自体中毒的综合性症候群。

病因和发病机制 目前认为尿毒症的发生与尿毒症毒素在体内的大量蓄积有关。常见的尿毒症毒素有以下六种：

1. 尿素 尿毒症时血中尿素含量明显升高，因此有人认为尿素增多是尿毒症的主要原因，此即尿素中毒学说。但给动物注入大量尿素不易引起中毒症状，故又有人主张不能单独用尿素中毒来阐明尿毒症的发生机制。近年来对尿素作用的进一步研究表明，尿素经肠壁排入肠腔后，在肠内细菌尿素酶的作用下，尿素可分解为氨，并进一步形成铵盐（碳酸铵、氨基甲酸铵）。其中铵盐可刺激肠黏膜引起肠炎，氨则对机体具有毒性作用，被大量吸收入血，超过肝脏的解毒机能时，则可引起中枢神经系统中毒症状。

2. 胍类物质 胍类物质是鸟氨酸循环中精氨酸的代谢产物，正常时精氨酸生成尿素、肌酸、肌酐等随尿排出。尿毒症时，这些物质随尿排出发生障碍，精氨酸可通过另外的途径生成甲基胍和胍基琥珀酸，血液中甲基胍和胍基琥珀酸的浓度升高。动物实验证明，胍基琥珀酸和甲基胍在血液中的浓度升高时，动物出现体重减轻、呕吐、腹泻、便血、痉挛、嗜睡、血中尿素氮增加、红细胞寿命缩短等类似尿毒症的症状。

3. 胺类物质 胺类物质是赖氨酸、鸟氨酸和*S*-腺苷蛋氨酸的代谢产物，包括精胺、尸胺和腐胺。当肾功能障碍，以上多胺排出受阻时，可发生多胺血症，出现尿毒症的症状。另外，由于肾功能不全和肝脏解毒作用降低，肠道中的胺类物质（如酪胺、苯乙胺等）被吸收入血液后，既不能被肝脏解毒，又不能从肾排除，其血液中浓度增高也可引起中毒。

4. 甲状旁腺激素 甲状旁腺激素是一种重要的尿毒症毒素，毒性明显。血浆甲状旁腺激素增多，损伤血脑屏障的完整性，钙进入脑细胞，可造成中枢神经系统功能障碍；引起肾性骨骼营养不良、软组织钙化、坏死和皮肤瘙痒等症状。

5. 尿酸和肌酐 尿酸和肌酐也是精氨酸的代谢产物。尿毒症时，由于排出受阻，血浆尿酸和肌酐的浓度升高。尿酸可引起心包炎和痛风，肌酐可抑制红细胞对葡萄糖和氧的利用，影响红细胞的生成，缩短红细胞寿命。

6. 酚类物质 肠道菌可将芳香族氨基酸转变为酚和酚酸。正常情况下，酚和酚酸可经肝脏解毒，由肠道和肾脏排出。肾功能不全和肝脏解毒功能降低时，血浆酚类物质含量升高。酚类物质对中枢神经系统具有抑制作用，可引起动物昏迷。另外，酚类物质还能抑制血小板聚集，引起出血。

尿毒症时机体的主要变化

尿毒症是一种自体中毒的综合性症候群，除出现尿量改变、尿液成分改变、水电解质平衡障碍、酸血症、氮血症等症状外，还可引起其他系统的功能障碍。

1. 心血管系统　钠、水潴留，代谢性酸中毒，高钾血症和尿毒症毒素的蓄积，可导致心功能不全和心律紊乱。尿毒症后期可出现无菌性心包炎。

2. 呼吸系统　机体酸中毒可使呼吸加深加快；由于尿素在消化道经尿素酶分解形成氨，氨又重新吸收入血，血氨浓度升高并经呼吸道排出，导致呼出气体具有氨的臭味；尿素刺激胸膜可引起纤维素性胸膜炎。

3. 消化系统　肾功能不全时，尿素被肠道内细菌尿素酶分解而产生的氨，刺激肠道黏膜引起出血-坏死性肠炎。动物表现出食欲减退、呕吐和腹泻等症状。

4. 神经系统　神经系统功能障碍表现为尿毒症性脑病和外周神经受损。尿毒症时，由于血液中有毒物质蓄积致中枢神经元能量代谢障碍，导致细胞膜 Na^{+}-K^{+}泵失灵而引起神经元水肿。其中有些毒素可直接损害中枢神经元，故动物出现精神不振、嗜睡甚至昏迷的尿毒症性脑病。甲状旁腺激素和胍基琥珀酸可直接作用于外周神经，使外周神经髓鞘脱失和轴突变性，动物出现肢体麻木和运动障碍。

5. 皮肤变化　尿毒症时，汗腺可呈现代偿性分泌加强，尿素随汗排出，刺激皮肤感觉神经末梢，而致皮肤发痒；随汗排出的尿素结晶，呈白色糠麸样粉末可附着于眼、鼻及其他部位皮肤和被毛上。

第五节　膀　胱　炎

膀胱炎（cystitis）是指膀胱黏膜的炎症。炎症可波及黏膜层甚至累及整个膀胱壁。

膀胱炎主要由细菌感染引起，大肠杆菌、葡萄球菌、链球菌、绿脓杆菌、坏死杆菌和变形杆菌等感染均可引起。膀胱结石的机械刺激、某些含有刺激性的植物中毒也可引起膀胱炎。在生理情况下，膀胱对细菌感染有强大的抵抗力，侵入的细菌很快随尿排出，因此不易发生原发性感染。在结石堵塞、膀胱麻痹及膀胱括约肌痉挛等病理情况下，尿液的潴留为细菌的停留和繁殖提供了适宜条件。细菌接触膀胱黏膜以及尿液发酵产物（如氨）刺激和损伤黏膜，可使膀胱黏膜发生感染并引起炎症，这种感染途径称为上行性（尿源性）感染。肾炎时，病原体可随尿液经输尿管到达膀胱，继发膀胱炎，这种感染途径称为下行性（肾源性）感染。在某些传染病或其他系统的疾病，其病原体可随血液循环到达膀胱而引起膀胱炎，这种感染途径称为血源性感染。

膀胱炎可分为急性膀胱炎和慢性膀胱炎。

一、急性膀胱炎

根据炎症的性质和病变特点，急性膀胱炎又可分为卡他性炎、纤维素性、出血性、化脓性等类型。这些炎症的眼观和镜下变化与消化道、生殖道黏膜的同种炎症基本相同。

二、慢性膀胱炎

慢性膀胱炎可由急性膀胱炎迁延而来，也可继发或伴发膀胱结石。此外，某些细菌也可直接引起慢性膀胱炎。

眼观，膀胱壁显著肥厚，变硬，弹性减弱。黏膜增厚，呈灰白色皱褶状，有时呈绒毛状或息肉状增生。膀胱的体积明显缩小。

镜下，膀胱黏膜上皮脱落，黏膜下层有多量淋巴细胞和单核细胞浸润，结缔组织增生。

第六节　肾盂积水与尿石病

一、肾盂积水

肾盂积水（hydronephrosis）是由于尿路阻塞而引起的肾盂肾盏积液、扩大，伴有肾组织萎缩的变化。尿石尿路阻塞可发生于泌尿道的任何部位，单侧或双侧。尿路阻塞只要持续一定的时间均可引起肾盂积水。

尿路即使完全阻塞后，在一定时期内肾小球滤过功能仍能继续维持。但因肾小球滤液不能排出，故一方面向肾间质及周围组织弥散，最后进入淋巴管或静脉；另一方面在肾盏肾盂内蓄积，使肾盂肾盏逐渐扩张，肾盂内压力增高，压迫肾组织及其中的血管，使血流减少，肾组织受压逐渐萎缩。早期主要累及肾小管，表现为肾浓缩功能降低；以后逐渐影响肾小球，肾小球滤过率降低。完全性尿路阻塞一般约三周、不完全性阻塞约三个月可造成严重的不可逆性损伤。

肾盂积水可为单侧或双侧。突然发生的完全性尿路阻塞，一般引起肾盂、肾盏轻度扩大，有时可引起肾组织萎缩。间断发生的不完全尿路阻塞时，肾盂、肾盏逐渐进行性扩大。根据阻塞部位高低，膀胱、输尿管或肾盂可先后发生扩张。一般低位阻塞时，常两侧肾受累，肾盂肾盏尚未扩张到很严重的程度时尿毒症即可出现。

病因　尿路阻塞是引起肾盂积水的原因。尿路阻塞可以突然发生，也可逐渐缓慢形成。常见的引起尿路阻塞的主要原因如下：

1. 腔内阻塞　尿路腔内阻塞主要见于先天性畸形如输尿管或后尿道瓣膜和尿道狭窄等，异物如尿结石、血凝块、肾乳头坏死脱落等，肿瘤如肾盂、肾盏、输尿管及膀胱肿瘤，炎症如输尿管炎和尿道炎等。

2. 腔外压迫　尿路腔外压迫主要见于膀胱和输尿管邻近组织的肿瘤，如前列腺癌，子宫体及子宫颈癌，后腹膜肿瘤等，良性前列腺肥大，泌尿道周围组织的炎症和后腹膜纤维化，妊娠子宫。

3. 功能紊乱　神经性功能紊乱，如脊髓损伤引起膀胱麻痹，其他如输尿管、膀胱及尿道的功能紊乱性阻塞。

病理变化　眼观，肾脏体积不同程度增大。早期仅肾盂肾盏扩大，逐渐肾锥体乳头变钝平，以后呈杯状。后期肾组织萎缩，皮质变薄，锥体消失，甚至整个肾可成为一个薄壁的囊。

镜下，早期可见肾小管扩张，肾小球无明显变化，进而肾小管萎缩、纤维化，肾小球也逐渐萎缩消失，肾组织终为薄层纤维组织所替代。

二、尿　石　病

在泌尿器官的管腔内，形成石砾样的固体物质的过程，称为尿（结）石形成，形成的固体物称为尿（结）石。尿石多发生于肾盂和膀胱。尿石可刺激尿路黏膜发生出血和炎症甚至阻塞尿路时则称尿石病。

动物中，尿石多发生于牛和猪，马属动物较少见。牛尿石病在某些地区常造成较为严重的经济损失，肥育羊群尿石病的发病率有时高达33.4%。

尿石的形成是多种因素综合作用的结果。但泌尿道黏膜的炎症是尿石形成的重要原因之一。炎症时，脱落的上皮细胞、黏液、渗出物以及细菌团块等病理产物形成胶体基质，成为尿石的核心，有利于无机盐类的析出和附着从而形成尿石。维生素A缺乏时，肾小管上皮细胞和膀胱黏膜上皮细胞因过度角化而脱落，成为尿石的核心，尿液中析出的无机盐类再附着其上即可形成尿石。长期大量采食高钙饲料或高精饲料也是尿石形成的常见原因。

尿石的数量不等，一至几百个以上，大小不同，可由砂粒大小到拳头大。尿石表面光滑，断面结构呈轮层状向四周放射的外观。小的尿石呈球状，大的尿石与所在器官内腔的形状一致，即呈肾盂或膀胱的形状。

尿石对机体的影响是刺激尿道引起炎症；压迫组织造成萎缩和营养不良；阻塞尿道引起尿液滞留和膀胱扩张，严重者可导致膀胱破裂。

复习思考题

1. 名词解释：新月体　皱缩肾　大白肾　白斑肾　肾盂肾炎　肾病　囊肿肾　肾功能不全　尿毒症　肾盂积水　尿石病
2. 简述肾小球肾炎的病变特点。
3. 简述化脓性肾炎的类型及发生原因、病变特点。
4. 急性肾功能不全对机体有哪些影响？
5. 尿毒症的发生原因及对机体的影响是什么？
6. 常见肾病的病变特点是什么？

（崔恒敏）

第十九章　生殖系统病理

第一节　子宫内膜炎

子宫内膜炎（endometritis）是主要发生于子宫内膜的炎症，在子宫的炎性疾病中，最为常见。

病因和发病机制　子宫内膜炎的原因较多，主要为理化性因素和感染性因素。这些致病因素常与流产和分娩密切相关，是因产道开张，胎盘剥离，子宫黏膜受损，尤其是胎盘停滞，容易被许多微生物侵入。理化性因素如用过热或过浓的刺激性的消毒药水冲洗子宫、产道，难产时助产器械，截胎后暴露出的胎儿骨端，以及助产者的手指引起子宫黏膜损伤等；感染性因素是指各种化脓菌和腐败菌的感染，如棒状化脓杆菌、大肠杆菌、坏死杆菌、梭状芽孢杆菌、链球菌、胎儿弯曲菌及葡萄球菌等都是最常见的病原菌。植生克雷伯菌、马链球菌兽疫亚种和马流产沙门菌也能引起母马的感染；马耳他布鲁菌、流产布鲁菌、猪布鲁菌、犬布鲁菌、牛分支杆菌等则可引起山羊、牛、猪、绵羊和犬的特异性感染。必须指出，健康家畜的阴道内经常有微生物存在，当机体的抵抗力减弱时，原来存在的非致病性微生物也有可能迅速繁殖，毒力增强，引起子宫感染。

病理变化　子宫内膜炎可分为急性和慢性，根据炎性渗出物的性质又分为卡他性和化脓性等。

1. 急性子宫内膜炎

1）急性卡他性子宫内膜炎　眼观，患病乳牛产后经常拱背努责，从阴门排出脓性分泌物。子宫外部变化不明显或轻微肿大、充血，切开子宫后，见子宫腔内有黏稠浑浊、多少不等的灰白色或红色渗出物，子宫内膜潮红、肿胀，表面湿润。间或有散在出血点或出血斑，偶见黏膜覆盖由纤维素组成的灰白色的膜。牛羊子叶肿大，有出血。

镜下，子宫内膜小血管扩张充血，黏膜水肿，有炎性细胞浸润，子宫腺上皮细胞变性、坏死，部分腺体崩解，子宫腺减少。内膜上皮细胞坏死脱落，与渗出的炎性细胞及黏膜一起落入子宫腔。

2）急性化脓性子宫内膜炎　眼观，子宫常增大、松软，切开子宫后，黏膜肿胀、充血，出血，表面被覆有污红色的脓性渗出物，尤其在子叶及其周围充血与出血更为明显。较严重的病例，黏膜表面粗糙、浑浊和坏死，若坏死组织脱落则遗留糜烂。炎症限于一侧子宫角，或两侧的子宫角、子宫体与子宫颈。

镜下，黏膜血管充血，并散在出血和小血管内血栓形成。黏膜浅层的子宫腺管周围，有时在腺腔内，均有明显的中性粒细胞、巨噬细胞和淋巴细胞等浸润。黏膜上皮和部分浅层的子宫腺管上皮发生变性、坏死和脱落，黏膜表面被覆含有脱落上皮及白细胞的脓液。病变严重时，白细胞浸润和水肿可侵及子宫壁深层，而且黏膜组织的变性、坏死显著，常与渗出的纤维素和红细胞凝结在一起，其周围有密集的白细胞浸润。

2. 慢性子宫内膜炎

1）慢性卡他性子宫内膜炎　病理形态多样，这取决于病程长短和病原体作用的性质，变化呈多样性。初期，黏膜产生明显充血、水肿、白细胞渗出；以后，主要特点是浆细胞和淋巴细胞的大量浸润，成纤维细胞增生，因此黏膜变肥厚（图 19-1）。由于黏膜内细胞浸润，腺体和腺管间的结缔组织增生不均衡，变化显著的部位则向腔内呈息肉状隆起，此时称为慢性息肉性子宫内膜炎。随着成纤维细胞的增生和成熟，子宫腺的排泄管受到挤压，分泌物蓄积在腺腔内，使腺腔扩张呈囊状，因而眼观在黏膜表面可见大小不等的囊肿，呈半球状隆起，内含无色或稍浑浊的液体，称为慢性囊肿性子宫内膜炎。在慢性子宫内膜炎的发展过程中，有时子宫内膜的柱状上皮可化生为复层鳞状上皮，并可发生角化。有些病例，黏膜层的子宫腺萎缩或消失，黏膜变得很薄，称为慢性萎缩性子宫内膜炎。

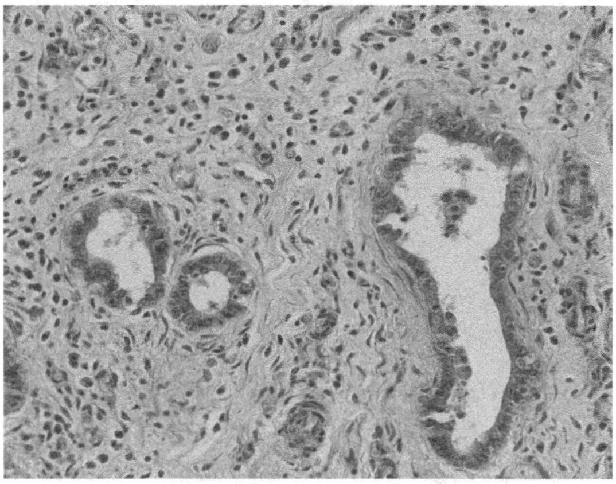

图 19-1　慢性卡他性子宫内膜炎（牛）
子宫内膜结缔组织明显增生，
淋巴细胞与浆细胞浸润，子宫腺大多萎缩。

2）慢性化脓性子宫内膜炎（子宫积脓）　常见于牛和猪，经常在分娩后有胎儿或胎膜滞留时发生。由于子宫腔内蓄积大量脓液，使子宫腔扩张，子宫体积增大，触摸时有波动感。剖开子宫时，由于化脓菌种类的不同，流出不同颜色的脓液，可呈淡黄色、黄绿色或红褐色。脓液有时稀薄如水，有时浑浊浓稠，或呈干酪样。子宫黏膜面粗糙、污秽、无光泽，常被覆多量坏死组织碎片，使黏膜面的外观如散布一层麦麸一般。子宫壁的厚度与蓄积的脓液的量有关。镜下，可见子宫腔内有大量的脓细胞，子宫黏膜有中性粒细胞、浆细胞和淋巴细胞浸润（图 19-2）。这些炎性细胞和黏膜组织多坏死溶解。黏膜固有层也见上述炎性细胞浸润和结缔组织增生。腺管多变性、坏死、消失，部分残存的腺管扩张，其中含有中性粒细胞及细胞碎片。

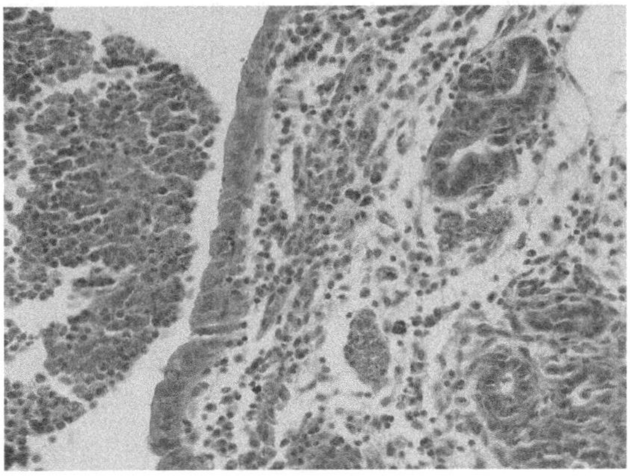

图 19-2　慢性化脓性子宫内膜炎（兔）
左侧为子宫腔，积聚大量脓细胞；右侧为子宫内膜。

患布鲁菌的母猪，子宫黏膜中可见粟粒至高粱大小的多发性黄白色结节，向表面隆起，部分为化脓或干酪样坏死的病灶。猪多发性坏死性葡萄球菌子宫内膜炎，此时子宫内蓄积脓液很少，子宫腔狭窄，子宫壁增厚，黏膜上有粟粒大到豌豆大的淡灰色坏死灶。严重的病例，黏膜弥漫性坏死。

3. 腐败性子宫内膜炎　产后由腐败菌感染引起。眼观，发病初期，子宫内膜表面出现污绿色的腐败病灶，随后病灶扩大并相互融合成大的病变，炎症也可向深层发展波及肌层和外膜，引起腐败性子宫炎。子宫外膜呈污绿色，子宫腔内有污秽、恶臭的渗出物。镜下，子宫内膜、肌层和外膜下有以中性粒细胞为主的炎性细胞浸润，组织细胞坏死溶解，坏死组织中有粗大的腐败杆菌。

4. 结核性子宫内膜炎 多见于牛。结核分支杆菌感染母牛后，一般经血道入侵子宫，引起子宫的结核病变。另外，在结核性腹膜炎时，结核分支杆菌经输卵管下行性感染，或公畜患有生殖系统结核病时，经交配感染。病变多见于子宫内膜，眼观内膜面出现多发性结核结节，破溃后在黏膜表面形成溃疡灶，溃疡中央为干酪样坏死物，边缘肉芽组织增生形成隆起。镜下，见病灶处发生干酪样坏死，其周围有上皮样细胞和多核巨细胞增生形成的特殊肉芽组织，伴有淋巴细胞浸润和增生。

第二节 乳 腺 炎

乳腺炎（mastitis）即乳房炎，是由多种病原微生物引起的乳腺组织的炎症性疾病。最常发于奶牛和奶山羊，给乳品业带来巨大经济损失。

病因和发病机制 引起乳腺炎的病因较多，物理性、代谢性和生物性因素对乳腺的损伤均可引起乳腺的炎性变化。引起乳腺炎的病原体多达 80 多种，常见的有 20 多种，如金黄色葡萄球菌、无乳链球菌、停乳链球菌、乳腺链球菌、大肠杆菌、沙门菌、化脓性棒状杆菌、绿脓杆菌、坏死杆菌、克雷伯杆菌、多杀性巴氏杆菌、腊样芽孢杆菌、布鲁菌、结核分支杆菌、牛放线菌等，但以金黄色葡萄球菌、无乳链球菌、停乳链球菌和乳腺链球菌最为重要。此外，混合感染也常发生。除了结核性和布鲁菌乳腺炎是血源性感染外，其他微生物侵入的门户多为乳头孔和乳头管。此外支原体、真菌、病毒等病原体也可引起乳腺炎。

机械性和理化因子、毒物作用和乳汁停滞等对促成细菌侵入乳腺起重要作用。例如，挤奶方法不当可造成乳头皮肤和黏膜的创伤，母牛因病卧地和母猪乳头接近地面与地面摩擦；吮乳咬伤乳头等机械性损害，为细菌侵入乳腺创造有利条件。不按时挤奶、产后无仔畜吮奶或断奶后喂给大量多汁饲料以致乳汁分泌过于旺盛等，均可使乳汁在乳腺内积滞或酸败，成为细菌生长繁殖的良好培养基。还有饲养管理不当，畜舍潮湿或湿度过低，使动物机体的抵抗力降低时，原来存在于输乳管及乳池中的少数寄生菌转变为致病菌。此外环境不卫生，污染乳腺，也是感染的来源。

病理变化 乳腺炎的分类比较复杂，不大统一。按病程长短分为急性和慢性；按炎症的组织定位分为实质性和间质性；按炎症渗出物的性质分为浆液性、卡他性、纤维素性、化脓性、出血性和坏疽性。但目前一般根据病因和发病机制分为特异性和非特异性乳腺炎。

1. 非特异性乳腺炎 是指无特异性病原体的一类乳腺炎，可以发生于乳腺的一个或几个乳区，常呈弥漫性。

1）*局灶性乳腺炎* 又称隐性乳腺炎或亚临床型乳腺炎。其特征是乳房和乳汁无肉眼可见异常，然而乳汁在理化性质、细菌学上已发生变化。乳汁具体表现为 pH 在 7.0 以上，呈偏碱性；乳内有乳块、絮状物、纤维；氯化钠含量在 0.14%以上，体细胞数每毫升在 50 万个以上，细菌数和电导值增高。镜下，病变呈小灶状分布，其范围多局限于几个腺泡，腺泡腔内有较多中性粒细胞渗出，上皮细胞变性、坏死、脱落，间质充血，炎性细胞浸润。该型乳腺炎多由葡萄球菌和链球菌感染引起。

2）弥漫性乳腺炎

（1）急性弥漫性乳腺炎：是牛最常见的一种乳腺炎，多发生于泌乳初期。病原体主要是葡萄球菌、大肠杆菌或是葡萄球菌、大肠杆菌与链球菌的混合感染。此型乳腺炎以渗出变化为主，除有炎性渗出物外，同时伴有腺泡上皮的变性、坏死和脱落，以及间质的充血和水肿。

眼观，通常为一个或几个乳区发病，由于发炎部位体积显著增大和变硬，致使各个乳区的大小不对称。病变部位乳腺较正常易于切开，切面可见渗出性炎症的变化。

浆液性炎症时，皮肤紧张，色红；切面湿润，色苍白，乳腺小叶呈灰黄色，小叶间质及皮下结缔组织充血和炎性水肿。

卡他性炎症时，乳腺肿大，切面较干燥，呈淡黄色颗粒状，按压时有浑浊的分泌物流出。

纤维素性炎症时，发炎的乳腺坚实，切面干燥，呈白色或黄色，在乳池和输乳管中有纤维素性渗出物。

出血性炎症时，切面平滑，乳腺切面呈暗红色或黑红色，按压时流出淡红色混浊的液体，其中混有絮状血凝块，输乳管及乳池黏膜常见出血点。

化脓性炎症时，发病乳区肿大，乳池和乳管常有溃疡，也可在附近组织发生脓肿或蜂窝织炎。

镜下，在浆液性炎症时，腺腔内含有均质并带有空泡的渗出物，其中混有少量的中性粒细胞和脱落的上皮，最显著的病变是小叶和腺泡间的结缔组织炎性水肿（图 19-3）。卡他性炎症时，腺泡腔分泌小管、输乳管和乳池上皮细胞肿胀、坏死和脱落，管腔中充满渗出液、上皮细胞和白细胞（中性粒细胞、淋巴细胞和单核细胞），间质炎性水肿（图 19-4）。纤维素性炎症时在多数腺泡腔和输乳管内有多少不等的纤维素渗出，其中也混有少量中性粒细胞、单核细胞和脱落的上皮细胞。如果除了腺泡上皮细胞变性和脱落、间质炎性水肿及白细胞渗出外，在腺泡腔和输乳管内以及间质内有大量红细胞浸润，则属于出血性炎症。化脓性炎症时，腺泡和输乳管内的渗出物中有大量变性、坏死的中性粒细胞，严重时乳腺实质中可形成脓肿。

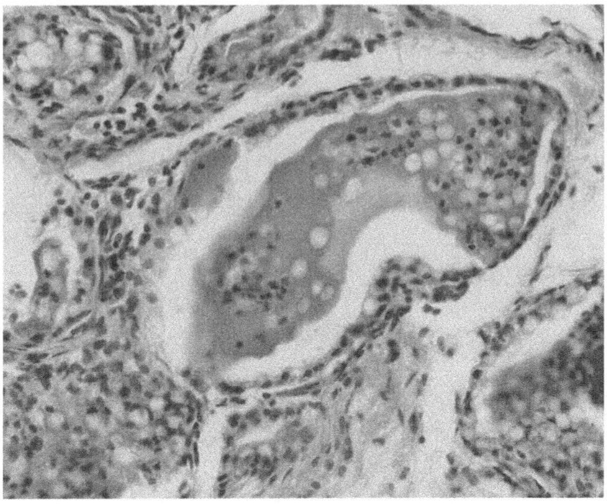

图 19-3　浆液性乳腺炎（牛）

腺泡内有浆液（内含脂肪滴）、中性粒细胞和脱落的腺上皮细胞。

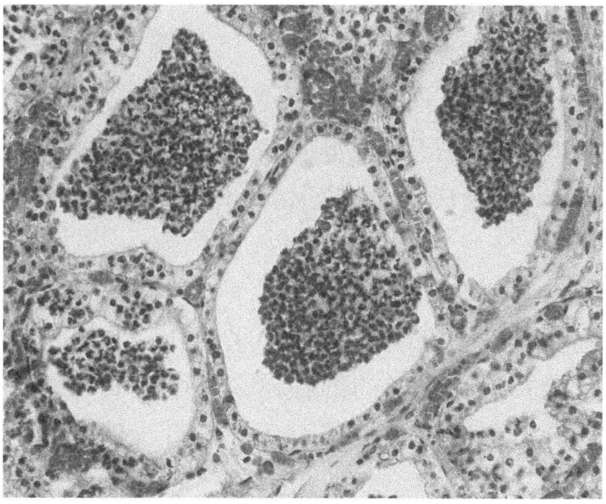

图 19-4　化脓性乳腺炎（牛）

腺泡内有大量的脓细胞和中性粒细胞。

(2) 慢性弥漫性乳腺炎：通常由无乳链球菌和乳腺链球菌感染引起，是奶牛的一种常见的乳腺炎。一般呈慢性经过，常发生在泌乳后期。特征是乳腺的实质萎缩和间质的结缔组织增生。病原菌从乳头管侵入后，初期在乳池和大输乳管引起化脓性炎症，接着相邻的腺泡发炎，以后在输乳管周围的病变转为慢性增生性，从输乳管扩展到腺泡。由于大量增生的结缔组织成熟收缩，导致乳腺的萎缩和硬化。

眼观，初期的病变与急性弥漫性乳腺炎相似。后期，乳池和输乳管显著扩张，管腔内充满绿色的黏稠的脓样渗出物，黏膜因上皮增生而呈结节状、条纹状或息肉状肥厚，其相邻的乳腺实质萎缩甚至消失，有一部分尚正常的腺泡组织呈岛屿状散在于其中。在乳池，输乳管和小叶间有大量的结缔组织增生和疤痕化，病变乳腺显著缩小和发生硬化。

镜下，初期在乳池、输乳管及发病的腺泡腔内含有均质的带空泡的渗出物，其中混有中性粒细胞和脱落的上皮细胞；间质炎性水肿。以后病变部中性粒细胞减少，浸润的细胞成分主要是淋巴细胞、浆细胞和单核细胞，同时有成纤维细胞大量增生。乳池和输乳管黏膜因上述细胞浸润和上皮增生而肥厚，形成皱襞或息肉状突起。最后由于增生的纤维组织疤痕性收缩，残留的腺泡、输乳管和乳池也被牵引而显著扩张，上皮萎缩或鳞状化生。

慢性乳腺炎常引起乳腺组织坏死、结缔组织增生和残存腺泡萎缩，故乳腺结构和功能难以恢复。

2. 特异性乳腺炎　是指由某些特异性病原体引起并具有特征性病变（肉芽肿）的乳腺炎。

1）结核性乳腺炎　主要见于牛，为血源性感染。病变主要有以下两类。

(1) 干酪样乳腺炎：是以发生干酪样坏死为特征的乳房结核性炎症。常侵害整个乳房或几个乳区。发病部位显著肿胀而坚硬，容易切开；切面有地图状分布的干酪样坏死的大病灶，在病灶周围可见红晕。镜下，病变初期为大量的纤维蛋白质素与白细胞浸润，随后发生干酪样坏死。

(2) 结节性乳腺炎：乳腺内有许多结核结节，结节大小不等，由粟粒大，高粱粒大到豌豆大，这种结节可发生干酪化。当多数结节密集或相互融合时，病变部呈灰白色而坚实。镜下，结节内主要是增生的特殊肉芽组织（上皮样细胞、巨细胞）和普通肉芽组织，病灶中心为干酪样坏死物和钙化。

2）布鲁菌性乳腺炎　主要见于牛和羊，呈亚急性或慢性局灶性乳腺炎。初期易被忽视，后期由于结缔组织增生和乳腺实质萎缩，眼观上才能看到硬固的病灶。镜下，在乳腺组织内可见到局灶性炎症病灶，病灶主要是由增生的淋巴细胞和上皮样细胞形成的小结节，其中混有少数的中性粒细胞和巨噬细胞，并见结缔组织增生，结节中的腺泡萎缩和上皮变性、坏死。

3）放线菌性乳腺炎　多见于牛和羊。一般经皮肤感染，在乳腺皮下或深部形成放线菌化脓灶。眼观，患部肿胀，切开为有厚层结缔组织包囊的脓肿，脓汁稀薄或浓稠，其中含有淡黄色硫磺样的细颗粒。脓肿及其邻近的皮肤可逐渐软化和破裂，形成向外排脓的窦道。乳腺深部的脓肿破溃时，可开口于输乳管和乳池，使乳汁中出现放线菌块。镜下，病灶中央是菌块和脓液，放线菌菌块的中心是交织的菌丝，其周围的菌丝呈放射状排列，菌丝的末端膨大，被伊红染成红色；菌块周围为变性的中性粒细胞，再外是上皮样细胞和巨细胞组成的特殊肉芽组织，最外则是浸润有淋巴细胞和浆细胞的纤维结缔组织。

第三节　睾丸炎和附睾炎

一、睾　丸　炎

睾丸炎（orchitis）可发生于多种动物，但以牛、羊和猪较多见。引起睾丸炎的原因主要是外伤和感染性因素。在公牛和公羊，由于其睾丸下垂明显，游离度大，容易因外伤引起睾丸炎。在家畜中由细菌引起的睾丸炎比较多见，多由血源性感染引起，有时也可从被感染的副性腺经输精管逆行而侵入睾丸所致。

根据病因，睾丸炎主要有以下两种：

（一）化脓性睾丸炎

化脓性睾丸炎主要由葡萄球菌、链球菌、大肠杆菌、沙门菌、化脓棒状杆菌感染引起，常同时伴有化脓性附睾炎。在睾丸和附睾出现局灶性或弥漫性化脓灶。慢性睾丸炎时睾丸缩小，质地变硬，切面干燥，常有钙盐沉积。

（二）布鲁菌性睾丸炎

公牛的睾丸炎最常见的病原体是布鲁菌。大多数病例睾丸炎属于急性且不易痊愈。可为单侧性，但是因为炎性渗出物同对侧睾丸的精子混合，所以病畜常丧失生育能力。由于有坚韧的白膜包裹，因而睾丸的肿胀不很明显，但睾丸实质容易发生压迫性坏死。鞘膜腔因蓄积脓性纤维素性渗出物而扩张，壁层和脏层的表面有厚层、湿润、黄色的纤维素沉着。此时睾丸与附睾眼观上无明显变化，但睾丸实质内有散在的黄色斑点和坏死灶，并发展成融合性坏死。如果坏死的实质液化成脓液，则整个睾丸可成为有厚层纤维组织包裹的充满脓液的腔。有时坏死病灶并不扩展与融合，很快被大量纤维组织包围而长期保留。这些坏死灶通常是多发性的，并引起器官的肿大，但最终可因疤痕化而体积缩小。

鞘膜的炎症愈合后常造成壁层和脏层发生粘连。镜下，睾丸内的感染是沿着细精管的管腔蔓延的；生精上皮坏死和脱落，在坏死的细胞和管腔中可见大量的微生物。早期，间质中有各种白细胞浸润，并在细精管周围形成管套。随着病变的发展，细精管壁和间质组织发生坏死。

公猪由猪布鲁菌引起的睾丸炎，多发性脓肿比融合性坏死更为多见。有些病例，鞘膜的炎症有带血的脓性渗出物。附睾和睾丸发生的脓肿，以中央发生干酪化为特征，脓肿外面有厚层结缔组织包膜包裹，其中有白细胞浸润。

二、附　睾　炎

附睾炎（epididymitis）常与睾丸炎同时存在。其病因主要是外伤、精液外溢、过敏反应、病原微生物感染，如化脓棒状杆菌、布鲁菌、分支杆菌、鼻疽杆菌、放线菌等。

急性附睾炎多为单侧性。在临诊上，受害的部位肿胀、发热。除附睾的病变外，白膜有炎性渗出物附着，鞘膜腔含有大量浆液。慢性附睾炎由急性转变而来，或一开始就呈慢性经过。患病早期，发病部位通常在尾部，以后逐渐扩展到附睾体和附睾头。附睾局部肿大柔软，白膜和鞘膜可在一处或多处紧密相连，附睾内有一个或多个囊肿，囊内含有黄白色乳酪样的液体。在进展中的慢性附睾炎，其附睾尾可能增大4～5倍，变硬，白膜与鞘膜牢固粘连，睾丸萎缩。

镜下，早期附睾尾的血管周围发生水肿和淋巴细胞浸润。其后，中性粒细胞亦出现于渗出物中，上皮细胞增生和变性。随后，在原先水肿的间质组织内有纤维组织增生和疤痕形成。由于纤维化与上皮增生使管腔闭合，可引起内容物淤滞。有些病例，上皮内有大量细菌，中性粒细胞的浸润可使上皮破坏。这些变化发展缓慢，可经几个月，在此期间大量的细菌可从精液排出。此时，附睾尾轻度肿大，硬度增加。如果由于浸润的中性粒细胞破坏了上皮，或由于闭塞部位邻近的任何一点的破裂或萎缩，均可引起精子外溢。大多数的外溢发生在附睾尾闭塞部附近，但少数也可见于附睾体和附睾头。外溢的精子可引起精子肉芽肿，或精子进入鞘膜腔，引起严重的炎症，进而发生粘连，但不发生原发性的睾丸炎。睾丸的变性是继发于曲细精管内的精子淤滞，往往引起钙化。

在一些养羊地区由羊布鲁菌引起的公羊附睾炎是一种常见的疾病，通过交配感染，以精子变性和精子肉芽肿为特征。

牛患布鲁菌病时，急性期附睾显著肿胀，故可触知睾丸与附睾的界限；慢性期因纤维化而导致附睾硬化。

复习思考题

1. 名词解释：子宫内膜炎　睾丸炎　乳腺炎　睾丸炎　附睾炎
2. 简述子宫内膜炎的类型和病理变化特点。
3. 试叙述引发乳腺炎的病因及其发生机制。
4. 什么是非特异性乳腺炎？常见的有哪几类？
5. 什么是特异性乳腺炎？常见的有哪几类？

（陈士恩）

第二十章　神经系统病理

第一节　神经系统的基本病变

神经系统主要由神经元（神经细胞）、神经胶质和结缔组织组成。在多种疾病中，由于病因不同，神经组织的代谢、功能和形态结构常出现不同程度和不同类型的变化，但这些变化也具有共同的表现，现介绍如下。

一、神经元的基本病变

（一）尼氏小体溶解

尼氏小体（Nissl's body）由神经元浆内的粗面内质网与核糖体构成，在光镜下表现为嗜碱性的颗粒群，故又称为神经元染质。尼氏小体的溶解消失主要表现以下两种形式。

1. 中心性尼氏小体溶解（central chromatolysis）　是指神经元核周围的尼氏小体溶解，多发生于较大的运动神经元的轴突受损之后。表现为受损伤的神经元体积增大、变圆，胞核增大并偏向一侧，其附近的尼氏小体变成粉末状，最后完全消失，核周围呈空白区，而核细胞周边的尼氏小体仍存在（图 20-1）。

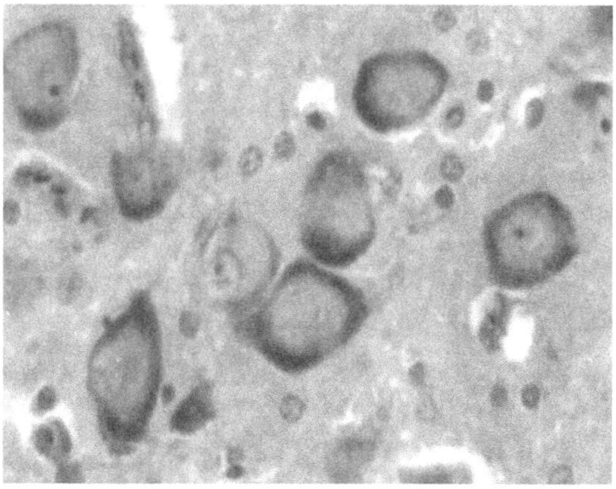

图 20-1　中心性尼氏小体溶解（雏鸡脑脊髓炎）

在中脑圆形核内，见数个神经元的中心区都发生尼氏小体溶解，有的胞核已溶解消失（甲苯胺蓝染色）。

中心性尼氏小体溶解是可复性变化，多见于中毒和病毒感染，如铅中毒、禽传染性脑脊髓炎等疾病。

2. 周边性尼氏小体溶解（peripheral chromatolysis）　受损伤的神经元周边部和树突中的尼氏小体溶解，只有胞核周围的尼氏小体保留，神经细胞元常变小、变圆。这可能是神经元从变性到死亡的一个阶段。

周边性尼氏小体溶解常见于进行性肌麻痹中的脊髓腹角运动神经元、某些中毒的早期以及病毒感染（如鸡新城疫）。

（二）急性肿胀

神经元的急性肿胀（acute neuronal swelling）常见于缺氧、中毒和感染（如乙型脑炎、鸡新城疫和猪瘟的非化脓性脑炎等疾病）。主要表现为神经元的胞体肿胀变圆，树突肿胀变粗，胞质着色较淡，中央尼氏小体或周边尼氏小体溶解（图 20-2）。胞核肿大、靠边。

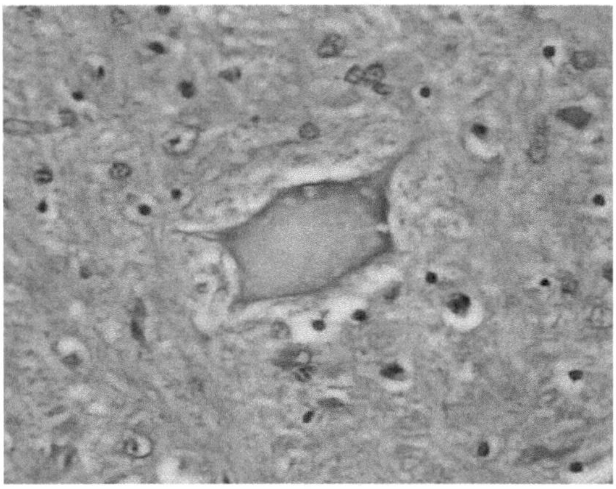

图 20-2　急性肿胀

神经元肿大，突起缩短，染色质多已溶解，胞浆淡染。

急性肿胀是神经元变性的一种表现形式，为可复性变化。病因消除，神经元的结构与功能可恢复至正常。但若持续时间较长，神经元则逐渐死亡。

（三）神经元凝固

神经元凝固（coagulation of neurons）又称为神经元缺血性损伤（ischemic neuronalinjury），多见于缺血、缺氧、低血糖症、维生素 B_1 缺乏以及中毒、外伤和重度癫痫的反复发作之后等。一般发生于大脑皮质中层、深层和海马的齿状回。病变细胞主要表现为胞浆皱缩，失去细微结构，HE 染色嗜酸性增加，在神经元周围出现空隙。细胞核体积缩小，染色加深，核仁消失，早期也属于神经元变性，但最终则可出现核破碎消失而致神经元死亡。

（四）空泡变性

空泡变性（cytoplasmic vacuolation）指神经元浆内出现空泡。常见于病毒性疾病，如绵羊痒病和牛海绵状脑病，主要表现为延脑、中脑等的神经元可出现大小不等的圆形或卵圆形的空泡（图 20-3）。另外，神经元的空泡化也见于溶酶体蓄积病、老龄公牛等。一般单纯性空泡变性是可复性的，但严重时则细胞发生坏死。

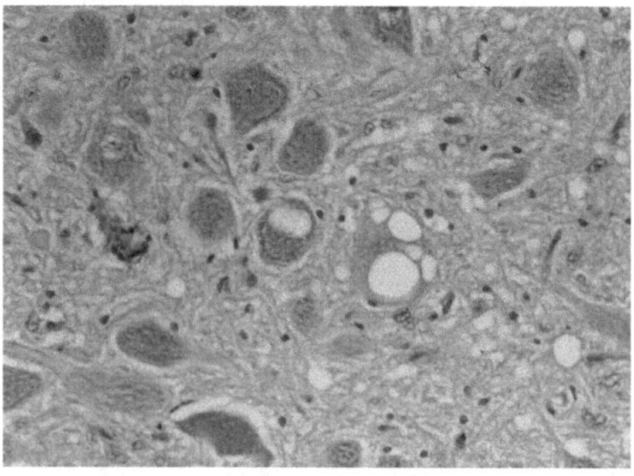

图 20-3　神经元空泡变性（羊痒病）

脑干神经元中有一个或多个较大的空泡。

（五）液化性坏死

液化性坏死（liquefactive neerosis）是指神经元坏死后进一步溶解液化的过程。可见于中毒、感染和营养缺乏（如维生素 E 或硒缺乏）等。病变部位神经元坏死，早期表现为核浓缩、破碎甚至溶解消失，胞体肿胀呈圆形，细胞界限不清。坏死神经元随时间的延长，胞浆染色变淡，其内有空泡形成，并发生溶解，或胞体坏死产物被小胶质细胞吞噬而使坏死神经元完全消失；与此同时，神经纤维也可发生断裂液化，该部神经组织坏死，形成软化灶。液化性坏死是神经元变性后进一步恶化的结果，是不可复性变化，坏死部位可由星形胶质细胞增生而修复。

（六）包涵体形成

神经元中的包涵体（inclusion body）形成多见于某些病毒性疾病。包涵体的大小、形态、染色特性及存在部位，对一些疾病具有证病意义。在狂犬病，大脑皮质海马的锥体细胞及小脑浦金野细胞胞浆中出现嗜酸性包涵体，也称内格里（Negri）小体（图 20-4）。在马的波那病，大脑嗅球、皮质部、脑干、海马以及脊髓神经元出现有证病意义的嗜酸性核内包涵体。疱疹病毒包涵体也位于核内，而副黏病毒包涵体如犬瘟热可同时位于胞浆或胞核内。

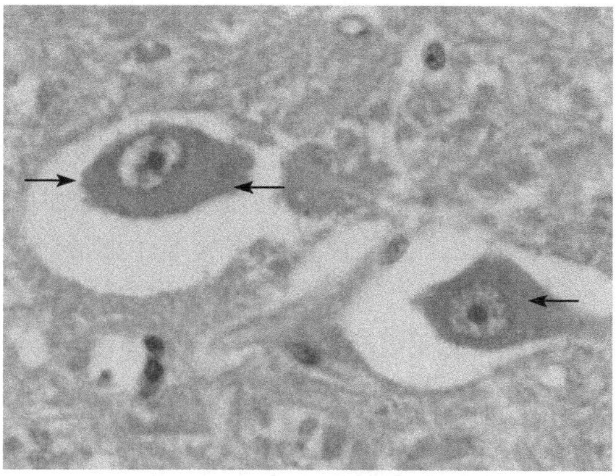

图 20-4　包涵体（牛狂犬病）

牛脑神经元中的嗜酸性包涵体（↑）。

（七）神经纤维的变化

主要包括轴突和髓鞘的变化。当神经纤维损伤时（如切断、挫伤、挤压或过度牵拉等），轴突和髓鞘二者都可发生变化，在距神经元胞体近端和远端的轴突及其所属的髓鞘发生变性、崩解和被吞噬的过程称为沃勒变性（wallerian degeneration）。相应的神经元胞体发生尼氏小体溶解。沃勒变性的过程一般包括轴突变化、髓鞘崩解和细胞反应三个阶段。

1. 轴突变化　轴突出现不规则的肿胀、断裂并收缩成椭圆形小体，或崩解形成串球状，并逐渐被吞噬细胞吞噬消化（图 20-5）。

2. 髓鞘变化　由于髓鞘崩解而形成单纯的脂质和中性脂肪的过程称为脱髓鞘现象（demyelination），脂类小滴可被苏丹Ⅲ染成红色，在 HE 染色切片中脂滴溶解成空泡（图 20-6）。

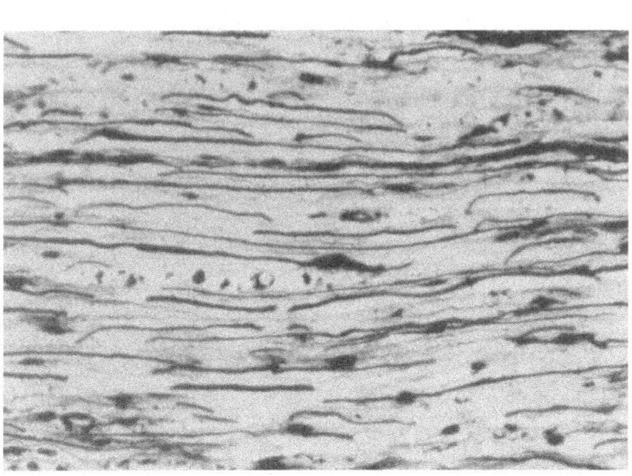

图 20-5　轴突变性（鸡坐骨神经）

轴突变形、断裂（Marsland 氏镀银染色）。

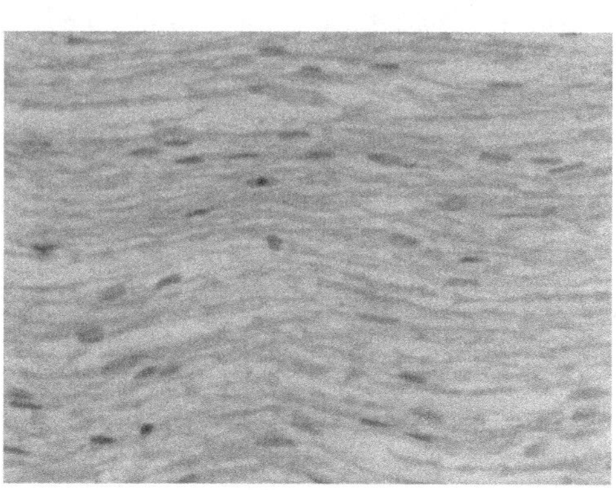

图 20-6　脱髓鞘（鸡坐骨神经）

神经纤维因髓鞘脱失而染色变淡，因仅残留神经轴突和施万细胞而似鱼刺。

3. 细胞反应　在神经纤维损伤处，细胞碎片被小胶质细胞所吞噬，并把其髓磷脂转化为中性脂肪，通常将含有脂肪滴的小胶质细胞称为格子细胞（gitter cell）或泡沫细胞，它们的出现是髓鞘损伤的指征。也为消除和消化神经纤维的崩解产物以及对神经纤维的再生创造条件。

二、神经胶质细胞的基本病变

神经胶质细胞对脑组织具有支持、营养和保护作用，主要包括星形胶质细胞、少突胶质细胞和小胶质细胞等，前两种细胞来自外胚层，后一种则来自中胚层间叶组织。

（一）星形胶质细胞

星形胶质细胞（astrocyte）具有两种形态，即原浆型星形胶质细胞和纤维型星形胶质细胞，在发生病理变化时，可发生下列变化。

1. 转型与肥大　转型是指星形胶质细胞由原浆型转变为纤维型，此时胞浆和突起内的胶质颗粒产生神经胶质原纤维。星形胶质细胞肥大主要表现为胞浆丰富，体积增大，突起增多，胞核亦大而增多，变成双核或多核。

2. 增生　局部性病变、全身性缺氧、营养性障碍和中毒等疾病，均可导致星形胶质细胞增生。星形胶质细胞的增生形式有两种，一种是局灶性增生，多见于脑组织的局灶性病变，如少量神经元的坏死；另一种是弥漫性增生，常见于脑组织广泛的损伤，如脑缺血、缺氧、循环障碍或全身性麻痹等。增生的星形胶质细胞体积增大，胞浆丰富，胞核增大而常偏位。增生开始后，可见星形胶质细胞原浆型减少而纤维型增多，这是由原浆型转变为纤维型的缘故。随后，纤维型星形胶质细胞体积缩小，纤维成分增多，将受损区修复，大量的新胶质纤维增生形成的疤痕，称为胶质性疤痕（glial scar）。

（二）小胶质细胞

小胶质细胞（microglia）来源于中胚层间叶，属于单核巨噬细胞系统，具有吞噬功能，多见于灰质，是形态最小的胶质细胞。HE 染色时，只见形状不一（卵圆形、三角形和杆状）、着色很深的胞核，看不到突起和胞浆。小胶质细胞最常见的病理变化如下。

1. 肥大　表现为突起回缩，胞核变长，胞浆聚集于细胞两极，细胞呈杆状。随后胞浆逐渐增多，细胞肿大变圆，核亦呈圆形或不规则形，并具有游走和吞噬功能。

2. 增生与吞噬　小胶质细胞的增生多继发于肥大，呈弥漫型和局灶型两种形式。常见于中枢神经组织的各种炎症过程，特别是在病毒性脑炎（如禽脑脊髓炎、马乙型脑炎和猪瘟的非化脓性脑炎）等疾病时。小胶质细胞，可吞噬变性的髓鞘和坏死的神经元。在吞噬过程中，胞体变大变圆，胞核暗紫为圆形或杆状，胞浆呈泡沫状或格子状空泡。增生的小胶质细胞聚集在变性的神经元周围，称为“卫星现象”（satellitosis），一般由 3～5 个细胞或更多的细胞组成，反应速度较快，其目的是处理变性中和正在死亡的神经元。神经元坏死后，小胶质细胞也可进入细胞内，吞噬坏死的神经元的胞体和突起，最后将坏死的神经元彻底清除，称为“噬神经元现象”（neurophagia）（图 20-7）。在软化灶处小胶质细胞呈小灶状增生，并形成胶质小结，细胞数量由几个至十几个甚至几十个组成，不过其中常有来源于浸润的单核细胞（图 20-8）。有时小胶质细胞形成棒状细胞（rod cell），核深染、延长，往往是原来的 3～4 倍。

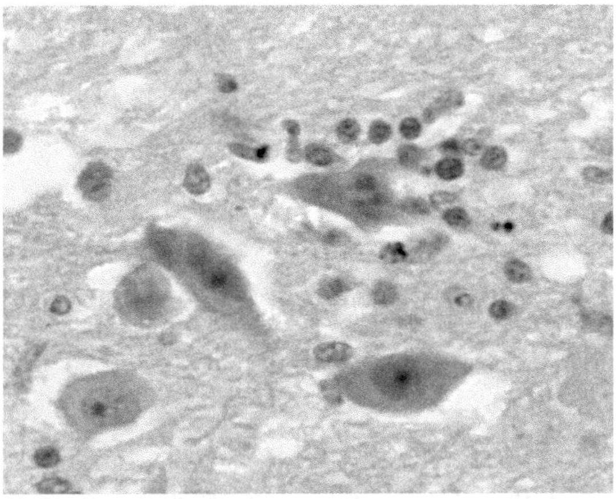

图 20-7　噬神经元现象（非化脓性脑炎）
非化脓性脑炎时的噬神经元现象。

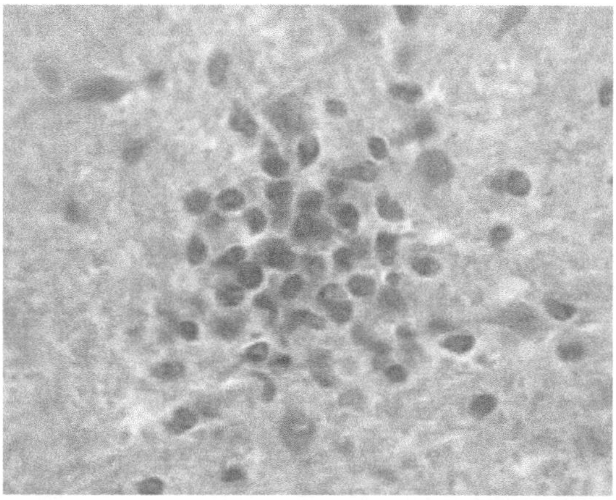

图 20-8　小胶质细胞增生（羊维斯纳病）
小胶质细胞呈局灶性增生，形成结节。

（三）少突胶质细胞

少突胶质细胞（oligodendroglia）通常位于神经纤维间、神经元和血管周围。少突胶质细胞体积小，胞浆少，胞核近乎圆形，着色深，形似淋巴细胞。常见的病理变化如下。

1. 急性肿胀　细胞肿大，核浓缩，胞浆中出现空泡，多见于急性中毒、感染或病毒性疾病的初期，通常是可复性的，但如病变加重则引起细胞死亡，可见核碎裂或核溶解。

2. 增生　在急性疾病过程中，可见迅速增生现象。慢性过程中，少突胶质细胞只在神经元周围增生最为明显。少突胶质细胞聚集在神经元周围，呈卫星现象。神经纤维间的少突胶质细胞，能产生髓鞘物质，参与中枢神经的髓鞘形成。因此，当神经纤维再生髓鞘时，少突胶质细胞常发生增生。

3. 黏液样变性　在脑水肿时，少突胶质细胞胞浆出现黏液样物质，HE 染色呈蓝紫色，黏蛋白质卡红染色呈鲜红色，同时胞体肿胀，核偏于一侧。

三、血液循环障碍

脑膜和脑组织内分布有大量血管，并具有血脑屏障作用，血管周围有液体间隙，物质代谢和气体交换在液体中进行。正常情况下，血管周围间隙内只含少量脑脊液。当脑组织发生病理性充血、缺血或形成血栓、梗死等时，可导致血管周围间隙扩张并使其充满液体及数量不等的炎症细胞。它们主要是从血管中渗出的，一部分也可由血管外膜增生。这些细胞围绕血管，称为“血管套”(perivascular cuffing)。血管套的厚薄不一，细胞层次可从 1 层到 10 层以上（图 20-9)。不同性质的脑炎，形成血管套的细胞成分也不同。细菌感染时多以中性粒细胞占优势，病毒性感染时，则淋巴细胞占优势，另一些

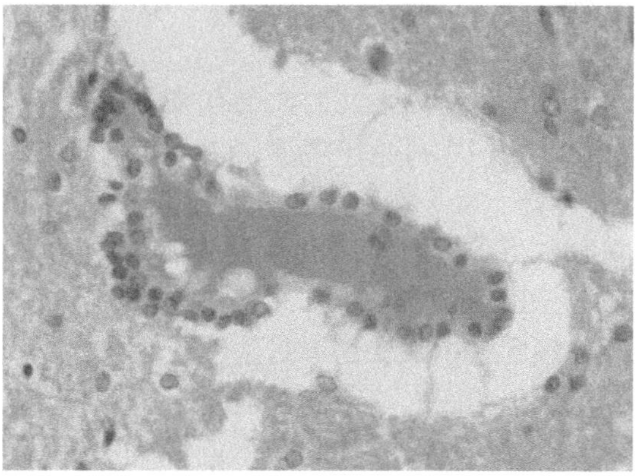

图 20-9　血管套形成（小白鼠药物中毒）
脑血管周围有淋巴细胞浸润，血管周围水肿。

则有较多的巨噬细胞。通常把血管套看做是脑炎的指标，但它不是特异性的反应。

四、脑脊液循环障碍

（一）脑　水　肿

脑组织的水分增加而使脑体积肿大称为脑水肿（cerebral edema）。根据原因和发生机制可将脑水肿分为两种类型。

1. 血管源性脑水肿　是由毒物（如细菌内毒素、重金属毒物或自体毒素等）导致血管壁通透性升高或由占位性脑病（如脑内肿瘤、血肿、脓肿和脑包虫等）使血液回流障碍所致的脑水肿。

眼观，硬脑膜紧张，蛛网膜下腔变狭窄或阻塞，脑回扁平，色泽苍白，表面湿润，质地较软。切面稍突起，白质变宽，灰质变窄，灰质和白质的界线不清楚，脑室变小或闭塞，小脑因受压迫而变小并出现脑疝。局部性脑水肿可出现中线旁移，胼胝体和脑室受压变形，形成一侧或两侧性脑疝。若是静脉受压引起的局部水肿，灰质也有严重的水肿，或有出血，其色泽为粉红色或黄色。

镜下，可见血管外周间隙和细胞周围增宽充满液体，组织疏松。水肿区着色浅，有PAS阳性物质，髓鞘肿胀，轴突不规则增粗或成串球状变化，有时有血浆蛋白质渗出或炎性细胞浸润。

2. 细胞毒性水肿　是由内、外源性毒物中毒引起细胞内的ATP生成发生障碍，使其对细胞膜的钠泵供能不足，导致Na^+在细胞内蓄积，或水中毒等使细胞浆渗透压升高所致的脑水肿。

眼观，其变化类似于血管源性水肿，但更多见于灰质。

镜下，可见星形细胞肿胀变形，突起断裂，糖原颗粒集聚。如病因持续存在，并逐渐加重时，则导致核崩解，晚期周边部的星形细胞肥大增生，并有纤维性胶质疤痕形成。少突胶质细胞的胞体变大，核浓缩变形，胞浆呈颗粒状。神经元也可表现为胞体肿大，胞核大而淡染，染色质溶解，细胞均质化或液化，特别在大型的神经元更多见。

（二）脑　积　水

脑积水（hydrocephalus）是指颅腔内水分的积聚。液体聚积于硬脑膜下或蛛网膜下腔时称为脑外性脑积水（external hydrocephalus）；聚积于脑室时称为脑内性脑积水（internal hydrocephalus）。

脑积水有先天性的，也有获得性的。先天性脑积水主要见于幼犬、犊牛、马驹和仔猪。获得性脑积水可见于多种动物，在脑膜炎、脉络膜炎、室管膜炎、颅内肿瘤、寄生虫性囊肿（棘球蚴、多头蚴）和某些病毒性感染等都可使脑脊髓液发生回流障碍，或引起蛛网膜绒毛重吸收障碍而出现脑积水。大脑导水管、第四脑室的正中孔和外侧孔等最易被阻塞，引起相应部位出现积水。

轻度脑积水变化不明显。较严重的脑积水时，可见脑室扩张，常呈不对称性，透明膈穿孔或无透明膈。脑组织受压而逐渐萎缩。

五、炎症性病变规律

炎症的一般规律也适用于脑和脊髓，但根据细胞和组织的种类以及解剖上的局限性，它有以下特点：因为神经组织没有黏膜，所以不发生卡他性炎症；不可能发生浆液性炎症，只可能发生水肿；出血性渗出性炎症是少见的，如偶然发生，往往是神经组织本身的出血；纤维素性炎症仅发生于脑膜和穿透性创伤；最常见的是化脓性、淋巴细胞性和增生性炎症。

许多传染病是以脑炎为特征，其病原包括病毒、支原体、衣原体、细菌和真菌等。

第二节　脑　　炎

脑炎（encephalitis）是指脑实质和脑膜的炎症。按炎症的性质可将其分为化脓性脑炎和非化脓性脑炎，按病因则可分为病毒性脑炎、细菌性脑炎、寄生虫性脑炎和食盐中毒性脑炎。

一、病毒性脑炎

病毒性脑炎（viral encephalitis）是由许多侵犯神经系统的病毒引起的脑部无菌性炎症。病毒的感染往往引起非化脓性脑炎。

病毒性脑炎是常见的中枢神经系统感染性疾病。病原体种类很多，其中常见的嗜神经病毒有狂犬病病毒、猪传染性脑脊髓炎病毒、伪狂犬病病毒、脑心肌炎病毒、猪瘟病毒、流行性乙型脑炎病毒和鸡新城疫病毒（图 20-10）等。

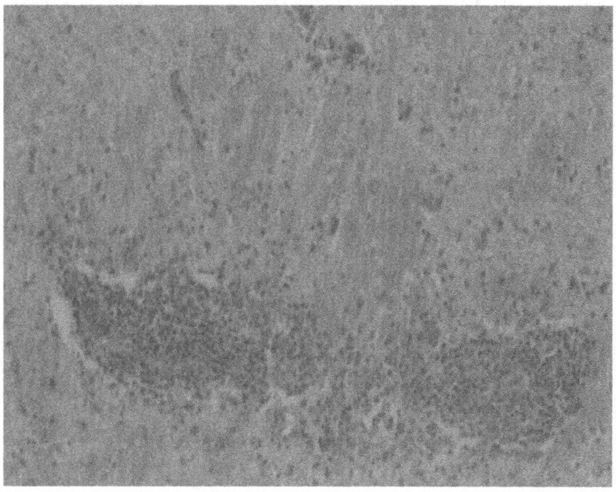

图 20-10　病毒性脑炎（鸡新城疫）

神经元固缩，血管套形成。

（一）狂　犬　病

由狂犬病病毒引起的人兽共患传染病。犬猫等是常见的储毒宿主。畜禽被其咬伤而传染。其临诊表现主要为兴奋、恐水、具有攻击性等重度神经功能障碍。其病理变化主要为：

眼观，大脑除有充血和水肿外，通常看不到明显的病理变化。

镜下，延脑、四叠体、海马角和小脑的血管周围淋巴细胞浸润（血管套），神经元变性、坏死，可见与卫星现象和噬神经元现象。中枢神经系统及外周神经节内形成内格里氏小体，为嗜伊红的胞浆内包涵体，在较大的神经元内多见，呈圆形或卵圆形，在大脑海马角和小脑浦金野细胞容易检出。其他器官及唾液腺的血管周围有细胞浸润。

（二）伪狂犬病

由伪狂犬病毒引起的一种急性传染病，猪和牛最易感。伪狂犬病的临诊表现和感染猪的年龄有密切关系。幼龄猪感染病毒后病情最为严重。哺乳仔猪和断奶仔猪多表现神经症状，育肥、育成猪和成年猪主要是呼吸症状。其病理变化主要为：

眼观，流产胎儿和两周龄之前的胎儿，可见败血性变化。肾脏、脾脏、心肌、胸膜与呼吸道黏膜有出血点，扁桃体坏死，伴有口腔内和上呼吸道淋巴结肿胀出血。脾脏、肝脏、淋巴结和肾上腺呈灰黄色、粟粒或帽丁头大小的局灶性坏死。两周至三、四月龄的仔猪，除各器官的坏死灶少见外，其他病变与上述幼龄仔猪相同。

镜下，在脑白质和灰质，血管周围有大量淋巴细胞以及少量组织细胞、中性粒细胞、嗜酸性粒细胞积聚（血管周炎）与神经元和胶质细胞灶状增生（胶质细胞结节）。同时伴发神经元和胶质细胞的坏死。核内包涵体微嗜酸性、呈不规则团块状，以亮晕或泡状晕与核膜分离。常见于淋巴结增生的生发中心、淋巴窦、呼吸道上皮细胞、结缔组织细胞及脱落的肺泡细胞中。而在神经元、星形胶质细胞、少突神经胶质内常难以见到。

（三）乙型脑炎

乙型脑炎是由日本乙型脑炎病毒通过蚊子叮咬而感染的一种人畜共患传染病。除感染猪、马外，还可感染牛、羊、犬、兔、鼠、鸡和鸭等动物。其病理变化主要为：

眼观，在流产胎儿，可见脑水肿，大脑皮层因脑室大量积水而变成有皱褶的薄膜状。而成年猪主要对其生殖系统造成损伤。

镜下，本病毒对小脑分子层与浦肯野细胞层有选择性损伤，可见神经元变性坏死，在坏死的神经元周围有小胶质细胞弥漫性和局灶性增生。马早期脑膜炎以中性粒细胞浸润占优势，血管周隙淋巴细胞浸润。小胶质细胞增生。可见神经元、神经纤维、胶质细胞及胶质纤维坏死后形成的软化灶。

（四）猪传染性脑脊髓炎

由脑脊髓炎病毒引起猪的一种传染病。该病可感染各种年龄的猪，发病率和病死率都很高。临诊可见发烧、厌食、运动失调、麻痹等神经症状。短期内即可死亡。发病率和病死率低。病理上均可见：

眼观，脑和脑膜充血、水肿，还可见骨骼肌萎缩和心肌脂肪变性。

镜下，神经元变性，后期可见星形胶质瘤。有神经节炎，并能发生脑膜炎。脊髓腹侧角、小脑皮质和脑干出现明显的脑脊髓炎病变。

（五）猪血凝性脑脊髓炎

猪血凝性脑脊髓炎是由血凝性脑脊髓炎病毒引起的急性脑脊髓炎，对哺乳期仔猪危害最大。临诊上主要有两种表现：急性脑脊髓炎和呕吐消耗病。其主要病理变化为：

急性病例的扁桃体、神经系统、呼吸系统和胃有明显的病变。大多数为非化脓性脑炎病变，如血管套、神经胶质细胞增生、神经元变性、中枢神经系统显著损伤等。

二、细菌性脑炎

细菌性脑炎（bacterial encephalitis）是由细菌通过血源性、窦源性、耳源性或直接入侵而引起的一种颅内严重的感染性疾病，一般为化脓性，常分为脑脓肿和化脓性脑膜炎（图 20-11）。常见的病原有链球菌、葡萄球菌、李氏杆菌、嗜血杆菌、巴氏杆菌和大

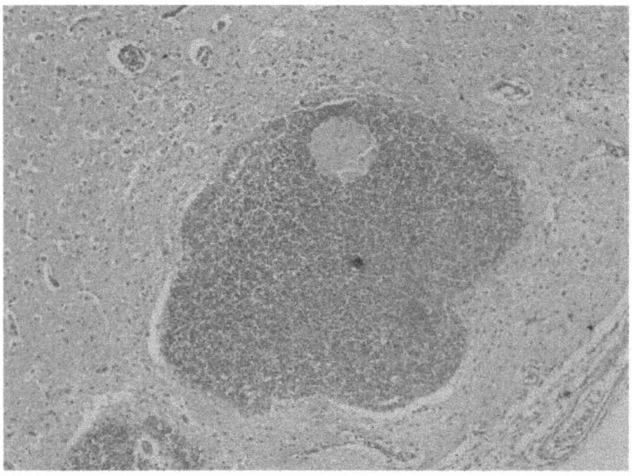

图 20-11　细菌性脑炎（牛化脓性脑炎）
图示脑内的化脓灶，和周围脑组织有明显的界限。

肠杆菌等。

（一）仔猪败血性链球菌病

仔猪败血性链球菌病由C群的兽医链球菌和马链球菌、D群的猪链球菌以及L群的链球菌通过消化道和伤口感染而发病。其病理变化主要为：

眼观，脑脊髓蛛网膜和软脑膜稍浑浊与增厚，血管充血，多见淤点、淤斑，脑回平坦，脑沟变浅。脑脊液增多，脑实质变软。

镜下，蛛网膜及软脑膜血管充血、出血和血栓形成，管壁疏松水肿且常呈纤维素样变性。血管腔内和周围有大量中性粒细胞、单核细胞、淋巴细胞等浸润。严重病例，其大脑浅层也有中性粒细胞等浸润，甚至出现微小软化灶。脑脊髓膜因炎性水肿而显著增厚。室管膜和脉络膜上皮细胞增生和脱落，炎性细胞浸润。大脑灰质神经元有急性肿胀、空泡变性、液化坏死等变化。胶质细胞弥漫性增生和局灶性增生而形成胶质细胞结节。血管周围间隙扩张，可见由中性粒细胞和单核细胞等形成的血管套现象。革兰染色，脑脊髓膜处和血管周隙等处有多量链球菌。

（二）李氏杆菌病

李氏杆菌病是由李斯特杆菌引起的以单核细胞增生为特征的散发性传染病。主要侵害猪、绵羊、牛和马的中枢神经。妊娠母畜可发生死胎和流产，还可引起败血症。

眼观，病变部位主要位于延脑、脑桥、丘脑、脊髓颈段，以延脑和脑桥的病变最为严重。通常可见软脑膜、脑灰质和白质充血，脑脊液增加，因其中含有大量白细胞而浑浊。

镜下，神经元变性。脑实质有小化脓灶。胶质细胞增生，并可形成细胞结节。血管周围形成以单核细胞为主的管套。脑膜充血，有淋巴细胞、单核细胞和中性粒细胞浸润。白质通常有大范围的水肿，其中有轻度中性粒细胞与肥大的小胶质细胞弥散浸润。

（三）嗜血杆菌感染

嗜血杆菌感染主要是由嗜血杆菌属的一些细菌，如副猪嗜血杆菌、绵羊嗜血杆菌等所引起不同动物的一类疾病。牛感染嗜血杆菌可引起传染性栓塞性脑炎，特征是脑和脑膜的化脓性炎症。其病理变化主要为：

眼观，中枢神经系统的损害包括遍布脑内的不规则的出血性坏死区，较多发生在小脑和脊髓，其他变化可见脑回平坦，纤维素性化脓性脑膜炎，脑脊液浑浊。

镜下，所有患病器官的病变均类似，包括血管炎和血栓形成，常伴有梗死。在脑内和其他组织一样，血管炎是早期的病变，随之有水肿液和炎性细胞蓄积。细菌集落可见于血栓内、病变的血管内及其周围和坏死区内。同时可见纤维素性化脓性脑膜炎。

三、寄生虫性脑炎

寄生虫性脑炎（parasitic encephalitis）是由于寄生虫感染脑组织而引发的炎症，有吸虫性、囊虫性、线虫性和原虫性脑炎，虫体不同其病理变化有一定差异，但多数有嗜酸性粒细胞反应。原虫性脑炎大都经过血流侵入脑组织内引起。

（一）弓形虫脑炎

弓形虫是一种专性细胞内寄生的原虫，在中间宿主（人、犬、猫、羊、牛、猪、野生与动物及实验动物）体内，可使其某些组织，如肺脏、淋巴系统、肝脏、骨骼肌、胰脏、眼和神经系统受到损害。临诊表现主要有急性型和慢性型两种，其病理变化主要为：

眼观，软脑膜充血水肿，脑沟变浅，脑回平坦，脑脊液增多。

镜下，软脑膜因血管充血、水肿及淋巴细胞浸润而显著增厚。脑灰质血管充血，血管周隙增宽，并形成以淋巴细胞为主的血管套。神经元的尼氏小体溶解消失，胞核溶解。神经胶质细胞呈弥漫性或局灶性增生。在坏死灶内可见游离的虫体，也可见虫体积聚于巨噬细胞内形成的假的包囊。

慢性型时可见到原虫包囊，其壁较厚，其中有许多虫体。包囊多位于灰质，也可见有肉芽肿性脑炎。小脑的病变与大脑相同。

（二）脑炎微孢子虫病

兔脑炎微孢子虫能感染野生动物、哺乳动物及鸟类。在宿主脑、肾脏、肝脏、脾脏、腹水、巨噬细胞及其他器官的细胞内寄生。

脑炎微孢子虫病的组织变化，最常见于脑和肾脏，虫体选择性地寄生在血管内皮细胞内，在许多组织内引起血管炎。眼观，仅见严重的非化脓性间质性肾炎。该病早期肾脏切片内可见许多虫体，但较晚期则难以发现。大量虫体位于肾小管上皮和管腔内、肾小球毛细血管内皮、肾间质、小血管和肾内动脉的中膜和外膜内。部分肾小球发生纤维素样坏死、局灶性肝细胞坏死和汇管区炎性细胞浸润、局灶性心肌坏死和炎症，这些变化均与血管炎有关。

神经系统的损害是广泛的非化脓性脑膜脑脊髓炎。严重程度因不同部位而异。在小血管周围可见局灶性胶质细胞增生和微小的肉芽肿，较大血管则发生节段性纤维素样变性，并见血管外膜和血管周围以单核细胞浸润为主的血管套，最后出现上皮样细胞。脑实质有星形胶质细胞增生。急性病例脑膜内血管的损害类似结节性多动脉炎。慢性病例表现硬化性变化，仍保留血管套和肉芽肿的反应。

四、食盐中毒性脑炎

食盐中毒性脑炎又称嗜酸性粒细胞性脑炎（eosinophilic encephalitis），是由食盐中毒引起的以嗜酸性粒细胞渗出为主的脑炎。在畜禽中，猪和鸡对食盐的耐受性最低，所以容易发生。

食盐中毒性脑炎主要是食入含盐过多的饲料（如咸鱼渣、腌肉卤、酱油渣等），同时饮水又受限制时，会引起间接性或迟发性中毒。有时在饲料中添加的食盐搅拌不匀，也可引起少数畜禽发生食盐中毒。饲料中缺乏某种营养物质如维生素 E 和含硫氨基酸时，可增加动物对食盐的易感性。关于食盐中毒性脑炎的发病机制目前尚不十分清楚。其病变特征为：

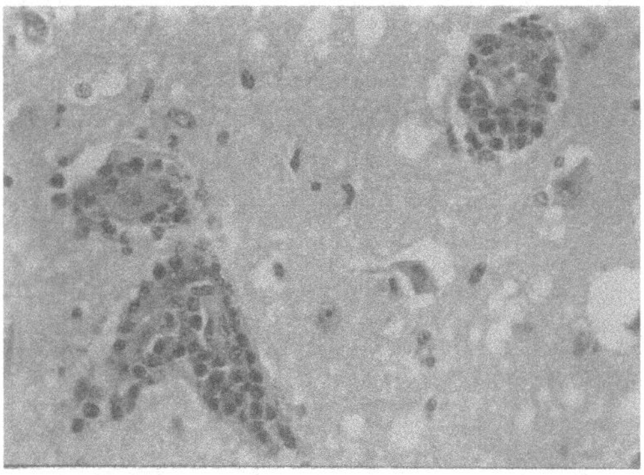

图 20-12　嗜酸性粒细胞性脑炎（猪食盐中毒）
在脑灰质血管周围形成嗜酸粒细胞性管套。

眼观，脑膜充血、水肿和小点出血，脑回变平。此外，尚见胃肠黏膜呈卡他性或出血性炎症变化。

镜下，可见脑软膜充血、出血、水肿，血管周围有嗜酸性粒细胞浸润。脑灰质充血，血管内皮细胞肿胀增生，血管间隙增宽，有嗜酸性粒细胞浸润，甚至形成血管套（图 20-12）。有时可见海绵状液化灶。有些血管内有透明血栓形成。偶见胶质细胞增生。

第三节　脑　软　化

脑组织可因多种原因发生坏死，由于脑组织富含类脂质，故在坏死后分解液化，坏死部位变软，称为脑软化（encephalomalacia），甚至形成空腔与囊肿。但并不是所有的脑坏死均可形成眼观可见的软化灶，有的仅形成在显微镜下可见的细微软化灶。引起脑软化的病因很多，如病毒、细菌等病原微生物感染，维生素缺乏、缺氧等。由于病因的不同，软化形成的部位、大小及数量具有某些特异性。

下面介绍畜禽几种常见的脑软化疾病。

一、维生素 B_1 缺乏

（一）牛羊脑灰质软化

牛羊脑灰质软化（polioencephalomalacia of cattle and sheep）的病变特征是大脑灰质的软化，且呈层状分布，故也称灰质层状坏死（laminar cortical necrosis）。主要症状为致盲，但可恢复，或疾病发展出现痉挛、麻痹等神经症状而死亡。牛在 6～18 个月龄、羊在各种年龄发生。该病主要与维生素 B_1 缺乏有关，因为病牛羊的肝脏和大脑皮质维生素 B_1 的含量较低，应用维生素 B_1 对早期发病牛羊进行治疗效果较明显。有时体内存在对维生素 B_1 的颉颃物或对维生素 B_1 的需求量增加也引起发病。

眼观，病灶局限于大脑灰质，左右半球多呈对称性。急性病例大脑患部质软，切面可见整个皮质带黄色，有界限明了的多发性坏死灶。发病晚期或慢性病例病变明显，在大脑灰质区的动脉周围形成坏死灶，有时坏死灶蔓延扩散到大脑半球而呈现弥漫性坏死，出现广泛的去皮质区（形成皮质剥离），使脑沟的白质中心裸露。坏死区也可向下蔓延到小脑蚓突、四叠体和丘脑。

镜下，可见病灶各阶段的变化。神经元出现缺血性病变和液化，可见大量脂肪颗粒泡沫细胞。病灶附近的血管周围和软脑膜内有轻度的反应性细胞浸润。可见小脑颗粒细胞坏死及浦肯野细胞变性、坏死、脱落。

（二）肉食动物脑软化

肉食兽自身不能合成维生素 B_1，需要从外界摄取。在饲料中维生素 B_1 不足，或受到某些因素的作用而破坏，都可导致维生素 B_1 缺乏。发病动物常出现麻痹、昏迷，并呈现角弓反张和痉挛等神经症状。其病变主要为：

眼观，脑充血、水肿、出血及坏死液化，易感部位多在脑室周围灰质、下丘脑、中脑前庭核和外侧膝状体核，病灶呈双侧对称性。

镜下，上述部位的神经元变性坏死并形成软化灶，其周围的小血管扩张充血，有时也可见出血，如病程缓慢，则见星形胶质细胞增生，在坏死的基础上形成胶质疤痕。

肉食兽的维生素 B_1 缺乏也可引起外周神经炎。

二、羔羊局灶性对称性脑软化

羔羊局灶性对称性脑软化（focal symmetrical encephalomalacia）目前认为主要与产气

荚膜梭菌（魏氏梭菌）的感染有关，多见于羊的肠毒血症病例，但静脉注射该毒素的亚致死量未能致病。病羊出现运动障碍、共济失调、肌肉痉挛、四肢麻痹等神经症状。

眼观，病变主要分布于纹状体、丘脑、中脑、小脑和颈腰部脊髓的白质。病灶直径1～1.5cm，常伴有出血故呈红色，时间较久时为灰黄色，两侧对称性。

镜下，可见基底神经节、黑质、背侧丘脑、脊髓腹角、内囊、皮质下白质和小脑脚的神经纤维髓鞘脱失，神经元坏死液化，并常有明显的出血。初期还见有中性粒细胞浸润，以后小胶质细胞增生吞噬坏死组织，并逐渐填充坏死灶，在坏死灶的周围毛细血管增生。灰质一般无明显的变化。

三、雏鸡维生素 E 缺乏脑软化

雏鸡脑软化（encephalomalacia in chicken）又称疯狂病（crazy disease），是由维生素 E 或微量元素硒缺乏引起的一种代谢病，主要发生于 2～5 周龄的雏鸡。临诊特征为病鸡运动失调，角弓反张，脚弱无力，头后抑或向下挛缩，有的颈扭转或向前冲，少数鸡腿发生痉挛性抽搐，最后不能站立而衰竭死亡。

主要发生于 2～5 周龄的雏鸡。病鸡运动失调，角弓反张、脚软无力，头后仰或向下挛缩，有的颈扭转或向前冲，少数鸡腿发生痉挛性抽搐，最后不能站立而衰竭死亡。

病变主要发生在小脑、纹状体、延髓、中脑和脊髓。

眼观，脑软化及渗出性素质。发病初期，小脑脑膜水肿充血，甚至有出血点。脑实质肿胀柔软，脑回平坦。病程稍长的在小脑可见与周围脑组织有明显界限的绿黄色混浊的软化灶。纹状体的坏死软化灶呈苍白色。脊髓肿胀、腹面扁平。

镜下，可见脑膜疏松水肿，血管充血，出现小灶状出血，毛细血管内形成血栓。小脑白质和脊髓神经束出现局灶性或弥漫性脱髓鞘现象，神经元皱缩呈三角形，或发生变性，尼克小体染色质溶解，小脑浦肯野细胞和大的运动神经核内的神经元病变更加显著。

四、马霉玉米中毒

这是由霉玉米中的镰刀菌毒素引起马属动物的一种中毒性疾病。其病变特征为脑白质软化（leucoencephalomalacia）。因为该毒素对脑白质的神经纤维具有明显的选择性脱髓鞘作用。

本病发生突然，病畜表现沉郁、视力损害、部分或完全咽麻痹、步态蹒跚，或异常兴奋，有时兴奋与沉郁交替出现，最终瘫痪衰竭而死亡。

眼观，硬膜下腔积液、出血，软脑膜充血、出血，蛛网膜下、脑室及脊髓中央管内脑脊液增多。在大脑半球、丘脑、脑桥、四叠体及延脑的白质中形成大小不一的软化灶，色黄或灰白。大的软化灶常为单侧性，在脑表面有波动感。

镜下，脑膜血管和脑血管扩张充血，其周围间隙积聚水肿液和红细胞，附近脑组织因水肿而疏松。局部脑组织崩解成颗粒状，形成软化灶，并有大量水肿液积聚。病灶周围胶质细胞增生，有时可形成胶质结节。灰质部的神经元变性，并出现卫星现象与噬神经元现象。

第四节 神　经　炎

神经炎（neuritis）是指神经纤维的变性及其间质的渗出性与增生性变化过程。

引起神经炎的原因主要分为传染性因素和机械性因素两种。前者包括病毒和细菌，见于狂犬病、伪狂犬病、犬瘟热、鸡马立克病、传染性牛鼻气管炎以及马腺疫等；后者主要见于各种外伤。此外，维生素 B_1 缺乏、中毒（铅、砷和农药）、过敏和肿瘤等也可引起神经炎。

根据病程，神经炎可分为急性神经炎和慢性神经炎两种。

一、急性神经炎

急性神经炎（acute neuritis）又称急性实质性神经炎（acute parenchymatous neuritis），其病变以神经纤维的变质为主，间质炎性细胞的浸润和增生轻微。雏鸡维生素 B_1 缺乏时即可引起多发性神经炎。

眼观，神经肿胀、发红，色灰白或淡黄。镜下，神经纤维主要表现沃勒变性。间质不同程度地充血，初期浆液渗出，继之有白细胞浸润，在化脓性和腐败性炎症时神经纤维全部被破坏。

二、慢性神经炎

慢性神经炎（chronic neuritis）又称间质性神经炎（neuritis interstitialis），多由急性神经炎或单纯变性发展而来，少数为原发性慢性神经炎。其特征是在间质内出现明显的淋巴细胞、浆细胞、巨噬细胞浸润和间质结缔组织增生，结果使神经纤维增粗和硬化（图 20-13）。

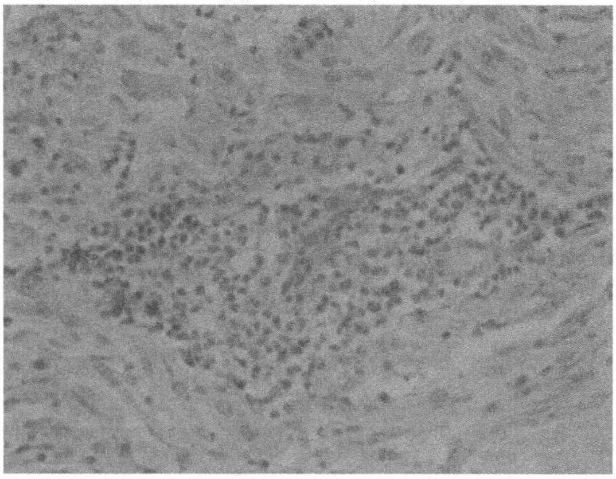

图 20-13　慢性神经炎（鸡坐骨神经）
神经纤维间有较多淋巴细胞浸润。

复习思考题

1. 名词解释：尼氏小体溶解　急性肿胀　脑水肿　脑积水　液化性坏死　血管套　卫星现象　噬神经元现象　沃勒变性　泡沫细胞　脑炎　神经炎
2. 尼氏小体溶解有几种表现形式？其特点为何？
3. 神经元的基本病变主要有哪几种？
4. 试述小胶质细胞常见的病理变化。
5. 脑水肿有几种类型？它们的区别是什么？
6. 简述常见脑炎病变特征。
7. 试述不同原因引起脑软化的特点。

（孙　斌　王雯慧）

第二十一章　运动系统病理

运动系统由骨、关节及肌肉三部分组成。运动以骨骼为杠杆、关节为枢纽、肌肉收缩为动力。引起运动系统疾病的因素很多，其分类形式也较多。本章主要介绍代谢性骨病、关节炎、肌病和肌炎。

第一节　骨骼病理

骨骼的发育主要通过膜内化骨和软骨内化骨两种方式。在骨发育过程中，骨组织不断形成，同时也有软骨组织的破坏吸收以及已形成的骨组织的吸收和改建。参与骨组织形成的细胞是成骨细胞，参与骨组织破坏吸收的细胞是破骨细胞。破骨细胞可分泌组织蛋白质酶、胶原酶、酸性磷酸酶，对骨进行溶解吸收。

在骨的发育过程中，成骨作用和溶骨作用处于动态平衡状态。当这种平衡状态紊乱时，就会引起代谢性骨病。

一、佝偻病

佝偻病（rickets）是幼龄动物由于维生素D缺乏或钙、磷代谢障碍，造成的骨基质钙化不良性疾病。其病理特征是长骨弯曲及变形、骨端膨大、肋骨与肋软骨结合处出现圆形膨大。

病因和发病机制　主要由于饲料中钙、磷不足或比例不当以及维生素D缺乏或不足引起，其中常见原因是维生素D缺乏。另外，肝脏、肾脏病变，消化机能紊乱以及阳光照射不足也是本病的发病原因。

维生素D属于胆固醇类，最常见的有维生素D_2及维生素D_3两种，维生素D_2又称麦角钙化醇，维生素D_3又称胆钙化醇。人和动物体内能合成7-脱氢胆固醇（维生素D_3原），7-脱氢胆固醇分布于皮下、胆汁、血液及许多组织中，经紫外线照射可转变为维生素D_3。在肝脏中，维生素D_3在25-羟化酶的作用下转化为25-羟基维生素D_3。25-羟基维生素D_3再运至肾脏，在1-羟化酶的作用下转化为1,25-二羟维生素D_3，1,25-二羟维生素D_3是维生素D_3代谢的最后产物，是在体内活性最高的维生素D_3。1,25-二羟维生素D_3作用的靶器官是肠道、骨骼和肾脏。作用于小肠，促进小肠对钙、磷的吸收。对于骨骼有双重作用，在保证血钙水平稳定的前提下，可促进钙盐沉积、骨质钙化；当血钙水平降低时则促进骨盐吸收。1,25-二羟维生素 D_3 作用于肾脏，促进肾小管对钙、磷的重吸收。维生素 D_2 先后在肝脏、肾脏中羟化，形成 1,25-二羟维生素 D_2。维生素 D_2 与维生素 D_3 的作用相同。

如果饲料中维生素 D 缺乏，则肠道吸收钙、磷受阻，肾小管对钙、磷重吸收减弱，血钙水平降低。血钙水平降低时，甲状旁腺分泌的甲状旁腺素增多，动员大量骨钙入血，导致骨组织中的钙盐溶解，未钙化的骨样组织大量堆积，则引起佝偻病。

当饲料中钙、磷含量不足或比例不合适时，同样引起钙、磷吸收不足，出现低血钙。低血钙促使甲状旁腺素分泌增加，动员骨钙以维持血钙的恒定。

肝脏疾病时维生素 D_3 的转化受到影响，肾脏疾病时 1,25-二羟维生素 D_3 生成减少。

病理变化　由于骨基质内钙盐沉积不足，未钙化的骨样组织增多，导致骨的硬度下降，在体重和肌肉张力的作用下，骨骼易发生弯曲或变形，以四肢骨、肋骨、脊柱、颅骨、骨盆等变形明显。

眼观，四肢长管状骨弯曲，骨端膨大，关节相应肿大。骨骼硬度下降，容易切割。将长骨纵行切开或锯开，可见骨骺软骨异常增多，使骨端膨大。骨干皮质增厚且变软，用刀可以切开，骨髓腔变狭窄。胸廓狭小，肋骨和肋软骨结合部呈结节状或半球状隆起，排列成串珠状（图 21-1），这种病变长期存在而不消退，具有诊断意义。脊柱弯曲，或向上弓起或向下凹陷。颅骨肿大、变形。患畜出牙不规则，牙齿排列紊乱，磨损迅速。雏鸡喙变软，龙骨弯曲变形，甲状旁腺肿大。

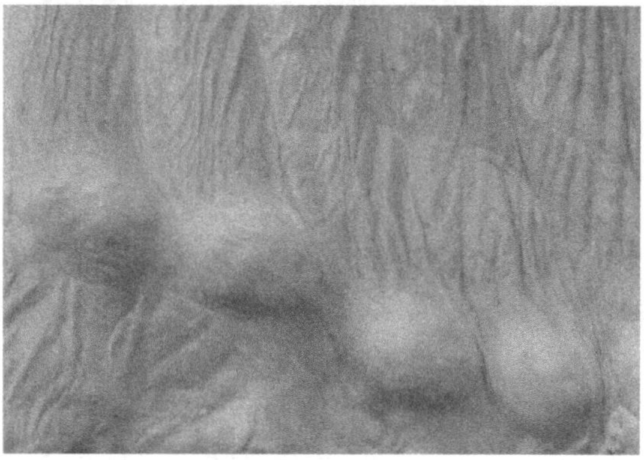

图 21-1　佝偻病（猪）

肋骨与肋软骨连接处肿胀，呈串珠状。

镜下，主要表现为骨样组织和软骨细胞异常增多。骨皮质增厚，骨样组织增多。骨髓腔内骨样组织增多，使骨髓腔缩小。骨小梁数量减少，中心部分多已钙化呈蓝色，而周围部分多是未钙化的骨样组织，呈淡红色。哈氏系统的哈氏管扩张，同心圆状排列的骨板界限消失，变成均质的骨质。骨骺软骨细胞增生带加宽，软骨细胞大量堆积。

二、骨　软　症

骨软症（osteomalacia）是成年动物由于钙、磷代谢障碍或维生素 D 缺乏，使已沉积在骨中的钙盐动员出来，以致钙盐被吸收，骨质变软，称为骨软症，又称成年佝偻病。以骨质脱钙、骨质疏松、形成大量未钙化的骨样组织为特征。

病因和发病机制　病因和发病机制与佝偻病相同。饲料中钙、磷不足或比例不当，或维生素 D 缺乏或不足，使血钙水平下降，甲状旁腺素分泌增多，骨骼中的钙盐被动员以维持血钙的正常水平，骨骼脱钙引起骨质疏松、未钙化的骨样组织形成。泌乳奶牛、产蛋鸡、怀孕后期及泌乳期母猪对钙的需要量显著增加，若饲料中钙磷不足等，则消耗骨组织中储存的钙磷，造成骨软症。

病理变化　眼观，全身骨骼都有不同程度的肿胀、疏松多孔，骨质变软，易锯开。

胸廓扁平，肋骨有串珠状圆形突起。肋骨、尾椎变软、变形。四肢长骨易骨折，由于生长停止，骨骺变化不明显。头骨肿大明显，骨盆骨增厚、变形。关节软骨表面可见溃疡，关节液增多。甲状旁腺肿大。产蛋鸡产薄壳蛋、软蛋，蛋壳质量下降，破损率高。

镜下，松质骨骨小梁数量减少、稀疏，中心部分常钙化，周围部分为未钙化的骨样组织。严重时，骨小梁完全变为骨样组织。哈氏系统的哈氏管扩张，周围为一圈骨样组织。

三、纤维性骨营养不良

纤维性骨营养不良（fibrous osteodystrophy）又称骨髓纤维化（fibrosis of bone marrow），是指骨组织弥散性或局灶性消失并由纤维组织取代的病理过程，是一种营养代谢性疾病。其特征是破骨过程增强，骨骼脱钙，同时纤维性结缔组织过度增生并取代原来骨组织，使骨骼体积变大，质地变软，骨骼弯曲、变形，易骨折，负重时疼痛。本病主要侵害马、骡，以马最敏感，其次是羊、猪、犬和猫。

病因和发病机制 纤维性骨营养不良的直接原因是甲状旁腺功能亢进，甲状旁腺素分泌增多。因此，凡引起甲状旁腺功能亢进的因素均能导致本病。

原发性甲状旁腺功能亢进主要由甲状旁腺瘤引起，但很少见。

继发性甲状旁腺机能亢进主要由于饲料中缺钙、饲料中磷过量或维生素D缺乏等，引起甲状旁腺增生，甲状旁腺素分泌增多。钙磷缺乏或维生素D缺乏也是佝偻病和骨软症的发病原因，因此纤维性骨营养不良常继发于佝偻病、骨软症。另外，饲料中植酸、草酸、鞣酸、脂肪酸过多时可与钙结合成不溶性钙盐，镁、铁、锶、锰、铝离子等金属离子可与磷酸根结合形成不溶性磷酸盐复合物，两者均能影响钙、磷的吸收。

血清钙水平是非常恒定的，机体主要通过体液中的钙与骨中钙的交换调节钙离子浓度的恒定，甲状旁腺素、降钙素及1,25-二羟维生素D_3起着调节作用。血清钙轻度下降就会引起甲状旁腺素分泌增加。甲状旁腺素作用的靶器官是骨骼、肾小管和肠黏膜上皮细胞。当其作用于骨骼，可使破骨细胞、骨细胞的溶骨作用增强，骨盐溶解，释放出钙、磷；作用于肠，促进肠吸收钙的作用；作用于肾小管上皮细胞，则增强钙的重吸收，抑制磷的重吸收。结果血钙升高，骨质溶解、脱钙，并伴有纤维组织增生，发生纤维性骨营养不良。

病理变化 眼观，各部骨骼均可出现不同程度的疏松、肿胀、变形，但以头部肿大最明显。头骨中以上、下颌骨肿胀尤其明显。开始是下颌骨肿大，然后波及上颌骨、泪骨、鼻骨、额骨，使头颅明显肿大。下颌骨肿胀严重时，下颌间隙变窄，齿根松动、齿冠变短等。上颌骨肿胀严重时鼻道狭窄，呼吸困难。猪发生纤维性骨营养不良时一般不见特征性头骨肿大。脊椎骨骨体肿大，脊柱弯曲，横突和棘突增厚。肋骨增厚、变软，呈波状弯曲，与肋软骨结合处呈串珠状隆起。四肢长骨骨体肿大，骨膜增厚、粗糙，断面松质骨间隙扩大，密质骨疏松多孔，骨髓完全被增生的结缔组织所代替，呈灰白色或红褐色。骨骼除了变形之外，还变得很柔软，可以用刀切断。软化的骨骼重量减轻，关节软骨面常有深浅不一的缺陷，凹凸不平，关节囊结缔组织增厚。甲状旁腺常见肿大。

镜下，骨髓腔内的骨组织被破坏吸收，几乎完全被新生的结缔组织所代替。纤维组织增多，纤维细胞呈束状或旋涡状排列，其间有残留的骨小梁片段（图21-2）。骨外膜和骨内膜均有大量结缔组织增生。在骨质吸收和纤维化的同时也有新骨形成，新形成的骨小梁不发生骨化或部分骨化，小梁之间充满纤维组织。哈氏管扩张，有的为结缔组织所填充，管内血管充血、出血，管腔周围骨板脱钙，骨基质破坏溶解，并出现大量破骨细胞，可见破骨细胞对骨组织进行陷窝性吸收。病畜的甲状旁腺主细胞增生。

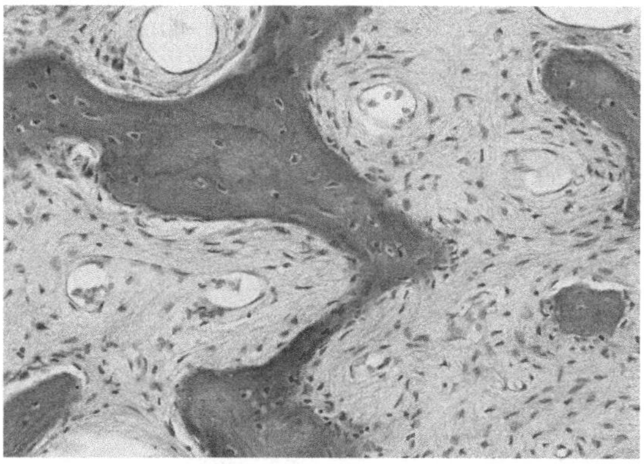

图 21-2　纤维性骨营养不良（奶山羊）
骨小梁间有大量结缔组织增生。

四、无机氟中毒

无机氟中毒（inorganic fluoride poisoning）是指动物或人摄入含氟量高的饲料和饮水而引起的慢性中毒。主要病理特征是牙齿出现黄色、棕色或黑色的斑点或斑块，即氟斑牙。牙齿过度磨损，磨灭不整。主要发生于牛、羊，其次是猪、马、家禽，鹿、兔也有发生。

病因和发病机制　在自然高氟地区，土壤、饮水高氟，导致植物、牧草中氟含量较高。饲草、饮水高氟是引起慢性氟中毒的主要原因。

某些工矿企业排放的“三废”中含有大量的氟，如磷肥厂、炼钢厂、水泥厂、铝厂排放出大量氟化物，污染土壤、饮水，被作物、牧草吸收，造成周围放牧动物氟中毒。

在我国，还存在燃煤污染型动物和人氟中毒。煤燃烧时，煤中氟大量释放，形成含氟气体，污染房间内的食物或经呼吸道吸入，引起慢性氟中毒。

磷钙矿石中含氟量相当高，在动物饲料中长期添加未经脱氟处理或脱氟不彻底的磷酸氢钙，可引起慢性氟中毒。

氟中毒的发病机制研究已取得较大进展，但尚未完全阐明。研究表明，过量的氟会干扰动物正常的钙、磷代谢，影响骨骼和牙齿的正常钙化过程。氟对骨有双向作用，氟中毒时，一方面骨质脱钙造成骨质疏松、易骨折。过量氟与钙离子在肠道中形成难溶性氟化钙，影响钙离子的吸收；氟离子进入血液后，与血液中的钙离子反应形成氟化钙，影响钙的沉积，使血钙降低。血钙降低时，甲状旁腺素分泌增加，使破骨细胞的功能增强，加速骨的溶解、吸收。另一方面氟与钙结合形成氟化钙，氟化钙大部分沉积在骨组织中，氟取代羟基磷灰石的羟基后，羟基磷灰石变成更加坚硬的氟磷灰石，使骨质硬化、密度增高。故动物和人氟中毒时，会出现骨质疏松与骨质硬化并存一体的情况，有些骨骼骨质疏松、有些骨骼骨质硬化。少量氟化钙沉积在关节囊、韧带、肌腱等组织中，使这些组织钙化，骨骼愈着时造成关节不能弯曲，动物出现跛行。

氟化物可影响牙齿成釉质细胞的发育和钙化，牙釉质钙化不全，则釉面失去正常结构。齿质钙化受影响，则牙齿脆弱、易磨损，逐渐形成波状齿。氟化物还可导致胶原纤维合成数量减少，从而使牙齿钙化障碍。

氟化物可直接或间接激活成骨细胞，骨外膜、骨内膜成骨活动增强，常在骨表面形成赘生的外生骨（骨赘）。氟可直接损害软骨组织，引起关节软骨损害。

另外，氟还对肝脏、肾脏、神经系统、心血管系统造成损害，影响体内许多酶的活性。

病理变化

1. 牙齿　眼观，牙齿的变化出现最早且最具有诊断意义。牙釉质粗糙、无光泽，变为粉白色、混浊的石灰样，即白垩状。严重时，牙齿上出现黄色、棕色或黑色的斑点或斑块，即氟斑牙。这是慢性氟中毒的一种特征性变化。牙齿变脆、易磨损，臼齿逐渐磨损形成波状齿、锐齿，严重时牙齿磨平、变短。牙齿易松动、脱落。

镜下，牙齿釉质致密性差，出现孔洞。釉质中釉质纤维纤细，局部缺损。

2. 骨骼 骨骼的变化也是本病的特征。以下颌骨、肋骨、长骨、掌骨、跖骨最明显。下颌骨肿大、增厚，骨膜粗糙，骨呈灰白色。长骨增粗，骨端肿大，骨膜粗糙，可见骨赘，骨赘坚硬。肋骨易骨折，肋骨与肋软骨连接处可见肿大，形成骨赘，突出于胸壁内外侧。腰椎、尾椎、骨盆骨变形。

腕关节、肘关节、膝关节肿胀，关节囊增厚，关节囊、韧带、肌腱钙化，并可与骨骼愈着。关节面有不同程度的磨损。

镜下，密质骨哈氏管扩张，骨板萎缩、变窄，排列紊乱。骨陷窝大小不等或消失，骨细胞减少。松质骨内骨样组织增多。骨质疏松时，骨小梁萎缩。骨质硬化时，骨小梁变粗，骨小梁表面新骨形成。

3. 其他变化 肾脏肿大，肾小管弥漫性变性，甚至坏死。肝脏淤血、肿大，肝细胞变性、坏死。变性多发生在肝小叶周边，坏死多发生在肝小叶中心。神经纤维脱髓鞘。

第二节 关节病理

一、关节炎

关节炎（arthritis）是指关节组织的炎症过程。常发生于肩关节、膝关节、跗关节、肘关节和腕关节等，多见于单个关节。引起关节炎的常见原因是创伤和感染。

剧烈运动等机械性原因造成的关节囊、关节韧带、关节部软组织，甚至关节内软骨和骨的创伤，常可引起浆液性关节炎，表现为关节肿胀和明显的渗出，关节囊内充满多量浆液性或浆液纤维素性渗出物，无色或者淡黄色。关节囊滑膜层充血，如继发感染则转为感染性关节炎。

细菌、病毒感染是引起关节炎的最常见原因。病原体可通过血液侵入关节，引起关节炎。也可由于关节创伤、骨折、关节囊内注射、抽液等直接感染。另外，相邻部位（骨髓、皮肤、肌肉）的炎症也可蔓延至关节，引起关节炎。

山羊病毒性关节炎-脑炎病毒引起的成年山羊关节炎，腕关节、膝关节、跗关节肿大，关节腔内充满粉红色液体，关节周围软组织肿胀。猪败血性链球菌病呈慢性经过时主要表现为多发性关节炎，一肢或多肢关节出现浆液纤维素性炎症，关节肿大，关节周围组织肿胀。布鲁菌感染可引起牛、羊、猪子宫化脓-坏死性炎症、睾丸炎和浆液-化脓性关节炎。鸡病毒性关节炎由禽呼肠孤病毒引起，以跗关节炎、跖伸肌腱、趾屈肌腱肿胀为特征。鸡滑液支原体感染常出现滑膜炎、腱鞘炎和关节炎。牛羊衣原体可引起牛和绵羊多发性关节炎、脑脊髓炎。

急性关节炎病变为关节肿胀，关节囊紧张，关节腔内积蓄有浆液性、纤维素性或化脓性渗出物，滑膜充血、增厚。化脓性关节炎时，关节囊、关节韧带及关节周围软组织内常有大小不等的脓肿，滑膜粗糙。进一步侵害关节软骨和骨骼则引起化脓性软骨炎和化脓性骨髓炎，关节软骨面粗糙、糜烂。慢性关节炎时关节囊、韧带、关节周围结缔组织增生，进一步发展，增生的结缔组织中钙盐沉着、骨化，关节明显粗大，活动性减小，最后两骨端被新生组织完全愈着在一起，导致关节变形和强硬。患关节炎的畜禽临诊表现为患部关节肿胀、发热、疼痛和跛行等。

二、蹄　叶　炎

蹄叶炎（laminitis）是指蹄真皮小叶的弥漫性炎症。过去常见于马，现在主要发生于奶牛，是奶牛的主要蹄病之一，是引起牛跛行的主要因素，给奶牛业造成严重经济损失。临诊表现病畜不愿站立、站立不稳、跛行，站立时患畜为缓解疼痛，以蹄踵负重，将蹄尖翘起，出现姿势异常。严重时卧地不起，产奶量下降。

病因和发病机制　蹄叶炎的发生主要与以下三种因素有关。

（1）饲喂大量精料是诱发该病的主要原因。饲喂过多高能饲料（如玉米）后，高能饲料在瘤胃内发酵，产生大量有机酸（乳酸等），造成酸中毒，诱发该病。饲喂高蛋白质饲料也可诱发该病。

（2）水泥地面或其他硬地面是引起蹄叶炎的重要因素。在硬地面上过多站立、运动，各指（趾）负重不均匀，可使蹄损伤，易发该病。

（3）继发于子宫内膜炎、胎衣不下、乳腺炎、酮病。目前，蹄叶炎的发生机制仍不清楚，可能与内毒素、组织胺有关。当饲喂大量高能饲料时，高能饲料在瘤胃内发酵，产生大量乳酸等有机酸，引起酸中毒。瘤胃内的有机酸使 pH 降低，导致革兰阴性菌死亡、崩解，释放内毒素。内毒素被吸收入血，损伤蹄真皮毛细血管壁，引起弥漫性血管内凝血，发生蹄叶炎。给牛注射革兰阴性菌内毒素，可以诱发蹄叶炎。

蹄叶炎可能是一种变态反应，组织胺参与了蹄叶炎的发生。瘤胃酸中毒时，瘤胃胃液内和血液中存在高浓度组织胺，这可能是精料中的蛋白质在瘤胃内分解产生的。给奶牛注射二磷酸组织胺、二硫酸组织胺可诱发奶牛蹄叶炎。组织胺可引起蹄真皮毛细血管扩张、充血，通透性增加，浆液大量渗出。

病理变化

1. 急性蹄叶炎　发病突然，可发生于两前蹄或两后蹄，也可四蹄同时发生，但很少单蹄发病。

眼观，蹄缘肿胀，真皮小叶充血。在蹄的角质小叶与真皮小叶之间蓄积浆液性渗出物，使角质小叶与真皮小叶有不同程度的分离。

镜下，真皮充血、出血、水肿，血管内血栓形成。真皮中淋巴细胞、巨噬细胞浸润。

2. 慢性蹄叶炎　一般由急性转变而来。蹄形改变，蹄背侧壁变长、变扁，背侧壁中部凹陷，与地面形成的角度变小。背侧壁有明显的蹄轮。蹄尖部狭窄，向前突出，蹄踵壁增宽，蹄底通常有溃疡。蹄骨尖朝下，形成垂直位置，使蹄底向下方隆起，造成蹄底穿孔、溃疡。

镜下，真皮毛细血管淤血，血栓机化，真皮肉芽组织增生。小动脉硬化，管壁增厚。

三、黏液囊炎

黏液囊是密闭的结缔组织囊，囊内面衬有滑膜。关节附近的黏液囊，有的与关节腔相通，常称为滑膜囊。黏液囊多位于皮肤与骨的突起之间、肌下、韧带下、腱鞘等部位。黏液囊内含有少量黏液，主要起减少摩擦作用。

黏液囊炎（bursitis）是指发生于黏液囊的炎症。主要发生于大型犬、牛、马等动物，鸡、羊、猪也可发生。常发生于腕关节前、肘后、跗关节、蹄关节、坐骨结节等部位皮下，如肘关节皮下黏液囊炎、腕前皮下黏液囊炎、跟骨皮下黏液囊炎、远籽骨滑膜囊炎等，以肘关节皮下、腕前皮下黏液囊最为多见。

病因

1. 机械性损伤　是引起黏液囊炎的主要原因。摩擦、跌倒、碰撞、创伤等均能引起。牛长期卧于坚硬地面上，起卧时腕前皮下黏液囊反复受到挫伤，易发生腕前皮下黏液囊炎。马、犬卧于水泥地面等坚硬地面上，肘结节皮下黏液囊经常受到压挤、摩擦，易发生肘结节皮下黏液囊炎。马、骡踢、碰撞、跌倒等可引起跟骨皮下黏液囊炎。

2. 感染　创伤继发感染或病原微生物经血源感染。继发化脓性细菌感染引起化脓性黏液囊炎。鸡滑液囊支原体感染引起鸡传染性滑膜炎，出现滑膜炎、腱鞘炎、黏液囊炎。

3. 炎症蔓延　黏液囊周围组织，如关节、肌肉、腱、骨骼等的炎症蔓延至黏液囊引起黏液囊炎。

病理变化　在临诊，浆液性黏液囊炎较为多见。浆液性黏液囊炎时，黏液囊肿胀，呈圆形，有波动感。囊腔内充满浆液性渗出物，渗出物中常混有纤维素凝块。囊周围组织充血、出血、水肿，中性粒细胞浸润。肘结节皮下黏液囊炎俗称“肘肿”，肘结节顶端出现拳头大小的圆形肿胀，柔软，有波动感，囊腔内充满淡黄色液体。腕前皮下黏液囊炎俗称“膝瘤”，在腕关节前面下方可见鹅卵大至拳头大的肿胀，柔软，有波动感。鸡滑液囊支原体感染主要侵害胫跖关节、跖趾关节、翅部关节的滑膜，关节肿胀、变形，滑膜增厚、水肿，腱鞘的滑液囊内、关节腔内渗出液增多，最初清亮，逐渐变得黏稠，最后成干酪样，关节软骨糜烂。

化脓性黏液囊炎时，黏液囊肿大，囊腔内含有大量灰白色脓性分泌物。囊壁破裂后引起皮下、肌间蜂窝织炎。化脓性黏液囊炎可形成黏液囊瘘，不断流出脓汁。

慢性黏液囊炎时，黏液囊肿胀，囊壁增厚，囊腔内纤维素性渗出物机化，形成绒毛状结缔组织，囊腔变小，周围结缔组织增生。纤维素性渗出物也可发生钙化，囊腔内出现钙化颗粒。

第三节　肌 肉 病 理

一、白　肌　病

白肌病（white muscle disease）也称硒-维生素 E 缺乏症（selenium-vitamin E deficiency），是由于微量元素硒或维生素 E 单独或共同缺乏引起的一种营养代谢障碍性疾病。以骨骼肌发生变性、蜡样坏死为特征，肌肉色泽苍白，故得名。心肌、肝脏、脑、胰腺通常也受到严重损害。本病常见于仔猪、犊牛、羔羊、雏鸡、兔、犬等多种动物，6 月龄以内的犊牛、15～45 日龄的仔猪多发，成年动物也可发生，但发生较少。

白肌病在过去有多种名称，如肌肉营养不良、地方性肌肉营养不良、猪桑葚心病、猪营养性肝病、营养性肝坏死、鸡渗出性素质、雏鸡脑软化等，其病因都是硒和（或）维生素 E 缺乏引起。

病因和发病机制　主要是微量元素硒和维生素 E 缺乏引起。

缺硒：是引起白肌病的主要原因。低硒土壤是造成硒缺乏的根本原因。在缺硒地区，土壤中硒含量较低，饲料、牧草的硒含量也较低。饲料、牧草中硒含量≤0.05%为硒缺乏区，我国约有72%的地区属缺乏区，包括东北、华北、陕北地区、云南、贵州、青海、甘肃等地区。

维生素E缺乏：饲料中维生素E缺乏或不足引起。饲料加工、贮存不当引起维生素E破坏；饲料中含过量不饱和脂肪酸（如猪油、豆油、亚麻油等），不饱和脂肪酸发生酸败时可产生过氧化物，促进维生素E的氧化；动物应激、硒缺乏以及妊娠母畜对维生素E需要量增加，而未及时补充等。上述因素均可引起维生素E缺乏或不足。

硒和维生素E均为抗氧化剂，可保护生物膜，使之免受过氧化物的损害。两者具有协同作用，但不能相互代替。

机体代谢过程中，不断产生活性氧自由基，活性氧自由基可以造成膜脂质过氧化，使生物膜结构和功能发生改变。维生素E是一种有效的抗氧化剂，能有效地清除超氧阴离子自由基、抑制不饱和脂肪酸过氧化，减少过氧化物的生成。硒参与破坏已生成的过氧化物和自由基。硒是体内谷胱甘肽过氧化物酶的组成成分，一分子谷胱甘肽过氧化物酶由四个亚单位组成，每个亚单位含有一个硒原子。谷胱甘肽过氧化物酶能够清除已生成的过氧化物，防止生物膜的脂质过氧化。硒是谷胱甘肽过氧化物酶的活性中心，参与破坏已生成的过氧化物。硒与维生素E在抗氧化过程中前后协同，能显著地降低组织内过氧化物的浓度，从而保护生物膜。

如果硒和维生素E缺乏，则体内产生的自由基浓度增加，生物膜受到损害，溶酶体膜受到损伤后释放各种溶酶体酶，导致组织器官的变性、坏死，骨骼肌、心肌、肝脏、微血管是遭受损害的主要组织器官。白肌病主要由缺硒引起，补硒和维生素E都有效。雏鸡脑软化由维生素E缺乏引起，补硒无效。

病理变化

1. 骨骼肌　骨骼肌是白肌病最常见的病变部位，全身各处均可发生，以颈部、肩胛部、臀部、股部、背部肌肉最明显，且两侧对称性分布。

眼观，坏死肌纤维束呈灰白色、白色条纹或斑块。严重时某一肌肉或全身骨骼肌呈灰白、苍白色，外观像开水煮过一样。肌肉肿胀，肌间水肿。已发生凝固性坏死的部分，呈黄白色、石蜡样色彩，故称蜡样坏死。变性、坏死的肌肉与正常肌肉界限清楚。也可见淤点、淤斑、水肿等变化。

镜下，病变以肌纤维为基本单位发生。肌纤维变性，弯曲成波浪状，横纹消失。肌纤维发生坏死，则肌浆溶解、肌纤维断裂，呈团块状或竹节状，半透明、均质红染（图21-3），部分病例有钙盐沉着。细胞核固缩、消失。肌间质水肿，巨噬细胞、淋巴细胞、中性粒细胞等炎性细胞浸润，肌纤维间有不同程度的出血。

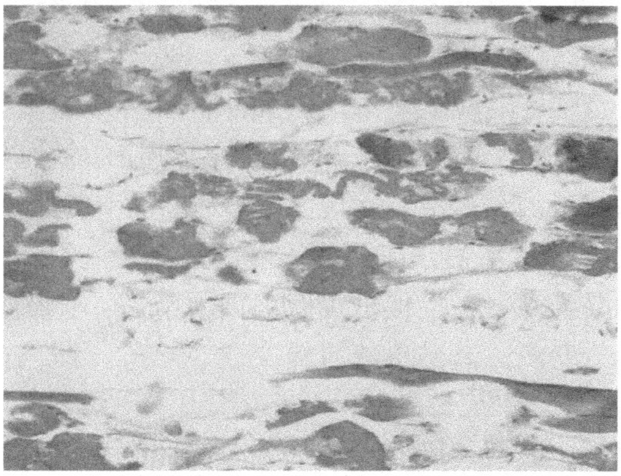

图21-3　白肌病（鸡）

横纹肌肌纤维断裂，呈团块状，核消失。

2. 心肌　心外膜、心内膜下出现灰白色或白色的条纹或弥漫性斑块。右心室扩张，心包积液。心外膜、心内膜、心肌可见多发性淤斑或条状出血，外观心脏呈桑葚状，故称桑葚心。桑葚心是猪硒-维生素E缺乏最常见的形式。镜下，主要病变是心肌纤维变性和凝固性坏死，坏死区呈絮状或团块状，常见钙盐沉着。肌纤维溶解消失后残留间质，间质水肿、出血。慢性病例肌间成纤维细胞增生和纤维化。同时可见猪肺水肿、心包积水、胸腔积水和腹水。

3. 肝脏 肝脏肿大，被膜下可见出血性坏死灶，与正常肝小叶混杂分布，使肝表面颜色不一。镜下，坏死灶首先发生在肝小叶中央区，坏死灶内不同程度出血。后期结缔组织增生，肝表面凹凸不平。

4. 脑软化 雏鸡维生素 E 缺乏引起。小脑脑膜水肿，表面常有出血点。小脑内可见软化灶。

5. 胰腺 见于雏鸡硒缺乏。可见胰腺局灶性灰白色坏死灶，胰腺萎缩及纤维化。

6. 渗出性素质 雏鸡饲料中硒-维生素 E 缺乏引起。由于毛细血管通透性增加，皮下等部位出现水肿。鸡胸部、腹部、颈部、背部、大腿内侧等部位皮下蓄积多量淡黄色、淡绿色或蓝绿色胶冻样水肿液，主要发生在胸部、腹部皮下，胸肌常同时发生白肌病。病变区周围常有出血点、出血斑。

二、猪的应激性肌病

猪的应激性肌病（stress myopathy）是指猪受到应激刺激后发生的以肌肉病变为主的疾病，包括 PSE 猪肉、DFD 肌肉、猪背肌坏死、猪腿肌坏死。

（一）PSE 猪 肉

PSE 猪肉（pale，soft，exudative pork）指颜色苍白、质地松软、液体渗出的猪肉，亦称白肌肉、水猪肉。检出率为 2%～30%，是目前发生率最高的低品质猪肉。

病因和发病机制

1. 应激 主要由于宰前运输、捆绑、用电棒驱赶、拥挤、振动、高温、饥饿、寒冷等应激因素刺激引起，其中运输应激是主要的应激因素。

宰前猪的急性应激反应，使肾上腺素大量分泌，表现为肌肉强烈收缩，消耗大量 ATP，产生大量磷酸。肌肉由于收缩而缺氧，糖原酵解过程增强，大量产生乳酸，使宰后肌肉 pH 在短时间内快速下降。宰后 2h 测定 pH6.0 以下为 PSE 猪肉，严重时 5.0 以下。正常猪肉 pH 在 6.0 以上。PSE 猪肉的形成与乳酸的产生有关，pH 下降时，肌纤维的系水力降低，细胞外液增多，故多汁，肉折光性增强。

2. 遗传因素 PSE 猪肉的发生与遗传因素有关，皮特兰、长白猪发生率高，长白杂交猪次之，土种猪发生较少。由于猪种改良、集约化生产，使猪产肉多、瘦肉率高，但这些猪往往对应激刺激反应强烈，称为应激敏感猪。应激敏感猪骨骼肌对应激敏感性提高，应激后儿茶酚胺、皮质醇过量分泌。应激敏感猪染色体中含有氟烷基因，氟烷基因被称为应激敏感基因，是决定猪应激综合征而影响肉质的主效基因。

3. 宰后加工不当 也是造成 PSE 猪肉的原因。宰后烫毛时温度过高、时间过长使肉温升高，高温促进了肌肉糖原酵解，产生乳酸，肌肉 pH 下降，肌肉蛋白质变性，则肌肉颜色变淡。高温也使肌膜变性、崩解，肌肉内的水分容易渗出，造成 PSE 肉渗水。

病理变化

眼观，PSE 猪肉多发于背部、腿部肌肉，如背最长肌、半腱肌、半膜肌、股二头肌等肌肉。病变肌肉色泽苍白，严重时如熟肉状白色；质地松软，无弹性。肌束疏松、水肿，严重时如烂肉状；肌肉明显水肿，表面湿润，折光性强，切面液汁渗出，悬挂时下端滴水。

镜下，肌纤维间明显水肿，纤维排列疏松。有些肌纤维波状弯曲和断裂，有些肌纤维横纹不清或消失，有些肌纤维肿胀变粗，可见到比正常肌纤维粗 3～4 倍的粗大纤维。没有炎症反应、肌纤维坏死。

（二）DFD 肉

DFD 肉（dark，firm and dry muscle）指色泽暗红、质地粗硬、切面干燥的肉。见于牛肉、羊肉、猪肉。发生率为 2%～15%。

DFD 肉的发生主要由于牛、猪宰前受到强度较小且时间较长的应激，如长途运输、长时间饥饿等，肌肉糖原已消耗过多，宰后肌肉中乳酸很少，肉 pH 常在 6.5 以上。这种肉的吸水力强，大量水分保持在肌纤维内，细胞外液水分少。DFD 肉腌制时水分损失少，盐分渗透少，肉品不耐保存。

DFD 肉色深红、质地硬实、切面干燥。镜下，肌纤维排列紧密、整齐，纤维间无明显空隙，纤维无断裂。

（三）猪背肌坏死与腿肌坏死

背肌坏死（back muscle necrosis，BMN）与腿肌坏死（leg muscle necrosis，LMN）病变性质相似，发病部位不同。

BMN 主要发生于长白猪、皮特兰等瘦肉型猪，是猪应激综合征的一种表现。病因与 PSE 猪肉相同，发生 PSE 的猪肉可同时发生肌肉坏死。

坏死肌肉常发生于背最长肌、多裂肌、半腱肌、半膜肌、臀股二头肌、腰大肌等部位，以背最长肌的病变最明显。坏死肌肉肌外膜多处出血。纵切背最长肌，切面上可见多个界限分明的灰白或苍白色坏死区，病变肌组织干燥，无滴水现象。镜下，肌纤维颗粒变性、透明变性、断裂，肌内膜内肌纤维消失，在横切面上形成许多空泡。

LMN 主要发生于猪的后肢、前肢肌肉。病变轻时，肌肉多呈粉红色，少数白色。病变严重时，肌肉色苍白，肌膜常见出血、水肿。镜下，大量肌纤维坏死、溶解，肌束内可见多条粗大纤维，间质水肿，有大量炎性细胞，呈坏死性肌炎。

三、肌　　炎

肌炎（myositis）为肌肉组织的炎症，可由细菌、寄生虫等感染引起。

气肿疽梭菌引起反刍动物骨骼肌发生出血性、坏死性肌炎，臀部、腰部、胸部等肌肉气性坏疽。肌肉肿胀，呈黑褐色，肌纤维间充满含气泡的暗红色液体，肌肉切面呈多孔的海绵状，患部皮肤呈黑褐色。镜下，肌纤维呈凝固性坏死，间质水肿、气体蓄积、炎性细胞浸润。各种化脓性细菌（如葡萄球菌、链球菌、化脓性棒状杆菌、多杀性巴氏杆菌等）可引起化脓性肌炎，在局部形成脓肿或蜂窝织炎。

旋毛虫、肉孢子虫感染可引起肌炎。旋毛虫病是猪、鼠、犬、猫和人都可感染的一种重要的人畜共患寄生虫病。旋毛虫成虫寄生于小肠，雌虫在黏膜中产幼虫，幼虫经肠系膜淋巴结进入胸导管，再到右心，随血流进入横纹肌，在肌纤维内发育。幼虫主要寄生于膈肌、舌肌、咬肌、腹壁肌、肋间肌等肌肉，以膈肌寄生数量最多。旋毛虫幼虫首先位于肌纤维之间，然后进入肌纤维。逐渐由肌纤维和增生的结缔组织形成包囊，一个包囊内一般只有一条

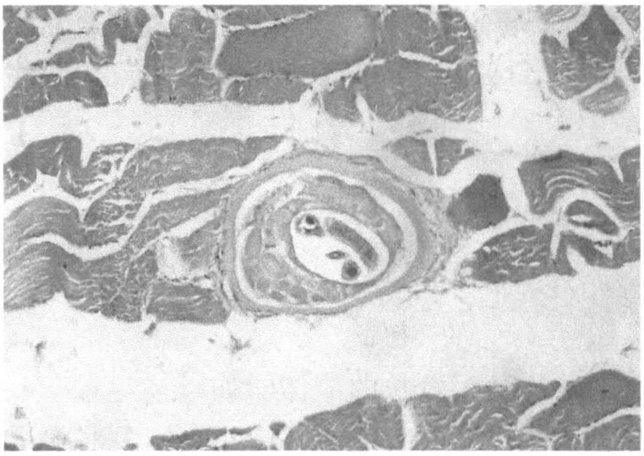

图 21-4　旋毛虫病
旋毛虫周围形成包囊，包囊内可见虫体断面，包囊外无炎症反应。

盘曲的虫体，少数为两条或更多，切片上见虫体的断面（图 21-4）。幼虫能在有包囊或无包囊的情况下引起炎症反应，虫体周围淋巴细胞、嗜酸性粒细胞、巨噬细胞、成纤维细胞形成肉芽肿。最后病灶机化或包囊、虫体发生钙化。感染后 6～18 个月包囊开始钙化，屠宰猪生活期短，一般看不到钙化。包囊钙化后，包囊内的虫体可能仍然有感染性。

肉孢子虫病是一种原虫病，虫体寄生在中间宿主的横纹肌内，通常不表现临诊症状。终末宿主（人、犬、猫等）的粪便中含有孢子囊，每个孢子囊内有 4 个子孢子。牛、猪、羊等中间宿主食入孢子囊后，经小肠消化释出子孢子，子孢子穿过肠黏膜进入血管，在血管内皮细胞中进行裂殖生殖，产生裂殖子，裂殖子随血流到骨骼肌、心肌，进入肌纤维，逐渐发育成肉孢子囊（米氏囊），孢囊内有许多肾形或香蕉形慢殖子，孢囊周围通常无炎症反应。若肉孢子囊破裂，释放肉孢子虫毒素，则引起肌炎。膈肌、食道肌、腹肌、背部肌肉、肋间肌、臀部肌肉中包囊很多。孢囊大小不一，很小时仅 1mm 以下，肉眼难于观察到。大时可达数厘米，顺着肌纤维方向可见许多纺锤形、白色虫体。

镜下，在肌纤维内可见包囊，包囊完整，囊内可见含有大量香蕉形的慢殖子，呈深蓝色，包囊周围一般不出现炎症反应（图 21-5）。囊壁破裂或虫体死亡后，引起炎症反应，周围组织内有嗜酸性粒细胞、淋巴细胞、中性粒细胞、上皮样细胞浸润，形成肉芽肿，肌纤维发生变性、坏死。肉芽肿中心死亡虫体可发生钙化，周围纤维组织增生。

猪囊尾蚴病又称猪囊虫病，是由寄生在人体的猪带绦虫的幼虫引起的一种寄生虫病。主要寄生在猪的横纹肌中，如心肌、咬肌、舌肌、肋间肌、肩部肌肉等，引起肌纤维间质炎症。囊虫位于肌纤维间，呈黄豆大小、白色半透明囊泡，椭圆形，囊内充满透明液体，囊壁上可见一圆形粟粒大乳白色小结（图 21-6），小结内有一内陷的头节。囊虫也可寄生在脑、肝脏、肾脏、肺脏、脂肪等组织中。

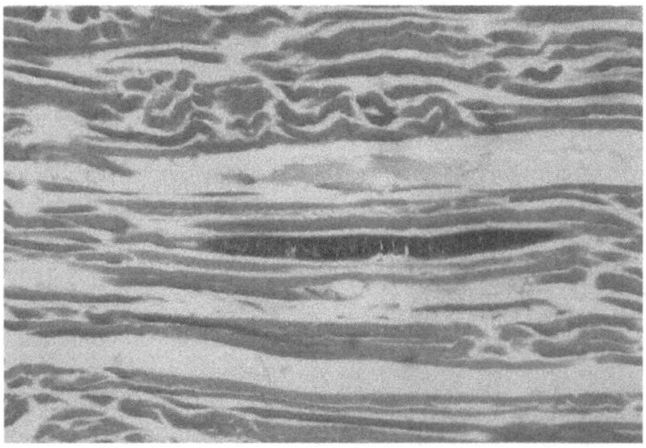

图 21-5　猪肉孢子虫病
孢囊位于肌纤维内，孢囊内有大量蓝紫色的慢殖子，孢囊周围无炎症反应。

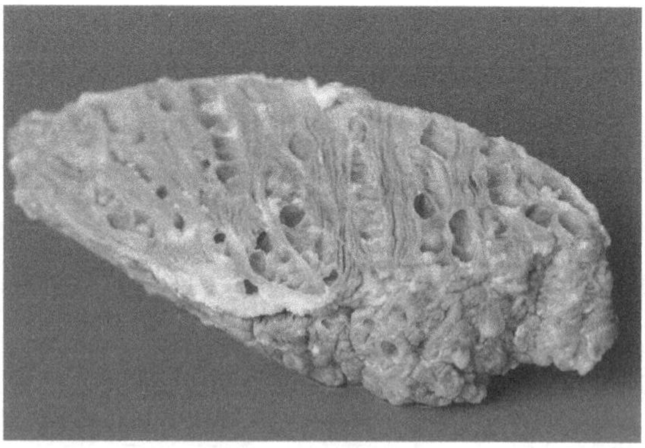

图 21-6　猪囊虫病
骨骼肌纤维间可见大量半透明囊泡，囊泡内有一乳白色头节。

复习思考题

1. 名词解释：佝偻病　骨软症　蹄叶炎　白肌病　PSE 猪肉　DFD 肉
2. 简述佝偻病的发病机制。
3. 简述无机氟中毒的病理变化。
4. 白肌病与白肌肉的病变有何区别?
5. 简述旋毛虫病、猪囊虫病、肉孢子虫病的病变特点。

（祁保民）

主要参考文献

蔡宝祥．2001．家畜传染病学．4 版．北京：中国农业出版社

陈怀涛．2005．牛羊病诊治彩色图谱．北京：中国农业出版社

陈怀涛．2006．兽医病理解剖学．3 版．北京：中国农业出版社

陈怀涛．2008．兽医病理学原色图谱．北京：中国农业出版社

陈怀涛，许乐仁．2005．兽医病理学．北京：中国农业出版社

陈杰，李甘地．2005．病理学．北京：人民卫生出版社

陈主初．2004．病理生理学．北京：人民卫生出版社

邓普辉．1997．动物细胞病理学．北京：中国农业出版社

何韶衡，刘志刚．2009．基础变态反应学．北京：科学出版社

胡野．2001．细胞凋亡的分子医学．北京：军事医学科学出版社

金惠铭．2005．病理生理学．上海：复旦大学出版社

金惠铭，王建枝．2008．病理生理学．7 版．北京：人民卫生出版社

李甘地．2002．病理学．北京：人民卫生出版社

李普霖．1994．动物病理学．长春：吉林科学技术出版社

李玉林．2002．分子病理学．北京：人民卫生出版社

李玉林．病理学．2008．7 版．北京：人民卫生出版社

林曦．1999．家畜病理学．3 版．北京：中国农业出版社

刘宝岩，邱震东．1990．动物病理组织学彩色图谱．长春：吉林科学技术出版社

陆承平．2008．兽医微生物学．4 版．北京：中国农业出版社

马学恩．2007．家畜病理学．4 版．北京：中国农业出版社

潘耀谦，简子健，陈创夫．1996．畜禽病理学．长春：吉林科学技术出版社

潘耀谦，张春杰，刘思当．2006．猪病诊治彩色图谱．北京：中国农业出版社

阮幼冰，武忠弼．1998．免疫病理学．武汉：湖北科学技术出版社

佘锐萍．2007．动物病理学．北京：中国农业出版社

史竟泉，陈意生，卞修武．2005．超微病理学．北京：化学工业出版社

唐朝枢．2002．病理生理学．北京：北京医科大学出版社

王恩华．2009．病理学．2 版．北京：高等教育出版社

王家鑫．2009．免疫学．北京：中国农业出版社

王建枝，陈国强．2006．Pathophysiology．北京：科学出版社

王万铁．2006．病理生理学．杭州：浙江大学出版社

王新华．2002．鸡病诊治彩色图谱．北京：中国农业出版社

王宇明．2001．感染病学新进展．北京：人民军医出版社

吴其夏，余应年，卢建．2003．病理生理学．2 版．北京：中国协和医科大学出版社

谢明权，李国清．2003．现代寄生虫学．广州：广东科学技术出版社

杨光华．2001．病理学．5 版．北京：人民卫生出版社

杨慧玲，潘景轩，吴伟康．2006．高级病理生理学．2 版．北京：科学出版社

阴天榜．1999．家禽免疫学．北京：中国农业大学出版社

张书霞．2005．兽医病理生理学．3 版．北京：中国农业出版社